KB023817

좌소산인문집

좌소산인문집(풍석총서4)

이 책은 문화체육관광부의 "풍석학술진흥연구사업"의 보조금으로
원문번역 및 간행이 이루어졌습니다.

지은이 좌소산인 서유본
옮긴이 한민섭, 박정진
펴낸이 신정수
펴낸곳 자연경실
진행 진병춘, 박정진
진행지원 박소해
디자인 아트퍼블리케이션 디자인 고흐
인쇄 상지사피앤비
전화 (02) 6959-9921
E-mail pungseok@naver.com
펴낸날 2020년 9월 15일
ISBN 979-11-89801-30-4 (94080)

◎ 자연경실은 서유구 선생이 노년에 사용하던 서재 이름으로 풍석문화재단의 출판브랜드입니다.

풍석총서 4

좌소산인문집

차례

좌소산인문집左蘇山人文集 권1 시詩 》

좌소산인문집左蘇山人文集 권2 시詩 »

좌소산인문집左蘇山人文集 권3 문文 »

좌소산인문집左蘇山人文集 권4 문文 »

좌소산인문집左蘇山人文集 권5 문文 »

좌소산인문집左蘇山人文集 권6 문文 》

좌소산인문집左蘇山人文集 권7 문文 》

좌소산인문집左蘇山人文集 권8 문文 »

일러두기

- 이 책은 조선 후기 풍석 서유구의 형인 서유본의 문집《좌소산인문집》을 표점·교감·번역한 것이다.
- 오사카 부립 나카노시마 도서관 소장 필사본을 저본(底本)으로 하였다.
- 역자의 주석은 내용이 길면 각주로, 내용이 간단하면 ( )로 묶어 간주로 처리하였다.
- 번역문에서《 》는 서명을, 〈 〉는 편명을 각각 표시한다.
- 원문의 표점부호는 마침표(.), 쉼표(,), 물음표(?), 느낌표(!), 인용부호(" ", ' '), 가운뎃점(·)을 사용하였다.
- 저본의 소자쌍행(小字雙行) 원주(原註)는【 】로 묶어 처리하였다.

《좌소산인문집(左蘇山人文集)》 해제

1. 가계와 생애

서유본(徐有本, 1762~1822)은 본관이 대구(大丘), 자(字)는 혼원(混原), 호(號)는 좌소산인(左蘇山人)이다. 좌소산(左蘇山)은 대구 서씨 세거지(世居地)가 있는 경기도 장단(長湍) 백악산(白岳山)의 다른 이름이다. 서유본 가문은 조선 후기 대표적인 명문가이다. 서유본의 7대조 서성(徐渻, 1558~1631)은 판중추부사(判中樞府事)를 지냈고, 6대조인 서경주(徐景霌, 1573~1654)는 선조(宣祖)의 부마(駙馬)로 달성위(達城尉)에 봉해진 인물이다. 5대조 서정리(徐貞履, 1599~1664)는 부사(府使)를 지냈고, 고조부 서문유(徐文裕, 1651~1707)는 전라도관찰사·예조판서 등을 지냈으며, 증조부 서종옥(徐宗玉, 1688~1745)은 이조판서를 지냈다. 조부 보만재(保晩齋) 서명응(徐命膺, 1716~1787)은 육조(六曹)의 판서(判書)와 대제학(大提學) 등 고위 관직을 역임하였고, 《보만재총서(保晩齋叢書)》·《보만재사집(保晩齋四集)》 등 거질의 저술을 남긴 인물이다. 또한 서명응의 동생 서명선(徐命善, 1728~1791)은 정조(正祖)를 옹립한 공이 있어서 영의정까지 오른 인물이다. 부친 학산(鶴山) 서호수(徐浩修, 1736~1799)는 호조판서와 규장각직제학(奎章閣直提學)을 지냈고 《규장총목(奎章總目)》을 편찬하였으며, 중부 명고(明皐) 서형수(徐瀅修, 1749~1824)는 초계문신(抄啓文臣)으로 뽑힌 뒤 정조의 어명찬(御命撰) 경학류(經學類) 서적(書籍)을 편찬하는 데 핵심적인 역할을 하였다. 향촌에 거주하는 사대부의 이상적인 삶에 관해 서술한 거질의 《임원경제지(林園經濟志)》를 편찬한 것으로 유명한 풍석(楓石) 서유구(徐有榘, 1764~1845)는 그의 친동생이고, 여성을 위한 가정생활

총서인 《규합총서(閨閤叢書)》를 편찬한 빙허각 이씨(憑虛閣 李氏, 1759~1824)가 그의 부인이다.

서유본은 서유구와 함께 조부 서명응과 중부 서형수에게 경학과 문학에 대한 가르침을 받았고, 탄소(彈素) 유금(柳琴, 1741~1788)을 숙사(塾師)로 두고 《사기(史記)》를 배웠다. 서유본은 젊어서 과거 공부에 전념하여 관각체(館閣體)에 매우 뛰어나, 조부 서명응이나 부친 서호수가 관각(館閣)에 응제(應製)할 것이 있으면 그에게 초고 작성을 부탁했다고 한다. 현재 문집에는 서명응과 서호수뿐 아니라 동생 서유구를 위해 대신 지은 응제 작품들이 여럿 실려있다. 서유본은 18세에 상시(庠試), 22세에 생원시에 합격하고서 변려문(騈儷文)을 익히는 데 더욱 힘썼으나 문과에는 급제하지 못했다. 44세인 1805년에 음보(蔭補)로 동몽교관(童蒙敎官)이 되었으나, 1806년에 중부 서형수가 김달순(金達淳)의 옥사에 연루되어 귀양을 가면서 서유본도 관직을 그만두게 되었다. 서유본은 이후 삼호(三湖, 지금의 마포)의 행정(杏亭)에 교거(僑居)하며 경전을 연구하고 책을 저술하며 세월을 보냈다.

2. 학문과 저술

서유본은 조선 후기 사대부 가문이 문벌화하면서 가문의식이 강화되고 가학(家學)이 중요시된 시기에 살며, 조부와 부친의 학문을 계승하였다. 서명응은 서형수가 쓴 〈국화행(菊花行)〉(《명고전집(明皐全集)》 권1)에 차운하여 〈화가아형수국화시운(和家兒瀅修菊花詩韻)〉(《보만재집(保晩齋集)》 권1)을 지었고, 한 해의 마지막 날에 아들·손자와 함께 시문(詩文)에 관해 토론하며 밤을 지새우고 각자 시를 지은 일이 있다. 서명응이 많게는 55년까지 차이가 나는 손자와도 운을 나누어 시를 지은 것은, 그가 가정의 훈육을 중시하는 일면을 보여주는 것이다. 서호수는 시강관(侍講官)으로 있으며 정조(正祖)와 시를 주고받은 것을 집으로 가져와 서명응에게 보여 서문을 받은 일이 있다.(《보만재집》 권2) 그리고 서형수는 사촌동생 서노수(徐潞修)와 조카 서유본·서유구가 5일마다 모여 고문(古文)을 지어 반드시 한 편을 얻는다는 말을 듣고는 기뻐서 80구의 장편 5언 고시를 지어 이들을 격려한 일이 있다.(《명고전집》 권2) 서명응은 아들·손자들과 함께 학문 토론을 즐겼고, 시작(詩作)을 함께 한 일이 많았는데, 이러한 생활 속에서 자연스럽게 가학(家學)이 전해질 수 있었던 것이다.

서명응은 우리나라에서 처음으로 개인 저작에 '총서(叢書)'라는 이름을 붙여 《보만재총서》를 편찬하였는데, 여기에 그의 아들인 서호수와 서형수, 손자 서유본과 서유구가 참여하여 가학(家學)을 이루며 작업을 한 것이다. 서명응의 학문은 의리학(義理學)을 기본으로 삼고 그 보완으로 훈고명물지학(訓詁名物之學)을 수용하였으며, 선천학(先天學)에 조예가 깊었다. 서호수는 서명응의 역상학(曆象學)을 이어받아 수리(數理)와 역상학(曆象學)에 특장(特長)을 보였다. 서호수의 저술은 모두 이와 관련된 분야이니, 《혼개통헌집전(渾蓋通憲集箋)》·《수리정온보해(數理精蘊補解)》·《율려통의(律呂通義)》·《혼개도설집전(渾蓋圖說集箋)》 등이 그것이다. 서호수의 문집 《사고(私稿)》에 실려있는 서문(序文)도 모두 수리와 역상학(曆象學)에 관련된 것으로, 〈비례약설서(比例約說序)〉·〈수리정온보해서(數理精蘊補解序)〉·〈역상고성보해인(曆象考成補解引)〉·〈역상고성후편보해서(曆象考成後編補解序)〉이다. 서호수는 이 방면에서 전문가로 통했고, 조정에서도 이와 관련된 저술은 서호수에게 맡겼다. 서호수는 1790년 연행 때에 《혼개도설집전(渾蓋圖說集箋)》을 가져가 중국 학자들에게 보여줬으니, 역상학(曆象學)에 대한 그의 자부심을 보여준다. 서유본은 부친 서호수가 자신의 학문인 주비기하학(周髀幾何學)과 역상학(曆象學), 율려학(律呂學) 등이 '절학(絕學, 끊긴 학문)'이 될 것을 염려하자, 이를 집중적으로 연구했다. 역상학자(曆象學者) 김영(金泳) 또한 서유본에게 《기하원본(幾何原本)》을 권하면서 이것이 그의 가학임을 강조하였다. 이에 기하학을 매우 힘들게 공부한 끝에, 기하학에 대해 스스로 문답을 정하고 해설을 붙여 《기하몽구(幾何蒙求)》를 저술했다.

한편, 이들의 가학(家學) 계승 과정은 선대의 전통을 비판적으로 수용하는 개방적인 분위기 속에서 이루어지는 특징이 있다. 서명응은 서학(西學)이 고대 중국에서 기원했음을 주장하였다. 서명응에 의하면 삼대(三代)의 태평성대에는 농부와 아낙네, 군졸이 하늘의 별자리를 관찰하는 등, 천문·역법은 모두에게 익숙하고 일상적인 일이었다. 그런데 주(周)나라 말기에 천문역산 학자들이 환란의 조짐을 읽고 중국을 피해 서양으로 건너가면서 천문역산학이 서양으로 전해지게 되었고, 중국에서는 진(秦)나라의 분서갱유 등으로 관련 서적들이 모두 숨어 들어가 더 이상 천문(天文)을 익힐 수 없게 되었으며, 명(明)나라 시기에 이르러 이러한 학문이 서양에서 다시 수입되었다는 것이다. 그런데 서호수는, 서양의 역법은 옛것과는 전혀 다른 것으로 역(易)을 통해 역(曆)을 설명하는 것은 사람을 현혹하는 일이라며 서학(西學)과 고대 중국 역학(易學)과의 관련성을 부정하였다. 즉, 서호수는 바로 부친 서명응의 주장을 부정한 것이다. 그런데 서호수의 아들 서유본은 서호수의 설을 다시 부정하였다. 서유본은 중국의 고대 역학과 서양의 역법이 다르다는 견해에 대해 비록 상세함과 소략함의 차이는 있지만, 기본적으로 서양의 역법이 중국 고대 역학의 범위에서 벗어나지 않는다고 주장하였다. 서유구도 서양 천문학이 중국에서 기원했다는 서명응의 주장을 따랐다.

서명응과 서호수, 서유본 등은 수학(數學), 역상학(曆象學) 등에 대한 연구를 진행하며, 다양한 방면의 학문을 수(數)를 중심으로 재편하기까지 하였다. 그리고 이 수리(數理)와 역상학에 대한 탐구는 사회 제도에 대한 관심으로 영역을 넓혀갔고, 항상 학문의 실용성(實用性)에 대한 고민과 궤를 같이하였다. 서호수는 육예(六藝)의 하나인 수(數)가 오행(五行)의 토(土)와 같이 중심이 되는 것이라고 하며, 수(數)가 아니면 예악 제도를 둘 곳이 없다고 하였다. 또한 수(數)는 재물을 교역하거나 산하(山河)의 높이와 깊이·농지의 면적 등을 측정하는 데 유용한 것, 천하의 사물을 가지런히 할 수 있는 것이라고 하며 그 중요성을 강조하였다. 서호수도 수(數)나 역상(曆象)이 성명이기(性命理氣)에 비해서는 작은 것임을 인정하지만, 수(數)가 갖는 유용함을 부각시킨 것이다.

서유본도 수(數)의 중요성에 대해 공감을 하였다. 서유본은 수학(數學)이 하나의 예(藝)일 뿐이라는 점은 인정하지만,(〈김영에게 답한 편지(答金生泳書)〉, 《좌소산인문집》 권3) 선기옥형(璿璣玉衡)에 대해 논하면서 형태만 모방하여 만들고 측험(測驗)에 대해 잘 모르는 것은 유자(儒者)들이 도수(度數)에 정밀하지 못하기 때문이라 하여, 도수(度數)에 관한 공부가 필요함을 강조하였다.(〈선기옥형으로 측험한 것에 대한 설명(璿璣玉衡測驗說)〉, 《좌소산인문집》 권5) 서유본은 학문의 실용성을 위하여 수(數)와 실측(實測)을 강조한 것이다.

서유본의 도수(度數)의 강조는 예학(禮學)에도 이어졌다. 서유본은 예(禮)를 논하는 우리나라 유자들이 《주자가례(朱子家禮)》가 있다는 것만 알고 그것이 《의례(儀禮)》·《주례(周禮)》·《예기(禮記)》 등 삼례(三禮)에 근본하고 있다는 것을 알지 못한다고 하며 명물(名物)을 바로잡고 훈고(訓詁)를 연구하여 58세인 1819년에 《삼례소지(三禮小識)》 6권, 59세인 1820년에 《가례소지(家禮小識)》 2권을 저술했다. 서유본은 삼례(三禮) 중 《의례》를 기본으로 삼아 《의례》를 처음, 《주례》를 그다음, 《예기》를 맨 끝에 배치하였다. 이는 《주례》가 경례(經禮)이고 《의례》가 곡례(曲禮)라고 한 정현(鄭玄)을 비판하고 주자(朱子)의 가르침에 따라 《삼례소지(三禮小識)》의 차례를 정하였다. 현재 서유본의 장서인(藏書印)이 찍혀서 전하는 《의례지오(儀禮識誤)》(고려대학교 도서관 화산문고 소장)가 있는데, 이 책은 《삼례소지》 저술 시 참고자료였을 것이고, 서유본이 《의례》를 중시한 한 면을 보여주는 자료이다. 그리고 《주자가례(朱子家禮)》에 대해서는 주자의 초만(初晩)의 차이를 참고하고, 주자의 글로 주자의 글을 교정하여 《가례소지(家禮小識)》를 완성했다. 연경재(研經齋) 성해응(成海應, 1760~1839)은 이 《삼례소지》와 《가례소지》에 대해 고경(古經)의 뜻에 따라 분석하고, 수(數)로 명물제도(名物制度)의 잘못된 것을 밝혔다고 평하였다.

서유본은 평생 "실사구시(實事求是)" 4글자를 무척 좋아했다고 밝힌 일이 있다.(〈김영에게 답한 편지(答金生泳書)〉, 《좌소산인문집》 권3) 일에는 반드시 실제가 있어야 하고, 실제 일 중에는 또한 반드시 그 옳음을 구하여 행해야 한다는 것이다. 서유본은 "실사구시"가 학문뿐 아니라 모든 일로 미루어 나가야 한다고 강조하였다. 이것이 바로 서유본이 평생 견지한 학문 자세이다.

3. 판본 및 구성

《좌소산인문집》은 일본의 오사카 부립 나카노시마 도서관(大阪府立中之島圖書館)에 사토 로쿠세키(佐藤六石, 1864~1927)의 수집본으로 필사본이 소장되어 있고, 이것이 유일본이다.(佐藤六石氏收集本 韓8-91) 《좌소산인문집》은 서유구가 사용했던 '풍석암서옥(楓石庵書屋)' 판심제 원고지에 9행 19자로 필사되어 있고, 판심제는 좌소집(左蘇集)이다. 이 필사본은 서유구의 주도하에 필사되었을 것으로 추정되며, 필사 오기에 대해 수정을 하거나 편집체제에 대한 의견을 적은 부전지(附箋紙)를 붙여 놓고 있는, 교정과 편집이 진행 중인 상태를 보인다.

이 오사카 부립 나카노시마 도서관 소장본을 1992년 이우성(李佑成) 선생께서 서벽외사해외수일본(栖碧外史海外蒐佚本) 제8집으로 영인하여 국내에 소개했고, 2010년 한국고전번역원에서는 서벽외사해외수일본(栖碧外史海外蒐佚本)을 저본으로 영인하여 한국문집총간(韓國文集叢刊) 속(續) 106집으로 출판했다. 그러나 서벽외사해외수일본(栖碧外史海外蒐佚本) 제8집 영인 과정 중 부전지(附箋紙) 일부를 영인본에 포함시키지 않았고, 또 본문 위에 부전지(附箋紙)를 붙여 놓은 상태로 영인하여 일부 본문이 가려진 경우가 있다. 이에 현재 출판된 영인본으로는 《좌소산인문집》의 온전한 형태를 볼 수 없다. 예를 들어, 권3 〈중부 명고공에게 답하여 올린 편지(上答仲父明皐公書)〉의 '장면(將免)' 위에는 "'장면(將免)'은 잘못된 것 같다. 본래의 초고를 살펴보면 '면(免)' 자는 맞지만, '장(將)' 자는 잘 모르겠다.[將免似誤. 考之本艸, 免字則然, 而將字

(http://kostma.korea.ac.kr/dir/list?uci=RIKS+CRMA+KSM-WC.0000.0000-20150331.NS_0919)
출처 고려대학교 해외한국학자료센터

顧未詳]"라고 적은 부전지(附箋紙)를 붙였는데, 영인본에는 이 부전지에 본문 "시문여도역(是文與道亦)" 5글자가 가려져서 정확한 내용 파악이 되지 않는다. 고려대학교 민족문화연구원 해외한국학자료센터에서는 '해외소장 한국고전적 자료의 해제 및 디지털화 사업'의 일환으로 일본 오사카 부립 나카노시마 도서관 소장 한국 고전적 자료를 디지털 원문이미지로 구축하였는데, 여기에서는 부전지가 붙어 있는 모습과 부전지를 걷어 본문이 드러난 모습을 모두 이미지로 보여주어 그 온전한 모습을 확인할 수 있다.

《좌소산인문집》은 총 8권으로, 권1-2는 시(詩), 권3은 서(書) 13편, 권4는 서(書) 6편과 변(辨) 2편, 권5는 변(辨) 3편, 해(解) 1편, 설(說) 13편, 권6은 의(議) 11편, 서(序) 4편, 권7은 기(記) 3편, 제(題) 1편, 발(跋) 1편, 논(論) 1편, 서후(書後) 3편, 유사(遺事) 1편, 제문(祭文) 6편, 명(銘) 2편, 광지명(壙誌銘) 1편, 권8은 의론류인 〈독명사교사지(讀明史郊祀志)〉와 전(傳) 2편으로 구성되어 있다.

그런데 영인본에 포함되지 않은 부전지를 참고하면, 전체 체제를 재편할 수 있다. 교정 의견을 적은 메모와 부전지들을 보면 다음과 같다. 권4 〈정전과 구혁의 구분에 대한 논변(井田溝洫分合辨)〉 위에 주묵(朱墨)으로 "이하는 다음 권에 들어가는 것이 타당한 것 같다.[以下入于下卷似當.]"는 교정 의견을 적었고, 권6 〈《금석사료》 서문(錦石史料序)〉 제목 위에는 "이하는 다음 권에 들어가고, 다음 권의 〈순경을 논함(荀卿論)〉이 여기에 놓이는 것이 타당한 것 같다.[以下入于下卷, 而下卷荀卿論在此似當.]"는 교정 의견을 부전지로 붙였다. 그리고 권8의 〈《명사》의 〈교사지〉를 읽고(讀明史郊祀志)〉 제목 위에는 "이 글은 6권 끝에 들어가는 것이 타당한 것 같다.[此文入于第六卷末似當.]"는 교정 의견을 부전지로 붙였다.

이 교정 의견에 따라 재편한다면, 권1-2는 시(詩), 권3-4는 서(書), 권5는 변(辨), 해(解), 설(說), 권6은 의(議), 논(論), 권7은 서(序), 기(記), 제(題), 발(跋), 논(論), 서후(書後), 유사(遺事), 제문(祭文), 명(銘), 광지명(壙誌銘), 권8은 전(傳)으로, 각 권이 문체별로 배치되어 일관성 있는 구성을 갖추게 된다.

4. 《좌소산인문집》의 내용

《좌소산인문집》은 8권으로 되어 있다. 다만 교정과 편집 상태의 문집이어서 서문(序文)과 발문(跋文)은 없다. 위에서 교정 의견에 따라 체제를 갖춘 《좌소산인문집》을 재구성하였으나, 내용 설명에서는 현재 필사본의 권차에 따르도록 하겠다.

권1과 권2는 시(詩)로 구성되어 있다. 권1에는 64제(題) 120수, 권2에는 39제(題) 107수가 실려있다. 일상생활의 감흥이나 명승지를 유람하며 지은 연작시들이 많이 보이고, 서명응, 서호수, 서유구 등을 위해 대신 지은 만시(挽詩) 등 응제 작품들도 여러 편 보인다. 〈강가에 살며 이것저것 읊다(江居雜詠)〉 15수는 용산 근처에 살며 주변 경치와 감흥을 읊은 연작시인데, 그중 제13수에서는 그의 부인인 빙허각 이씨(憑虛閣 李氏)가 《규합총서(閨閤叢書)》를 편찬한 일을 읊었는데, 《규합총서》에 대한 설명과 그 서명을 서유본이 명명해주었다는 사실을 자주(自註)에서 밝히고 있다. 〈가을밤에 별을 보며(秋夜觀星)〉는 가을밤에 지은 서경시인데, 여기에서도 역상학(曆象學)에 대한 관심을 읊어 그의 학문적 관심을 읽을 수 있다. 〈백화주 새로 익어, 이를 기뻐하며 장구를 짓다(百花酒新熟, 喜而賦長句)〉, 〈다시 앞의 운으로 지어 아내에게 보이다(復疊前韻示內子)〉, 〈장맛비, 아내의 시에 차운하여(霖雨, 次室人韻)〉 등은 부인 빙허각 이씨를 위해 지은 시들로, 부인에 대한 사랑과 감사를 읽을 수 있는 시이다. 〈김영이 연경에 가는 것을 전송하며(送金君泳赴燕)〉는 1803년 동지(冬至)가 10월 그믐이 되는 등의 절기에 대한 논란이 있어, 조정에서 역관(曆官)을 선발하여 중국에 가서 질정하게 할 때 그 임무를 맡아 연경에 가는 역상학자(曆象學者) 김영(金泳)을 전송한 시이다. 역상학(曆象學)에 뛰어나 관상감에 특채된 김영이 조정의 명으로 연경에 가게 되자, 그의 학문을 칭찬하고 맡은 임무를 잘 수행하고 오라는 격려가 담긴 장편시이다. 〈옛날의 감회를 읊은 시(感舊詩)〉 10수는 약관 시절 종유(從遊)했던 당세의 이름난 10인을 30여 년이 지난 시절 그리워하며 읊은 시로, 그의 젊었을 때의 교유 관계를 파악할 수 있다. 이 10인은 홀원(笏園) 서노수(徐潞修), 우산(愚山) 이의준(李義駿), 정유(貞蕤) 박제가(朴齊家), 기하자(幾何子) 유련(柳璉, 유금), 영재(泠齋) 유득공(柳得恭), 석정(石井) 김영(金泳), 팔년당(八年堂) 심류(沈鎏), 만오(晩悟) 김안기(金安基), 청성(靑城) 성대중(成大中), 윤암(綸菴) 이희경(李喜經)이다. 〈채붕도가(綵棚圖歌)〉는 건륭제(乾隆帝) 만수절(萬壽節)의 모습을 그린 그림을 보고 지은 시인데, 화려한 잔치의 모습을 나열한 뒤 사치를 경계하는 말로 맺었다. 〈할아버지 문정공의 서호십경시에 삼가 차운하여(謹次王考文靖公西湖十景詩韻)〉는 서유본이 마포의 행정(杏亭)에서 살면서 60년 전 조부 서명응이 서호(西湖)에 거처할 때 지은 〈서호십경고금체(西湖十景古今體)〉(《보만재집》 권1)에 차운한 시이다. 이는 조부에 대한 존경과 그리움뿐 아니라, 가학(家學)의 일면을 읽을 수 있는 시이다. 〈서재에서 지낼 때의 감흥(齋居感興)〉 42수는 서유본의 대표작으로 볼 수 있는 연작 영회시(詠懷詩)이다. 이 연작시에서 서유본은 자신의 학문 지향과 그가 연구한 학문과 중국과 우리나라의 역사 전반에 대해 읊고 있다. 제1수에서는 삼례(三禮)를 중시하고 명물(名物) 등 고증학을 참고하며 경전을 연구하고자 하는 서유본 학문의 지향을 읊었다. 제4수는 율려(律呂), 제6수와 제7수는 역상학(曆象學)을 언급했다. 제8수는 북극성에 대해 언급하며, 북극 고도를 실측하는 것이 역법(曆法)을 정하는 강령이 된다는 점을 강조하였다. 제27수에서는 위고문(僞古文)과 이를 경계한 주자를 찬미하였다. 제38수에서는 월식 현상을 말하며, 이를 정확히 관측한 서학(西學)에 대해 칭찬하였다. 그러면서도 서학(西學)은 고대 중국에서 기원하였다는 자신의 학문관을 내보이고 있다. 제39수에서는 중원에 자리 잡아 문명을 보인 역대 중국 왕조를 읊었고, 제42수에서는 화하(華夏)에 견줄 수 있는 문명을 발달시킨 고조선에 대해 읊었다.

권3은 서(書) 13편으로 구성되어 있다. 중부 서형수, 동생 서유구 등 집안사람들과 역상학자 김영에게 보낸 편지이다. 집안사람들에게 보낸 편지는 상례(喪禮)의 절차 등에 대해 논한 것이 많다. 서형수에게 보낸 첫 번째 편지는 《중용(中庸)》에 대한 질문과 서형수의 답변이다. 모두 6개의 질문과 답변인데, 첫 번째 질문은 인물성동이(人物性同異)에 대한 문제이다. 두 번째는 칠정(七情)의 미발(未發)과 이발(已發)에 대한 것이고, 세 번째는 비은장(費隱章)의 장구(章句)에서 인용한 후씨설(侯氏說)에 대한 것이며, 네 번째는 성인(聖人)이 능하지 못한 바에 대한 문제이다. 다섯 번째는 귀신장(鬼神章)과 관련된 《중용》의 순서와 배치에 대한 것이고, 여섯 번째는 종묘(宗廟)와 조묘(祖廟)에 대한 것이다. 두 번째 편지와 별지(別紙)는 대모(大母) 상을 치르며 의문이 든 상복을 바꾸어 입는 변제(變除)의 절차에 대한 논의이다. 세 번째 편지는 '문(文)은 도(道)를 싣고 말은 문(文)으로 펼쳐지니, 문(文)과 말은 애초 두 가지 물건이 아니다.'라고 하며 자신의 문학관을 펼치며, 문채(文彩)만을 숭상하는 사장가를 비판하고, 고증학(考證學)을 표방하며 성리학을 비방하는 명청(明淸)의 학자들을 비판하였다. 서낙수(徐洛修)에게 보낸 편지는 장자(長子)가 죽었을 때 그를 위해 입는 상복에 대한 문제이다. 동생 서유구에게 보낸 첫 번째 편지는 악률(樂律)을 정할 때 기장을 담는 법에 대해 논하였다. 두 번째 편지는 서유구의 양부 서철수(徐澈修)가 전중(傳重)의 자리를 맡아 제사 지내는 예에 대해 논하였다. 서낙수의 아들인 서유련(徐有璉)에게 보낸 편지는 며느리가 사망했을 때 모두 시아버지가 주관하는 예에 대한 논의이고, 서기수(徐淇修)에게 보낸 편지는 절복(絕

服) 제도와 상제(祥祭) 및 담제(禫祭)의 제도에 대한 논의이다. 절복(絕服)과 상제 및 담제에 대해 서기수는 정현의 논의를 따라 주장하였으나, 서유본은《예기(禮記)》와《주례(周禮)》, 그리고 주자(朱子)의 논의를 근거로 이를 반박했다. 서기수의 장남인 서유교(徐有喬)에게 보낸 편지는 서유교가 두 아들의 상을 당해서 3년상을 마칠 때까지 상식을 올리는 문제에 대해 논하였고, 족질(族姪) 서형보(徐炯輔)에게 보낸 편지는 상을 치를 때 제복(除服)하는 절차와 담제(禫祭)의 시기에 대한 것이다. 김영(金泳)에게 보낸 첫 번째 편지는, 김영이 수학(數學)과 율려(律呂), 역상(易象)에서 뛰어난 면모를 보이지만, 선유(先儒)와 선현(先賢)의 논의에 대해 '박이부정(博而不精)'하다고 비방한 것에 대해 일일이 논박하며 치밀하지 못한 그의 학문 자세를 비판하였다. 두 번째 편지는 별자리의 분야(分野)에 대한 내용이다. 남사고(南師古)가 지었다는 동국분야기(東國分野記)를 필사하여 보내며, 별자리의 분야가 중국에서는 중국의 분야가 있고 우리나라에서는 우리나라의 분야가 있으니, 우리나라의 분야에 대해 연구를 하라는 요청과 격려를 담았다.

권4는 서(書) 6편과 변(辨) 2편으로 구성되어 있다. 유경(柳儆, 후에 유희(柳僖)로 개명)에게 보낸 두 편의 편지는 유경(柳儆)이 저술한《고공기도보설(考工記圖補說)》에 대한 논변이다. 유경(柳儆)이 저술한《고공기도보설》에서 말한 각종 명물(名物)과 제도(制度)에 대해 서유본이 조목별로 논박하였고, 유경은 이에 대해 재반박하였다. 유경의 답변은 그의 저술인《문통(文通)》에 실려 있어 함께 참고로 볼 수 있다.〈어떤 사람에게 답한 편지(與或人書)〉는 상례(喪禮)의 절복(絕服)에 대한 어떤 이의 논의가 경전에 근거하지 않고 정현의 주와 주자의 주 일부를 가지고 억지로 주장하는 것에 대해,《예기》와《의례》 등의 경전을 바탕으로 조목조목 비판한 글이다. 서유본이 치밀한 논의로 어떤 이의 주장이 매우 허술하다는 것을 논박하였기에 수신인을 고의로 밝히지 않은 것으로 보인다. 정뢰(鄭澑)와 정예동(鄭禮東)에게 보낸 편지 또한 상례(喪禮)와 관련된 논의이다. 하경우(河慶禹)에게 보낸 편지는 서학(西學)에 대한 것이다. 서유본은 서양의 구장(九章) 수법(數法) 등 대부분의 학문은 고대 중국의 학문이고, 오직 각도(角度)와 팔선(八線)만이 서양 사람들이 창설한 것이라 하였다. 서유본은 상수학(象數學)이 중국과 서양의 법이 자세한 면은 같지 않지만, 요점은 고대 중국의 학문을 벗어나지 않는다고 하며, 서학의 중국 기원설을 주장했다. 〈정전과 구혁의 구분에 대한 논변(井田溝洫分合辨)〉은 정전제(井田制)가 향수(鄉遂)와 도비(都鄙)의 제도가 정현(鄭玄)의 주석으로 인해 다르게 인식되었지만, 실제는 같다는 점을 논변하였다. 〈천자와 제후가 절복을 하는 것에 대한 논변(天子諸侯絕服辨)〉은 천자(天子)와 제후(諸侯)의 절복(絕服)은 정현(鄭玄)의 주석에서 비롯된 것이고, 주공(周公)이 만든 제도가 아님을 논변하였다.

권5는 변(辨) 3편, 해(解) 1편, 설(說) 13편으로 구성되어 있다. 〈서자는 후세에 전해주는 제사가 없다는 것에 대한 논변(庶無傳祭辨)〉은 ‘서자는 후세에 전해주는 제사가 없다’는 주장에 대해, 이는 한유(漢儒)의 잘못된 설이고 선왕의 제도가 아니라고 《예기(禮記)》 여러 편의 글에 근거하여 논변한 것이다. 〈주상의 주에 두 개의 뜻이 있다는 것에 대한 논변(主有二義辨)〉은 ‘당시 예를 논하는 사람 중 예에는 제주(祭主)와 상주(喪主)가 있어, 궤전(饋奠)을 받드는 것은 제사를 주관하는 자가 하고 빈객과 더불어 예를 행하는 것은 상을 주관하는 자가 한다’는 설에 대해, 상에 두 상주가 있는 것은 성인(聖人)이 배척한 바라고 하며 ‘주상(主喪)’의 ‘주(主)’에 두 가지가 있다는 주장을 논변하였다. 〈처를 위해 연제를 지내지 않는다는 것에 대한 논변(爲妻無練辨)〉은 성호(星湖) 이익(李瀷)이 주장한 ‘처를 위해 연제(練祭)를 지내지 않는다’는 설에 대해 《의례》와 《예기》 등을 근거로 이익의 설이 잘못되었다는 것을 논변하였다. 〈상복 해설(喪服解)〉은 상복에 붙이는 부판(負版)·최(衰)·적(適) 등 삼물(三物)의 제도에 대해, 이것은 슬픔을 표현하는 도구라는 점을 설명하였다. 〈선기옥형으로 측험한 것에 대한 설명(璿璣玉衡測驗說)〉은 천문관측기구인 선기옥형(璿璣玉衡)을 직접 제작하여 절기와 별자리를 직접 측험(測驗)한 일을 적었다. 〈기영과 삭허에 대한 설명(氣朔盈虛說)〉은 1년 360일과 간지(干支)를 계산하는 것에 대해 적었다. 〈역수에 대한 설명(曆數說)〉은 일(日)·월(月)·성신

(星辰)이 운행하는 도수인 역(曆)을 일(一)·십(十)·백(百)·천(千)·만(萬)의 수(數)로 기록한 역수(曆數)에 대해 논설한 것이다. 황극경세(皇極經世)의 일원(一元)인 12만 9천 6백 년에는 홍수와 가뭄 등 모두 정해진 수가 있어, 천도(天道)가 운행하는 기수(氣數)와 역(曆)을 잘 살펴야 함을 말했다. 〈제례에 대한 설명(祭禮說)〉은 제사 지낼 때 음식과 술을 진설하는 것은 정(情)에 걸맞도록 제물을 갖추어 위로 경(經)의 뜻을 저버리지 않고 아래로 시의(時宜)에 어긋나지 않게 정성을 다하면 된다는 점을 말하였다. 〈대부와 사가 4대까지 제사 지내는 것에 대한 논설(大夫士祭及四世說)〉은 대부와 사는 고조(高祖)까지 제사 지낼 수 없다는 설을 논박한 것이다. 〈정제를 지내는 때에 대한 논설(正祭時日說)〉은 천자(天子)와 제후는 맹월제(孟月祭)를 지내고, 대부와 사(士)는 중월제(仲月祭)를 지낸다는 주장에 대한 설명이고, 〈진찬에 밥을 오른쪽에 두고 국을 왼쪽에 둔다는 것에 대한 논설(進饌右飯左羹說)〉은 음식을 올릴 때 밥을 오른쪽에 두고 국을 왼쪽에 두는 것에 대한 설명을 적은 글이다. 〈소렴할 때 변복하는 것에 대한 논설(小斂變服說)〉은 소렴(小斂)을 할 때 효자(孝子)가 머리에 백포(白布)로 만든 소모(小帽)를 쓰고 습(襲)을 하며 단고(單股)로 만든 질대(絰帶)를 더한다는 주장에 대해 의문을 표하고 설명한 글이다. 〈중에 대한 설명(重說)〉은 사망했을 때 신이 의지하게 한 중(重)의 제도에 대해 고찰한 글이며, 〈교대를 포로 바꾸는 것에 대한 논설(絞帶變布說)〉은 졸곡수복(卒哭受服)에 교대(絞帶)를 포(布)로 바꾸어 입는 설이 있으나, 예(禮)에는 정확한 글이 없으므로 이를 행해서는 안 될 것 같다고 설명한 글이다. 〈조석곡과 조석전에 대한 논설(朝夕哭奠說)〉은 사계(沙溪) 김장생(金長生)이 조석곡(朝夕哭)과 조석전(朝夕奠)이 두 가지 일이라 한 것에 대해, 이것이 《가례(家禮)》의 뜻이 아니지만 예경(禮經)의 뜻과는 합치한다는 것을 설명하였다. 〈우제를 지낼 때 축의 자리에 대한 설명(虞祭祝位說)〉은 우제(虞祭)를 지낼 때 축(祝)의 자리에 관해 설명하였고, 〈이염에 대한 논설(二厭說)〉은 제례(祭禮)에서 신이 흠향하도록 하는 염(厭)에, 실의 서남쪽 모퉁이인 오(奧)에서 제사 지내는 음염(陰厭)과 서북쪽의 모퉁이 밝은 곳에서 지내는 양염(陽厭)이 있다는 것에 대

해 설명한 글이다.

권6은 의(議) 11편, 서(序) 4편으로 구성되어 있다. 〈국조의 사전에 대한 개인적인 의론(國朝祀典私議)〉은 조정에서 행하는 예 중 단사(壇祀), 사향모혈예감(社享毛血瘗坎), 태묘칠사묘(太廟七祀廟), 악독산천(嶽瀆山川)에 관련된 예에 대해 의론한 글이다. 〈국휼 중 자기 집안의 제사를 지내야 할지에 대한 의론(國恤中私祭行否議)〉은 국휼(國恤) 중 신하가 자기 집안의 제사를 지내야 할지에 대한 의론으로, 국휼 중 신하가 자기 집안의 제사 중 지낼 수 있는 것과 없는 것에 대해 여러 문헌을 두루 검토하여 논한 글이다. 〈상제와 담제에 대한 의론(祥禫議)〉은 담제(禫祭)를 27개월째에 지낸다는 정현(鄭玄)의 설과 25개월째에 지낸다는 왕숙(王肅)의 설을 주로 하여 여러 문헌 고증을 통해 상제(祥祭)와 담제(禫祭)의 절차를 논한 글이다. 〈부제에 대한 의론(祔祭義)〉은 부향(祔享)하는 예에 대해 논하였고, 〈상제에 적을 올리는 것에 대한 의론(喪祭進炙義)〉은 《가례(家禮)》에 상제(喪祭)에서 적(炙)을 올린다는 문장이 없는 문제를 거론하며, 이는 글이 다 갖추어지지 않은 것으로 올리는 것이 예에 맞는다는 점을 논하였다. 〈부친 상중에 조부와 모친을 위한 상복에 대한 의론(父喪中服祖服母議)〉은 부친 상중에 조부나 모친이 사망하면 기년복을 입는다는 하순(賀循)과 가공언(賈公彦)의 설은 잘못이고 3년 복을 입어야 한다는 것에 논한 글이다. 〈남의 후사가 된 자가 본생의 친척들을 위해 복을 입는 것에 대한 의론(爲人後者爲本生諸親服議)〉은 출계하여 다른 사람의 후사가 된 자가 본생의 친척들이 상을 당했을 때 입는 복에 대해 논하였고, 〈시집간 여자가 본종을 위해 복을 입는 것에 대한 의론(嫁女爲本宗服義)〉은 시집간 여자가 친정 가족의 상을 당할 경우 입는 복에 대해 논하였다. 〈서자의 자식이 부친이 사망한 뒤 부친의 생모를 위하여 복을 입는 것에 대한 의론(庶子之子父歿服其父所生母議)〉은 서자의 자식이 부친이 사망한 뒤, 부친의 생모를 위하여 승중복(承重服)을 입을 수 있는가에 대해 논하였고, 〈승중하는 자의 아내가 시어머니가 살아계실 때 따라서 복을 입어야 하는지의 여부에 대한 의론(承重者之妻姑在則當從服與否議)〉은 승중(承重)하는 자의 아내가 시어머니가 살아계실 때 승중복(承重服)을 입을 수 있는가에 대해 논하였다. 〈부친에게 폐질이 있어, 아들이 대신 조부를 위해 승중복을 입는 것에 대한 의론(父有廢疾子代服祖重議)〉은 부친이 돌아가셨는데 적자(適子)에게 폐질(廢疾)이 있어 상을 치를 수 없으면 적손(適孫)이 대신 승중복을 입을 수 있는가에 대해 논하였다. 이상과 같은 예(禮)에 대한 논의에서 서유본은 다양한 문헌을 검토하며 일부 잘못된 주석을 비판하고 설명을 덧붙였다. 여기에서 서유본의 문헌 고증적인 학문 방법을 확인할 수 있다.

〈《금석사료(錦石史料)》 서문(錦石史料序)〉은 박종해(朴宗海, 1734~1799)가 조선 초기부터 영조까지의 인물을 선별하여 열전(列傳)으로 엮은 《금석사료(錦石史料)》에 대한 서문이다. 여기에서 서유본은 재(材)·체(體)·재(材) 등 역사 서술의 요소에 대해 논하였다. 서유구도 〈《금석사료》 서문(錦石史料序)〉을 지어 함께 참고로 볼만하다. 〈《삼례소지(三禮小識)》 인문(三禮小識引)〉과 〈《가례소지(家禮小識)》 서문(家禮小識序)〉은 서유본 본인의 저술인 《삼례소지》와 《가례소지》 편찬 경위를 밝힌 글이다. 〈서증조모 조온 65세 수서(庶曾祖母趙媼六十五歲壽序)〉는 증조 서종옥(徐宗玉)의 소실인 조온(趙媼)의 65세 생신을 맞아 쓴 글이다.

권7은 기(記) 3편, 제(題) 1편, 발(跋) 1편, 논(論) 1편, 서후(書後) 3편, 유사(遺事) 1편, 제문(祭文) 6편, 명(銘) 2편, 광지명(壙誌銘) 1편으로 구성되어 있다. 〈필유당에 대한 기문(必有堂記)〉은 중부 서형수의 서재인 필유당(必有堂)에 대한 기문으로, 서형수의 장남인 서유경의 부탁으로 지었다. 서형수가 직접 쓴 〈필유당에 대한 기문〉에 의하면, 필유당에는 경류(經類) 19종(種), 사류(史類) 30종(種), 자류(子類) 25종(種), 집류(集類) 34종(種) 등 사부(四部) 108종이 소장되어 있다. 서유본은 서유경에게 서형수가 세운 필유(必有)의 뜻이 이어지도록 학문을 권면하였다. 〈운룡산인 초상화에 대한 기문(雲龍山人小照記)〉은 탄소(彈素) 유금(柳琴)이 연행 시 교유했던 운룡산인(雲龍山人) 이우촌(李雨村)의 초상에 대한 글이다. 〈선기옥형에 대한 기문(璿璣玉衡記)〉은 선기옥형(璿璣玉衡)을 제작하고 난 뒤 쓴 글이다. 선기옥형에 대해서는 권5의 〈선기옥형으로 측험한 것에 대한 설명(璿璣玉衡測驗說)〉에 자세하여 함께 참고로 볼 만하다. 〈《기하몽구(幾何蒙求)》에 대한 제사(題幾何蒙求)〉는 《기하원본(幾何原本)》을 공부한 후 기하학에 대해 스스로 문답을 정하고 해설을 붙여 완성한 《기하몽구》에 대한 글이다. 서유본은 《기하원본》을 처음 공부할 때 철벽을 뚫는 것과 같은 어려움이 있었지만, 계속 생각하며 양지(良知)를 극한까지 밀고 나가면 모두 깨달을 수 있다고 하며 계속 생각해야 하는 학문 자세를 강조했다. 〈집에 소장된 《대학》에 대한 발문(家藏大學跋)〉은 선조(宣祖)가 5대조 서정리(徐貞履)에게 하사한 《대학(大學)》에 대한 발문이다. 〈순경을 논함(荀卿論)〉은 순자(荀子)가 주장한 법후왕(法後王)에 대한 비판이다. 〈구양수의 〈의복왕전례차자〉 뒤에 쓰다(書歐陽公議濮王典禮箚子後)〉는 구양수(歐陽修)가 쓴 의복왕전례차자(議濮王典禮箚子)에서 예(禮)를 잘못 이해한 것에 대한 논의이다. 〈《고려사》 〈교사지〉 뒤에 쓰다(書高麗史郊祀志後)〉는 고려에서 천자(天子)의 예인 교(郊) 제사를 지낸 것에 대해 비판한 글이다. 〈기해예론 뒤에 쓰다(書己亥禮論後)〉는 기해예송(己亥禮訟)에서 논란이 있었던 복의 문제에 대해 논한 글이다. 〈외삼촌 능주목사 이공 유사(內舅綾州牧使李公遺事)〉는 외삼촌 이항한(李恒漢)의 성품과 관련된 행실을 10조목으로 기록한 글이다. 제문은 장모 정경부인(貞敬夫人) 유씨(柳氏), 재종숙부 서낙수(徐洛修), 사위 윤치대(尹致大), 사돈 윤종렬(尹鍾烈)에 대한 글과 서유본이 삼호(三湖)에 살 때 행정(杏亭)을 만들었던 은행나무, 그리고 실수로 불을 냈던 고목(古木)에 대한 글로 구성되었다. 〈삼유의에 대한 명(三游儀銘)〉는 하경우(河慶禹)가 만든 천문관측기구인 삼유의(三游儀)에 대한 명(銘)이고, 〈좌우명(座右銘)〉은 서유본 스스로 경계하며 지은 글이다. 〈죽은 아이 조열 광지명(亡兒祖悅壙誌銘)〉은 11세에 사망한 아들 조열(祖悅)의 죽음을 슬퍼하며 지은 광지명(壙誌銘)이다.

권8은 〈《명사》의 〈교사지〉를 읽고(讀明史郊祀志)〉와 전(傳) 2편으로 구성되어 있다. 〈《명사》의 〈교사지〉를 읽고〉는 천지에 제사 지내는 교례(郊禮)에 대해 논한 글이다. 하늘에 제사 지내는 원구(圜丘)와 땅에 제사 지내는 방택(方澤)의 예(禮)가 주(周)나라 제도인데, 한(漢)·당(唐)·송(宋) 나라에서는 천지를 합제(合祭)하는 예를 잘못 사용하였고, 명(明)나라 태조(太祖)가 고례(古禮)를 회복하였다. 그러나 홍무(洪武) 연간에 완성한 대사전(大祀殿)은 극도로 화려하니, 하늘에 제사 지낼 때 질(質)을 숭상하는 옛 제도가 아니라는 점을 지적하였다. 〈진주에서 국난에 목숨을 바친 여러 신하들의 전(晉州殉難諸臣傳)〉은 임진왜란 진주성 전투에 참여한 인물들을 입전(立傳)한 글이다. 여기에는 김시민(金時敏), 정득열(鄭得說), 최경회(崔慶會), 문홍헌(文弘獻), 논개(論介), 김천일(金千鎰), 김상건(金象乾), 이계년(李桂年), 양산숙(梁山璹), 이광주(李光宙), 유휘진(柳彙進), 이인민(李仁民), 황진(黃進), 이종인(李宗仁), 오영념(吳永念), 김응건(金應健), 지득룡(池得龍), 고종후(高從厚), 오유(吳宥), 김인혼(金璘渾), 고경형(高敬兄), 귀인(貴仁), 오비(吳玭), 봉이(鳳伊), 김준민(金俊民), 고득뢰(高得賚), 정명세(鄭名世), 강희열(姜希悅), 장윤(張潤), 이잠(李潛), 최언량(崔彦亮), 심우신(沈友信), 민여운(閔汝雲) 등 33명의 전을 실었는데, 열전의 형식으로 기술하면서도 진주성 전투라는 한 사건을 중심으로 입체적이고 효과적인 표현을 한 글이다. 〈인의 김영 가전(金引儀泳家傳)〉은 서유본과 교유했던 역상학자(曆象學者) 김영(金泳)에 대한 전이다. 서유본은 김영의 생김새와 성격을 사실적으로 묘사하는 등 김영의 생애와 관련 정보를 상세하게 적었다. 역상학에는 매우 뛰어났지만 결국 세상의 버림을 받아 학문에만 몰두하다 곤궁 속에서 사망한 김영에 대해, 평생 학문적 동지로서의 애정을 담아 입전한 글이다.

동궁에 경사스러운 징조 나타나, 청구(靑邱)의 천명이
새로워졌네. 무지개가 흘러 두 성군(영조와 정조)에
부합하였으니, 상서로운 나무에서 거듭된 봄을
징험했네. 종묘사직 반석같이 견고하여, 온 나라가
태평성대를 구가했네. 마음에 계속 이어가고자 했으니,
하늘의 뜻이 어찌 까닭 없었으랴.

좌소산인문집 左蘇山人文集

권 1

達城 徐有本 混原 — 詩

비온 후 여러 친구들과 남산에 올라

雨後同諸益登南山

맑은 경치 멀리까지 트여, 지팡이 울리며 가니 길은 더욱 멀어지네. 물소리는 날아서 골짜기 씻어주고, 푸른 산빛은 고요히 하늘에 닿았네. 풀 깔고 자주 느긋하게 앉고, 바위에 기대어 각자 초대를 받네. 아스라이 지는 햇살 너머로, 돌아오는 길은 산의 다리에서 간들거리네.

晴景延遐眺, 鳴笻路轉遙. 水聲飛漱壑, 林翠靜參霄. 藉艸頻淹坐, 依巖各見招. 微茫殘照外, 歸逕裊山橋.

금강산 1만 2천 봉 응제應製【사중舍仲 유구有榘를 대신하여 짓다】

金剛一萬二千峯應製【代舍仲】

신령스러운 구역은 반드시 상도(上都)에서 구해야 하니, 옥같이 선 세 개의 봉우리 십주(十洲)에서 솟아올랐네. 9만 리 길은 길어 벽락(碧落)을 뛰어 넘어, 3천 리 강산 단구(丹丘)를 숨겼네. 신기한 이야기 예로부터 허황되게 전하여, 기이한 구경거리 지금도 내키는대로 찾아다니네. 맑고 신령스러운 대지가 치우치게 길러내어, 신비한 기교의 조화옹이 끌로 아로새겼네. 위엄있게 뾰족뾰족 솟아 새가 나는 듯 날렵하고, 원기(元氣)는 넘쳐흘러 거둘 수 없게 널리 퍼졌네. 승경은 천하의 수를 따르는 듯한데, 기이한 경관 오직 해동에서 으뜸이라. 별자리로는 석목(析木)의 기성(箕星)으로 푸른 바라 둘렀고, 산은 곤륜(崑崙)을 시조로 백두(白頭)에서 일어났네. 삼각산은 쪽 찐 머리 모양으로 상국(上國)을 높이고, 한라산은 눈썹 같은 모양으로 남쪽 지방 진무하네. 문장 짓는 현인들에게 신령 강림했고, 도가 와 불가 선인들 자취 얼마나 남아있나. 맥국(貊國)의 유람 옛날부터 전해져, 계곡과 형승은 필적할 이 적었네. 모래톱 망망하여 봉호(蓬壺, 봉래산) 얕게 있고, 구름 정정히 펴져 설악산 떠 있네. 기암괴석 옥처럼 모여 천개의 부처 서있고, 평평한 호수 비단 펼친 듯하여 네 신선 노니네. 임궁(琳宮) 앞길에 맑은 시내 흐르고, 옥동(玉洞) 서쪽 머리엔 별세계 그윽하네. 먼 나무 구름 찔러 수놓은 비단처럼 펼쳐졌고, 찬 시냇물 돌에 부딪혀 옥소리 연주하네. 황당한 영랑(永郎)과 술랑(述郎)이 신선으로 노닐었다는 이야기[1], 신기하고 괴이한 김동(金同)의 부처를 새긴 계획.[2] 전체로 찾아보려하니 모두 바위 경치니, 유람하는 사람은 반드시 헐성루(歇惺樓)에 올라야 하네. 봉우리들 깎아질러 서로 빙 둘러섰고, 암석들은 울룩불룩 절로 빼어났네. 높은 곳에서 우뚝 솟아 상제에 임했고, 가지런히 옹기종기 모여 벗들을 이끄네. 이슬 맞은 연꽃 물 밖으로 나오니 어찌 그리 고운가, 서리맞은 송골매 바람 치며 굳세게 날아오르네. 긴 밤 허명(虛明)하여 새하얀 모습 남겨주고, 석양은 찬란하게 감색과 붉은빛으로 물들이네. 잔도는 위태하게 골짜기에 걸쳐져 날다람쥐 떨어지고, 바위는 하늘로 솟구쳐지나가는 새 근심하네. 역력히 거울 속에 참모습 드러내고, 의연히 허공에서 긴 눈썹 그리고 있네. 천길 높이로 이 좁은 풍진세상에서 우뚝 솟아, 한 줄기로 영겁의 세월 속 유유히 길게 남아있네. 마침내 구름과 노을로 잠깐 사이 달라지더니, 문득 수풀이 사방을 둘러섰네. 멀리 병풍처럼 막아선 것 보다가, 홀연 삐죽삐죽 칼과 창 꽂은 모습에 놀라네. 이 세상 명승지 어느 것이 대적할까, 종일토록 노닐며 보아도 쉬지를 못하네. 뭇 봉우리 줄지어 서서 모두 완상할 만하니, 그 수 얼마나 많고 또 세밀히 세어야 하

1 영랑(永郎)……이야기 : 신라시대 사선(四仙)으로 호칭되는 영랑(永郎)·술랑(述郎)·남랑(南郎)·안상(安祥)이 이 지역을 유람했다는 이야기가 《신증동국여지승람(新增東國輿志勝覽)》에 나온다.

2 김동(金同)……계획 : 김동(金同)은 고려 시대 사람으로 평생 부처를 좋아하여 울연(鬱淵)의 위에다 암자를 짓고 모든 바위의 면에다 불상(佛像)을 조각하여 부처를 공양하였다는 이야기가 남효온(南孝溫)의 〈유금강산기(遊金剛山記)〉에 나온다.

는지. 위태로운 난간 자주 옮겨 다니며 눈 돌려 보다가, 선장(禪杖)에 기대어 손가락으로 자주 세어보네. 하나둘 세다가 이내 잊어버리니, 들쭉 날쭉한 봉우리 계산하다 겹겹이 조밀히 있는 것 어찌하나. 세속에서 신선과 부처 발자취 찾으려 한다 말하니, 산길은 노승에게 묻는다네. 밝은 빛은 꿈속같이 컴컴한 가운데 느껴지고, 봉우리 끝에 드러난 모습은 하나하나 찾아보네. 무산(巫山) 12봉이 어찌 여기에 비하리오, 5백 나한이 더욱 우수하지. 수가 이루어져 사물을 호명하며 먼저 외치나, 그 수의 배만큼 맑은 강물 다시 이어지네. 바닷가 신선 지역으로 기이한 자취 전해지니, 제동야설(齊東野說)이 어찌 동류가 되리. 중국 사람들 시를 지어 와서 보기를 바라고, 불가의 책에서는 계 수행으로 전하네. 온 나라의 사민(士民)들 다투어 완상하여, 사시사철 지팡이와 나막신이 오랜 빚 갚듯 밀려오네. 꽃 깊은 옥경(玉鏡)은 시인의 술통이요, 달빛 비치는 금란(金欄)은 자사(刺史)의 배로다. 예로부터 맑은 유람 날 잡는 경우 많았으나, 그중 좋은 계절은 가을이 가장 적합하지. 높은 산에 하룻밤 새 짙은 서리 내려, 단풍 물든 천개의 숲 해 등지고 바람 소리 들려주지. 나뭇잎 빽빽한 깊은 숲 장막같이 둘러쳐져, 뿌리 서린 큰 골짜기에 규룡 누워있네. 멋진 유람 유독 이 때만 가하겠나, 승경을 누가 이 지역 다투나. 아름다운 경치 알리는 데에는 반드시 기운찬 글 있어야 하니, 몇 사람이나 감상하며 수레를 멈추었을까. 이백(李白) 같은 시 지으며 소로(蘓老, 소순(蘇洵)) 좇고, 고담(鈷潭) 기문 쓰며 유종원(柳宗元) 생각하네. 층층이 험준한 오래된 바위 눈과 같이 밝고, 굽이진 맑은 계곡물 기름처럼 맑구나. 중향성(衆香城)은 멀리 구름 천겹 속에 있고, 명경대는 높이 달이 반쯤 걸려있네. 학이 깃든 골짝에서는 서늘한 이슬에 옷 젖고, 용이 숨어있는 늪에서는 마른 우레 귀를 어지럽게 하네. 월궁(月宮)의 나무 오래되어 향기로운 계수나무 더위 잡아 올라가는데, 오도자(吳道子)는 번민하는 비구를 그림으로 전하네. 아득히 술통 앞에 먼 눈썹같은 경치 불러들여, 유유히 주렴 반쯤 걷어 눈동자 마음대로 굴려보네. 바둑 구경하다 몇 년이나 지난지 깨닫지 못하고, 태산 올라 비로소 천하가 작은 것 알게 되네. 예천(泉醴)과 영지(靈芝)는 기이한 상서 보여주니, 감히 이것으로 임금님 송축하네.

靈區須向上都求, 玉立三峯聳十洲. 九萬路脩超碧落, 三千里敻秘丹丘. 異聞終古傳荒詭, 奇賞如今恣攬搜. 大地淑靈偏結毓, 化翁神巧費鑱鎪. 威稜峭拔飄如翥, 元氣淋漓灝不收. 勝境如從天下數, 奇觀唯是海東尤. 躔分箕析環靑海, 山祖崑崙起白頭. 三角浮鬟隆上國, 漢挐磨黛鎭南陬. 文章賢俊神維降, 道釋仙靈蹟幾留. 貊國遊觀傳自古, 伊溪形勝寡其仇. 沙頭漭漭蓬壺淺, 雲際亭亭雪嶽浮. 奇石攢瑤千佛立, 平湖拖練四仙遊. 琳宮前路淸磎轉, 玉洞西頭別界幽. 遠樹干雲鋪錦繡, 寒流觸石奏琳璆. 荒唐永述游眞說, 靈詭金同刻佛謀. 全體欲尋皆骨境, 遊人須上歇惺樓. 峯巒崱屴相環拱, 巖石碒砑自拔抽. 高處巖巖臨后辟, 齊來簇簇挈朋儔. 露蓮出水何姸媚, 霜鶻搏風任健遒. 長夜虛明留皓白, 夕陽凌亂纈紺緅. 棧危架壑飛鼯落, 石矗排空去鳥愁. 歷歷鏡中眞面露, 依依天半畵眉脩. 千尋聳出塵寰窄, 一抹長留浩劫悠. 遂有雲霞俄頃異, 却看林木四邊周. 遙看匝沓遮屛障, 忽訝崢嶸揷劒矛. 大界名區疇可敵, 終朝游矚不能休. 羣峯列立俱堪賞, 厥數何多且細籌. 屢徙危欄眸幾騁, 秖憑禪杖指頻摟. 計來一二仍忘失, 較得參差奈疊稠. 俗語欲徵神佛躅, 山經仍向老僧諏. 明光夢裏冥冥感, 現像峯頭箇箇侔. 十二巫山那足比, 半千羅漢較來優. 數成號物先爲唱, 計倍淸河更作逑. 海上仙區傳異蹟, 齊東野說豈同流. 華人詩結來生願, 禪氏書傳戒行修. 一域士民奇翫競, 四時笻屐宿逋酬. 花深玉鏡騷人榼, 月印金幱刺史舟. 從古淸遊多選日, 箇中佳節最宜秋. 山高一夜嚴霜下, 楓染千林背日颼. 葉密穹林圍帟幕, 根蟠巨壑卧龍虯. 良遊獨有玆時可, 勝界誰爭此地不. 佳景發揮須健筆, 幾人游賞且停輈. 詩成廬嶽追蘓老, 記就鈷潭想柳侯. 老石巉崚明似雪, 淸溪彎曲淨如油. 衆香城逈雲千匝, 明鏡臺高月半鉤. 凉露衣沾巢鶴洞, 晴雷耳亂蟄龍湫. 月宮樹老攀香桂, 道子啚傳悶苾蒭. 渺渺樽前來遠黛, 悠悠簾半縱游眸. 觀碁不覺經年歲, 登岱方知小埡坏. 泉醴芝靈呈異瑞, 敢將嵩祝徹宸旒.

고려 왕릉에서의 회고시
高麗國陵懷古

고려 시대의 한 무더기 능, 만월대(滿月臺)에는 왕기(王氣)가 처량하구나. 주옥(珠玉)은 다 사라져 선침(仙寢)은 냉랭하고, 소나무와 삼나무는 초췌하고 돌난간은 부러졌네. 빈산의 가랑비에 기린은 누워있고, 끊어진 골짜기의 맑은 이슬에 학은 슬피 우네. 주고 받는 초동의 노래 그저 애달프게 바라보니, 엷은 안개 속 시든 풀에 한을 가누기 어려워라.

麗朝陵墓一坏堆, 王氣凄凉滿月臺. 珠玉消磨仙寢冷, 松杉憔悴石欄摧. 空山細雨猉獜卧, 斷壑淸霜鸛鶴哀. 行答樵歌聊悵望, 澹烟衰艸恨難裁.

금경암金經庵의 최현璀絢 스님께 드리다[3]
金經庵贈璀絢上人

상인(上人)의 띠 집은 삼봉(三峯)에 있어, 관장하는 우주[4]는 예전에 봉해진 것이지. 종일토록 경전을 강론하니 새들이 법을 듣고, 때때로 석장을 날리며 다니니 사슴이 발걸음을 좇네. 서리가 많이 내린 암자에는 봄 그늘 짙고, 비가 그친 계단에는 나무 그림자 뚜렷하네. 동쪽에서 만약 도처

---

3 최현(璀絢) 스님께 드리다 : 서형수(徐瀅修)의 《명고전집(明皐全集)》 권1에는 〈산속 집에서 향불을 피우고 최현(璀絢) 스님과 함께 불경을 강론하며(山齋燒香, 與絢上人演佛乘)〉, 〈최현 스님이 내방하였기에 달 아래서 운을 뽑아 3수(絢上人來訪, 月下拈韻 三首)〉의 시가, 권5에는 최현 스님에게 보내는 편지 〈여최현상인(與璀絢上人)〉 2편이 실려있다.

4 우주 : 원문의 희이(希夷)는 현묘한 우주의 이치를 가리킨다. 《도덕경(道德經)》에, "보아도 보이지 않는 것을 희(希)라 하고, 들어도 들리지 않는 것을 이(夷)라 한다." 하였다. 당(唐)나라 유종원(柳宗元)의 〈우계시서(愚溪詩序)〉에, "홍몽(鴻蒙)을 뛰어넘고 희이(希夷)와 뒤섞여, 적요(寂寥)하게 살아 아무도 나를 아는 이가 없다." 하였다.

사(陶處士)를 불렀다면, 첩건과 사리[5]는 서로 잘 따랐으리라. 【산의 이름은 화악(華岳)[6]이고, 스님의 호(號)는 삼봉(三峯)이다.】

上人茅屋在三峯, 管領希夷舊賜封. 鎭日談經禽聽法, 有時飛錫鹿尋蹤. 霜多佛閣春陰重, 雨歇禪階樹影濃. 東社倘招陶處士, 氈巾絲履好相從. 【山名華岳, 上人號三峯.】

화장사[7]

華藏寺

일만 겹의 송라(松蘿) 한 줄로 통했는데, 흰 구름 속에서 맑은 경쇠소리는 어디에서 오는지. 홀연 화려한 단청을 한 불전이 하늘에 연하여 솟아나니, 서역 승이 이 절을 지은 공을 상상하게 되네. 【이 절은 본래 서역 승 지공도사(指空道士)가 창건한 것이라고 한다.】

萬疊松蘿一線通, 何來淸磬白雲中. 忽看金碧連天涌, 尙想西僧締構功. 【寺本西域僧指空道士所刱云.】

---

5 첩건과 사리 : 첩건은 털실로 짠 수건이고 사리는 명주실로 만든 신발인데, 두보(杜甫)가 승려의 방에 묵으면서 지은 시에 "가늘고 푸른 명주실로 만든 신발이요, 하얗게 빛나는 털실로 짠 수건일세. 깊이 감춰 두고 노 스님에게만 바치는데, 이 몸이 쓰라고 선뜻 꺼내 주시누나.(細軟靑絲履 光明白氎巾 深藏供老宿 取用及吾身.)"라는 구절이 나온다. 《두소릉시집(杜少陵詩集)》 권4 〈대운사찬공방(大雲寺贊公房)〉

6 화악(華岳) : 북한산의 다른 이름이다.

7 화장사(華藏寺) : 경기도 장단(長湍)의 보봉산(寶鳳山)에 있는 절이다. 이 절에는 사리탑인 화장사 부도(華藏寺浮屠), 일명 지공정혜령조탑(指空定慧靈照塔)이 있다.

문효세자文孝世子[8]만장【아버지 서호수徐浩修를 대신하여 짓다】
文孝世子挽章【代家大人】

동궁에 경사스러운 징조 나타나, 청구(靑邱)의 천명이 새로워졌네. 무지개가 흘러[9] 두 성군(영조와 정조)에 부합하였으니, 상서로운 나무에서 거듭된 봄을 징험했네. 종묘사직 반석같이 견고하여, 온 나라가 태평성대를 구가했네. 마음에 계속 이어가고자 했으니, 하늘의 뜻이 어찌 까닭 없었으랴.

기이其二

온 세상이 함께 목을 빼, 흔연히 영특한 모습 뵈었네. 온화하고 문아함은 슬기로운 자질에 근본하여, 인효(仁孝)는 빼어나게 나면서부터 알았지. 무릎에서 놀아 임금님 웃으시게 하였고, 엿을 물어 자전 기쁘게 해드렸네. 당 이름 아름답게 내려주시어, 복된 운 태평성대로 들어섰네.

기삼其三

전몽(旃蒙)에 옛 갑자 한 바퀴 돌아[10], 몇 자 되는 옷을 입고 의젓하게 서연에 나섰네. 예가 성하여 삼조(三朝)가 쉬고, 책을 펼쳐 온갖 행실의 우선으로 삼네. 크게 열조(烈祖) 이어받을 것 생각하여, 성군이 잇달아 나오길

---

8 문효세자(文孝世子) : 문효세자(1782~1786)는 정조의 첫째 아들로 순조의 이복형이다. 휘는 순(㬀)이고 시호가 문효(文孝)이다. 1784년에 왕세자로 책봉되었으나 1786년에 홍역으로 사망했다.

9 무지개가 흘러 : 소호씨(少昊氏)의 어머니 여절(女節)이 무지개 같은 별이 흘러내리는 꿈을 꾸고 소호씨를 낳았다는 전설에서 온 말로, 세자가 태어난 것을 가리킨다. 《송서(宋書)》 권27 〈부서지상(符瑞志上)〉에 "제지(帝摯) 소호씨(少昊氏)의 어머니는 여절(女節)인데, 마치 무지개와 같은 별이 아래로 화저(華渚)에 흘러 내려오는 것을 보고 이윽고 꿈속에서 감응하여 소호(少昊)를 낳았다. 소호가 제위(帝位)에 오르자 봉황이 날아오는 상서(祥瑞)가 있었다.(帝摯少昊氏, 母曰女節, 見星如虹, 下流華渚, 既而夢接意感, 生少昊. 登帝位, 有鳳凰之瑞.)"라고 한 데서 온 말이다.

10 전몽(旃蒙)에……돌아 : 전몽(旃蒙)은 고갑자(古甲子)의 십간(十干) 가운데 을(乙)을 가리키는 말이다. 을사년(乙巳年, 1785)은 영조(英祖)가 즉위한 해(1725)의 60주년이다.

어린 나이 세자에게 바라네. 정일(精一)함으로 전하는 심결(心訣)[11], 임금님 어필(御筆)로 해와 달같이 걸렸네.

기사其四

예후(睿候) 처음에는 건강히 회복되어, 신인(神人)이 함께 보호했지. 축수하는 말 바야흐로 있으려는데, 기도하는 옥이 공이 없게 되었네. 온 거리에서 빗줄기같이 눈물 흘리고, 궁의 각 전각마다 서늘한 바람 부네. 신민들이 복이 없다 한탄하니, 어떻게 임금님 마음 위로할까.

기오其五

길일에 능침이 열렸는데, 성대한 호위 처량하네. 동룡루(銅龍樓)[12]에 부질없이 달빛 비추고, 생학(笙鶴)은 아득히 구름 위로 날아갔네.[13] 효를 강론하던 운향(芸香) 차가워졌고, 아름다움 드날리는 죽책은 빛나네. 웃음과 울음 잠깐 사이에 바뀌니, 신리(神理)는 매우 창망하구나.

기육其六

빈료가 줄지어 섰을 때 생각하니, 자주 이극문(貳極門)으로 달려 나갔지. 예공(睿工) 기일 완료되어, 어린 세자의 덕 봄날 같은 온화함 송축했네. 전성(前星, 세자를 상징하는 별) 빛나길 우러렀는데, 바다가 뒤집힘에 깜짝 놀랐네. 새로 하사한 부채 어루만지며, 슬픈 만사 겨우 말을 이루네.

---

11 정일(精一)함……심결(心訣) : 《서경》 〈대우모(大禹謨)〉에 나오는 순(舜) 임금이 우(禹)에게 제위(帝位)를 넘겨주면서 한 말인 "인심은 위태롭고 도심은 은미하니, 정밀하게 하고 한결같이 해야 진실로 그 중도를 잡을 수 있다.(人心惟危, 道心惟微, 惟精惟一, 允執厥中.)"를 가리킨다.

12 동룡루(銅龍樓) : 한(漢) 나라 태자궁의 누각 이름으로 동궁(東宮)을 가리킨다.

13 생학(笙鶴)은……날아갔네 : 주(周)나라 영왕(靈王)의 태자 진(晉)이 생(笙) 불기를 좋아하여, 도사의 초대를 받아 숭산(嵩山)에 갔다가 백학을 타고 신선이 되어 떠난 일에서 온 말로, 태자가 사망한 것을 가리킨다.

震邸休徵叶, 靑邱景命新. 流虹符二聖, 嘉樹驗重春. 宗祏如磐固, 謳歌轡土均. 人心方有係, 天意豈無因.

其二

匝域同延頸, 欣瞻歧嶷儀. 溫文根睿質, 仁孝挺生知. 繞膝開宸笑, 含飴悅聖慈. 堂名有嘉錫, 休運屬重熙.

其三

睿候初康復, 神人保護同. 呼嵩方在卽, 禱璧意無功. 雨泣連街巷, 風凄遶殿宮. 臣民嗟不祿, 何以慰宸衷.

其四

睿候初康復, 神人保護同. 呼嵩方在卽, 禱璧意無功. 雨泣連街巷, 風凄遶殿宮. 臣民嗟不祿, 何以慰宸衷.

其五

吉日開玄隧, 凄涼羽衛長. 銅龍虛夜月, 笙鶴杳雲鄕. 講孝芸香冷, 揚徽竹冊煌. 笑咷俄頃換, 神理劇蒼茫.

其六

憶忝賓僚列, 頻趍貳極門. 睿工期日就, 冲德頌春溫. 政仰前星耀, 旋驚少海翻. 摩挲新賜扇, 哀挽忍成言.

판부사判府事 황경원黃景源 만장 【조부 서명응徐命膺을 대신하여 짓다】

黃判府事【景源】挽【代王考】

젊은 나이에 문단의 선비들에게 존경을 받아, 계곡(谿谷) 장유(張維)와 농암(農巖) 김창협(金昌協) 이후로 맹주로 인정받았네. 온갖 가락으로 연주해 내며 오묘한 경지를 보여주고, 법도에 맞게 한(漢)나라 때와 같은 문장을 그려내었네. 북두성이 홀연 문원(文苑)의 화려함을 거두어들이니, 강하(江河)가 길이 대가의 명성을 띠게 되었네. 초연히 돌아가시니 공이 무슨 유감 있으리오, 인간 세상의 불후한 명성 한껏 얻었다네. 【황공(黃公)의 자호(自號)가 강한(江漢)이다.】

妙歲詞林士望傾, 谿農以後許專盟. 宮商彈出歐三昧, 繩尺摸來漢二京. 星斗忽收文苑彩, 江河長帶大家聲. 翛然歸化公何憾, 贏得人間不朽名. 【黃公自號江漢】

혜경궁惠慶宮 회갑 탄신일에 삼가 임금께서 지으신 지희시志喜詩에 화답하다 【아버지 서호수徐浩修를 대신하여 짓다】

惠慶宮周甲誕辰恭和御製志喜詩韵【代家大人】

60년의 무지개가 흐른 시절, 임금님께서 축수의 술잔을 올리시네. 천도 복숭아는 천년 만에 맺혔고, 아름다운 음악은 구소(九韶)[14]로 펼쳐졌네. 해내에 오복(五福)이 펼쳐졌고, '산등성이 같이'와 노송(魯頌)의 노래로 축수

---

14 구소(九韶) : 중국 고대 성군인 순(舜) 임금의 음악이다.

하네.[15] 왕세손이 돈독한 경사를 이어받았으니, 하늘의 돌봄을 여러 곳에서 받았네.

六紀虹流節, 君王奉壽觴. 瑤桃千歲結, 仙樂九韶張. 環海敷箕福, 如岡頌魯章. 文孫承篤慶, 天眷受多方.

당숙 전시군殿侍君의 죽령초당竹泠草堂 【3수】

堂叔殿侍君竹泠草堂作【三首】

석양이 빈 마을 비추니, 들판 위 마을 또렷해지네. 말 머리엔 매미 소리 어지럽고, 두 그루의 회화나무는 사립문 덮었네. 박 넝쿨은 삼나무 끝까지 내달렸고, 온갖 꽃은 울타리 아래에서 반짝이네. 농부는 오래 기다렸는지라, 당 위엔 저녁밥 갖추고 있네. 장어는 이미 도마 위에 올랐고, 기장 술도 술동이에 그득하네. 얼큰하게 함께 취하여, 마음껏 노래 부르며 하늘과 땅 바로보네. 유유한 창주(滄洲)[16]의 흥취, 다시 앞뜰 연못 향해 가서 논의하네.

기이其二

앞뜰 연못 아른거리며 눈에 들어오니, 나막신 끌고 가 시원한 바람 맞

15 산등성이 같이……축수하네 : '산등성이 같이'는 《시경(詩經)》 소아(小雅) 천보(天保)에, "산과 같고 언덕과 같으며, 산등성이와 같고 큰 언덕과 같다.(如山如阜, 如岡如陵.)"라고 한 데서 온 말로, 신하들이 임금에게 만수무강을 기원하는 말이 있다. 노송(魯頌)은 《시경(詩經)》 노송(魯頌) 반수(泮水)에, "이미 맛있는 술을 드셨으니 길이 불로(不老)를 주리로다.(旣飮旨酒, 永錫難老.)"를 가리키는 것으로, 역시 만수무강을 기원하는 노래이다.

16 창주(滄洲) : 위(魏)나라 완적(阮籍)이 지은 〈위정충권진왕전(爲鄭沖勸晉王箋)〉의 "창주를 굽어보며 지백에게 사례하고, 기산에 올라가 허유에게 읍을 하네.(臨滄洲而謝支伯, 登箕山而揖許由.)"라는 말에서 유래하여, 경치 좋은 은자의 거처를 뜻한다.

네. 연못의 구름은 내 생각처럼 담담하고, 연못 물은 내 모습 비추네. 낭랑히 겸가시(兼葭詩)[17] 읊조리며, 눈으로 외로이 날아가는 기러기 전송하네. 그물 든 이는 어느 마을의 손인가, 낚싯대 마는 이는 이 계곡의 늙은이라네. 서로 만나 곧 친해져, 산 이야기에 다시 농사 이야기 나누네. 즉시 좋아하여, 장차 돌아가는 거룻배 손보려 하네. 묻노니, 그대는 어찌 이곳에 있는가, 오랜 시간 전원이 비어있어서라네.

기삼其三

전원 오래도록 주인 없으니, 주인은 지금 어떠한가. 새벽에 치각(豸角)[18] 꽂고, 상대(霜臺, 사헌부) 동료들 떠나왔네. 낭관으로 머문 지 몇 년이던가, 날마다 그윽한 일로 한가히 지냈지. 납거미 빈 창문에 걸려있고, 앞을 휘저어 먼지 날려버리네. 이를 보면 한 번 탄식하니, 하물며 다시 가을 경치 맞이함이 어떠하리. 연못에 돌아오니 물고기들 고요하고, 숲에 들어가니 새들 떼로 지저귀네. 공평히 나눠 동서로 왕래하며, 가서 그대와 함께하리.

斜日照虛落, 歷歷原上村. 馬首蟬聲亂, 雙槐翳柴門. 匏蔓走杉杪, 雜花映籬根. 農夫候多時, 上堂具盤飧. 鰻魚旣登俎, 秫酒亦盈樽. 陶然共一醉, 放歌望乾坤. 悠悠滄洲興, 且向前池論.

其二

前池曖入望, 步屧追凉風. 池雲澹余思, 池水鑒余容. 朗唫兼葭詩, 目送孤飛鴻. 操網何村客, 捲釣此溪翁. 相逢便相親, 談山復談農. 卽事堪怡悅, 逝將理歸篷. 問君胡爲乎, 長時田園空.

---

17 겸가시(兼葭詩) : 《시경(詩經)》〈진풍(秦風)〉의 시로, 멀리 떨어져 있는 사람을 그리워하는 시이다.
18 치각(豸角) : 어사(御史)가 쓰는 관이 치각관(豸角冠)이다.

其三

田園久無主, 主人今何如. 平明揷豸角, 去伴霜臺烏. 潛郞凡幾載, 日與幽事疎. 蠨蛸掛虛牖, 堀堁揚前除. 對此一喟然, 況復秋景徂. 返淵魚隊靜, 投林鳥羣呼. 平分瀼東西, 行矣與君俱.

재종숙부 보은 수령에게 드리다【낙수洛修[19]】

寄贈再從叔報恩守【洛修】

문성(文城)과 보은(報恩)에, 한 해에 깃발 몇 번이나 펄럭였나. 봄달 어여삐 우리 집 비추니, 그대가 동헌에서 밤에 거문고 연주함을 알겠네. 가을 바람 산들산들 내 품에 불어오니, 그대가 소나무 계수나무 숲에서 독서함을 알겠네. 거문고 연주와 독서 외에 다른 일 없으니, 그대가 관청 업무를 물과 같이 담박하게 처리함에 기뻐하네. 혜택을 받은 백성들이 수령 부임이 단비 같다고 노래했으니, 추위와 배고픔에 고생하는 백성들이 고을 문서에 잘 정리되었지. 법주사의 사암(獅菴)에서 신선 찾아가고, 바람 바위, 물구멍과 이웃이 되었네. 당주(唐州)에서 신망을 얻은 것[20]이 어찌 말할 만한가, 선성(宣城)에서의 이은(吏隱)[21]도 같은 부류가 될 수 있겠나. 언제 이 풍진 세상일 끝내고, 돌아가 송남리(松南里)에서 함께 농사지을까. 지난밤 매서운 서리가 뜰의 풀에 내렸으니, 그대를 생각해도 볼 수 없어 더 늙는구나.

---

19 낙수(洛修) : 서낙수(徐洛修, 1756~1821)는 자(字)는 여원(汝源)이다. 보은현감, 호조좌랑, 한성부 서윤, 울산부사, 부평부사 등의 벼슬을 지냈고, 이조참의에 추증되었다.

20 당주(唐州)……얻은 것 : 송(宋)나라의 고부(高賦)가 당주지주(唐州知州)로 있을 때 비옥한 벌판을 보고 유민(流民)을 모아 경작시켜 호구와 부세(賦稅)가 몇 배나 늘어나, 그 고을에서 생사당을 세웠다 한다. 《송사(宋史)》 〈고부전(高賦傳)〉에 나온다.

21 선성(宣城)……이은(吏隱) : 남제(南齊)의 시인이었던 사조(謝朓)는 선성 태수(宣城太守)로 있으면서 많은 시를 지었다고 한다.

文城及報恩，一麾歲幾翻．春月姸姸照我舍，知君彈琴縣齋夜．秋風獵獵吹我襟，知君讀書松桂林．彈琴讀書無餘事，喜君官庭澹如水．惠澤人歌下車雨，氷蘗家傳理縣譜．法住獅菴訪仙眞，風巖水穴作比隣．唐州緊望何足云，宣城吏隱可同羣．何日了債風塵裏，歸歟耦耕松南里．昨夜嚴霜下庭艸，思君不見令人老．

우연히 읊다

偶吟

험난한 곳 만나면 멈추고 흐름 타면 가는 것 모두 하늘에 달렸으니, 구름낀 산은 나에게 초연히 누워서 감상하는 것 허락했네. 장생(莊生, 장자)은 새벽에 허백(虛白)[22]을 오게 했고, 양자(揚子, 양웅)는 은미한 말로 태현(太玄)을 가득 채웠네. 세상 피해 누가 나무 집 지었나, 농사 지으려 해도 나는 송곳 세울만한 땅만 있네. 주머니 빈 것은 남들 보기 부끄럽지 않으나, 다만 상에 웃음 살 돈 부족하구나.

기이其二

소슬한 서재에서 맑은 날 서재 휘장 걷고, 옥해(玉海)와 주림(珠林) 마음대로 살펴보네. 쇠락하고 기구함이 나에게 돌아왔으니, 풍류와 유아(儒雅)는 끝내 누구를 스승 삼을까. 일생 마음 맞는 이는 서적뿐이라, 반세 동안의 행동은 백치(白癡) 같았네. 눈을 부릅떠 신주(神州, 중국)를 보아도 사람 보이지 않고, 기공(紀公, 기윤)의 문필(文筆)과 원자재(袁子才, 원매)의

22 허백(虛白) : 《장자(莊子)》 〈인간세(人間世)〉에 "빈 방 안에서 흰 빛이 생기고, 여기에 좋은 징조가 깃든다.(虛室生白 吉祥止止.)"라고 한 데서 유래한 말로, 맑고 텅 빈 마음을 가리킨다.

시(詩) 뿐일세.

坎止流行摠任天, 雲山容我卧超然. 莊生曉枕來虛白, 揚子微言滿太玄.
避世誰成因樹屋, 課農吾有卓錐田. 囊空不是翻羞澁, 只欠床頭買笑錢.

其二

蕭齋晴日卷書帷, 玉海珠林取次窺. 歷落崎嶔還我輩, 風流儒雅竟誰師.
一生衿契須黃孋, 半世行藏做白癡. 極目神州人不見, 紀公文筆子才詩.

삼가 어제시御製詩를 차운하여【아버지를 대신하여 짓다】

敬次御製詩韻【代家大人】

무오년(戊午年, 정조 22년, 1798) 3월 19일, 임금님께서 황단(皇壇)에 거둥하시어 망배례(望拜禮)를 행하셨으니, 이날은 바로 열황제(烈皇帝, 명나라 의종(毅宗))의 휘신(諱辰, 기일)이다. 임금님께서 삼가 말씀하셨다. "문정공(文正公) 윤황(尹煌)[23]은 으뜸으로 대의를 펼쳐 명예와 절개가 탁월하다. 작년에 제향을 내려 서글피 생각하는 뜻을 조금 보였는데, 지금 아직도 부조(不祧)의 특전이 거행되지 않았다고 들으니

23 윤황(尹煌) : 윤황(1571~1639)은 본관이 파평(坡平), 자는 덕요(德耀), 호는 팔송(八松)이다. 1597년(선조 30) 알성 문과에 을과로 급제하여, 1626년(인조 4) 사간·보덕 등을 역임했으며, 이듬해 정묘호란이 일어나자 주화(主和)를 반대해 이귀(李貴)·최명길(崔鳴吉) 등 주화론자의 유배를 청하고, 항장(降將)은 참할 것을 주장하였다. 그런데 주화는 항복이라고 했다가 왕의 노여움을 사 삭탈관직되어 유배의 명을 받았으나 삼사의 구원으로 화를 면하였다. 1636년 병자호란이 일어나자 정묘호란 때와 같이 척화를 주장하다가 집의(執義) 채유후(蔡裕後), 부제학(副提學) 전식(全湜)의 탄핵을 받았다. 특히 전식이 쓸데없는 논의로 나라를 그르친 죄를 청하자, 인조 또한 "부박(浮薄)한 풍습은 통렬히 징계해 다스리지 않을 수 없어 이에 죄를 정한다."하여, 영동군에 유배되었다가 병으로 풀려 나와 죽었다.

이는 매우 결여된 일이기에 체천(遞遷)하지 말도록 하라. 황조(皇朝)에서 요동백(遼東伯)으로 추증한 충무공(忠武公) 김응하(金應河)[24]가 심하(深河)의 전쟁에 나간 지 한 일이 삼회갑(三回甲)에 그의 손자 김택기(金宅基)가 무과(武科)에 급제하였으니, 일이 마치 때를 기다림이 있는 듯 하니 어찌 옛일에 대한 슬픔을 감당할 수 있겠는가?" 인하여 어제(御製) 오칠언(五七言) 각 1수씩 짓고 각신(閣臣)들에게 창화하여 시를 지어 올리도록 하였다.

문정공(文正公)의 존주(尊周) 의리, 그 심간(心肝)은 해와 같이 밝게 빛나네. 실 한오라기 같은 엄자(嚴子)의 솥, 천고의 담암(澹庵)[25]의 글. 말고삐를 잡아 충성이 더욱 드러나니, 군대를 논한 책략 어찌 소홀하겠는가. 정령(精靈)은 길이 물과 같아, 특수한 전례가 작년 제향 뒤에 내렸네.[26]

---

24 김응하(金應河) : 김응하(1580~1619)는 본관이 안동(安東)이고 자는 경희(景羲)이다. 1604년(선조 37) 무과에 발탁되었으나 처음에는 별로 인정을 받지 못하다가, 평소 김응하의 무장적인 재능을 아끼던 박승종(朴承宗)이 병조판서가 되자 비로소 선전관에 제수되었으나, 이듬해 여러 사람의 질시를 받아 파직당하였다. 1618년(광해군 10) 명나라가 후금을 칠 때 조선에 원병을 청해오자, 부원수 김경서(金景瑞)의 휘하에 좌영장(左營將)으로 있다가 이듬해 2월 도원수 강홍립(姜弘立)을 따라 압록강을 건너 후금정벌에 나섰다. 그러나 명나라 군사가 대패하자, 3,000명의 휘하군사로 수만 명의 후금군을 맞아 고군분투하다가 중과부적으로 패배하고 전사하였다. 이듬해 명나라 신종(神宗)은 용전분투하다가 장렬한 죽음을 당한 데 대한 보답으로 특별히 조서를 내려 요동백(遼東伯)에 봉하였으며, 처자에게는 백금을 하사하였다. 조정에서도 전사를 가상히 여겨 영의정을 추증하였다. 시호는 충무(忠武)이다.

25 담암(澹庵) : 송나라의 문신 호전(胡銓, 1102~1180)의 호이다. 자는 방형(邦衡), 시호는 충간(忠簡)이며, 여릉(廬陵) 사람이다. 송 고종(宋高宗) 소흥(紹興)년간에 금란(金亂)으로 인해 곤궁에 처했을 때, 왕륜(王倫)·진회(秦檜)·손근(孫近) 등 간신들이 화의(和議)를 주장하며 말하기를 '금에게 무릎 한번 꿇는다면, 이제(二帝)의 재궁(梓宮)과 태후(太后)를 모셔올 수 있고, 빼앗겼던 땅도 되찾아 중원(中原)을 회복할 수 있다.'라고 하면서 고종에게 항복하기를 권했다. 이에 대하여 호전은 '오랑캐는 정위(情僞)를 헤아릴 수 없으니, 무릎을 꿇는다 해도 결코 약속을 지키지 않을 것이니, 이는 금이 송을 우롱함이요, 간신들의 매국 논의이다.'라고 고종에게 봉사(封事)를 올렸었다.

26 윤황에 대한 어제시(御製詩) : 《홍재전서(弘齋全書)》 권7에 〈문정공 윤황의 부조묘(不祧廟)를 세우도록 명하고 시로써 소감을 기록하다. 소서를 아울러 쓰다.(命文正公尹煌不祧, 詩以志感. 幷小序)〉의 제목으로 실려 있는데, 서문과 시는 다음과 같다. "이날 망배례(望拜禮)를 거행하고 나서 풍천(風泉)의 감개가 격앙된 데다, 인하여 척화(斥和)한 제신(諸臣)의 항소(抗疏)하여 죽기로써 쟁론했던 열렬함을 생각하니, 완연히 어제의 일과 같았다. 그런데 그중에서도 척화의 의리를 가장 먼저 제창한 사람이 바로 문정공 윤황이었다. 그래서 지난해에 예관(禮官)을 시켜 치제(致祭)하여 강개한 생각을 대략 폈는데, 요즘 들으니, 부조(不祧)의 특전이 유독 거행되지 않았다고 한다. 이는 매우 결여된 일이기에 특별히 명하여 신주(神主)를 체천(遞遷)하지 말도록 하고, 마침내 시 한 수를

장군의 위엄과 지략은 화이(華夷)를 진동시켰으니, 날아오르는 매와 노려보는 호랑이의 자태가 상상되네. 심하(深河) 전투에 나간 지 삼갑자(三甲子) 된 날, 손자의 활과 칼이 벼슬에 임명된 때라네.[27]

戊午三月十九日, 上詣皇壇, 行望拜禮, 是日卽烈皇帝諱辰也. 上敬曰, 文正公尹煌, 首倡大義, 名節卓然, 昨年侢酹, 畧致愾念之意, 而今聞尙闕不祧之典, 甚是欠事, 其令勿遷. 皇朝封贈遼東伯忠武公金應河深河赴戰之三回甲, 其孫宅基中武科, 事若有待, 豈勝愴舊, 仍下御製五七言各一章, 令閣臣依韻賡進.

文正尊周義, 心肝皎日如. 一絲嚴子鼎, 千古澹庵書. 執靮忠彌著, 論兵策豈疎. 精靈長似水, 殊典酹祠餘.

將軍威畧震華夷, 想像鷹揚虎視姿. 最是戰深三甲子, 肖孫弓劒策明時.

제하여 유묘(侑廟)의 뜻에 갈음하는 바이다. 세상에서 팔송의 절개를 일러, 푸르고 푸른 대와 같다 하네. 삼학사와는 마음을 같이하였고, 만언소를 올려 의리도 밝혔네. 북해의 이름은 아직 남아 있거니와, 동창의 음모엔 소홀함을 어찌하랴. 사당의 향사 백년토록 연장함은, 대보단 망배례로부터 비롯되었네.(世謂八松節, 靑靑孤竹如. 同心三學士, 明義萬言書. 北海名猶在, 東牕計奈疎. 方禋延百歲, 肇自拜壇餘.)”

27 김응하에 대한 어제시(御製詩) : 《홍재전서(弘齋全書)》 권7에 〈철원의 포충사에 써서 걸다. 소서를 아울러 쓰다(書揭鐵原褒忠祠, 幷小序)〉의 제목으로 실려 있는데, 서문과 시는 다음과 같다. “황조(皇朝)가 요동백(遼東伯)으로 추증한 충무공(忠武公) 김응하(金應河)가 심하(深河) 전쟁에 나간 지 삼회갑(三回甲)이 되는 무오년 모춘(暮春) 19일, 즉 의종(毅宗) 열황제(烈皇帝)의 휘신일(諱辰日)에 충신(忠臣) 제가(諸家)의 후손들과 함께 삼가 대보단(大報壇)의 봉실(奉室)을 배알하고, 먼저 선전관(宣傳官) 등을 명하여 충무공의 사손(祀孫) 김택기(金宅基)를 단망(單望)으로 천거하게 해서 당일로 그에게 선전관을 제수하였다. 또 충무공(忠武公) 이순신(李舜臣), 충숙공(忠肅公) 조정익(趙廷翼)의 후손으로 무장(武將)이 된 사람들을 명하여 북영(北營)으로 가서 유엽전(柳葉箭)을 시험해서 초시(初試)를 내리게 하고, 인하여 북원(北苑)에 임어해서 친히 시험하여 급제를 내려서 특별히 무오 식년방(戊午式年榜)에 붙이었다. 이 일이 마치 때를 기다림이 있는 것 같으니, 어찌 옛일에 대한 슬픔을 감당할 수 있겠는가. 만일 영령(英靈)들에게 앎이 있다면 반드시 흐르는 눈물을 금하지 못할 것이다. 마침내 절구(絶句) 한 수를 써서 철원의 포충사에 걸게 하노라. 남아의 명성이 사이에 널리 전파하여라, 화려한 고명 요동백이 해동의 인물일세. 심하의 늙은 버들은 사람처럼 서 있으니, 알건대 장군이 칼 기대어 섰던 때이리라.(男子聲名聞四夷, 遼東華誥海東姿. 深河老柳如人立, 知是將軍倚劒時.)”

삼가 임금님께서 봉조하奉朝賀 구윤명具允明에게 내린 시에 차운하여【아버지를 대신하여 짓다】

敬次御製賜奉朝賀具允明詩韻【代家大人】

우리 임금님의 성한 덕 어르신 존중하니, 수성(壽城)이 햇빛 밝게 비치는 때에 열렸네. 나이 90에 물러나 수레 달아매는 일은 세상에 드문 일이니, 조정에서 지금 다시 진짜 신선을 보는구나.[28]

吾王盛德懋尊年, 壽城初開化日邊. 九耋懸車稀世事, 朝端今復見眞仙.

정순왕후貞純王后 만장【사중舍仲을 대신하여 짓다】

貞純王后輓章【代舍仲】

왕실의 아름다운 덕 또한 해동(海東)이니, 종묘는 안정시키는 공에 길이 의지하네. 건도(乾道) 받들어 다시 부상(扶桑)의 해에 목욕하고, 임금님 짝이 되어 대련(大練)의 바람 거듭 회복했네.[29] 주남(周南)·소남(召南) 연주하며 맞아들여 왕도(王道) 시작되어, 장락궁(長樂宮)[30]에 휘장 둘러 국모 위의 높아지네. 하례하는 반열 막 물러나자마자 흠위(歆衛)[31] 펼쳐졌으니, 상엿줄

---

28 구운명에 대한 어제시(御製詩) : 《홍재전서(弘齋全書)》 권7에 〈능운군 구운명이 사세(四世)가 한 조정에 있다가 90세에 치사(致仕)하였으므로, 친히 임어하여 조서를 내리고 시 한 수로 그 일을 거듭 서술하였다.(綾恩君具允明四世同朝, 九耋懸車, 親臨宣麻, 申以一詩)〉의 제목으로 어제시가 다음과 같이 실려 있다. "나서 늘그막까지 태평세월 구십 년을, 복성이 길이 북신 곁에 비추었네그려. 다시 화려한 직함 봉조하를 허여하노니, 태평성대 지상의 신선이 잘 되었구려.(生老升平九十年, 福星長照北辰邊. 華銜更許添三字, 好做淸時地上仙.)"

29 대련(大練)……회복했네 : 대련(大練)은 굵고 거친 명주로 검소한 옷차림을 말한다. 후한(後漢) 명제(明帝)의 후비인 마황후(馬皇后)가 현숙하고 검소하여 항상 대련의를 입었다는 것에서 유래하였다.

30 장락궁(長樂宮) : 한(漢)나라 태후(太后)가 거처했던 곳으로 왕후의 거처를 가리킨다.

31 흠위(歆衛) : 왕실 장의(葬儀)에 쓰이는 여러 도구를 가리킨다.

잡은 모든 관리 슬픔이 곱절이 되었네.

기이其二

우리 조정에서의 갖옷과 면류관은 옛 일 따른 것이니, 4년간 교화시킴은 정희왕후(貞熹王后, 세조 왕비)에 짝하네.[32] 윤음내려 영왕(寧王)의 뜻 드러냈고, 모열(謨烈)은 성조(聖祖)의 법도 이어받았네. 사특함 물리쳐 사람들에게 홍수의 재환 없어지고, 나라 부지(扶持)하여 태산의 기틀 놓았네. 주렴 걷어 신하들 나오는 것 기다리지 않았으니, 백 세 후에도 응당 길이 칭송받을 것 알리라.

기삼其三

해옥(海屋)에서 산가지 더하듯 성수(聖壽) 누리시길 빌었고[33], 임금께서 직접 만년상(萬年觴) 올렸지. 어찌하여 상서로운 회갑 때인 전몽(旃蒙)의 해(을축년, 1805)에, 중천의 보무(寶婺)[34] 빛을 거두어들였나. 빈전(殯殿)에서 어찌 옥책 바치는 것 감당하리오, 묘소에서는 화장대 넣은 것 헛되이 슬퍼하네. 왕호의 덕 고르고 인자하게 덮인 것 알고자 한다면, 궁벽한 산에서도 눈물 왈칵 쏟는 것 보게나.

京室徽音又海東, 宗祊永賴奠安功. 承乾再浴扶桑日, 儷極重回大練風. 鍾瑟二南王道始, 簾幃長樂母儀隆. 賀班纔撤旋歐衛, 攀紼千官倍蠹恫.

---

32 정희왕후……짝하네 : 정희왕후(貞熹王后)는 예종이 사망한 뒤 성종 즉위 후 수렴청정을 하였다.

33 해옥(海屋)……빌었고 : 소식(蘇軾)의 《동파지림(東坡志林)》 〈삼로어(三老語)〉에, "바닷물이 뽕나무밭으로 바뀔 때마다 내가 산가지 하나씩 놓았는데, 지금까지 내가 놓은 산가지가 이미 열 칸의 집에 가득 찼다.(海水變桑田時, 吾輒下一籌, 邇來吾籌已滿十間屋.)"라는 이야기가 나온다.

34 보무(寶婺) : 무녀성(婺女星)으로 여인을 상징하는 별이다.

其二

袞冕東朝故事追, 四年神化配貞熹. 絲綸動闡寧王志, 謨烈惟承聖祖規. 闢廓人無洪水患, 扶持國措泰山基. 撤簾不待鸞司進, 百世應知永有辭.

其三

海屋籌忝聖壽長, 君王親捧萬年觴. 如何瑞甲旂蒙紀, 却斂中天寶婺光. 殯殿那堪瑤册薦, 寢園空泣鏡奩藏. 欲知壼德均慈覆, 看取窮山雪涕滂.

강가에 살며 감흥이 절로 일어나

江居漫興

맑고 푸른 호수와 산 주위에서, 거나하게 취해 이치와 상수(象數)도 은미해지네. 종횡으로 엮인 도상(圖象)의 비밀, 애꾸눈으로 그 이치 엿보고자 하네. 거립(車笠)[35]으로 사귀는 정 보이니, 원림에서는 속세의 일 드무네. 단표누항(簞瓢陋巷)은 참으로 즐길 만 하니, 다만 그 뜻 어그러지지 않기를 바라네.

淨綠湖山上, 沈酣理數微. 縱橫圖象秘, 要眇管蠡窺. 車笠交情見, 園林俗事稀. 簞瓢眞可樂, 但使願無違.

35 거립(車笠) : 신분의 고하를 따지지 않고 우정을 나누는 것을 가리킨다. 수레는 높은 지위를, 삿갓은 낮은 지위를 의미한다. 《태평어람(太平御覽)》에 "월나라 풍속에 친구를 사귈 때 단을 만들어서 흰 개와 붉은 닭으로 제사를 지내고, 축원하기를 '그대가 만약 수레를 타고 내가 삿갓을 쓰더라도 뒷날 서로 만나면 수레에서 내려 읍을 하고, 내가 만일 걸어가고 그대가 말을 타더라도 뒷날 서로 만나면 말에서 마땅히 내려야 하리.'"라고 한 기록이 있다.

강가에 살며 이것저것 읊다

江居雜詠十五首

자욱한 수기(水氣) 산을 반쯤 둘렀고, 고기잡이 불과 마을 등불 깜빡이네. 한 가락 뱃노래 노 젓는 소리와 함께 들려오니, 장삿배가 행주(杏洲)에 돌아오네.

2월의 봄바람에 풀은 보료 같아지고, 산빛과 물빛 일시에 새로워졌네. 휘날리는 꽃잎과 비단 물결 어느 곳으로 돌아가나, 어부들에게 헛되이 나루 묻게 하지 마소.

공자(公子)가 호숫가에 별장을 지으니, 임금님 수레 그날 이곳을 순행하셨지. 현도(玄都)의 천 그루 복숭아는 생기가 넘쳐나니[36], 골짜기는 여전히 임금님께서 내려주신 이름으로 전하네.【옛일 잘 아는 노인들이 전하기를, 지금 용산의 별영(別營)은 바로 옛날 월산대군(月山大君)의 별장으로 성종(成宗)이 임행(臨幸)하실 때 이곳에 복숭아꽃이 무성하게 피어있는 것을 바라보시고는 도화동(桃花洞)이라 이름을 내려주시어 지금까지 칭한다고 하였다.】

매우(梅雨) 비로소 걷히니 보리 이삭 무성해지고, 만곡을 실은 용양(龍驤) 배가 물길로 다니네. 해문(海門)은 지척이라 돛단배 그림자 보이고, 한 줄기 긴소리 박초풍(舶趠風)[37] 타고 오네.

---

36 현도(玄都)……넘쳐나니 : 현도(玄都)는 당(唐)나라 장안(長安)에 있던 도관(道觀) 이름이다. 당(唐)나라 시인 유우석(劉禹錫)이 조정에서 쫓겨나 낭주 사마(朗州司馬)로 좌천되었다가 10년 만에 장안(長安)에 돌아오니, 현도관(玄都觀)에 복숭아꽃이 무성하게 피어있는 것을 보고는 감개무량하여 〈재유현도관(再遊玄都觀)〉을 지었다고 한다. 여기서는 복숭아가 많이 피어있는 지역으로 가져다 쓴 것이다.

37 박초풍(舶趠風) : 초여름에 부는 강한 바람이다. 송(宋)나라 소식(蘇軾)의 시 〈박초풍(舶趠風)〉에, "한달 만에 황매우 지나가니, 만리 밖에서 박초풍이 비로소 불어오네.(三旬已過黃梅雨, 萬里初來舶趠風.)"라는 구절이 있다.

밭두둑 평야처럼 펼쳐졌고 언덕도 마을같이 늘어섰는데, 보리밭과 오이밭에 푸른 버들 드리웠네. 형상 없는 태평(太平)이 다시 형상이 있으니, 만가(萬家)의 내낀 버들에 석양 드리웠네.

향기로운 풀 있는 물가에 화려한 장막 펼쳐지고, 육궁(六宮)이 가무 벌이며 연꽃 감상하러 왔네. 번화했던 옛 자취 누구에게 물을까, 높은 누대에 푸른 이끼만 끼어있네. 【세상에서 전하길, 용호(龍湖)는 고려 시대에 조수(潮水)가 통하지 않았는데, 매년 여름에 연꽃이 무성하게 필 때면 고려 임금이 공주와 비빈(妃嬪)을 데리고 높은 곳에 올라 장막을 치고 감상하였다고 한다. 지금 내가 사는 집의 뒷산 등성마루에 임금이 장막을 쳤던 옛 터가 남아있는데, 평평하고 넓어 수백 명이 앉을 수 있다.】

돼지우리와 닭장 사방 이웃이 함께 쓰니, 풍속이 더욱 후하고 순박한 것이 어여쁘구나. 밤이 되어 마을 북소리 때때로 급해지니, 앞산에서 토지신에 제사 지냄을 알겠네.

산 기운 스산해지고 장마 걷히니, 삐걱삐걱 노 젓는 소리 갈매기와 친해지네. 천궁이와 향기로운 난초 시드니, 수국(水國)의 갈대꽃 또 가을이 되었네.

아침마다 저녁마다 비 오고 바람 부는데, 관도(官渡)를 왔다 갔다 하는구나. 부유(腐儒)는 무슨 일 이루었나 스스로 비웃다, 도리어 장년에 세상을 구제한 공 부러워하네.

늙은 은행과 성긴 회화나무에 바람 으스스 불고, 골짜기 입구는 꼭대기 머문 흰 구름 깊이 잠갔네. 새벽에 술 마시고 낮잠 자며[38] 다른 일 없으니,

38 새벽에……낮잠자며 : 송(宋)나라 시인 육유(陸游)가 〈춘만촌거잡부(春晩村居雜賦)〉 중 "새벽 술을

주렴 누각에 향 남아 하루가 1년 같네.

은행나무 높이 솟아 낮은 담장 가려, 늘어진 가지는 덮개요 돌은 평상이라. 맨머리로 다리 뻗고 긴 여름 보내니, 감호(鑑湖)가 5월에도 서늘한 것 부럽지 않네.[39]

맑았다 흐렸다가 산의 창 변하더니, 소나기에 동이 엎어지고 세찬 물결 절구질하네. 멈춰선 구름 읊은 도연명 시구[40] 생각나는데, 눈앞에는 육지가 홀연 강이 되었구나.

산에 사는 아내도 벌레나 물고기에 대해 잘 알아, 촌가를 경영하는 데 성글지 않네. 달 밝게 비추는 갈대밭 모래톱에서 함께 꿈에 들고, 《입택총서(笠澤叢書)》를 본받아 총서를 엮었네. 【나의 아내가 여러 책에서 초록하여 각각 문목(門目)을 나누어 정리하였는데, 전원에서 살 때 일용에 필요하지 않은 것이 없었고 특히 초목·조수의 성질과 맛에 대해 더욱 자세하였다. 내가 그것에 명명하기를 '규합총서(閨閤叢書)'라 하였다. 역대로 총서(叢書)는 일가의 글을 모은 것을 총서라고 하였는데, 천수자(天隨子) 육구몽(陸龜蒙)의 《입택총서(笠澤叢書)》에서 비롯되었다고 한다.】

천 그루 높은 나무 사립문 덮으니, 동황(東皇)이 길이 길러준 은혜 몇 번을 보았나. 비바람에 놀라지 않는 것 봄은 관계없으니, 사방 이웃이 옛

거품 뜬 술잔 가득 마시고, 낮잠을 꿈 나비 침상에서 가로누워 자네.(澆書滿挹浮蛆瓮, 攤飯橫眠夢蝶牀.)"라고 한 구절에서 자주(自注)를 달기를, "동파 선생은 새벽 술 마시는 것을 요서라 하였고, 이황문은 낮잠 자는 것을 탄반이라 했다.(東坡先生謂晨飮爲澆書, 李黃門謂午睡爲攤飯.)"라고 했다.

39 감호(鑑湖)가……부럽지 않네 : 당나라 시인 두보(杜甫)가 〈장유(壯遊)〉에서 "월나라 여자는 천하에서 희고, 감호는 오월에도 서늘하네(越女天下白, 鑑湖五月凉.)"라고 한 구절이 있다.

40 멈춰선……도연명 시구 : 도연명(陶淵明)의 〈정운(停雲)〉 시에 "뭉게뭉게 제자리에 서 있는 구름이요, 부슬부슬 제때에 내리는 비라.(靄靄停雲, 濛濛時雨)"라는 구절이 있다.

집 남아있는 것 아네.

강남 강북으로 물은 기름같이 맑고 넘실대며, 모랫벌 새와 돛단배는 한 눈에 들어오네. 조수 물러났다 들어와 초승과 보름 알겠고, 꽃이 피었다 져서 봄가을 징험하네.

空濛水氣半籠山, 漁火村燈掩映間. 一曲棹謳齊漾櫓, 估船應自杏洲還.

二月東風草似茵, 山光水色一時新. 花飄錦浪歸何處, 莫教漁郎枉問津.

公子湖邊別業成, 翠華當日此巡行. 玄都千樹生顔色, 洞府猶傳御賜名.【故老相傳, 今龍山別營, 卽古月山大君別墅, 成廟臨幸, 望見此地桃花盛開, 賜號桃花洞, 至今稱之云.】

梅雨初收麥穗芃, 龍驤萬斛水漕通. 海門咫尺來帆影, 一陣長噓舶趠風.
疇平如陸岸如坊, 麥畝瓜田蔭綠楊. 無象太平還有象, 萬家煙樹帶斜陽.

芳草洲邊繡幕開, 六宮歌舞賞荷來. 繁華往跡憑誰問, 唯有高臺鎖碧苔.【世傳龍湖在麗時未通潮, 每夏月荷花盛間, 麗主率公主妃嬪, 登高張幕遊賞, 余家後山脊, 有御幕峴舊基, 平曠可坐數百人.】

豚埘鷄塒共四隣, 可憐風物劇厖淳. 夜來村鼓時時急, 知是前山賽土神.

山氣蕭森積雨收, 數聲柔櫓狎輕鷗. 紅蘺葉悴芳蘭萎, 水國蘆花又一秋.

朝朝暮暮雨還風, 去去來來官渡中. 腐儒自笑成何事, 却羡長年濟物功.

老杏踈槐風瑟然, 洞門深鎖白雲巓. 澆書攤飯無餘事, 簾閣香殘日似年.

鴨脚樹高遮短墻, 樛枝爲盖石爲床. 科頭箕踞消長夏, 不羡鑑湖五月凉.

景明景靄變山窓, 急雨翻盆駭浪舂. 却憶停雲陶令句, 眼前平陸忽成江.

山妻亦解注蟲魚, 經濟村家也不踈. 明月蘆洲同夢在, 逝從笠澤續叢書.【余內子抄輯羣書, 各分門目, 無非山居日用之要, 而尤詳於草木、鳥獸之性味. 余爲命其名曰閨閤叢書, 歷代叢書, 裒輯一家書, 謂之叢書, 始自陸天隨笠澤叢書故云.】

千章喬木庇衡門, 幾閱東皇長養恩. 風雨不驚春不管, 四隣猶識故家存.

江南江北水如油, 沙鳥風帆一目收. 潮退潮生記弦望, 花開花落驗春秋.

가을밤에 별을 보며

秋夜觀星

희미한 달 서쪽으로 기울고 기러기 떼 지어 날아가는데, 멀리 구름 한 점 없는 하늘 바라보네. 별자리 삼원(三垣)[41]에 펼쳐져 있고, 북두성이 열사(列舍)[42]에 걸쳐져 있네. 땅에 닿은 싸늘한 별빛에 하늘과의 거리는 1척 5촌이요, 품에 가득 서늘한 바람 불어 한밤중 되었네. 길게 노래 부르고

41 삼원(三垣) : 천체의 항성(恒星)을 크게 나눈 세 개의 분야로, 태미원(太微垣), 자미원(紫微垣), 천시원(天市垣)을 가리킨다.

42 열사(列舍) : 항성(恒星) 중 하나이다.

또 단원자(丹元子)[43]에게 답하니, 감석(甘石)[44]은 재앙과 상서를 어찌 감히 말했는가.

微月西傾雁拖羣, 遙瞻王宇淨纖雲. 星躔錯落三垣位, 斗建勾連列舍文. 觸地寒芒天尺五, 滿襟凉籟夜三分. 長歌且答丹元子, 甘石灾祥詎敢云.

백화주百花酒 새로 익어, 이를 기뻐하여 장구長句를 짓다

百花酒新熟喜而賦長句

서역 대완(大宛)의 포도주, 여산(廬山)의 상락주(桑落酒). 그대는 보지 못했나, 호중(壺中)의 동정호(洞庭湖)와 나부산(羅浮山) 봄빛이 예쁜 것을, 또한 거르지 않은 송순주와 거른 국화주가 각각 풍미가 깊은 것을. 의적(儀狄)은 이미 멀어졌고[45] 두강(杜康)[46]은 떠났으니, 주경(酒經)에서 누가 군방보(羣芳譜)를 이어 쓸까. 선인(仙人)은 나에게 늙음 물리치는 방법 주어, 온갖 종류 이름난 꽃 광주리 기울여 취하네. 맑은 술 빚어 시험 삼아 가득 부어 마시니, 봄바람 산들산들 불어 단전(丹田) 울리네. 한 잔 술에 내 입안 상쾌하게 하고, 두 잔 술에 내 뺨 곱게 해주네. 석 잔 술에 번연히 기운 무지개처럼 뻗쳐, 눈꽃 어지러이 창공으로 솟구치네. 배고파도 군산(君山)[47]의 술 훔쳐 마시지 않고, 목말라도 상림(上林)의 이슬에 젖는 것 생각하지

---

43 단원자(丹元子) : 천문서인 《보천가(步天歌)》를 지은 사람이다.

44 감석(甘石) : 천문학자인 전국 시대 제(齊) 나라 감공(甘公)과 위(魏) 나라 석신(石申)을 가리킨다.

45 의적(儀狄)……멀어졌고 : 의적(儀狄)은 술을 잘 빚은 사람으로, 우(禹) 임금이 그의 술을 마셔 보고는 "후세에 반드시 이 술 때문에 나라를 망칠 자가 있을 것이다." 하고는 의적을 멀리하였다는 이야기가 《전국책(戰國策)》 〈위책(魏策)〉에 나온다.

46 두강(杜康) : 술을 최초로 빚었다고 하는 사람이다.

47 군산(君山) : 동정호(洞庭湖)에 있는 산으로 신선이 산다는 곳이다.

않네. 무너지듯이 베개에 기대어 무하향(無何鄕)으로 가, 방림(芳林) 사계절의 향기로운 것 다 먹네. 방림(芳林) 사계절은 봄이 길이 머무니, 항상 맛좋은 음식 내 입으로 들어오네. 왼손엔 게 집게 잡고 오른손엔 술잔 들고 술 가득 실은 배로 떠다니며[48], 배 안에서 크게 노래 부르는 소리 천지에 가득하네. 그대는 보지 못했나, 난파(鑾坡) 학사가 은총을 입어, 황봉주(黃封酒) 내온(內醞, 임금이 신하에게 내려주는 술)을 날마다 석 말 마셨다는 것을. 또 보지 못했나, 시상(柴桑)이 처사(處士, 도연명)의 적막함을 달게 여겨, 백의에 술병 들고 중구절 위로한 것을. 살아가면서 뜻 맞는 것이 참으로 즐길만 하니, 귀천(貴賤)과 영고(榮苦) 어찌 논할만한가. 다만 바라건대, 흉중에 속세의 누가 없어, 360일 길이 술병 기울이기를.

大宛葡萄酒, 廬山桑落酒. 君不見壺中洞庭羅浮春色媚, 亦有松醅菊湑種種風味厚. 儀狄已遠杜康去, 酒經誰續羣芳譜. 仙人貽我却老方, 百種名花傾筐取. 釀爲淸醪試引滿, 春風拍拍鳴丹田. 一勺使我牙頰爽, 再勺使我顔色鮮. 三勺翻然氣如虹, 眼花歷亂凌蒼空. 飢不竊飮君山酤, 渴不思霑上林露. 頹然欹枕無何鄕, 嚼盡芳林四時香. 芳林四時駐長春, 常令美味入吾唇. 左蟹右盃拍浮酒, 船裏放歌一聲彌天地. 君不見鑾坡學士承恩寵, 黃封內醞日三斗. 又不見柴桑處士甘寂寞, 白衣提壺慰重九. 人生適意眞可樂, 貴賤榮苦安足論. 但願胷中無俗累, 三百六旬長傾樽.

48 왼손엔……떠다니며 : 진(晉)나라의 필탁(畢卓)이 "오른손으로는 술잔을 들고, 왼손으로는 게의 집게 들고 술 실은 배로 떠다닌다면 일생을 보낼 만할 것이다.(右手持酒杯, 左手持蟹螯, 拍浮酒船中, 便足了一生矣.)"라고 한 이야기가 《예문유취(藝文類聚)》에 나온다.

김영金泳이 연경에 가는 것을 전송하며

送金君泳赴燕

석정자(石井子)는 참으로 기이한 선비로, 경사(經師)따라 장구(章句)를 연마하지 않고, 기꺼이 시문을 짓는 사객(詞客)들과 문자를 겨뤘지. 전문적인 빼어난 기예를 홀로 주창하고 밝혀, 머리가 희도록 상수학(象數學)의 오묘함에 침잠하였네. 구현(句弦)의 각도는 손바닥 무늬처럼 훤히 알았고, 삼원(三垣)과 열사(列舍) 등 별자리는 가슴 속 가득 쌓아두었지. 태초의 사분력(四分曆)과 수시력(授時曆), 약사(若思)[49] 이후 계승한 자 누구인가. 또한 매정구(梅定九)가 있어, 학문이 은미함 깨달았네. 머나먼 서양의 선비 새로운 법 창조하여, 주인(疇人)들의 업적 지금 여기에 있네. 할원팔선(割圜八線)으로 하늘 나누어, 정여(正餘)를 구함 매우 빼어나네. 해와 달 운행 변화 정확히 들어맞아, 촛불로 비추고 손으로 찾은 것 같네. 가련하다, 동방의 고루한 풍속, 누구인가, 치마 걷고 이 물결 건너려는 이는. 그대는 흉금 트였으니, 과감히 가서 홀로 찾으시게. 뛰어난 식견은 항상 글에 쓰인 것 초월하니, 오묘한 이치 묵묵히 마음속에서 운행하리. 성 서쪽 두 세간 부서진 집, 세상 사람들 누가 초현당(草玄堂) 양웅(揚雄)이라 알까. 털을 젖게 하는 표범과 골짜기의 학 이치 어긋나지 않으니, 한 가지 기예로 반드시 우리 선왕(先王)에 기록되리. 연이어 성대(星臺) 직함 받아, 직무 수행하며 풍상씨(馮相氏)·보장씨(保章氏)[50] 계승했네. 적도단의(赤道單儀) 이미 새롭게 만들었고, 중성도분(中星度分) 다시 발양했네. 백의에서 낭관 지위에 오른 경우 세상에 몇이나 되는가, 임금님 은혜 머리에 인 것 잊지 못하리. 그대가 뜻을 펼친 것 이미 많은 점 부럽고, 그대가 지우 입은 점도

---

49 약사(若思) : 곽수경(郭守敬, 1231~1316)은 원(元)나라 수학자, 천문학자로 자(字)가 약사(若思)이다. 《수시력(授時曆)》을 편찬했고, 《추보(推步)》, 《입성(立成)》 등을 저술했다.

50 풍상씨(馮相氏)·보장씨(保章氏) : 풍상씨(馮相氏)는 세월일성(歲月日星)의 차례를 관장하고 보장씨(保章氏)는 성신일월(星辰日月)의 변동을 관장하는 관직으로 《주례(周禮)》에 나온다.

이미 빛나서 기쁘네. 예부터 재주 뛰어난 이들이 버림 많이 받아, 말로에 험난하게 되어 얼마나 슬픈가. 박한 녹봉 이미 끊겨 생계 찾으니, 차가운 부엌 10일에 9일은 불을 때지 못하네. 희경(羲經) 쥐고 효상(爻象) 익히며, 올올히 홀로 앉아 아침부터 저녁까지 궁리하네. 시헌력(時憲曆)은 이미 잘못된 지 오래됐고, 서양법은 전하지 않아 추보(推步)를 잃었지. 계유년(癸酉年, 1813) 동지가 10월 그믐이 되는 것, 중기(中氣)를 전 달에 넣어 계산하는 법 예전부터 못 보았네.[51] 봄가을의 그믐과 일식도 오히려 조롱받는데, 하물며 절기가 어지러이 착오를 일으키는 데에 있어서랴. 임금께서 관상감 신하 돌아보니 모두 그대를 천거하여, 중국에 가 질정하여 잘못 수정하라 했지. 하루아침에 명받아 중국에 가게 되어, 비단옷에 역말 영화 넘쳐나네. 채찍 휘날려 계문(薊門) 가리키며, 말 달려 장성(長城)을 나서리. 접하는 모습 모두 본디 배운 것에 근거하면, 만상(萬象)이 역력하게 눈에서 밝게 되리. 높고 깊은 산과 물 또한 측량하고, 율척(律尺) 장단 정밀히 연구해야 하리. 그대의 이번 행차 부담 무거울 텐데, 역법 다스리고 시기 밝히는 것이 왕정(王政)에 우선이라네. 화중(和仲)이 서쪽에 머무는 것 참으로 비길만하니[52], 장건(張騫)이 은하수까지 간 것 어찌 논하기에 족하겠는가. 남쪽에 떠 있는 해에 관해 물은 사신은 뼈에 이미 서리 내렸고, 중간에 일어난 이 오래도록 듣지 못했네. 흠천감(欽天監)에는 성력(星曆) 숲처럼 있을 터이니, 갑자원력(甲子元曆) 미루어 밝힐 이 누구인가. 40년 동안 고생한 업, 만나자마자 바로 쌀 곳간 쏟아내리. 적분(積分)과 기영(奇贏) 세밀

---

51 계유년(癸酉年, 1813) 동지……못보았네 : 계유년(1803) 동지가 10월 그믐이 되는 것에 논란이 있어, 조정에서 역관(曆官)을 선발하여 중국에 가서 질정하게 한 일이 있다. 이에 관해서는 본서 권8의 〈인의 김영 가전(金引儀泳家傳)〉 참조.

52 화중(和仲)……비길만하니 : 화중(和仲)은 요(堯) 임금 시절 사방을 관장하는 제후 중 한 명이다. 《서경(書經)》 〈요전(堯典)〉에 "화중(和仲)에게 나누어 명하여 서쪽에 머물게 하시니, 매곡(昧谷)이라 하는 곳이다. 들어가는 해를 공경히 전송하여 가을 수확을 고르게 하니, 밤은 중간이고 별은 허수(虛宿)이다. 알맞은 중추(仲秋)가 되면 백성들은 평화롭고 조수(鳥獸)는 털갈이를 하여 윤택해진다.(分命和仲宅西, 曰昧谷. 寅餞納日, 平秩西成, 宵中星虛. 以殷仲秋, 厥民夷, 鳥獸毛毨.)"라는 말이 나온다.

히 계산하고, 옛 법과 새로 측량한 것 아울러 탐구해야 하네. 우리나라 만세력(萬歲曆) 편성하여, 돌아와 재배하고 궁궐에 바치시라. 이 친구는 병들어 강호에 누워 있으며, 바람 향해 길게 먼 정 부치는 노래하리. 버드나무에 눈비가 빠르게 내렸다 하니, 청컨대 그대는 몸 보중하며 잘 다녀오시오.

石井子眞奇士, 不隨經師硏章句, 肯伴詞客騁文字. 專門絶藝獨倡明, 白首沈潛象數秘. 句弦角度指掌紋, 三垣列舍羅胷次. 太初四分曁授時, 若思去後繼者誰. 亦有梅定九, 積學乃參微. 逖矣西士刱新法, 疇人緖業今在玆. 割圜八線分周天, 正餘相求洵絶奇. 躔離朓朒驚驚符, 辟若燭照而手探之. 可憐東方俗椎魯, 誰哉褰裳涉斯流. 子兮靈襟透, 勇往獨溟搜. 卓識恒超行墨外, 妙解嘿運方寸中. 城西破屋數三間, 世人誰識草玄雄. 澤豹皐鶴理不爽, 一藝必錄吾先王. 縻再星臺銜, 夔職繼馮章. 赤道單儀旣刱造, 中星度分更扢揚. 白衣郞階世有幾, 頂戴恩褒於不忘. 羡君展布亦已多, 喜君遭逢亦已光. 古來才高多棄捐, 末路坎坷庸何傷. 斗祿已絶生理索, 寒厨十日九不煬. 手把羲經翫爻象, 兀兀覃思窮朝暮. 時憲曆度久已差, 西法不傳失推步. 癸酉南至十之晦, 月前中氣古未睹. 春秋晦食尙貽譏, 何况節氣紛錯互. 王睠監臣僉擧君, 往質中華正厥誤. 一朝銜命觀上國, 錦衣馹騎溢光榮. 揚鞭指薊門, 走馬出長城. 觸境皆可資素學, 萬象歷歷眼中明. 山水高深且測量, 律尺長短宜精硏. 知君此行擔負重, 治曆明時王政先. 和仲宅西眞可擬, 張騫窮河安足論. 南戴朝京骨已霜, 中間作者久不聞. 欽天監裏星曆林, 有誰推明甲子元. 四十年來辛苦業, 相逢便應困廩倒. 積分奇贏細截筭, 舊法新測縱探討. 編成吾東萬歲曆, 歸歟再拜獻禁扃. 故人病卧江湖上, 向風長歌寄遠情. 雨雪楊柳遄往返, 請君珍重護行旌.

윤사응尹士應【종렬鍾烈】아내 만사

尹士應【鍾烈】室內挽

세급(世級) 날마다 낮아져, 순박한 풍속은 아득히 좇기 어려워라. 아득하구나, 9세대 함께 하는 것, 골육(骨肉) 또한 헤어지기 어려워라. 다만 규합 사이에 있어, 작은 이익까지 경쟁하게 되네. 선정(先正)이 이미 한탄했으니, 야박한 풍속 지금 그리된 것이 아니라네. 어질구나, 이유인(李孺人)이여, 온순하고 온순한 덕의 기반이어라.[53] 남편 말 어기지 않고, 신중하고 신실하게 열심히 이끌고 따랐지. 집은 다만 사방 벽만 세워져 있고, 전답은 적어 한마디 한 줌 거뒀지. 굽어보고 우러러보아 일을 경영하며, 온 힘을 다해 하지 않은 것이 없었다네. 겨울 지내며 길이 괴로움과 추위 견디고, 이틀에 한 번씩 항상 배고픔 참았네. 중구(仲舅)는 늙도록 장가 못들어, 만년까지 봉양했네. 각종 음식 봉양, 얼굴빛 부드럽게 하여 받들었지. 예전에 들었던 내칙(內則)의 가르침, 지금 유인(孺人)에게서 보네. 한솥밥 먹은 몇십 명, 한 푼 한 치도 계산하고 경영했지. 고아 된 조카 자애로운 어머니에게 의지하고, 여러 시누이들은 현명한 스승 얻었네. 무엇이 있고 또 무엇이 없었나, 진실하고 또 화락하였네. 의견(義犬)은 응당 함께 밥을 먹고, 자오(慈烏)도 가지에 깃들었네. 화락하면 집안 오래 갈 수 있으니, 성인의 말 어찌 나를 속이리. 아마도 하늘이 굽어보아, 집안에 복과 경사 내려주리라. 음식 대접할 며느리 새로 들어오고, 집안 다스릴 훌륭한 아이 있지. 게다가 벼슬길 다시 열려, 조만간 수레 휘장 걷으리라. 그런데 어찌 조금도 기다려주지 않는가, 훌쩍 세상과 이별했네. 나는 인척이 되어, 훌륭한 규방 일찍 듣고 알았지. 만사로 애뢰(哀誄)를 대체하니, 감히 한 글자도 사사로이 적은 것 없네.

53 온순하고……기반이어라 : 《시경》 〈억(抑)〉에 "온순하고 온순한 공손한 사람은 오직 덕의 기반이어라.(溫溫恭人, 維德之基.)"라는 구절이 있다.

世級日以降, 淳風邈難追. 尙矣九世居, 骨肉且析離. 只緣閨閤間, 相競及刀錐. 先正已發歎, 薄俗匪今斯. 賢哉李孺人, 溫溫德之基. 無違夫子言, 洞屬勤倡隨. 家徒四壁立, 田乏寸秉資. 俯仰營事育, 竭力靡不爲. 經冬長苦寒, 做日恒忍飢. 仲舅老無室, 奉養娛崦嵫. 滫瀡曁免薨, 柔色以承之. 昔聞內則訓, 今見孺人儀. 同爨累十口, 經理及銖錙. 孤姪依慈母, 衆姒得賢師. 何有亦何亡, 恂恂復怡怡. 義犬應共牢, 慈烏且棲枝. 內和家可久, 聖言豈我欺. 庶幾天降監, 門闌福慶綏. 佐膳來新婦, 幹蠱有佳兒. 況復榮途闢, 早晩褰襜帷. 云胡不少須, 翻然與世辭. 我忝通家賓, 閨徽夙聞知. 薤歌替哀誄, 非敢一字私.

벗과 달밤에 배 띄우고 운자를 뽑아 함께 읊다

與友人乘月泛舟拈韻共賦

푸른 들 맑은 강 수 놓은 듯 알록달록한데, 그대가 이 그윽한 곳에 고고히 지내는 것 좋아하네. 푸른 눈동자 술통 기울인 후 홀연 닦고, 백발 물에 처음 비추었을 때 문득 놀라노라. 산봉우리의 안개 흩어지자 한기가 자리로 닥치고, 하늘 가득한 별들은 그림자가 청허함 머금었네. 물 따라 오르내리며 새벽 일찍 밝는 것 한(恨) 하지 않고, 마음대로 미리 기약하며 고기 그물 끊어내네.

기이其二

긴 강에 띄운 거룻배에 마음 확 트이는데, 모랫둑에는 역력히 사람 사는 곳 보이네. 돛 나는 듯이 가는 곳에 누대 그림자 떨어지고, 풍악 소리 바람에 높이 올라 배 띄운 강가 지나네. 맑은 물결 눈 부릅떠 보아도 흐름 다하지 않고, 머리 위에는 밝은 달 허공에 자리 잡았네. 창랑곡(滄浪曲)에 곡진히 화답하며 뱃노래 부르고, 또 세월 잡아 고기 낚는 데 부치네.

綠野澄江繡錯如, 愛君高蹈此幽居. 青眸忽拭傾樽後, 白髮翻驚照水初. 擺霧峯巒寒逼座, 漫天星斗影涵虛. 沿洄不恨晨光早, 取次前期截網漁.

其二

一葦長江意豁如, 沙提歷歷見人居. 樓臺影落飛帆處, 絲管風高過岸初. 極目澄波流不盡, 到頭明月坐凌虛. 棹謳細和滄浪曲, 且把光陰付釣漁.

자하동
紫霞洞

가을날 엷게 개었는데, 한낮에 아지랑이 짙게 피어오르네. 지팡이 짚고 계곡 입구 들어서서, 천천히 걸으며 시내 근원까지 찾아가네. 물레방아에는 물소리 없고, 모래는 펼쳐져 바위가 뿌리 드러냈네. 단풍은 원근으로 차이가 있고, 시냇가의 국화는 향기 뿜어내네. 눈 돌리니 그윽이 감상하기에 흡족하고, 흉금 펼치니 세속의 번뇌 씻기네. 띠 집엔 성긴 울타리 둘러졌고, 밥 짓는 연기 절로 마을 이루었네. 주인이 물을 필요 있으랴, 우연히 와서 사립문 두드린 것이지. 참깨는 앞뜰에서 말리고 있고, 자방(紫房)은 뒤뜰에서 널려있네. 산가(山家)에는 지나는 이 드물어, 할아버지 할머니 객을 흔연히 보네. 기장에 메조 섞어 밥을 짓고, 채소 꺾어 바가지 술에 곁들이네. 나에게 머물고 가라 권하니, 소반의 저녁밥 맛보게 함이려네. 스스로 말하길, 이 골짜기에서, 젊어서부터 아이 손자 길러냈다네. 내 힘으로 먹고살기 위해 감히 나태할 수 없어, 농사짓는 것 일찍부터 힘을 썼지. 올해 비록 흉년이 들었지만, 가을에 수확하면 또한 곳간 가득해지리. 유유히 산 밖의 일은, 언제 보고 들었겠는가. 대화 오래되니 마음 안정되어, 잠시 세속의 어지러움 잊게 되었네. 나 또한 밭을 구하여, 오두

막 짓고 그대를 따르고 싶소. 소매 들어 애틋하게 이별하고, 고개 돌려보니 오지 흰 구름만 떠 있네.

秋日澹晴暉, 亭午靄游氛. 杖策入洞口, 緩步窮川源. 雲碓水無聲, 沙豁石露齦. 山楓遞遠近, 澗菊吐芳芬. 游目愜幽賞, 散襟滌塵煩. 茅茨帶疎籬, 烟火自成村. 主人何須問, 偶來叩荊門. 胡麻曬前庭, 紫房拾後園. 山家少徑過, 翁媼見客欣. 炊黍間黃粱, 折蔬佐匏樽. 勸我此淹留, 爲嘗盤中飧. 自言象此洞, 少小長兒孫. 食力不敢怠, 耕稼夙所敦. 今年雖云歉, 秋熟亦盈囷. 悠悠山外事, 何曾及見聞. 話久心神靜, 稍忘俗累紛. 我亦求田者, 結廬願從君. 擧袂別依依, 回首惟白雲.

관악산冠岳山에서 바다를 바라보며

冠岳山望海

푸른 산은 머리털같이 큰 물결에 비치고, 하늘과 물은 아스라이 가을이 서렸네. 신경(神京)이 어디에 있는지 한껏 바라보니, 푸른 바다 한 줄기 내주(萊州)로 달려가네.

蒼山如髮映泓流, 天水微茫接素秋. 極目神京何處是, 滄溟一帶走萊州.

충현사忠賢祠[54]를 참배하고

謁忠賢祠

금양(衿陽)은 옛 이름난 고을로, 산악에서 정영(精英)을 길렀지. 지난 고려조 중엽, 명현(名賢)이 여기에서 우뚝 태어났네. 태사(太師, 강감찬)[55]는 존왕양이(尊王攘夷) 의리를 고수하여, 한 손으로 쏟아지는 강물을 막았지. 미친 칼날 북녘 변방에서 거두어지니, 어둑한 요기 동쪽 바다로 나갔네. 지금 백성들이 은혜를 받으니, 문물에서 법도가 환연히 빛나네. 아, 서장헌(徐掌憲, 서견)이여, 의로는 주나라 서울 조회하지 않았네. 천년의 관악산 봉우리, 높이는 수양산(首陽山)과 비슷하구나. 완평(完平, 이원익)[56]은 성대하게 시대를 바로잡아, 달려가 임금님 보익했지. 국가 회복하는 전략 점쳐, 군대 다스려 변방을 튼튼히 하였네. 재차 중흥의 업적 빛내, 온 나라가 길이 편안하게 되었네. 커다란 훈공 역사서에 빛나고, 맑은 이름 해와 별처럼 밝구나. 시대가 달라도 동조할 수 있으니, 길이 달라도 충정(忠貞)은 한결같네. 낚시하고 노닐다 어떤 강물 기억하여, 이웃 묘소에 몸을 맡겼네. 공훈 길이 보답하여, 제사 지내는 법도에는 예경(禮經)을 들었지. 삼현(三賢) 함께 제향 되어, 사당은 엄숙하고 맑구나. 강당에는 글 읽는 소리, 부엌에는 제기 늘어서 있네. 내가 옛 자취 보니, 엄숙한 모습으로 문 받드네. 주렴과 문틈 사이 돌아보니, 공의 영령 보는 것과 비슷하구나. 지하에서 다시 살아날 수 있다면, 나라는 이 기둥 같은 이에게 의지하리. 천년을 굽어보고 우러러보며, 감탄하며 남은 감정이 있네.

---

54 충현사(忠賢祠) : 고려시대 강감찬(姜邯贊, 948~1031)과 서견(徐甄), 조선시대 이원익(李元翼, 1547~1634)의 위패를 모신 곳이다. 1658년(효종9)에 창건하였고, 1676년(숙종2)에 '충현(忠賢)'이라고 사액되었는데, 1868년(고종5)에 대원군의 서원철폐령으로 훼철되었다. 옛터가 현재 경기도 광명시 소하동에 있다.

55 태사(太師) : 강감찬 장군이 고려 문종 때에 수태사 겸 중서령(守太師兼中書令)에 추증되어, 태사(太師)로 칭한 것이다.

56 완평(完平) : 오리(梧里) 이원익(李元翼, 1547~1634)은 임진왜란 때 선조(宣祖)를 호종(扈從)한 공으로 완평부원군(完平府院君)에 책봉되었다.

衿陽古名邑, 山嶽毓精英. 逬在麗中葉, 名賢此挺生. 太師秉尊攘, 隻手障河傾. 狂鋒斂北塞, 昏祲豁東溟. 于今民受賜, 文物煥章程. 亦粵徐掌憲, 義不朝周京. 千秋冠岳岑, 高與首陽幷. 完平欝匡時, 馳驅翊聖明. 運籌恢廟畧, 詰戎壯邊聲. 再贊中興業, 寰區永輯寧. 嵬勳耀竹帛, 淸名皎日星. 異代可同調, 殊途一忠貞. 釣遊記某水, 托軆隣兆塋. 勞烈報永世, 祀典揭禮經. 三賢倣腏享, 廟貎肅且淸. 講堂羅絃歌, 泡序列豆鉶. 我來瞻遺躅, 肅容奉戶扃. 周旋簾戺間, 髣髴覿公靈. 九原如可作, 邦國賴幹楨. 俛仰千載下, 感歎有餘情.

삼막사

三幕寺

백탑이 나무 끝에서 아른거리고, 바람에 죽고(粥鼓) 소리 들려오네. 높이 솟은 망해루 신기루에 의지해있고, 그윽한 시냇물은 금심(琴心)을 쏟아내네. 세 부처는 어디로 유람 떠나셨나, 외로운 봉우리만 쓸쓸히 홀로 임해있네. 한밤중에 불경 외는 소리 들려오니, 덩굴에 걸린 달빛 흉금을 비추네. 【절에 망해루(望海樓)가 있다. 스님이 말하길, 무학대사(無學大師)가 신이한 승려 2명과 함께 절의 뒤편 주봉에 초막을 엮었기 때문에 절 이름을 삼막(三幕)이라고 했다 한다.】

白塔駕林抄, 風便粥鼓吟. 危樓憑蜃氣, 幽澗寫琴心. 三佛遊何去, 孤峯悄獨臨. 夜闌聞梵誦, 蘿月照靈襟. 【寺有望海樓, 僧言無學大師與異釋二人, 結草幕于寺後主峯, 故寺名三幕.】

낙성동
落星洞

상제께서 우리 청구(青邱)를 보살핀 백육(百六)의 해[57]에, 선관(仙官)이 수레 멈추고 푸른 하늘에서 내려왔네. 문성(文星) 한 점이 북두성 자리로 모아졌다가, 광채가 거꾸로 석목진(析木津)[58]으로 쏘아졌네. 삼한(三韓)에 시대를 구제할 호걸 독실히 내었으니, 중국 사신이 일어나 절하며 천인(天人)이라 칭하였네.[59] 탁타교(槖駝橋) 북쪽에 항복 깃발 세우고, 갈고(羯鼓) 소리 급하고 비린내와 먼지로 어지러웠네. 육정(六丁)을 지휘하여 천호(天弧)를 당기니, 깃대 끝에 우수수 떨어져 산하가 새로워졌네. 춘추(春秋)에서는 제일 먼저 존왕양이(尊王攘夷) 의리 밝혔고, 성인(聖人) 또한 관중(管仲)에게 인(仁)을 허여했지. 관악산 아래 골짜기 기이하니, 땅은 영험하고 사람은 걸출하여 모두 서로 적합하네. 고려조 사업 새가 눈앞을 스쳐가는 것 같으나, 나무꾼과 목동도 오히려 태사(太師)의 업적 아네. 백탑(白塔) 정정하게 그 마을에 세워져 있으니, 하늘이 황폐해지고 땅이 늙더라도 돌은 옮겨지지 않으리. 공이 예전 기미성(箕尾星)을 타고 하늘의 옥경(玉京)으로 돌아가실 때, 달의 수레에 바람 깃발 날리며 밝게 영험함 드날렸네. 임금이 남쪽으로 피신하고 갓과 신이 뒤바뀌어, 신주(神州) 육지가 물에 잠긴 것이 지금 몇 년인가. 어찌 너울너울 이 땅에 내려와, 빠르게 요기 쓸어버리고 천경(天經)을 부지하지 않으셨나. 나 천년 뒤에 유풍 생각하니, 오래된 골짜기 사람 없고 물소리만 절로 울리네.

---

57 백육(百六)의 해 : 106년 마다 액운이 있다는 말로, 《한서(漢書)》 〈율력지(律曆志)〉에 나온다.

58 석목진(析木津) : 석목성(析木星)이 위치한 은하를 가리킨다.

59 중국 사신이……칭하였네 : 강감찬(姜邯贊)이 태어난 곳인 낙성대(落星臺)에 관한 이야기로, 한 사신 있어서 밤에 시흥군(始興郡)에 들어오다가 큰 별이 인가(人家)에 떨어지는 것을 보고 아전을 보내서 보도록 하였다. 마침 그 집 며느리가 사내아이를 낳았는데, 이 사람이 강감찬이다. 뒤에 송(宋)나라 사신이 보고, 자신도 모르게 두 번 절하면서, '문곡성(文曲星)이 오랫동안 보이지 않더니, 지금 여기에 있다.' 하였다는 이야기가 《신증동국여지승람》 경기(京畿) 금천현(衿川縣) 조목에 나온다.

帝睠青邱百六辰, 仙官弭節下蒼旻. 文星一點斂斗躔, 光彩倒射析木津. 篤生三韓濟時豪, 華使起拜稱天人. 槖馳橋北豎降旛, 羯鼓聲急迷腥塵. 指麾六丁彎天弧, 旄頭迸落山河新. 春秋首明尊攘義, 聖人亦許管仲仁. 冠岳山下洞壑奇, 地靈人傑兩相宜. 麗朝事業鳥過目, 樵牧猶知太師基. 白塔亭亭表厥里, 天荒地老石不移. 公昔騎箕返玉京, 月駕風幢剡揚靈. 南渡乾坤冠屨倒, 神州陸沈今幾齡. 胡不翩然下大荒, 迅掃氛祲扶天經. 我來千載緬遺風, 古洞無人水自鳴.

가을날 골짜기를 가며

秋日峽行

자줏빛 가 없고 좁은 길 길게 뻗었는데, 엷은 구름에 성긴 비에 중양절 가까워오네. 밭 끝에서 잠자던 황새 사람에 놀라 달아나고, 십 리 가을바람 벼와 기장 향기 불어오네.

기이其二

산골의 집 가을 만나 온 집안 가득 수확하여, 물레 우는 곳에 타작 소리 들리네. 내 가는 곳 모두 빈풍화(豳風畵)이니, 어인 일로 말은 가면서 멈추지 않는가.

기삼其三

정정히 서 있는 외로운 탑 떡갈나무 울타리 앞에 있고, 돼지와 소 우리 이슬 맞은 풀밭 가에 있구나. 절의 옛터는 어느 곳에서 찾을까, 푸른 바다가 뽕나무 밭으로 변하는 것 반드시 알아야 하리.

紫翠無邊峽路長, 澹雲踈雨近重陽. 田頭睡鸛驚人去, 十里秋風稻黍香.

其二

峽戶逢秋十室盈, 繅車鳴處打租聲. 我行都是豳風畵, 何事征驂去不停.

其三

亭亭孤墖槲籬前, 豚柵牛宮草露邊. 蕭寺遺墟何處覓, 定知蓬海變桑田.

고개를 넘으며

踰嶺

흰 구름 에워싼 꼭대기, 올라서 바라보니 홀연 바위가 무더기로 쌓여있네. 돌샘은 숲 끝에서 솟아나고, 산의 과일은 말머리에 매달려있네. 스산한 바람에 가을 소리 묘연해지고, 구불구불 들판 풍경 이어지네. 신선 사는 곳 응당 멀리 않으리니, 어느 곳에서 붉은 연기 태울까.

繚繞白雲巓, 登臨忽砑然. 石泉林杪灑, 山果馬頭懸. 蕭颯秋聲眇, 縈廻野望延. 僊邱應不遠, 何處燒丹煙.

선유동

仙遊洞

우화교(羽化橋) 동쪽 골짜기 그윽하니, 시냇물 돌 부딪치며 옥 구르듯 울리네. 비단 구름 다 날아가 옥 바둑판 늙으니, 난가대(欄柯臺) 아래 나무꾼 노래 구슬퍼라. 신선 수레 멀리 떠나 어느 날 돌아올까, 골짜기 학은 한 번 자니 3천 년 지났네.【바위 위에 돌 바둑판이 있다.】

羽化橋東洞壑幽, 溪石渚然鳴琳球. 綵雲飛盡玉枰老, 欄柯臺下樵歌愁. 仙駕迢遙何日返, 洞鶴一眠三千秋.【巖上有石枰.】

운선의 아홉 굽이 노래

雲仙九曲詠

맑디 맑은 수운동(水雲洞), 골짜기 어귀는 깊이가 얼마나 되나. 바람 여울 아득히 끝이 없어, 나를 이끌어 신선 발자취 밟게 하네.

이상은 일곡(一曲) 운선동(雲仙洞)

출렁이는 물에 유리알 쌓이고, 산은 수놓은 비단 장막 둘렀네. 늦가을에 단풍과 국화 감상하니, 복숭아 꽃 물결 이보다 나을까.

이상은 이곡(二曲) 도화담(桃花潭)

우뚝한 절벽 천 길로 비끼어, 날아가는 구름도 절정에서 머무네. 사인(舍人) 볼 수 없으니, 유풍은 오직 기산(箕山)과 영수(潁水)[60]에 있네.

이상은 삼곡(三曲) 사인암(舍人巖)

영롱한 백옥대(白玉臺), 양쪽 언덕에 떨어져 서있네. 폭포가 그 사이로

60 기산(箕山)과 영수(潁水) : 요(堯) 임금 때의 은사(隱士) 소보(巢父)와 허유(許由)가 은거했던 곳이다.

쏟아져 내리니, 주옥같은 거품 바람따라 일어나네.

이상은 사곡(四曲) 사선대(四僊臺)

창애(蒼崖) 사이 울긋불긋함, 햇빛 비쳐 눈부시게 빛나네. 절벽이 기이하게 선 것만이 아니라, 이 무늬가 화려하고 밝은 것 사랑스럽다네.

이상은 오곡(五曲) 도광벽(道光壁)

움푹 패인 태초의 굴, 그 안에 언월정(偃月鼎)이 있네. 내가 와서 도록(圖籙, 비결(祕訣)) 받고는, 구름 퍼지는 곳에서 우두커니 서있네.

이상은 육곡(六曲) 연단굴(鍊丹窟)

사람 갔어도 정자는 여전히 남아있고, 산 비어도 물은 절로 흐르네. 부귀영화는 새가 눈 앞 지나가듯 잠깐이나, 풍모와 운치는 이곳에 길이 머무르네. 【서애(西崖) 유성룡(柳成龍)의 옛 정자이다.】

이상은 칠곡(七曲) 수운정(水雲亭)

선객(仙客) 예전에 행차 멈춰, 붉은 노을이 골짜기를 막아섰지. 한 글자 잘못 읽어버려, 어느 해나 귀양온 한 풀어낼까.

이상은 팔곡(八曲) 황정동(黃庭洞)

여러 물줄기 모여들어 못이 되고, 푸른 바위는 머리 불쑥 내밀고 굽어보네. 책상다리 하고 앉아 맑은 물결 희롱하니, 헤엄치는 피라미 셀 수 있을 듯하구나.

이상은 구곡(九曲) 대은담(大隱潭)

泠泠水雲洞, 洞門深幾重. 風湍渺無際, 導余躡仙蹤.

右一曲雲仙洞

水漾琉璃堆, 山圍錦繡帳. 九秋楓菊賞, 勝似桃花浪.

右二曲桃花潭

傑壁橫千仞, 飛雲逗絶頂. 舍人不可見, 遺風獨箕潁.

右三曲舍人巖

玲瓏白玉臺, 離立兩岸涘. 飛川瀉其中, 珠沫隨風起.

右四曲四僊臺

蒼崖間紅碧, 日射光眩晃. 非徒壁立奇, 愛此文藻朗.

右五曲道光壁

嵌空太初穴, 中有偃月鼎. 我來受圖籙, 佇立雲豁逈.

右六曲鍊丹窟

人去亭猶在, 山空水自流. 浮榮鳥過目, 風韻此長留.【西崖柳相舊亭.】

右七曲水雲亭

仙客昔弭節, 彤霞鎖洞天. 誤讀一字來, 何年謫恨圓.

右八曲黃庭洞

衆流滙爲潭, 蒼巖闖然俯. 趺坐弄淸漪, 游鯈如可數.

右九曲大隱潭

수운정水雲亭에서 또 읊다

水雲亭又賦

오래된 절벽에 정자 아홉 굽이 물가에 임했고, 봉우리 끝은 흰 구름 사이에 놓여있네. 강호의 늦경치는 동이 속에서 천 리 노닐던 물고기요[61], 종정(鐘鼎)에 새긴 공훈 세운 이름은 표범의 무늬 하나라네. 화려한 집은 나그네에 느낌 더해주고, 단풍서린 바위는 길이 옛 시절 모습 띠고 있네. 초연히 청량한 세계에 홀로 서 있다, 풍패 소리 속에 달 희롱하며 돌아오네.

崖老亭臨九曲灣, 標峯置嶺白雲間. 江湖晚景魚千里, 鐘鼎勳名豹一班. 華屋剩添游子感, 楓巖長帶舊時顏. 翛然獨立淸凉界, 風珮聲中弄月還.

삼선암

三仙巖

흰 구름 걷히는 곳 찾아 나서, 지팡이 짚고 맑은 시냇물 희롱하네. 맑은 시냇물 아득히 다함이 없고, 옅은 노을은 동천(洞天)에서 이어져 나왔네. 가을 하늘 높아 산 말라 있고, 언덕 환해 단풍 경치 어여쁘네. 바람 여울에 굉음 울리고, 구슬 같은 거품 어지러이 거슬러 도네. 맑디맑게 어디로 가는가, 덩실덩실 흥에 신발 끌고 가네. 수석(水石)에 푸른 하늘 비

61 동이 속에서……물고기요 : 《관윤자(關尹子)》의 "동이로 못을 만들고 돌로 섬을 만들면 물고기가 그 속을 헤엄치면서 몇 천 리나 되는지 모르고 끝없이 노닌다.(以盆爲沼, 以石爲島, 魚環遊之, 不知其幾千萬里而不窮也.)"에서 온 말로, 여기에서는 좁은 세계를 벗어나 새로운 모습을 경험하는 뜻으로 쓰였다.

치니, 그윽한 생각 담담히 가 없네. 늙은 스님 수염과 눈썹 길게 자란 채, 그늘진 산꼭대기에서 소요하네. 객을 보고 합장하여 절하고, 삼선암(三仙巖) 끝까지 인도하네. 평평한 백석대(白石臺)에는, 난학(鸞鶴)이 밤에 날아와 머무네. 우상(羽觴)은 무성한 풀 가르고 나와, 푸른 요석에 새겨져 반짝반짝 하네. 신선 볼 수 없고, 유적만 덩그러니 남아있네. 세상은 모두 공활하니, 인생은 조용하고 편히 지내기에 족하네. 큰 기러기 날개 떨치고 가는데, 어찌하여 비린 것들 쪼아먹나. 내 나이 이미 반백 되었으니, 어찌 다시 매여 지낼까. 평생 하나의 언덕에 대한 생각은[62], 만종(萬鍾)의 뜬구름 같네. 양 창자같은 길은 수레 끌채 쉽게 부러지고, 구당협(瞿塘峽)[63]은 대부분 배가 잘못되네. 바위굴은 궁벽하다고 하지만, 귀하게 여기는 바는 세속 얽매임 버려져서라네. 여라 덩굴 내 패옥으로 묶고, 향기로운 국화로 배를 채우네. 그윽한 곳의 삶 본성(本性)을 기르니 좋으니, 먹는 것이 수명 늘릴 수 있네. 길이 조각된 소 모양의 제기(祭器)[64]되길 사양하고, 오래도록 나무닭[65]처럼 온전함 배우네. 마음을 기르는 자들은, 바라건대 이 임천(林泉)에서 지내시게. 【중선대(中仙臺)에 우상(羽觴)이 새겨져 있다.】

行尋白雲谿, 杖策弄晴川. 晴川渺不極, 輕霞曳洞天. 秋高山骨瘦, 岸明楓景

---

62 하나의……생각 : 일구(一邱)는 일구일학(一邱一壑)의 줄임말로 은거하는 것을 가리킨다. 《한서(漢書)》 〈서전상(敍傳上)〉의 "한 골짜기에서 고기 낚으니 만물이 그 뜻 범하지 못하고, 한 언덕 위에서 한가히 지내니 천하가 그 즐거움을 바꿀 수 없다.(漁釣於一壑, 則萬物不奸其志, 棲遲於一丘, 則天下不易其樂.)"라는 말에서 나왔다.

63 구당협(瞿唐峽) : 장강(長江) 삼협(三峽) 중 하나인데, 절벽이 높고 물살이 빠는 험한 여울로 유명하다.

64 소 모양의 제기(祭器) : 원문의 희준(犧樽)은 소 모양으로 만든 제기(祭器)로, 여기에서는 본성을 잃는 뜻으로 쓰였다. 《장자(莊子)》 〈천지(天地)〉에 "백 년이 된 나무를 잘라서 희준을 만들고 청색, 황색으로 꾸미는데, 남은 나무는 베어진 채 도랑에 버려진다. 희준과 버려지는 나무는 아름다움과 추함 차이가 있지만 본성을 잃는 것은 한가지이다.(百年之木, 破爲犧樽, 靑黃而文之, 其斷在溝中. 比犧樽於溝中之斷, 則美惡有間矣, 其於失性, 一也.)"에서 온 말이다.

65 나무닭 : 원문의 목계(木雞)는 《장자(莊子)》 〈달생(達生)〉에 나오는 말로, 덕을 온전히 지키는 뜻으로 쓰였다. 임금을 위하여 싸움닭을 기르는 사람이 닭은 기른지 40일 지나서 다음과 같이 말했다. "거의 되었습니다. 다른 닭이 울며 덤벼도 태도를 변하지 않습니다. 바라보면 마치 나무로 만든 닭과 같아 덕이 온전합니다. 다른 닭들이 감히 덤비지 못하고 보고는 도로 달아납니다.(幾矣. 雞雖有鳴者, 已無變矣. 望之似木雞矣, 其德全矣. 異雞無敢應, 見者反走矣.)"

姸. 風湍鳴砰磕, 珠沫紛洄漩. 泠泠去何之, 蹲蹲興屢牽. 水石暎空靑, 幽思澹無邊. 老釋鬚眉古, 逍遙蔭山巓. 見客叉手拜, 前導窮三仙. 盤陀白石臺, 鸞鶴夜飛旋. 羽觴披葳蕤, 燦若靑瑤鐫. 仙人不可見, 遺跡徒空筌. 世界儘空濶, 人生足靜便. 冥鴻振羽翮, 那由啄腥羶. 我秊已半百, 何用更拘攣. 平生一邱想, 萬鍾浮雲然. 羊腸易摧轅, 瞿塘多誤船. 巖穴雖云僻, 所貴物累捐. 女蘿紉余佩, 芳菊充余饘. 暝棲宜養性, 服食可延秊. 永謝樽犧斲, 長學木雞全. 寄言素心子, 願葆此林泉.【中仙臺, 刻羽觴.】

수일암

守一庵

유람에 지쳐 높은 곳에 올라, 작은 암자에서 가마 쉬네. 샘물 소리 범패(梵唄) 따르고, 산의 비췻빛 구담(瞿曇) 보호하네. 날듯한 잔도 몇 길 위에 걸려있고, 나무꾼 노래 홀연 두세 번 들리네. 돌아보니 덩굴길 아득하고, 지는 해가 와룡담(卧龍潭)에 숨어드네.【암자 근처에 와룡담(卧龍潭)이 있다】

遊覽倦登陟, 肩輿憇小菴. 泉聲隨梵唄, 山翠護瞿曇. 飛棧跨尋丈, 樵歌忽兩三. 回看蘿逕杳, 斜日隱龍潭.【菴上有卧龍潭】

도담島潭에 배를 띄워 단양군수가 가기歌妓를 태우고 술과 안주를 갖춰 위로하다

泛舟島潭主倅載歌妓具酒饌以勞之

우뚝 솟은 세 봉우리에 막 닻줄 풀고 가니, 가을빛 든 잔잔한 호수 거울 같구나. 험한 골짜기의 바위 교묘히 새겨 놓은 듯하고, 언덕의 국화와 물가의 노을 성글게 점철되어 있네. 떠가는 구름에 옥소리 내며 어여쁜 가기 노래하고, 노 멈추어 그림자 잠긴 푸른 도담은 텅 빈 듯하네. 지척인 금화(金華) 굴 너머로 선계 있어, 신기루 피어난 곳에 잠긴 외로운 안개 아득히 바라보네. 【도담 위에 문암(門巖)과 암혈(穴巖)이 있고, 도담에서 1리쯤 떨어진 곳에 금화(金華)라는 굴이 있으며 그 안에 석실 1간이 있어 매우 정교하게 만들어졌다고 하는데, 나는 날이 추워 찾아가지는 못했다.】

기이其二

한가롭게 거룻배로 물살 거슬러 올라가니, 여울 소리와 골짜기 기운 더욱 웅장해지는구나. 세 개의 산이 완연히 봉래의 물가에 있어, 백길 높이가 염여퇴(灩澦堆)[66]를 끌어온 듯하네. 옛 나루터에는 어부의 집까지 연기 비껴있고, 배 위 주방엔 가을 들어 술잔을 들게 하네. 가련하다, 신령한 곳 관장하는 이 없어, 단지 신선의 퉁소만 달에서 내려오는구나.

기삼其三

치는 물결 놀란 파도 밤낮으로 바쁘게 일어, 오대산 물줄기는 발원이 길구나. 벼랑 문은 귀신의 도끼로 어느 해에 쪼갰나, 옥으로 된 밭 신선

66 염여퇴(灩澦堆) : 사천성(四川省) 봉절현(奉節縣) 서남쪽 양자강(揚子江) 구당협의 어귀에 큰 암석이 우뚝 서 있는 곳으로, 이 부근은 격류(激流)가 극심하여 배가 다니기 매우 어렵기로 유명하다.

의 벼는 예로부터 향기롭네. 뾰족뾰족한 구름 봉우리 하늘이 한 번에 움켜잡았고, 배회하는 바람 악기는 물의 중앙에 있네. 깊은 도담은 교룡 잠깨울까 두려워, 다시 은주암(隱舟巖)을 향해 짧은 돛대 올리네. 【도담의 절정에는 선인전(仙人田)이 있고, 중류(中流)에는 은주암(隱舟巖)이 있다.】

기사其四

지팡이 짚고 덩굴 부여잡으며 가니 돌길 그윽한데, 흰 구름 깊은 곳에서 잔잔한 물 희롱하네. 구지(仇池)에는 반드시 별천지와 통하는 굴이 있을 것이나[67], 온 천하에는 응당 이러한 섬과 모래톱은 없을 것이리. 강직한 기골로 바람 이겨내고 골짜기 절정에 날 듯이 오르니, 명산이 나에게 구석구석 찾아보도록 허여했네. 석 잔 술 배불리 마시고 긴 노래 부르니, 숲속의 달은 어여쁘게 돛 끝에 걸려있네. 【선인전(仙人田)에는 북과 같은 바위가 우뚝 솟아있고 물이 주위를 감싸고 흐르는데, 나 혼자 샘물 근원 찾아 절정까지 이르렀다.】

矗立三峯縱纜初, 平湖秋色鏡中如. 嵌巖洞壁鐫劖巧, 岸菊汀霞點綴踈. 聲戛飛雲紅妓唱, 影涵留棹碧潭虛. 金華咫尺仙源隔, 極目孤烟蘸蜃墟. 【潭上有門巖穴巖, 距潭一里許, 有窟名金華. 中有石室一間, 制極精巧云, 而余以日寒不果訪.】

其二

容與孤蓬任溯洄, 灘聲灰氣轉雄哉. 三山宛在蓬萊渚, 百丈疑牽灩澦堆. 古渡烟橫漁子戶, 行厨秋入使君盃. 可憐靈境無人管, 秖有仙簫月下來.

67 구지(仇池)에는……있을 것이나 : 두보(杜甫)의 〈진주잡시(秦州雜詩)〉 20수(《杜詩詳註》 권7) 중 제14수에 "만고의 구지혈, 별천지 소유천과 몰래 통했네.(萬古仇池穴, 潛通小有天.)"란 구절이 나온다.

其三

蹴浪驚濤日夜忙, 五臺泉脉發源長. 崖門鬼斧何年劈, 玉圃仙禾自古香. 攢簇雲巒天一握, 徘徊風筑水中央. 深潭恐破蛟龍睡, 且向舟巖艤短檣.【潭上絶頂, 有仙人田, 中流有隱舟巖.】

其四

杖策捫蘿石逕幽, 白雲深處弄潺流. 仇池定有通天穴, 寰海應無此島洲. 傲骨凌風飛絶壑, 名山許我恣窮搜. 三盃軟飽長歌發, 林月姸姸掛帆頭.【仙人田, 有石如鼓簇立, 流水周匝環繞, 余獨自窮源至絶頂.】

구담龜潭을 지나며

過龜潭

협곡에서 배 부리기를 말 부리듯 하여, 가을바람 구담(龜潭) 아래에서 닻줄 푸네. 구담의 물은 푸른 하늘에 잇닿았고, 나는 여울물 소리 쏴아 하며 귀가에서 쏟아지네. 푸른 산 감돌고 흰 물 굽이쳐 어지러이 시야에 들어오는데, 사방의 층층이 있는 암벽 기세가 장엄하네. 목마른 무지개가 긴 시냇물 다 들이마셨나 문득 의심하니, 빠른 송골매가 가을 산 가로지르는 것 같구나. 개중 한 봉우리가 더욱 기걸(奇傑)하였으니, 옥순(玉筍)이 천만 길 우뚝하고 무성하게 서 있었네. 가파른 봉우리들 우러러보고 넘실대는 물결 굽어보니, 마음과 눈이 모두 아찔해지네. 이때 늦가을이라 강가의 단풍 짙어, 모래톱의 물은 줄고 하늘은 맑았네. 갈대밭의 기러기 무리 지어 날고 들오리 우는데, 강 복판에서 노 두드리며 뱃노래 부르네. 시골 막걸리 한 병에 취하지 않아, 강 풍경 오연히 즐기며 마음껏 노니네. 언덕에 의지한 집은 누구의 집인가, 사립문 반쯤 닫혀 강물에 임해있네. 물외(物外)의 참선객 아니라면, 반드시 산속에서 단련하는 도사이리라. 선학(仙鶴) 아득히 멀어 붙잡을 수 없는데, 지는 해는 뜬구름 속에 사라지네. 창하정(蒼霞亭) 우뚝 솟아 숲 굽어보고, 호천대(壺天臺)는 오래되어 담쟁이 덩굴 얽혀있네. 피로한 객 돌아가고픈 마음은 돛단배처럼 빠른데, 어이하여 나막신은 오묘한 곳까지 다 찾아가는가. 오늘 밤 또 사열군(沙熱郡, 청풍군)으로 향하리니, 한벽루(寒碧樓)의 달은 사람맞이하며 웃으리.

峽偣使船如使馬, 秋風縱纜龜潭下. 龜潭之水連天碧, 飛灘淅瀝耳邊瀉. 縈青繚白紛入望, 面面層巖氣勢壯. 翻疑渴虹吸長川, 却似快鶻橫秋嶂. 箇中一峯尤奇傑, 玉筍矗立千萬丈. 仰視崒嵂俯澒洞, 令我心目雙眩悅. 是時秋晩江楓老, 洲渚水落天宇朗. 蘆雁羣飛野鴨呼, 中流鼓枻棹歌唱. 村醪一甌不成醉, 嘯傲江天恣跌宕. 倚岸架屋者誰子, 柴扉半掩臨江水. 若非物外參禪客, 定是山中鍊丹士. 仙鶴迢迢不可攀, 倒景滅沒浮雲裏. 蒼霞亭屹俯林杪, 壺天臺古縈蘿蔦. 倦客歸心風帆駛, 那由躡屐窮要眇. 今宵且向沙熱郡, 碧樓寒月迎人笑.

한벽루

寒碧樓

단구(丹邱)의 바위를 밟아 본 후, 이름난 누대 또 잠시 유람하네. 날듯한 여울은 밤에 더욱 빨라지고, 아찔하게 높은 난간은 달과 함께 떠 있네. 바람 불어 의관이 서늘해지고, 구름 감돌아 잠자리 그윽해지네. 함께 신선 관리[68]의 술 따라, 읊조리고 바라보니 천년의 시름 잊히네.

68 신선 관리 : 원문의 단구(丹邱)는 신선이 사는 곳을 뜻하는 말이면서 충북 단양(丹陽)의 별칭이다. 이에 단양 군수가 따라주는 술을 신선 관리의 술이라 칭한 것이다.

踢倒丹邱石, 名樓又薄遊. 飛灘夜愈駛, 危檻月同浮. 風御衣冠冷, 雲棲枕簟幽. 共斟仙吏酒, 吟眺失千愁.

다른 사람을 대신하여 만사를 짓다

代人輓

향파(鄉派)는 다를지라도 본래 같은 근원으로, 배향함에 응당 백 세의 돈독함 알리. 시례(詩禮) 서로 계승하여 선대의 법도 있고, 전형(典型) 매우 가까워 행실 이어가네. 벼슬길 오래 막힌 것 재주가 못난 것이 아니니, 선계(仙桂) 거듭 부여잡아 임금님 은혜받았네. 영관(瀛館, 홍문관) 새로 직함 받아 붉은 만장 빛나니, 상엿소리 한 곡 가만히 혼을 녹이네.

寧鄉派別本同源, 綴食應知百世敦. 詩禮相承先範在, 典型孔邇屬行尊. 公車久屈非才罪, 仙桂重攀荷聖恩. 瀛館新啣丹旐煥, 薤歌一曲暗消魂.

나비를 놓아 주다

放蝶

봄 찾던 호랑나비 미친 듯 신나게 놀다가, 거미줄로 잘못 떨어져 바삐 날갯짓 하네. 푸른 하늘로 너를 놓아줄 테니 마음대로 가서, 첩첩한 산 깊은 곳에서 온갖 꽃향기 맡으렴.

尋春蝴蝶劇顚狂, 誤落蛛絲鼓翅忙. 放爾晴空恣意去, 亂山深處百花香.

이른 봄 길에서
早春途中

수레 타고 서쪽 성곽을 나서니, 경치가 갓 갠 것처럼 아름답구나. 뭉게뭉게 산은 자취 머금었고, 흔연히 나무는 생기있게 자라네. 울타리 너머 마을의 북소리 급하고, 언덕에 기댄 과녁은 밝아 보이네. 임단(臨湍, 장단)으로 가는 길 익숙하게 밟아가니, 사공이 닻줄 풀고 맞이하네.

駕言出西郭, 風物媚新晴. 靄靄山含態, 欣欣木向榮. 隔籬村鼓急, 倚隴射帿明. 慣踏臨湍路, 篙工解纜迎.

즉흥시
卽事

산의 푸른 운애와 호수빛이 난간을 둘러 서늘한데, 북쪽의 창에 해 늦어 희황(羲皇)을 꿈속에서 보았네. 가슴에는 용호(龍虎)의 참동결(參同訣)을 품었고, 손으로는 충어(蟲魚)의 이아(爾雅) 주석을 적었네. 은행나무에 바람 불어 거문고 가락 연주하고, 성근 회화나무꽃 떨어져 술에서 향기 나네. 편안하고 한가함이 장수의 가장 좋은 방법이니, 창공(倉公)[69]에게 금방(禁方, 신비의 약방문)을 구할 필요가 없네.

山翠湖光遶檻凉, 北窓遲日夢羲皇. 胷藏龍虎參同訣, 手疏蟲魚爾雅章. 文

---

69 창공(倉公) : 한(漢) 나라 때의 명의 순우의(淳于意)로, 태창장(太倉長) 벼슬을 지냈기 때문에 창공이라 칭하였다.

杏風來琴度曲, 疎槐花落酒生香. 安閑最是長年術, 不向倉公覓禁方.

근심을 달래다

排悶

좀벌레의 생애는 늙어도 쉬지 않으니, 근심 속에 즐거움 있고 즐거움 속에 근심 있네. 허공에 돌돌(咄咄)을 쓰는 것[70]은 무엇 때문인가, 운에 맡기고 오르고 오르며 시름하지 말지어다. 5경 중에는 닭 우는 비바람 부는 새벽이고, 1년 중에는 기러기 소식 있는 물 흐르고 구름 떠도는 가을이라네. 이소(離騷)를 다 읽으니 긴 노랫소리 나오는데, 명사는 모름지기 마음껏 술 마시는 데서 구하리.

蟫蠹生涯老不休, 憂中有樂樂中憂. 書空咄咄緣何事, 任運騰騰莫謾愁. 五夜雞聲風雨曉. 一年鴻信水雲秋. 離騷讀罷長歌發, 名士須從痛飮求.

다시 앞의 운으로 지어 아내에게 보이다

復疊前韻示內子

북두성 자루 동쪽을 가리키니 이슬 꽃 서늘하고, 파릇한 대지에 봄빛 벌써 활짝 펴졌네. 홰치는 닭 소리에 부지런하던 정나라 선비 본받으니,

70 허공에……쓰는 것 : 진(晉)나라 은호(殷浩)가 중군장군(中軍將軍)으로 있다가 남의 참소를 입고 폄출(貶黜)되어 유배되었는데, 종일 허공에 '돌돌괴사(咄咄怪事, 쯧쯧 괴이한 일이로다.)'를 썼다고 한다.

아픈 몸에 쇠덕석 걸치곤 아내 마주 보며 울었다는 왕장(王章) 우스워라.[71] 누에 쳐 고치 켜는 계절 닥치고, 술맛에 온갖 꽃향내 무르녹았네. 가난한 살림에 괴로움 많다 하지 마오, 맑은 마음이 바로 선방(仙方)이라네. 【아내는 매년 누에를 길러 비단을 뽑고, 온갖 꽃을 따 술을 담가 나에게 준다.】

斗杓東指露華凉, 蒼陸春光已發皇. 雞曉將翔儀鄭士, 牛衣對泣笑王章. 蠶功節届三繅候, 麴味花濃百種香. 莫道寒閨多懊惱, 淸心眞箇是仙方. 【內子每歲養蠶斷匹帛, 採百花釀酒以供余.】

벽제점碧蹄店에서 옛날을 회상하다

碧蹄店懷古

산자락 비스듬히 완만하여 들의 경치 맑은데, 몇몇 모점(茅店)에 저녁 연기 비껴있네. 비등했던 전투 아득히 꿈같은데, 쇠한 버드나무의 차가운 매미가 지나가는 객의 정이라네.

기이其二

철마(鐵馬) 달려 나가 전쟁의 피 검붉은데, 왜적을 섬멸한 장한 지략 기세가 산과 같구나. 논은 막막히 펼쳐져 바람과 모래 고요하니, 한 번 보고 어찌 이곳을 알리오.

---

71 아픈 몸에……우스워라 : 한(漢) 나라 왕장(王章)이 제생(諸生)으로 장안(長安)에서 아내와 둘이 살았는데, 왕장이 병이 들었으나 덮을 이불이 없어 쇠덕석 속으로 들어가 누워서는 아내와 결별을 하며 슬피 울었다는 이야기가 《한서(漢書)》 〈왕장전(王章傳)〉에 나온다.

기삼其三

호접(蝴蝶)으로 늘어서 몰고 가 장군이 책임지고 죽으니, 바람에 임해 호남아(好男兒)를 곡하네. 군용(軍容)은 광분함 따르지 않으니, 고개 위에는 여전히 대장의 깃발 온전하네.[72]

山脚坡陀野望晴, 數區茅店夕焰橫. 飛騰戰伐渾如夢, 衰柳寒蟬過客情.

其二

鐵馬追奔戰血殷, 殲倭壯畧氣如山. 稻畦漠漠風沙靜, 一着那知誤此間.

其三

蝴蝶陳驅馭死綏, 臨風哭殺好男兒. 軍容不逐狂氛亂, 嶺上猶全大將旗.

서호정西湖亭에서 술 마시며 봄을 감상하다

西湖亭小酌賞春

승경 찾아 서원(西園)에 모여, 누대에서 멀리 들판 바라보네. 파릇파릇 우산(牛山)은 비췻빛이고, 희미하게 밤섬엔 노을 졌네. 버드나무는 바람에 나부껴 펄럭이고, 들쭉날쭉 나무에 꽃이 어울렸네. 나는듯한 용마루 기와집에 초가집 둘러, 연기는 온갖 집에서 나오네. 콩알만 한 사람과 한 치의 말, 포구 가 모래밭에 역력하구나. 석양 홀연 물에 잠겨, 만 이랑에 금

72 호접(蝴蝶)……온전하네 : 벽제(碧蹄)는 임진왜란 때에 명나라 제독(提督) 이여송이 왜적과 전투를 벌인 곳이다. 호접진(蝴蝶陣)은 왜적들이 즐겨 썼던 진법으로, 이여송은 벽제(碧蹄)에서 왜적의 유인에 말려 그만 진흙 속에 빠져 탄 말이 나오지 못했다. 이여송이 위급하게 되었는데 지휘사(指揮使) 이유승(李有昇)의 구원으로 다행히 탈출하였으나 이유승은 끝내 왜적에게 잡혀 죽고 말았다.

빛 물결 출렁이네. 스산한 바람 번잡한 흉금 씻어내니, 바위에 기대 누워서 휴식 취하네. 주인은 얼음과 옥과 같은 자태로, 객들 맞이하여 시 짓는 일 많네. 서금(西琴)으로 궁우(宮羽) 연주하고, 포관(匏管)으로 조화를 이루네. 돌솥에 향긋한 밥 짓고, 쑥국에 새싹 따서 넣네. 쇠약한 얼굴 술힘 빌리고, 백발은 봄빛에 비치네. 술 마시고 노래하는 사이 청담(淸談) 나누니, 베개에 기댔다 혹 짧은 노래하네. 우리 집은 언덕 하나 사이 두고 있고, 밭에는 뽕과 삼나무 잇달아 심겨있지. 다시 달 밝은 저녁 기다리니, 지팡이 울리며 다시 찾아오리라.

選勝集西園, 層臺野望賒. 葱倩牛山翠, 熹微栗島霞. 旖旎柳翻風, 參差樹交花. 飛甍帶茅屋, 火自千家. 豆人及寸馬, 歷歷浦邊沙. 斜陽忽蘸水, 萬頃皺金波. 蕭散滌煩襟, 偃息依巖阿. 主人冰玉姿, 邀賓韻事多. 西琴按宮羽, 匏管弄巢和. 石鼎炊香稻, 蕭羹摘新芽. 衰顏借酒力, 白髮映韶華. 觴詠間淸談, 欹枕或短歌. 吾廬隔一阜, 阡陌連桑麻. 更俟月明夕, 鳴筇復來過.

길을 가다가

途中

해마다 서산 기슭의 길, 서리와 이슬에 깊은 정 두려워지네. 고관(高館)에는 금잔디 정결하고, 층층이 쌓인 바위에서는 석불이 맞이하네. 나무는 관사 받치고 곧게 뻗었고, 꽃은 들의 다리 덮고 밝게 빛나네. 웃으며 고향 가깝다 가리키니, 나산(羅山) 한 줄기 비껴있네.

年年西崦路, 霜露怵深情. 高館金莎淨, 層巖石佛迎. 樹扶官店直, 花罨野橋明. 笑指梓鄕近, 羅山一抹橫.

방옹放翁, 육유 시를 읽고
讀放翁詩

쓰임이 구정(九鼎)보다 무겁지만, 궁핍함에 한 푼을 편안히 여기네.[73] 참되구나 방옹의 시구여, 세 번 반복해서 읽으니 뜻이 처연해지네.

用可重九鼎, 窮寧直一錢. 誠哉放翁句, 三復意凄然.

재종숙再從叔 서낙수徐洛修와 부평富平 관아에서 당시唐詩 운자를 뽑아 함께 읊다
再從叔富平衙中拈唐詩韻共賦

바다 빛 창망하게 고을과 접해 있어, 새벽 관아에 북과 뿔 소리로 날 밝음 알리네. 못 맑아 정자에서 물고기 뛰는 것 보고, 바람 따뜻하여 회화나무 뜰에서 새소리 흩어지네. 누워 다스리며 참으로 관리로 숨은 신선 되었으나, 사무(使無, 송사가 없도록 하겠다는 뜻)는 능히 백성들의 정 따르리. 풍년들어 읍의 업무 더욱 신경 쓰고 있으니, 시만 읊는 비쩍 마른 사람은 아니라오.【고을 원님이 지난겨울 업무 평가를 받으며 병을 얻어, 업무를 누워 다스리는 데 방해되지 않는다(不妨務卧而治之)라는 구가 있는 것이다. 아헌(衙軒)에 사무(使無)라 편액 하였기 때문에 2연에서 언급하였다.】

海色蒼茫接郡城, 曉衙鼓角報新晴. 池清茅榭觀魚躍, 風暎槐庭散鳥聲. 卧治眞成仙吏隱, 使無能服小民情. 年豊邑務猶關念, 不是吟詩太瘦生.【主倅

73 쓰임이……여기네 : 1, 2구는 육유(陸游)의 시 〈유생(儒生)〉이다.

昨冬京察有病, 不妨務卧而治之之句. 衙軒扁以使無, 故第二聯及之.】

계양산桂陽山에서 바다를 바라보며

桂陽山望海

상쾌하게 높이 올라 강한 바람 맞으며, 바다의 깎아지른 산 사방으로 트여있네. 띠처럼 둘러진 모습 경기 지방에서 우뚝하니, 서남쪽 제압하여 바다에서 웅장하네. 아득한 평원 저녁노을에 물들고, 호호망망 푸른 물결 석양에 붉어졌네. 시력 다하지만 마음은 다하지 않아, 승경 유람 십주(十洲)에 있는 듯하구나.

기이(其二)

두 봉우리의 절벽 하늘을 찌르며 열렸고, 운해(雲海)는 창망히 발아래에서 돌아가네. 바람 빠르기가 양 뿔 위 같은데, 돛단배는 멀리 기러기가 오는 것 같네. 물가 마을의 연기로 천개의 집 고요한데, 포구 집의 물고기와 소금 만 개의 창고에 쌓여있네. 서쪽으로 달려 나가는 푸른 물결은 초(楚)와 월(越)에 이어졌으니, 석양 멀리 바라봄에 더욱 유유하구나.

泠然遐舉挹剛風, 積水剗山四望通. 襟帶形便畿輔壯, 西南控制海防雄. 迷茫平楚殘霞絢, 浩淼滄波夕照紅. 目力有窮心不極, 勝遊如在十洲中.

其二

雙峯陡絶揷天開, 雲海蒼茫脚底廻. 風力迅如羊角上, 帆形遙似鴨頭來. 水鄉烟火千村靜, 浦戶魚鹽萬井堆. 西走滄波連楚越, 夕陽騁眺轉悠哉.

백운사白雲寺를 찾아가며 산중에서 짓다
將訪白雲寺山中作

잔도 휘감긴 물과 구름 섞인 곳, 서쪽으로 흘러가는 긴 시내에 홀연 동쪽 햇빛 비치네. 몇 굽이의 모래 언덕 눈과 같이 밝고, 폭포는 때때로 무지개를 뿜어내네. 노을 낀 신선사는 골짜기에 제천(諸天)은 멀기만 하고, 강산은 의구한데 시문 짓던 옛집은 비어있네. 창주(滄洲) 눈 부릅떠 보아도 사람 보이지 않아, 가을바람에 기대어 슬픈 노래 한 곡 부르네. 【산중에 농암(農巖) 고택이 있다.】

기이其二

절벽 따라 골짜기 넘고 가는 묘연함 언제 끝나려는지, 흐르는 물소리에 수수 바람 불어오네. 늦가을 시냇가의 향기 여전히 가득한데, 해 비치는 비췻빛 숲 다시 어둑해지네. 새로 개간한 밭은 아득히 산허리에 펼쳐졌고, 마을 길은 험하게 돌부리 널려있네. 애달파라, 선원(仙源)은 어디에서 찾을까, 상방(上方)의 외로운 달은 모든 시내같이 비추네.

縈廻棧路水雲中, 西走長川忽映東. 幾曲堆砂明似雪, 有時飛瀑噴成虹. 烟霞洞府諸天逈, 文藻江山老屋空. 極目滄洲人不見, 商歌一曲倚秋風. 【山中有農巖古宅.】

其二

緣崖跨壑杳何窮, 流水聲中薥黍風. 秋晩磵芳猶馥郁, 日斜林翠更冥濛. 畬田縹緲山腰闢, 村逕崎嶇石角通. 怊悵仙源何處覓, 上方孤月萬川同.

도리평桃里坪 이생李生에게 주다【서문을 아울러 쓰다幷序】

贈桃里坪李生【幷序】

내 일찍이 영평(永平) 백운산(白雲山)의 승경을 들었으나 찾아갈 겨를이 없었는데, 무인년(戊寅年, 1818년) 9월 늦가을에 나귀 한 마리 타고 동자 하나 데리고 표연히 길을 나섰다. 골짜기 어귀에 들어서자마자 잇닿은 산등성이와 겹쳐진 산봉우리들이 자줏빛과 비췻빛을 천 겹으로 둘렀고 폭포가 어지러이 거품을 날리며, 한 번 바라보는데 끝이 없어 참으로 물외(物外)의 선경(仙境)이었다. 고삐를 놓고 오래도록 감상하다 보니 어느덧 해가 저물어 어두워졌다. 산사(山寺)까지는 5리쯤의 거리라 도리평(桃里坪)의 선비 집에 투숙했는데 이성(李姓)의 큰 마을이었다. 문은 절벽에 임해있고 밭을 개간하여 뽕나무와 삼나무가 울창했다. 주인 이름은 인순(麟淳)이고 나이는 40여 세였는데, 의관이 예스럽고 소박하여 산야(山野)의 기풍이 있었다. 닭 잡고 기장밥을 하여 대접하는 데 매우 정성스러웠으며, 스스로 말하길 이 터는 5세를 이어온 것이라고 하였다. 아아, 대가(大家)의 별장이 임원에서 서로 보이는데, 자손이 대대로 이어받는 터라고 누가 생각하지 않겠냐마는 일찍이 발길 돌리기도 전에 다른 사람이 들어와, 개관요(蓋寬饒)가 말한 여관 같은 모습을 보았다는 것이 도도하게 이러하다.[74] 이생(李生) 같은 이는 깊은 산에서 태어나 늙어 대대로 이름난 지역의 주인이 되었으니, 어찌 최고의 맑은 복이 아니겠

---

74 개관요(蓋寬饒)……이러하다 : 개관요(蓋寬饒)는 자(字)가 차공(次公)으로, 전한(前漢) 사람이다. 성품이 강직하고 청렴하였으며, 감찰(監察)을 맡아 위로는 황후태자부터 아래로 공경백관(公卿百官)에 이르기까지 한결같이 감찰하여 '호신(虎臣)'으로 불렸다. 평은후(平恩侯) 허백(許伯)이 새집으로 이사하여 여러 관리를 불러 잔치를 하였을 때, 단장경(檀長卿)이 일어나 춤을 추자 좌중이 모두 웃었으나, 개관요만은 좋아하지 않고 위를 쳐다보며 다음과 같이 말했다. "아름답구나! 그러나 부귀는 무상한 것이어서 갑자기 주인이 바뀌니, 집은 여관이나 같도다. 이런 경우를 내가 많이 보았지. 오직 삼가고 또 삼가야만 오랫동안 유지할 수 있으니, 어찌하여 경계하지 않겠는가!(美哉! 然富貴無常, 忽則易人, 此如傳舍, 所閱多矣. 唯謹愼爲得久, 君侯可不戒哉!)" 《한서(漢書)》 〈개관요전(蓋寬饒傳)〉에 나온다.

는가! 감탄하는 나머지 13수의 절구를 지어 이생에게 주었다.

도리평(桃里坪) 앞에 거리 이어져, 골짜기의 꽃과 돌이 바로 청전(靑氈)[75] 이로다. 인간세계에서 그대와 같은 맑은 복, 이름난 지역을 취하여 5세를 전하는구나.

기이其二

덩굴 옷에 연잎 띠로 초연히 누우니, 태고부터 산 푸르러 해는 1년처럼 더디게 가네. 고개 돌려 낙양의 명승지를 보니, 몇 집이나 선대의 업을 이어 평천장(平泉莊)[76]을 보전했던가.

기삼其三

맑디맑은 폭포 물 돌계단 감아 멀리 가고, 수수로 엮은 성근 울타리 저녁 노을 가두고 있네. 산 밖의 세상 인연 전혀 상관하지 않고, 흐르는 물 베고 돌로 양치하는 것이 삶이라네.

기사其四

깊은 골짜기에 층층이 있는 산이 그림 속 같은데, 삼재(三災) 이르지 않아 이 산에 산다네. 흰 구름으로 울타리 쳐 닭과 돼지 흩어지니, 신선이 먹고 남은 것이 아닌가 하네.

기오其五

여자는 길쌈하고 남자는 밭일 하여, 주인 늙은이는 일없이 한낮에 낮

75 청전(靑氈) : 선대로부터 전해져오는 유물이다. 진(晉)나라 왕헌지(王獻之)가 도둑이 들어와서 물건을 모조리 훔쳐 가려 하자, "푸른 모포[靑氈]는 우리 집안의 유물이니, 그것만은 놓고 가게(靑氈我家舊物, 可特置之.)"라고 하자, 도둑이 놀라 도망갔다는 이야기가 《건강실록(建康實錄)》에 나온다.

76 평천장(平泉莊) : 당(唐) 나라 명상 이덕유(李德裕)의 별장으로 기이한 화초와 괴석들로 유명했다.

잠 자네. 인생사 길이 이와 같을 수 있다면, 양주(楊州)에서 학 타고 신선 되는 것 부럽지 않네.

기육其六

벗단 뾰족하게 솟아 하늘 향해있고, 참깨 향기롭게 햇볕 쬐고 콩은 바람맞고 있네. 마을이 기뻐 노래하며 즐기니, 단지 올해처럼 풍년들기를 길이 기원하네.

기칠其七

선방(禪房) 멀리 대숲 서쪽에 있어, 때로 고승(高僧)과 함께 석장(杖錫) 짚고 나서네. 절 앞 서로 배웅하는 곳, 선유담(仙遊潭)이 바로 호랑이가 우는 시내이리라.[77]

기팔其八

성근 울타리에서 등불 켜고 밤에 소를 먹이니, 밭일 비로소 끝나 수레가 쉬는구나. 시냇물 깊고 풀 무성하여 한가히 있는데, 누가 금롱(金籠)을 머리에 썼는가.[78]

기구其九

닭 소리 돼지 소리 사방 이웃에서 들리니, 눈 쪼개고 구름 갈며 늙어가네. 내 집에 누워 생활 풍족하니, 세간의 어떤 것이 영화와 명성인가.

---

77 절 앞……시내이리라 : 진(晉)나라 고승 혜원(慧遠)이 여산(廬山) 동림사(東林寺)에 있으며 절 앞의 시내를 건너가지 않았는데, 도연명(陶淵明), 육수정(陸修靜)과 함께 이야기를 하다가 시내를 건너 호랑이가 우니 세사람이 크게 웃었다는 '호계삼소(虎溪三笑)'의 이야기를 가리키는 것이다.

78 누가……썼는가 : 남조(南朝)의 은자(隱者) 도홍경(陶弘景)이 모산(茅山)에서 살며 여러 차례 양무제(梁武帝)의 초빙에 응하지 않고소 두 마리를 그려서 벽에 걸었는데, 하나는 수초(水草) 사이에서 한가로이 풀을 뜯고 있었고 하나는 머리에 금롱(金籠)을 덮어쓴 채 채찍을 맞고 있는 그림이었다. 무제가 이 말을 듣고 "이 사람은 장자(莊子)처럼 진흙탕 속에서 꼬리를 끌고 다니는 거북이가 되고 싶어 하니 어떻게 불러올 수 있겠는가."라고 한 이야기가 《남사(南史)》 〈도홍경전(陶弘景傳)〉에 나온다.

기십其十

닭 둥지의 촌 늙은이 나이를 모르니[79], 예로부터 명산에는 수성(壽星)이 비추었다네. 우물 밑 구기자 뿌리 있고 개 짖는 소리 들리는데, 바위 사이 석수(石髓)는 용 모양으로 있네.

기십일其十一

산중의 경물 묻노니 어떠하오, 아름다운 시절에 소요하며 즐거운 일 많다네. 봄비 풍족하여 앞의 시내에 푸른 물결 불어나고, 수선화(水仙花) 핀 둑엔 고기잡이 노래 들리네.

기십이其十二

황량(黃粱) 밥 익었고 나물 향긋하니, 객 머물게 하며 피운 관솔불 벽에 맑게 비치네. 전가(田家)의 괴로운 생업에 무척 감사하노니, 창을 사이에 두고 밤새도록 여인의 절구질 소리 들리네.

기십삼其十三

마을은 물소리에 둘러싸였고, 동쪽으로 뻗은 구름산은 맥국(貊國)과 통해있네. 긴 보습 들고 깊은 골짜기 찾아가, 그대와 양서(瀼西)와 양동(瀼東) 나누어 살고 싶네.[80]

余夙聞永平白雲山之勝而未暇尋也. 戊寅季秋, 一驢一童, 飄然作行. 纔入洞

---

79 닭둥지의……모르니 : 송(宋) 나라 이수충(李守忠)이 남방으로 사행(使行)가며 경주(瓊州)를 지나는, 길에서 양하거(楊遐擧)라는 노인을 만나 그의 집에 가니 아버지는 120세이고 조부는 195세였다. 그리고 대들보 위의 닭둥지[雞窠]에서 한 아이가 머리를 내밀고 내려보았는데 그의 9대조라고 한 이야기가 《감주집(紺珠集)》에 나온다.

80 그대와……살고 싶네 : 두보(杜甫)가 기주(夔州)에 있을 때 이곳 산천을 좋아하여 양수(瀼水)의 동쪽, 서쪽 등으로 집을 옮겨 살았다. 〈기주가(夔州歌)〉에 "양수 동쪽 양수 서쪽은 집이 일만호요, 강북과 강남에는 봄이나 겨울이나 꽃이 피네.(瀼東瀼西一萬家, 江北江南春冬花.)"라고 하였다.

口, 連岡疊嶂, 紫翠千重, 飛流亂沫, 一望無際, 眞物外仙境也. 縱轡延賞, 不覺日已曛黑, 距山寺五里許, 投宿桃里坪士人家, 乃李姓大村. 門臨絶壑, 田園墾闢, 桑麻翳然. 主人名麟淳, 年可四十餘, 衣冠古樸, 有山野風, 具雞黍延接甚欵, 自言此基乃五世相傳之地. 嗟夫, 大家別墅, 林園相望, 孰不以爲子孫延世之基, 而曾不旋踵, 他人入室, 蓋寬饒所謂閱如傳舍者, 滔滔是也. 若生者生老深山, 世作名區主人, 豈非無上淸福也哉! 感歎之餘, 爲賦十三絶以貽之.

桃里坪前巷陌連, 洞天花石卽靑氈. 人間淸福如君小, 領取名區五世傳.

其二

蘿衣荷帶卧超然, 太古山靑日抵年. 回首洛陽名勝地, 幾家先業保平泉.

其三

泠泠飛澗遶階除, 薥黍踈籬鎖晩霞. 山外世緣都不管, 枕流漱石是生涯.

其四

絶壑層巒畵裏如, 三灾不到此山居. 白雲籬落雞豚散, 疑是仙家舐鼎餘.

其五

女績桑麻男服田, 主翁無事日高眠. 人生若得長如此, 不羡楊州跨鶴仙.

其六

禾納堆尖切半空, 胡麻香曬荳籬風. 村歛社缶嬉遊地, 只願長如今歲豐.

其七

禪龕迢遞竹林西, 時伴高僧杖錫携. 遙想寺前相送處, 仙遊潭是厲鳴溪.

其八

燈火踈籬夜飯牛, 田功初蕆役車休. 川深草茂閒閒在, 誰把金籠絡到頭.

其九

塒雞圈豕四隣聲, 劚雪耕雲老此生. 吾卧吾廬經濟足, 世間何物是榮名.

其十

雞窠村叟不知齡, 從古名山映壽星. 井底枸根聞犬吠, 巖間石髓作虬形.

其十一

山中景物問如何, 佳節逍遙樂事多. 綠漲前溪春雨足, 水仙花畔網魚歌.

其十二

黃粱飯熟蔬馨, 留客松明照壁淸. 多謝田家生業苦, 隔窓終夜女舂聲.

其十三

村居環擁水聲中, 迤左雲山貊國通. 擬把長鑱尋絶巘, 與君分占瀼西東.

백운사

白雲寺

걸어서 도원동(桃源洞) 나서, 가면서 도솔천 찾네. 오래된 등나무엔 다람쥐 숨어있고, 빈 누각엔 목어(木魚) 걸려있네. 신선의 짝 지금 어디 있는가, 맑은 못 앉아보니 아득하네. 유유한 노을 밖의 생각, 늙어서 참선하고 싶네.

步出桃源洞, 行尋兜率天. 古藤文鼠竄, 虛閣木魚懸. 仙侶今安在, 澄潭坐渺然. 悠悠霞外想, 垂老欲參禪.

산을 나서며

出山

거센 바람에 소매 날리며 사뿐사뿐 걸으니, 짧은 지팡이로 곁말과 앞서거니 뒤서거니 가네. 선생은 다리가 튼튼한 것이 아니요, 또한 수련하여 날아가는 신선을 배웠다네. 【산을 나설 때 나귀를 두고 걸어서 거의 30리를 갔다. 절의 승려가 뒤따르며 나에게 말하길, "공의 걸음걸이라면 하루에 백 리도 갈 수 있겠습니다." 하였다.】

罡風吹袂步翩翩, 短策征驂競後前. 不是先生行脚健, 也能修煉學飛仙. 【出山時, 余舍驢步行幾三十里. 寺僧隨後謂余曰, 如公步法, 可日行百里.】

금수정金水亭, 정유貞蕤 박제가朴齊家의 시에 차운하여[81]

金水亭次朴貞蕤【齊家】韻

골짜기 트이니 맑은 계곡물 빨라지는데, 금수정(金水亭)은 관도(官道)의 동쪽에 임해있네. 은거하고자 하는 객 멀리 생각하여, 구름과 소나무에

81 정유(貞蕤)……차운하여 : 박제가(朴齊家)의 시는 《정유각사집(貞蕤閣四集)》에 실려있는 〈차운임아금수정(次韻稔兒金水亭)〉이다.

기대어 정자 엮었네. 바위에 봉래(蓬萊) 글자 적으니, 기는 가을 산의 웅장함과 다투네. 눈 놀려 헤엄치는 피라미 세고, 흉금 열어 긴 바람 맞이하네. 이에 도덕경(道德經) 읽으며, 높이 하상공(河上公)[82]에 읍하네.

峽坼清溪駛, 亭臨官道東. 緬懷幽棲客, 結構倚雲松. 挐石蓬萊字, 氣爭秋山雄. 游目數游儵, 散襟來長風. 於焉讀道經, 高揖河上公.

백화주百花酒를 부평富平 관아에 드리면서 홍시紅柹를 구하는 시 2수首

寄呈百花酒于富平衙中仍求紅柹二首

가을 이슬과 봄바람에 술 가득한 병 들어보니, 백 가지 향에 사시의 정기가 서려 있네. 잘 봉하여 부쳐 숙부 마시게 하니, 관아 주방에서 차조 술 기울이는 것 어찌 같으리오.

계령(桂嶺)의 가을 구름 해풍을 접하니, 화제옥(火齊玉) 같은 감이 숲속에 무수히 떨어졌네. 문원(文園)은 근래 소갈증이 더해져[83], 선산(仙山)의 만 알 홍시를 구한다오.

【부附】 차운次韻[우헌(寓軒)]

거른 계화주와 거르지 않은 송순주 옹기병에 가득하니, 다시 온갖 꽃 정기에 향기 넘실거림 어여삐 여기네. 수령이 남미주(婪尾酒) 마시며 즐겁

82 하상공(河上公) : 한(漢) 나라 은사(隱士)로 《도덕경(道德經)》에 주석을 저술했다.

83 문원(文園)……더해져 : 한(漢) 나라 사마상여(司馬相如)가 효문원영(孝文園令)을 역임했기 때문에 문원(文園)이라 하는데, 사마상여는 소갈증(消渴症)을 앓았다 한다.

게 노니는 곳에, 차례차례 신선 막걸리 마음껏 기울이네.

오비(烏椑)의 붉은 열매 상풍(霜風) 맞으니, 빛깔과 맛 더욱 온갖 과일 중 제일 좋아졌네. 소갈증에 선인장 이슬 어찌 필요하겠는가, 붉은 용의 커다란 알 광주리 빨갛게 가득 있네.

秋露春風挈滿瓶, 百和香帶四時精. 緘封寄與使君飮, 何似官厨秫酒傾.
桂嶺秋雲接海風, 火齊磊落綴林中. 文園近日添消渴, 乞與仙山萬顆紅.

【附】次韻 [寓軒]

桂湑松醅滿甕瓶, 更憐香泛百花精. 遨頭婪尾嬉遊地, 取次仙醪盡意傾.
烏椑朱實帶霜風, 色味偏佳百果中. 病暍何須仙掌露, 赬虬巨卵滿筐紅.

이조묵李祖默[84]의 영설시詠雪詩 운자에 차운하여

次李生祖默詠雪詩韻

먹구름 눈 빚어내 건조함 애석히 여겨, 먼 기세로 하늘 가득 소금같이 뿌리네. 다시 보니 푸른 서리 나무 꾸며, 천 가닥 만 가지에 무성하게 꽃 피웠네. 중동(仲冬)의 날씨 봄처럼 따뜻해, 강물은 비단처럼 다함 없이 일렁이네. 마침 천공(天公)이 등륙(滕六, 설신(雪神)) 재촉해, 북풍(北風) 싸늘하게 불며 싸락눈 날렸네. 자양분 땅에 스며들어 정기 굳세지고, 만물 묵묵

84 이조묵(李祖默, 1792~1840) : 본관은 전주(全州)이고 자는 강다(絳茶), 호는 육교(六橋)이다. 시는 당나라 이상은(李商隱)을 배우고 글씨는 왕희지(王羲之)를, 그림은 원나라의 대표적인 문인화가였던 황공망(黃公望)을 배웠다. 금석고증(金石考證)을 즐겼고, 청나라 옹방강(翁方綱)과 친교가 두터웠다. 조부가 서유본의 장인인 문헌공(文獻公) 이창수(李昌壽)이다.

히 정(貞)이 회복하는 것 돕네. 강의 구름 침침하고 등불 그림자 생겨, 노인은 솜이불 끌어안고 잠 못 이루네. 방에는 매화꽃 향기 더 진해지는데, 주렴 통해 때로 놀란 새소리 들리네. 시령 엄하게 옥월(玉月) 글자 허용하지 않아, 구양수와 소식은 번갈아 문단의 맹주 되었네. 나는 장차 취성편(聚星篇) 이어 지을 것이니, 취한 후의 풍류는 정말 미치광이 같네. 거문고와 생황 연주하며 태고적 노래 조율하고, 강산 내려다보며 혼돈 접하네. 흥을 타 산음(山陰)의 배 타고자 하여, 부인에게 말술 실으라 재촉하네. 서호(西湖)의 젊은이 시 짓는 재능 풍부하여, 종이 잘라 길이 술잔 돌리며 읊네. 글씨와 시정(詩情) 둘 모두 빼어나, 훨훨 멀리 날며 사장(詞場) 능가했네. 홍두(紅豆) 따서 서로 그리워하는 생각 부치니[85], 이른바 이 사람은 하늘 한 쪽에 있구나. 만 리 사이로 우정 논함 세상에 몇이나 있나, 옛 도는 지금도 없어지지 않은 것 감탄하네. 양서(瀼西)와 양동(瀼東) 나누어 살 곳 정해, 주옥같은 시 던져 나의 긴 그리움에 보답하네.【이생(李生)은 연경(燕京)의 학사(學士) 옹방강(翁方綱)과 주고받은 편지가 있다.】

雲陰釀雪惜乾餘, 遠勢漫空撒塩如. 復見淸霜扮木稼, 千條萬柯花扶踈. 仲冬風日暵似春, 江水無澌如練明. 會事天公催滕六, 北風颼颼飛霰聲. 滋液滲漉元精固, 萬品默斡貞復情. 江雲黯淡燈生暈, 老人擁絮眠不成. 映閣偏助梅蘂香, 透簾時聞鳥棲驚. 令嚴不許玉月字, 歐蘓狎主騷壇盟. 我筆將續聚星篇, 醉後風流劇顚狂. 拂手琴笙調太古, 放眼江山接混茫. 乘興欲駕山陰棹, 謀婦催呼斗酒藏. 西湖少年富藻思, 劈箋長吟飛羽觴. 墨妙詩情兩絶倫, 翩翩逸翮凌詞場. 手摘紅豆寄相思, 所謂伊人天一方. 萬里論交世有幾, 古道如今嗟不亡. 卜居平分瀼西東, 投瓊報瓜我思長.【李生與燕京翁學士方綱, 有往復書.】

85 홍두(紅豆)……부치니 : 당나라 왕유(王維)의 〈상사(相思)〉에 "홍두는 남국에서 나는데, 봄이 되어 몇 가지나 피어났나. 바라건대 그대 많이 따주게, 이 꽃이 가장 그립다네.(紅豆生南國, 春來發幾枝. 願君多采擷, 此物最相思.)"라고 하였다.

또 읊다

再疊

서리꽃 흩날려 눈 한 길 남짓 내리니, 옥대(玉臺)와 요림(瑤林) 거울 속 같구나. 외로운 산 천 그루 매화, 맑은 물결에 잠겨 울창했던 것이 다시 성글게 된 것 같네. 상쾌하게 바라보다 마음속 정결해짐 더욱 어여삐 여기는데, 주시하다가 눈이 어두워지는 것 문득 두려워지네. 만 채의 집의 물고기 비늘 같은 지붕 잠겨 분별 되지 않고, 삼강(三江)의 오리와 해오라기 고요히 소리 없네. 비와 이슬같이 온화하고 서리같이 차가우니, 등륙(滕六, 설신(雪神))은 오직 음양의 정만 관장하는구나. 《춘추(春秋)》에서는 겨울에 눈 없는 것 특별히 기록했으니, 눈 안 오면 보리 못 자라 농사 이뤄지지 않는다네. 아침에 문득 눈 축하하는 시 받으니, 오묘한 곳에 사람으로 하여금 눈 비비고 놀라게 하네. 아름다운 정과 현묘한 이치 선명하여 손에 잡힐 듯하고, 한 해 다 지나감에 강호의 맹세 거듭 약속하네. 그대는 소진(蘓晉)과 같아 취하면 좌선하다가 도망갔고[86], 나는 차공(次公)으로 술 마시지 않아도 미치광이라네.[87] 귀에 열이나 술병 두드리며 초성(楚聲) 부르다, 노래 끝나고 사방 둘러보니 하늘이 망망하네. 섣달 눈이 다음해 좋은 징조 알려준다 해도, 겨울 따듯함은 땅의 기운 세게 하니 어찌하나. 삶은 모두 백말향(百末香)에 부쳐, 무너지듯 베개에 기대어 술병 이끄네. 그대의 재기 멀리 발군함을 아니, 기꺼이 명리 다투는 곳에서 옹색하게 지내게 하네. 1만2천 봉 두루 돌아보고, 신선 찾고 예불드리며 곳곳을

86 소진(蘓晉)과……도망갔고 : 당(唐) 나라 현종(唐玄)의 문신으로 두보(杜甫)의 〈음중팔선가(飮中八仙歌)〉에, "소진은 부처 앞에서 오랫동안 재계했는데, 취중에 왕왕 좌선하다가 도망가기 좋아했다네.(蘇晉長齋繡佛前, 醉中往往愛逃禪.)"라고 한 말이 있다.

87 차공(次公)으로……미치광이라네 : 전한(前漢) 사람 개관요(蓋寬饒)의 자(字)가 차공(次公)이다. 평은후(平恩侯) 허백(許伯)이 새집으로 이사하여 여러 관리를 불러 잔치를 하였을 때, "나에게 술을 많이 따르지 말라. 내가 바로 술미치광이다.(無多酌我, 我廼酒狂.)"라고 하자, 승상(丞相) 위후(魏侯)가 웃으며 말하기를 "차공은 술을 마시지 않아도 미치니, 술을 마셔 미치광이일 필요가 있겠는가.(次公醒而狂, 何必酒也.)"라고 하였다. 《한서(漢書)》 〈개관요전(蓋寬饒傳)〉에 나온다.

유람했구나. 평생토록 밝디밝은 노을 밖의 뜻, 어찌 궁달(窮達)과 함께하겠는가. 내년 봄에 다시 다시 해악시(海岳詩) 창화하리니, 내 머리털 짧지만 마음은 그래도 유장하다네. 【이생(李生)이 시에서는 선가(禪家)의 말을 많이 사용하였고, 올가을에 금강산에 가서 완상을 하고 돌아왔다.】

霜花散漫丈雪餘, 玉臺瑤林鏡中如. 却疑孤山千樹梅, 影蘸淸波密復踈. 快望偏憐心界淨, 注視旋怕眼羞明. 萬屋魚鱗沈不辨, 三江鳧鷺寂無聲. 溫如雨露冷如霜, 滕六偏管陰陽情. 春秋特書冬無雪, 無雪無麥農不成. 朝來忽得賀雪詩, 妙處令人刮目驚. 綺情玄理粲可掬, 歲晏重證江湖盟. 君如蘓晉醉逃禪, 我是次公醒而狂. 耳熱叩缶歌楚聲, 歌竟四顧天茫茫. 臘白縱驗嗣歲徵, 冬暝其如洩地藏. 生涯都付百末香, 頹然欹枕引壺觴. 知君才氣逈不羣, 肯教局促聲利場. 萬二千峯遍踏來, 尋仙禮佛游無方. 平生皎皎霞外志, 豈與窮達俱存亡. 明春更和海岳詩, 我髮雖短心猶長. 【李生詩多用禪語, 今秋入金剛山, 游賞而歸.】

불경佛經을 읽고 느낌이 있어

讀佛經有感

맹자는 큰 근본 가리켰고, 정자(程子)·장재(張載)는 이어서 밝게 설명했지. 성(性)을 논하고 다시 기(氣)를 논하여, 은미한 말 해와 별처럼 밝게 빛나네. 어찌하여 힘써 다스린 공이, 천 년 동안 인적이 드물게 되었는가. 물에는 소금 맛 녹아있고, 색깔에는 교청(膠淸) 섞여 있네. 누가 등불 심지 돋우는가, 도리어 근본 성령(性靈)으로 돌아가야 하네. 푸른 등불에 책 덮고 탄식하니, 훌륭하다, 선가(禪家)의 평이여.

孟氏指大本, 程張繼疏明. 論性復論氣, 微言炳日星. 如何克治功, 千載少人行. 水中和塩味, 色裏雜膠淸. 阿誰桃剔來, 却返本性靈. 靑燈掩卷歎, 旨哉禪家評.

서호西湖에 배 띄우고 운자를 뽑아

西湖放舟拈韻

십 리 평야 도랑과 두둑 가로세로 정연하고, 잠두봉(蠶頭峰) 동쪽 두둑이 선봉(仙峯)이네. 솔바람 호탕하게 노 젓는 소리 보내오고, 얕은 포구의 맑은 물은 짧은 지팡이 삼키네. 천곡(千斛)의 용양선(龍驤船) 바다 기운 몰아오는데, 한 줄기 뱃노래 구름과 함께 아득히 가네. 흰 갈매기가 내게 강호의 약속 있는 것 알리니, 삿갓에 도롱이 입고 술 싣고 따르네.

十里平野錯溝封, 蠶頭東畔是仙峯. 微風浩蕩鳴柔櫓, 淺浦泓澄沒短筇. 千斛龍驤驅海氣, 一聲漁唱杳雲蹤. 白鷗證我江湖約, 篛笠簑衣載酒從.

즉흥시

卽事

하늘빛 침침하고 물기운도 어둑한데, 세찬 바람이 비 몰고 와 강촌을 지나가네. 잠시 후 구름 걷혀 둥근 달 떴는데, 푸른 하늘 한 점 티끌도 없네.

天色溟濛水氣昏, 疾風驅雨過江村. 須臾雲捲氷輪上, 碧落都無一點痕.

우계牛溪에 머무르며 주인 성사형成士亨【재순載淳】에게 드리다
留宿牛溪題贈主人成士亨【載淳】

대대로 혁혁한 명현(名賢)댁, 하늘은 응당 덕성(德星)이 한데 모였지. 계곡과 산은 자줏빛 짙고, 원우(院宇)에는 단청 그대로 남아있네. 시례(詩禮)는 선조의 법도 계승했고, 거문고와 생황으로는 성령(性靈) 다스리네. 바라건대 아름다운 절개 드높여, 순수하고 깨끗하게 집안의 명성 보존하시길.

赫世名賢宅, 天應聚德星. 溪山濃紫翠, 院宇儼丹青. 詩禮承先範, 琴笙冶性靈. 願言崇令節, 粹白保家聲.

주인이 밤에 학경적鶴脛笛을 불며 노래 부르는 이에게 화답하게 하다
主人夜吹鶴脛笛令歌者和之

앞의 기둥에 의지하여 한 곡 길게 부르니, 일곱 개 구멍 맑디맑아지고 물소리 울리네. 용관(龍管)과 봉소(鳳簫)가 어찌 여기에 비교되리오, 구소(九霄)에 구름 울리는 소리 맑게 퍼지네.

曼歌一曲倚前楹, 七孔泠泠隴水鳴. 龍管鳳簫爭得似, 九霄淸徹戛雲聲.

학경적가鶴脛笛歌, 비원賁園 성사형成士亨 노형을 위해 짓다
鶴脛笛歌爲賁園成士亨老兄作

두명(脰鳴)·주명(注鳴) 각각 천기(天機)이니, 현포도인(玄圃道人)은 고명(股鳴)이구나. 도인은 팔극(八極) 밖에서 노닐어, 훌쩍 환골탈태하여 태청(太淸)에 오르네. 현상호의(玄裳縞衣)로 바람 따라 흩어지고, 두 정강이 땅에 떨어지며 장중하게 울리네. 비원 거사(賁園居士) 흔연히 얻어, 갈고 다듬고 깨끗이 씻어 반짝반짝 빛냈네. 금실로 마디 묶고 옥으로 장식하니, 일곱 개 구멍 새벽별처럼 늘어서 있네. 한 번 부니 획연(劃然)히 산 대나무 찢어지고, 두 번 부니 알연(戛然)히 기린 놀라네. 용관(龍管)과 난생(鸞笙) 모두 이보다 못하니, 이 곡은 단지 천상의 소리에 응한 것이라네. 거사는 평생 음악에 심취하여, 올올히 앉아 아침부터 저녁까지 연주하네. 우계(牛溪)의 산수는 우리나라에서 으뜸이라, 하늘이 그 정밀함 기르고 땅이 영험함 빛냈지. 만 그루 교목에 십리되는 시내, 골짜기 입구엔 돌올하게 들판 펼쳐졌네. 강당은 매우 고요한 가운데 글 읽는 소리 들리고, 사당은 삼엄한 가운데 향기 풍기네. 물 비탈져 마을 절로 비추고, 글 소리와 뱃노래 서로 엉기네. 녹음 속에 외나무다리 놓여있고, 붉은 난간 곁에는 고기잡이배 묶여 있네. 권농가(勸農歌)는 선세부터 불렸고【우계(牛溪) 선생이 권농가(勸農歌)를 지어 지금도 전하고 있다.】 빈풍도(豳風圖) 속에 우리 농사 풍년이네. 왼쪽엔 그림 오른쪽에 역사책 있는 벽란관(碧瀾館)에서, 옥 같은 모습에 얼음같은 마음으로 옛 법도 숭상하네. 본분 지켜 벼슬은 머리 흔들어 사양하고, 나의 집에 누워서 낚시하고 농사짓는다네. 물 따라 내려갔다가 거슬러 올라 경치 즐기며, 30년 동안 홀로 깊이 연구했지. 옛 기물 새로 만들어 시렁 가득 찬연하니,【비금(賁琴)·격팔금(隔八琴)·석금(石琴)이 모두 거사가 새로 만든 것이다.】거문고와 피리 바야흐로 울리니 생황과 퉁소 연주되네. 1과 6이 서로 조화되어 온갖 법도 얻어지니, 궁조(宮調) 역력히 손가락 끝에서 밝아지네. 인륜 맑아지고[88] 기가 조화되어 깊은 병 나았고,

【거사는 어려서 이상한 병에 걸려 오로지 악률만 연구했는데 병이 나았다.】한 몸 건강하게 한 공 이보다 큰 것이 없네. 전문적인 빼어난 기예 누가 감상할까, 군평(君平)[89]은 세상을 버리고 세상은 군평을 버렸지. 우리집은 금릉(金陵)의 푸르른 지역으로, 학산(鶴山)의 솔숲이 갈대 자라는 모래섬과 떨어져있지. 시냇가의 그대 집 들러 이틀 연속 묵었는데, 닭 잡고 기장밥 하여 다정히 객을 머물게 하는 정이 있네. 백아(伯牙)와 종자기(鍾子期)는 지음(知音)으로 서로 허여했으니, 좋은 대화 맑게 이어지며 등불 푸르네. 경진년(庚辰年, 1820) 가을 8월 기망(旣望)에, 난간에 기대어 사방을 돌아보니 하늘이 해맑구나. 느린 절조 천천히 불어 맑은 상음(商音) 발하고, 남은 소리 아스라이 구름 사이 가르네. 생학(笙鶴)이 구산(緱山)에 왔나 의심하다가[90], 멍하니 퉁소 부는 봉새가 순임금 뜰에서 우는 소리 듣네. 표표히 내 생각 홀연 하늘까지 오르니, 술잔 잡고 서로 바라보며 담담히 형체를 잊네. 그대는 보지 못했나, 구리 녹이고 옥 다듬어 장적(長笛) 만든 것을, 또 듣지 못했나, 가정(柯亭)의 죽적(竹笛)이 천하에서 유명한 것을.[91] 옥과 철은 너무 강하고 대나무는 말라서 껄끄러우니, 어떻게 천지간의 중성(中聲)을 얻을까? 황종(黃鍾)은 본디 자방(子方) 악률이고, 태금(胎禽, 학)은 본래 물에 감응하여 자라네. 산속의 맑은 울림 저 하늘까지 꿰뚫으니, 자연의 중성(中聲)은 소영(韶韺)에 해당하네. 장경(長脛)이 길어 끊을 수는 없지만, 척도(尺度)가 악율에 맞는 것은 참으로 천성(天成)이네. 천성(天成)은 바로 인간 세계의 사물 아니니, 선가(仙家)에서는 동해에 떨어진 것 매우 보

---

88 인륜 맑아지고 : 《예기(禮記)》 〈악기(樂記)〉에 “음악이 행해지면 인륜이 맑아진다.(樂行而倫淸)”란 말이 나온다.

89 군평(君平) : 한(漢) 나라 은사(隱士) 엄준(嚴遵)의 자(字)이다. 일찍부터 벼슬을 포기하고 성도(成都)에 은거하며 점을 치며 살다가 일생을 마쳤다.

90 생학(笙鶴)이……의심하다가 : 주(周) 나라 영왕(靈王) 태자 왕자교(王子喬)가 구산(緱山)에서 학을 타고 떠나 신선이 되었다는 이야기가 있다.

91 가정(柯亭)의……유명한 것을 : 가정은 절강성(浙江省) 소흥(紹興) 서남쪽 지역으로 좋은 대나무로 유명한 곳이다. 채옹(蔡邕)이 일찍이 가정(柯亭)에 갔는데, 대나무를 서까래로 사용하는 것을 보고는 “좋은 대나무다”라고 하여 이를 취해 피리를 만들었더니 소리가 매우 맑았다는 이야기가 《수신기(搜神記)》에 나온다.

배로 여기지. 청컨대 그대는 겹겹이 싸서 이 기물 잘 보호하고, 그림 그리고 평을 달아 악경(樂經)에 올리시길. 피리여, 학이여, 길게 노래하니, 계곡 바람 소슬하고 물소리 맑게 들리네.

脰鳴注鳴各天機, 玄圃道人以股鳴. 道人神遊八極外, 翩然蛻骨升太淸. 玄裳縞衣隨風散, 雙脛墮地聲鏗鏗. 賁園居士忻得之, 磨礱洗發光熒熒. 金絲絡節玉爲飾, 七孔錯落如晨星. 一弄劃然山竹裂, 再弄戞然鱗介驚. 龍管鸞笙摠下風, 此曲秖應天上聽. 居士平生癖於樂, 兀兀揮絃窮朝冥. 牛溪山水甲東國, 天毓其精地炳靈. 萬株喬木十里川, 洞門突兀川上坪. 講堂深靚絃誦作, 廟貌森嚴芬苾馨. 水坨溪村自映帶, 書聲櫓唱相紆縈. 綠樹陰中橫略彴, 紅欄側畔維漁舲. 勸農歌曲自先世,【牛溪先生撰勸農歌, 至今傳之.】豳風圖裏我稼盈. 左圖右史碧瀾館, 玉貌氷心尙典刑. 分內簪纓掉頭辭, 吾卧吾廬釣且耕. 沿流溯源樂觀深, 三十年來獨硏精. 古器新制燦盈架,【賁琴·隔八琴·石琴, 皆居士刱造.】琴笛方響笙簫箏. 一六相和百度得, 宮調歷歷指端明. 倫淸氣和沈痾痊,【居士少嬰奇疾, 遂專治樂律而得痊.】康濟一身功莫京. 專門絶藝有誰賞, 君平棄世世棄平. 我家金陵葬蒼地, 鶴山松嵐隔蘆汀. 過君溪上輒信宿, 雞黍欵欵留客情. 牙期知音謬相許, 談屑泠然燈火靑. 庚辰中秋月旣望, 憑軒四顧天宇晶. 緩節徐吹淸商發, 餘音縹緲雲間橫. 却疑笙鶴來緱山, 怳聞簫鳳鳴虞庭. 飄搖我思忽凌霄, 把酒相看澹忘形. 君不見範銅琢玉爲長笛, 又不聞柯亭竹笛天下名. 玉鐵太剛竹枯澁, 那得天地間中聲. 黃鍾故是子方律, 胎禽本感水精生. 九皐淸唳徹彼天, 自然中聲當韶韺. 長脛雖長斷不得, 尺度中律眞天成. 天成定非人間物, 仙家絶寶落東溟. 請君什襲護此器, 繪圖題評登樂經. 笛乎鶴乎長歌闋, 溪風颯颯水泠泠.

우계주인牛溪主人에게 드리다

寄贈牛溪主人

하늘이 만든 명소를 보니, 삼엄함이 사당같이 존엄하네. 계곡과 산은 빼어난 모습 보이고, 풍월은 또 넋이 살아나신 듯하네. 면류관 쓰니 구름이내 멀어지고, 농사짓고 누에 치니 세업(世業) 후해지네. 정결히 제사 올려 흠향하게 하는데, 화석정(花石亭)은 숲 건너 떨어져 있구나.

天作名區靚, 森嚴廟貌尊. 溪山偏秀色, 風月又還魂. 冠冕雲仍遠, 農桑世業敦. 明禋享一體, 花石隔林樊.

중국 문인들과 교분을 맺어 글솜씨를 다 내보이니,
모든 이들이 다투어 박초정(朴楚亭)을 전하였네.
다시 이 시명(詩名)으로 해내를 놀래키니,
직함이 규성(奎星)에 응하는 것에 부끄럽지 않구나.
이상은 정유(貞蕤) 영평(永平) 박제가(朴齊家)이다.

좌소산인문집 左蘇山人文集

권 2

達城 徐有本 混原 一 詩

옛날의 감회를 읊은 시【서문을 아울러 쓰다】
感舊詩十首【幷序】

내가 약관에 사장(詞章)을 익히며 함께 종유했던 명사들이 많았는데, 지금 30여 년이 지나 태반이 저세상 사람이 되었다. 나 또한 궁벽한 마을에서 늙어가며 문을 닫고 자신을 지키며 옛날 종유했던 이들을 돌이켜 생각해보니 10명이었다. 이 10명은 학식에 고하가 있고 나아간 바에 심천이 있으나 모두 당세에 이름난 사람들이다. 이에 옛날의 감회 절구 10수를 지어 기록한다.

옥 같은 얼굴 얼음 같은 마음씨 절륜이니, 풍류 즐기는 왕희지·사안이 전생이라네. 경릉(竟陵)[1]의 시격(詩格)에 미불(米芾)[2]의 필법으로, 한결같이 우리나라 사람들과 세속의 먼지를 씻었네.

이상은 당숙(堂叔) 홀원(笏園) 용강공(龍岡公) 휘 노수(潞修)이다.

승명(承明)[3]의 시강원 자리에 고니처럼 서서[4], 다른 해에 석실(石室)에서 죽타(竹垞, 주이준)·정림(亭林, 고염무)과 백중지간이네.

이상은 우산(愚山) 시랑(侍郎) 이의준(李義駿)이다.

---

1 경릉(竟陵) : 명나라 말기 호북(湖北) 경릉(竟陵) 출신의 문인인 종성(鍾惺, 1574~1625)과 담원춘(譚元春, 1586~1631) 등이 창시한 경릉파(竟陵派)를 가리킨다. 이들은 의고주의(擬古主義)에 반대하여 각자의 독창성과 개성을 중시하였다.

2 미불(米芾) : 북송의 서예가인 미불(米芾, 1051~1107). 예부원외랑(禮部員外郎)을 지내, 미불을 예부인 별칭인 남궁(南宮)으로 불렀다.

3 승명(承明) : 한(漢)나라 미앙궁(未央宮)의 정전인 승명전(承明殿) 옆의 승명려(承明廬)로, 시신(侍臣)이 숙직하거나 천자를 알현할 때 조명(詔命)을 기다렸던 곳이다. 후에는 조정의 관원이 되는 것을 가리키게 되었다.

4 고니처럼 서서 : 원문의 곡립(鵠立)은 조정에서 고니처럼 목을 늘이고 나란히 서 있는 모습을 가리킨다. 소식(蘇軾)의 '상원시음루상(上元侍飮樓上)' 시에 "시신(侍臣)들이 고니처럼 서 있는 통명전, 한 떨기 붉은 구름이 옥황상제를 모셨어라.(侍臣鵠立通明殿, 一朶紅雲捧玉皇)"라는 구절이 있다.

중국 문인들과 교분을 맺어 글솜씨를 다 내보이니, 모든 이들이 다투어 박초정(朴楚亭)을 전하였네. 다시 이 시명(詩名)으로 해내를 놀래키니, 직함이 규성(奎星)에 응하는 것에 부끄럽지 않구나.

이상은 정유(貞蕤) 영평(永平) 박제가(朴齊家)이다.

젊은 시절 상수학(象數學)의 숲에 깊이 빠져들어, 만년에 반정균(潘庭筠)·이조원(李調元)을 따라 함께 흉금을 터놓았네. 누가 알았으리오, 들판의 학이 쇠잔한 날개 꺾였어도, 오히려 만 리를 비상할 마음 품었다는 것을.

이상은 기하자(幾何子) 포의(布衣) 유련(柳璉)이다.

빼어난 풍채에 자리 위의 보배 다투어 보니, 아름다운 자태에 새가 사람에게 의지하듯 따라 더욱 어여쁘네.[5] 청아한 글 백첩(百疊)으로 시사(詩史)를 지었으니[6], 악부(樂府)의 강조(腔調) 또 한 번 새로워졌네.

이상은 영재(泠齋) 풍천(豊川) 유득공(柳得恭)이다.

도전(圖典)을 닦고 밝혀 역상(曆象) 깊어져, 백의(白衣)로 벼슬길 오르니 성은(聖恩) 돈독하네. 청대(靑臺, 관상감)에 만약 기린각(麒麟閣)[7]이 있다면, 응당 깡마른 모습이 첫머리에 그려지리.[8]

이상은 석정(石井) 인의(引儀) 김영(金泳)이다.

---

5 새가……어여쁘네 : 당(唐)나라 태종(太宗)이 저수량(褚遂良)에 대해 평가하면서, "저수량(褚遂良)은 학문도 자못 뛰어나고 성품도 굳고 바르다. 이미 충성을 다했고 나에게 매우 친근히 다가오기를 새가 사람에게 의지하듯이 하니 절로 더 사랑스럽다.(褚遂良, 學問稍長, 性亦堅正. 旣寫忠誠, 甚親附於朕, 譬如飛鳥依人, 自加憐愛.)"라고 한 일이 있다. 《구당서(舊唐書)》 〈장손무기전(長孫無忌傳)〉에 나온다.

6 백첩(百疊)……지었으니 : 명고(明皐) 서형수(徐瀅修)는 유득공의 《가상루시집(歌商樓詩集)》에 서문을 쓰면서, "시사(詩史)의 갈래라고 할 만하다.(其庶乎詩史之餘也.)"라고 평하였다. 《명고전집(明皐全集)》 권7 〈가상루시집서(歌商樓詩集序)〉에 나온다.

7 기린각(麒麟閣) : 공신들의 화상을 모셔 놓은 전각을 가리킨다. 한(漢) 나라 선제(宣帝) 때 곽광(霍光) 등 11명의 공신 화상을 그려서 기린각에 두고 그들의 공적을 기렸다.

8 깡마른……그려지리 : 김영(金泳)은 키가 크고 야윈 모습(長身癯容)이라고 본서 권8 〈인의 김영 가전(金引儀泳家傳)〉에서 묘사하였다.

주역(周易)[9]을 독파한 것이 만 번, 천 번으로, 누더기 옷에 옥을 품고 있어 가장 가련했지. 미래를 알아 군평(君平)에게 점을 치지 않았으니, 가만히 남은 생애 8년을 징험해 보였네. 【군이 72세 때 병이 들었는데 자제들에게 말하길, "나의 여생은 8년 남았으니, 너희들은 걱정하지 말아라." 하였는데, 병이 과연 나았다. 이로 인하여 '팔년(八年)'으로 당에 이름을 붙였는데, 80세에 정말 사망했다.】

이상은 팔년당(八年堂) 역사(易師) 심류(沈鎏)이다.

푸른 적삼 백발의 상재생(上齋生), 시사(詩社)의 뭇 선비들은 신발 거꾸로 신고 맞이했지. 사한(詞翰)은 대대로 전하며 3세 동안 융성했으니, 훌륭한 손자 두각을 나타내며 또 명성을 날리네.

이상은 만오(晩悟) 상사(上舍) 김안기(金安基)이다.

청성(青城)은 입만 열면 문장에 대해 논하였고, 술 마신 후의 풍류는 단연 돋보였지. 부화(浮華)함을 깎아 내어 문로가 바르게 되니, 임금님의 은혜로 성인의 말씀 높이 받들었네.

이상은 청성(青城) 위원(渭原) 성대중(成大中)이다.

10년 동안 중화(中華)를 꿈속에서도 생각하더니, 채찍 흔들며 계문(薊門)의 연기 가리키네. 시 평하고 그림 감상하며 풍운(風韻) 실컷 즐겼으니, 어떻게 그대 없이 단아한 모임 가질 수 있겠는가.

이상은 윤암(綸菴) 포의(布衣) 이희경(李喜經)이다.

9 주역(周易) : 원문의 희요(羲繇)는 주역(周易)을 뜻한다. 희(羲)는 복희씨(伏羲氏)가 그린 괘(卦)를 가리키고, 요(繇)는 문왕(文王)이 괘에 대한 설명을 붙인 요사(繇辭)이다.

余弱冠治詞章, 所與遊多知名士, 于今三十餘年, 太半作泉下人, 余亦垂老窮巷, 杜門自守, 溯念疇昔從遊, 得十人焉. 是十人者, 雖其所學有高下, 所造有淺深, 而要不失爲當世之聞人也. 作感舊十絶句以誌之.

玉貌氷心迥絶倫, 風流王謝是前身. 竟陵詩格南宮筆, 一與東人洗俗塵.
右堂叔劣園龍岡公諱【潞修氏】

鵠立承明侍講班, 纚纚經說動天顏. 他年石室誰題品, 竹坨亭林伯仲間.
右愚山李侍郎【義駿氏】

結交中夏盡詞英, 萬口爭傳朴楚亭. 剩把詩名驚海內, 頭銜不愧應奎星.
右貞蕤朴永平齊家

蚤歲沈酣象數林, 晩從潘李共題襟. 誰知野鶴摧殘翮, 尙抱飛揚萬里心.
右幾何子柳布衣璉

符彩爭看席上珍, 更憐媚嫵鳥依人. 淸詞百疊摹詩史, 樂府腔調又一新.
右泠齋柳豊川得恭

圖典修明曆象幽, 白衣登仕聖恩優, 靑臺若有麒麟閣, 合遣癯形繪上頭,
右石井金引儀泳

讀破羲緜抵萬千, 褐衣懷玉最堪憐. 知來不向君平卜, 默驗餘光展八年.【君年七十二, 嘗病語諸子曰, 我餘年尙有八箇春秋, 爾曹毋憂也. 疾果瘉, 因以八年名其堂, 壽八十果沒.】
右八年堂沈易師壂

青衫白髮上齋生, 詩社羣英倒屣迎. 詞翰傳家三世盛, 肖孫頭角又揚聲,
右晩悟金上舍安基

青城哆口縱論文, 酒後風流更軼羣. 刊落浮華門路正, 恩褒頂戴聖人言,
右青城成渭原大中

十載中華夢想牽, 征鞭三指薊門煙. 評詩讀畫饒風韻, 何可無君雅集筵.
右綸菴李布衣喜經

오영방吳榮邦[10]에게 주다

贈吳生榮邦

젊어서 협객을 좇아 풍정(風情)을 부쳐, 천금(千金)을 손 저으며 가벼이 한 번에 던져버렸지. 중년에 몸을 굽혀 시례(詩禮)를 업으로 삼으니, 높은 관과 넓은 띠를 두는 상재생(上齋生)이 되었네.

少從俠冶寄風情, 揮手千金一擲輕. 折節中年詩禮業, 峩冠博帶上齋生.

10 오영방(吳榮邦) : 오영방(吳榮邦, 1779~?)은 본관은 보성(寶城)이고, 나이 40세가 넘은 1819년(순조 19)에 진사시에 합격하였다.

양화楊花 나루

楊花渡

지난 일은 유유히 물결 따라 흘러가니, 평천장(平泉莊)[11]의 화석(花石)은 모두 닳아 없어졌네. 반산(半山)과 추학(秋壑)은 시인의 본뜻이고, 지는 해에 떠가는 배는 장사꾼의 노래라네. 바다 어구가 지척이라 조수 크고, 두서너 어부 집이 강마을에 비껴있네. 외로운 조각배 천천히 투금도(投金渡)를 거슬러 올라가는데, 긴 모래섬의 안개 낀 버드나무에서 저녁 까마귀 울어대네. 【중종(中宗) 조의 권재(權宰)인 심정(沈貞)[12]이 양화(楊花) 나루에 큰 집을 짓고 당세의 명사들에게 시문(詩文)을 두루 구하여 걸었다. 어느 새로 급제한 관리가 문명(文名)이 있어 시를 구하는 것을 요청받아 감히 사양할 수 없어 시 한 편을 다음과 같이 지었다. "낙엽은 추학(秋壑)에 쌓였고, 석양은 반산(半山)에 숨었네."[13] 이는 왕개보(王介甫)와 가사도(賈似道)[14]를 비유한 것이다. 처음에는 깨닫지 못하고 시판을 새겨서 걸었다가 오래 지난 후에 깨닫고는 시판을 철거하여 불태웠다. 또, 어떤 형제가 양화 나루를 건너다가 황금 몇 덩이를 얻어 나눠 가졌다. 강 중간쯤에서 동생이 갑자기 형에게 말하길, "저는 평소 형을 무척 사랑했는데, 오늘 황금을 나

---

11 평천장(平泉莊) : 당(唐)나라 때의 재상 이덕유(李德裕, 747~850)의 별장으로 기화와 괴석으로 유명했다.

12 심정(沈貞) : 심정(沈貞, 1471~1531). 본관은 풍산(豊山), 자는 정지(貞之), 호는 소요정(逍遙亭). 1506년 중종반정(中宗反正)에 가담하여, 정국공신 3등에 녹훈되고 화천군(花川君)에 봉해졌다. 1515년(중종 10)에 이조판서가 되었으나 삼사의 탄핵으로 물러났고, 1518년(중종 13) 형조판서의 물망에 올랐으나 조광조(趙光祖) 등으로부터 소인으로 지목되어 임명되지 못했다. 이에 한강 변에 정자를 지어 울분을 달랬다.

13 낙엽은……숨었네 : 장유(張維)는 〈서소요당서후(書逍遙堂序後)〉에서 이 시를 눌재(訥齋) 박상(朴祥, 1474~1530)이 지은 것이라 하였고, 이제신(李濟臣)은 청강선생시화에서 이 시를 기재(企齋) 신광한(申光漢, 1484~1555)이 지은 것이라 하였다.

14 왕개보(王介甫)와 가사도(賈似道) : 가사도(賈似道, 1213~1275)는 자가 사헌(師憲), 호가 추학(秋壑)이다. 송나라 간신으로, 누이가 귀비가 된 덕에 우승상의 자리까지 오른 인물이다. 왕개보(王介甫)는 송나라의 문학가이자 정치가인 왕안석(王安石, 1021~1086)으로 개보는 자이고 호가 반산(半山)이다. 왕안석은 신법(新法)을 시행하였으나 정치가 혼란에 빠지고 백성들의 폐해가 심했다.

누니 홀연 형을 미워하는 마음이 생겼어요. 이 황금은 상서롭지 못한 물건입니다." 하고는 황금을 강물에 던져버렸다. 형이 "네 말이 과연 옳다." 하고는 또한 던져버렸다. 이에 후인들이 이곳을 투금도(投金渡)라고 불렀으니, 중국 사람이 지은 《조선사략(朝鮮史畧)》에 보인다. 우리나라에는 기록한 사람이 없어 성명이 전하지 않으니 매우 애석하다.】

往事悠悠逐逝波, 平泉花石盡消磨. 半山秋壑風人旨, 落日征帆估客歌. 咫尺海門潮信大, 兩三漁戶水村斜. 孤蓬緩溯投金渡, 煙柳長洲噪晩鴉.【中廟朝權宰沈貞起大第於楊花渡, 遍求當世知名士詩若文以揭之. 有一名官新登第有文名, 許爲求詩, 名官不敢辭, 題寄一律, 有曰落葉藏秋壑, 斜陽隱半山, 盖以王介甫, 賈似道爲比也. 磁初不覺, 刻而揭之, 久乃覺之, 撤其板而焚之. 又有人兄弟渡楊花津, 得金數錠分賫之, 中流弟忽謂兄曰, 我平日愛兄甚篤, 今日分金, 忽萌忌兄之心, 此乃不祥之物也, 仍投金于水. 兄曰, 汝言果是, 亦投之. 後人名之爲投金渡, 見華人所撰朝鮮史畧, 東人無紀之者, 姓名亦不傳, 甚可惜也.】

조선행

漕船行

옛날 우리 광릉(光陵, 세조)께서 천명을 받으시어, 문과 무로 날줄과 씨줄 삼아 훌륭한 계책 성대했네. 위수(渭水)에서 배를 띄워 황하(黃河)에 도달한다는 것이 역사서에 적혀있으니, 국가에서는 예로부터 조정(漕政)을 중히 여겼네. 태평성대에서도 음우(陰雨)에 대한 대비를 잊지 않았으니, 운하 따라 전쟁 익히며 군령(軍令)을 폈지. 구름과 눈처럼 쌓인 벼 향기로운데, 삼남(三南)에서는 실정대로 바치네. 머리띠 동여맨 장리(長吏) 몸소 배에 앉아있고, 누런 머리띠 한 젊은 뱃사람들 일제히 노를 젓네. 교룡(蛟龍) 숨을 죽여 바다가 엎드린 듯 고요하고, 층층 만 리 파도 거울처럼 밝구나. 양화(楊花) 나루에 박초풍(舶趠風) 부니, 배의 고물과 이물 서로 맞물려 호드기와 북소리 경쟁하듯 울리네. 여덟 개 방울 단 임금 수레 위엄있고 호위 성대한데, 비렴(飛廉, 풍신) 먼저 달려 수레 가는 길 정결하구나. 만 길의 베로 만든 돛 구름까지 솟아있고, 붉은 깃발은 편편이 조대(曹隊) 나눠었고, 가벼운 오리 빠르게 봄물에 목욕하려 하고, 날쌘 송골매 훨훨 가을하늘 날아오르네. 상대(上臺)에서 한 번 소리치니 일제히 함성 질러, 늘어선 부대 함께 응하여 천지를 뒤흔드네. 검기(劍氣) 빽빽이 늘어서 치미(鴟尾) 차갑고, 진의 형세 꿈틀꿈틀 물고기가 서로 붙어 나아가는 것 같구나. 왼쪽 사람 수레 돌리고 오른쪽 사람 칼을 뽑아 날개처럼 나아가니[15], 굽은 난간에서 징 두드리며 부르는 군악 강가에 임해있네. 조공(漕功)과 전공(戰功) 한 번에 얻으니, 모든 관료 뜰에서 기뻐하는 임금님께 하례하네. 군량 운송은 험한 장회(長淮) 급한 여울 근심하지 않으니, 조련함에 어찌 곤명지(昆明池)를 사용하는가.[16] 시절 조화를 이루어 풍년 들어 만억 개의 창고 가득하니, 3천 리의 바다 잠잠하고 강물 맑네. 그대는 보지 못했나, 주(周)나라는 사시 동안 우뚝 솟은 기산(岐山)의 남쪽에서, 춘탁(春鐸)과 추기(秋旗)로 무공(武功) 드날린 것을. 조운(漕運)에 군대 배치한 그 법도 같으니, 높디 높은 성대한 업적 천고에 빛나네. 내 지금 노래지어 조선(漕船) 노래하여, 주(周) 나라 시 거공장(車攻章)[17]을 잇고자 하네.

---

15 왼쪽 사람……나아가니 : 《시경(詩經)》 〈정풍(鄭風)·청인(淸人)〉에 "왼쪽 사람은 수레를 돌리며 오른쪽 사람은 칼을 뽑거늘, 중군(中軍) 장수는 아름답게 있도다.(左旋右抽, 中軍作好.)"라는 구절이 있다.

16 조련함에……사용하는가 : 곤명지(昆明池)는 장안(長安) 서남쪽의 둘레 40리 호수인데, 한(漢) 나라 무제(武帝)가 신독국(身毒國)과 교류하고자 하였으나 곤명(昆明)에게 막혀, 곤명을 정벌하고자 그곳의 호수를 본떠 수전(水戰)을 익혔다는 일이 《한서(漢書)》 〈무제기(武帝紀)〉에 나온다.

17 거공장(車攻章) : 《시경(詩經)》 〈소아(小雅)·거공(車攻)〉으로, 주공(周公)이 성왕(成王)을 도와 낙읍(洛邑)을 경영하여 동도(東都)를 만들고 제후(諸侯)에게 조회를 받았는데, 주(周)나라 왕실이 이미 쇠함에 오랫동안 그 예(禮)를 폐하였다가 선왕(宣王)에 이르러 안으로 정사(政事)를 닦고 밖으로 이적(夷狄)을 물리쳐 문왕(文王)·무왕(武王)의 영토를 복구하여 거마(車馬)를 수리하고 기계(器械)를 갖추어 다시 제후(諸侯)들을 동도(東都)에 불러들인 것을 찬미한 시이다.

昔我光陵誕受命, 經文緯武訏謨盛. 浮渭達河著于書, 有國自古重漕政. 昇平不忘陰雨備, 因漕習戰申軍令. 雲委雪堆秔稻香, 三南上腴供惟正. 帕首長吏躬坐船, 黃頭小郎齊引榜. 蛟龍帖息海若伏, 層濤萬里明如鏡. 楊花渡頭舶趠風, 舳艫相嚙笳鼓競. 八鑾鼂嚴羽衛長, 飛廉先驅輦路淨. 萬丈布帆直干雲, 紅旗片片曹隊分. 瞥若輕鳧浴春波, 鶩如快鶻颺秋旻. 上臺一聲吶喊起, 列壁齊應掀天地. 劍氣森森鴟尾冷, 陣勢蜿蜿魚麗似. 左旋右抽翼如進, 鐃歌曲闌臨江涘. 漕功戰功一擧得, 百僚庭賀天顔喜. 飛輓不愁長淮險, 操練安用昆明水. 時和歲豊萬億倉, 海晏河淸三千里. 君不見周家四時蒐岐陽, 春鐸秋旗武功揚. 寓兵於漕其揆一, 巍巍盛烈千古光. 我今作歌歌漕船, 擬續周詩車攻章.

꿈에서 어떤 사람이 은관銀管의 큰 붓을 한 자루 주어, 꿈에서 깬 후 희작戱作으로 한 수를 짓다

夢有人贈銀管大毫一枝既覺戱題一首

양웅(揚雄)이 백봉(白鳳)을 토해내어[18], 웅장한 문사로 감천부(甘泉賦)를 지었네. 강엄(江淹)은 꿈속에서 오색의 붓을 얻어[19], 시상(詩想)이 냇물처럼 흘러넘쳤네. 천지의 기운이 밤에 잠잘 때 감응하니, 어떤 일이 열리게 되면 반드시 먼저 조짐이 있다네. 나는 성격이 항상 둔하여, 시구를 찾는

---

18 양웅(揚雄)이……토해내어 : 한(漢)나라 양웅(揚雄)이 《태현경(太玄經)》을 지을 때, "꿈에서 봉황을 토해내 그 책 위에 잠시 머물렀다가 사라지는 꿈을 꾸었다.(夢吐鳳凰 集玄之上.)"라는 고사에서 유래한 것이다. 《서경잡기(西京雜記)》에 나온다.

19 강엄(江淹)은……붓을 얻어 : 강엄(江淹, 444~505)은 남조(南朝)의 정치가, 문학가로 자가 문통(文通)이다. 강엄이 어느 날 꿈에 곽박(郭璞)이라고 자칭하는 사람이 나타나 예전에 빌려주었던 붓을 돌려받고자 한다고 하니, 품속에서 오색의 붓을 찾아주었다. 이후 강엄은 좋은 시를 짓지 못해 사람들이 문재가 다하였다고 하는 말이 《남사(南史)》의 강엄 열전에 나온다.

데 괴롭게 느렸지. 신인(神人)이 묵묵히 주니, 꽃이 피어나는 붓[20]이 서까래만 했네.[21] 둥근 대롱은 주제(朱提)[22]에서 난 것이요, 뾰족한 붓끝은 쥐 수염으로 엮었다네. 나의 산호로 된 서가에 꽂으니, 광채가 사방에 진동하네. 흥이 나 시험 삼아 놀려보니, 휙휙 놀래킬 정도로 바람이 몰아치네. 빛나기가 봄꽃 흐드러지게 핀 것 같고, 빠르기가 가을 기러기가 날아가는 것 같네. 백가들의 숲으로 달려가, 위아래 누구와 견줄까. 야윈 몸의 두공부(杜工部, 두보)[23], 퇴고하는 가낭선(賈浪仙)[24]이라네. 시리고 빈한함 어찌 말할 만 하리오, 사람을 놀래킨다고 반드시 훌륭한 것 아니라네. 바라건대 고래를 타고 가는 이백[25]을 따라서, 술 한 말에 시 백편[26]을 날리고 싶네.

揚子吐白鳳, 雄辭賦甘泉. 江淹得彩毫, 藻思霈如川. 精祲感宵寐, 有開必有先. 我性常鈍滯, 覓句苦遲延. 神人默相贈, 花筆大如椽. 圓管朱提産, 尖頭鼠鬚編. 揷我珊瑚架, 光彩動四筵. 興來試拈弄, 颯颯驚風旋. 燁若春華敷, 迅如秋鴻騫. 馳騁百氏林, 上下誰與肩. 瘦生杜工部, 敲椎賈浪仙. 酸寒何足道, 驚人未必賢. 願從騎鯨子, 一斗飛百篇.

---

20 꽃이 피어나는 붓 : 이백(李白)이 젊었을 때 붓에서 꽃이 피어나는 꿈을 꾼 후 재능이 더욱 발전했다는 말이 《개원천보유사(開元天寶遺事)》에 나온다.

21 서까래만 했네 : 진(晉)나라 왕순(王珣)이 어떤 사람이 서까래만 한 커다란 붓을 주는 꿈을 꾸고는, 다른 사람들에게 "내가 솜씨를 크게 발휘할 일이 있을 것이다."라고 하였는데, 얼마 뒤 황제가 붕어하여 애책문(哀冊文)과 시의(諡議) 등을 짓게 된 일이 있었다. 《진서(晉書)》 〈왕순전(王珣傳)〉에 나온다.

22 주제(朱提) : 질이 좋은 은이 나는 곳으로 유명한 곳이다.

23 야윈 몸의 두공부(杜工部, 두보) : 이백(李白)의 〈희증두보시(戲贈杜甫)〉 시에 "묻노니 이별한 뒤 어찌 그리 수척해졌나, 모두 전부터 괴로이 시 읊은 탓이네.(借問別來太瘦生, 總爲從前作詩苦.)"라는 구절이 있다.

24 퇴고하는 가낭선(賈浪仙) : 낭선(浪仙)은 당(唐)나라 시인 가도(賈島)의 자이다. 가도가 "승고월하문(僧敲月下門)"이란 시를 짓고는 퇴(推)를 쓸까, 고(敲)를 쓸까 고민하다가, 마침 당시 경조윤(京兆尹)이던 한유(韓愈)의 행차를 만나서 한유에게 그 사실을 말하자, 한유가 고(敲) 자가 더 좋다고 말해준 일이 《시인옥설(詩人玉屑)》 등에 나온다.

25 고래를 타고 가는 이백 : 송(宋)나라 마존(馬存)의 〈연사정(燕思亭)〉 시에 "이백이 고래타고 하늘로 올라가니, 강남 풍월 한가해진 지 여러 해로다.(李白騎鯨飛上天, 江南風月閑多年.)"이라는 구절이 있다.

26 술 한 말에 시 백편 : 두보(杜甫)의 〈음중팔선가(飮中八仙歌)〉에 "이백은 술 한 말에 시 백 편인데, 장안 저잣거리 술집에서 자기도 하고, 천자가 불러도 배에 오르지 않으면서, 스스로 신은 술 가운데 신선이라 칭하였네.(李白一斗詩百篇, 長安市上酒家眠. 天子呼來不上船, 自稱臣是酒中仙.)"이라는 구절이 있다.

스스로 비웃다

自嘲

그대는 무엇 때문에 그렇게나 어리석은가, 농사도 짓지 않고 장사도 하지 않으며 그저 밥만 먹는구나. 일에 싫증이 나 참으로 얼음 속 물고기처럼 게으르고, 삶을 도모하는 것은 숲 비둘기와 흡사하여 졸렬하네. 외로이 비틀거리고 다녀 가련한 생애, 그래도 잔편(殘篇)을 잡고 항상 부지런히 애쓰네. 언덕에는 향기로운 난초 있고 물가에는 지초 있으나, 미인 한 번 가 누구에게 부칠거나. 배 속을 가득 채운 삼례(三禮) 십만마디 말, 배가 고파 요리하는 한 글자를 감당 못 하네. 늙어가도록 구현(句弦)의 방법에 기운 다 쏟고, 자주 율력(律曆)의 비밀 고상하게 담론하네. 해도(海島)로 들어간 경쇠 치던 사양(師襄)은 어디에 있는가,[27] 보천(步天)을 한 수해(竪亥)[28]는 참으로 미쳤었지. 규방의 늙은 아낙은 앉아서 길이 탄식하며, 억지로 좋은 말 뽑아 즐거워하네. 궁귀(窮鬼) 서강 물결로 몰아내고, 바보스러움 동가(東家) 사람에게 파네.[29] 1년에 여덟 번 치는 누에와 두 번 심는 벼로 해마다 풍년이니, 천 상자 만 개의 창고 이제 시작이네. 여보 당신은 근심하지 마시오, 세상의 공명은 반 폭의 종잇조각일 뿐이라오.

問君緣何太癡絶, 不耕不賈徒哺餟. 厭事眞同氷魚懶, 謀生恰似林鳩拙. 伶仃彳亍可憐生, 猶把殘篇恒兀兀. 岸有芳蘭汀有芷, 美人一去云誰寄. 撑腸三禮十萬言, 飢來不堪煑一字. 窮老盡氣句弦術, 哆口高談律曆秘. 入海師襄安在

---

27 해도(海島)로……있는가 : 《논어(論語)》 〈미자(微子)〉에 나오는 말로, 노나라 애공 무렵 정치가 어지러워 여러 악관들이 뿔뿔이 흩어지는 모습으로 기록되었다.

28 보천(步天)을 한 수해(竪亥) : 수해(竪亥)는 걸음을 잘 걸었던 전설의 인물로, 《회남자(淮南子)》 〈추형훈(墜形訓)〉에 "수해로 하여금 북극에서 남극까지 걷게 했더니 2억 3만 3천 5백 리 75보가 되었다."는 말이 나온다.

29 바보스러움……파네 : 오(吳) 지역에서 제석(除夕)에 어린아이들이 거리를 누비면서 "바보 사려"라 외치고 다녔다는 이야기가 송(宋)나라 범성대(范成大)의 〈매치애사(賣癡獃詞)〉에 나온다. 참고로 장유(張維)도 〈매치애(賣癡獃)〉(《계곡집(谿谷集)》 권25)라는 시를 남겼다.

哉, 步天竪亥眞狂耳. 當閨老婦坐長歎, 強拈好語作歡喜. 驅擠窮鬼西江波, 賣與癡獃東家子. 八蠶再稻歲歲登, 千箱萬倉伊今始. 回語卿卿莫謾愁, 世上功名半幅紙.

매화시, 동파東坡의 시에 차운하여[30]

梅花詩次東坡韻

강가에 얼음 가득하고 눈은 온 마을 뒤덮었으니, 나부산(羅浮山) 아래의 넋이 어떻게 왔는가.[31] 옥 모양의 꽃술 티끌 한 점 없어, 아침부터 저녁까지 바라봐도 물리지 않네. 밝고 또렷하게 소나무·잣나무 숲에서 홀로 빼어났으니, 무성하게 아리따움은 복사꽃 오얏꽃 정원 좇기 부끄러워하네. 누가 홀로 고결함은 너무 냉담하다 했는가, 나는 이 선품(仙品) 맑고 따스함 사랑하네. 얼음 꽃술 동글동글 맑은 이슬 머금었고, 서리맞은 가지 잔잔히 아침 해 떠오르네. 흰 소매 희끗희끗한 귀밑머리 서로 잘 어울리니, 어찌 속인들이 와서 문 두드리게 하리오. 맑기가 산방에서 고승 대한 것 같아, 향 사르고 맑게 앉아 한 마디 없네. 처마에 걸린 달그림자 셋 만드는 것 기다려, 함께 침상 끝 녹의주(綠蟻酒) 술통 기울이네.

氷滿江干雪滿村, 何來羅浮山下魂. 玉貌檀心絶點塵, 相看不厭窮朝昏. 的皪獨秀松栢林, 嬌夭羞逐桃李園. 誰言孤標太冷淡, 我愛仙品淸而溫. 氷蘂團團裛淸露, 霜枝瀲瀲浮朝暾. 縞袂雪鬢兩相宜, 肯敎俗子來叩門. 澹如山齋對高宿, 拈香淸坐無一言. 會待簷月成三影, 共倒床頭綠蟻樽.

---

30 동파(東坡)……차운하여 : 소식(蘇軾)의 〈십일월이십육일송풍정하매화성개(十一月二十六日松風亭下梅花盛開)〉(《동파전집(東坡全集)》 권22) 시에 차운한 것이다.

31 나부산(羅浮山)……왔는가 : 소식의 위 두 번째 시인 〈재용전운(再用前韻)〉에, "나부산 아래 매화촌에는, 옥 같은 눈이 뼈가 되고 얼음이 넋이 되었네.(羅浮山下梅花村, 玉雪爲骨冰爲魂.)"라는 구절이 있다.

또 읊다

再疊

외로운 산 아래 서호(西湖) 마을, 녹색 옷 입은 공자(公子) 향기로운 넋 불렀네. 담담한 달빛 밝게 비치고 물도 맑고 얕게 흐르는데, 아름다운 시절은 애틋하게 황혼을 가리키네. 아침에 대설이 한 길 여 내려, 언 참새 굶주린 까마귀 황량한 동산 근심하네. 천향국색(天香國色, 모란)이 은혜롭게 찾아왔다가, 사방의 따뜻한 봄소식에 문득 놀라네. 옥 같은 고운 뺨으로 찬 대자리에서 잠들었다가 막 깨어나, 웃으며 비단 휘장 감아올리고 아침 해 맞이하네. 벌과 나비 봄바람 담아가는 것 내버려 두고, 백학이 와서 문 엿보는 것 허락하네. 아침에 물주고 저녁에 북돋아 주며 바삐 움직여, 사람이 절로 오솔길 내어도 꽃은 말이 없네. 유독 이소경(離騷經)에서 빠진 것 그대는 한하지 마시오, 즐거이 선옹(仙翁)과 짝하여 거문고와 술잔 희롱하니.

孤山山下西湖村, 綠衣公子招芳魂. 澹月流輝水淸淺, 佳期脉脉指黃昏. 朝來大雪深丈餘, 凍雀飢鴉愁荒園. 天香國色惠然顧, 翻驚四座廻春溫. 玉臉氷簟睡初醒, 笑捲紗帕迎朝暾. 任他蜂蝶撩春風, 惟許白鶴來窺門. 朝灌暮培緣底忙, 人自成蹊花不言. 獨漏騷經君莫恨, 好伴仙翁弄琴罇.

세 번째로 읊다

三疊

대유령(大庾嶺)이 명비촌(明妃村)에 인접했으나, 아름다운 꽃이 반혼향(返魂香)인 줄 누가 알았으랴.[32] 온갖 꽃들보다 먼저 봄빛을 독점하여, 자연스레 어둑한 장람(瘴嵐) 기운 받지 않았지. 한 잎 드리운 기품은 더욱 기이하고, 뿌리 내림은 다행히 군자의 정원에 의탁했네. 남쪽 가지에서 시들자마자 북쪽 가지 꽃피우니, 땅은 지척이어도 추위와 따뜻함 매우 다르네. 오는 봄에 물가에 가득 심어, 붉은 꽃과 흰 꽃 밝은 햇살 머금은 것 누워서 보리. 매화를 논할 때 마르고 성근 것을 가장 좋게 평하니, 온갖 꽃들이 흐드러지게 문 가득 채우게는 하지 말아야지. 가로 비껴있는 가지 하나 더욱 보기 좋으니, 부족하다 한탄하며 또 길게 읊네. 다시 이를 두어 아름다운 흥취 도우니, 꽃 아래에서 길이 죽엽주 기울이네.

大庾嶺接明妃村, 誰識瓊花是返魂. 獨占春光百花頭, 天然不受瘴嵐昏. 倒垂單葉品更奇, 結根幸托君子園. 南枝纔謝北枝開, 土品咫尺殊寒溫. 來春滿栽水邊植, 卧看紅白含晴暾. 論梅最賞瘦而踈, 莫放繁英爛盈門. 橫斜一枝看更好, 嗟歎不足又長言. 復有此君助佳興, 花下長傾竹葉罇.

11월 그믐에 대설이 내려

至月晦大雪

산재(山齋)에 밤새도록 바람 거세게 불더니, 아침에 눈이 세 길 쌓였네. 하늘 끝 땅끝이 활연히 드러나, 만경창파에 은빛 파도 쌓였구나. 언 참새 소리 없고 굶주린 까마귀 숨었으며, 소나무 가지 아래로 늘어졌고 대나무 묻혔네. 임괘(臨卦)와 복괘(復卦) 사이에는 비가 내리지 않고[33], 펄펄 흩날리

32 반혼향(返魂香)인……알았으랴 : 소식의 〈기정도상견매화희증계상(岐亭道上見梅花戲贈季常)〉(《동파전집(東坡全集)》 권22)에 "혜초 죽고 난초 말랐으며 국화도 시들었는데, 반혼향이 산 정상 매화로 들어갔네.(蕙死蘭枯菊亦摧, 返魂香入嶺頭梅.)"라는 구절이 있고, 이 시의 주에 "이부인(李夫人)이 죽자 한무제(漢武帝)가 무척 그리워하여 방사(方士)로 하여금 반혼향을 만들게 하여 피우니, 이 부인이 강림했다."라는 말이 있다.

33 임괘(臨卦)와……내리지 않고 : 복괘(復卦)는 모든 효가 순음(純陰)인 10월 곤괘(坤卦) 다음 달 동

는 싸락눈은 햇살에 녹아버리지. 천공(天公)이 세 번 눈 내리도록 재촉함에 응하여[34], 화급하게 하룻밤 사이에 한 밤에 구슬을 날렸구나. 강추위가 솜옷 매섭게 찢을 듯함 두렵지 않고, 또한 영험한 액이 토지 기름지게 한 것을 기뻐하네. 메뚜기 땅에 들어가 보리 하늘 닿게 자랐으니, 술잔 들고 풍년 노래 한번 부르네.

山齋終夜風怒號, 朝來積雪三丈高. 乾端坤倪豁然露, 滄海萬頃堆銀濤. 凍雀無聲飢鴉竄, 松枝倒垂竹埋梢. 臨復之交雨澤閟, 微霰漉漉見晛消. 也應天公催三白, 火急一夜飛瓊瑤. 未怕寒威折綿嚴, 且喜靈液滋土膏. 飛蝗入地麥連雲, 把盞一唱豐年謠.

술에 취하여

酒熟

옹기 바닥 봄물결 콸콸 울려, 술찌꺼기 넘쳐나니 새로 맑은 술 떠오르네. 맛보기도 전에 마른 창자 적셔지는 것 먼저 깨달아, 누워서 술통에 뚝뚝 떨어지는 소리 듣네.

甕底春波活活鳴, 盎然滓汁泛新淸. 未嚌先覺枯腸潤, 卧聽漕牀滴瀝聲.

지(冬至)에 양효(陽爻) 1획인 처음 생긴 괘로 11월에 해당하고, 임괘(臨卦)는 양효가 2획인 괘로 12월에 해당한다.

34 세 번 눈……응하여 : 동지(冬至)가 지난 뒤 세 번째 술일(戌日)이 납일(臘日)인데, 납일 전에 큰 눈이 세 번 오면 보리농사에 좋다는 이야기가 《농정전서(農政全書)》 〈점후(占候)〉에 나온다.

채붕도가

綵棚圖歌

그대는 보지 못했는가, 건륭 천자께서 천하를 다스리며, 태평성대 4대를 이어 한껏 즐거움을 누리는 것을. 홍두(紅兜) 쓰고 변발한 사람이 법관 자리에 앉아, 팔방 지휘하기를 추기(樞機) 돌리듯 하였네. 등극한 지 60년에 춘추 80 넘으시어[35], 온집에 번성한 증손, 현손 달려오네. 베개를 높이 베고 마음먹은 대로 하며 걱정 전혀 없어, 환희(幻戲)와 선악(仙樂)으로 아침저녁을 잊네. 중추(仲秋, 8월) 13일 만수절(萬壽節)에, 만국에서 산 넘고 바다 건너 황도(皇都)로 왔네. 어루만져 위로하는 어지러이 있는 수레도 기이한 완상(玩賞)거리인데, 해번(海藩)에서는 연이어 무소뿔과 진주 공물로 바치네. 향기로운 수레와 화려하게 장식한 말 원명문(圓明門)에 있으며, 난가(鑾駕) 맞이하고 축하하며 거리를 가득 메웠네. 비단 자르고 묶어 누대 만들었고, 수레길 10리는 황금과 비취로 깔았네. 만자(卍字) 조각한 담에 무지개다리, 중첨(重檐)과 복각(複閣) 서로 얽혀있네. 나는 듯한 기와에 면면이 노란 유리요, 층층 난간 굽이굽이 붉은 융단이네. 아스라한 정대(亭臺) 기세 더욱 기이하니, 혹은 원형이고 혹은 모나고 각졌네. 벽에 비치는 선반에도 모두 보배니, 선화(宣和)의 옛 청동에 박산로(博山鑪)라네. 선관(仙官)과 우객(羽客) 다투어 발 구르며 노래하니, 성관(星冠)과 월패(月佩)에 푸른 노을 옷깃이네. 난봉(鸞鳳)을 타고 생황과 피리 부는 이 있고, 원숭이와 사슴 길들여 호리병 걸어놓은 이 있네. 60명의 동자들이 그네를 타는데, 긴 장대에서 날 듯이 춤추며 원숭이처럼 민첩하네. 벽해(碧海)는 멀리 영주(瀛洲)에 접해 있고, 오악(五嶽)은 빼어나 참모습의 그림이네. 자지(紫芝)와 요초(瑤草) 어지러이 숨었다 드러나고, 진기한 새와 괴이한 짐승 울부짖네.

---

35 등극한 지……넘으시어 : 건륭제(乾隆帝, 1711~1799)는 1736년부터 1795년까지 60년 즉위했으며, 생일이 8월 13일이다. 이 채붕도(綵棚圖)는 건륭제의 만수절의 모습을 그린 그림으로 보인다.

굽이진 연못의 물결 뛰어올라 푸른 봉우리 감싸고, 서양(西洋)의 용골(龍骨)은 녹로(轆轤)에서 울고 있네. 한 줄기 멀리 있는 산 다시 보니, 흰 구름 자욱하게 말렸다가 다시 펴지네. 연꽃 만 가지 숲의 정자 옆에 있어, 자연히 진흙이나 오물 받지 않네. 반짝이고 오묘하게 천만의 모습을 하니. 천하의 진기한 광경 세상에 다시 없네. 황첨(黃籤) 하나하나 표지를 붙인 것은, 각부(閣部)의 귀한 신하와 호상(豪商)의 무리라네. 기이함 뽐내고 묘한 재주 보여 뒤처질까 다투니, 군왕이 한 번 수레 멈춰줄까 바라는 것이네. 이렇게 좋은 일 어떤 사람이 그림 그렸나, 생견(生絹) 백 척을 교룡이 붙잡았구나. 처마에 해지도록 자세히 감상하니, 광채가 직접 우두(牛斗) 자리를 쏘는구나. 내 몸이 요지연(瑤池宴) 있는 듯 착각하다, 정신이 장방호(長房壺) 노니는 것에 다시 놀라네. 그림을 읽을 때는 우선 때와 일을 살펴야 하니, 나로 하여금 위연(喟然)히 길게 탄식하게 하네. 애석하다, 만주의 늙은이, 일하는 것이 한결같이 어찌 그리 우매한가. 꽉 찬 것 유지하고 가득함에 처한 옛 선철(先哲)들은, 하루 이틀 더욱 전전긍긍했지. 삼풍십건(三風十愆)을 익숙하도록 강론하니[36], 항상 춤추고 취하여 노래 부르는 것을 어떻게 하겠는가. 한(漢)나라 문제(文帝)도 오히려 노대(露臺) 짓는 돈을 아꼈으니, 중류층 10집의 재산이 들었기 때문이지. 어찌 천지의 유한한 재물을 가져다, 하루아침에 흩날려 미려(尾閭)[37]로 던져버리는가. 그대는 보지 못했나, 수(隋)나라의 미루(迷樓)와 당(唐)나라의 여궁(驪宮)을, 금 계단에 옥으로 만든 문 황폐해졌지. 성쇠(盛衰)와 융체(隆替)는 잠깐 사이의 일이니, 천운(天

36 삼풍십건(三風十愆)……강론하니 : 이윤(伊尹)이 태갑(太甲)에게 훈계한 세 가지 못 된 풍습과 그것에 해당하는 열 가지 허물로 《서경(書經)》 〈이훈(伊訓)〉에 다음과 같이 나온다. "감히 궁중(宮中)에서 항상 춤을 추고 집에서 노래하면 이것을 무풍(巫風)이라 하고, 감히 재화(財貨)와 여색(女色)에 빠지고 유람(遊覽)과 사냥을 항상 하면 이것을 음풍(淫風)이라 하며, 감히 성인(聖人)의 말씀을 업신여기고 충직(忠直)한 말을 거스르며 나이 많고 덕(德) 있는 사람을 멀리하고 완악한 아이를 가까이 하면 이것을 난풍(亂風)이라 한다. 이 삼풍(三風)과 십건(十愆) 중 경사(卿士)가 몸에 한 가지라도 있으면 집이 반드시 망하고, 나라의 군주가 몸에 한 가지라도 있으면 나라가 반드시 망하니, 신하가 이것을 바로잡지 않으면 그 형벌이 묵형(墨刑)이다.

37 미려(尾閭) : 바닷물이 빠져나가는 구멍으로 《장자(莊子)》 〈추수(秋水)〉에 나온다.

運)에는 게다가 오랑캐의 백년 운 없었다네. 시험삼아 한 폭의 의기도(欹器圖)[38]를 가져다, 만주 황제에게 부쳐 자리 구석에 놓게 하고 싶네.

君不見乾隆天子御寰區, 昇平四葉窮歡娛. 紅兜辮髮坐法宮, 指麾八荒如旋樞. 五紀當宁壽躋八, 百院振振曾玄趍. 高枕肆志百不憂, 幻戲仙樂忘朝晡. 仲秋旬三萬壽節, 萬國梯航來皇都. 省撫繽紛輦奇翫, 海藩絡繹貢犀珠. 香車寶馬圓明門, 迎鑾祝嘏彌通衢. 剪綵結綺作樓觀, 輦路十里金翠鋪. 卍字雕墻虹霓橋, 重櫓複閣相縈紆. 飛甍面面黃琉璃, 層欄曲曲紅氍毹. 縹緲亭臺勢更奇, 或爲圓形或方觚. 照壁庋牀皆寶器, 宣和古銅博山鑪. 仙官羽客競踏歌, 星冠月佩靑霞裾. 有跨鸞鳳吹笙篴, 有馴猴鹿掛葫蘆. 侲童六十弄鞦韆, 飛舞長竿捷如狙. 碧海遙接瀛洲色, 五嶽秀拔眞形圖. 紫芝瑤草紛掩映, 珍禽怪獸相啼呼. 曲沼波跳籠碧巒, 西洋龍骨鳴轆轤. 更看一抹平遠山, 白雲霏霏捲復舒. 荷花萬朶傍林亭, 天然不受塗泥汚. 炫晃要眇千萬狀, 天下瓌觀絶代無. 黃籤箇箇標作者, 閣部貴臣豪商徒. 逞奇呈巧爭恐後, 要得君王一駐輿. 好事何人爲此畫, 生綃百尺蛟龍拏. 風簷遲日細把翫, 光恠直射牛斗墟. 錯疑身在瑤池宴, 復訝神遊長房壺. 讀畫先考時與事, 令我喟然長歎吁. 可惜滿洲老, 作事一何愚. 持盈履滿古先哲, 一日二日愈兢瞿. 三風十愆講之熟, 恒舞酣歌胡爲乎. 漢文猶惜露臺金, 爲是中人十家須. 那將天地有限財, 一朝糜散投尾閭. 君不見隋家迷樓唐驪宮, 金階玉戺成榛蕪. 盛衰隆替俄頃事, 天運況無百年胡. 試將一幅欹器圖, 寄與滿皇置座隅.

38 의기도(欹器圖) : 의기(欹器)는 비어있으면 기울고 중간쯤 차면 바르게 되며 가득 차면 엎어지는 그릇으로, 임금이 경계로 삼아 자리 곁에 항상 놓았다는 기물로 《공자가어(孔子家語)》에 나온다.

심생沈生【달수達秀】의 하목정霞鶩亭에 제하다

題沈生【達秀】霞鶩亭

지는 노을의 외로운 오리 있는 서강(西江) 포구, 풍류 소년이 와서 주인이 되었네. 오호(五湖)의 어스름한 달빛 두루 감상했고, 높다란 서재에서 직접 봄이 머무는 언덕 만들었네. 포도 덩굴 시렁 아래에 오래된 질그릇 있고, 어우러진 붉은 꽃과 나부끼는 푸른 풀은 맑은 낮에 어여쁘네. 동파 옹의 구지(仇池)는 주먹만 하게 작았고[39], 여가(與可)의 운당(篔簹) 대나무는 천 길로 말랐네.[40] 꽃 아래에서 미친 듯 노래하니 산새들이 응하고, 술 마신 후 글씨 쓰니 놀란 뱀이 달려가네. 문 닫고 회화나무 노랗게 꽃피는 시절 살피지 않고[41], 옷자락 끌며 복숭아꽃 오얏꽃 정원 기꺼이 찾아가네. 맨머리로 소나무 계수나무 숲에 편히 앉았는데, 화신(花神)이 밤에 기공빈(祁孔賓) 부르네.[42]

落霞孤鶩西江浦, 風流少年來作主. 五湖烔月遍踏來, 高齋手拓留春塢. 草龍架下老瓦盆, 紛紅駭綠媚晴晝. 坡老仇池一拳小, 與可篔簹千尋瘦. 花底狂歌山鳥譍, 酒後落筆驚蛇走. 閉門不省槐黃節, 曳裾肯尋桃李園. 科頭箕踞松桂林, 花神夜呼祁孔賓.

---

39 동파 옹……작았고 : 소식(蘇軾)의 구지(仇池)는 완상용 수석인데, 두보(杜甫)의 〈진주잡시(秦州雜詩)〉 "만고의 구지혈(仇池穴), 별천지 소유천과 몰래 통했네.(萬古仇池穴, 潛通小有天.)"에서 따온 것이다. 〈쌍석(雙石)〉(《동파전집(東坡全集)》 권20)에 나온다.

40 여가(與可)의……말랐네 : 여가(與可)는 송(宋)나라 화가 문동(文同, 1018~1079)의 자(字)이다. 호는 소소거사(笑笑居士)이고 호주(湖州) 수령을 지냈기 때문에 문호주(文湖州)로도 불린다. 대나무를 잘 그린 것으로 유명했다. 문동(文同)이 소식(蘇軾)에게 운당곡(篔簹谷)의 비스듬히 누운 대나무를 그려준 일이 있어, 소식이 〈문여가화운당곡언죽기(文與可畫篔簹谷偃竹記)〉(《동파전집(東坡全集)》 권32)를 지었다.

41 회화나무……살피지 않고 : 예부(禮部)에서 시행하는 과거시험에서 낙제한 선비들이 장안에 머물며 회화나무꽃이 노랗게 필 때 글을 지어 바쁘게 벼슬자리를 구했다는 이야기가 당(唐)나라 이뇨(李淖)의 《진중세시기(秦中歲時記)》에 나온다.

42 기공빈(祁孔賓) 부르네 : 진(晉) 나라 기가(祁嘉)는 자(字)가 공빈(孔賓)인데, 젊어서부터 청빈하고 학문을 좋아했다. 20세 즈음에 밤에 홀연 창에서 누군가 부르기를, "기공빈이여, 기공빈이여! 은거할지어다, 은거할지어다! 지금 세상에 맞춰봐야 괴롭고 어울릴 수 없으니, 얻는 것은 털끝만큼도 없고, 잃는 것은 산과 같을 것이다."라고 하였다는 이야기가 《진서(晉書)》 〈은일(隱逸)·기가전(祁嘉傳)〉에 나온다.

심생沈生이 조어釣魚와 나작羅雀 두 시를 보내와, 차운하여 다시 보내다

沈生送示釣魚羅雀二詩次韻却寄

잠시 섬계(剡溪)로 가는 배 멈추고[43], 그저 낚싯대 잡다가 왔네. 회(鱠)를 돕는 금등(金橙) 잘 익었고, 얼음 두드리니 옥 같은 거울 열리네. 조용히 양기가 온화해지는 것 보다가, 눈꽃이 막 내리는 것을 두려워하네. 자리 곁에 손님 도마 올리니, 강가의 막걸리 또 막 익었네.

이상은 조어(釣魚)

외딴 마을 눈에 길이 덮여, 어두운 참새 어디에서 왔는가. 맘껏 사냥하며 세 곳에서 몰아가고, 그물 펼쳐 한 면 열었네. 기러기 어찌 부러우리, 매몰이도 재촉하지 않네. 작은 구이로 부엌 고기 채웠으니, 섣달에 담근 초주(椒酒) 넘실대네.

이상은 나작(羅雀)

暫停剡溪棹, 聊把釣竿來. 佐鱠金橙爛, 敲氷玉鏡開. 靜觀陽氣煦, 愁怕雪花催. 寢右登賓俎, 江醪又發醅.

右釣魚

荒村迷雪徑, 暝雀自何來. 縱獵三驅合, 張羅一面開. 鴻冥那可慕, 鸇敺莫相催. 小炙充庖肉, 椒樽泛臘醅.

右羅雀

---

43 섬계(剡溪)로……멈추고 : 진(晉) 나라 때 산음(山陰)에 왕휘지(王徽之)가 겨울밤에 눈이 펑펑 내리자, 섬계(剡溪)에 있는 친구 대규(戴逵)가 보고 싶어 밤새 배를 저어 그의 집 문 앞까지 찾아갔다가 친구 집으로 들어가지 않고 다시 돌아왔다. 그 이유를 물어보니 "내 본래 흥이 나서 갔다가, 흥이 다해 돌아온 것이다."라고 했다는 이야기가 《세설신어(世說新語)》에 나온다.

근래 오래도록 근체시近體詩를 짓지 않다가 지금 짧은 율시 두 수를 완성했는데 한참 읊조리기만 하다가 희작으로 절구 한 수를 지어 스스로 달래다

近日久不作近體詩今成二短律頗費吟哦戲題一絶以自解

꽃을 나란히 놓고 나뭇잎을 짝맞추는 듯한 자질구레한 말들을 게으르게 짓다가, 곁에 있는 사람이 내가 천천히 종이 자르는 것을 괴이하게 여기네. 응당 동파 옹의 용 잡는 솜씨에 응해야 하나, 근심스레 파란만장한 문장 거두고 소시(小詩)로 들어가네.

懶作駢花儷葉詞, 傍人恠我劈箋遲. 也應坡老屠龍手, 愁卷波瀾入小詩.

할아버지 문정공文靖公의 서호십경西湖十景 시에 삼가 차운하여 【서문을 아울러 쓰다】

謹次王考文靖公西湖十景詩韻【幷序】

기억해보니 옛날 할아버지 문정공(文靖公)께서 관직을 그만두고 서호(西湖)의 농암정사(籠巖亭舍)에서 사실 때, 저술하시는 여가에 서호십경(西湖十景)을 정하시고 고금(古今) 각체로 나누어 읊어 기록하셨다.[44] 그 후 60여 년 뒤에 내가 마호(麻湖)의 행정(杏亭)에 살게 되었는데, 농암(籠巖)과 몇 리 떨어지지 않은 가까운 곳이었다. 구름과 안개가 시야

44 할아버지 문정공(文靖公)께서……기록하셨다 : 서명응(徐命膺)의 《보만재집(保晩齋集)》 권1에 〈서호십경고금체(西湖十景古今體)〉가 실려있다.

에 들어오니 옛날이 슬프게 생각나 삼가 원운(原韻)을 따라 창화한다.

새벽 베갯머리에 마른 우레 진동하니, 긴 호수가 성난 조수 보내는구나. 형세는 넓은 강어귀 삼키고, 소리는 멀리 해문(海門)에서 넘실대네. 수족(水族)은 기뻐하며 바야흐로 춤추고, 하신(河神)은 기가 교만해졌네. 빛은 은하수 위에서 나뉘고, 기후는 텅 빈 하늘의 달에 응하네. 분주히 달릴 때는 매섭게 흘러가고, 꺾일 때는 쓸쓸히 연못처럼 거두어지네. 이 법도 누가 주관하나, 차고 줄어듦은 저녁에서 다시 아침에 바뀌네. 잠깐 사이 넓은 모래 벌 없어지니, 늠름하게 큰 누각 흔드네. 줄어들고 생기는 이치 자세히 미루어, 장차 백원(百原)의 소옹(邵雍)에게 묻고자 하네.

이상은 백석(白石)의 이른 아침 조수

뉘엿뉘엿 석양이 호수와 언덕에 머무르니, 긴 모래톱에 출렁출렁 비췻빛 남기 넘실대네. 맑기는 선도(仙都)에 나는 밤이슬 같고, 짙기는 불우(佛宇)에 나타나는 구담(瞿曇) 같네. 적막한 성근 숲 솜씨 좋게 단장하고, 어둑한 깊은 계곡 반은 뱉고 머금네. 낮게 드리운 가벼운 구름 용이 바다에서 장난한 것이요, 평평히 깔린 옅은 안개 이무기가 연못에서 분 것이라. 멀리 북두성이 북쪽 하늘 나눈 것 보이니, 누가 비거(飛車)를 처음 만들어 일남(日南)를 가리켰나. 연이어진 봉우리 끝없이 바라 보니, 하늘과 물 잘 다스려져 맑게 서로 잠겼네. 드날리다 흩어짐은 바람이 계속 불어서요, 가리워져 찾기 힘듦은 달에 그림자가 셋이라서이네. 아침저녁으로 빈 주렴에 온갖 변화 보이니, 조화옹의 신묘함 고요한 가운데 찾네.

이상은 청계(靑谿)의 저녁 이내

비둘기 울며 비를 재촉하니, 소작인이 봄 경작 알리네. 뭉게뭉게 강의 구름 합하고, 아스라이 농수(隴水) 맑구나. 이랴! 하고 소 모니 산이 울리려하고, 언덕의 밭을 가니 언덕 기우려 하네. 나 그대와 함께 밭을 갈며,

유유하게 대바구니 맨 이의 뜻을 가지고 싶네.[45]

이상은 밤섬에서 비 올 때의 경작

오두막과 소 외양간 언덕 곁에 비스듬히 있고, 조수 머리의 돛 그림자 깨끗한 모래 벌에 떨어지네. 관의 화물 운반선 새벽 나팔에 놀란 물결 불어 보내고, 장사꾼의 돌아가는 노래는 저녁노을에 머물고 있네. 긴 바람 한껏 끌어가며 구름을 일산으로 삼고, 푸른 바다에 날아오르며 물을 집으로 삼네. 고래 같은 파도 쉬어 만 리 태평하게 가니, 월(越) 나라 노와 오(吳)나라 돛이 한 물가에 접해있네.

이상은 마포의 구름 같은 돛

간들거리는 강촌의 버들, 자욱하게 비췻빛 안개에 갇혔네. 선인(仙人)의 푸른 비단 장막, 푸른 머릿발 봄 하늘에 비치네.

이상은 조주(鳥洲)의 안개 낀 버들

바둑판처럼 이어져 앞의 모래톱을 둘러, 선명하게 주옥같은 빛 새벽 별에 빛나네. 만고 동안 차가운 조수 다듬고 씻어냈으니, 좋은 옥이 푸른 바다에서 나는 것 반드시 알겠네.

이상은 학정(鶴汀)의 깨끗한 모래

조금씩 숲과 골짜기 어두워져, 가벼운 이내 저녁 봉우리에 거둬지네. 하얀 월백(月魄) 맑은 빛 흘려보내, 활연히 하늘의 모습 열었구나. 자줏빛 비췻빛 한 가닥으로 짙고, 금빛 물결 만 겹으로 넘실대네. 잠깐 사이에 가벼운 배 저어, 짧은 지팡이에 의지해 길게 휘파람 부네. 달빛 환히 밝아

45 함께 밭을 갈며……가지고 싶네 : 함께 밭을 가는 것은 《논어(論語)》 〈미자(微子)〉 6장에 나오는 은자인 장저(長沮)와 걸익(桀溺)을 가리키는 것이고, 대바구니 맨 이는 《논어(論語)》 〈미자(微子)〉 7장에 나오는 은자를 가리킨다.

새짐승 보이고, 배는 날듯이 춤추며 어룡(魚龍) 일으키네. 높이 낭원(閬苑, 신선 사는 곳) 바람에 읍하고, 길이 안기(安期, 신선 이름) 자취 그리워하네. 삼산(三山) 아득하여 어찌 허락할까, 창해(滄海)는 물이 절로 녹는구나. 돛배 날 듯이 잠두봉(蠶頭峰) 지날 때, 굽어보고 우러러보며 시종(詩宗) 생각하네. 달은 남아있고 사람은 이미 떠났으니, 누가 물결 거슬러 따라갈 수 있을까. 나 끊어진 소리 이어 불러, 천년 후에 만날 수 있을 것 같네.

이상은 선봉(仙峯)에 떠 있는 달

용공(龍公, 풍우신)이 비를 뿌려 비가 열흘 넘기니, 하늘 뒤흔드는 물보라가 장대 높이까지 일어나네. 세차게 흐르며 부딪쳐 골짜기 떠들썩하니, 낭떠러지와 기운 절벽 모두 무너져 내리네. 바람 몰아 파도 타고, 높은 곳에 올라 멀리 보며 온갖 근심 사라지게 하고 싶어라. 사방의 들에서 개구리 시끄럽게 우는 소리 근심스레 듣고, 뜰에서 귀뚜라미 웅크린 모습 물리도록 보네. 관악산 높아 구름에 다 삼켜지지 않고, 오두(鰲頭, 잠두봉)는 비껴 있는 구름 끝에 숨었네. 가련하다, 물결 끝에서 일어난 거품 하나, 떠나니며 천만번 나타났다 사라지네. 나그네는 외로운 객관에서 근심스레 장마 속에서 노래하고, 장사꾼의 돌아가는 배는 길 가기 힘들구나. 대오리로 꼰 새끼 뽑아내고 옥 물에 던져 수신(水神)에 예를 드리고, 제하사자(隄河使者)[46]는 강에 임하여 탄식하네. 자갈밭과 가문 밭은 단비 얻어, 도랑 끌어 모 심으며 모든 농사꾼 기뻐하네. 지인(至人)만이 홀로 사시의 즐거움 보존하니, 내 마음 덜어진 것 없으나 완전하지도 않네. 하늘은 장막 삼고 땅은 방석 삼아, 배 안에 술 실어, 푸른 물결 편안히 타며 돛에 기대 바라보네.

이상은 농암(籠巖)에서 불어난 물을 감상하기

동자(童子)가 조롱 열어 학을 날려 보내니, 늙은이는 지팡이에 기대 고

46 제하사자(隄河使者) : 강둑의 사무를 담당하는 고대의 관직명이다.

기잡이 바라보네. 좋은 때로구나, 기심 사라지는 것 점차 좋아하여, 아득히 장차 사물의 근원에서 노니리라.

이상은 노량(鷺梁)에서의 낚시

언덕엔 무성한 풀, 산에는 우거진 숲. 베고 도끼로 쳐서, 십으로 천으로 자기 일하네. 새벽에 길의 이슬 헤치고, 저녁에 짙은 그늘에서 쉬네. 앞에서 부르고 뒤에서 화답하며, 저 우는 새와도 창화하는구나. 그윽한 잠두봉(蠶頭峰), 울창한 우잠(牛岑). 발 부르터가며 험하게 올라, 붉은 등에 짐을 지네. 돌아가 초막에 누우니, 산의 달이 처마에 걸려있네. 내 힘을 수고롭게 하여, 먹는 데 부끄럽지 않구나. 땔나무 베어 불을 때니, 그 이로움 멀리까지 미치네. 낮에 가마솥 지피고, 밤에 방 따뜻하게 하네. 저 천 가지 재목을 보니, 발돋움해 보아도 실로 깊구나. 부지런히 팔아, 원근에서 모두 감사히 여기네.

이상은 우잠(牛岑)에서 나무하는 나무꾼

記昔王考文靖公休官卜居于西湖之籠巖亭舍, 著述之暇, 定西湖十景, 以古今各體分賦以記之. 後六十餘年, 余居麻湖之杏亭, 距籠巖不數里而近, 雲煙入望, 愴念疇昔, 謹步原韻以和之云.

曉枕晴雷動, 長湖送怒潮. 勢呑江口濶, 聲泛海門遙. 水族歡方舞, 河神氣正驕. 光分星漢上, 候應月天寥. 奔迸飄流梗, 摧殘卷澤蕭. 綱維孰主是, 盈縮暮還朝. 轉眄平沙失, 憑凌傑閣搖. 細推消息理, 將叩百原樵.

右白石早潮

亭亭斜日逗湖岑, 搖曳長洲泛翠嵐. 淸似仙都飛沆瀣, 濃如佛宇現瞿曇. 疎林寂歷工粧點, 深谷空濛半吐含. 低放輕雲龍戲海, 平鋪薄霧蜃噓潭. 遙瞻掛斗分乾北, 誰搠飛車指日南. 聯絡峯巒看未了, 彌綸天水淨相涵. 悠揚散逐風吹萬, 掩翳難尋月影三. 晨夕虛簾供變態, 化工神妙靜中探.

右青谿夕嵐

鳴鳩催喚雨, 佃客報春耕. 靄靄江雲合, 迢迢隴水淸. 叱牛山欲響, 堆墢岸疑傾. 我願從君耦, 悠悠荷篠情.

右栗嶼雨耕

蟹舍牛欄傍岸斜, 潮頭帆影落晴沙. 綱船曉角吹驚浪, 估客歸歌泊晚霞. 飽挈長風雲作盖, 飛騰滄海水爲家. 昇平萬里鯨濤息, 越榜吳檣接一涯.

右麻浦雲帆

裊娜江村柳, 霏微鎖翠煙. 仙人碧紗障, 綠髮映春天.

右鳥洲煙柳

勾連方罫繞前汀, 的皪珠光映曙星. 萬古寒潮陶洗過, 定知良玉出滄溟.

右鶴汀明沙

稍稍林壑暝, 輕嵐斂夕峯. 素魄流淸輝, 豁然開天容. 紫翠濃一抹, 金波漾萬重. 薄言理輕楫, 長嘯倚短筇. 虛明見羽毛, 掀舞起魚龍. 高挹閬苑風, 永懷安期蹤. 三山渺何許, 滄海水自溶. 飛帆過蠶頭, 俛仰想詩宗. 月留人已去, 誰能溯逈從. 我歌嗣絶響, 千載如可逢.

右仙峯泛月

龍公行雨雨跨旬, 掀天雪浪彌長干. 奔流迸觸山谷陿, 懸崖仄壁咸摧殘. 我欲駕風乘破浪, 憑高延望百憂寬. 四野愁聞蛙黽鬧, 中庭厭見蚯蚓蟠. 冠岳山高呑不嚗, 鰲頭隱約橫雲端. 可憐一沫浪頭漚, 浮游起滅千萬般. 游子孤館愁霖唱, 估客歸船行路難. 搴茭沈玉禮水神, 隄河使者臨河嘆. 犖确旱田得甘霔, 引渠揷秧千耦歡. 至人獨保四時樂, 我心無損亦無完. 天爲幕地爲席兮, 拍浮酒船中, 穩跨滄波倚帆看.

右籠巖觀漲

童子開籠放鶴, 老夫倚杖觀漁. 時哉漸喜機息, 逖矣將遊物初.

右鷺梁漁釣

原有茂卉, 山有穹林. 是刈是椓, 十千其任. 晨披行露, 夕憇繁陰. 前唱後喁, 和彼鳴禽. 幽幽鼉頭, 菀菀牛岑. 重趼陟險, 赬背荷擔. 歸偃篷廬, 山月掛簷. 我勞我力, 食不愧心. 薪之爇之, 其利遐覃. 晝爾燃釜, 宵爾煦衾. 瞻彼千材, 跂予實深. 言邁言售, 遠近與咸.

右牛岑採樵

철면장군가鐵面將軍歌, 윤병사尹兵使 【욱렬郁烈】[47]를 위해 짓다

鐵面將軍歌爲尹兵使【郁烈】作

가산성(嘉山城) 안에 천구(天拘, 유성)가 떨어져, 흰 무지개가 하늘까지 이어졌고 푸른 피가 뿌려졌네. 머리 내건 떠도는 혼들 부월(斧鉞)을 범하여, 활활 갑자기 놀래키며 들판에 불을 질렀네. 북소리가 살수(薩水)의 북쪽에서 진동했고, 검기(劍氣)가 송림(松林) 벌에서 낮에도 어두웠네. 철면 장군

47 윤병사(尹兵使) : 윤욱렬(尹郁烈)은 본관이 해평(海平)이고 자(字)는 사문(士文)이며 서유본의 매제이다. 1804년(순조 4)에 무과에 급제하였고, 1811년(순조 11) 함종부사(咸從府使) 재직 중 홍경래(洪景來)의 난이 발생하자 관군을 이끌고 전투에 참전하였다. 관군 부대에서 좌영장(左領將)의 임무를 맡았으며, 우영장(右領將)이었던 순천군수(順川郡守) 오치수(吳致壽)와 함께 송림동(松林洞)에서 난군(亂軍)을 대파하였다. 1824년에 함경도병마절도사(咸鏡道兵馬節度使)가 되었고, 시호는 충숙(忠肅)이다.

(鐵面將軍)이 외로운 군대 이끌고 가, 쌍창을 춤추듯 휘두르며 하늘에서 내려왔지. 멀리 바라보던 외로운 쥐는 이미 담이 깨져, 번개 번쩍이듯 한 부대 무찔러 죽였네. 소위(小尉)는 쇠 두건 천천히 썼고, 적선휘(狄宣徽)는 구리로 주조한 가면 빌렸네. 지금도 서쪽 변방의 촌 노파들은, 철면(鐵面) 가리키고 부르며 아이들 두려워 울게 하네. 공을 이루었으나 운대(雲臺)에 초상 걸리지 않았고, 적 물러났으나 도리어 상사(上司)에게 곤장 맞았네. 그대에게 면려하노니, 더욱 분발하여 충의(忠義)를 붙잡으시게, 예부터 인사(人事)는 항상 어긋났다네. 【조정에 논의가 윤병사가 송림(松林)에서의 승전으로 한 자급 더하자고 했으나, 정주(定州)의 전투에서는 이웃 군대를 지원하는 데 실패하여 공과(功過)를 서로 숨기지 않아, 평안감사로 하여금 그를 잡아다 곤장을 치게 했다. 당시 논의는 자못 윤병사를 위해 잘못되었다고 하였다.】

嘉山城中天拘墮, 白虹亘天碧血灑. 戴頭游魂干斧鉞, 炎炎倏驚燎原火. 鼓聲直震薩水北, 劍氣晝晦松林野. 鐵面將軍提孤軍, 飛舞雙矟從天下. 望風孤鼠已破膽, 鏖殺一陣如掣電. 小尉遲戴鐵幞頭, 狄宣徽假銅鑄面. 至今西塞村婆叟, 指呼鐵面怖啼兒. 功成不掛雲臺像, 賊退翻遭上司笞. 勉君益勵忠義操, 古來人事恒乖違.【廟議以君松林之捷, 加一資, 而定州之役, 失援隣師, 功過不相掩, 令箕伯拿致决杖, 時論頗爲君稱屈.】

황진묘黃眞墓 세 절구 【황진이는 국초의 이름난 기생이다. 묘가 장단長湍에 있는데 내가 있는 여막과 10여 리 떨어져 있었다. 이웃 사람이 나에게 말하길, 묘 근처에 작은 샘물이 있는데 맛이 달고 차며 범상치 않아 유람하는 객들이 모두 손으로 떠서 마시는데, 세속에서는 황진이를 장사 지낸 후 이 샘물이 홀연 솟아났다고 한다】

黃眞墓三絶 【黃眞國初名倡也墓在長湍距余丙舍十餘里隣人爲余言墓上有一坏泉脉甘洌異常游客皆以手掬飮俗傳黃眞葬後此泉忽湧云】

옥 같은 자질에 향기로운 티끌 물결 따라 흘러가, 홀로 청총(靑塚)[48]만이 남아서 산언덕 향하네. 소나무에 비치는 햇빛과 소나무 눈에 비치는 달빛 옛날과 지금 없으니, 시름겹게 남루(南樓)[49] 부르며 옛 노래 느끼네.

빈산에 봄이 오니 모두 푸릇푸릇해졌는데, 들꽃은 주인 없어 새들이 서로 부르네. 다정한 한 움큼의 단 샘물, 길이 시인들에게 입안의 구슬 놀리게 하네.

호구사(虎丘寺) 아래에서 황진이 조문하니, 월백(月魄)의 꽃다운 혼 끝내 아득하구나. 담생(譚生)에게 여색 중히 하는 것 기롱하게 하지 마시오, 성을 기울인 미인은 예로부터 강직한 마음 적었다네.

48 청총(靑塚) : 본래 한(漢)나라 왕소군(王昭君)의 묘(墓)를 가리키는 말로, 오랑캐 지역에는 대부분 흰 풀이 자랐는데, 왕소군의 무덤에만 파란 풀이 자라서 청총(靑塚)으로 불렀다. 두보(杜甫)의 〈영회고적오수(詠懷古跡五首)〉 중 3번째 시에, "홀로 청총만이 남아서 황혼을 향하네.(獨留靑塚向黃昏)."라는 구절이 나온다.

49 남루(南樓) : 권겹(權韐)의 작품이지만 황진이의 시로도 알려져 있는 다음의 회고시(懷古詩)를 가리킨다. "눈에 비치는 달은 전 왕조의 빛이요, 싸늘은 종은 고국(故國)의 소리라네. 남루 시름겹게 홀로 서 있으니, 성곽엔 저녁연기 오르네.(雪月前朝色, 寒鍾故國聲. 南樓愁獨立, 城郭暮烟生.)" 《청장관전서(靑莊館全書)》 권33 〈청비록(淸脾錄)·시기(詩妓)〉에 나온다.

玉質香塵逐逝波, 獨留靑塚向山阿. 松陽雪月無今古, 愁唱南樓感舊歌.

春到空山遍綠蕪, 野花無主鳥相呼. 多情一掬甘泉水, 長與騷人弄口珠.

虎丘寺下吊眞娘, 月魄芳魂竟渺茫. 莫遣譚生譏重色, 傾城自古少剛腸.

차운하여 오생吳生에게 주다

次韻贈吳生

과거시험 득실 고담(高談)하지 마시게, 크게 좋은 것은 응당 곧 크게 부끄럽게 된다는 것을 알 터이니. 파수(灞水) 건너[50] 말달리며 근심스레 북으로 전쟁하러 가는데, 바람 차고 빠르게 날갯짓하며 날아올라 장차 남쪽으로 향하리라. 때를 기다려 기물을 저장하는 것이 참으로 좋은 상인이고, 구멍 뚫고 담을 넘는 자는 망령 난 남자이네. 위청(衛靑)의 요행과 이광(李廣)의 기박함은 모두 정해진 운명이니[51], 그대에게 권면하노니, 신고(辛苦) 겪으며 씀바귀도 달게 씹으시게. 【오생(吳生)의 시에 '천행과 운수의 기박함(天幸數奇)'이란 시구가 있다.】

省闈得失莫高談, 大好應知便大慚. 渡灞征驂愁戰北, 搏風迅翮且圖南. 待時藏器眞良賈, 鑽穴踰墻是妄男. 靑幸廣奇皆定命, 勉君辛苦齧荼甘. 【吳生詩, 有天幸數奇之語.】

50 파수(灞水) 건너 : 파수(灞水)를 건너는 것은 관직에 나아가지 못하는 것을 뜻하는 말이다. 한유(韓愈)가 경사(京師)를 떠나며 지은 〈현재유회(縣齋有懷)〉에, "서책을 품고 황도를 나서니, 눈물을 머금고 푸른 파수 건너네.(懷書出皇都, 銜淚渡淸灞.)"라는 구절이 있다.

51 위청(衛靑)의……운명이니 : 왕유(王維)의 〈노장행(老將行)〉에 "위청이 패하지 않음은 천행이었고, 이광이 공을 못 세움은 운수가 기박했기 때문이었네.(衛靑不敗由天幸, 李廣無功緣數奇.)"라는 구절이 있다.

길에서 본 것을 기록하다
路中記所見

강을 따라 화려하게 꾸민 유람선 성대하게 노니니, 자사(刺史)가 봄을 즐기는 수참(水站) 유유하구나. 천 년 전 하령(何令)이 떠난 것을 창연히 바라보니, 홀(笏)을 허리에 꽂고 배를 끌 자 누구인가.【당(唐)나라 하이우(何易于)가 익창령(益昌令)으로 있을 때, 자사(刺史) 최박(崔朴)이 봄에 손님들과 함께 배를 띄워 배를 끌 백성들을 찾았다. 하이우가 홀(笏)을 허리에 꽂고 직접 배를 끌어 최박이 이유를 묻자 대답하기를, "백성들은 바야흐로 밭 갈고 누에 치느라 일을 할 수 없으니 현령이 마땅히 그 수고로움을 담당해야 합니다."라고 하니, 최박이 부끄러워 빠르게 떠나갔다.】

沿江彩鷁盛遨遊, 刺史行春水站悠. 悵望千秋何令去, 有誰腰笏挽征舟.【唐何易于爲益昌令, 刺史崔朴乘春, 與賓屬泛舟, 索民挽繂. 易于腰笏身挽, 朴驚問狀. 對曰, 民方業耕桑不可役, 縣令當任其勞, 朴愧疾驅去.】

신사년辛巳年, 1821년 3월에 토성·목성·수성·화성 네 행성이 벽수璧宿의 도내度內에 모여들고 태백성太白星이 규성奎星의 자리에 있으니 이는 바로 송宋 나라 건덕乾德, 송 태조 연호 이후 처음 있는 상서이다 이에 감동하여 장구長句를 지어 기록하다
辛巳三月土木水火四緯星聚于璧宿度內太白次于奎躔卽宋乾德以後初有之瑞也感而作長句以識之

해와 달이 합벽(合璧)한 듯하고, 오성(五星)이 구슬을 꿴 듯하네.[52] 상원갑자(上元甲子)[53] 자정, 역법을 계산하는 것은 여기에서 시작하네. 이때의 이 모습을 누가 보고 기록하였는가, 천백 시대 중에 겨우 한 번 만나는 것이라네. 원년(元年)에 동정(東井) 분야에서 염운(炎運)[54]이 일어났고, 정묘년(丁卯年, 967년)에 규성(奎星)의 자리에서 송(宋)나라의 국운을 열었네.[55] 영실(營室)과 동벽(東壁) 두 별자리는, 천상(天上)의 도서부(圖書府)로 불리지. 때는 신사년(辛巳年, 1821년) 월건(月建)이 진(辰)인 달(3월), 네 행성의 행도(行度)가 서로 모인 듯하였네. 안개 흩어지고 구름 걷혀 하늘과 다섯 자 정도로 가까워, 총총히 있는 차갑고 아득한 별들 반짝반짝 셀 수 있을 정도였네. 근엄하기가 무리로 가는 여러 군자들이, 즐비하게 읍양하며 명당(明堂)에 오르는 것 같네. 또한 상청(上淸)의 여러 신선이 반열 지어 가, 하관(霞冠)에 월패(月佩)로 옥황상제에게 조회 드리는 것 같구나. 강루(降婁) 자리는 규수(奎宿) 분야로, 태백성과 서로 6도(六度) 강(強)으로 떨어져 있네. 내 이때 성토기(星土記)를 살펴보니, 규벽(奎壁)이 아래로 노나라·위나라 경계에 임해 있구나. 돌아보니 중국은 비린 기운에 얽혀있는데, 상천(上天)은 무엇 때문에 이러한 상서를 여셨나. 반드시 오랑캐 운 백 년이 다하여, 진인(眞人)이 선성(先聖)의 고향에서 우뚝 일어날 것임을 알겠구나. 또한 하늘이 우리나라를 도우시어, 태평만세(太平萬歲)가 지금부터 시작이로세. 일에는 반드시 징조가 먼저 있는 것이 분명한 이치이니, 역법을 맡은 선비는 이 노래 공경히 들으시라.

日月合璧如, 五星聯珠似. 上元甲子子夜半, 治曆布籌從此起. 此時此景誰睹

---

52 해와 달이……꿴 듯하네 : 일월합벽(日月合璧)은 해와 달이 모두 북두성과 견우성 분도에 모인 것이고, 오성연주(五星聯珠)는 금성·목성·수성·화성·토성이 한 방위에 연달아 나타나는 것을 가리킨다.

53 상원갑자(上元甲子) : 한 갑자(甲子)가 60년인데, 술수가(術數家)에서는 180년을 1주(周)로 하여 그것을 상원갑자, 중원갑자(中元甲子), 하원갑자(下元甲子)로 삼분하여 부르고 합칭하여 삼원갑자(三元甲子)로 칭한다. 상원갑자는 삼원갑자 중 첫 번째 주기의 갑자이다.

54 염운(炎運) : 한(漢) 나라의 국운으로, 오행(五行) 중 화덕(火德)으로 천하를 세웠다 한다.

55 정묘년……열었네 : 송(宋) 태조(太祖) 건덕(乾德) 5년인 967년에 오성(五星)이 규성(奎星)의 자리에 모였다는 기록이 《송사(宋史)》에 나온다.

記, 曠千百代纔一遇. 元年東井興炎運, 丁卯奎躔啓宋祚. 營室之東壁二宿, 號稱天上圖書府. 時維辛巳月建辰, 四緯行度恰相聚. 霧豁雲披尺五天, 纍纍寒芒燦可數. 儼若彙征衆君子, 濟濟揖讓升明堂. 又如上清羣僊綴班行, 霞冠月佩朝玉皇. 降婁之次奎宿分, 大白相距六度強. 我時推勘星土記, 奎壁下臨魯衛疆. 顧瞻中夏纏腥氛, 上天曷爲啓此祥. 定知胡運窮百年, 眞人挺生先聖鄕. 亦粤天祐我東土, 太平萬歲自今始. 有開必先理不爽, 敬聽此歌司曆士.

또 읊다

又賦

영동(嶺東)의 산수는 삼한에서 으뜸이니, 천지의 정령이 이 사이에 온축되어 있네. 건덕(乾德)의 별자리를 지금 다시 보니, 칠현(七賢)의 고고한 자취 누가 더위잡아 오를까. 【남사고(南師古)의 성동분야기(盛東分野記)에서, 영동(嶺東)의 낭천(狼川)·흡곡(歙谷)·통천(通川)·회양(淮陽)·금성(金城)·김화(金化)·평강(平康)·안협(安峽)·이천(伊川) 등 9개 군이 벽수(壁宿)의 분야에 해당한다고 하였다.】

嶺東山水甲三韓, 天地精靈蘊此間. 乾德星文今再覩, 七賢高躅有誰攀.【南師古盛東分野記, 以嶺東狼川·歙谷·通川·淮陽·金城·金化·平康·安峽·伊川九郡, 當壁宿之分故云.】

하목정霞鶩亭 심생沈生이 두견주杜鵑酒 한 병을 주며 열흘 후 송순주松笋酒가 익을 것이라 하여 빨리 시를 지어 구하다

霞鶩亭沈生餉杜鵑酒一壺又云旬後松笋酒當發醅走筆爲詩以求之

동로암(東老庵)의 열여덟 신선, 송순주(松笋酒) 새로 빚어 차고 또 달구나. 오렵(五鬣)의 창공(蒼公, 소나무) 봄바람 맞아, 가지마다 벽옥잠(碧玉簪) 뽑아내었네. 광주리 기울여 골라 술 재료 채워, 스무날 동안 발효하니 청출어람이구나. 용의 정기 따라 들어가 여섯 맥 조율하고, 푸른 오리 가슴 적셔 천년의 근심 잊게 하네. 천금으로도 살 수 없는 이 영액(靈液), 이 술 한 말로 정말 양주(涼州) 얻을 수 있겠네.[56] 그대의 생애가 취향(醉鄕)에 있는 것 부러우니, 권백파(捲白波) 비웃으며 주령(酒令)을 가벼이 여기네.[57] 동이에 가득한 꽃술 나누어 맛보는 것 허락했으니, 내 술 창고의 병들이 비었음을 아는 것이리. 농촉(隴蜀) 모두 탐하며 만족할 줄 모른다 싫어하지 마오[58], 다시 선장(仙漿)을 구걸하며 날아감 멈추네.

東老庵中十八仙, 松笋新釀冽且甘. 五鬣蒼公迎春風, 枝枝擢出碧玉簪. 傾筐摘來充酒材, 兼旬發醅靑於藍. 龍精入隨調六脉, 鴨綠澆胷失千愁. 千金難買此靈液, 一斗眞堪博涼州. 羡君生涯寓醉鄕, 笑捲白波輕酒令. 滿甕花醅許分嘗, 知我酒庫甁之罄. 莫嫌隴蜀不知足, 更乞仙漿駐飛景.

---

56 이 술 한 말……있겠네 : 후한(後漢) 때 맹타(孟他)가 중상시(中常侍) 장양(張讓)에게 뇌물을 바치며, 포도주(葡萄酒) 한 말을 장양에게 바치자 양주 자사(涼州刺史)를 얻었다는 이야기가 《후한서(後漢書)》 〈환자(宦者)·장양전(張讓傳)〉에 나온다.

57 권백파(捲白波)……여기네 : "술을 마실 때 '권백파'라는 말이 있으니, 그 의미가 어디서 시작되었는가? 살펴보건대, 후한 때에 백파(白波)의 적을 사로잡아서 죽이기를 자리를 말듯이 했다. 그래서 술자리에서 이를 모방하여 사람들의 기분을 유쾌하게 한 것이다."라는 말이 당(唐)나라 이광의(李匡義)의 《자가집(資暇集)》에 나온다.

58 농촉(隴蜀)……싫어하지 마오 : 후한(後漢) 광무제(光武帝)가 잠팽(岑彭)에게 내린 조서 중에 "사람들은 괴롭게도 만족할 줄을 몰라, 농우(隴右)를 평정하고 또 서촉(西蜀)을 바란다.(人苦不知足, 旣平隴, 復望蜀."라고 말이 《후한서(後漢書)》 〈잠팽전(岑彭傳)〉에 나온다.

초여름 즉흥시

初夏卽事

초여름에 비와 햇빛 적당하니, 날씨 맑고 아름답네. 울창하게 나무는 일산을 이루었고, 뾰족뾰족 벼는 물을 찌르네. 꽃이 지니 벌과 나비 게을러졌고, 물결 따뜻하니 갈매기와 오리 장난하네. 단정히 앉아 사물 화려해짐 완상하니, 만상(萬象) 분분히 즐길만하네. 잠 깨어 예경(禮經) 펼쳐보고, 한가함 제치며 아이들 가르치네. 애오라지 흐르는 세월 보내니, 무엇을 걱정하고 다시 무엇을 생각할까.

初夏雨暘適, 風日淸且美. 幢幢樹成盖, 芒芒稻鍼水. 花殘蜂蝶懶, 波暖鷗鴨戲. 端居翫物華, 萬象紛可喜. 破睡繙禮經, 排閒課穉子. 聊以送流年, 何慮復何思.

집에 있는 다섯 사물에 대한 노래

家居五物詠

은행

은행나무 높게 솟아 열 길 높이인데, 굽은 가지 우리 집 서남쪽 담 보호해주네. 우산(牛山)의 구름 나란히 마주 보고 읍하며 검푸른 빛 내고, 긴 호수 빛 멀리 끌어와 명주 한 필처럼 빛나네. 사방 이웃의 노파들 어지러이 제사 지내고 기도하며, 세시(歲時)마다 등불 밝히고 거른 초주(椒酒) 향 풍겨오네. 그대는 보게나, 십 리를 달려가는 용 같은 뿌리, 신묘한 물건이라 반드시 청양(靑羊)[59]으로 변화하는 것을.

회화나무

곁가지 뻗은 늙은 회화나무 은행 곁에 서서, 늘어진 가지와 기운 줄기 서로 의지하고 있네. 해를 가린 짙은 그늘은 백묘로 뻗었고, 바람에 움직이는 비췻빛 휘장은 용이 어울려 춤추는 듯하네. 우뚝하니 꼿꼿이 서서 누구도 업신여길 수 없으니, 강촌에서 골짜기 주인이 되었네. 고매한 사람의 소나무 계수나무 숲과 좋은 짝이 되니[60], 다른 남성(南省, 예부(禮部))의 소식 전하는 나무를 비웃네.[61]

모란

도인(道人)이 산에 살면서 고담(枯淡)함에 물려, 꽃을 사랑하기를 시세의 화려함을 편애했네. 마간(馬肝)과 천엽(千葉) 모란 기품이 매우 빼어나고, 화제(火齊)와 영락(瓔珞) 보석같이 땅에서 빛이 나네. 산에 흐드러진 복숭아꽃 오얏꽃 시중들어, 온갖 꽃의 머리 위에서 천향(天香) 머금었네. 금쟁반에 담아 화려한 집에 올려[62], 당체방(棠棣坊)[63]에서 풍류 즐기던 때 아득히 추억하려 하네.

---

59 청양(青羊) : 《술이기(述異記)》 권상에, "가래나무 정기가 변화하여 청양이 되고, 백 년을 살면 홍양, 오백 년을 살면 황양, 또 오백 년을 살면 창양(蒼羊), 또 오백년을 살면 색깔이 하얗게 된다.(梓樹之精化爲青羊, 生百年而紅, 五百年而黃, 又五百年而色蒼, 又五百年而色白.)"라는 말이 나온다.

60 소나무……짝이 되니 : 한유(韓愈)의 〈현재독서(縣齋讀書)〉(《동아당창려집주(東雅堂昌黎集註)》 권4)에, "산수 좋은 고을의 수령 되어, 소나무 계수나무 숲에서 독서를 하네.(出宰山水縣, 讀書松桂林.)"란 구절이 나온다.

61 남성(南省, 예부(禮部))……비웃네 : 예부(禮部)에서 시행하는 과거시험에서 낙제한 선비들이 장안에 머물며 회화나무꽃이 노랗게 필 때 글을 지어 바쁘게 벼슬자리를 구했다는 이야기가 당(唐)나라 이뇨(李淖)의 《진중세시기(秦中歲時記)》에 나온다.

62 금쟁반……집에 올려 : 소식(蘇軾)의 〈정혜원해당(定慧院海棠)〉 시에, "자연스러운 부귀의 모습 천자(天姿)에서 나왔으니, 금쟁반에 담아 화려한 집에 올릴 필요 없다오.(自然富貴出天姿, 不待金盤薦華屋.)"라는 구절이 나온다.

63 당체방(棠棣坊) : 구양수(歐陽修)의 《낙양목단기(洛陽牡丹記)》에서 월파제(月陂堤), 장가원(張家園), 장수동가(長壽東街), 곽령댁(郭令宅) 등과 함께 모란꽃이 필 때 사람들이 가장 많이 완상하며 풍류를 즐기는 지역으로 나온다.

작약

유양(維楊)의 작약이 천하에서 이름나, 옥대(玉帶)와 궁중 비단으로 싸 색색이 새롭네. 재배함에 천두(千頭) 값을 아끼지 않으니, 바람에 임해 한 번 웃으며 늦봄 지키네. 말을 알아들으면 반드시 나라를 기울게 할 것인데, 무정하게 시인 괴롭힐 줄만 아네. 향기 맡으니 진유(溱洧)의 선물로 주고 싶지만[64], 내 생각은 유유히 남포(南浦) 가에 있네.

구기자

구기자가 무더기로 자라 뜰에 가득한데, 푸른 싹에 진홍 열매 봄가을로 이어졌네. 늘어진 덩굴 모두 규룡의 모습을 하고 있는데, 뿌리 내린 곳은 다행히 소나 양 걱정 없네. 사시의 선방(仙方)으로 꽃과 열매로 술 빚으면, 귀밑머리 검게 하고 눈동자 밝게 할 수 있다네. 우물 밑에서 영험한 개 짖기를 기다리니, 약 캐러 나부산(羅浮山) 찾아갈 필요 있으랴.[65]

杏

鴨脚樹高高十尋, 偃蹇護我西南墻. 翠黛平挹牛山雲, 匹練遙拖長湖光. 四隣婆叟紛賽禱, 歲時燈火椒湑香. 君看虬根走十里, 定有神物化靑羊.

槐

老槐杈枒傍文杏, 樛枝側榦相撑拄. 蔽日繁陰橫百畝, 風動翠幔交龍舞. 昂然挺立不可狎, 留與江村作洞主. 好伴高人松桂林, 笑他南省聲音樹.

---

64 진유(溱洧)의……싶지만 : 《시경(詩經)》 〈정풍(鄭風)·진유(溱洧)〉를 가리키는 것으로 제1장은 다음과 같다. "진수(溱水)와 유수(洧水)가 봄물이 한창 불어날 때, 남자와 여자가 막 난초를 잡고 있도다. 여자가 '구경가자'고 하자 남자가 '이미 구경했노라.' 하도다. '또 가서 구경가자. 유수(洧水) 밖은 진실로 넓고 또 즐겁다.' 하네. 남자와 여자가 서로 희학을 하면서 작약(勺藥)을 선물하도다."

65 약 캐러……있으랴 : 진(晉) 나라 도사 포박자(抱朴子) 갈홍(葛洪, 284~364)이 나부산(羅浮山)에 들어가 단약(丹藥)을 만들었다.

牧丹

道人山居厭枯淡, 愛花偏愛時世粧. 馬肝千葉品絶奇, 火齊瓔珞燭地光. 漫山桃李作輿臺, 百花頭上含天香. 擬貯金盤薦華屋, 風流遙憶棠棣坊.

芍藥

維楊芍藥天下名, 玉帶宮錦色色新. 栽培不惜千頭直, 臨風一笑殿殘春. 解語定知傾城國, 無情偏能惱騷人. 嗅香欲致溱洧贈, 我思悠悠南浦濱.

枸杞

枸杞叢生滿庭除, 靑黃絳珠接春秋. 走蔓皆作虬龍形, 托根幸無牛羊憂. 四時仙方釀花實, 可以玄鬢明雙眸. 會待井底靈狗吠, 採藥何須尋羅浮.

장맛비, 아내의 시에 차운하여

霖雨次室人韻

스무날 넘게 오랜 비 내려 시냇물 넘쳐, 들판 넘실넘실 큰 강과 이어졌네. 문득 조각달이 구름 사이에서 비추는 것에 놀라니, 구지(仇池)의 작은 별천지가 아닌가 의심하네.[66]

積雨兼旬碧漲川, 平疇淼淼大江連. 翻驚片月雲間照, 疑是仇池小有天.

66 구지(仇池)의……의심하네 : 두보(杜甫)의 〈진주잡시(秦州雜詩)〉 20수(《두시상주(杜詩詳註)》 권7) 중 제14수에 "만고의 구지혈, 별천지 소유천과 몰래 통했네.(萬古仇池穴, 潛通小有天.)"라는 구절이 나온다.

비가 조금 그쳐, 이조묵李祖默이 두보杜甫의 운으로 지은 시에 차운하여 빠르게 짓다

雨稍歇走筆次李生祖默步杜韻

푸른 강에 10일 동안 비가 내려, 골목길에 파릇파릇 이끼가 자랐네. 나무 늘어져 그림자 어지러이 흩어지고, 계곡에서는 시끄럽게 빨래하는 소리 들리네. 저녁노을 말갛게 발라놓은 듯하고, 외로운 달은 숨었다 다시 밝게 나타나네. 새벽 베갯머리에 종소리 빠르게 지나가고, 맑은 바람 한성(漢城)에서 불어오네.

滄江十日雨, 門巷綠苔生. 樹拖披離影, 溪喧洴澼聲. 殘霞澹似抹, 孤月翳還明. 曉枕鍾聲駛, 淸風自漢城.

이생李生의 희청喜晴, 날이 갠 기쁨 시에 차운한 2수首

次李生喜晴詩韻二首

쉼 없이 부는 바람 높아 겹겹이 쌓인 구름 쓸어가고, 황폐해진 논에 물 빠지니 미나리 드러났네. 별이 감싼 낡은 집에 종소리 멀고, 안개 걷힌 숲은 들빛 또렷하네. 서쪽 포구의 어부 노래에 햇볕에 말린 어망 걷고, 동쪽 밭의 김매는 노래에 찐 밥 먹네. 마을마다 앙마(秧馬)[67]에 가득 찬 진흙 걷어내고, 모두 붉고 딱딱한 땅이 찰흙이 되었다 말하네.

구멍 난 것 같던 하늘이 지금 비로소 구름 걷히니, 산 꽃은 모두 떨어

67 앙마(秧馬) : 논에 모를 심을 때 쓰는 농기구이다.

졌고 미나리는 살졌네. 아름다운 경치 1년에 얼마나 될까, 여름 석 달 긴 장마 공평히 나눈 것 같네. 화창한 바람에 출렁이는 비췻빛 물결에 난초와 혜초 어여쁘고, 웅덩이에서 맑은 물 떠 제수 올리네. 때로 멈추고 때로 가는 것 나 가르침 받았으니, 사나이는 반드시 언덕만큼의 책 읽어야지.

陣陣風高掃積雲, 萊田水落出菰芹. 星圍老屋鍾聲遠, 煙抹平林野色分. 西浦漁歌收曬網, 東菑饁唱餉烝饋. 村村秧馬銜泥去, 共說騂剛化埴墳.

漏天今始覩披雲, 落盡山花肥水芹. 佳景一年能幾度, 長霖三夏恰平分. 光風泛翠媚蘭蕙, 潢潦揚淸薦饎饋. 時止時行吾有受, 男兒須是讀邱墳.

잠야도蠶野圖에 제하다

題蠶野圖

서교(西郊) 10리의 울창한 나라의 뽕밭, 비와 안개에 싸여 한 빛으로 푸르네. 세찬 바람에도 누에 먹여 옹기 같은 고치 만들어내, 온 성이 모두 비단옷 향기 풍기네.

西郊十里菀公桑, 和雨籠煙一色蒼. 風戾飼蠶繭似甕, 滿城都是綺羅香.

궂은 비
苦雨

빗발이 삼대처럼 쏟아져 집안 줄줄 새니, 30일 동안 내려 거의 1년 동안 쏟아붓는 것 같네. 온 산의 짙은 안개에 백성들 해를 당할까 근심되는데, 골짜기 타고 가는 큰 파도 아득하게 연이어 흘러가네. 석양 언뜻 비쳐 촉나라 개 놀래키는데[68], 훈훈한 여름 바람 바로 불어 상양(商羊)[69]을 춤추게 하네. 아득히 펼쳐진 논에 벼 이삭 패는데, 홀로 향 사르고 앉아 끊임없이 생각하네.

雨脚如麻屋漏牀, 三旬遲似一年強. 漫山積霧愁昏墊, 駕壑洪濤接淼茫. 殘照乍騰驚蜀犬, 薰風旋作舞商羊. 稻畦漠漠禾生耳, 獨坐燒香意未央.

비가 그치지 않아, 또 붓을 휘둘러 장편을 짓다
雨不止又走筆爲長篇

구름이 비가 되고 비가 구름이 되니, 누가 일없이 편안히 즐기겠는가. 한 달에 29일 동안 비 내리니, 구멍 뚫린 하늘 새는 것은 어느 때나 그치려나. 하늘 끝과 땅끝 다시 구분이 안 되고, 삼강(三江) 오호(五湖)는 가없이 아득하네. 바위 밀어 벼랑까지 띄웠다 빠르게 굴리니, 뚝섬의 10리 갯마을 무너졌네. 양이 어그러지고 음이 울결된 것은 예로부터 탄식하던 바

68 촉나라 개 놀래키는데 : 촉나라 지방은 항상 비가 오고 해 뜨는 때가 적어 해가 뜨면 개가 짖는다는 촉견폐일(蜀犬吠日)을 가리키는 말로, 유종원(柳宗元)의 〈답위중립서(答韋中立書)〉에 나온다.

69 상양(商羊) : 비가 올 무렵이면 한 쪽 다리를 구부리고 춤을 춘다는 전설의 새 이름으로, 왕충(王充)의 《논형(論衡)》 〈변동(變動)〉에 나온다.

로, 늙은이의 관심은 오로지 농사일이라네. 다만 물에 잠겨 곡식 상할까 두렵지, 향기로운 아름다운 난초 꺾이는 것은 걱정되지도 않네. 초여름 해와 비 자못 고르게 적당하여, 풍년이 드리라 점쳤었지. 어찌 긴 장마가 30일 동안 내리나, 이무기가 마귀 장난치는 것 어찌할 수 없네. 바라건대 하느님께서는 이무기에게 벌을 내리시어, 뇌신(雷神)에게 왼쪽 귀를 베라 분부하소서. 천지간에 쌓인 음기 점차 흩어지고 온화한 바람 불어, 가을에 익은 볏단 산더미 같이 쌓이기를.

雲者爲雨雨爲雲, 孰居無事淫樂是. 一月二十九日雨, 漏天長漏何時已. 乾端坤倪不復辨, 三江五湖無涯涘. 拏石漂崖勢轉駛, 纛島十里浦村圮. 懲陽伏陰古所歎, 野老關心惟穡事. 秖怕浸淫嘉穀損, 未愁褭爛崇蘭委. 首夏晹雨頗均適, 庶幾豐年占上瑞. 云胡長霖浹三旬, 無乃乖龍作魔戲. 我願天公罰乖龍, 分付雷神割左耳. 積陰迸散和風扇, 秋熟穰穰積京坻.

겸재화첩가謙齋畫帖歌 【서문을 아울러 쓰다】

謙齋畫帖歌【幷序】

내가 어떤 사람에게 겸재(謙齋)의 화첩을 얻어서 열람했는데, 강호의 명승을 두루 그리고 한성조하(漢城朝霞)·서교전별(西郊餞別)로 끝맺어 모두 12첩이었다. 화첩은 크기가 한 척이 되지 않았으나 원근의 형세를 각각 매우 오묘하고 세밀하게 묘사하고 먹물이 풍성히 흐르듯 하며 맑게 퍼지고, 신운(神韻)이 넘쳐 피어나는 것이 참으로 뛰어난 작품이었다. 작품마다 표암(豹庵)의 소평(小評)이 적혀있고, 권미(卷尾)에는 직접 적기를, '파릉(巴陵) 태수 70세 늙은이가 횃불 잡고 휘갈겨 썼네.' 라고 하였다. 그 일이 더욱 기이하여 장가(長歌)를 지어 돌려보낸다.

파릉태수(巴陵太守) 나이 70에, 밤에 낙엽 쓸 듯 담채화 그려내네. 오호(五湖)의 풍경을 축소시켜 종이에 그리니, 한 척되는 화폭에 풍성히 넘쳐나 원기(元氣) 촉촉하게 담겨있네. 붓을 대어 먼저 상류부터 일으키고, 압구정은 날 듯이 강기슭에 임해있네. 깎아지른 산의 먼 나무와 아득히 긴 모래톱, 숲 끝의 터럭 하나는 살다리로구나. 푸른 물결 넘실거려 사람을 시름케하는데, 눈을 부릅떠도 황화사(皇華使)는 보이지 않네. 서강(西江) 가에 있는 제주(濟川) 관정(官亭), 용마루 날 듯이 아스라하게 허공에서 춤추네. 나무 헤치고 솟아 나온 추녀는 모두 이름난 정자이고, 강가의 띠집들은 반이 어부의 집이네. 용산은 산 멀찍이 밤섬의 모래톱에 읍하여, 굽이치는 흰 물과 감도는 푸른 산이 손가락 끝에 떠 있는 듯 하네. 강물 거슬러 나는 돛은 누구인가, 석양에 어부들의 노랫소리 절로 유유하구나. 마포의 돛대들은 빽빽하기가 터럭 같고, 행호(杏湖)의 구름 낀 나무는 푸르고 광활하게 있네. 잠실 10리는 비와 안개에 젖어있고, 만 그루 되는 나라의 뽕나무들은 푸르게 한줄기로 펼쳐졌네. 선유봉(仙遊峯) 꼭대기는 오직 나무만이 감싸있고, 총석대(叢石臺)는 옛날 솜씨 좋은 장인이 깎아놓았네. 장사꾼들의 돌아오는 노래 부드러운 노질에 일렁거리고, 투금도(投金渡) 가에는 맑은 바람 불어오네. 배같이 생긴 고을 관아는 종해헌(宗海軒)이요, 하늘 같은 관도(官渡)는 동작 나루라네. 산은 돌아 아득히 소악루(小岳樓) 있고, 만 이랑의 수정 같은 물결 푸르게 출렁이네. 한양성의 나는 놀은 봄날 새벽 따뜻이 비추니, 자색 구름이 경도(瓊島)[70]에 떠 있는 게 아닌가 하네. 비늘같이 많은 집들 침침하여 보이지 않고, 소동문루(小東門樓)는 가을 터럭처럼 작구나. 우뚝 솟은 모화관(慕華館) 관도(官途)를 굽어보고, 전별하는 어떤 사람들 네거리에 임해있네. 평원의 엷은 안개 교외에 펼쳐졌는데, 오고 가는 소와 말들 띄엄띄엄 있네. 뛰어난 화공은 뜻을 그리지,

70 경도(瓊島) : 연경(燕京)의 경화도(瓊華島)를 가리킨다. 현재 북경의 북해공원(北海公園) 안에 있는 섬으로, 연경팔경(燕京八景) 중의 하나로 경도춘운(瓊島春雲)이 꼽힌다.

사물을 그리지 않으니, 형태를 모사하고 색을 비슷하게 하는 것은 참으로 하찮다네. 먼 곳의 물은 파도 없고 나무는 가지 없어, 이 그림에 견주어 보면 오히려 엉성하지. 아마 두 다리 쭉 뻗고 앉아 구상한 뒤, 붓을 내려놓고 다시 술잔을 잡았으리. 표암(豹庵) 옹의 품평은 더욱 기이하게 빼어나니, 파리 머리 같은 잔글자들에 풍운(風韻)이 훅 일어나네. 바람 부는 처마 더디 가는 해에 이것으로 와유(卧遊)하는데, 이 그림이 내 마음과 정신 기쁘게 유쾌하게 하네. 혹 신령과 통하여 날아갈까 두려워 꼭꼭 싸매[71], 애완하며 어찌 한구(寒具)로 더럽힐까.[72] 그대는 듣지 못했나, 삼매(三昧)에 든 화가는 하늘의 조화를 빼앗아, 연운공양(煙雲供養)으로 장수를 누린다네. 대치(大癡)[73]는 90이 되어 그림이 더욱 공고해졌으니, 겸재(謙齋) 옹의 신필(神筆)은 여기에 버금가네. 내가 장가(長歌)를 지어 한 곡조 부르니, 귓가에 쏴아 하고 바람 시원하게 불어오네.

余從人得閱謙齋畫帖, 歷寫江湖名勝, 終之以漢城朝霞·西郊餞別凡十二帖, 帖大不盈尺, 而遠勢近形, 各極其妙, 淋漓淡蕩, 神韻溢發, 眞絶品也. 每圖有豹庵小評, 卷尾自題云巴陵守七十翁, 把火潦草, 其事尤奇, 爲作長歌以還之.

---

71 신령과……꼭꼭 싸매 : 진대(晉代)의 명화가(名畫家)인 고개지(顧愷之)가 일찍이 자기가 아껴 온 그림들을 한 상자에 가득 담고 전면(前面)에 봉제(封題)를 풀로 붙여서 환현(桓玄)에게 보냈는데, 환현이 몰래 그 상자의 후면(後面)만 열어서 그림을 다 꺼낸 다음, 처음과 똑같이 봉함하여 다시 고개지에게 돌려보내면서 상자를 열지 않았다고 거짓말을 하였다. 고개지가 상자를 열어 보니 봉제는 처음과 똑같은데 그림들만 모두 없어졌으므로, "신묘한 그림이 신령과 통하여 변화해서 날아간 것이니, 이 또한 사람이 신선 되어 올라가는 것과 같은 것이다.(妙畫通靈 變化而去, 亦猶人之登仙.)"라고 한 일이 《진서(晉書)》 고개지열전(顧愷之列傳)에 나온다.

72 한구(寒具)로 더럽힐까 : 진대(晉代)의 환현(桓玄)이 명화를 많이 소장하고 있어 객이 오면 항상 꺼내어 보게 하였는데, 객이 한구(寒具, 기름에 튀긴 빵 같은 음식)을 먹다가 기름 묻은 손으로 그림을 만져 그림을 더럽혔다. 이후 객이 오면 한구(寒具)를 두지 않았다는 이야기가 《속진양추(續晉陽秋)》에 나온다.

73 대치(大癡) : 원나라 화가 황공망(黃公望, 1269-1354)으로, 자(字)가 자구(子久), 호가 일봉(一峯), 대치도인(大癡道人)이다. 부춘산(富春山)에 은거하며 산수를 그렸으며, 오진(吳鎭)·예찬(倪瓚)·왕몽(王蒙)과 함께 원사가(元四家)로 불린다. 또한 명나라 진계유(陳繼儒)의 《니고록(妮古錄)》에는, "황대치(黃大癡)는 90이 되어도 모습이 아이 같고, 미우인(米友仁)은 80여 세가 되어도 정신이 쇠하지 않아 질병 없이 서거했으니, 아마도 그림 속의 연운(煙雲)으로 공양(供養)해서이다."라고 한 말이 있다.

巴陵太守年七十, 夜草淡畫如掃葉. 五湖風景縮紙墓, 尺幅淋漓元氣濕. 落筆先從上流起, 鷗亭翼然臨江涘. 剡山遠樹渺長洲, 林端一髮箭橋是. 滄波淼淼愁殺人, 極目不見皇華使. 濟川官亭西江滸, 飛甍縹緲凌空舞. 拂樹軒櫺摠名亭, 倚岸茅茨半漁戶. 龍山山迴挹鷺洲, 繚白縈青指端浮. 溯流飛帆者誰子, 夕陽漁唱自悠悠. 麻浦風檣森如髮, 杏湖雲樹蒼而潤. 蠶郊十里雨和煙, 萬株公桑青一抹. 仙遊峯頂獨樹籠, 叢石臺古鐫鑱工. 估客歸歌漾柔櫓, 投金渡頭來清風. 縣齋似舫宗海軒, 官渡如天銅雀津. 山廻岸迴小岳樓, 萬頃玻瓈碧粼粼. 漢城飛霞烘春曉, 疑是彤雲泛瓊島. 萬屋魚鱗沈不見, 小東門樓秋毫小. 岧嶤華館俯官途, 飲餞何人臨交衢. 淡靄平蕪莽蒼際, 去馬來牛有也無. 良工畫意不畫物, 形摸色肖誠區區. 遠水無波樹無枝, 較看此圖猶麤疎. 想當盤礴運意匠, 應須閣筆還操觚. 豹翁題評更絶奇, 風韻颯動蠅頭書. 風簷遲日供卧遊, 寓矚令我心神愉. 緘封或恐通靈去, 愛翫寧將寒具洿. 君不聞畫家三昧奪造化, 煙雲供養壽齊華. 大癡九十工細畫, 謙翁神筆此其亞. 我作長歌歌一闋, 耳邊淅瀝風濤瀉.

연행 가는 강이대姜彜大[74]를 송별하며

送別姜生【彜大】燕行

갈대 취해오며 꼬리 망가지도록[75] 고생스럽게 일한 게 몇 년이던가, 문호 기우는 것을 부지함은 이 한 몸에 달려있네. 글솜씨만 조상을 이어받

---

74 강이대(姜彜大) : 자(字)는 성칙(聖則)이고, 표암(豹菴) 강세황(姜世晃, 1713~1791)의 손자다.

75 갈대……망가지도록 : 《시경(詩經)》 〈빈풍(豳風)·치효(鴟鴞)〉의 "내 손을 부지런히 움직여 갈대를 취해오며 내 물건을 쌓느라(予手拮据, 予所捋荼, 予所蓄租)", "내 깃이 모지라지며 내 꼬리가 망가졌는데도 내 둥지가 위태롭거늘(予羽譙譙, 予尾翛翛, 予室翹翹)"에서 따온 말로 매우 고생스럽게 일하는 모습을 표현한 말이다.

았으리오, 풍도와 의리로 인륜을 독실히 함 무척이나 사랑스럽네. 명산을 두루 돌아다니며 청평검(青萍劍)[76] 늙어, 요동 벌 다시 오니 백발이 새로 돋아났네. 천리마가 어찌 멍에 아래에서 생을 마감하리오, 먼 유람은 참으로 뽕나무 활[77]의 기대 져버리지 않으리라.

기이其二

자리 벌인 천수연(千叟宴)에 백수준(白獸樽)의 술 맑은데, 필마로 일찍이 만 리 떠나는 행차 모셨네. 풍운은 길이 나라를 빛내는 문채 남겼고, 예악과 법도는 여전히 대가의 명성 띠고 있네. 관산(關山) 어느 곳에서 가시나무 깔고 앉아 이야기할까[78], 축(筑)을 연주하는 깊은 가을에 옛정을 위로하네. 언제 중원에 천운이 회복되어, 오성(五星)과 동쪽의 벽수(壁宿) 상서로운 빛이 밝게 빛날까.

捋茶譙尾幾秋春, 門戶楮傾賴一身. 可但詞華承祖武, 劇憐風義篤人倫. 名山遍歷青萍老, 遼野重來白髮新. 良驥豈終轅下局, 遠遊眞不負弧辰.

其二

筵排千叟獸樽淸, 匹馬曾陪萬里旌. 風韻長留華國藻, 典刑尙帶大家聲. 關山幾處班荊話, 歌筑深秋吊古情. 何日中州天運復, 五星東璧瑞輝明.

---

76 청평검(青萍劍) : 전국 시대 월(越王) 구천(句踐)의 명검(名劍)으로, 설촉(薛燭)의 감정을 받고서야 그것이 명검임을 알게 되었다 한다. 뛰어난 재능을 가졌으나 세상에서 뜻을 펴지 못한 것을 가리킨다.

77 뽕나무 활 : 호신(弧辰)은 남자의 생일을 가리킨다. 《예기(禮記)》 〈내칙(內則)〉에 아들이 태어나면 세상에 큰 뜻을 펴도록 뽕나무로 활을 만들고 쑥으로 화살을 만들어 천지 사방에 쏘았다는 말이 나온다.

78 가시나무……이야기할까 : 반형(班荊)은 가시나무를 깔고 앉는다는 말로, 옛친구를 만나 반갑게 이야기하는 것을 가리킨다. 초(楚)나라의 오거(伍擧)가 정(鄭)나라로 도망쳤다가 진(晉)나라로 들어가려고 하는데, 성자(聲子) 역시 진나라로 가다가 정나라 교외에서 둘이 만나 가시나무를 깔고 길가에 앉아서 함께 초나라로 돌아가는 것을 의논한 일에서 유래하였다.

참동계參同契를 읽으며
讀參同契

주렴 내리고 입 다물고 문 닫아[79] 정신을 밝게 깨우고는, 연단(煉丹)하는 불기운 고르게 하니 약물이 이루어지네. 산속의 늙은이 가난한 생활 비웃지 마시오, 한 치 밭과 한 자 집으로도 살아갈 수 있다오.

垂簾塞兌喚惺惺, 火候初勻藥物成. 莫笑山翁貧契活, 寸田尺宅可治生.

윤사응尹士應[80] 만사 14운韻
尹士應輓十四韻

명문의 대대로 이어진 덕 오래도록 빛을 감추다, 공이 이어받아 다시 펼쳐졌네. 맹씨(孟氏)의 풍류와 쌍벽(雙璧)으로 비추었고[81], 마씨(馬氏) 집안 형제 중 백미(白眉)의 마량(馬良) 같았지. 통재(通才)와 박식(博識)은 고금을 아울렀고, 패사(稗史)와 유승(遺乘)도 두루두루 찾아서 드러냈지. 북치고 책 상자 열며 몇 번이나 주(周)의 벽소(璧沼, 태학)에 올랐나, 백성 다스리며 세 번 동장(銅章, 지방 수령 관인) 매었네. 수레에서 내린 후 처음 한 정사가

---

79 입 다물고 문 닫아 : '색태(塞兌)'는 《도덕경(道德經)》 〈제51장〉에 "그 입을 막고 그 문을 닫으면 종신토록 수고롭지 않게 된다.(塞其兌, 閉其門, 終身不勤.)"에서 온 말로 욕심을 막는다는 뜻이다.

80 윤사응(尹士應) : 윤종렬(尹鍾烈, 1757~1821)은 본관은 해평(海平), 자(字)가 사응(士應)이고 영의정을 지낸 윤두수(尹斗壽, 1533~1601) 후손이다. 1783년(정조 7)에 진사시에 합격했고, 세자익위사(世子翊衛司) 사어(司禦)와 군수 등을 지냈다. 서유본의 딸이 윤종렬의 아들 윤치대(尹致大, 1793~1815)와 결혼하여 서유본과 사돈지간이다.

81 맹씨(孟氏)의……비추었고 : 이백(李白)의 〈증맹호연(贈孟浩然)〉 시에, "나는 맹호연 선생 사랑하니, 풍류가 천하에 알려졌다네.(吾愛孟夫子, 風流天下聞.)"라는 구절이 있다.

학교를 수리한 것이요, 재산 덜어낸 인자한 바람으로 예상(翳桑)[82] 살렸네. 염교와 맑은 물 같은 법도 더더욱 순백하여[83], 고을의 백성들은 칭송하며 공황(龔黃)[84]에 비겼네. 벼슬은 뇌사(雷肆)[85]에 올라 형제가 호응했고, 그 영광 관가를 진동시켜 칼과 패옥을 차고 달려갔네. 인척간으로 정이 깊어 괴로움과 즐거움 나누었고, 지란(芝蘭) 같이 교분 친밀해 향기로움 풍겼네. 편지로 소식전함 아침저녁으로 이어졌고, 참새 그물 칠 정도로 사람 적은 집안에서 긴 밤 마주 앉아 이야기했지. 하루를 못 보아도 3개월을 못 본 듯하여, 마음을 서로 보존함이 백 년으로 길게 이어졌지. 칠순에 돌아가셨으니 공 무슨 서운함 있으리오, 삼익(三益)을 잃어 나 홀로 슬퍼하네. 자그마한 외로운 손자 집안 이어, 안쓰럽게 빈소에서 상복 입고 있구나.[86] 어느새 사람의 일 매우 슬프고 처량해져, 눈에 뜨이는 자취에 눈물 줄줄 흘리네. 한 곡의 만가에 상엿줄 멀어지며, 어룡포(魚龍浦)[87]로 돌아가는 배 멀리 배웅하네.

名門世德久潛光, 承藉如公合再昌. 孟氏風流雙璧照, 馬家昆季白眉良. 通才博識綜今古, 稗史遺乘遍扢揚. 鼓篋幾登周璧沼, 蒞民三綰漢銅章. 下車初政修黌舍, 捐稟仁風活翳桑. 薤水淸規彌粹白, 井閭輿誦比龔黃. 班聯雷

82 예상(翳桑) : : 굶주림을 뜻한다. 춘추시대 조선자(趙宣子)가 수산(首山)에 사냥을 나갔다가 예상(翳桑) 지역에 머물렀는데, 사흘 동안 굶은 영첩(靈輒)을 발견하고 먹을 것을 주었다. 후에 영첩은 진(晉) 나라 영공(靈公)의 갑사(甲士)가 되어 조선자를 구해주었다. 《춘추좌씨전(春秋左氏傳)》 선공(宣公) 2년 기사에 나온다.

83 염교와……순백하여 : 염교와 물은 지방관리가 청렴하게 지내는 것을 뜻한다. 후한(後漢) 방삼(龐參)이 한양태수(漢陽太守)로 부임하여 임당(任棠)의 집을 방문했을 때, 그가 아무 말 없이 염교 뿌리와 물 한 사발을 놓았다. 방삼이 '물처럼 청렴하고, 염교 뿌리를 뽑아 버리듯 힘 있는 자를 억누르라'는 뜻임을 깨닫고 실천했다는 이야기가 《후한서(後漢書)》 〈방삼전(龐參傳)〉에 나온다.

84 공황(龔黃) : 한(漢) 나라 때 지방 장관으로 선정을 베풀어 백성을 다스리는 으뜸으로 일컬어졌던 발해태수(渤海太守) 공수(龔遂)와 영천태수(潁川太守) 황패(黃霸)를 가리킨다.

85 뇌사(雷肆) : 세자시강원(世子侍講院)을 가리키는 말로, 윤종렬이 세자익위사(世子翊衛司) 사어(司禦)를 지낸 것을 가리킨다.

86 자그마한……상복 입고 있구나 : 아들 윤치대(尹致大)가 윤종렬보다 먼저 사망하여 1813년생인 손자 윤영선(尹永善)이 빈소를 지키고 있는 것을 가리킨다.

87 어룡포(魚龍浦) : 윤종렬은 어룡포(魚龍浦) 선영에 묻혔다.

肆塤箎唱, 榮動周行劍佩蹌. 姻婭情深分苦樂, 芝蘭契密挹芬芳. 赫䖜音墨朝兼夕, 羅雀門庭夜對床. 一日不詹三月久, 寸心相保百秊長. 七旬乘化公何憾, 三益云亡我獨傷. 藐爾孤孫承統緖, 纍然當室服衰裳. 轉頭人事悲凉甚, 觸目塵踪涕淚滂. 一曲薤歌遙相紼, 魚龍浦逈送歸檣.

함관노인가咸關老人歌【서문을 아울러 쓰다】

咸關老人歌【幷序】

지난 무인년(戊寅年, 1818년)에 족형(族兄) 유응(有膺) 씨가 함흥(咸興)의 통판(通判)이 되었는데 경내에 330세의 노인이 있다는 말을 들었다. 족형이 즉시 관아로 그를 불러 세세히 조사해보니, 성은 김(金)이요 이름은 아무개인데 본래 제주(濟州) 사람으로 중년에 장삿배를 따라 함흥으로 이주하였다고 한다. 처음에는 아무개 진(鎭)의 군대에 속해있다가 진이 폐지된 후 이 지방 어느 집의 머슴이 되어 지금 이미 5세대가 지났으나 조부 이래로 품삯을 받지 못해 받아야 할 누적된 품삯이 지금 3백여 민(緡)이나 된다고 하였다. 족형이 즉시 그 아무개 백성을 불러 따져 물으니 과연 그 말과 같았다. 이에 노인을 학대한 죄를 엄히 다스리고, 품삯의 10분의 1인 30금(金)을 즉시 비납(備納)하도록 하고 노인이 사는 인근의 부로들에게 나누어 주며, "8백 년을 산 팽조(彭祖)에게도 생을 다하는 날이 있으니, 저 노인이 어찌 장생할 수 있겠는가? 이 돈은 바로 노인 스스로 자생(資生)하는 것이니, 너희들에게 보증하여 맡겨두어 노인이 사망한 후 장례 비용으로 쓰도록 하는 것이 옳겠다."라 하니, 노인이 거듭 절하며 감사를 표했다. 아무개 진(鎭)은 국초에 창설된 진으로 혁파된 지 이미 근 100년 되었으나 군안(軍案)이 아직 영문(營門)에 있어 이를 가져다 살펴보니, 진졸(鎭卒) 이름 아래에 모두 고(故) 자가 쓰여있으나 유독 노인의 이름에만 고(故) 자가 없었다. 군졸이 되고 머슴이 된 기간을 통산해보니 거의 300여 년이 지나 이른바 330세라 한 것은 실로 속인 것이 아니었다. 처음 관정(官庭)에 들어올 때 보는 사람들이 담장처럼 둘러서서 노인이 두려워하며 어린아이처럼 울어, 족형이 위로하며 공당(公堂)에 오르게 하여 술과 음식을 대접하니, 스스로 말하길 평생토록 여색(女色)을 가까지 하지 않았고 본인의 근력은 하루에 50리를 갈 수 있다고 말했다 한다. 다음 해인 기묘년(己卯年, 1819년)에 족형이 임기를 마치게 되자 노인이 와서 매우 슬피 엎드려 울었는데, 족질(族侄)인 형보(炯輔)가 관아에서 이를 목도하고 나에게 이와 같이 전해주었다. 또한 근래 북쪽 지방 사람들에게 물어보니 노인은 아직도 탈 없이 있다고 하였다. 기이하다! 세상에서 제주(濟州)가 본래 장수 마을로 칭해지는데, 노인성(老人星)이 한라산을 환히 내리비추기 때문에 100세를 넘기는 사람들이 매우 많다고 한다. 동계(東溪) 조귀명(趙龜命)의 《탐라이문(耽羅異聞)》에는, 목사(牧使) 아무개가 양로연(養老宴)을 베푸니 상좌(上座)에 700여 세의 노인이 앉아 큰 술잔으로 여러 잔을 마신 뒤 일어나 너울너울 춤을 춘 일을 당시 목사에게 직접 들었다는 이야기가 있다. 이 지역은 풍토가 심후(深厚)하여 사람의 수명을 잘 보양할 수 있을 뿐 아니라, 바다 밖의 궁벽진 곳에 처하여 일이 간소하고 백성들이 순박하여 칠정(七情)이 해치지 않아 자연스럽게 수명이 길어져, 마치 중국의 국담(菊潭)[88] 백성들이 대대로 장수를 누린 것과 같으니 아마도 이러한 이치가 있는 것 같다. 지금 이 함관(咸關) 노인도 탐라 출생이기 때문에 길게 살고 오래 볼 수 있어, 거의 진위(眞位)에 올라 속세를 떠난 신선이

88 국담(菊潭) : 하남성(河南省) 내향현(內鄕縣) 서북쪽을 흐르는 물줄기로, 이 물가에 국화가 많이 자라며 물맛이 향기로운데다 이 물을 마시면 장수(長壽)한다는 말이 《수경주(水經注)》에 나온다.

된 자나 다름없으리라. 이에 장가(長歌)를 지어 기록한다.

노인 올해 나이가 몇인가, 330여 세라네. 스스로 말하길 한라산의 고장에서 나서 자라다, 우연히 장삿배를 타고 함주(咸州)로 왔다고 하네. 옮겨다니고 떠돌아다니며 항상된 일이 없어, 천지에 몸을 맡기고 물 위의 거품같이 지냈네. 처음에는 장사꾼을 따라 흥정하고 판매하다가, 바로 군대에 예속되어 창을 짊어졌지. 만년에 토호를 따라 머슴살이를 했는데, 5대를 지나도록 하루살이 같았다네. 백발이 도리어 검어지고 이를 세 번 갈아, 6척의 헌걸찬 모습에 어깨도 우뚝하네. 여색을 원수같이 여겨 피하며 항상 홀로 자, 진양(眞陽)의 맥에 정수를 단련했지. 적서(赤鼠, 병자년의 호란)의 오랑캐 요기와 용사(龍蛇, 임진년과 계사년의 왜란)의 겁박, 두루두루 병란 피한 일 진술했네. 무리 중 짐짓 아이처럼 우니, 그 소리 짧고 거칠어 젖먹이 아이 같았네. 공당(公堂)으로 이끌어 술과 음식 대접하며, 그대는 무슨 방법으로 이렇게 되었나 물으니, 야인(野人)이 어찌 수련하는 방법을 알리오, 분수 넘치는 장수는 하늘이 내려주시는 것이라오. 내 듣기에 왕정(王政)은 우선 나이를 중시하여, 인생 백년을 채우면 인서(人瑞)라 칭하지. 만승(萬乘)의 천자는 순수하다가 반드시 나아가 뵙고, 언제나 진미로 대접 하고 자식들에게도 반복해준다네. 하물며 나이가 천 년의 반에 가까우니, 이처럼 드문 상서로움은 전에 없는 보배라네. 쯧쯧, 방백이 등한시했으니, 어찌 역말을 달려 조정에 보고하지 않으리. 위로는 임금님을 향해 만년의 봄을 축수하고, 아래로는 백성들이 백 년의 수명을 누리도록 돕는다네. 사람이 내린 벼슬은 하늘이 내린 작위에 미치지 못해, 궁벽한 곳에 있어 북쪽 변방에서 묻혀왔네. 그대는 듣지 못했나, 청도(淸都)의 진인(眞人)은, 하계(下界)로 놀러 와 어부와 나무꾼 사이에 있다는 것을. 어찌 알리오, 이 노인이 바로 천상에서 귀양 당한 신선일지. 아아 어찌 알리오, 이 노인이 바로 천상에서 귀양당한 신선일지.

往歲戊寅, 族兄有膺氏通判咸興, 有言境內有三百三十歲老人, 族兄卽招致于衙中, 而詳叩其跟脚, 則姓金名某, 本是濟州村氓, 而中年隨商舶, 轉徙於本州, 初隷某鎭軍伍, 鎭罷後爲土民某家傭, 今已閱其五世, 而自其祖父以來, 不給傭雇, 積逋當索者, 今爲三百餘緡云云, 族兄卽推某民詰之, 則果如其言, 仍嚴治其虐使老人之罪, 雇錢十分之一三十金, 使之當刻備納, 分俵於老人所在隣近父老, 曰彭祖八百年, 亦有歸盡之日, 彼老人豈能長生乎, 此金卽老人身自資生之物, 保授於汝等, 留作老人身後葬埋之費可也, 老人僕僕稱謝, 某鎭卽國初刱設之鎭, 而革罷已近百年, 軍案尙在於營門, 取考之則鎭卒名下, 盡書故字, 獨老人名下無故字, 通計爲軍爲傭之年條, 恰過三百餘歲, 而所謂三百三十云者, 實非冒占也, 初入官庭, 觀者如堵, 老人恐怖作嬰兒啼, 族兄慰諭而延升於公堂, 饋之酒食, 自言平生不近女色, 自量筋力, 可日行五十里, 翌年己卯, 族兄卒於官, 老人來伏哭甚哀, 族侄炯輔在衙中目睹, 而爲余傳之如此, 且云近詢諸北人, 則老人尙今無恙云, 異哉, 世傳濟州素稱壽鄕, 老人星照臨於漢拏山, 故年過百歲者甚多, 趙東溪龜命紀耽羅異聞, 有曰牧使某行養老宴, 上座者七百餘歲, 引飮數大觥, 翩然起舞, 親聽於其時州牧云, 是域不惟風土深厚, 足以養人之壽命, 僻處海外, 事簡民淳, 七情不鑿, 自然壽考悠久, 如中國菊潭之民, 世享遐齡, 容或有此理也, 今玆咸關老人, 亦是耽羅之產, 故能延年久視, 幾幾乎登眞度世者歟, 爲作長歌以識之.

老人今年幾春秋, 三百三十有餘籌. 自言生長漢拏鄕, 偶登商舶來咸州. 轉徙飄泊無常業, 寄寓天地同浮漚. 初隨估客資興販, 旋隷軍伍荷殳矛. 晩從土豪作雇傭, 閱人五世如蜉蝣. 白髮還黑齒三毁, 六尺昂藏肩高耳. 避色如仇恒獨宿, 一脉眞陽煉精髓. 赤鼠虜氛龍蛇劫, 歷歷指陳避兵地. 衆中故作嬰兒啼, 聲音短澁乳鷇似. 延升公堂饋酒饌, 問君何術能致此. 野人安知修煉方,分外遐籌天所賜. 吾聞王政先尙年, 人生滿百稱人瑞. 萬乘巡狩必就見, 從以常珍復諸子. 矧伊年齡近半千, 如此稀瑞實曠前. 咄哉方伯等閒看, 胡不馳驛令朝天. 上祝楓宸於萬春, 下翼兆民頤期年. 半貲不及天爵身, 坐令竆枯埋北邊. 君不聞淸都眞人, 游戲下界漁樵中. 安知此老定非天上謫降仙, 嗚呼安知此老定非天上謫降仙.

서재에서 지낼 때의 감흥【42수】

齋居感興【四十二首】

강성(康成, 정현(鄭玄))이 끊어진 학문을 이어서, 삼례(三禮)에서 은미한 말 찬연히 빛나게 되었네. 전주(箋註)가 번갈아 서술하여, 의심나는 부분 세밀히 분석했지. 창을 잡거나 혹은 방에 들어와[89], 깃발 휘두르며 각각 문호를 세웠네. 비유하자면 무너져가는 물결을 다시 일으켜 세워, 넘실대는 큰 물결로 본원에서 멀어졌네. 사전(祀典)에서는 교구(郊丘)의 예를 나누었고, 명물(名物)에서는 뇌준(罍樽)을 착각했지. 지난 왕씨(王氏)의 무리가 아니었다면, 고의(古義)는 끝내 듣지 못했으리. 위대하다, 상복경(喪服經)이여, 만고에 인문(人文)을 세웠네. 대덕(戴德)·대성(戴聖)은 각각 소기(疏記)를 남겨, 때로 혹 이론(異論)을 내세웠네. 가공언(賈公彦)·공영달(孔穎達)은 겨우 미봉하여, 논설은 실이 뒤엉킨듯 하였네. 나는 십 년 동안, 마음을 가라앉히고 울타리를 엿보았지. 힘이 다하여 길은 더욱 멀어졌으니, 산을 짊어진

89 창을……들어와 : 후한(後漢)의 하휴(何休)가 공양학(公羊學)을 좋아하여 《공양묵수(公羊墨守)》, 《좌씨고황(左氏膏肓)》, 《곡량폐질(穀梁廢疾)》을 저술하였는데, 정현(鄭玄)이 《발묵수(發墨守)》, 《침고황(鍼膏肓)》, 《기폐질(起廢疾)》을 저술하여 하휴의 저술에 대해 주석을 달고 잘못된 점을 지적하였다. 이에 하휴가 "강성(康成)이 내 방에 들어와 나의 창을 잡고 나를 친단 말인가."라고 한 일이 《후한서(後漢書)》 〈정현전(鄭玄傳)〉에 나온다. 상대방의 깊이 이해하여 반박하고, 상대방의 논점을 가지고 그를 반박하는 것을 뜻한다.

모기[90]와 무엇이 다르랴. 구구하게 대롱으로 하늘 보고 조개껍데기로 바닷물을 측량하니[91], 남겨두어 후세의 자운(子雲)을 기다리노라.[92]

기이其二

충(忠)과 질(質)이 서로 갈마드는데, 주(周)나라 문(文)은 한결같이 어찌 그리 번성했나.[93] 성인(聖人)이 인륜 기강을 세워, 치교(治敎)의 근본이 돈독해졌지. 어찌하여 오복(五服)의 제도는, 존귀함으로 강복하여 의(義)가 은(恩)을 누르는가. 선성(宣聖, 공자(孔子))은 선진(先進)을 좇아, 은미한 뜻이 실로 여기에서 보존됐네. 그대도 알다시피 수사(洙泗)의 풍속은, 노(魯)나라가 쇠하며 이미 다투게 되었네.[94]

기삼其三

우임금께서 홍수를 다스리며, 구고(勾股)로 방원(方圓)을 계산했지. 주(周)나라가 쇠하여 주인(疇人)들이 흩어져, 끊어진 학문 누가 전하리. 관에서 잃어버린 것 오랑캐 지역에서 지켰으니, 서방의 선비만이 오묘함 연구했지. 팔선술(八線術)을 거듭 밝히고, 칠요전(七曜躔)을 헤아렸지. 정미함은 터럭

---

90 산을 짊어진 모기 : 힘이 약한 사람이 감당하기 어려운 중임을 맡은 것을 비유한 말이다. 《장자(莊子)》 〈응제왕(應帝王)〉에 "천하를 다스리는 것은 바다를 걸어서 건너고 강을 뚫으며 모기로 하여금 산을 짊어지게 하는 것과 같다.(其於治天下也, 猶涉海鑿河而使蚊負山也.)"에서 온 말이다.

91 대롱으로……측량하니 : 식견이 얕은 것을 비유한 말이다. 《한서(漢書)》 〈동방삭전(東方朔傳〉의 ""대롱으로 하늘을 엿보고, 조개껍데기로 바다를 측량하며, 마른 줄기로 종을 친다.(以管窺天, 以蠡測海, 以莛撞鍾.)"에서 온 말이다.

92 후세의……기다리노라 : 자운(子雲)은 전한(前漢)의 학자인 양웅(揚雄)의 자(字)이다. 양웅이 《태현경(太玄經)》을 짓자, 사람들이 너무 어려워 아무도 읽을 수 없다고 하자, 양웅이 "나는 후세의 자운을 기다린다."고 한 말이 《한서(漢書)》 〈양웅전(揚雄傳)〉에 나온다.

93 충(忠)과……번성했나 : 《논어(論語)》 〈위정(爲政)〉 23장 자장문십세가지(子張問十世可知) 부분의 주자(朱子)의 주(註)에 "하(夏)나라는 충(忠)을 숭상하고, 상(商)나라는 질(質)을 숭상하며, 주(周)나라는 문(文)을 숭상하였다.(夏尙忠, 商尙質, 周尙文.)"라는 말이 있다.

94 수사(洙泗)의……다투게 되었네 : 《사기(史記)》 〈노주공세가(魯周公世家〉의 태사공(太史公) 평에, "내가 듣기에, 공자가 심하구나 노나라 도가 쇠한 것이. 수사(洙泗) 사이에서 다툼이 있구나(余聞, 孔子稱曰, 甚矣, 魯道之衰也, 洙泗之間齗齗如也.)"라는 말이 있다. 수사(洙泗)는 수수(洙水)와 사수(泗水)로 이 두 강 사이에서 공자가 강학하였다.

끝까지 궁구했고, 광대함은 천연(天淵)까지 아울렀지. 아득한 천년 뒤에, 잃어버린 학문 다시 찬란히 빛났네. 드러남과 가림 각각 때가 있으니, 세 번 탄식하며 남은 책 어루만지네.

기사其四

대악(大樂) 어찌 그리 아름다운가, 사람 감화시켜 천하가 태평해지네. 주관(周官)의 두세 글, 만고에 해와 달처럼 전해지네. 도량(度量)은 전해짐이 없어, 그 뜻은 끝내 어두워졌네. 여러 선비들이 다투듯 더듬어 찾아, 꿈꾸는 듯 다시 깬 듯. 회남(淮南)과 반려(班呂), 점점 재능을 떨칠 수 있었네. 서산(西山)은 뛰어난 인재로, 신서(新書)로 집대성했지. 오히려 장단점이 섞여 있는 것을 안타까워했는데, 식자들은 혹 기롱했지. 주부(周鬴)의 셈법 어그러지고, 관현(管絃)의 율도(律度) 함께 있었지. 기(夔)와 사양(師襄) 떠난지 이미 오래라, 누가 이를 빌어 울 수 있으랴. 나는 참으로 늦게 태어났으니, 어떻게 정성(正聲)을 듣겠는가. 거문고 연주 차마 할 수 없어, 구슬프게 옛정을 생각하네.

기오其五

신라와 고려 전쟁을 숭상했으니, 오랑캐 풍속 얼마나 누추한가! 우리 조선은 황폐함 쓸어버려, 구름과 우레처럼 성하게 천하를 경륜했네. 영릉(英陵, 세종(世宗))은 실로 하늘이 내신 성인으로, 예악(禮樂)이 찬연하게 이어서 펼쳤네. 하늘이 검은 기장[95] 씨앗 내려줬고, 땅은 석경(石磬) 재료 내놓았네. 법악(法樂)은 아속(雅俗)을 구분하고, 방음(方音)은 음란한 소리 씻어냈지. 이루어진 악장 교묘(郊廟)에서 연주되니, 신인(神人)이 아름답게 뜻이 맞았네. 안타까운 것은 임금 뜻 받들어 보좌하는 신하가, 모두 기룡(夔

95 검은 기장 : 거서(秬黍)는 검은 기장으로 검은 기장 알 1천 2백 개가 1약(龠)인데, 이것이 양기(量器)의 기초가 되고, 고대에는 율려(律呂)의 시초가 되는 황종(黃鐘)으로 약(龠)을 대신하였으므로 율려의 시초가 되기도 한다. 《한서(漢書)》 〈율력지(律曆志)〉에 나온다.

龍)[96]의 재질이 아닌 것. 어찌 밀랍을 녹여 기장을 만들어[97], 율려를 연구하였는가. 순(舜)임금과 같은 덕으로 소(韶)와 같은 음악을 만들었지만, 춤추는 봉황은 끝내 오지 않았네. 나는 서방(西方)의 미인[98] 생각하며, 슬피 노래부르며 홀로 배회하네.

기육其六

태양(太陽)이 황도(黃道)를 따라가고, 금수(金水)가 보좌하며 운행하네. 떨어졌다 붙었다 하며 서로 충돌하지 않고, 동쪽에서 나왔다가 또 서쪽으로 기울지. 한(漢) 나라 원년(元年) 겨울에, 동정(東井)에 오성(五星)이 모였지.[99] 내가 하늘의 태양 운행을 살펴보니, 맹동(孟冬)에 석목(析木)[100] 자리라네. 동정(東井)이 석목(析木)과의 거리가, 아득히 월(越)과 촉(蜀)처럼 떨어져 있으니. 어찌 두 자리가, 해를 등지고 동정(東井)의 자리로 달려갔다고 하는가. 사마천(司馬遷)이 율력(律曆)을 지으며, 이 이치를 어찌 헤아리지 않았으리오. 특별히 왕이 일어난 상서를 추어올려, 그 화려함을 자랑하며 만국을 속인 것이지. 무성(武成)의 두 세 쪽은, 맹자(孟子)가 나보다 먼저 얻었지.[101] 옛일을 상고하는 사람들에게 이르노니, 삼가 전해 듣는 것을 다 믿

---

96 기룡(夔龍) : 순(舜) 임금의 악관(樂官)이었던 기(夔)와 간관(諫官)이었던 용(龍)을 가리킨다.

97 밀랍을……만들어 : 세종대왕이 박연(朴堧)에게 음악을 만들라고 하였는데, 박연은 해주에서 생산되는 검은 기장으로 황종관(黃鍾管)을 만들었다. 그런데 소리가 중국 율관에 비해 조금 높게 되자, 밀랍을 녹여서 해주의 검은 기장 모양으로 조금 크게 만들어서 황종관을 만들었다는 일이 《세종실록》 세종 15년 1월 1일 기사에 나온다.

98 서방(西方)의 미인 : 《시경(詩經)》 〈패풍(邶風)·간혜(簡兮)〉에 "누구를 그리워하는가, 서방의 미인이로다.(云誰之思, 西方美人)"라고 하였는데, 여기에서 서방의 미인은 서주(西周)의 훌륭한 왕을 뜻하는 것으로 태평성대의 훌륭한 임금을 가리킨다.

99 동정(東井)에……모였지 : 동정(東井)은 별자리 이름으로 28수(宿) 중 하나인 정수(井宿)이다. 《한서(漢書)》와 《사기(史記)》의 〈장이진여전(張耳陳餘傳)〉에, "한 고조(漢高祖) 유방(劉邦)이 진(秦)나라 함곡관(函谷關)으로 들어갔을 때 오성(五星)이 동정(東井)에 모였다.(漢王之入關, 五星聚東井.)"라는 기록이 있다.

100 석목(析木) : 별자리 이름으로 12성차(星次) 중 하나이다.

101 무성(武成)의……얻었지 : 《맹자(孟子)》 〈진심(盡心)·하(下)〉 3장에, "서경(書經)의 내용을 모두 믿는다면 《서경(書經)》이 없는 것만 못하다. 나는 〈무성(武成)〉편에서 두세 쪽만 취할 뿐이다.(盡信書, 則不如無書. 吾於武成, 取二三策而已矣.)"라는 말이 있다.

지는 말아야 하네.

기칠其七

구고(勾股)로 원주를 절단하여 재는데, 자주 구하나 끝내는 차이가 있지. 지극히 평평한 것은 물만 한 것이 없지만, 바람이 없어도 오히려 미세한 파동이 있네. 천리(天理)가 본래 이와 같으니, 옛 성인들이 이미 탄식을 했지. 비괘(否卦)와 태괘(泰卦)[102] 번갈아 서로 이어받고, 추위와 더위 번갈아 서로 지나가네. 만사에는 정해진 명이 있으니, 지력(智力) 허비하지 말지어다. 이 말을 믿지 못한다면, 안락와(安樂窩)[103]에게 물어보시길.

기팔其八

북극성 하늘 가운데 있고, 여러 별들이 맷돌처럼 돌아가네. 대지에서 바라보는 고도는, 남북으로 차이가 있다네. 절기는 여기에 따라 이르고 늦으며, 낮과 밤은 짧아지고 길어지지. 이에 북극 고도를 측량할 줄 안다면, 실로 역법을 제정하는 강령이 된다네. 우리나라는 비록 작지만, 땅은 또한 사방 삼천리인데. 어찌하여 옛날부터, 이 이치에 대해 모두 아득했는가.

기구其九

얼굴이 옥 같은 여인, 꽃다운 나이 열여섯이네. 천금의 규방에서 나고 자라, 걸음걸이에 형황(珩璜) 패옥소리 울리네. 군자의 바라봄 받들어, 밝게 빛나는 햇빛에 맹세했네. 비단옷 임금을 위해 마름질하고, 향기로운 난초 임금을 위해 향기를 풍기네. 머리 위에는 푸른 노을 장옷, 귀가에는 명월주 귀고리. 비단으로 만든 합환피(合歡被)에, 쌍쌍이 수놓은 원앙새.

---

102 비괘(否卦)와 태괘(泰卦) : 비괘(否卦, ䷋)는 하늘과 땅이 서로 교류하지 않고 만물이 막힌 모습의 괘이고, 태괘(泰卦, ䷊)는 하늘과 땅이 서로 교류하고 만물이 서로 통하는 모습의 괘이다.

103 안락와(安樂窩) : 송(宋)나라 학자 소옹(邵雍)의 독서재이자 호이다. 소옹은 자가 요부(堯夫), 호는 안락와(安樂窩), 시호는 강절(康節)이다. 《주역》 상수학(象數學)에 능통하였다.

내가 시집갈 나이가 되었는데, 임금이 전송하는 백 대의 수레 늦어지네. 시절은 홀연 기다려주지 않고, 두견새가 가을 서리에 우네. 흰 구름 중천에 있는데, 길은 막히고 멀구나. 은하수 띠처럼 막혀있는데, 건너고 싶어도 다리가 없구나. 바라건대 견우와 직녀가 되어, 밤마다 멀리 서로 바라보는구나. 바라건대 덩굴이 되어, 길이 큰 나무 곁에 의지하고 싶네. 푸른 바다 오히려 짐작할 수 있지만, 임금의 은혜 어찌 헤아릴까. 금석도 오히려 닳을 수 있지만, 임금의 은혜 어찌 잊을까. 임금의 은혜 감사하는 것 길이 노래 부르니, 천년이 지나도 그 슬픔 같구나.

기십其十

한 치의 싹이 장송 그늘 아래 있으니, 사는 곳의 형세가 그렇게 된 것이네. 크고 작은 것이 번갈아 서로 부리니, 어리석음과 현명함 누가 분별할 것인가. 아침에는 종묘의 희생이 되고, 저녁에는 밭도랑에서 일하네. 물화(物化)는 사람이 더욱 심하니, 저기에 감동한 옛 현인의 말이네. 버려두고 다시 말하지 않으리니, 가서 청우군(靑牛君)을 좇으리.

기십일其十一

초명(蟭螟)이 모기 눈썹에 모여, 떼로 날며 절로 한 무리 이루었네. 이적(李赤)은 측간에 들어가[104], 똥 속에서 죽는 것 달가워했네. 아아 이 미물들이, 어찌 천지가 크다는 것을 알리오. 재물과 여색은 사람의 성품 얽어, 영예와 명성 궁하게 무너뜨리네. 무리 지어 모여 사는 것들을 가만히 보면, 어찌 가련한 벌레에 그치랴.

104 이적(李赤)은……들어가 : 이적(李赤)은 당나라 오군(吳郡) 사람으로 시를 잘 지어 자신을 이백(李白)에게 견주며 스스로 이적이라 이름 지었는데, 뒤에 측간의 귀신에게 홀려 측간에 들어가는 것을 당에 오르는 것이라 여겨 측간에 빠져 죽었다고 한다. 유종원의 《유하동집(柳河東集)》에 〈이적전(李赤傳)〉이 전한다.

기십이其十二

장자방(張子房, 장량)이 동쪽에서 역사(力士)를 구하여, 철퇴를 던져 조룡(祖龍, 진시황)을 쳤지. 필부가 만승(萬乘)의 임금에게 멋대로 굴었는데, 형가(荊軻)·섭정(聶政)의 기풍 없겠나. 감격스러운 문벌과의 만남에, 자기 집안 무너져도 의심하지 않네. 뱀과 참새도 오히려 은혜 머금는데[105], 하물며 황제의 스승인 자에 있어서랴.

기십삼其十三

전국 칠웅(七雄)이 서로 다투는데, 영진(嬴秦)은 함곡관과 황하를 근거로 했네. 날마다 호시탐탐하며, 사람 죽이기를 삼 베듯 했네. 그렇지만 본업을 중시하여, 백성 이끌어 삼과 벼를 심도록 했네. 산동(山東) 여러 나라의 땅은, 어찌 10배를 더하는 데 그쳤으리오. 사호(四豪)의 3천 명의 객들이, 구슬 신발로 자랑했지.[106] 사치와 방탕이 이와 같았으니, 백성들은 장차 어찌하리오. 그래서 천하의 형세는, 서쪽으로 꺾인 것이 물 흐르듯 하였네. 지금 천년 뒤에, 공백(共栢)의 노래에 길이 슬퍼하노라.

기십사其十四

아방궁(阿房宮) 겨우 재가 되었는데, 미루(迷樓)[107]가 다시 하늘을 찌르네. 상홍양(桑弘羊)·곽우(霍禹)[108] 이미 엎어졌는데, 허사(許史)가 또 권세를 부르

---

105 뱀과……머금는데 : 수후(隋侯)가 큰 뱀이 중간이 끊어진 상처 입은 것을 보고 약으로 치료해줬더니, 뱀이 명월주(明月珠)를 가져다주었다는 이야기가 《수신기(搜神記)》에 나오고, 양보(楊寶)가 어렸을 때 참새가 올빼미에 잡혔다가 땅에 떨어진 것을 보고 치료해주자, 꿈에 누런 옷을 입은 동자가 나타나 옥환(玉環)을 주며 자손이 삼공(三公)에 오를 것이라 하였는데 후로 4세 동안 현달했다는 이야기가 《정토자량전집(淨土資糧全集)》에 나온다.

106 사호(四豪)의……자랑했지 : 사호(四豪)는 위(魏)나라 신릉군(信陵君), 제(齊)나라 맹상군(孟嘗君), 조(趙)나라 평원군(平原君), 초(楚)나라 춘신군(春申君)이다. 구슬 신발은 조(趙)나라 평원군(平原君)이 춘신군에게 보낸 사자가 초나라를 깔보려고 대모(瑇瑁)로 만든 잠(簪)을 꽂고 칼집을 주옥(珠玉)으로 꾸미고서 춘신군의 객을 만나기를 청하였는데, 춘신군의 상객(上客)들이 모두 주옥으로 꾸민 신을 신고서 조나라 사신을 만나자 조나라 사신이 부끄러워하였다는 이야기가 《사기(史記)》 〈춘신군열전(春申君列傳)〉에 나온다.

107 미루(迷樓) : 수(隋)나라 양제(煬帝)가 세운 화려한 궁전이다.

108 상홍양(桑弘羊)·곽우(霍禹) : 상홍양(桑弘羊)은 한(漢)나라 무제(武帝) 때 염철(鹽鐵)과 술의 전매

네.[109] 고금으로 똑같은 길 가니, 도도하게 동쪽으로 흐르는 물결이로구나. 바라건대 반짝이는 밝은 거울 빌려, 전대를 거울 삼아 후대를 비춰주고 싶네.

기십오其十五

삼공(三公)은 앉아 도를 논하고, 육전(六典)은 강유(綱維)를 잡고 있네. 위대하도다, 원성(元聖, 주공)이여, 만고에 큰 가르침 내려주셨네. 한두 번 시험으로 어찌하리, 치효(治效)는 아득히 도모하기 어려워라. 개보(介甫, 왕안석)은 참으로 곡학(曲學)했고, 손지(遜志)는 통유(通儒)가 아니지. 법(法) 만으로는 시행할 수 없으니, 옛 가르침이 어찌 나를 속이리. 대롱과 표주박 같은 협소한 의견으로, 망령되이 선성(先聖)의 책을 의심하지 말지어다. 구구한 제자(諸子)의 학문이, 어찌 큰 규모를 얻으리오.

기십육其十六

한(漢) 문제(文帝)는 몸소 조용히 침묵함을 닦고, 몸소 하상공(河上公)을 스승으로 모셨네. 옥좌에 단정히 앉아 화목하고 맑은 기상을 펼치니, 해내가 절로 바람 좇듯 향하였네. 편안하게 하고 따르게 하여 백월(百粵) 지방까지, 진대(振貸)는 네 곤궁한 사람들[110]을 우선하였지. 거듭 천하의 조세를 덜어내어, 부유함을 백성들과 함께하였네. 위대하도다, 문시무(文始舞)[111]여, 종덕(宗德)은 조공(祖功)에 짝하네. 예악(禮樂) 비록 흥기하지 않았지만, 삼대(三代)와 융성함 견줄 수 있네. 황금과 쇠가 섞였다고, 용천옹(龍川

(專賣)를 처음으로 시행하였는데, 후에 사치를 일삼아 화를 불러일으켰다. 곽우(霍禹)는 한(漢)나라 선제(宣帝) 때 우장군(右將軍), 대사마에 이르렀으나, 후에 모반을 꾀하다가 죽임을 당했다.

109 허사(許史)가……부르네 : 한(漢)나라 선제(宣帝)의 후비(后妃)인 허황후(許皇后) 집안과 조모(祖母)인 사양제(史良娣) 집안으로 모두 황실의 외척(外戚)으로 부귀를 극도로 누렸다.

110 네 곤궁한 사람들 : 사궁(四窮)은 천하의 네 가지 궁한 처지의 백성으로, 홀아비인 환(鰥), 늙은 과부인 과(寡), 부모 없는 아이인 고(孤), 늙어 자식이 없는 사람인 독(獨)을 말한다.

111 문시무(文始舞) : 한(漢)나라 고조 6년에 순(舜)임금의 소무(韶舞)를 고쳐 문시(文始)라 이름하였다고 한다.

翁)을 비웃지는 마시게.

기십칠其十七

음양(陰陽)이 대지를 감싸 안고, 냉열(冷熱)이 오대(五帶)에 나뉘어있네. 숭산(嵩山)과 낙양(洛陽)이 그 가운데에 있어, 조화된 기운이 이에 온화하게 모이네. 토규(土圭)는 해 그림자 측량하여, 인문(人文)이 여기에 모여 길러졌네. 엉성하도다, 성광자(成光子)여, 네 번이나 천축국을 직접 두루 다녔네.

기십팔其十八

세상 피해 외로이 지내니, 외로이 지내는 것 어찌 좋지 않으리. 묵묵히 그림과 역사 보고, 우러러보고 굽어보며 그윽한 회포 부치네. 창 덮은 은행나무, 뜰에 빼어나게 자란 서대초(書帶草). 아는 이 없어 내 더욱 귀하게 여기니, 이름 없는 것이 보배라네.

기십구其十九

초승달 홀연 서쪽으로 기우니, 뭇별들이 반짝 빛을 떨치네. 옷 끌어잡고 앞의 뜰로 내려가니, 풀의 이슬이 옷으로 스며드네. 그리워라, 겸가시(蒹葭詩)[112]여, 저 총계장(叢桂章)[113]을 읊네. 걱정거리 내 힘으론 어쩔 수 없어, 애써 노래하며 홀로 방황하네.

---

112 겸가시(蒹葭詩) : 《시경(詩經)》 〈진풍(秦風)〉의 시로 친구를 그리워하는 시로 내용은 다음과 같다. "갈대 푸르르니 흰 이슬 서리가 되었네. 이른바 저 분이 저 물가의 한쪽에 있도다. 물결을 거슬러 올라 따르려 하나 길이 막히고 멀구나. 물결을 따라 내려가 따르려 하나 완연히 물 가운데 있구나.(蒹葭蒼蒼, 白露爲霜. 所謂伊人, 在水一方. 遡洄從之, 道阻且長. 遡游從之, 宛在水中央.)"

113 총계장(叢桂章) : 총계(叢桂)는 무성히 자란 계수나무로 은자가 사는 곳을 가리킨다. 초사(楚辭) 〈초은사(招隱士)〉에 "계수나무 무성하게 자라니 산 깊은 곳이로다. 울퉁불퉁 엉긴 것은 가지가 뒤엉킨 것이라네.(桂樹叢生兮, 山之幽. 偃蹇連蜷兮, 枝相繆.)"라는 구절이 있다.

기이십其二十

누추한 방 겨우 한 말 크기로, 포단(蒲團) 하나에서 누웠다 일어났다 하네. 한가히 지낼 때 항상 눈을 감고 있으니, 고요히 헛된 생각 사그라드네. 사지는 나무 그루터기 같으니, 마음 가라앉혀 내면을 보네. 실눈으로 콧등의 흰 기운 바라보고, 묵묵히 몸의 내단(內丹) 순환시키네. 때로 화지수(華池水, 혀 밑에서 솟는 침) 끌어다, 녹로관(轆轤關, 등뼈의 양쪽 옆)으로 부어주네. 한 기운이 절로 오르내리다, 넓디넓은 조니환(朝泥丸)이 되네. 성품을 기름은 물론 늙음을 물리치니, 장수함은 남산과 나란히 하네. 무엇 때문에 신선과 짝하여, 높이 올라 구름과 노을 먹겠는가.

기이십일其二十一

대역(大易)의 건지곤(乾之坤)은, 여러 용이 머리가 없음을 보면 길하리라.[114] 노자(老子)는 그 체를 얻어, 겸손하게 사물의 뿌리를 말했네. 도(道)는 물이 잘 내려가는 것에 있으니, 넓게 퍼지는 것은 내 마음대로 하는 게 아니라네. 축 비어도 운전할 수 있고, 골짜기 비어있어 듬뿍 받아들이네. 자신을 다스려야 남을 다스릴 수 있으니, 그 말 요약되면서도 뜻 풍부하네. 서경(西京)의 다스림 볼 수 없음은, 주하사(柱下史) 늙은이(노자) 나오고 부터라네.

기이십이其二十二

역사를 두루 살펴보니, 용과 봉황에 의지해 이름 이룬 영웅 몇인가? 때가 되어 개백정에서 분연히 일어나고, 운이 다해 엎드린 용으로 슬피 지내네. 유유한 성패의 수, 지력으로 다 헤아리기 어려워라. 일을 그르치는 것은 너의 졸렬함이 아니고, 준재 얻는 것이 어찌 너의 공이리. 그대는 사

---

114 여러 용이……길하리라 : 《주역(周易)》〈건괘(乾卦)〉의 용구(用九) 효사로 다음과 같다. "용구(用九)는 여러 용(龍)을 보되 머리가 없으면 길(吉)하리라.(用九, 見群龍, 无首, 吉.)"

구석(沙丘石)을 보라, 오래도록 이미 영공(靈公)이 적혀있었다네.[115]

기이십삼其二十三

나는 양적옹(陽翟翁)을 사랑하니, 30년을 꼿꼿하게 앉아있었네. 마음 고요히 태초를 생각하니, 희황(羲皇) 이전으로 발을 들였지. 나 바야흐로 높은 행적 희망하여, 이것으로 나의 천성 온전히 하네. 서권 또한 사람을 얽매니, 물고기 잡고 이미 통발 잊었네.

기이십사其二十四

당대(唐代) 장구령(張九齡)은, 밝디밝은 선학(仙鶴)의 자태라네. 귀감(龜鑑)으로 난리의 싹 잘라내고, 금경(金鏡)으로 좋은 계책 바쳤네.[116] 개원(開元) 시기 재상으로 화평하게 잘 다스려, 단정하게 모든 관리 안정시켰네. 길이 해연부(海燕賦) 읊으며, 초연히 불시의 화란 피하네. 지금 곡강(曲江)의 사당, 천 년 동안 남은 빛 발하네.

기이십오其二十五

우이(牛李)가 서로 다투었으니[117], 원망 얼마나 미천한가. 흘겨보는 것이 언덕처럼 일어났고, 창칼 들고 분분하게 싸웠네. 촉당(蜀黨)과 낙당(洛黨) 다투어 표방하여[118], 여러 현인도 서로 어긋났지. 명나라 덕 쇠함은, 동림

---

115 사구석(沙丘石)……적혀있었다네 : 《장자(莊子)》 〈칙양(則陽)〉에 다음과 같은 이야기가 있다. “위(衛)나라 영공(靈公)이 죽어 묫자리를 점쳤는데, 선영은 불길하다고 나오고 사구(沙丘)가 길하다고 나왔다. 사구의 땅을 몇 길을 파내 돌로 된 관이 나와 이를 씻어서 보니, ‘자손에 의지할 것 없이 영공이 이곳을 차지하여 묻힐 것이다.’라고 적혀있었다. 영공에게 영공이라는 시호가 정해진 것은 이렇게 오래되었다.”

116 장구령(張九齡)은……바쳤네 : 당나라 현종(玄宗)의 생일에 장구령(張九齡)이 전대(前代)의 흥폐(興廢) 원인을 기술한 《천추금경록(千秋金鏡錄)》을 만들어 바쳤다.

117 우이(牛李)가……다투었으니 : 당(唐)나라 우승유(牛僧孺)·이종민(李宗閔)과 이길보(李吉甫)·이덕유(李德裕)로 갈라진 당으로, 서로 40년간 알력 했다.

118 촉당(蜀黨)과……표방하여 : 송(宋)나라 낙양(洛陽) 정이(程頤) 중심의 낙당(洛黨)과 촉(蜀) 소식(蘇軾) 중심의 촉당(蜀黨)을 가리킨다.

(東林)이 재앙의 실마리 되었지.[119] 격렬하게 부딪치며 형세는 갈수록 심해져, 당파 나뉨은 아득히 끝이 없네. 귀신 수레 국론을 혼미하게 하고, 동호필(董狐筆)은 역사 재목 잃었네. 내가 때때로 청사 열람하다, 망연히 슬퍼지네. 그릇 오래되면 좀벌레 생기고, 사물이 왕성하면 흠결이 싹트게 되지. 기수(氣數)가 그사이에 놓여 있어, 실로 나라의 재앙이 된다네. 문호가 이미 분열되었으니, 용마루 어찌 꺾이지 않겠는가. 기자(箕子)의 교화 탄식하니, 천 년 전 아득히 돌아가기 어렵구나. 세상에 필요한 선비들이여, 전대를 징계하여 미래를 대비하시게. 바라건대 음붕(淫朋)을 취하는 자는, 저 범과 이리에게 던져지기를.

기이십육其二十六

예악(禮樂)은 천지를 본떴고, 성인(聖人)은 조화의 권세 잡았네. 떠돌거나 혹은 도를 배반하여, 나아가고 돌아옴에 치우쳐졌네. 주(周) 나라는 성하게 찬술하여, 성명(聲明)이 옛 도를 떨쳤네. 오묘한 60조(調), 곡절한 위의(威儀) 3천. 어이하여 문채가 바탕을 덮어, 도도하게 흐르는 물 좇아가나. 그대는 보았나, 태고의 시대에는, 길바닥 물이나 갈대도 흡족하였네.

기이십칠其二十七

벽 속의 경전은 가장 늦게 나왔으니, 한유(漢儒)가 전한 것이 아니네. 주옥(周玉)이 송박(宋璞)과 섞여, 진위(眞僞)는 누가 가늠할까. 자양(紫陽, 주자)은 여러 번 의심하여, 은미한 말로 후현(後賢)들을 계도했지. 28은 열수(列宿)에 응하니, 탁월하구나, 초려편(草廬編)이여.

---

119 동림(東林)이……되었지 : 명(明)나라 동림당(東林黨)으로, 신종(神宗) 만력(萬曆) 연간에 고헌성(顧憲成) 등이 동림서원(東林書院)을 근거로 형성된 당파이다.

기이십팔其二十八

내 농사짓는 것 좁은 땅에서 하지만, 길이 휘파람 부는 것은 이미 여러 날이라네. 풍월은 지워버릴 수 있고, 기수에서 목욕하고 기우제 지내는 곳에서 바람 쐬는 것 따라 할 수 있지. 신발 끌며 비장한 노래 부르며, 큰 뜻으로 천 년 전 일 이야기하지. 집 누추해도 영화 족하니, 한가하게 거함이 항상 초연하다네.

기이십구其二十九

가정(嘉靖)에서 대례(大禮)를 논하여, 조정에서 곤장을 치니 조정이 반이나 비었네. 즐비하게 저술하는 선비들 중, 장총(張璁)과 계악(桂萼)[120]이 기룡(夔龍)[121]이었지. 사전(祀典)은 언덕과 연못 나누고, 묘제(廟制)는 명확히 도궁(都宮)이 있지. 의식과 예절 모두 바꾸어, 찬연히 주나라 기풍 이루었네. 비유하자면 토목으로 만든 인형이, 의관 갖추고 몸을 꾸민 것이지. 나라의 맥이 날로 시들었으니, 하늘의 녹 마침내 길이 끝났다네. 나 또한 명(明)나라 유민으로, 옛일을 느껴 눈물을 줄줄 흘리네.

기삼십其三十

마른 오동나무 금슬(琴瑟)에 알맞아, 한 잔 물에 교룡(蛟龍) 일으키네. 심연처럼 말이 없다가 다시 우레처럼 진동하고[122], 본성 편안히 지켜 몸을 확고히 하네.[123] 조그맣게 삼재(三才)에 참여한 이 몸, 사업에 어찌 마침이 있을까. 우습구나, 양주씨(楊朱氏)여, 어찌하여 길이 막힌 곳에서 울었나.[124]

---

120 장총(張璁)과 계악(桂萼) : 명(明)나라 가정제(嘉靖帝, 세종) 시기 사람들로 자신의 소생 부모를 추존하려는 가정제에 영합하여 조정의 의론을 꺾고 세종의 총애를 받았다.

121 기룡(夔龍) : 순(舜)임금의 악관(樂官)이었던 기(夔)와 간관(諫官)이었던 용(龍)을 가리킨다.

122 심연처럼……진동하고 : 《장자(莊子)》 〈재유(在宥)〉에 나오는 말로, 연묵(淵嘿)은 자신의 함양, 뇌동(雷動)은 도의 실현을 가리킨다.

123 본성……확고히 하네 : 《장자(莊子)》 〈선성(繕性)〉에 나오는 말로, 영극(寧極)은 본성을 편안히 지킨다는 뜻이다.

124 양주씨(楊朱氏)……울었나 : 《회남자(淮南子)》 〈설림훈(說林訓)〉에 나오는 말로, 양주(楊朱)가 아홉

기삼십일其三十一

명해(溟海)와 발해(渤海) 사방으로 둘러, 대지는 하나의 탄환 같다네. 소옹(邵雍)의 12회(會)[125], 빠르기가 회오리바람에 들썩이는 물결 같네. 하물에 이 궁벽진 마을에, 좁쌀 같은 모습 다 보지도 못하네. 어찌 헛되이 스스로 괴로워하는가, 백 년 동안 겨우겨우 살면서. 역경은 내 걱정할 바 아니고, 유쾌한 일도 어찌 내가 기뻐하리. 술 얻어 마음대로 마시며, 흡족하게 가슴 속 후련하게 하네.

기삼십이其三十二

굴을 파고 살면 비를 점칠 수 있고, 나무 둥지에서 살면 바람을 알 수 있다네. 한유(漢儒)는 오행(五行)을 미루어, 때로 혹 억 가지 중 맞는 것이 있었네. 형상을 드리움은 밝지 않음이 없고, 기운의 변화는 아득히 궁구하기 어려워라. 경방(京房)은 제멋대로 떠들어대[126], 제 몸을 잃기에 마땅했지.

기삼십삼其三十三

주(周) 나라가 쇠하자 추운 해가 적어졌고, 진(秦) 나라 말기에는 따뜻한 해가 없었지. 재앙과 경사는 종류별로 응하니, 정기는 위로 하늘까지 닿는다네. 장평(長平)과 역양(歷陽)[127], 어찌 모두 명을 편벽되게 받았으리오. 크게 물에 잠겨 평야를 삼키는 것이, 어찌 언덕과 내를 가리겠는가. 사람

갈래로 갈라진 길에서 방향을 잃고 슬퍼하여 통곡하였다고 한다.

125 12회(會) : 소옹(邵雍)이 《황극경세(皇極經世)》 〈관물편(觀物篇)〉에서 "1원에 12회가 있고, 1회에 30운이 있으며, 1운에 12세가 있고, 1세에 30년이 있다. 그러므로 1원은 모두 12만 9600년이다.(一元有十二會, 一會有三十運, 一運有十二世, 一世有三十年, 故一元共有十二萬九千六百年.)"라고 했다.

126 경방(京房)은……떠들어대 : 경방(京房)은 한(漢) 나라 역학자(易學者)로 본래 성은 이(李)이고 자는 군명(君明)이며 《경씨역전(京氏易傳)》 등을 저술했다. 《주역(周易)》을 인용하여 재앙을 논하며 여러 차례 상소를 올렸는데, 정치를 비방하고 천자에게 해악을 돌린다는 이유로 처형되었다는 사실이 《한서(漢書)》 〈경방전(京房傳)〉에 나온다.

127 장평(長平)과 역양(歷陽) : 장평(長平)은 전국시대 진(秦)나라의 백기(白起)가 조(趙)나라 조괄(趙括)의 군사를 대파하고 항복한 군인 40만 인을 땅에 파묻어 죽였다는 지역으로 《사기(史記)》 〈조세가(趙世家)〉에 나오고, 역양(歷陽)은 하룻 저녁 사이에 호수가 되었다는 곳으로 《회남자(淮南子)》 〈숙진훈(俶眞訓)〉에 나온다.

은 천지의 마음을 가지고 있어, 마음이 안정되어야 기가 온전해지지. 성인은 이것을 마름질하여 이루니, 만세토록 성인의 교화를 우러르네.

기삼십사其三十四

위진(魏晉) 시대에는 유품(流品)을 나누었고, 수당(隋唐) 시대에는 조사(藻詞)를 숭상했지. 고금 승강(升降)의 기미, 재앙의 실마리는 실로 여기에서 비롯되었지. 하늘이 내린 뛰어난 재주 아니라면, 북돋아 주고 인도함이 그 마땅함을 잃어버리지. 훌륭하도다, 주(周) 나라의 선비 대접함이여, 심원하구나, 제왕의 자문함이여. 송명(宋明) 시대에 내려와, 아직도 전대의 규범이 있었네. 묵형 받은 죄인이 장상의 지위에 오르고, 먼 벽지 출신이 태사(台司)로 등용되었네. 어찌 우리나라 같으리, 구별은 한양으로만 한정 짓네. 손바닥만 한 곳에서 매미같이 들끓으면서, 우뚝하니 대대로 경의 자리 물려받네. 좋은 말은 남도에서 나고, 무늬 있는 초피는 북방에서 바치는데. 어찌하여 인물만은, 중화와 오랑캐같이 아득한가. 인재를 버리고 즐거움을 따르니, 분서갱유한 진(秦) 나라 이사(李斯) 같음을 탄식하네. 바라건대, 경각간(頃刻間)에, 나의 지극히 간절한 생각을 다할 수 있도록 허가해주시길.

기삼십오其三十五

초루(譙樓)에 울린 화각곡(畫角曲)은, 세 개의 농(弄)으로 어렵고 또 어렵다하네. 음절이 어찌나 유유하게 퍼지는지, 나의 심간을 격동시키네. 임금 되기 이미 쉽지 않고, 신하 되기 참으로 또한 어렵네. 창끝으로 쌀을 일고 칼끝으로 불을 때며, 백 번 전쟁하며 온 나라 안정시켰지. 손 트거나 동상 등 손발이 병들었는데, 힘껏 달리며 몸과 마음 다 기울였다네. 기업(基業) 초창기이나, 지나온 자취는 무척 신산했지. 자손들이 이 사업 이어받았으니, 편안함 남겨줬다 하지 말아야 하리. 자그마한 몸으로 억조창생에 임하였으니, 장대 들고 바다 재는 것과 무엇이 다른가. 선조의 공덕 믿어서는 안되고, 천명도 부여잡을 수 없지. 존망은 백성들에게 달렸으니,

향배는 한순간이지. 또한 저 현달한 이는, 몸을 떨쳐 빈한한 곳에서 일어났네. 문학으로 관직을 얻었으나, 나물과 소금으로 항상 괴로운 얼굴이었지. 훈명(勳名)으로 홀과 인끈 나누었으나, 의관에는 비린내 나는 피 얼룩졌지. 지위가 높아지나 시기하는 사람 늘어, 예(羿)의 활시위 때때로 혹 당겨졌지. 저 새가 갈대 가져오는 것 보니, 괴롭게 얽어서 집을 완성하네. 누구인가, 흙벽 바를 수 있는 이는, 선대의 업은 구관(舊觀)에 보존되었네. 안태(安泰)는 쉽게 교만해지고, 호부(豪富)는 항상 탐욕스러워지지. 한 생각이 혹 풀어져 나가, 그 기세 언덕에서 구슬 굴리는 것 같군. 숙손아(叔孫兒)를 보지 못했나, 땔나무 지고 비틀비틀 걸어가네. 세상 길 천만 갈래이니, 구당협(瞿塘峽) 여울이 아닌 것 어떤 것인가. 길이 어렵고 또 어렵다 노래부르니, 한 번 노래함에 세 번 탄식하는구나. 말은 가까우나 뜻은 절로 멀어져, 음탕하고 완악한 이 경계하기에 족하네. 나의 시는 이 노래 기술하여, 국풍(國風)에 비기려하네.【세상에서 전하길, 초루화각곡(譙樓畫角曲)은 조자건(曹子建)이 지었다고 한다. 제1농은 다음과 같다. "임금 되기 어렵고 신하 되기 어렵네. 어렵고 또 어렵네.(爲君難, 爲臣難, 難又難.)" 제2농은 다음과 같다. "창업하기 어렵고 수성하기 어렵네. 어렵고 또 어렵네.(創業難, 守成難, 難又難.)" 제3농은 다음과 같다. "집 일으키기 어렵고 보존하기 어렵네. 어렵고 또 어렵네.(起家難, 保家難, 難又難.)"】

기삼십육其三十六

금곡(金谷)에서 호부(豪富) 자랑함, 날아다니는 모기 모여서 우레를 이루는 것 같네. 오후(五侯)[128]가 세력 강함 다툼, 층층이 쌓은 알이 높은 누대에 임한 것 같네. 재화는 똥냄새와 같고, 명예와 명성은 화를 부르는 씨

128 오후(五侯) : 후한(後漢) 환제(桓帝) 시기 환관(宦官)으로 제후(諸侯)에 봉해진 다섯 명으로, 신풍후(新豊侯) 단초(單超), 무원후(武原侯) 서황(徐璜), 상채후(上蔡侯) 좌관(左悺), 동무양후(東武陽侯) 패원(貝瑗), 여양후(汝陽侯) 당형(唐衡)이다.

앗이지. 조각배의 치이자(鴟夷子)[129], 돛을 달고 유유히 가는구나.

기삼십칠其三十七

지극히 고요함은 움직임 제어할 수 있고, 지극히 부드러움은 강함 통제할 수 있지. 단단히 참음은 무위(無爲)와 같아, 발하는 곳은 칼끝같이 서늘하다네. 한(漢) 문제(文帝)는 요점을 얻었으나, 신 같은 권세는 제멋대로 닫혔다 열렸다 하였지. 소복을 입고 황제의 외삼촌에게 곡하고[130], 황월(黃鉞)로 분투하였네. 진대(晉代)에는 현허(玄虛)를 숭상하여, 청담(淸談)을 노장(老莊)에 의탁했지. 어느새 운조(運祚) 촉급해져, 오랑캐들이 어지러이 횡행했지. 청담(淸談)이 어찌 도(道)를 알리오, 저따위들 그저 쭉정이와 겨일 뿐이지.

기삼십팔其三十八

해와 달 똑바로 서로 바라보니, 지구 그림자가 햇빛 가리고 있네. 시각이 이르고 늦게 다르고, 동서로 거리가 차이가 있네. 계산이 종횡으로 이루어져, 몇 가닥 수염과 눈썹처럼 명확하네. 천상(天象)은 그윽하면서 멀지만, 서양 선비들은 현묘한 이치 발하였지. 달의 형체는 본래 돌출된 곳이 있고 파인 곳이 있으며, 은하수는 빛나는 별들이지. 전문(專門)으로 각자 무리 지어 익혀, 새로운 관측 나올수록 기이하네. 3백 년이 지나기는 했지만, 옛 범위를 벗어나지는 않는다네.

기삼십구其三十九

관중(關中)과 농서(隴西) 상류에 근거하여, 예로부터 제왕의 지역이었네.

---

129 조각배의 치이자(鴟夷子) : 월(越)나라 재상 범려(范蠡)가 월왕(越王)을 도와 오(吳)를 격파한 뒤에, 서시를 데리고 오호(五湖)에 배를 띄워 함께 떠났다. 후에 제(齊)나라에 들어가 치이자피(鴟夷子皮)로 성명을 바꾸고 살았다.

130 소복을……곡하고 : 한(漢) 문제(文帝)의 외삼촌 박소(薄昭)가 한(漢) 나라 사자(使者)를 죽여, 문제가 자살하게 하였으나 박소가 따르지 않으니, 여러 신하들에게 상복을 입고 가서 곡을 하게 하니 박소가 자살하였다는 사실이 《자치통감(資治通鑑)》에 나온다.

한당(漢唐)은 지리(地利)를 얻어, 면면히 이어져 주(周) 나라와 짝했네. 오덕(五德)이 서로 이어받고, 지기(地氣)가 번갈아 성하고 쇠했지. 아득한 동서의 구역, 육조(六朝)에서 비로소 농사짓기 시작했네. 천수(天水, 송나라 왕조의 출신 지역)는 변량(汴梁, 송나라 수도)에 도읍을 정하여, 여도(輿圖)는 북쪽 변방 빠뜨렸네. 원명(元明)은 유연(幽燕)에 자리 잡아, 장대한 계책은 오랑캐 진무하는 것이었네. 의무려산(醫巫閭山)을 성으로 삼고, 큰 바다를 못으로 삼았지. 만승(萬乘)이 직접 진압하니, 그 명성으로 변방이 편안해졌네. 건로(建虜, 청나라)가 중국에 들어왔는데, 당우(堂宇)는 띠 집을 고치지 않았네. 또한 저 피서산장(避暑暑莊)은, 저들의 상도(上都) 의례를 살필 수 있네. 층층이 있는 성에서 사문을 열면, 나는 듯한 기와에 온갖 관사가 벌여있네. 성대함 연경(燕京)과 비등하여, 호위하는 군대 성대하게 펼쳐져 있네. 왕래 하며 풀은 푸르렀다가 말라, 기러기가 따뜻한 곳 따라가는 것과 같음이 있네. 내 지금 천하를 살펴보니, 대세가 점차 북쪽으로 뻗어가네. 하나의 음기가 싹튼 지 이미 오래라, 오랑캐가 날로 창궐하는구나. 그래서 제압하는 정책은, 역대로 항상 여기에 있었지. 관중과 낙양은 문명의 땅이니, 누가 다시 점칠 수 있으리오. 목을 빼 옛 도읍 바라보며, 길게 노래 부르며 탄식하네.

기사십其四十

연(燕) 나라 소왕(昭王)이 금대(金臺)를 쌓았는데, 곽외(郭隗)를 위해서였네. 나를 우뚝하고 크게 여기지 말고, 저들이 하찮다고 낮게 보시오. 재야에 있으며, 울울하게 훌륭한 재능 품은 자 얼마나 많았던가. 남양(南陽)이 한(漢)을 만나지 못했다면, 마땅히 몸소 밭 갈며 늙었으리.

기사십일其四十一

피 가득한 가죽 부대, 마른 뼈다귀를 분과 연지로 꾸미네. 눈짓 보내니 혼은 이미 미혹되어, 온 세상 다투어 달려가네. 화수(禍水)는 불꽃 정기 멸하였고, 용의 침은 주(周)나라를 어지럽혔네.[131] 가만히 이 미인들을 생각하니, 어찌 저 여우나 도깨비와 다르리오. 사물잠(四勿箴) 중 처음이 시잠(視箴)이니, 거듭 여러 번 경계했지. 보이는 색은 모두 장애가 되니, 선가(禪家)에서는 눈을 닦아주는 금비가 있다네. 예로부터 훌륭한 말은, 밝게 빛남이 단청이 드리운 것 같이 빛나지. 여러 은거하는 객들, 어찌 이를 보지 않으리오.

기사십이其四十二

옥마(玉馬, 미자(微子))가 옛날에 동쪽으로 와서, 패수(浿水)가 이에 한 번 맑아졌네. 위대하도다, 8조(條)의 가르침이여, 만세의 법도로다. 구전(區田) 70묘(畝), 은나라 제도로 경작지를 주었네. 지금 함구문(含毬門) 밖에, 유허가 아직도 종횡으로 남아있네. 우리의 오랑캐 풍속 변화시켜, 화하(華夏)에 견줄 수 있는 문명 발달시켰네. 우리나라 삼천리, 감화되지 않은 백성 누구리오. 어이하여 숭봉(崇奉)한 전례가, 단지 옛 왕경(王京)에 국한되었는가.

康成紹絶學, 三禮燦微言. 箋註遞相述, 疑義競毫分. 操戈或入室, 麾旗各立門. 譬如揚頹波, 蕩潏迷本源. 祀典析郊丘, 名物錯罍樽. 向非王氏徒, 古義終莫聞. 大哉喪服經, 萬古立人文. 二戴各疏記, 時或攙異論, 賈孔苟彌縫, 論說如絲棼. 而我十年來, 潛心窺籬樊, 力竭道愈遠, 何異負山蚊. 區區管蠡測, 留俟後子雲.

其二

忠質遞相嬗, 周文一何繁. 聖人立人紀, 治教本敘惇. 如何五服制, 尊降義厭

---

131 용의 침……어지럽혔네 : 용시(龍漦)는 용의 침이다. 하(夏)나라가 망할 무렵에 두 신룡(神龍)이 대궐의 뜰에 내려와 있다가 용은 죽고 그 침만 남아 있으므로 그것을 나무 상자에 수장해 두었고, 그 후 주(周) 나라까지 전해지다가 여왕(厲王) 때에 그 침이 흘러내려 검은 자라가 되었는데 후궁(後宮)의 동첩(童妾)이 그것을 보고 임신하여 포사(褒姒)를 낳았다는 이야기가 《사기(史記)》 〈주본기(周本紀)〉에 나온다. 포사(褒姒)는 주(周) 나라 유왕(幽王)의 총희(寵姬)가 되어 결국 그로 인하여 주나라는 망하였다.

恩. 宣聖從先進, 微意諒斯存. 君看洙泗俗, 魯衰已齗齗.

其三

神禹治洪水, 勾股御方圓. 周衰疇人散, 絶學有誰傳. 官失守在夷, 西士獨鉤玄. 伸明八線術, 推測七曜躔. 精微窮毫芒, 廣大包天淵. 邈矣千載下, 逸典復燦然. 顯晦各有時, 三歎撫遺編.

其四

大樂何渢渢, 感人天下平. 周官二三策, 萬古垂日星. 器度失其傳, 旨義終晦暝. 諸儒競摸撈, 如夢復如醒. 淮南及班呂, 稍稍能蜚英. 西山命世才, 新書集大成. 尙恨瑕瑜雜, 識者或譏評. 周髆數法舛, 管絃律度幷. 夔襄去已久, 誰能假以鳴. 我生生苦晩, 那由聞正聲. 橫琴不忍御, 惻惻懷古情.

其五

羅麗尙戰爭, 夷風何陋哉. 我鮮掃屯荒, 經綸菀雲雷. 英陵實天縱, 禮樂燦繼開. 天降秬黍種, 地效石磬材. 法樂分雅俗, 方音洗淫哇. 成章奏郊廟, 神人允協諧. 所嗟承佐臣, 俱非夔龍才. 如何蠟爲黍, 硏求律度裁. 舜德雖制韶, 儀鳳竟不來. 我思西方美, 悲歌獨徘徊.

其六

太陽躔黃道, 金水輔而行. 離合不相衝, 東出又西傾. 漢史元年冬, 東井聚五星. 吾觀日周天, 孟冬次析木. 井宿距析木, 邈若限越蜀. 云何此二緯, 背日趨井域. 馬遷作律曆, 此理豈不測. 特揭興王瑞, 夸耀欺萬國. 武成二三策, 孟氏先我得. 寄語稽古子, 愼勿耽耳食.

其七

勾股切圓周, 屢求終有摩. 至平莫若水, 無風尙微波. 天理本如此, 古聖已發嗟. 否泰迭相承, 寒暑遞相過. 萬事有定命, 休將智力劘. 此言如不信, 請問安樂窩.

其八

北辰居天中, 衆星如旋磨. 大地仰高度, 南北以爲差. 節氣隨早晚, 晝夜遞短長. 是知測極高, 實爲治曆綱. 我東雖褊小, 地方亦三千. 如何從古來, 此理都茫然.

其九

有女顔如玉, 芳年二八強. 生長千金閨, 行步施珩璜. 幸奉君子眄, 信誓指皦陽. 紈縠爲君裁, 蘭茝爲君香. 頭上青霞帔, 耳邊明月璫. 文綺合歡被, 雙雙繡鴛鴦. 迨我標梅吉, 遲君百兩將. 時節忽不與, 鶗鴂鳴秋霜. 白雲在中天, 道路阻且長. 河漢隔一帶, 欲渡川無梁. 願爲牛與女, 夜夜遙相望. 願爲蔦與蘿, 長依喬木傍. 滄海尙可酌, 君恩那可量. 金石尙可泐, 君恩那可忘. 長歌感君恩, 千載同悲傷.

其十

寸苗蔭長松, 居勢使之然. 大小遞相役, 孰辨愚與賢. 朝爲宗廟犧, 暮爲畎畝勤. 物化人尤甚, 感彼昔賢言. 棄置勿復道, 逝從青牛君.

其十一

蟭螟集蚊睫, 羣飛自成隊. 李赤入圊溷, 甘心死糞穢. 嗟嗟爾微物, 豈識天壤大. 貨色牿人性, 榮名椓人窮. 靜觀林林者, 何限可憐蟲.

其十二

子房東求士, 奮椎擊祖龍. 匹夫逞萬乘, 無乃荊聶風. 感激赫世遇, 破家不狐疑. 蛇雀尙銜恩, 何況帝者師.

其十三

七雄相紛爭, 嬴秦據關河. 虎視日耽耽, 殺人如亂麻. 雖然重本業, 導民殖麻禾. 山東列國地, 豈止十倍加. 四豪三千客, 珠履以相誇. 奢縱乃如此, 生民將奈何. 所以天下勢, 西折若流波. 至今千載下, 長悲共栢歌.

其十四

阿房纔成灰, 迷樓復干天. 桑霍旣顚覆, 許史又招權. 古今同一轍, 滔滔東逝川. 願借光明鏡, 照後以監前.

其十五

三公坐論道, 六典挈綱維. 大哉元聖作, 萬古垂鴻謨. 如何一再試, 治效邈難圖. 介甫誠曲學, 遜志非通儒. 徒法不能行, 古訓豈欺余. 休將管蠡見, 妄疑先聖書. 區區諸子學, 那得大規模.

其十六

漢文修玄嘿, 躬師河上公. 端扆拱穆淸, 海內自嚮風. 懷綏及百粤, 振貸先四窮. 屢蠲天下租, 藏富與民同. 大哉文始舞, 宗德配祖功. 禮樂雖未興, 三代可比隆. 莫以金鐵混, 譏笑龍川翁.

其十七

陰陽包大地, 冷熱分五帶. 嵩洛居其中, 冲氣乃和會. 土圭測日影, 人文此鍾毓. 荒哉成光子, 四至窮天竺.

其十八

避世仍索居, 索居豈不好. 靜嘿窺圖史, 俛仰寄幽抱. 牕掩文杏樹, 庭秀書帶草. 知希我方貴, 無名以爲寶.

其十九

微月倏西傾, 衆星燦揚光. 攝衣下前庭, 草露侵我裳. 懷哉蒹葭詩, 誦彼叢桂章. 所憂非我力, 勞歌獨傍徨.

其二十

陋室纔如斗, 偃仰一蒲團. 燕居常闔眼, 湛然浮慮刪. 四體若槃株, 冥心以內觀. 微睇鼻端白, 嘿運腔內丹. 時引華池水, 注下轆轤關. 一氣自升降, 浩浩朝泥丸. 養性兼却老, 遐齡齊南山. 何用伴仙侶, 翀擧雲霞餐.

其二十一

大易乾之坤, 羣龍見無首. 老氏得其體, 謙謙爲物後. 道在水善下, 溥施不自有. 軸空能運轉, 谷虛乃翕受. 治己可治人, 其言約而富. 不見西京治, 出自柱下叟.

其二十二

歷觀靑史林, 攀附幾英雄. 時來奮屠狗, 運去悲伏龍. 悠悠成敗數, 難以智力窮. 僨事非爾拙, 得雋豈乃功. 君看沙丘石, 久已書靈公.

其二十三

吾愛陽翟翁, 端坐三十年. 冥心太始初, 寓跡羲皇前. 吾方希高蹤, 而以全吾天. 書卷亦累人, 得魚已忘筌.

其二十四

唐代張九齡, 皎皎仙鶴姿. 龜鑑折亂萌, 金鏡獻良規. 燮理開元世, 端委鎭百司. 長吟海燕賦, 超然避駭機. 至今曲江祠, 千載挹餘輝.

其二十五

牛李相分爭, 恩怨何微哉. 睚眦起丘山, 戈戟森喧豗. 蜀洛競標榜, 衆賢亦睽乖. 爰曁明德衰, 東林爲厲階. 磯激勢轉橫, 派別浩無涯. 鬼車迷國論, 董筆失史材. 我時閱靑史, 茫然使心哀. 器久蟲蛀生, 物盛釁蘗媒. 氣數參其間, 實是邦國災. 門戶旣分裂, 棟極詎不摧. 歎息箕疇化, 千載邈難回. 寄語需世士, 懲前以毖來. 願取淫朋者, 投畀彼虎豺.

其二十六

禮樂偵天地, 聖人秉化權. 流離或畔道, 進反捄其偏. 姬周盛述作, 聲明振古先. 要眇調六十, 委曲儀三千. 云何文掩質, 滔滔逐逝川. 君看太古世, 窪葦亦逌然.

其二十七

壁經最晩出, 漢儒所不傳. 周玉混宋璞, 眞僞孰能權. 紫陽三致疑, 微辭啓後賢. 廿八應列宿, 卓哉草廬編.

其二十八

我耕雖少地, 長嘯已多天. 風月可批抹, 沂崿可攀沿. 曳履歌商聲, 嘐嘐千載前. 室陋榮觀足, 燕居常超然.

其二十九

嘉靖議大禮, 庭杖半廷空. 濟濟述作林, 張桂是夔龍. 祀典分丘澤, 廟制儼都宮. 儀文悉改觀, 燦然成周風. 譬如土木偶, 冠冕餙其躬. 國脉日以戕, 天祿遂永終. 我亦明遺黎, 感古涕泫瞳.

其三十

枯桐中琴瑟, 勺水興蛟龍. 淵嘿復雷動, 寧極以固躬. 眇爾參三者, 事業豈有終. 咄哉楊朱氏, 胡爲泣路窮.

其三十一

溟渤還四周, 大地一彈丸. 邵子十二會, 迅若飄驚瀾. 況玆遐僻鄉, 粺米不盈看. 胡爲浪自苦, 營營百年間. 逆境非我憂, 快事豈余歡. 得酒須縱飮, 逌然散襟顔.

其三十二

穴處能占雨, 巢居亦知風. 漢儒推五行, 時或億則中. 垂象非不明, 機緘渺難窮. 京房肆喙鳴, 適足喪其躬.

其三十三

周衰少寒歲, 秦末無暖年. 殃慶以類應, 精祲上摩天. 長平及歷陽, 豈皆賦命偏. 大浸呑平野, 奚擇丘與川. 人爲天地心, 心定氣乃全. 聖作以財成, 萬世仰陶甄.

其三十四

魏晉分流品, 隋唐尙藻詞. 古今升降機, 厲階實自玆. 非天降才殊, 培導失其宜. 尙矣周賓興, 悠哉帝疇咨. 下逮宋明來, 尙有前代規. 黥涅位將相, 遐陬起台司. 豈若我偏邦, 區別限澠淄. 螗沸一彀中, 峩峩世卿儀. 宛駒產南島, 文貂貢北陲. 如何枳人物, 邈若華與夷. 棄才徇樂服, 所以歎秦斯. 願賜頃刻間, 竭我毣毣思.

其三十五

譙樓鳴畫角, 三弄難又難. 音節何悠揚, 使我激心肝. 爲君旣不易, 爲臣良亦艱. 矛淅劍頭炊, 百戰奠河山. 皸瘃手足病, 馳驅心力殫. 基業雖草刱, 撫跡足辛酸. 子孫承厥緖, 勿謂是遺安. 眇爾臨億兆, 何異海揭竿. 祖功不可恃, 天命不可攀. 存亡視丘民, 向背毫忽間. 亦粤彼賢達, 奮身起單寒. 文學拾靑紫, 虀鹽常苦顔. 勳名析圭組, 衣袍腥血斑. 位盛人忌集, 羿彀時或彎. 相彼鳥捋荼, 辛勤締構完. 誰哉能塗墍, 先業保舊觀. 安泰易驕溢, 豪富恒饕殘. 一念或縱弛, 勢若坂走丸. 不見叔孫兒, 負薪行蹣跚. 世路千萬歧, 孰非瞿塘灘. 長歌難又難, 一唱發三歎. 言近旨自遠, 足以警淫頑. 我詩述此曲, 擬繫國風端.【世傳譙樓畫角曲, 卽曹子建所作. 第一弄曰, 爲君難, 爲臣難, 難又難. 第二弄曰, 創業難, 守成難, 難又難. 第三弄曰, 起家難, 保家難, 難又難.】

其三十六

金谷誇豪富, 飛蚊聚成雷. 五侯競鴟張, 累卵臨高臺. 貨財卽糞臭, 榮名是禍胎. 扁舟鴟夷子, 掛帆逝悠哉.

其三十七

至靜能禦動, 至柔能制剛. 堅忍若無爲, 發處凜鋒芒. 漢文得其要, 神權縱翕張. 素服哭帝舅, 黃鉞奮戎行. 晉代尙玄虛, 淸談託老莊. 居然運祚促, 胡羯紛搶攘. 淸談豈聞道, 彼哉徒粃糠.

其三十八

日月政相望, 地影遮其曦. 時刻異早晚, 東西分里差. 布籌一縱橫, 皎若數鬚眉. 天象幽且遠, 西士發玄機. 月體本坳突, 河漢是星輝. 專門各曹習, 新測出愈奇. 雖然朞三百, 不出古範圍.

其三十九

關隴據上流, 自古帝王畿. 漢唐得地利, 綿曆配周姬. 五德迭相承, 地氣遞盛衰. 渺爾東西區, 六朝始耘菑. 天水都汴梁, 輿圖漏北陲. 元明宅幽燕, 長策鎭胡夷. 醫巫以爲城, 大海以爲池. 萬乘親彈壓, 聲光震荒綏. 建虜入中國, 堂宇不改茨. 亦粤避暑莊, 監彼上都儀. 層城闢四門, 飛甍列百司. 殷富埒燕京, 兵衛盛設施. 來往草靑枯, 有如鴈陽隨. 我相今天下, 大勢浸北迤. 一陰萌已久, 胡羯日猖披. 所以控制策, 歷代常在玆. 關洛文明地, 誰能更卜龜. 引領望故都, 長歌一噓唏.

其四十

燕昭築金臺, 郭隗爲之兆. 勿以我巍巍, 低視彼藐藐. 何限草萊間, 欝鬱奇器抱. 南陽不遇漢, 定應躬耕老.

其四十一

革囊盛臭血, 枯骴餙粉脂. 目挑魂已迷, 擧世爭奔馳. 禍水滅炎精, 龍漦亂周姬. 靜思此尤物, 何異彼狐魑. 四勿首視箴, 諄複申戒辭. 色觀皆障醫, 禪家刮全篦. 古來至人言, 炳若丹青垂. 多少沈冥客, 曷不觀於斯.

其四十二

玉馬昔東來, 浿水爲一淸. 皇矣八條敎, 萬世揭章程. 區田七十畝, 殷制以授耕. 至今毬門外, 遺址尙縱橫. 變我侏僑俗, 華夏比文明. 環東三千里, 孰非化餘氓. 云何崇奉典, 只限舊王京.

한궁행락도漢宮行樂圖에 제하여

題漢宮行樂圖

홍교(虹橋)의 화려한 난간 허공으로 솟았고, 이궁(離宮)의 수양버들 가을 경치 어여쁘구나. 이때 임금은 소양(昭陽)에 있어, 궁인들을 풀어 물놀이를 즐겼지. 청건(靑巾) 두른 이마에 나뭇단 같은 허리, 걸음마다 향기로운 바람에 구슬과 비취 흔들리네. 혹은 거문고 타며 넓은 침상에 앉았고, 혹은 수고(水鼓) 두드리며 맑은 물가에 임해있네. 옥 같은 살결에 진홍빛 뺨 연꽃에 비치니, 연꽃이 여인들 같다며 다투어 말하네. 팔에 금팔찌 두른이 몇 명인가, 조비연(趙飛燕)만이 화수(禍水)는 아니라네.[132]

虹橋彩欄跨空起, 離宮垂柳秋景媚. 是時君王在昭陽, 縱遣宮人扮水戲. 額抹靑巾腰似束, 步步香風颺珠翠. 或按琴徽坐匡牀, 或撾水鼓臨淸泚. 玉膚絳臉映蓮花, 爭道蓮花似娘子. 金釧繫臂凡幾人, 不獨飛燕是禍水.

생각나는대로 읊다

漫吟

궁벽진 땅의 깊은 산촌에 골짜기 넓은데, 은거한 사람에게 이곳에서 배회하도록 하늘이 허여했네. 일생에서 마음 연 곳 적어, 만사를 어떻게 눈여겨 바라볼 수 있으리. 몇 개의 홀 같은 전원에서 노년 보내니, 사시의 꽃과 대나무는 한가로이 즐길 만 하네. 다정한 오래된 은행나무 우뚝 막고 서 있어, 속세에서 불어오는 더러운 오물 문에 이르지 못하네.

地僻村深洞府寬, 幽人天許此盤桓. 一生摠少開心處, 萬事那堪着眼看. 數笏田園供佚老, 四時花竹足怡閒. 多情古杏當軒立, 吹送緇塵不到關.

132 조비연(趙飛燕)만이……아니라네 : 한(漢)나라 성제(成帝)가 가무(歌舞) 하는 조비연(趙飛燕)을 보고 좋아하여 궁중으로 불러들여서 매우 총애하였고, 그녀의 여동생을 다시 궁으로 불러들이니, 탁방성(淖方成)이 성제의 뒤에 있다가 침을 뱉으며 말하기를 "이는 화수(禍水)이니, 화(火)를 멸하게 할 것이 틀림없다." 하였다. 한(漢)나라가 화덕(火德)이기 때문에 한(漢)나라에 화를 끼치는 화수(禍水)라 한 것으로, 《자치통감(資治通鑑)》에 나온다.

기장 한 알의 너비를 1분으로 하고 기장 90낟알을 황종(黃鐘)의 도수로 삼으며, 또 대나무를 잘라 황종의 율관으로 삼고 악기를 제작하여 황종의 약(龠)으로 삼아 그 용적을 구하면, 척도와 율관과 약(龠)이 서로 얻어진 후에 황종의 진도(眞度)를 얻을 수 있을 것이다. 이것이 한(漢) 나라 이래로 서로 전해져온 설이고 고인(古人)이 서로 참고해서 법을 보존한 바이다.

좌소산인문집 左蘇山人文集 권3

達城 徐有本 混原 一文

중부仲父 명고공明皐公에게 올린 편지
上仲父明皐公書

달이 운행 주기를 한 번 끝내고 별자리도 돌아 새로운 해가 다시 시작되는데, 곤궁함에 처하신 몸가짐이 조금 나아지셨는지요? 가만히 들으니 근래 역설(易說)을 이미 번열(繙閱) 하셨다고 하는데, 근사록(近思錄)은 몇 번이나 보셨는지요? 고요함 속에서 연구하시며 깊이 자득한 공을 이루시고 날로 고명하고 광대한 영역으로 가시는 것을 우러러 생각해봅니다. 중용문목(中庸問目)에 대한 답교(答教)를 인편을 통해 받았는데 그 지체된 것에 괴이함이 없었습니다. 4월에 서신을 드려 연말에 받아 드넓은 푸른 바다와 아득히 먼 길을 미루어 알 수 있겠으니, 누군가 혜주(惠州)는 하늘 위에 있지 않다[1]라고 했잖습니까. 조문(條問) 중 사람과 사물의 오상(五常)에 대한 논의는 큰 관건으로 허여를 받았으니, 가만히 저의 어리석은 견해가 크게 오류가 나지 않았음을 다행으로 여깁니다. 보내주신 가르침을 몇 번을 자세히 살펴보니, 선배들이 따르고 의거하던 지엽적인 말들을 한 번에 쓸어버리고 곧바로 근원부터 논파하셨으니, 영롱하고 투철하며 백번 지당하신 말씀입니다. 참으로 깊이 체득하고 밝게 본 자가 아니라면 누가 여기에 참여할 수 있겠습니까? 충청도 지방의 여러 선유(先儒)가 이 커다란 의론을 못 보는 것이 애석합니다. 나머지 여러 조문부터 혹 다시 여쭐 것이 있다면 모두 다음 인편을 기다리겠습니다. 다 갖추지 못합니다.

---

1 혜주(惠州)는……있지 않다 : 혜주(惠州)는 광동성(廣東省) 혜양현(惠陽縣) 서쪽에 있는 지명이다. 동파(東坡) 소식(蘇軾)이 이곳에 유배 가서 연락이 없자 아들들이 걱정했는데, 정혜사(定慧寺)의 탁계순(卓契順)이 소식의 아들인 소매(蘇邁)에게, "그대는 왜 그리 걱정을 많이 하는가? 혜주(惠州)는 하늘 위에 있지 않아 가면 바로 도착할 것이니, 내 그대를 위해 편지로 안부를 묻겠다."라고 한 일이 있다. 소식(蘇軾)의 〈서귀거래사증계순(書歸去來辭贈契順)〉에 나온다.

중용문목中庸問目【답서答書 부록】

中庸問目【附答書】

천지(天地)가 사람과 사물을 낳아 예로부터 지금까지 쉬지 않는 이유는 단지 음양·오행의 이(理)와 기(氣) 때문입니다. 하늘에 있는 것을 원형리정(元亨利貞), 사물에 있는 것을 인의예지(仁義禮智)라 하니, 하늘이 명을 내린 것은 다만 이 4개일 뿐입니다. 사물이 성(性)을 이루는 것 또한 이 4개일 뿐입니다.【주자(朱子)가 말했다. "비록 작은 곤충 종류라도 또한 이 4개의 이치를 품부 받았다."】 4가지 중 하나라도 빠지면, 하늘은 사물에 성을 부여해 줄 수 없고 사물은 사물을 이룰 수 없습니다. 그러므로 모든 천하의 형체 있는 사물은 음양의 기와 천지의 이(理)를 품부 받지 않음이 없습니다. 비록 꿈틀거리는 작은 벌레들이나 겨자씨나 먼지 같은 미미한 것이라도 모두 지극한 이치를 가지고 있으니, 이른바 '각각 하나의 태극을 갖추고 있다'라고 하는 것입니다. 이(理)는 기(氣)를 떠날 수 없고 또한 기와 섞일 수 없습니다. 떠날 수 없기 때문에 이는 기에 타는 것이고, 그 환히 조리있게 나뉜 것을 가리켜보면 단지 사람은 통하고 사물은 막혀있는 것이 아니라, 사람마다 맑고 탁하며 순수하고 잡박하게 품부 받은 것이 서로 모두 같지 않을 뿐입니다. 섞이지 않기 때문에 이는 절로 이(理)요, 기는 절로 기(氣)이니, 그 혼연한 전체를 말한다면 도척(盜跖)의 성(性)이 바로 순임금의 성(性)이요 사물의 성(性) 또한 사람의 성(性)인 것입니다. 참으로 떠나지 않고 섞이지 않는다는 '불리부잡(不離不雜)' 이 4글자에 대해 깊이 궁구하면, 천지의 만물은 모두 하나의 근본이고 사람과 사물이 오상(五常)을 같이 품부 받아 처음부터 의심할 만한 일이나 보기 어려운 이치는 아니었던 것입니다. 게다가 오행은 하나의 음양이고 음양은 하나의 태극이니, 하나에서 둘이 되고 둘에서 다섯이 되어 경계가 비록 다르고 명목이 많더라도 그 실질은 하나의 이(理)입니다. 다섯 가지가 있으면 모두 갖춘 것이니, 가령 호랑이 부자는 단지 이 인(仁)에서 그 한 점이 밝은 것이고,

개미의 임금과 신하는 단지 의(義)에서 그 한 점이 밝은 것입니다. 나머지는 떠밀어도 가지 않으니 형기(形氣)에 구속되었기 때문입니다. 만약 호랑이는 목(木)의 이(理)만 품부 받고 개미는 금(金)의 이(理)만 품부받은 것이라 한다면, 오행이 사물에 품부 될 때 하나는 있고 하나는 없는 것이 되니, 어찌 조화(造化)의 이치라 할 수 있겠습니까? 주자(朱子)는, "하나의 근원으로 말하면 이(理)가 같고 기(氣)가 다르며, 다른 형체로 말하면 기는 오히려 서로 비슷하지만 이는 전혀 같지가 않다."라고 했고, 또 말하길, "같은 가운데서 그 다름을 알고, 다름 가운데서 그 같음을 안다."라고 했습니다.[2] 주자가 말한 '사람과 사물의 변별'은 단지 이 '동(同)'과 '이(異)' 두 글자일 뿐입니다. 어찌 일찍이, '사람은 다 갖추었고 사물은 갖추지 못했다'라고 말했겠습니까? 이른바, '같음 속에서 다르고 다름 속에서 같다'라는 것은 사람들에게 이(理)와 기(氣) 두 가지 물질이 떠나지 않고 섞이지 않는 오묘함을 묵묵히 알아 자득함이 있게 하려고 한 것입니다. 후학들을 개시(開示)함이 또한 매우 절실하고 밝지 않습니까! 게다가 《대학혹문(大學或問)》에서 "사람과 사물이 태어나는 것은 반드시 이 이치를 얻어 건순인의예지(健順仁義禮智)의 성(性)이 있게 된다"라고 명확히 말했습니다. 그 아래 소주(小註)에서는 "사람과 사물 모두 오상(五常)의 성(性)을 갖추었다"라고 했으니, 입언의 취지는 참으로 이미 해와 별처럼 분명합니다. 《중용혹문(中庸或問)》의 편전(偏全)의 설에 있어서는, 《맹자집주(孟子集註)》가 어찌 그 전(全) 자를 온전히 했겠습니까? 모두 그 발용처(發用處)를 가리켜 말한 것입니다. 4개의 성(性)은 참으로 사물이 얻어서 온전히 한 것이 아닙니다. 어떤 사람은 주자의 편전(偏全)의 설이 《대학혹문(大學或問)》의 설과 합치하지 않는다고 하여 주자의 논의가 동이(同異)를 면하지 못했다고 의심하는데, 이는 편전(偏全) 두 글자가 기(氣)를 주로 하여 말한 것임을 전혀 알지 못하

2 주자(朱子)는……했습니다 : 《맹자집주(孟子集注)》 〈고자(告子)·상(上)〉 3장의 "그렇다면 개의 성(性)이 소의 성(性)과 같으며, 소의 성(性)이 사람의 성(性)과 같단 말인가?(然則犬之性, 猶牛之性, 牛之性, 猶人之性與?)"에 대한 논의에서 나온 주자의 말들이다.

는 것이니, 이(理)가 어찌 편전(偏全)으로 말할 수 있겠습니까? 이는 근래 사문(斯文)의 큰 시비이니, 바라건대 시정(是正)의 논의를 듣고 싶습니다.

답하여 말했다. 젊었을 때 일찍이 최숙고(崔叔固)과 이 뜻에 대해 강론을 한 적이 있었는데, 그 설이 지금도 기억이 난다. 숙고(叔固)는 이름이 석(錥)[3]이고 도암(陶庵) 이재(李縡)의 문인으로, 그는 스승의 설을 이어받아 사람과 사물이 모두 오상(五常)을 갖추었다는 것을 힘써 주장하였다. 성품 또한 이기기를 좋아하여 도보로 수백 리를 가서 남당(南塘) 한원진(韓元震)을 찾아뵙고는, 논변하기를 벌떼처럼 몰아쳤으나 남당 또한 굴하지 않았다.[4] 그러나 그 설은 모두 주자(朱子)의 《대전(大全)》·《어류(語類)》 및 우리나라 여러 문집에서 취한 것으로 남당(南塘)이 이미 실컷 씹고 음미한 것이니, 어찌 육박해서 도전하는 군대의 한 마디에 기꺼이 급히 항복하겠는가! 필경에는 합치하지 않고 돌아가 종신토록 출세의 계책을 삼았을 것이다. 나는 숙고(叔固)에 대해 다음과 같이 말했다. "당시 어찌하여 '이(理)는 본래 형체가 없고 사물에 따라 이름을 얻는다.'라고 말하지 않았는가? 이른바 오상(五常) 또한 소리나 색, 냄새, 맛 등 가리켜 구별할 수 있는 것이 아니다. 단지 그 발현하는 단서에 따라 그렇게 된 이(理)를 알 뿐이다. 발현함이 없는 것은 이렇게 가리켜 이름 지을 수 없다. 그러므로 사물이 오상(五常)을 갖추지 못했다고 하는 것은, 마땅히 애

---

3 숙고(叔固)는……석(錥) : 이재의 《도암집》과 한원진의 《남당집》에는 모두 '崔祏'으로 기록되어 있는 것으로 보아, 여기의 '錥'은 '祏'의 오기로 보인다.

4 논변하기를……굴하지 않았다 : 이재(李縡)의 문인 최석(崔祏)이 한원진(韓元震)을 찾아가 강론하고 돌아와 도암에게 그 내용을 고하자, 도암이 시를 지어 남당을 비난하였고, 남당이 발문(跋文)을 지어 반박하였다. 이에 최석이 또 발문 뒤에 글을 써서 조목조목 논파하고 병계(屛溪) 윤봉구(尹鳳九)에게 보낸 편지를 함께 실어 《호학변대요(湖學辨大要)》를 엮었다는 내용이 윤기(尹愭)의 〈서호락심성변후(書湖洛心性辨後)〉(《무명자집(無名子集)》 문고 제5책)에 실려 있다. 이재의 시는 〈최생숙고귀자남당, 성도강설, 청지유작(崔生叔固歸自南塘, 盛道講說, 聽之有作)〉으로 《도암선생집(陶菴先生集)》 권4에 실려 있고, 한원진의 발문은 〈제한천시후(題寒泉詩後)〉로 《남당집(南塘集)》 권32에 실려 있다.

(愛)·의(宜)·이(理)·통(通)·수(守)의 정(情)에 대하여 이러한 정이 없어 그렇게 된 까닭을 논하지 않는다고 하는 것이 옳다. 만약 그 안에 있는 이(理)가 절로 혼연(渾然)한 전체(全體)라면 애초에 동쪽으로 치우친 것이 인(仁)이 되고 서쪽으로 치우친 것이 의(義)가 되며 남쪽으로 치우친 것이 예(禮)가 되고 북쪽으로 치우친 것이 지(智)가 된다고 경계지어 나눌만한 것이 없게 되니, 사람과 사물 그리고 요순(堯舜)과 길거리 사람은 하나인 것이다. 다시 저것은 충족되고 이것은 부족하여 많고 적은 분수를 논할 만한 것이 있겠는가? 비유하자면, 물이 흘러 시내가 되고 모여들어 늪이 되며 둘레가 쳐져 연못이 되고 이어져 도랑이 되어 형형색색이 모두 갈래로 나누어지고 달라졌지만, 그 근원의 솟아나는 물이 어찌 일찍이 시내가 되고 늪이 되며 연못이 되고 도랑이 되는 것을 미리 가리켜 기다리듯 하는 것이 있었겠는가! 주염계가 이러한 뜻을 알아 《통서(通書)》에서 제일 먼저 '성(誠)은 아무런 작용이 없다'라고 말했으니, 이는 본연(本然)의 체이다. 다음으로 '선과 악의 기미가 나타나기 시작한다'라고 했으니, 이는 발현하려고 하는 기미이다. 또 그다음으로 '오상(五常)의 덕'을 말했으니, 이는 이미 발한 정(情)이다. 반드시 애(愛)를 인(仁)이라 하고 의(宜)를 의(義)라 하며 이(理)를 예(禮)라 하고 통(通)을 지(智)라 하며 수(守)를 신(信)이라 한다라고 말하는 것은 이 정에 따라서 인의예지신(仁義禮智信)이 됨을 가리켜 이름 지은 뜻을 밝히는 것이다. 지금 성무위(誠無爲) 위에서 오상(五常)이 있는 곳을 찾으려 한다면 또한 가능하겠는가! 그러하니 사물의 이(理) 또한 사람의 이(理)이다. 저 치우침과 온전함, 통함과 막힘, 같고 다름 등 어지러운 설은 정(情)이고 기(氣)이며 이미 발한 것이니 성(性)으로 말할 수 있는 것이 아니다." 이에 숙고(叔固)가 손바닥을 비비고 머리를 끄떡이며 전에 밝히지 못했던 것을 밝혔다고 여겼는데, 충청도의 여러 군자들이 이를 듣고 또한 과연 숙고(叔固)처럼 환히 깨달았을지는 모르겠다. 또 《어류(語類)》의

정가학(鄭可學, 1152-1212)이 기록한 것을 살펴보니 다음과 같다. "묻기를, '《유서(遺書)》【정씨유서(程氏遺書)】 중의 몇몇 말은 사람과 사물은 모두 이러한 이(理)를 가지고 있지만, 단지 기(氣)가 어두워 미루어 나가지 못한다고 합니다. 이것이 대강(大綱)은 그 근본이 같은 곳에서 나온다는 것을 말함이 아니겠습니까? 만약 이 이(理)를 얻는 것으로 논한다면 이미 같지 않음이 없지 않습니까?'라고 하니 '같다'라고 하셨다. '이미 같다면 사람과 사물의 성(性)이 나뉘게 된 까닭은 도리어 통함과 막힘에서 구별되니, 사람이 비록 기(氣)를 다르게 품부 받았지만 결국에는 같고, 사물은 끝내 같을 수는 없습니다. 그러하니 이(理)가 같다고 한다면 가하지만, 성(性) 【기질지성(氣質之性)】이 같다고 하는 것은 불가합니다.'라고 하니, '참으로 그러하다. 다만, 광명이 발현하는 곳에 따라 볼 수 있으니, 개미에게도 군신 관계 같은 것이 있는 종류이다. 단지 품부 받은 형태가 이미 다르니, 다시 사람과 통하는 이(理)가 없는 것이다. 예를 들어 원숭이는 형태가 사람과 매우 비슷하여 사람 같은 행동을 할 수 있고, 들의 여우는 사람처럼 설 수 있어 요물이 될 수 있다. 돼지 같은 경우는 지극히 어둡다.'" 정주(程朱)의 밝은 가르침은 이것과 같다. 비록 충청도 군자들이 주장하는 데 과감했지만 쉽게 옮겨가지는 못할 듯하다. 자기를 따랐다는 것은 또한 초년(初年)의 설로 돌아간 것인가, 아니면 혹 기록의 오류인가!

발하지 않은 인의예지(仁義禮智)의 성(性)은 혼연(渾然)히 흠이 없어 천하의 대본(大本)이고, 이미 발한 희노애락(喜怒哀樂)의 정(情)은 찬연(燦然)히 절도에 맞아 천하의 달도(達道)입니다. 이 절 입언의 체(體)는 마땅히 성(性)의 체(體)와 정(情)의 용(用)으로 미발(未發)과 이발(已發)을 나누어 말해야 할 것 같은데, 지금 유독 칠정(七情)의 조목만 들어 말한 것은 왜인지요? 성인(聖人)이 사람을 가르칠 때 반드시 동처(動處)에 나아가 학자들에게 착수하여 공력을 쏟는 방법을 가리켜 보여줬으니, 그러므로 이 절은 칠정(七情)의 동처(動處)를 말하여 사람들에게 미발(未發)과 이발(已發)의 경계를 아울러 체득케 하여, 동정(動靜)을 일관되게 하고 체용(體用)을 합치되게 하고자 하는 뜻이 있는 것이 아니겠습니까! 또 살펴보건대, 미발시(未發時)에는 하나의 기(氣) 한 글자도 쓸 수 없다고 한 것은 근세 선유들의 큰 논란에 관계되었습니다. 제가 생각하기에 미발시(未發時)에 기(氣)가 용사(用事)를 하지 않으니, 참으로 선악이라고 말할 만한 것이 없습니다. 그러나 지극한 상지(上智)는 맑고 또 순수하며, 지극한 하우(下愚)는 탁하고 섞여 있으니, 비록 미발(未發)의 때에 있더라도 혼(昏)과 명(明)의 구분이 없을 수는 없을 듯합니다. 주자(朱子)가 '미발(未發)의 때에는 요순(堯舜)부터 길거리 사람까지 하나다'라고 말했는데, 이 가르침은 감히 알지 못하겠습니다.

답하여 말했다. 《중용(中庸)》 첫 장은 첫머리에서 성(性)·도(道)·교(敎)로 세 개의 기둥을 세웠다. 도(道)가 중간에 있지만 실제로는 한 장의 골자(骨子)이므로 그 아래에서는 도야자(道也者)로 이어받은 것이다. 다음에서 계구(戒懼)를 말했으니 체(體)에서의 공부이고, 그 다음에는 신독(愼獨)을 말했으니 용(用)에서의 공부이다. 이 두 절은 도(道)의 체용(體用)으로 두 다리를 나누었다가, 이 절에 이르러 문법(文法)으로 바로 다리를 교차하는 곳이 된다. 그러므로 다시 체용(體用)으로 대대(對待)하여 문장을 구성하지 않았고 용(用)으로 귀결시켰으며, 체(體)로는 근본을 미루어보는 말이 된다. 그래서 도(道) 자의 뜻을 끝맺음하는 것이 되어 맨 끝에서 천하지달도(天下之達道)라 했으니, 그 자안(字眼)을 볼 수 있다. 주자(朱子)가 이 뜻을 풀이하며, 장구(章句)의 이른바 도지체(道之體)·도지용(道之用)·도불가리(道不可離) 뜻에 대해 세 개의 도(道) 자를 자안(字眼) 면에서 구마다 밝게 살폈으니, 이것을 알면 이 절의 문장을 구성한 것이 그렇게 되지 않을 수 없음을 깨달을 수 있다. 미발(未發)의 체(體) 같은 경우는 선배들의 논설이 한우충동 할 만큼 많이 있는데, 요점은 모두 각각 연유하여 말한 바의 자리에 나아가 체득하여 발명하였다. 지금 감히 들어가는 쪽을 주인으로 여기고 나가는 쪽을 노예로 여기며 망령되이 스스로 주장하지 않으니, 주자(朱子)의 가르침 또한 단지 그 경계를 가리킨 것이고 그 체단을 논하지는 않았다. 나는 항상 녹문(鹿門) 임성주(任聖周, 1711~1788)와 미발(未發)을 논하였는데, 녹문(鹿門)의 한마디가 매우 정당하니, "성인(聖人)과 중인(衆人)의 미발(未發)은 그 경계(境界)는 같지만 사활(死活)은 각기 다른 점이 있다."[5]라고 했다. 이는 종래 여러 학자들이 설파하지 못했던 바이다. 그러나 선배들이 당시에 했던 공부를 하지 않고 초학자들이 갑자기 들으면 듣고 의심하며 이해하지 못한다는 것이 실로 지나치지 않으니, 지금 또한 그 단서를 조금 발했을 뿐이다.

비은장(費隱章)에 대해 장구(章句)에서 인용한 후씨설(侯氏說)은 타당하지 않은 듯합니다.[6] 고금(古今)의 사변(事變)과 예악(禮樂)의 제도(制度)를 성인(聖人)은 필경 듣고 알았을 테니, 어찌 알지 못한다고 말할 수 있겠습니까? 제 생각에 성인(聖人)이 알지 못하는 바는 장주(莊周)의 이른바 '육합(六合)의 바깥에 대해서는 그냥 두고 논하지 않는다'는 것이 그것입니다. 허동양(許東陽)의 이른바 '공자는 늙은 농사꾼만 못하다. 백공기예(百工技藝)의 자질구레한 일을 성인이 어찌 모두 다 알 수 있으리오?'가 또한 후씨설(侯氏說)보다 나은 듯합니다.

---

5 성인(聖人)과……다른 점이 있다 : 임성주(任聖周)의 《녹문선생문집(鹿門先生文集)》 권9 〈답혹인(答或人)〉에 나오는 말이다.

6 비은장(費隱章)……듯합니다 : 《중용장구(中庸章句)》 12장인 비은장(費隱章)의 주자 주에서 인용한 후씨설은 다음과 같다. "성인(聖人)도 알지 못하는 것은 공자(孔子)께서 예(禮)를 묻고, 관제(官制)을 물은 것과 같은 종류이고, 능하지 못한 것은 공자(孔子)께서 지위를 얻지 못함과 요순(堯舜)이 널리 베푸는 것을 부족하게 여김과 같은 종류이다."

답하여 말했다. 근래에 《주자어류(朱子語類)》를 보니, 주자 문하 제자들의 질문이 너무 심했음을 더욱 알게 되었다. 김경직(金敬直) 같은 경우도 당세의 명유(名儒)라 할 만하지만, 성인(聖人)이 알지 못하는 것과 능하지 못한 것에 자주 의심을 하였다. 이에 주자가 고하기를, "지(至)는 지극함의 지(至)가 아니다. 도(道)는 포괄하지 않음이 없으니, 만약 모두 다 논한다면 성인이 어찌 세세하게 다 알 수 있으리오!" 하였다. 지금 질문 또한 여기에 있다. 천지에 대해 성인도 오히려 유감이 있으니, 알지 못하고 능하지 못한 것은 도체(道體)의 광대(廣大)함을 지극히 논한다면 성인의 성덕(成德)으로 논할 바가 아닌 것이다. 성인(聖人)으로 말하면 들어서 아는 것도 아는 것이요, 도(道)로 말하면 성인이 들어서 알기 전 진실로 알지 못하는 것이 있어서, 반드시 들을 필요가 없는 일 또한 끝내는 알지 못하는 것에 있게 되는 것이다. 장자(莊子)의 이른바 '육합(六合)의 바깥에 대해서는 그냥 두고 논하지 않는다' 같은 경우는 단지 논하지 않을 뿐으로, 성인이 어찌 알지 못하겠는가! 십세(十世)도 알 수 있으니, 옛것으로 지금으로 미루어보면 육합(六合)의 바깥도 안의 것으로 바깥을 미루어 볼 수 있다. 이것을 성인이 알지 못하는 바로 여긴다면, 바로 유정부(游定夫)의 일곱 성인이 모두 길을 잃었다는 설[7]과 주자의 물음에 서거부(徐居夫)가 인용한 《주역(周易)》 〈계사전〈繫辭傳〉〉의 '여기부터 자신도 모르게 되었다'는 설과 같게 되니, 모두 지나치게 높은 병폐를 면하지 못할 것이다.

장구(章句)에서 위의 성인(聖人)이 능하지 못한 바에서 후씨설(候氏說)을 인용하여 공자(孔子)께서 지위를 얻지 못함으로 풀이하였는데, 이 단에서

7 유정부(游定夫)……잃었다는 설 : 《장자(莊子)》 〈서무귀(徐无鬼)〉에 나오는 말로, 황제(黃帝)가 방명(方明) 등 여섯 명을 대동하고서 구자산(具茨山)으로 대외(大隗)를 만나러 갔다가 모두 길을 잃고서 목동에게 길을 물었다고 한다.

는 공자(孔子)가 '나는 한 가지도 하지 못한다'라고 말한 것을 성인이 능하지 못한 것이라 하였습니다.[8] 상하단의 풀이가 어긋남을 면하지 못하니 이것은 매우 의심스럽습니다. 육상산(陸象山)이 "부부도 알 수 있고 능할 수 있는 것은 오직 이 오륜(五倫)이고, 성인(聖人)이 알지 못하고 능하지 못한 것 또한 단지 이 오륜(五倫)이다."라고 했습니다. 이 한 단으로 보면, 그 공자의 말을 인용한 것은 윗글의 성인이 능하지 못한 바를 논한 증거가 아니겠습니까?

답하여 말했다. 두 장의 장구(章句)는 내가 보건대 어긋난 적이 없었다. 대저 봉록과 지위와 이름과 장수는 부형(父兄)이 자제(子弟)에게 바라는 바로 반드시 온전하고자 하나, 부자(夫子)도 어찌 온전히 할 수 있겠는가! 주자(朱子)는 다음과 같이 말했다. "공자(孔子)는 대덕(大德)을 가졌지만 그 지위는 얻지 못했으니, 어찌 능하지 못한 것이 아니겠는가?", "도(道)는 이르지 않는 바가 없어 무궁무진하여, 성인(聖人)도 다함이 없고 천지 또한 다함이 없다. 이것이 이 장의 긴요한 의미이다."[9] 이 가르침을 체득하여 음미한다면, 두 장의 장구가 서로 증명됨을 볼 수 있을 것이다. 보낸 편지에서 이른바 공자의 말을 인용하여 윗글의 성인이 능하지 못한 바를 증명했다는 것은 모두 맞다.

16장인 귀신장(鬼神章)은 반드시 15장인 '먼 곳을 가려면 반드시 가까운 데부터' 아래와 17장인 '순임금은 대효(大孝)이실 것이다' 위의 순서로 되었는데, 그 의미는 어디에 있습니까? 선유들의 논설에서는 여기에 대해 전혀 논한 것이 없습니다. 제 생각에는 사람이 처자간에 화합할 수 있고 형제간에 사이가 좋은 이후에 부모를 편안하게 하고, 인륜을 다한 후에

---

8 공자(孔子)가……하였습니다 : 《중용장구(中庸章句)》 13장 내용이다.

9 공자(孔子)는……의미이다 : 《주자어류(朱子語類)》 권63 중용(中庸) 부분에 나온다.

귀신을 감응하게 할 수 있습니다. 이것이 귀신장이 반드시 '부모를 편안하게 한다'는 내용 다음 장에 반드시 순서가 된 까닭이고, 옆에 있는 듯하고 이르른 것은 단지 그 이치가 이와 같다는 것을 말한 것입니다. '순임금은 대효(大孝)이실 것이다' 아래는 성인(聖人)의 일로 실증한 것이니, 대순(大舜)·문왕(文王)·무왕(武王)·주공(周公)이 모두 인륜을 다하여 신에게 정성을 다하고 하늘을 감동시키며 선조와 상제에게 제향하는 데까지 미친 것이니, 이 아래 몇 장이 서로 이어받는 순서입니다. 이와 같이 본다면 어떨지 모르겠습니다. 동생 유구(有榘)와 이 장의 순서를 강론하며 예전 배운 바를 생각하니, 당시 가르쳐주시며 "귀신(鬼神)은 바로 사람 마음의 신명(神明)일 뿐이다. 마음이 몸의 가운데 있으니, 귀신장(鬼神章)이 반드시 한 편의 가운데에 자리 잡은 것이다."라고 하셨습니다. 전에 하신 말씀에 근거할 만한 것이 있는지요?

답하여 말했다. 고녕인(顧寧人, 고염무(顧炎武))이 장의 순서를 논하며 보낸 편지와 같이 말했고 조금 더 자세히 설명하였으니[10], 이와 같이 보면 무방할 것이다. 그러나 반드시 귀신장(鬼神章)이 비은(費隱)을 겸하고 대소(大小)를 포함한 것으로 그 덕이 어떠한지를 안 연후에야, 이 장이 한 편의 가운데에 자리 잡은 까닭을 얻을 수 있을 것이다. 보한경(輔漢卿)[11]이 일찍이 15장 이상은 군자의 도를 논한 것이고 16장은 귀신의 도를 논한 것이다라고 하였는데, 주자는 허여하지 않으며 "귀신의 도가 바로 군자의 도로 둘이 있는 것이 아니다."라고 했다.[12] 둘이 아니다라는 의미를 깊고 오래 생각해야 하지 않겠는가! 선유가 '귀신위덕(鬼神爲德)' 구를 풀이하며, '귀신지덕(鬼神之德)'

10 고녕인……설명하였으니 : 고염무(顧炎武)의 《일지록(日知錄)》 권6 귀신(鬼神) 부분에 나온다.

11 보한경(輔漢卿) : 보광(輔廣)은 자(字)가 한경(漢卿)이고 호가 잠암(潛庵)으로 송나라 학자이다. 여조겸과 주자에게 배웠고 면재(勉齋) 황간(黃榦)과 우애가 깊었다.

12 주자는……했다 : 《주자어류(朱子語類)》 권63 중용(中庸) 부분에 나온다.

이라 하지 않고 반드시 '위덕(爲德)'이라 한 것은 귀신이 곧 덕이요, 덕이 곧 귀신인 것이다. 만약 '귀신지덕(鬼神之德)'이라 했다면 사람의 마음과 귀신의 이면에 다시 그 덕이 덕이 되는 의미가 있다고 말하는 것과 같으니, 또한 깊고 오래 생각해야 하지 않겠는가! 대저 중용(中庸)에는 세 개의 대절(大節)이 있으니, 2장부터 11장까지가 성(性)이요, 12장부터 20장까지가 도(道)이며, 21장부터 33장까지가 교(敎)이다. 이 책은 성(性)·도(道)·교(敎) 세 칸 집에 불과하고, 귀신장(鬼神章)이 또한 도(道)를 논한 칸의 가장 중앙에 위치하여 한 편의 추뉴(樞紐)가 되는 것이다. 소옹(邵雍)은 "선천학(先天學)은 심법(心法)이고, 도(圖)는 모두 그 안에서 나왔다."라고 했고, 주염계(周敦頤)는 "한 번 동(動)하고 한 번 정(靜)하는 사이가 신(神)이다."라고 했다. 이것이 마음이 위치한 것이 아니고 무엇이겠는가? 연전에 풍석(楓石)과 강론한 것은 일시(一時)의 문답에서 나온 것이 아니다. 그 널리 인용하고 자세히 고증한 설은 〈학도관(學道關)〉[13] 한 편에 대략 갖추어졌으니, 이 〈학도관(學道關)〉을 취해서 자세히 연구해볼 만하다.

이 두 절은 어떻게 나누어 볼 수 있습니까? 종묘절(宗廟節)은 분명히 제사할 때인데, 조묘절(祖廟節)은 어떤 때인지요? 주석에서도 고찰할만한 명확한 문장이 없습니다. 어떤 사람은 조묘절(祖廟節)이 장차 제사를 지내려고 미리 변별할 때라고 하는데 이 설이 근리한 듯합니다. 다만, 마지막 구에서 제철의 음식을 바친다고 했으니 또한 봄가을로 천향(薦享)할 때인 듯하나 끝내 근거할만한 적확한 주석이 없으니 엎드려 가르침을 구합니다.[14]

답하여 말했다. 여여숙(呂與叔, 여대림)의 《중용해(中庸解)》에서 수기

13 학도관(學道關) : 서형수(徐瀅修)의 저작으로, 《명고전집(明皐全集)》 권19에 실려있다.

14 종묘절(宗廟節)은……조묘절(祖廟節) : 《중용장구(中庸章句)》 19장 내용이다.

조묘(修其祖廟) 이하 1절을 계지(繼志)로 삼고 종묘지례(宗廟之禮) 1절을 술사(述事)로 삼았는데, 이 말이 맞다. 앞절은 먼저 종묘 제작에 관한 대경(大經)을 논하였고, 뒤절은 향사(享祀)의 의식과 예절을 자세히 서술하였다. '제철의 음식을 바친다(薦其時食)' 한 구 또한 대경(大經)을 경륜하는 것을 말한 것이다. 장차 제사 지내려고 할 때 미리 논변한다는 혹설(或說)은, 삼가촌(三家村) 무식한 늙은 선생의 구기(口氣) 같구나![15]

月窮星回, 歲且更始, 伏惟處坎動止一味曾護. 仄聞近者易說, 已了繙閱, 近思錄廻環孰復. 仰想靜裏硏索, 深造自得之功, 日造乎高明廣大之域矣. 中庸問目答敎, 因轉遞付來, 無恠其淹滯, 而四月出書信, 乃於歲末承覽, 滄溟之敻濶, 道里之脩阻, 可以推知, 而誰謂惠州不在天上耶. 條問中人物五常之論, 卽大關捩, 而旣蒙印可, 竊自幸迷見之不甚差謬, 而來敎細繹數回, 一掃前輩依附援據之枝辭, 直從源頭劈破, 玲瓏透徹, 四亭八當, 苟非體之深而見之明者, 其孰能與於此. 惜不令湖中諸先儒及見此大議論也. 自餘諸條, 容或有更稟者, 都俟後便耳. 不備.

天地之所以生人生物, 亘古今不息者, 只是二五之理二五之氣之爲也. 在天曰'元亨利貞', 在物曰'仁義禮智', 天之所以施命者, 只此四箇而已. 物之所以成性者, 亦只此四箇而已.【朱子曰, "雖小少昆虫之類, 亦稟得那四者之理."】四者闕一焉, 則天不得以賦物而物不得以成物也. 故凡天下有形之物, 莫不稟陰陽之氣而具天地之理. 雖蟜蛸蠭蠕之類, 一芥一塵之微, 皆有至理存焉, 所謂各具一太極也. 理不離乎氣, 亦不雜乎氣. 惟其不離, 故理乘於氣, 而指其燦然之條分者, 則不特人通而物塞, 人與人其淸濁粹駁之稟, 吹萬不齊耳. 惟其不雜, 故理自理氣自氣, 而語其渾然之全體者, 則不惟蹠之性, 卽舜之

15 삼가촌(三家村)……구기(口氣) 같구나 : 시골의 가짜 선생이 아이들에게 《논어(論語)》를 가르치면서 '욱욱호문(郁郁乎文)'을 '도도평장(都都平丈)'으로 잘못 읽은 일에서 유래한 말이다. 송나라 조여시(趙與時)의 《빈퇴록(賓退錄)》에 나온다.

性, 物之性, 亦人之性. 苟於此不離不雜四字上, 十分勘究, 則天地萬物, 俱是一本, 而人物之同禀五常, 初非可疑之事難見之理矣. 且夫五行一陰陽也, 陰陽一太極也, 是其自一而二, 自二而五. 界分雖殊, 名目雖多, 其實一理也. 五者有則俱有, 且如虎狼之父子, 只是這仁上有一點明, 蜂蟻之君臣, 只是這義上有一點明, 而其他則推不去, 以其牿於形氣也. 若謂虎狼只稟得木之理, 蜂蟻只稟得金之理, 五行之賦物, 一有而一無, 則是豈造化之理也哉! 朱子曰, "自一原而言則理同而氣異, 自異體而言則氣猶相近而理絶不同." 又曰, "同中識其異, 異中識其同." 朱子所言人物之辨, 只此同異二字而已. 曷嘗謂'人則具而物則不具'也? 所謂'同中異異中同'者, 要令人默識理氣二物不離不雜之妙而有以自得之也. 其開示後學, 不亦深切著明乎! 且況太學或問, 明言"人物必得是理, 以爲健順仁義禮智之性." 其下小註, 又言"人物皆具五常之性", 則立言之旨, 固已炳如日星矣. 至於中庸或問偏全之說, 孟子集註豈得以全之全字, 皆指其發用處而言也. 四者之性, 固非物之所得而全也. 或者以朱子偏全之說, 與大學或問之說不合, 致疑於朱子之論, 不免有同異, 殊不知偏全二字主氣而言也, 理豈可以偏全言哉? 此係近世斯文之大是非, 願聞是正之論.

答曰, 少日嘗與崔叔固講此義, 其說尙今記有矣. 叔固名鉐, 陶庵門人也. 承其師說, 力主人物皆具五常之論. 性且好勝, 徒步數百里, 往見韓南塘, 辭辨鑱涌, 南塘亦無以屈. 然其說皆取諸大全語類及東人諸集, 南塘之所已咀嚼而厭飫之者, 豈肯遽下於摩壘致師之一言乎! 畢竟不合而歸, 終身作爲家計. 余謂叔固曰, "當時奚不曰理本無形, 因物而得名? 所謂五常, 亦非有聲色臭味之可指以爲別者, 特因其發見之端, 知有此所以然之理而已. 無是發見者, 着此指名不得, 故物不具五常云者, 當就其愛宜理通守之情, 言其無此情而不論其所以然可也. 若其在中之理, 自是渾然全體, 初無東偏爲仁西偏爲義南偏爲禮北偏爲智之可界分者, 則人與物, 堯舜與塗人一也. 尙更有彼足此欠,多寡分數之可論乎? 譬之水流而爲溪, 滙而爲澤, 方而爲池, 亘而爲溝之形形色色者, 皆支分派別以後事, 其源頭活水, 曷嘗有爲溪爲澤爲池爲溝之豫先指似以待之者也! 周子知此義, 通書首言誠無爲, 此本然之體也. 次言幾善惡, 此欲發之機也, 又次言五常之德, 此已發之情也, 而必曰愛曰仁宜曰義理曰禮通曰智守曰信者, 所以明夫因此情而指名爲仁義禮智信之義也. 今欲於誠無爲上, 覔其五常所在處, 又可得耶? 然則物之理, 亦人之理也. 彼偏全通塞同異紛紜之說, 情也氣也已發也, 非可以言於性者也云爾." 叔固撫掌點頭以爲發前未發, 未知湖中諸君子聞此, 亦果犂然如叔固否也. 又案語類鄭可學錄, 問遺書【程氏遺書】中有數語, 皆云人與物共有此理, 只是氣昏推不得. 此莫只是大綱言其本同出, 若論其得此理莫已不同? 曰同. 曰旣同, 則所以分人物之性者, 却是於通塞上別, 如人雖氣稟異而終可同, 物則終不可同, 然則謂之理同則可, 謂之性【氣質之性】同則不可. 曰固然, 但隨其光明發見處可見, 如螻蟻君臣之類. 但其稟形旣別, 則無復與人通之理, 如獼猴形與人畧似則便有能解, 野狐能人立, 故能爲怪, 如猪則極昏. 程朱明訓似此處, 雖以湖中之果於主張, 恐未易推移, 從已豈亦歸之初年之說, 抑或以爲記錄之誤也歟!

未發而仁義禮智之性, 渾然無欠者, 天下之大本也. 已發而喜怒哀樂之情, 燦然中節者, 天下之達道也. 此節立言之體, 似當以性之體情之用, 分言未發已發, 而今獨擧七情之目爲言者何也? 豈以聖人敎人, 必就動處指示學者下手用工之方, 故此節截自七情之動處說去, 要使人兼體乎未發已發之界分者, 乃所以貫動靜合體用之義也歟! 又案未發時著不得一氣字, 亦係近世先儒之大論難, 而竊念未發之時, 氣不用事, 則固無善惡之可言. 然上智之極淸且純, 下愚之極濁且駁, 雖在未發之時, 似不容無昬明之分矣. 朱子曰未發之時, 自堯舜至於塗人一也, 此訓有未敢知.

答曰, 中庸首章, 首以性道敎立三柱子, 而道在中間, 實爲一章骨子. 故其下卽以道也者承之, 次言戒懼則體上工夫也, 次言愼獨則用上工夫也, 而此兩節, 以道之體用, 分開兩股, 及至此節則在文法, 政是交股處. 故不復以體用對待立文, 歸結於用上, 而體上則爲推本之辭, 所以終道字之義, 而尾之曰天下之達道者, 可見其字眼也. 朱子解此義, 章句所謂道之體道之用道不可離之意, 三道字皆於字眼上, 句句照管焉. 知此則此節立文之不得不然, 可曉矣. 至如未發之體, 前輩之說汗牛充棟者, 要皆各就其所從言之地頭, 體貼而發明之. 今不敢入主出奴, 妄自主張, 而朱子之訓, 亦但指其境界而非論其體段也. 吾常與任鹿門論未發, 鹿門一語, 有極亭當者, 曰"聖人衆人之未發境界則同, 而死活有異." 此從上諸家所未及道破, 然無前輩當日之工夫, 初學之士驟聞之, 未有不聽瑩而會不得信不過, 今且微發其端而已.

費隱章章句所引侯氏說恐未妥. 古今事變, 禮樂制度, 聖人畢竟聞而知之, 則豈可曰不知乎? 竊意聖人之所不知, 如莊周所謂六合之外, 存而不論是也, 而許東陽所謂孔子不如農圃及百工技藝細瑣之事, 聖人豈能盡知者, 亦恐差勝於侯說.

答曰, 近看朱子語類, 益知朱門諸子之好問太甚. 如金敬直, 亦可謂當世名儒, 而屢致疑於聖人之不知不能, 則朱子告之曰, 至者非極至之至, 蓋道無不包. 若盡論之, 聖人豈能纖悉盡知! 今來問亦在此也. 此以天地聖人之猶有憾, 不知能, 極論道體之廣大, 而非所以論聖人之成德者, 則自聖人言之, 聞知亦知也, 而自道言之, 雖聖人聞知之前, 固有不知者, 而不必聞之事, 亦有終於不知者也. 至如莊子所謂六合之外, 存而不論, 特不論而已. 聖人豈不知之? 十世可知, 則以古而推今也. 六合之外, 則以內而推外也. 以此爲聖人所不知, 則正與游定夫七聖皆迷之說, 朱問徐居夫所引易繫過此以往未之或知之說同,而並不免於過高之病矣.

章句於上文聖人之所不能, 引侯氏說, 以孔子不得位釋之, 而此段則曰某未能一者, 聖人所不能也. 上下段所釋, 未免參差, 此殊可疑. 陸象山曰, 夫婦之與知與能, 只此五倫, 聖人之所不知不能, 亦只此五倫. 以此一段觀之, 則其引夫子之言, 乃所以論上文聖人所不能之驗也歟!

答曰, 兩章章句, 以吾見之, 未嘗有參差者. 大抵祿位名壽, 父兄之所求乎子弟者, 必欲其全, 而夫子豈能全之乎? 朱子曰, 孔子有大德而不得其位, 如何不是不能? 道無所不至, 無窮無盡, 聖人亦做不盡, 天地亦做不盡, 此是此章緊要意思. 體味此訓, 則兩章章句之互相證明者可見. 來諭所謂引夫子之言, 以證上文聖人之所不能, 儘得之矣.

鬼神章之必序於行遠自邇之下, 舜其大孝之上, 其義何居? 先儒說絶無論難及此者, 竊意人能和妻子宜兄弟而後, 可以順父母, 盡人倫而後, 可以格鬼神, 此鬼神章之所以必叙於父母順矣之下, 而如在來格則但言其理如此. 舜其大孝以下, 則實以聖人之事, 自大舜文武周公皆盡人倫, 以至於誠神動天饗先饗帝, 此下數章相承之序也. 如此看, 未知是否. 聞與榘弟講此章之序, 以爲昔者受學也. 下敎曰鬼神者卽人心之神明是已. 心居一身之中, 鬼神章之必次於一篇之中者此也. 不識此有前言之可據否?

答曰, 顧寧人之論章次, 蓋如來說, 而稍加詳焉, 如此看儘不妨. 然須知鬼神之兼費隱包大小者, 其德爲如何然後, 此章所以次一篇之中者, 可得其義矣. 輔漢卿嘗以十五章以上, 爲論君子之道, 十六章爲論鬼神之道, 則朱子不許曰鬼神之道, 便是君子之道, 非有二也. 非二也之義, 可不深長思乎! 先儒解鬼神爲德之句曰, 不曰鬼神之德, 而必曰爲德者, 鬼神卽德, 德卽鬼神也. 若曰鬼神之德, 則如云人之心鬼神裏面, 更有其德爲德之義, 又可不深長思乎! 大抵中庸有三大節, 第二章止十一章性也, 十二章止二十章道也, 二十一章止三十三章教也. 此一書不過性道教三間架, 而鬼神章又居論道間架之最中, 爲一篇之樞紐. 邵子曰, 先天學心法也, 圖皆從中起. 周子曰, 一動一靜之間神也. 此非心之位置而何? 年前與楓石所講, 非出一時答問, 而其旁引曲證之說, 畧具於學道關一篇, 可取此篇而細究之.

此兩節, 何以分看耶? 宗廟節, 明是祭祀之時, 祖廟節, 是何等時候耶? 注中亦無明文可考, 而或云祖廟節, 是將祭而預辨之時, 此說似矣, 而但末句言薦其時食, 則又似春秋薦享之時, 終未得的確可據之訓釋. 伏乞商教焉.

答曰, 呂與叔中庸解, 以修其祖廟一節爲繼志, 以宗廟之禮一節爲述事, 此言得之. 蓋上節先論制作之大經, 下節詳叙享祀之儀文. 薦其時食一句, 亦以經綸大經言, 將祭預辨之或說, 豈三家村老學究口氣耶!

중부 명고공에게 올린 편지

上仲父明皐公書

세월이 빠르게 흘러 대모님의 대상(大祥)이 문득 지나갔습니다. 삼가 먼 곳에서 망곡(望哭) 하니, 이 무척이나 절박한 심정을 어떻게 다시 전달드리겠습니까? 일전에 올린 편지는 비연(斐然) 숙부[16]에게 부쳐 영암(靈巖)으로 가는 인편을 찾아 전달하였으니, 아마도 이미 보셨을 것입니다. 봄 추위

16 비연(斐然) 숙부 : 서유본의 재종숙부 서기수(徐淇修, 1771~1834)로 자(字)가 비연(斐然), 호(號)는 소음재(篠飮齋)이다.

에 체후와 제절(諸節) 어떠하신지요? 아침저녁으로 남쪽을 바라보며 타들어가는 심정을 감당하지 못하겠습니다. 저는 초 7일에 출발하여 읍내에 다다라 초 9일에 대상에 참석했는데, 아직 부례(祔禮)[17]가 행해지지 않아 신주를 모셔두는 궤연(几筵)이 그대로 남아있었습니다. 10일에 부례(祔禮)가 행해져 사당에 모시고 곡을 하였고 나머지는 예에 따라 행했습니다. 장단에 있을 때 혹 시간을 끌며 장례를 치르지 않은 사례를 자못 많이 들었으나, 이번 변제(變除)[18]의 절차에 대해서는 의문이 들었습니다. 여기에는 절대 그렇지 않은 점이 있습니다. 삼년상에서 변제(變除)의 절차에는 4가지가 있습니다. 졸곡(卒哭), 연상(練祥), 재기(再朞), 담길(禫吉)이 그것입니다. 졸곡(卒哭) 후에는 관을 가벼운 것으로 바꾸고 요질과 수질을 마에서 칡으로 만든 것으로 하며 의려(倚廬) 간막이를 깎고 기둥과 처마를 세웁니다. 이것이 최초 변제의 절차입니다. 장례를 치르지 않았다면 우제(虞祭)와 졸곡(卒哭)이 없으니, 졸곡을 하지 않았다면 이러한 변제의 절차가 없습니다. 그러므로 세월이 이미 지났다 하더라도 처음 상 당했을 때의 복을 그대로 입는 것입니다. 지금 밖에 있다가 부고를 받았는데, 이미 우제를 지내고 가벼운 상복으로 갈아입었으며, 1년이 지나 연상을 지내고 2년이 지나 소호관(素縞冠)에 마의를 입고 담제를 지낸 후에 상복을 벗었으니, 바로 절차가 서로 이어지는 순서입니다. 어찌 시간을 끌며 장례를 지내는 않은 것과 함께 볼 수 있겠습니까? 참으로 정리가 매우 강하여 3년의 제도가 있으나 시일이 지나도 상복을 벗지 않아 선왕(先王)이 예를 만든 것입니다. 길 가는 사람들도 모두 차마 하지 않는 것이니 성왕의 가르침이 엄한 것입니다. 이는 참으로 여러 말로 변별할 필요가 없는 것이니, 이미 동생 유경(有檠)과 대화를 나누었습니다. 그러므로 이에 말씀을 올릴 뿐입니다. 다 갖추지 못합니다.

17 부례(祔禮) : 삼년상을 마치고 신주를 사당으로 옮겨 모시는 부묘(祔廟)의 예를 가리킨다.

18 변제(變除) : 상례(喪禮)에서 상복을 바꾸어 입으면서 거상(居喪)을 마치는 것을 말한다.

日月迅駛, 大母主終祥奄過, 伏惟遠外望哭, 情事痛迫, 更復何達? 日前上書, 付諸斐叔, 討靈巖官便轉達, 計已關照矣. 不審春寒, 體中諸節更若何? 晨夕南望, 不任燭煎之私, 從子初七發行, 抵邑內, 參初九祥事, 而以未行祔禮, 几筵仍爲奉留. 十日行祔祀禮畢, 奉入廟哭, 從如禮矣. 在湍時頗聞或引久未葬之例, 致疑於今番變除之節, 然此有大不然者. 三年之喪變除之節有四, 卒哭也練祥也再朞也禫吉也. 卒哭之後, 以其冠爲受衰, 腰首絰變麻服葛, 倚廬翦屛柱楣, 此是最初變除之節. 未葬則無虞卒哭, 不卒哭則無此變除一節, 故雖日月已過, 而仍服初喪時服也. 今在外承訃, 旣已虞而受衰矣. 朞而練, 再朞而素縞, 禫而卽吉, 卽節次相承之序也. 何可與久未葬者比而同之乎? 苟以情理之偏酷, 而三年之中制, 過時不除, 則先王制禮, 行路之人皆不忍, 聖訓嚴矣. 此固無足多辨, 而旣與檠弟有所酬酢, 故玆又仰白耳. 不備.

중부 명고공에게 올린 편지의 별지別紙

上仲父明皐公別紙

가르쳐주신 예(禮)에 대해 의심나는 두 조목은 삼가 이미 잘 보았습니다. 제1조 상복을 바꾸고 벗는 절차입니다. 살펴보건대, 《의례(儀禮)》의 소(疏)에 "먼저 상기(喪期)가 찬 사람은 먼저 상복을 벗고 나중에 상기가 찬 사람은 나중에 상복을 벗는다."라고 하였는데, 이는 성복(成服)의 선후에 근거하여 말한 것입니다. 《대전(大全)》의 주자(朱子)가 증무의(曾無疑)에게 답한 편지에서 "지금 상제(祥祭)와 연제(練祭)를 지내는 예에 있어서는 도리어 성복한 날짜를 계산하여 지금까지의 실제 날짜를 기준으로 삼아야 한다."라고 하였는데, 이는 상을 듣고 분곡(奔哭) 하는 자가 집에서 제사를 지내며 변복(變服)하는 절차에 근거하여 말한 것입니다. 지금 우리 집안이 당한 바는 또한 이러한 사례가 아닙니다. 부고를 받은 뒤 이미 달려가지 못하여 우제(虞祭) · 졸곡(卒哭) · 연제(練祭) · 상제(祥祭)를 모두 종제(從弟)가 대신 지냈으니, 처음부터 몇월 며칠인지의 계산을 논할 만한 것이 없습니다. 그러나 상복을 벗는 절차는 부고를 받은 날로 물려서 행하는 것이 소가(疏家)의 '나중에 상기가 찬 사람은 나중에 상복을 벗는다'와 《대전(大全)》의 '날짜를 계산하여 실제 날짜를 기준으로 삼아야 한다'라는 글에 합치하는 것 같습니다. 삼가 어떻게 해야 할지 모르겠습니다. 제2조 분곡(奔哭)의 절차는 《예기(禮記)》 〈분상(奔喪)〉편에 겨우 보이고, 예(禮)에 관련된 여러 책들을 다 찾아보아도 참고하여 살필만한 선유(先儒)의 논설이 전혀 없습니다. 아아, 이것이 바로 예론(禮論)에서 언급하지 않은 변례(變禮)입니다. 책을 덮고 크게 탄식하며 줄줄 흐르는 눈물을 거둘 수 없었습니다. 아아, 원통합니다. 〈분상(奔喪)〉은 다음과 같습니다. "만약 제상(除喪)한 뒤에 왔으면 묘소로 가서 곡을 하고 발을 구르며, 동쪽으로 가서 머리를 묶고 왼쪽 어깨를 드러내고 질(絰)을 두르며, 빈객에게 절하고 발을 구르고는 빈객을 전송하고 자리로 돌아와서 다시 곡하여 슬픔을 다하고 마침내 제상하고, 집에서는 곡하지 않는다." 정현(鄭玄) 주(註)에서는 "동(東)은 동쪽으로 주인 자리로 나아감이니 빈렴할 때 오지 못한 것처럼 하는 것이다. 수제(遂除)는 묘소에서 제상하고 돌아가는 것이다."라고 하였고, 공영달(孔穎達) 소(疏)에서는 "처음에는 묘소의 남쪽에 있으며 북쪽을 바라보고 곡을 하고 발을 구르며, 머리를 묶고 왼쪽 어깨를 드러낸다. 수제(遂除)는 묘소에서 제상하고 집에 가서는 다시 곡을 하지 않는다는 것을 이른다."라고 하였습니다. 지금 살펴보건대, 머리를 묶고 왼쪽 어깨를 드러내며 질(絰)을 두르는 것은 효자가 소렴(小斂)할 때의 복입니다. 밖에 있다가 부고를 들었으면 진실로 이미 듣고 머리를 묶고 왼쪽 어깨를 드러내며 질(絰)을 두르고 4일 뒤에 성복(成服)하였을 것이며, 분곡(奔哭)은 종상(終喪) 전에는 미치지 못했을 것이니 애통의 정이 초상(初喪)과 다름이 없을 것입니다. 그러므로 지금 이미 상복을 벗었다 하더라도, 또한 소렴(小斂)할 때의 복을 입고, 선조의 채백(體魄)이 의탁한 곳으로 가서 곡을 하고 발을 구르며 조문을 받는 것을 초상(初喪) 때의 의절(儀節)과 같이하는 것입니다. 그러나 상제(喪制)를 이미 마쳐 관과 의상이 이미 바뀌었으므로 한 번 곡을 하고 제상을 한 뒤 집에서는 곡을 하지 않는 것입니다. 예에서 소렴할 때 수질(首絰)과 요질(腰絰)은 모두 한 가닥이고 성복(成服) 하면 두 가닥으로 두른다는 것에 근거하면, 지금 분곡(奔哭)할 때의 질대(絰帶)는 반드시 성복(成服)한 뒤 둘렀던 질대(絰帶)를 버리고 다시 환질(環絰)을 만드는 이치는 없을 것입니다. 게다가 이미 성복했다면, 또한 이전에 둘렀던 질(絰)을 다시 착용하고 최상(衰裳)을 벗을 수는 없습니다. 경(經)에서 말한 괄발(括髮)·단(袒)·질(絰)은 효자가 초상(初喪) 때의 복을 가리켜 말한 것입니다. 경(經)에서 수제(遂除)라 하고 소(疏)에서 제복(除服)이라 하였으니, 최상(衰裳)과 지팡이, 신발을 모두 갖춘 것임을 알 수 있습니다. 또한 '저마(苴麻)의 최복(衰服)은 해져도 수선하지 않는다'라고 예에 명문(明文)이 있으니, 수선하는 것도 불가한데 하물며 다시 만드는 것에 있어서이겠습니까! 그러하니 밖에 있으며 삼 년을 마치는 자는 상복을 보관하여 분곡(奔哭) 하는 날을 기다린다는 것을 또한 미루어 알 수 있습니다. 보내신 가르침에, "오(吳) 지역의 변례(變禮)에 복을 벗은 후에 상복을 가져다 널 옆에 보관하다가 장례를 기다려 입는다. 장례를 치른 후에는 벗고 불태운다."[19]라고 했습니다. 한 문장에 또한 장례를 치르기 전에 복을 벗는다고 했다가 장례를 치른 후 복을 벗는다고 했으니, 벗었던 복은 또한 어느 곳에 보관하는 것입니까? 게다가 변복을 하고 길(吉)로 나아간 후 한 때 잠시 입을 수는 있지만 다시 상복을 입는 예는 들어본 적이 없습니다. 평상복으로 논해보아도 이미 벗었던 복을 다시 입는 예는 없습니다. 예경(禮經)에 실린 몇 조목은 모두 오

19 오(吳) 지역의……불태운다 : 청(淸)나라 진굉모(陳宏謀, 1696~1771)가 편찬한 《훈속유규(訓俗遺規)》에 나오는데, 인용한 글과 조금 차이가 있다. "지금 오(吳) 지역 사람들의 상(喪)은 복을 벗으면 갓과 상복·신발·지팡이를 가져다 불태운다. 복이 끝났는데도 장례를 치르지 못했으면, 널 옆에 보관하다가 장례를 기다려 복을 입는다. 장례를 치르면 복을 입고 조문객에게 사례한 후 복을 벗고 불태운다.(今吳人喪, 除服, 則取冠衰履杖焚之. 服終而未葬, 則藏之柩傍, 待葬而服. 既葬, 服以謝弔客, 而後除且焚.)"

래도록 장례를 치르지 못한 변례(變禮)에 근거하여 말한 것입니다. 효자가 밖에서 삼 년을 마치면, 그 정리는 원통하고 참혹하여 거의 사고로 인하여 오래도록 장례를 치르지 못한 것보다 심한 면이 있습니다. 비록 우제를 지내고 가벼운 상복으로 갈아입었다 하더라도, 상제(祥祭)와 담제(禫祭)에서 변복을 하고 복을 벗는 절차는 예제(禮制)를 뛰어넘을 수 없습니다. 그러나 그 분곡(奔哭) 하는 날에 도리어 이미 벗었던 복을 다시 입는다는 것은 〈분상(奔喪)〉의 글을 근거로 삼을 수 있을 뿐 아니라 〈상복소기(喪服小記)〉의 이른바 '다시 그 복을 입는다(反服其服)'는 문장이 있어, 또한 참고하여 적용하는 일단이 되기에 해가 되지 않습니다. 상복(喪服)을 거두어 보관하는 것은 오(吳) 지역의 예를 근거로 삼을 필요는 없습니다. 《의례(儀禮)》 자최삼월장(齊衰三月章)의 주(注)에, "제후는 5개월 지나 장례를 치르는데 자최(齊衰) 3개월을 입는 자는 3개월이 지나 그 복을 보관하다가 장례를 치를 때 다시 입는다."라고 했는데, 여기서 또 복을 벗는다는 것은 각자 개인 집에 그 복을 보관한다는 증거로, 보관할 장소가 없는 것을 걱정하지 않습니다. 대저 이것은 인사의 큰 변화가 지극한 곳에 관계된 것으로, 중국의 선비가 만 리 밖에서 벼슬살이하다가 혹 부모의 상을 1년 소상(小祥)을 지낸 후 달려가는 경우가 있을 것입니다. 이미 부고를 받고 삼 년을 마치도록 달려가지 못하는 경우는 고금에 그 사례가 매우 드뭅니다. 그래서 비록 〈증자문(曾子問)〉에서 의난(疑難)을 자주 설정하고 여러 선생들이 변제(變制)를 조목별로 풀이하였더라도, 의론은 여기에 이르지 않았던 것입니다. 그러나 〈분상(奔喪)〉이 《의례(儀禮)》의 정경(正經)을 잃어버렸지만, 제상이후귀(除喪而后歸) 한 장(章)은 해와 별처럼 밝게 빛나니, 훗날 이 예에 대처하는 자는 참으로 마땅히 받들어 율령처럼 여겨야 할 것입니다. 다른 설들을 널리 취할 필요는 없을 듯하니, 어떠합니까? 대기(大朞)가 아직 남아있는데, 또 하문(下問)을 받들었기 때문에 몽매한 의견으로 참람되어 억설을 올려, 지극히 송구스럽고 위축되는 마음을 견디지 못하겠습니다.

下詢禮疑兩條, 謹已伏悉. 第一條變除之節, 按儀禮䟽曰, “先滿者先除, 後滿者後除”, 此據成服之先後而言也. 大全朱子答曾無疑曰, “在今練祥之禮, 却當計日月實數爲節”, 此據聞喪而奔哭者, 在家行祭變服之節而言也. 今吾家所遭, 則又非此例. 承訃之後, 旣不得奔赴, 虞卒練祥, 皆從弟攝行, 則初無計月計日之可論. 然其除服之節, 則退行於承訃日, 似合於䟽家後滿後除, 大全計月日實數爲節之文也. 伏未知如何. 第二條奔哭之節, 僅見於禮記奔喪篇, 而溯考禮輯諸書, 絶無先儒說之可以參詳者. 嗟夫! 此乃禮論所不及之變禮也. 掩卷太息, 涕淫淫不能收. 嗚呼寃哉! 奔喪曰, “若除喪而后歸, 則之墓哭, 成踊, 東括髮, 袒, 絰, 拜賓成踊, 送賓反位, 又哭盡哀, 遂除於家不哭.” 註曰, “東, 東卽主人位, 如不及殯者也. 遂除, 除於墓而歸.” 䟽云, “初在墓南, 北面而哭成踊, 乃來就主人之位, 括髮袒也. 遂除, 謂墓所遂除服, 至於家不復哭也.” 今按括髮袒絰, 卽孝子小斂時服也. 在外聞訃, 固已括髮袒絰, 四日成服, 而奔哭之行, 旣不及終喪之前, 哀痛之情, 無異於初喪. 故今雖已除服, 亦服小斂時服, 先之體魄所托之地而哭踊受吊, 一依初喪時儀節. 然喪制已畢, 冠裳已變, 故一哭而除之, 於家不哭也. 據禮小斂時首腰絰皆單股, 成服則雙股樛之, 此奔哭時絰帶, 必無舍成服已服之絰帶, 而更制環絰之理. 且旣已成服, 則亦不可襲絰而去衰裳. 經言括髮袒絰者, 槩指孝子初喪時服而言也. 經言遂除, 䟽云除服, 則衰裳杖屨皆具, 可知也. 且夫苴衰不補, 禮有明文, 補尙不可, 况可改製耶! 然則在外終三年者, 收貯喪服以俟奔哭之日, 又可以推知也. 下敎曰, “吳中變禮之除服後, 取喪服藏之柩傍, 待葬而服, 旣葬除且焚之.” 一文亦以未葬而除服者, 言旣葬而除服, 所除之服, 且尊閣於何處耶? 且變而卽吉之後, 雖一時權着, 未聞有還着喪服之禮. 以常服論之, 則固無旣除還服之禮矣. 禮經所載數條, 皆據久未葬之變禮而言. 夫孝子在外終三年, 其情理之寃酷, 殆有甚於因事故久未葬者. 雖其旣虞而受衰, 祥禫變除之節, 不得踰越於禮制. 然其奔哭之日, 還着旣除之服, 不但奔喪之文可據, 小記所謂反服其服之文, 亦不害爲傍照之一端也. 至於喪服收藏, 不必以吳中之禮爲據. 儀禮齊衰三月章注, “諸侯五月而葬, 而服齊衰三月者, 三月而藏其服, 至葬又更服之." 此又除服者, 各藏其服於私室之證也, 不患尊閣之無所矣. 大抵此係人事之大變極致處, 中國之士, 萬里遊宦, 或有奔親喪於朞祥之後者., 若夫旣承訃而終三年不得赴, 則古今罕有其例. 故雖以曾子問之屢設疑難, 諸先生之條析變制, 議論槩未到此. 然奔喪卽逸儀禮之正經, 除喪而后歸一章, 炳如日星, 則後之處此禮者, 固當奉而爲律令矣. 恐不須旁採他說也, 如何如何? 大朞只隔, 且伏承下問, 故蒙昧之見, 僭貢臆說, 不勝悚蹙之至.

중부 명고공에게 답하여 올린 편지

上答仲父明皐公書

7월 18일 장삿배 편으로 편지와 옷상자를 받으니, 바로 6월 그믐에 보낸 것이었습니다. 8월 초1일에 김원익(金元益)이 7월 13일에 보내신 편지를 전해주었으니, 근래에 연락이 계속 이어져 직접 곁에서 모시는 것과 거의 다름이 없어 마음이 기쁘고 위안됨을 어찌 헤아릴 수 있겠습니까! 장삿배 편의 편지는 즉시 난호(蘭湖)의 돌아가는 인편에 부쳤고, 참봉이 옷상자를 가지고 한걸음에 내달려 부쳤으니, 아마 이미 오래전에 받으셨으리라 생각합니다. 두 번이나 큰동생에게 편지를 내려주시어 봄여름 이후 체중제절이 건승하고 나빠짐이 없음을 알겠으니, 우리 집안 전체가 축원하는 바가 무엇이 이보다 더하겠습니까? 이는 단지 깊은 걱정으로 메마른 가운데 더욱더 몸조리 잘 하시는 것 뿐 아니라 행운이 서로 도와 천지신명이 묵묵히 도와주시어 그런 것입니다. "십 년을 얼음에 산초 먹고 지내며 고량진미와 싸우고, 만 리의 안개 낀 물결로 비단옷을 씻어냈네.(十年氷蘗戰膏粱, 萬里烟波濯紈綺.)"는 바로 소자첨(蘇子瞻, 소식)이 왕정국(王定國)이 남쪽으로 돌아갈 때 화운한 시[20]로 이 시를 삼가 읊을 뿐입니다. 저와 서울 및 지방의 제방(諸房)들은 대부분 별 일없이 지내고 있습니다. 올 여름에는 50일 동안이나 긴 장마가 있었는데, 근래에 보기 드문 경우였습니다. 뚝섬과 강가의 수백 가구가 모두 물살에 휩쓸려 떠내려갔고, 한양 내외에서 벽이 부서지고 담이 무너진 집들이 집집마다 연이어 보여 완연히 일겁(一劫)의 상전벽해 같은 모습입니다. 전해 들으니, 바닷가의 여러 고을에는 해일이 자못 많았다고 합니다. 이러한 가운데 어떻게 지내고 계시는지요? 장기(瘴氣)와 축축한 기운이 조섭하시는 데에 방해가 되지는 않으신지요? 앙모하는 마음 견딜 수 없어 안절부절합니다. 몇 차례의 편지로 지도해주신 가르침 중 문체(文體)의 정변(正變)과 인재(人才)의 성쇠(盛衰)는 행묵(行墨) 중 찬란히 빛나 향을 사르고 거듭 낭송하게 되니, 감히 길을 잃었을 때의 인도자로 받들지 않겠습니까! 저는 일찍이 논하였는데, 문(文)은 도(道)를 싣고 말은 문(文)으로 펼쳐지니, 문(文)과 말은 애초 두 가지 물건이 아닙니다. 육경왈자(六經曰子)는 모두 성인의 말인데 말은 그것으로만 전해질 수 없기 때문에 책에 쓴 것이니, 어찌 일찍이 자질구레하게 문자에서 공교함을 구했겠습니까? 비유하자면, 바람이 물 위로 부는 것과 같이 자연스럽게 무늬를 이루어 만세 문장의 정종이 된 것입니다. 《서경(書經)》의 전모(典謨)와 《춘추(春秋)》는 모두 기사(記事)의 체제이지만, 《춘추(春秋)》의 근엄(謹嚴)함이 반드시 전모(典謨)의 넓고 큼을 본뜰 필요는 없으며, 《논어(論語)》와 《맹자(孟子)》는 모두 도(道)를 전하는 글이지만, 《맹자(孟子)》의 굉사(閎肆)함이 《논어(論語)》의 정수(精粹)와 같음을 구할 필요는 없습니다. 세도(世道)가 날로 떨어져 문장도 따라서 승강(升降)한 것이 아니겠습니까? 진한(秦漢) 이래 천여 년간 도술(道術)이 분열되어 이단(異端)이 들끓어, 후현(後賢)이 나타나 어두운 거리의 잡초더미 속에서 천 년 동안 전하지 않던 도통(道統)을 이었습니다. 그 근심이 깊었으므로 깨우침이 절절하였고,

---

20 소자첨(蘇子瞻)이……화운한 시 : 소식(蘇軾)의 〈차운왕정국남천회견기(次韻王定國南遷回見寄)〉시이다.

깨우침이 절절하였기 때문에 말이 자세하지 않을 수 없었습니다. 이에 곡절하게 깨우쳐주고 다방면으로 알려주었으니, 이것이 낙민(洛閩, 정자(程子)와 주자(朱子)) 이후 이른바 어록(語錄)의 글이 있게 된 까닭으로 모두 사도(斯道)를 밝히는 수단이었습니다. 저 양웅(揚雄)의 《태현경(太玄經)》과 왕통(王通)의 《속경(續經)》은 언어가 공교하다 할만합니다. 그러나 가령 두 사람이 실제로 도체(道體)를 보았더라도, 본뜨는 문장과 매우 어려운 단어로, 전하지 않던 학문을 전하여 쓰러져가는 세속을 깨우칠 수 있었겠습니까? 선유(先儒)가 말한 은(殷)나라의 〈반경(盤庚)〉과 주(周) 나라의 고문(誥文)은 껄끄러워 이해하기 어렵다고 한 구는 모두 당시의 방언입니다. 반경(盤庚)이 대중들에게 이르는 말과 주공(周公)이 완악한 자들을 가르친 말들은 궁궐에서 반포하는 말로, 방언을 섞어도 꺼리지 않은 것은 빠르게 깨우쳐 바람에 움직이듯 넓게 퍼지게 하려는 것이었습니다. 제가 생각하기에, 유가(儒家)에 어록(語錄)이 있는 것은 또한 〈반경(盤庚)〉과 고문(誥文)이 방언을 사용한 것과 같으니, 또 어찌 하찮게 여길 수 있겠습니까? 사장가(詞章家)는 오로지 문채를 숭상하고 이치는 소홀히 하여 걸핏하면 진부하다고 기롱하였으니, 이는 참으로 문인의 옛 투식입니다. 지금 효람(曉嵐)은 일체를 배척하며, "저것은 언어이지 문자가 아니다. 언어와 문자는 두 가지 물건이지 하나가 아니다."라고 하였으니, 이는 문(文)과 도(道)도 나뉘어 둘이 되는 것을 면하지 못할 듯합니다.[21] 이것이 제 몽매한 소견으로 효람의 말에 의혹이 없을 수 없는 까닭입니다. 명청(明淸)의 유자(儒者)들은 스스로 고증학(考證學)에 의탁하여 출세의 계책을 삼고 걸핏하면 전현(前賢)들을 능멸하고 천고(千古)를 깔보려 하였습니다. 그러나 제기(祭器)를 다루는 등의 소소한 일은 담당자가 별도로 있습니다. 공문(孔門)의 제자부터 이미 형명(形名)과 도수(度數)의 말단에 대해 자세히 설명할 겨를이 없었으니, 고

21 면하지 못할 듯합니다 : 원문의 '將免' 위에 다음과 같은 교정 의견을 적은 부전지가 붙어있다. "'장면(將免)'은 잘못된 것 같다. 초고를 살펴보면 '면(免)'자는 맞지만, '장(將)'자는 잘 모르겠다.[將免似誤. 考之本艸, 免字則然, 而將字顧未詳.]" 이에 '장(將)'자를 제외하고 문맥에 맞게 번역하였다.

증(考證)이 넓지 못한 것이 어찌 송(宋)의 제현(諸賢)들에게 허물이 되겠습니까? 게다가 이른바 고증(考證)이란 것은 정말로 13경을 배송(背誦)하고 가슴에 21사를 품고 있어야 하는데 과연 몇 사람이나 되겠습니까? 근대에 이 학문은 양승암(楊升庵) 용수(用修)[22]가 가장 거벽(巨擘)으로 불렸으나, '삼로오경(三老五更)은 진한(秦漢) 시대에 처음 창설하였다'고 하였으니 삼로오경(三老五更)을 태학(太學)에서 봉양했다는 것이 이미 《예기(禮記)》 〈제의(祭義)〉에 실려있는 것을 모르는 것이며, '단문(袒免, 어깨를 드러내고 머리를 묶는 것)의 문(免)은 상관(喪冠)이 아니고 바로 면관(免冠, 관을 벗는 것)의 면(免)이다'라고 하며 수백언으로 논설을 하였으나, '문(免)은 관례를 치르지 않은 자의 복장이다'라는 것이 이미 《예기(禮記)》 〈분상(奔喪)〉에 나온 것을 모르는 것입니다. 《예기(禮記)》도 오히려 익숙하게 읽지 못했는데도 오연하게 스스로 고증학(考證學)이라 명한 것은 고인(古人)들의 웃음거리가 되지 않겠습니까? 저 모기령(毛奇齡) 이하 여러 유자들이 입방아를 찧고 손뼉을 치며 스스로 고인들의 결함을 얻었다고 여긴 것은 대부분 이러한 종류입니다. 근래에 들으니 저들 중에 또 이른바 소학(蘓學) 일파가 있어 오로지 시필(詩筆)로 서로를 높이니, 부박(浮薄)한 무리들이 휩쓸리듯 따라가 성리학(性理學)을 비방하며 주학(朱學)이라 부르고 있다고 합니다. 습속(習俗)의 야박함과 인심(人心)의 함닉(陷溺)이 어찌 이 지경까지 이르게 되었습니까? 양(陽)의 기운이 왕성한 오회(午會)에 하나의 음(陰)이 이미 생겨 차츰차츰 긴 밤의 세계로 다시 들어가는 것이 아니겠습니까! 개탄할 만하고 또한 두려워할 만합니다. 효람(曉嵐)의 문장과 학식은 탁월하지 않은 것이 아니어서 근세의 명가(名家)인데, 지금 그 전고(全稿)를 열람하니, 엄박(淹博)을 위주로 하고 이치는 조금 못 미치며, 문장으로 말하면 구소(歐蘓)의 정맥(正脉)이 아니고 학문으로 말하면 낙민(洛閩)의 여파(餘波)가 아니었습니다. 정주(程

22 용수(用修) : 양신(楊愼, 1488~1559)으로 자(字)가 용수(用修)이고 호가 승암(升庵)이다. 명나라에서 박학과 저술에서 제일로 꼽히는 학자이다.

朱) 제현(諸賢)들을 가리켜 배척하며 말하길, "송유(宋儒)들의 의론의 지향점은 끝내 고증가(考證家)의 기교로 순유(醇儒)의 기풍이 아니다."라고 하였는데, 이안계(李安溪)[23]의 문자와 같다고 함은 어찌 일찍이 이러한 화젯거리를 두었습니까? 이전에 올렸던 글에서 이안계(李安溪)와 비교하며 순수함과 잡박함이 같지 않음을 말씀드렸습니다. 지금 안계(安溪)를 사숙(私淑)한 문도의 가르침을 받아보니, 또한 잘 배우지 못했다고 할 만합니다. 명(明)나라 사람은 진한(秦漢)을 듣기만 하고 믿어버리며 자구를 표절하여, 참으로 배우인 우맹(孟衣)이 손숙오의 옷을 입었다는 기롱을 면하지 못합니다. 청(淸) 나라 사람은 체재에 구애받지 않고 오직 말이 전달되는 것만을 취했을 뿐입니다. 얼핏 보면 저것은 가짜고 이것은 진짜로 차이가 기뻐할 만큼 큰 것처럼 보이지만, 실질은 풍운(風韻)은 쇠잔하고 격조(調格)는 비약(卑弱)합니다. 유명한 작품이나 장편 작품이라도 끝내는 다시 읽을 만하지 못하고, 명나라 사람들의 법도에 맞춘 것에 비교해보면 오히려 대가의 모범을 잃어 거의 그보다 못한 듯합니다. 가르침에서는 궁극에 달하면 돌아오고 궁하면 변한다는 징험으로 여기셨지만, 소자의 견해는 세도(世道)가 날로 떨어져 재주도 더욱 낮아진 듯하니, 끝내는 기수(氣數)를 어찌할 수 없을 것 같습니다. 삼가 어떻게 해야 할지 모르겠습니다. 이미 곡진하게 귀를 잡고 자상하게 가르쳐주심을 받았으나, 감히 의심을 쌓고 스스로 막지를 못하여 참람되게 억설을 올리고 공경히 가부(可否)의 판단을 기다리겠습니다. 그러나 말이 번잡하여 땀이 나고 떨리는 것을 이기지 못하겠습니다. 이계(耳溪) 홍양호(洪良浩, 1724~1802)의 문장은 위숙자(魏叔子)[24]에 대적할

23 이안계(李安溪) : 이광지(李光地, 1642~1718)는 자(字)가 진경(晉卿)이고 호가 후암(厚庵)이며 안계(安溪) 사람이다. 청(淸)나라에서 이학(理學)에 뛰어난 학자로, 《주역절중(周易折中)》을 저술했고 《성리정의(性理精義)》와 《주자전서(朱子全書)》 등을 편찬했다.

24 위숙자(魏叔子) : 위희(魏禧, 1624~1680)는 자(字)가 빙숙(氷叔)이고 호가 유재(裕齋)이다. 명말 청초의 유명한 산문가로, 후조종(侯朝宗)·왕완(王涴)과 함께 명말 청초 산문 삼대가로 불렸다. 《위숙자문집(魏叔子文集)》 등을 남겼다.

수 있고 시(詩)는 시우산(施愚山)[25]에 당할 수 있다는 칭찬의 말은 참으로 지나치게 찬미한 말은 아닙니다. 그러나 이계 어른의 시(詩)는 혹 시우산(施愚山)과 겨룰 수 있겠지만, 위숙자(魏叔子)의 문장을 어찌 쉽게 말할 수 있겠습니까? 또한 그 문집 서문에서 '문장이 시(詩)보다 낫다.'라고 하였는데, 또한 반드시 적확한 평은 아닙니다. 어떻습니까? 다 갖추지 못합니다.

七月十八日, 承拜商舶便下書及衣箱, 卽六月晦間出便也. 八月初一, 金元益傳示七月十三出下書, 近信絡續, 殆無異躬陪杖屨, 下懷欣慰, 何可量也! 商舶便湍山書角, 卽付蘭湖回便, 而參奉爲搬衣箱, 卽走一力, 故已照付, 計査收已久矣. 兩度下書長弟, 伏審春夏以還, 體中諸節, 有勝無減, 吾家闔門所攢祝, 孰有過於是也? 此不但幽憂枯淡之中, 操養益密, 亦是奇贏相補, 神明默佑而然. '十年氷蘗戰膏粱, 萬里烟波濯紈綺', 卽蕪子瞻和王定國南遷還詩, 敬爲誦之耳. 從子京鄕諸房大都無撓, 而今夏五十日長霖, 近古所罕, 纛島濱江之數百大村, 盡爲衝濤所捲去, 而京城內外, 破壁頹垣, 比屋相望, 宛經一劫滄桑也. 傳聞沿海諸邑, 頗有海溢之灾云. 未知那中則何如, 而瘴嵐湫濕之氣, 不至有妨於調將之節否? 旋不任慕仰憧憧. 累牘指導之敎, 文體之正變, 人才之盛衰, 燦然於行墨之中, 燒香雒誦, 敢不奉持以爲迷途之津筏也. 竊甞論之, 文以載道, 言以文宣, 則文與言, 初非二物也. 六經日子, 皆聖人之言也, 言不可以徒傳, 故筆之於書. 何甞竊竊然求工於文字哉? 譬如風行水上, 自然成章而爲萬世文章之宗. 然典謨春秋, 俱是記事之體, 而春秋之謹嚴, 不必擬於典謨之灝噩. 魯論鄒書, 俱是傳道之文, 而孟子之閎肆, 不求同於論語之精粹. 得非世級日下, 而文章隨以升降也歟! 秦漢以降千餘年, 道術分裂, 異端充斥, 後賢有作, 接千載不傳之統於昏衢蓁蕪之中, 其憂之也深, 故論之也切, 論之也切, 故言之也不得不詳. 於是乎委曲以曉之, 多

---

25 시우산(施愚山) : 시윤장(施潤章, 1619~1683)은 자(字)가 상백(尙白)이고 호가 우산(愚山)이다. 청초의 유명한 시인으로 정진(鄭珍)·요내(姚鼐)와 함께 청대 삼대시인으로 불렸다. 《쌍계시문집(雙溪詩文集)》 등을 남겼다.

方以詔之, 此所以洛閩以後有所謂語錄之文, 而皆所以明斯道也. 彼揚雄之太玄, 王通之續經, 言語可謂工矣, 而假令二子實見得道體, 摹儗之文, 艱深之辭, 其可以傳不傳之學, 而警頹末之俗乎! 先儒謂殷盤周誥聱牙難解之句, 皆是當時方言. 夫盤庚之籲衆戚, 周公之詔庶頑, 大庭播脩之辭, 雜以方言而不以爲嫌者, 欲其曉論之速而風動之廣也. 愚謂儒家之有語錄, 亦猶盤誥之用方言也, 又何可少之哉? 詞章家專尙藻采而澗畧理致, 則動輒以陳腐譏之. 此固文人之例套, 而今曉嵐則一切揮斥曰, 彼言語也, 非文字也, 言語與文字, 二物而非一物云爾, 則是文與道, 亦將免歧而爲二. 此所以蒙昧之見, 不能無惑於曉嵐之言也. 明淸儒者自托於考證之學, 作爲家計, 而輒欲凌駕前賢, 高視千古, 然籩豆之事則有司存焉. 自孔門諸子, 已不暇致詳於形名度數之末, 考證之不博, 何損於有宋諸賢乎? 且其所謂考證者, 眞定能背誦十三經, 胷涵卄一史者, 果幾人哉? 近代此學, 楊升庵用脩最號巨擘, 而謂三老五更, 秦漢時始創設, 不知養三老五更於太學, 已載於祭義. 謂袒免之免, 非喪冠而卽免冠之免, 著說累百言, 不知免者不冠者之所服, 已見於奔喪一部. 戴記尙不能孰讀, 而傲然自命以考證之學, 得不爲古人之所笑乎! 彼毛奇齡以下諸儒之鼓吻抵掌, 自以爲得古人之罅隙者, 大抵多此類也. 近聞彼中又有所謂蘓學一派, 專以詩筆相高, 浮薄之徒, 靡然從之, 譏詆性理之學, 謂之朱學. 習俗之渝薄, 人心之陷溺, 胡至此極? 無乃午會一陰已生, 駸駸然復入於長夜世界耶? 可嘅也, 亦可畏也. 曉嵐文章也學識也, 非不卓然, 爲近世名家, 而今閱其全稿, 淹博爲主而理致差遜. 以言乎文則非歐蘓之正脉, 以言乎學則非洛閩之餘波. 指斥程朱諸賢, 輒曰宋儒言議趍向, 終是考證家伎倆, 而非醇儒之風也. 如李安溪文字, 何曾有此等話欛耶? 所以前度上書, 以較諸李安溪, 粹駁不侔仰達矣. 今伏承安溪私淑門徒之敎, 亦可謂不善學矣. 明人之耳食秦漢, 字剽句竊, 固不免優孟衣冠之譏, 而淸人則不拘體裁, 惟取辭達而已. 驟看雖似彼贋而此眞, 差若可喜. 然其實風韻衰颯, 調格卑弱, 雖名篇巨牘, 終不堪再讀. 較諸明人之繩步尺趍, 猶不失大家模範, 殆不如也. 下敎雖以爲極反窮變之驗, 小子之見, 則窃以爲世愈降而才愈下, 終無奈氣數何也, 伏未知如何. 旣伏承眷眷提耳之誨, 不敢蓄疑而自阻, 僭貢臆說, 顒俟進退之命. 然語涉枝蔓, 不勝汗栗. 耳溪之文敵魏叔子, 詩當施愚山推詡之辭, 固不嫌其溢美. 然耳丈之詩, 則或可頡頏愚山, 叔子之文, 烏可易言哉? 又其文集序云文勝於詩, 亦未必是的評也. 如何如何? 不備.

재종숙再從叔【낙수洛修】[26]에게 답한 편지

答再從叔【洛修】書

복제(服制)를 문의하셨는데, 연전에 재종질(再從姪)[27]이 이러한 참화를 당했을 때 당시에는 식견이 몽매했고 또 예를 아는 자들에게 두루 물어볼 수 없어, 속설(俗說)을 끌어다 대절(大節)을 틀리는 바람에 매양 밤마다 돌이켜 생각하며 슬픔과 한이 절절했습니다. 지금 밝은 물음을 받드니 더욱 슬픔을 이기지 못하겠습니다. 그러나 이 일은 지난번 인사드릴 때 이미 대략 제 의견을 말씀드렸습니다. 지금 또 오로지 가리켜 문의하신 것은, 이미 가벼운 상복으로 갈아입은 후라도 널리 묻고 두루 채집하여 구차하게 인습 하려고 하지 않는 것이니, 상에서 예를 다하고자 하는 성대한 뜻을 우러러 공경하는 마음을 이기지 못하겠습니다. 장자(長子)를 위하여 참최복을 입음은 빠진 글과 의심스러운 뜻으로 서로 논쟁하는 경우가 아니더라도 여전히 이론이 제기되는 논의가 있습니다. 그 설에는 두 가지가 있으니, 하나는 마융(馬融) 등 여러 선비들이 글을 잘못 이해하여 오세(五世), 사세(四世)의 적자(適子)를 창도한 설입니다. 또 하나는 〈상복소기(喪服小記)〉의 공영달(孔穎達) 소(疏)를 인용한 설로, 출계하여 후사가 된 자식

26 낙수(洛修) : 서낙수(徐洛修, 1756~1821)는 자(字)가 여원(汝源)이고 부평부사(富平府使)를 지냈다.
27 재종질(再從姪) : 서낙수의 손자인 서상보(徐商輔, 1796~1814)를 가리킨다.

은 적자가 아니고 정이불체(正而不體, 적손을 세워 후사로 삼는 것)로 돌리는 것입니다. 또 《가례(家禮)》의 의복(義服) 조항을 인용하여 참최복을 입으면 안 되는 증거로 삼았습니다. 이에 고조(高祖)의 종(宗)을 계승하면서 또한 4대를 연이어 후사로 들어온 자가 없는 연후에야 장자(長子)를 위하여 참최복을 입고, 그렇지 않으면 여러 아들들과 같이 여겨 기년복을 입는 것입니다. 선왕(先王)이 부친을 엄히 하고 적자를 중하게 여기는 뜻이 혹 거의 사라진 듯합니다. 삼가 살펴보건대, 《의례(儀禮)》〈상복(喪服)〉 전(傳)에서 "서자는 그의 장자(長子)를 위해 삼년복을 입을 수 없으니, 그 서자가 조부를 계승하지 않았기 때문이다." 하였고, 《예기(禮記)》〈상복소기(喪服小記)〉에서는 "서자가 그의 장자(長子)를 위해 참최복을 입지 않는 것은 조부와 부친을 계승하지 못했기 때문이다."라고 하였으며, 《예기(禮記)》〈대전(大傳)〉에서는 "서자는 그의 장자(長子)를 위해 삼년복을 입을 수 없으니, 조부를 계승하지 않았기 때문이다."라고 하였습니다. 초주(譙周)[28]는 "조부와 부친을 계승하지 못했다는 것은 서자 자신이 부친을 계승하지 못했기 때문에 장자가 조부를 계승하지 못했다는 것을 이른다."라고 했고, 유지(劉智)[29]는 "〈상복소기(喪服小記)〉에서 '조여녜(祖與禰)'를 두 번 거론한 것은 아버지가 장자(長子)를 중히 여겨 그가 마땅히 부친의 후사가 되어야 함을 밝힌 것이다. 계승하는 대상은 아버지에 대해서는 녜(禰)이고 아들에 대해서는 조(祖)이다."라고 했는데, 이 두 가지 설은 경(經)의 뜻을 깊이 얻었습니다. 서(庶)는 지서(支庶)를 가리킵니다. 그가 부친의 후사를 계승하지 못했기 때문에 전중(傳重) 하는 바가 없어 감히 장자를 위하여 극복(極服, 참최삼년복)을 입을 수 없는 것입니다. 만약 부친을 계승한 종(宗)이라면, 이는 참으로 그 부친의 적자이고 부친의 중함을 전하게 될 것인데, 어찌하여 장자

28 초주(譙周) : 초주(譙周, 201~270)는 자(字)가 윤남(允南)으로 촉한(蜀漢)의 학자이며, 경서와 천문에 밝았다.

29 유지(劉智) : 자(字)가 자방(子房)으로 진(晉) 나라 학자이며, 《상복석의론(喪服釋疑論)》을 저술했다.

를 위하여 참최복을 입지 못하고, 경문(經文)에서는 또 어찌하여 서자(庶子)라 하였습니까? 〈상복(喪服)〉 및 〈대전(大傳)〉에서 '조부를 계승하지 않았다'라고 한 것은 장자가 계승하는 바에 근거하여 말한 것입니다. 〈상복소기(喪服小記)〉에서 조부와 부친을 아울러 거론한 것은, 서자로부터 말하면 부친을 계승하지 않은 것이고, 장자로부터 말하면 조부를 계승하지 않은 것입니다. 예가(禮家)가 살피지 않고 망령되이 '불계조(不繼祖)' 문장을 옮겨 서자(庶子)에 더했고, 또 경문(經文)에서 조부를 거론하면서 세수(世數)를 말하지 않았으니, 마융(馬融)은 오세(五世)의 적자를 주장했고 가공언(賈公彥)은 사세(四世)의 적자를 주장하여 어지러이 논쟁을 벌였습니다. 정강성(鄭康成)은 〈상복(喪服)〉에 주를 달며 "이것은 부친의 후사가 된 뒤에 장자를 위하여 삼년복을 입는 것을 말한 것이다."라고 하였으니, 또한 부친을 계승한 종(宗)을 주로 한 것입니다. 다만, 마융(馬融)을 스승으로 섬겼기 때문에 오류를 직접 지적하려고 하지 않은 것입니다. 〈상복소기(喪服小記)〉에 주를 달며 "그렇다면 장자를 위하여 참최복을 입는 것은 반드시 오세(五世)일 필요는 없다."라고 하였습니다. 가공언(賈公彥)은 〈상복(喪服)〉의 소(疏)에서 "정현은 다만 처음에 근거하여 말한 것이고, 실제는 조부를 계승한 아버지 자신 및 아들 사세(四世)가 된 후에 참최복을 입는 것이다."라고 하였는데, 이는 경문(經文)의 의미를 잃은 것뿐만 아니라 아울러 정현 주(註)의 뜻을 잃은 것입니다. 서건암(徐健菴)은 《독례통고(讀禮通考)》에서 논변하기를 분명하고 매우 적확하게 하였으니, 초주(譙周)·유지(劉智) 두 명의 설을 인용하고 단정지으며 다음과 같이 말했습니다. "내 생각에는 장자를 위하여 참최복을 입는 것은 마땅히 부친을 계승하는 종(宗)으로 결정해야 한다. 부친을 계승하면서 복을 다 마치지 않는다면, 이는 조부를 부친으로 삼고 아버지가 있음을 모르는 것이다. 부친을 계승하지 않으면서 복을 다 마친다면, 이는 그 자식을 차마 보지 않으면서 아버지가 있음을 모르는 것이다. 예를 만든 것이 어찌 아버지가 없다고 가르치는 것이겠는가?" 명백하고 통절하다고 할 만하고, 이 한 절은 선유(先儒)도 이미 간파하고 있었습니다. 가공언(賈公彦)의 소(疏)에는 사종(四種)의 설[30]이 있고 그중 하나가 '정이불체(正而不體)'인데, 적손(適孫)을 세워 후사로 삼는 것이 그것입니다. 부자(父子)는 한 몸이지만 조부와 손자는 세대를 달리 하여 한 몸의 친함이 아니기 때문에 정이불체(正而不體)라고 하는 것이지, 어찌 일찍이 출계하여 후사로 삼은 자식으로 해당시키는 것이겠습니까? 〈상복소기(喪服小記)〉에서 "적부(適婦)가 시아버지의 후사를 잇지 못하면 시어머니는 그를 위해 소공복(小功服)을 입는다."고 하였고, 정현은 주에서 "부모가 자식에 대해서, 시아버지·시어머니가 며느리에 대해서 장차 적자에게 장차 전중(傳重)하지 않거나, 전중(傳重)하는 자가 적자가 아니면 상복 입는 것을 모두 서자(庶子), 서부(庶婦)와 같이한다."라고 하였으며, 공영달은 소(疏)에서 "전중(傳重)하는 자가 적자가 아닌 것은 적자가 없어 서자로 전중한 경우와 다른 사람의 아들을 양자로 들여 후사로 삼은 경우이다."라고 하였습니다. 논설하는 자들은 이 공영달의 소(疏)를 고집하여, 후사가 된 아들이 적자가 아니라고 여겼습니다. 《가례(家禮)》는 《서의(書儀)》를 따라 아들이 후사가 된 부친을 위해 참최복을 입는다고 하여 의복(義服) 조항에 넣었고, 논설하는 자들이 또 이를 인용하여 논증하기를 "아들이 이미 부친을 위하여 의복(義服)을 입으니, 부친 또한 마땅히 자식을 위해 참최복을 입지 않는다."라고 하였습니다. 또 마융(馬融)의 '적자에게서 적자에게로 서로 계승한다'는 설을 근거로 하여, 후사로 삼은 자식을 위해 참최복을 입지 않을 뿐 아니라, 이를 미루어 부조(父祖) 대까지 올라가 혹 양자로 들어온 사람이 있다면 '적자에게서 적자에게로 서로 계승한다'는 뜻이 아니므로 또한 장자를 위해 참최복을 입지 않는다고 하였습니다. 인륜을 상하게 하고 의리를 해침이 이보다 심한 것이 없습니다. 무릇 남의

30 사종(四種)의 설 : 《의례(儀禮)》 〈상복(喪服)〉의 가공언(賈公彦) 소(疏)에 나온 승중(承重)을 했더라도 삼년복을 입을 수 없는 사종(四種)은 다음과 같다. 첫째 정체부득전중(正體不得傳重)으로, 적자(適子)가 폐질(廢疾)이 있어서 종묘(宗廟)의 제사를 주관할 수 없는 경우이다. 둘째 전중비정체(傳重非正體)로, 서손(庶孫)이 후사가 된 경우이다. 셋째 체이부정(體而不正)으로, 서자(庶子)를 세워 후사를 삼은 경우이다. 넷째 정이불체(正而不體)로, 적손(嫡孫)을 세워 후사를 삼은 경우이다.

후사가 되는 자가 아들이 됨은 은혜를 본종(本宗)에서 빼앗아 의리로 후사가 된 곳에 엄한 것으로, 이 또한 적자일 뿐이니 어찌 적자가 아니라 할 수 있겠습니까? 이미 부친의 후사를 계승하고 조부의 통서를 전해 받았는데도 적자가 아니라고 한다면, 이는 지자(支子)입니까, 서자(庶子)입니까? 근세의 선유(先儒) 권수암(權遂庵, 권상하(權尙夏))은 처음으로 공영달의 소(疏)를 의심하고, 정자(程子)가 영종(英宗)에게 올린 글에서 '폐하께서는 선황제(先皇帝)의 적자이십니다.'와 주자(朱子)가 호오봉(胡五峯)의 행장(行狀)을 지으며 '선생은 문정공(文定公)의 적자이다.'라고 한 글을 인용하며, "이는 모두 출계하여 후사가 된 아들인데, 두 선생은 모두 적자라고 칭하였다. 공영달 소는 적자가 아니라고 단정하였는데 무슨 근거인지 모르겠다."[31]라고 하였습니다. 제가 살펴보건대, 이는 다른 설을 두루 인용할 필요 없이, 공영달의 소로 공영달 소를 증명하면 한마디로 해결할 수 있습니다. 〈잡기(雜記)〉에 "대부(大夫)에 아들이 없으면 그를 위해 후사를 세운다."라고 하였고, 정현 주에서는 "치(置)는 세운다는 뜻과 같다."라고 했으며, 공영달 소(疏)에서는 "만약 죽은 자에게 아들이 없으면 죽은 자를 위하여 후사를 별도로 세운다. 세운 후사는 바로 대부의 적자이니 대부의 예를 똑같이 행할 수 있다."라고 하였습니다. 이거에 근거하면 출계하여 후사가 된 아들을 적자라고 한 것이니, 공영달 소(疏) 스스로 명백한 문장을 둔 것입니다. 계자(繼子)가 정이불체(正而不體)가 된 것에 대해서는 또한 주소(注疏)에서 언급한 바가 없는데, 논설하는 자들은 〈상복소기(喪服小記)〉의 '적자가 아니다'라는 문장을 고집하여 점점 틀리고 어그러져 사종(四種)의 설을 가져다 붙였습니다. 성인(聖人)이 후사를 세우는 예를 만들어, 후사를 세우는 자는 부도(父道)로 임하고 후사가 된 자는 자도(子道)로 계승하여 부자(父子)의 인륜이 이미 정해진 것인데, 한 몸의 친함이 아니라고 말하는 것

---

31 이는……모르겠다 : 권상하(權尙夏)의 〈답족질황(答族姪熀)〉(《한수재선생문집(寒水齋先生文集)》 권20)에 나온다.

이 옳겠습니까? 아아, 누가 이러한 은혜를 해치는 설을 만들었습니까! 삼례(三禮)의 글들을 두루 고찰하니 본래 양자(養子)의 조목이 없습니다. 또한 후사를 세울 때 반드시 족인(族人)의 아들로 한다는 것은, 공영달 소(疏)에서는 다른 사람의 아들이라고 했으니 반드시 이성(異姓)을 거두어 기르는 것을 가리키는 것이니 진(晉)·위(魏) 때의 이른바 '사고(四孤)'와 같은 종류입니다. 성호(星湖) 이익(李瀷)은 "공영달 소의 이른바 '다른 사람의 아들을 양자로 들여 후사로 삼는다'라는 것은 바로 이성(異姓)을 길러 아들을 삼는 것이다. 이는 한(漢)나라 이후로 이미 민간의 예가 되었는데, 공영달이 경(經)을 주해(註解)하는 문자에 끼워 넣은 것이다."[32]라고 하였습니다. 제가 생각하기에 이 말이 맞습니다. 그러하니 출계하여 후사가 된 아들을 적자가 아니라고 한 것은 단연코 후인들의 잘못된 설이지 선유(先儒)의 의론이 아닙니다. 상복에서 정복(正服)과 의복(義服)을 구분하여 더하거나 강복하는 것은 주석가들에게서 나왔으니, 그 설에서 '자식은 부친을 위해, 아내는 남편을 위해, 첩은 임금을 위한 것 등이 정참(正斬)이고, 신하가 임금을 위해, 제후가 천자를 위한 것 등이 의참(義斬)이다.'[33]라고 했습니다. 모친을 계승하여 의(義)로 합하여 부친과 체(體)를 가지런히 한 경우 또한 정복(正服) 조항에 들어갔으니, 하물며 남의 후사가 된 자가 본생(本生) 부친을 위해 기년복을 입고 후사가 된 부친을 위해 참최복을 입는 것은 바로 자식이 부친을 위한 정복(正服)이니 어찌 의(義)라 이름할 수 있겠습니까? 무릇 상복에는 정복(正服)이 있고 난 뒤에 의복(義服)이 있는 것입니다. 출계하여 후사가 된 자식이 이미 본생 부친을 위해 극복(極服)을 입

32 성호(星湖)……끼워 넣은 것이다 : 이익(李瀷)의 〈위계후자복의(爲繼後子服義)〉(《성호선생전집(星湖先生全集)》 권44)에 나오는 말인데, 서유본이 인용한 내용과는 조금 다르다. 〈위계후자복의(爲繼後子服義)〉의 해당 부분은 다음과 같다. "어떤 이가 말하기를 '이 양자(養子)는 예(禮)의 이른바 남의 후사가 된 것이 아니라 바로 이성(異姓)을 길러서 아들로 삼은 경우이다. 이는 한(漢)나라 이후로 이미 민간의 예(禮)가 된 것으로 당시의 법에서 허용한 것이다.'라고 하였는데, 이에 대해서는 알 수가 없다. 그러나 이미 동족(同族)이 아니면서 억지로 혈속(血屬)이라고 이름을 붙이니 본래 정체(正體)가 아닌 것이다. 역대로 시행된 법에 참으로 이러한 것이 있지만, 만약 경(經)을 주해(註解)하는 문자에 끼워 넣는다면 커다란 잘못이 아니겠는가!"

33 자식은……의참(義斬)이다 : 《의례(儀禮)》 〈상복(喪服)〉의 가공언(賈公彦) 소(疏)에 나온다.

지 못하고, 또 후사가 된 부친을 위해 의복(義服)으로 참최복을 입는다면, 이는 종신토록 참최의 정복(正服)을 입지 못하는 것입니다. 어찌 이런 이치가 있겠습니까? 《가례(家禮)》에서 의복(義服) 조항에 혼입(混入)시켰는데, 다만 《서의(書儀)》를 따라서 시정하지는 않았습니다. 《경전통해(經傳通解)》는 주문(朱門) 적전의 책인데, 참최정복(斬衰正服) 조항에 자식이 부친을 위해, 남의 후사가 된 자가 후사의 부친을 위한 것을 나열하여 적어 그 의미가 분명히 드러나니, 《가례(家禮)》의 의복(義服)이 주자의 정론이 아님을 또한 분명히 알 수 있습니다. 일을 담당하며 몸소 조부와 부친 양위의 제사를 받들고, 또 차남의 아들로 장남에게 양자로 들어가 종파(宗派)를 계승했으니[34], 지금 이 복제(服制)는 반드시 오세(五世), 사세(四世)의 적자(適子)로 말을 하는 것이 있을 것이고 반드시 정이불체(正而不體)로 말을 하는 것이 있을 것입니다. 그러나 이 두 조목은 경전(經典)을 두루 고찰해보면 구절 구절마다 잘못됨이 위에 말씀드린 것과 같아, 무척이나 의심되고 꺼림직하니 고례(古禮)를 따르지 않겠습니까! 천만 번이라도 속견(俗見)에 흔들리지 마시고 결단력 있게 행하십시오. 대저 진한(秦漢) 이래로 예제(禮制)가 날로 붕괴되었고 상기(喪紀)는 더욱 문란해졌습니다. 띠풀로 감고 종이로 싸며[35], 세최(繐衰)에 환질(環絰)을 두른 것[36]은 그 유래가 오래되었습니다. 예가 폐해진 탄식이 어찌 유독 오늘날만 그렇겠습니까? 나라의 법에서 장자를 위하여 참최복을 입도록 하였는데, 비록 관직을 그만두는 것을 허

34 차남의……계승했으니 : 서낙수는 서종벽(徐宗璧, 1696~1751)의 차남 서명민(徐命敏, 1733~1781)의 아들인데, 백부인 서명부(徐命敷, 1722~1770)의 양자로 들어갔다.

35 띠풀로……싸며 : 《사기(史記)》 〈숙손통열전(叔孫通列傳)〉에 나오는 말로, 한(漢) 나라 고조(漢高祖) 때 박사(博士) 숙손통(叔孫通)이 제자들과 함께 야외에서 띠풀을 묶어 세워 존비(尊卑)의 차례를 표시하여 군신의 예를 제정했던 일이 있다. 이는 예를 허술함을 가리키는 것으로, 사마광은 "예의 쭉정이만 가지고 세속에 맞추어 총애를 탐하였다"라고 평한 바 있다.

36 세최(繐衰)에 환질(環絰)을 두른 것 : 《예기(禮記)》 〈단궁하(檀弓下)〉에 나오는 말로, 예에 맞게 행동을 했으나 오히려 당시 통용되는 예로 잘못 바꾼 것을 가리킨다. "숙중피(叔仲皮)가 자류(子柳)를 가르쳤는데, 숙중피가 죽자 자류의 아내는 노둔했지만 숙중피를 위하여 예에 맞는 최복을 입고 무질(繆絰)을 둘렀다. 숙중피의 동생 숙중연(叔仲衍)이 자류에게 고하여 그보다 가벼운 세최(繐衰)를 입고 환질(環絰)을 두르라고 청하며 말하기를 '옛날 내가 고모와 자매의 상을 당했을 때도 이와 같이 했는데 아무도 나를 금하지 않았다.'라고 하니, 자류가 그 아내로 하여금 세최에 환질을 하게 하였다."

락하지는 않았지만, 저 교대(絞帶)와 관구(菅屨)를 하며 3년을 마치도록 안쓰럽게 중임을 맡아 음악을 연주하지 않고 잔치에 참여하지 않음은 세속에서 편히 여기는 바가 결코 아닙니다. 이러한 슬픔을 만난 것에 대부분 선유(先儒)들의 정해지지 않은 설에 영향받고 더듬어 찾아 급히 취하여 단안(斷案)으로 삼으며, "경(經)의 뜻이 그러하고, 소(疏)가 그러하여 나는 기년복을 입지 않을 수 없다."라고 말한다면, 이는 식견이 모자랄 뿐만 아니라 또한 편리한 방법을 고른 뜻이 많습니다. 아아, 슬픕니다! 저는 이 일에 대해 참으로 함께 목욕하면서 옷을 벗은 상대를 기롱하는 혐의를 벗어 나지 못할 것입니다. 그러나 하문하신 뜻을 감히 저버릴 수 없어 의견을 쏟아 낸 것이 여기까지 이르렀으니, 다른 사람의 눈에 띄지 않게 해주시기를 간절히 바라고 간절히 바랍니다. 다 갖추지 못합니다.

俯詢服制, 年前再從姪之遭此慘境也, 當時識見蒙昧, 又不能博叩於知禮家, 牽制俗說, 錯了大節. 每中夜追惟, 悲恨文切, 今承明問, 益不勝戚戚. 然此事向拜時, 已畧貢愚見, 而玆又專指下叩, 雖已受衰之後, 博詢廣採, 而不欲苟然因襲, 臨喪盡禮之盛意, 不勝欽仰. 夫爲長子斬, 載在禮經, 非如闕文疑義之互相聚訟者, 而尙有携貳之論者, 其說有二. 一則馬融諸儒錯解文, 而倡爲五世四世之適之說也. 一則援小記孔疏之說, 以出後子爲非適, 而歸之於正而不體. 又引家禮義服條, 以爲不當斬之證. 於是惟繼高祖之宗, 而又連四代無入繼者, 然後爲長子斬, 而不然則槩同之於衆子而服朞年. 先王嚴父重適之義, 或幾乎熄矣. 謹按喪服傳曰, "庶子不得爲長子三年, 不繼祖也." 喪服小記曰, "庶子不得爲長子斬, 不繼祖與禰也." 大傳曰, "庶子不得爲長子三年, 不繼祖也." 譙周曰, "不繼祖與禰者, 謂庶子身不繼禰, 故其長子爲不繼祖." 劉智曰, "小記兩擧祖與禰者, 明父之重長子, 以其當爲禰後也, 其所繼者, 於父則禰, 於子則祖也." 此兩說深得經義. 盖庶者支庶之謂也. 以其不承父後, 故無所傳重而不敢爲長子極服, 若繼禰之宗, 則是固其父之適子而傳父之重矣, 何以不服長子斬, 經文又何以云庶子哉? 喪服及大傳言

'不繼祖'者, 據長子之所繼而言也. 小記並擧祖禰者, 自庶子言之則爲不繼禰, 而自長子言之則不繼祖也. 禮家不察, 妄移不繼祖之文, 加之庶子, 又見經文擧祖而不言世數, 則馬融主五世之適, 賈公彥主四世之適, 而紛紜聚訟矣. 鄭康成註喪服曰, "此言爲父後者, 然後爲長子三年." 亦以繼禰之宗爲主, 而但以師事馬融之故, 不欲直斥其謬. 注小記, 乃曰"然則爲長子斬, 不必五世." 賈疏云, "鄭特據初而言, 其實繼祖父身及子四世而後服斬也." 此不惟失經文之義, 幷失鄭註之旨矣. 徐健菴讀禮通考, 辨晢甚核, 引譙劉二子之說而斷之曰, "愚謂爲長子斬, 當以繼禰之宗爲斷, 繼禰而不遂服, 是禰其祖而不知有父也. 不繼禰而遂服, 是不忍其子而不知有父也. 禮之設, 豈以訓無父哉?" 可謂明白痛切, 而此一節, 已經先儒勘破矣. 賈疏四種之說, 有曰'正而不體', 立適孫爲後是也. 父子一體, 而祖與孫異世. 適孫雖正適, 而非一體之親, 故曰正而不體. 何嘗以出後子當之哉? 小記云, "適婦不爲舅後者, 則姑爲之小功." 注云, "凡父母於子, 舅姑於婦, 將不傳重於適及將所傳重非適子, 服之皆如庶子庶婦也." 孔疏云, "所傳重非適者, 爲無適子, 以庶子傳重及養他子爲後者也." 說者執此疏說, 以所後子爲非適. 家禮因書儀而以子爲所後父斬, 入於義服條. 說者又引而證之曰, "子旣爲父義服, 父亦當不爲子服斬." 又據馬融適適相承之說, 不惟不爲所後子斬, 推而上之父祖一代, 或有入繼者, 則謂非適適相承之義, 而亦不爲長子斬, 傷倫害義, 莫甚於此. 夫爲人後者爲之子, 恩奪於本宗, 而義嚴於所後, 是亦適而已矣. 安得謂之非適哉? 旣已承父之後, 傳祖之統, 而謂之非適, 則是支子乎庶子乎? 近世先儒權遂庵始疑疏說, 引程子上英宗書, '陛下先皇帝之適子', 朱子撰胡五峯行狀, '先生文定公之適子之文', 曰"是皆出後子, 而二夫子皆以適子稱之. 孔疏斷以非適, 未知何據." 愚按此不必旁引他說, 以孔疏證孔疏則一言可決. 雜記云, "大夫無子則爲之置後." 注云, "置猶立也." 疏云, "若死者無子, 則爲死者別置其後, 所置之後, 卽大夫適子, 同得行大夫之禮也." 據此則以出後子爲適子, 孔疏自有明文矣. 至於謂繼子爲正而不體, 又注疏之所不言, 而說者執小記非適之文, 轉輾差謬, 援附於四種之說也. 聖人制爲立後之禮, 立後者以父道臨之, 爲後者以子道承之, 父子之倫旣定, 而謂非一體之親可乎? 嗚呼! 孰爲此賊恩之說也? 歷考三禮文字, 元無養子之目, 且夫立後必以族人之子, 而疏謂之他子, 則必指異姓收養, 如晉魏間所謂四孤之類也. 李星湖瀷之言曰, "孔疏所謂養他子爲後者, 卽養異姓爲子者. 自漢以來, 已成委巷之禮, 而孔氏攙入於註經文字也." 愚謂此說得之. 然則以出後子爲非適, 斷是後人之錯說而非先儒之論也. 喪服之分正義加降, 自疏家發之, 而其說曰子爲父, 妻爲夫, 妾爲君等是正斬. 臣爲君, 諸侯爲天子等是義斬. 繼母以義合而與父齊體, 則亦入於正服條. 况爲人後者, 爲本生父服期, 而爲所後父服斬, 則是乃子爲父之正服, 何名爲義哉! 凡服有正而後有義, 出後子旣不得爲本生父極服, 而又爲所後父義服斬, 則是終身不服斬衰之正服也. 寧有是理? 家禮之混入於義服條, 特因書儀而未及是正也. 經傳通解, 卽朱門嫡傳之書, 而斬衰正服條, 列書子爲父爲人後者爲所後父, 其義皦如, 則家禮之義服, 非朱子定論, 又斷可知矣. 執事躬奉祖禰兩位之祀, 而又以次房之後, 入繼宗派, 則今玆服制, 必有以五世四世之適爲言者矣, 必有以正而不體爲言者矣. 然此二條, 歷稽經典, 節節破綻, 如上所陳, 則何疑何嫌而不從古禮乎! 千萬勿撓於俗見, 斷而行之也. 大抵秦漢以來, 禮制日壞, 喪紀尤紊, 茅纏而紙裹, 緦衰而環絰, 其來尙矣. 禮廢之歎, 何獨今時爲然哉! 國制爲長子斬, 雖不許解官, 然彼絞帶菅屨, 終三年纍然持重, 絲管不擧, 讌集不與, 大非流俗之所安也. 所以遭此戚者, 率皆影響摸撈於先儒未定之說, 而遽取以爲斷案曰, "經義然也, 疏說然也, 吾不得不期年." 此不惟識見之不逮, 抑亦占便之意居多也. 嗚呼悲夫! 愚於此事, 固不免同浴譏裸之嫌, 而下問之意, 不敢終孤, 傾倒至此, 勿掛他眼, 切仰切仰. 不備.

사중舍仲 준평準平에게 보낸 편지

與舍仲準平書

악률(樂律)은 반드시 담는 기장 낱알의 수를 취해야 하니, 서로 참고해서 법을 보존해야 한다. 옛날의 작자는 음을 살펴 악률을 정하고 악기를 만들어 악률을 맞춘다. 악률은 소리로만 전할 수 없기 때문에 반드시 악률을 빌려 울어야 하고, 악기는 형태로만 전할 수 없기 때문에 반드시 기장에 힘입어 징험해야 한다. 비록 통통하고 말라 바탕이 다르고 풍년과 흉년으로 때가 다르며 기장이 변하지 않을 수 없다고는 하지만, 예나 지금이나 이 토지에 이 곡식을 심었다. 또한 반드시 그 중급을 선택하여 사용했으니, 후세에 처하더라도 고인(古人)의 척도(尺度)를 구하는 것은 오직 검은 기장이 가장 가까울 것이다. 저 화천(貨泉)과 착도(錯刀) 등의 화폐들은 수천 년을 손안에서 굴리다 보면 둘레가 닳아 푼(分)이나 리(釐)로만 줄어들 뿐이겠는가! 기장 한 알의 너비를 1분으로 하고 기장 90낟알을 황종(黃鍾)의 도수로 삼으며, 또 대나무를 잘라 황종의 율관으로 삼고 악기를 제작하여 황종의 약(龠)으로 삼아 그 용적을 구하면, 척도와 율관과 약(龠)이 서로 얻어진 후에 황종의 진도(眞度)를 얻을 수 있을 것이다. 이것이 한(漢) 나라 이래로 서로 전해져온 설이고 고인(古人)이 서로 참고해서 법을 보존한 바이다. 이 일은 전에 이미 얼굴을 마주하고 상의한 것이 여러 번이었으나 매양 의심을 가지며 결정하지 못한 것은 하나는 기장에 고금의 다름이 있다는 것이고 또 하나는 그 법이 경(經)에 보이지 않는다는 것이다. 삼대(三代) 이래로 악경(樂經)이 흩어지고 없어졌으니, 어찌 유독 기장을 담는 법 뿐이겠는가! 삼분손익(三分損益)과 격팔상생(隔八相生)의 법[37]이

37 삼분손익(三分損益)과 격팔상생(隔八相生)의 법 : 삼분손익(三分損益)과 격팔상생(隔八相生)은 고대 음률을 정하는 방법이다. 기본음인 황종(黃鐘)의 음높이를 먼저 정한 다음에 황종 9촌을 3등분하여 3분의 1을 빼거나 더하여 음을 정하는 방법이 삼분손익이고, 삼분손익에 의하여 상생(相生)된 십이율(十二律)을 율수(律數)의 대소 차례로 배열하면 황종부터 서로 조화를 이루는 음의 위치가 8개의 간격으로 되어 격팔상생(隔八相生)이라 한다.

어느 경(經)에 보이는가? '소리는 길게 읊음에 의지하고, 율(律)은 읊는 소리를 조화시킨다'라는 한 절이 겨우《서경(書經)》〈우서(虞書)·순전(舜典)〉에 보이고,《주례(周禮)》〈춘관(春官)·대사악(大司樂)〉에서 단지 세 대향(大享)에서 연주하는 것을 적었으며 율명(律名)과 성조(聲調)·선궁(旋宮)의 뜻이《예기(禮記)》〈예운(禮運)〉에 대략 보인다.《예기(禮記)》〈악기(樂記)〉 한 편은 음악의 의미와 근원에 대해 통론했을 뿐이다. 여러 경(經)을 거슬러 올라가 고찰해 보아도, 음악의 도수명물(度數名物)은 텅 비어 징험할 수가 없다. 그렇지 않다면 고인(古人)이 어찌 음악이 붕괴되었다고 했겠는가! 사마천의《사기(史記)》와 반고(班固)의《한서(漢書)》 지(志) 및《국어(國語)》·《회남자(淮南子)》·《여씨춘추(呂氏春秋)》 등 여러 서적에서 각각 악률(樂律)의 수법(數法)을 서술한 것과 정강성(鄭康成) 이하부터 주부자(朱夫子)와 채서산(蔡西山) 등 여러 현인들에 의지하여 역사서의 지(志)와 제자(諸子)의 글에서 모두 긁어모아 입설(立說) 한다면, 이를 내버려 두고는 음악을 논할 수 없을 것이다. 기장을 담는 법은 유중루(劉中壘, 유향(劉向))의 책에 처음 보이고 반고(班固)의《한서(漢書)》 지(志)에서 매우 자세하게 서술되었는데, 두 명은 옛날과 멀지 않아 반드시 받은 바가 있었을 것이다. 종래로 선유들은 혹 기장 낟알의 크기와 둥글기가 들쭉날쭉함이 없을 수 없음을 의심하였다. 또한 일찍이 그 설을 취하지 않은 적이 없었지만, 황종(黃鐘)의 척도는 여기에 의지하여 정할 수 있다라고 이르는 것은 아니었다. 대개 삼(三)과 오(五)로 법을 보였으니, 도량권형(度量權衡)의 수는 이를 말미암아 생긴 것이다. 후세에 음악을 논하는 자는 오로지 기장 쌓는 것만을 취하여 '악률이 기장에서 생겼다'라고 하니, 참으로 망령된 것이다. 혹 척도(尺度)를 구하기만 하고 기장 담는 것을 모두 폐지한다면, 도량권형(度量權衡)은 장차 어디에서 법을 받을 것이며, 어떻게 황종(黃鐘)이 만사의 근본이라고 징험할 수 있겠는가? 기장을 담는 법은 가벼이 의론할 수 없다. 어떠한가?

樂律之必取容黍, 盖參互以存法也. 古之作者, 審音以定律, 制器以叶律, 律不可以聲傳, 故必假之器以鳴, 器不可以形傳, 故必資之黍以驗. 雖云肥瘠之異質, 豊儉之殊時, 黍不能無變, 然古今此土地也, 古今此穀種也. 又必擇其中等者而用之, 則處後世而求古人之尺度者, 惟秬黍爲近. 彼貨泉錯刀之屬, 累千年輪轉於手分中者, 其匡郭之磨泐, 奚啻分釐而已哉! 以一黍之廣爲一分, 累九十黍以爲黃鐘之度, 而又截竹以爲黃鐘之管, 制器以爲黃鍾之龠, 以求其容積, 尺也管也龠也, 參相得而後, 可以得黃鐘之眞度. 此漢以來相沿之說, 而古人所以參互以存法也. 此事前已面商者屢矣, 而令每持疑不决者, 一則以黍有古今之異也, 一則以法不見於經也. 三代以降, 樂經散亡, 奚獨容黍之法哉! 卽三分損益隔八相生之法, 見於何經乎? 聲依永律和聲一節, 僅見於虞書, 春官大司樂, 只叙三大享所奏, 律名聲調旋宮之義, 畧見於禮運, 而樂記一篇則通論樂之義理源本而已. 溯考諸經, 凡樂之度數名物, 蕩然無徵, 不然則古人何以云樂崩乎! 賴有馬書·班志及國語·淮南子·呂覽諸書, 各述樂律之數法, 自鄭康成以下, 至於朱夫子蔡西山諸賢, 皆掇拾於史志諸子之文以立說, 舍乎此則無可以論樂矣. 容黍之法, 創見於劉中壘之書, 而班志述之甚詳, 二子去古未遠, 必有所受也. 從上先儒或疑黍不能無大小圓妥之不齊, 亦未嘗不取其說者, 非謂黃鐘之尺度恃此而可定. 盖以三五以示法, 度量權衡之數, 由此而生也. 後之論樂者, 專取累黍, 而謂律生於黍則固妄矣. 乃或徒求尺度, 而盡廢容黍, 則度量權衡, 將安所受法, 而何以驗黃鍾爲萬事之本耶? 容黍之法, 未可輕議也. 如何如何?

사중舍仲에게 보낸 편지

與舍仲書

고례(古禮)에 종자(宗子)가 나라를 떠나면 서자가 대신 제사를 지내며 축문에, "효자 아무개가 개자(介子) 아무개로 하여금 상사로 거행하는 제사를 지내게 하였습니다."라고 한다. 이는 그 제사를 대신 주관하니, 염제(厭祭)하지 않고 여수(旅酬)하지 않으며 유제(綏祭)하지 않고 배위(配位)를 모시지 않는다[38]는 것을 가리킨다. 의절(儀節) 간에 억제하고 누르는 뜻을 깊이 보이니, 종법(宗法)을 엄히 하기 때문이다. 근세에 주인이 혹 일이 있어 자질(子姪)이 대신 주관하면, 고사(告辭)하지 않고 고성(告成)하지 않아 고례를 모방하여 의절을 삼는다. 그러나 나이 70으로 늙어 전중(傳重)하여 적자가 제사를 지내면, 아마 대신 주관하는 것으로 논하여 의절을 감쇄하는 것은 안될 것 같다. 《예기(禮記)》〈곡례(曲禮)·상(上)〉에 "70을 노(老)라 하고 이 나이가 되면 집안일을 자손에게 전해준다."고 하였고, 정현(鄭玄) 주(注)에서 "집안일을 전하여 자손에게 맡기는 것인데, 이는 종자(宗子)의 부친을 가리킨다."라고 하였으며, 공영달(孔穎達) 소(疏)에서 "반드시 종자(宗子)의 부친이라고 한 것은 경(經)에서 '전(傳)'이라고 언급했기 때문이다. 전한다는 것은 위로 부친과 조부의 일을 받고 아래로 자손에게 전하는 것이다. 자손이 전해 받은 집안일은 제사가 가장 중요하다. 만약 종자(宗子)가 아니라면 전해 받을 이유가 없다."라고 하였다. 이로 말미암아 보면, 주부자(朱夫子)의 가묘(家廟)에 고한 글은 실로 성경(聖經)의 가르침을 따른 것이지 의리로 따져 만들어 낸 예가 아니다. 지금 계부(季父)[39]께서 춘추가 문득 팔순을 바라보아 일체의 집안일을 모두 대신하게 한 것은, 예에서 이른바 전중(傳重)인 것이니, 향사의절(享祀儀節)을 한때 임시로 대신 주관하여 감쇄하는 것이 있으면 안 될 것 같다. 게다가 어르신께서 고령에 큰 복을 받아 기체(氣體)가 매우 건강하시고, 단지 다리에 병이 조금 있어 절하는 데 방해가 된다. 그러나 추모의 정성은 몸이 쇠해졌다고 조금도 나태해지지 않아, 촛불 밝히고 채비를 잘 갖추어 향례(享禮)가 이루어지는 것을 기다려 달려가 첨배(瞻拜)하니, 실로 대신 주관하게 한 자는 손을 씻고

38 염제(厭祭)……않는다 : 《예기(禮記)》〈증자문(曾子問)〉에 나온다.

39 계부(季父) : 서명응(徐命膺, 1716~1787)의 양자이자 서유구의 양부인 서철수(徐澈修, 1749-1829)를 가리킨다.

음식을 올리며 절을 하는 의식을 행하는 것에 불과하고 향사(享祀)의 예는 여전히 계부님께서 주관하시는 것이니, 더더욱 주인으로 논할 수 없다. 납월(臘月)에 있는 두 번의 기신(忌辰)에 이르러서는 날씨가 엄동이고 계부님의 춘추는 더욱 높아져 형세가 몸소 친히 할 수 없으니, 장차 해마다 고사(告辭)하지 않고 고성(告成)하지 않으며 제사를 지낼 것인가? 나는 전중(傳重)의 체(體)는 임시로 대신하는 것과 달라 향사(享祀) 의절을 매번 감해서는 안되고 예에 따라 지내는 것이 맞다고 생각한다. 대정(大庭)[40]께 여쭈고 깊이 헤아려 취사해야 할 것이다. 남계(南溪) 박세채(朴世采)는 "나이 70으로 늙어 전중(傳重) 하였다면, 자식은 대신 주관하는 것으로 논하면 안 된다."라고 하였고, 우암(尤庵) 송시열(宋時烈)은 "비록 대신 주관한다고 하지만 어찌 고사(告辭)없이 모르는 채 나가 주관하겠는가?" 하였다. 어떤 이는 현고(顯考)와 현비(顯妣)의 호칭은 대신 주관하는 자가 감히 할 바가 아니라고 의심하지만, 축문에서 '효자 아무개가 아무개로 하여금'이라고 하니, 주인이 주관하고 대신 하는 사람이 대신 고하는 것이니 무슨 혐의가 있겠는가! 이것은 모두 근세 선유(先儒)가 말한 근거 있는 것으로, 비록 대신 주관하는 자의 고사(告辭) 한 절이라도 빠뜨려서는 안 된다.

古禮宗子去國, 庶子代祭, 祝曰, "孝子某, 使介子某, 執其常事." 是謂攝主其祭也, 不厭不旅, 不綏不配. 儀節之間, 深示抑損之意, 所以嚴宗法也. 近世主人或有故, 而子姪攝行, 則不告辭不告成, 以倣古爲節. 然七十老而傳重, 而冢嫡行事, 則恐不可以攝主論而減殺於儀節也. 記曰, "七十曰老而傳", 注曰, "傳家事任子孫, 是謂宗子之父", 疏曰, "必爲宗子父者. 以經言傳, 傳者上受父祖之事, 下傳子孫, 子孫之所傳家事, 祭事爲重. 若非宗子, 無由傳之"云云. 由此觀之, 則朱夫子告家廟之文, 實遵聖經之訓而非義起之禮也. 今季父主春秋奄望八耋, 一切家政, 令旣總攝, 則禮所謂傳重者是也. 享祀

---

40 대정(大庭) : 남의 아버지를 높여 부르는 말로 여기서는 서유구의 양부인 서철수를 가리킨다.

儀節, 似不可與一時權攝者, 一例而有所減殺也. 且況老親邵齡遐祉, 氣體康渥, 特以脚症微苦, 妨於跪拜. 然追慕之誠, 不以衰暮而少懈, 明燭裝嚴以俟享禮之成, 而趍進瞻拜, 則其實令之所攝者, 不過盥薦興伏之縟儀, 而享祀之禮, 猶季父主主之也, 尤不可以主人論也. 至臘兩度忌辰, 政當隆沍, 而季父主春秋彌高, 勢不得躬親, 則其將年年無告辭不告成而行事乎? 愚以爲傳重之體, 異於權攝, 享祀之節, 不可每減, 依禮行事爲是. 試禀議于大庭而商確取舍之也. 南溪曰, "七十老而傳重, 則子不可以攝主論." 尤庵曰, "雖云攝行, 何可無告辭而昧然出主乎?" 或疑顯考顯妣之稱, 非攝行者所敢援, 而祝云'孝子某使某', 則主人主之, 而攝者替告也, 何嫌之有! 此皆近世先儒說之可據者, 而雖攝主告辭一節, 亦不可闕也.

삼종제三從弟 유련有璉[41]에게 답한 편지

答三從弟有璉書

자부(子婦)의 초상은 적부(嫡婦)와 개부(介婦)를 막론하고 모두 시아버지가 주관하니, 집안일을 존자에게 통솔 받는 의미이지. 혹 총부(冢婦)라면 시아버지가 주관하고, 둘째 아들 이하는 남편이 주관한다는 설이 있는데, 이는 《예기(禮記)》 몇 조목이 서로 어긋나서 소(疏)의 설명도 이를 따라 혼란스러워졌기 때문이네. 〈분상(奔喪)〉에 "모든 초상에 아버지가 살아 계시면 아버지가 상주가 되고, 아버지가 돌아가셨으면 함께 살고있는 형과 아우가 각각 그 상을 주관한다."라고 했는데, 이는 참으로 의심할 바가 없다네. 〈복문(服問)〉에 "임금이 주관하는 것은 부인이나 처(妻), 태자,

41 삼종제(三從弟) 유련(有璉) : 서유련(徐有璉, 1785~1875)은 자(字)가 치기(穉器)이고 서낙수(徐洛修)의 둘째 아들이다.

적부(適婦)의 상이다."라 했고, 정현(鄭玄) 주(註)에서 "처(妻)라 말한 것은 대부 또한 이 세 사람을 위하여 상주가 된다는 것을 보인 것이다."라고 했는데, 〈복문(服問)〉의 말과 같다면, 적부(適婦) 이외에 시아버지는 모두 상을 주관하지 못하네. 〈분상(奔喪)〉의 공영달(孔穎達) 소(疏)에서는 "〈복문(服問)〉에서는 명사(命士) 이상을 통틀어 아버지와 아들이 다른 집에서 산다면 서자(庶子)들이 각각 그 사상(私喪)을 주관한다는 것을 말한 것이다. 지금 여기에서 말한 것은 아버지와 아들이 같은 집에 사는 경우이다."라고 하여 같은 집에서 사는 것과 다른 집에서 사는 것으로 분석하여 풀이했지. 그러나 내 생각에는 옛날 대부(大夫)는 방친(旁親)에 대해 강복(降服)하기 때문에 둘째 아들 이하는 아버지가 그를 위하여 상을 주관하지 않았다네. 〈상복소기(喪服小記)〉의 이른바 '대부(大夫)는 사(士)의 상을 주관하지 않는다'는 것이 이것이지. 후세에 대부의 강복(降服)하는 예가 이미 폐지되었으니, 〈복문(服問)〉의 이 조목은 끌어다 근거 삼을 수 없을 듯하네. 〈상복소기(喪服小記)〉에서 "아버지가 살아계실 때 서자(庶子)는 처를 위해 상장(喪杖)을 지고 자리에 나아가는 것이 옳다."라고 했는데, 정현 주(註)에서 "아버지는 첩의 상을 주관하지 않기 때문에 아들이 정을 펼 수 있다."라고 했고, 공영달 소(疏)에서는 "아버지가 이미 첩의 상을 주관하지 않기 때문에 서부(庶婦)의 상도 주관하지 않는다. 그래서 서자(庶子)가 상장(喪杖)을 짚을 수 있는 것은 아버지가 첩의 상을 주관하지 않기 때문이다. 처의 차자(次子)의 경우 이미 후사를 잇는 맏아들이 아니므로 또한 첩의 아들과 같은 제한을 받는다."라고 했네. 지금 살펴보건대, 임금이 스스로 첩의 상을 주관하는 예는 없기 때문에 첩의 아들이 어머니와 처를 위해 정을 펼 수 있는 것이라네. 처의 상에 대해서 모두 남편이 주관한다면, 차자(次子) 며느리의 상을 아버지가 어찌 상주가 되지 않음이 가하겠는가! 소(疏)의 이 한 절은 이미 경의(經義)가 아니고 또한 〈분상(奔喪)〉의 경문(經文)과 배치되므로 결단코 따라서는 안 되네. 어떤 이가 이 소(疏)의 설을 고집하여 아버지가 서부(庶婦)의 상을 주관하지 않는 증거로 여겼는데, 소(疏)의 설에 오류가 있는다는 것을 예를 아는 자는 마땅히 스스로 알아야 하네. 시아버지가 여러 며느리에 대해 복술(服術)에 차등이 있기는 하지만 아들들을 위함은 한 가지이지. 어찌 차마 아래로 내려 첩부(妾婦)와 같이 여겨 그 상을 주관하지 않겠는가! 자식으로서 아버지가 살아계신데 스스로 그 사상(私喪)을 주관한다면 또한 어찌 감히 마음이 편하겠는가! 같은 집에 사는지와 다른 집에 사는지는 논할 필요가 없네. 주자(朱子)가 "아버지가 살아계시면 자식이 상을 주관하는 예는 없다."라 했고, 《속문해(續問解)》에서 "지금 부자(父子)가 다른 집에 살더라도, 아버지가 살아계시면 자식은 각각 그 사상(私喪)을 주관해서는 안 되고 아버지가 마땅히 주관해야 한다. 모든 상에서 아버지가 상주가 되니 마땅히 상을 주관하는 자로 신주에 상을 주관하는 자의 이름을 새겨야 한다."라고 했네. 그러하니 이 일을 예경(禮經)에서 고찰해보면 명확히 근거할 것이 있으니, 선현의 의론을 참고한다면 또한 명백할 뿐만 아니라 자네가 오늘 대처할 바는 다시 헤아릴 것이 없을 듯하네. 이 편지를 대정(大庭, 서낙수)께 보여드리도록 하게.

子婦之喪, 勿論嫡婦介婦, 皆舅主之, 家事統於尊之義也. 或有冢婦則舅主之, 第二子以下則其夫爲主之說, 此盖由於禮記諸條之相牴牾, 而疏說又從而亂之也. 奔喪曰, "凡喪父在父爲主, 父沒, 兄弟同居, 各主其喪." 此固無可疑, 而服問曰, "君所主夫人妻·大子·適婦." 註曰, "言妻, 大夫亦爲此三人爲喪主也." 如服問之言, 則適婦以外, 舅皆不主喪也. 奔喪疏曰, "服問通其命士以上, 父子異宮, 則庶子各主其私喪, 今此言是同宮者也." 以同宮異宮分析解之, 然竊意古者大夫於旁親降服, 故第二子以下則父不爲之主喪. 喪服小記所謂'大夫不主士之喪'是也. 後世大夫降服之禮旣廢, 則服問此條, 恐不可援據. 小記曰, "父在庶子爲妻, 以杖卽位可也." 註曰, "父不主妾之喪, 故子得伸也." 疏曰, "父旣不主妾喪, 故不主庶婦, 所以庶子得杖, 由於父不主妾喪故也, 若妻次子, 旣非冢嗣, 故亦同妾子之限也." 今按主君無自主妾喪之禮, 故妾子爲母與妻得伸也. 至於妻喪, 皆夫主之, 則次子婦之喪, 父何可不爲喪主乎! 疏說此一節, 旣非經義, 而又與奔喪經文背馳, 斷不可從也. 或者執此疏說, 以爲父不主庶婦喪之證. 然疏說之謬, 知禮者當自知之矣. 夫舅之於諸婦, 服術雖有差降, 而其爲子屬則一也. 豈忍下同於妾婦而不主其喪乎! 爲人子者, 父在而自主其私喪, 亦豈敢安於心乎! 同宮異宮, 不須論也. 朱子曰, "父在子無主喪之禮." 續問解曰, "今人父子雖異宮, 父在則子不可各主其私喪, 而父當爲之主. 凡喪父爲主, 則當以主喪者題主." 然則此事稽之禮經, 確有可據, 參之先賢之論, 又不啻明白, 則尊之今日所處, 恐無可更商者矣. 此紙奉覽于大庭也.

재종숙再從叔 한림翰林【기수淇修】[42]에게 답한 편지

答再從叔翰林【淇修】書

조각배로 물결 거슬러 오르며 긴 저녁 동안 다정히 이야기 나누고, 돌아와 이틀 지내니 문득 남은 향기가 엄습해옴을 깨달았습니다. 바로 손수 쓰신 글이 아주 간곡하고 가르쳐주시는 말씀이 순박하니, 빈 골짜기에 발걸음 울리는 것이 이미 사람으로 하여금 흡족히 기쁘게 하는데 하물며 이러한 강독으로 계발시킴을 얻은 것은 어떠하겠습니까? 마음에 새기고 마음에 새깁니다. 그러나 주신 가르침 몇 조목은 제 생각으로 헤아려 보면 오히려 맞지 않는 부분이 있어 감히 동의하지 못하고 다시 몇 줄 아뢰니 가르침을 주시기 바랍니다. 제1조 절복(絕服)의 제도는 종래로 선유(先儒)들의 논설은 일찍이 이것에 대해 논하지 않았습니다. 제가 《예기(禮記)》와 《주례(周禮)》 몇 조목을 근거로 하고 인정(人情)과 천리(天理)를 참고

42 재종숙(再從叔) 한림(翰林)【기수(淇修)】: 서기수(徐淇修, 1771~1834)는 자(字)가 비연(斐然)이고 1792년(정조 16)에 문과에 급제하여 예조참판 등을 지냈다.

하여 새로 설을 만들어 냈었으나, 여전히 의심과 믿음이 반반이라 책 상자에 깊이 저장하고 감히 다른 사람에게 보여주지 않았습니다. 공자(孔子)께서는 다음과 같이 말씀하셨습니다. "한 번 술잔을 올리는 예로는 대향(大饗)을 행하기 부족하고, 대향(大饗)의 예로도 오제(五帝)에게 제사하는 대려(大旅)를 행하기에 부족하며, 대려가 갖추어져도 상제(上帝)에게 제향하기에는 부족하니, 예를 가볍게 의론하지 말아야 한다."[43] 아아, 예를 어찌 쉽게 말할 수 있겠습니까! 다만 보잘것없는 천견(淺見)으로 외람되이 수천년을 행해온 경례(經禮)에 논평을 가한 참람한 죄는 참으로 피할 길이 없습니다. 그러나 보내신 편지에서 '이는 정강성(鄭康成)의 정론(定論)이니 후학들이 가벼이 의론해서는 안 된다.'라 하셨는데, 또한 좋은 명언은 아닌 것 같습니다. 한유(漢儒)가 삼례(三禮)에 대해 경(經)을 전(傳)으로 설명한 공은 참으로 큽니다. 그러나 옛 성현을 잇고 후학을 인도한 공렬은 누가 주부자(朱夫子)만 하겠습니까? 중국 구경산(丘瓊山, 구준(丘濬))의 《가례의절(家禮儀節)》과 우리나라 사계(沙溪, 김장생(金長生))의 예서(禮書)들도 주자(朱子)의 《가례(家禮)》에 대해 오히려 따르는 것과 어기는 것을 헤아려야 할 것이 있는데, 하물며 정강성의 말에 있어서이겠습니까! 만약 보내신 편지처럼 모든 선현(先賢)의 예설(禮說)에 관련된 것들을 후인들이 다시 논변해서는 안 된다면, 삼백(三百)의 경례(經禮)와 삼천(三千)의 곡례(曲禮)가 하나의 장고(掌故)만으로도 충분히 이에 따라 행해질 것입니다. 또 어찌 강습하고 토론을 하겠습니까? 제2조 상제(祥祭)와 담제(禫祭)의 제도는 숙부님의 견해도 정강성의 의론을 주로 하는 것입니다. 그러나 《소학(小學)》이 '1개월을 건너뛰어 담제를 지낸다'는 글을 취했다고 하여, '주자 또한 정강성의 의론을 주로 했다'라고 한다면 정밀하게 고찰하지 않으신 듯합니다. 대저 이 일은 예가(禮家)들이 논쟁하는 큰 안건으로, 한위(漢魏)부터 명청(明淸)까지 여러 유자들이 논변하며 실타래처럼 어지럽습니다. 하나같이 정현(鄭玄)과 왕숙

43 한 번 술잔을……말아야 한다 : 《예기(禮記)》 〈예기(禮器)〉에 나온다.

(王肅) 두 사람으로 문호를 나누고 깃발을 세웠으니, 조정의 제도도 그 의론에 따라 설치하고 폐지했습니다. 위진(魏晉)에서는 왕숙(王肅)의 설을 사용하여 상제(祥祭)와 담제(禫祭)를 같은 달에 지내, 상제(喪制)를 25개월에 마쳤습니다. 유송(劉宋)에서 비로소 정현의 설을 사용하여 상제(祥祭)를 지낸 후 1개월을 건너뛰어 담제(禫祭)를 지냈으니, 상제(喪制)를 27개월에 마쳤습니다. 이에 역대로 이를 따라 서로 계승하여 지금까지 이르니, 조정에서 비록 제도를 정하더라도 예는 마땅히 후한 쪽을 따라야 하니 사람들이 감히 어기지 못했습니다. 옛것을 좋아하는 선비는 글도 경전(經傳)에 의거하여 논변을 그치지 않으니, 왜 그렇습니까? 《예기(禮記)》의 〈삼년문(三年問)〉·〈복문(服問)〉·〈간전(間傳)〉 등 여러 편에서는 모두 삼년상을 25개월에 마친다라고 하였습니다. 〈단궁(檀弓)〉에서는 "공자가 상제(祥祭)를 지낸 지 5일 만에 거문고를 연주했으나 소리를 제대로 이루지 못했고, 10일 만에 생황을 불고 노래하셨다."라고 했으며, 이를 풀이하기를, "10일은 달을 넘기고 또 열흘이 지난 것이다."[44]라고 하였습니다. 고인(古人)이 날을 점쳐 제사를 지낼 때 흉사는 먼 날을 우선하니, 대상(大祥)을 그달의 하순에 지내고 대상을 지낸 뒤 담제 지내는데 담제를 지내고 달을 넘겼으니 음악을 연주할 수 있었기 때문입니다. 이 몇 조목들은 모두 상제(祥祭)와 담제(禫祭)를 같은 달에 지내는 분명한 증거이고, 주자(朱子) 또한 "상제(祥祭)와 담제(禫祭)에 대한 설은 마땅히 왕숙(王肅)이 맞다고 여겨야 한다. 그러나 지금 이미 27개월로 정해졌으니, 이러한 것들을 세세하게 따질 필요가 없고 자식들은 스스로 그 슬픔을 다하면 족하다."라고 하였습니다. 또 "상제를 지낸 뒤 바로 담제를 지낸다는 것은 마땅히 왕숙의 설과 같이해야 〈단궁(檀弓)〉의 '이달에 담제를 지낸다'는 글이 순하다.", "중월(中月)의 중(中)은 바로 '한 대를 건너뛰고 위로 올라가(中一以上)'의 중(中)과 같으니, 정강성의 설이 맞다. 다만, 〈단궁(檀弓)〉의 '이달에 담제를 지낸다'는 글이나 '달을

44 10일은……지난 것이다 : 《예기(禮記)》 〈단궁(檀弓)〉 해당 부분의 정현(鄭玄) 주이다.

넘기고 열흘이 지났다'는 설과는 합치하지 않는다."라고 했습니다. 【이상 주자(朱子)의 설 세 조목은 본문을 확인하지 못하고 암송하여 적었으니, 자구간에 반드시 잘못된 곳이 있을 것입니다.】 이것으로 보면 주자(朱子)의 뜻도 25개월의 제도를 주로 하는데, 《소학(小學)》에서 도리어 '1개월을 건너뛰어 담제를 지낸다'는 글을 취한 것은 당시 왕의 제도를 따른 것입니다. 왕숙(王肅)의 의론을 옳게 여겼더라도, 또한 일찍이 정현의 설이 잘못되었다고 분명히 말한 적이 없으니, 경문에 '중월(中月)'의 글이 있기 때문입니다. 주자(朱子)가 언제 정강성의 논의를 주로 하였습니까? 중월(中月)과 '시월(是月)'은 결코 합일할 수 없는 설입니다. 저는 본편에서 이미 자세히 말한바 있는데[45], 두 사람의 무리는 각각 한 경문을 근거로 반드시 이를 가져다 저기에 붙이려 하니, 본래 다른 것을 억지로 같게 할 수는 없음을 어찌합니까! 억지로 풀이하여 견강부회한 설은 후인들의 미혹을 부풀리기에 족하여, 갑(甲)이 "경(經)에서 이렇게 말했다."라 하고 을(乙)이 "경(經)에서 이렇게 말했다."라고 합니다. 그러하니 이 공안(公案)은 비록 우주와 고금을 다하더라도 반드시 귀일(歸一)될 기약이 없습니다. 오직 고녕인(顧寧人, 고염무(顧炎武))만이 탈연(脫然)히 제가들의 얽매여있는 누습을 씻어버리고 다음과 같이 말했습니다. "두 사람은 각각 근거한 바가 있으니, 혹 상제를 지내는 달에 담제를 지내기도 하고 혹은 1개월 건너뛰어 담제를 지내기도 한다. 이는 예를 기록할 때부터 이미 같지 않았다."[46] 이와 같이 간파한 연후에야 귀일할 수 있게 되었습니다. 저는 그래서 이 뜻을 미루어 넓혀 의론 하나를 작성하여 상기(喪期)는 25개월을 주로 한다고 했으니, 이는 모두 선유(先儒)의 말이고 제가 억측해서 풀이한 것이 아닙니다. 지금 보내신 편지에 '만약 상제 후에 바로 담제를 지내면 이달에 담제를 지내게 된다'라고 한 구절은 군더더기로 저는 이해하지 못하겠습니다. 이것

45 본편에서……말한 바 있는데 : 본편은 본서 권6 〈상제와 담제에 대한 의론(祥禫議)〉을 가리키는 것으로 상제(祥祭)와 담제(禫祭)에 대한 설에 대해 자세히 논하였다.

46 두 사람은……같지 않았다 : 《일지록(日知錄)》 권6에 나온다.

은 다른 설을 인용할 필요 없이 본문을 자세히 살펴보면, '대상(大祥)을 지내고 호관(縞冠)을 쓰며 이달에 담제를 지내고, 달을 넘겨서 음악을 연주한다.'는 세 구가 서로 이어받아 문세(文勢)가 손바닥 들여다보듯 훤합니다. 대상(大祥)을 지낸 뒤 소호관(素縞冠)을 쓰고 마의(麻衣)를 입으며, 이달에 바로 담제를 지내고 달을 넘겨서 비로소 음악을 연주하는 것입니다. '사월(徙月)'이라는 글자가 있기 때문에 이달을 분명히 말해 상제와 담제를 같은 달에 지낸다는 것을 보여준 것입니다. 보내신 말씀처럼 한다면, 경(經)에서 왜 '대상을 지낸 뒤 소호관을 쓰고 한 달을 건너뛰어 담제를 지낸다'라고 하지 않았습니까? 제 생각은 이와 같은데 어떻게 생각하실지 모르겠습니다. 시험 삼아 다시 주자의 풀이와 여러 선유(先儒)들의 논의를 고찰했는데, 이 논의는 온당하지 못한 곳이 있어 다시 가르침을 내려주시기 바랍니다. 다 갖추지 못합니다.

扁舟溯流, 晤言永夕, 歸來信宿, 尙覺餘芬襲人. 卽又手華耑枉, 誨諭淳復, 空谷跫音, 已令人逌然而喜, 况得此講論啓發之益乎? 佩服佩服. 然來諭諸條, 揆以鄙見, 尙有未契處, 不敢苟同, 復此縷陳而請敎焉. 第一條絶服之制, 從上先儒之說, 未嘗論難及此. 愚直據禮記周禮數條, 參之以人情天理而創爲之說, 然猶疑信相半, 深藏篋笥, 不敢出以示人也. 孔子曰, "一獻之禮, 不足以大饗. 大饗之禮, 不足以大旅. 大旅具矣, 不足以饗帝. 毋輕議禮." 嗚呼, 禮豈可易言哉! 顧以膚末之淺見, 猥加論評於數千年遵行之經禮, 僭越之罪, 誠無所逃. 然來諭云'此有康成之定論, 後學不可輕議', 則亦非名言之善也. 夫漢儒之於三禮, 傳經之功固大矣, 而繼往開來之烈, 孰如朱夫子哉? 中朝瓊山之儀節, 我東沙溪之禮書, 於朱子家禮, 尙有商量從違者, 况康成之言乎! 若如來示, 凡係先賢禮說, 後人更不宜開口辨難, 則是三百經禮, 三千曲禮, 一掌故之史, 足以按行矣. 又安用講習討論爲哉? 第二條祥禫之制, 盛見亦以康成之論爲主, 而但以小學取中月而禫之文, 謂朱子亦主康成之論, 則竊恐考之未精也. 大抵此事爲禮家聚訟之一大按, 由漢魏迄明淸, 諸儒之論辨, 棼如絲縷, 而一自鄭王二子之分門立幟, 朝廷之制, 亦隨其議論而爲廢置. 魏晉用王肅說, 祥禫同月, 喪制二十五月而畢. 劉宋始用鄭玄議, 祥後間一月而禫, 喪制二十七月而畢. 歷代因之, 相承至今, 雖朝有定制, 禮宜從厚, 人莫敢違, 而好古之士, 猶且援據經傳, 胥辨難不已. 是何也? 禮記三年問·服問·間傳諸篇, 皆言三年之喪二十五月而畢. 檀弓, "孔子旣祥五日而彈琴不成聲, 十日而成笙歌." 釋之者曰, "踰月且異旬也." 盖古人卜日而祭, 凶事先遠日, 大祥行於當月之下旬, 祥後行禫, 禫而踰月, 則可以作樂故也. 凡此諸條, 皆祥禫同月之明證, 而朱子亦曰, "祥禫之說, 當以王肅爲是, 然今旣定制, 此等瑣細, 不必計較, 人子自致其哀足矣." 又曰, "祥後便禫, 當如王肅說. 然後於檀弓是月之文爲順." 又曰, "中月之中, 卽中一以上之中, 康成說得是. 但與檀弓是月禫之文, 踰月異旬之說不合."【右朱子說三條, 未及考据本文, 誦而筆之, 字句間必有差錯處.】由是觀之, 朱子之意, 亦主二十五月之制, 而小學却取中月而禫之文者, 遵時王之制也. 雖是王肅之論, 而亦未嘗明言鄭說之非者, 以經有中月之文故也. 朱子何嘗主康成之論耶? 中月是月, 决不可合一之說. 愚於本篇中, 已詳言之, 而二氏之徒, 各據一經, 必欲援彼以附此, 其奈本異者不可強使之同, 則其說穿鑿牽傅, 適足以滋後人之惑, 而甲者曰經云爾, 乙者曰經云爾. 然則此一段公案, 雖窮宇宙終古今, 必無歸一之期也. 獨顧寧人脫然一洗諸家拘攣之習, 而爲之說曰, "二家各有所據, 或祥月行禫, 或間月行禫, 自記禮時已不同." 惟如此看破, 然後祥禫之議, 可以歸一也. 愚故推衍其意, 爲作此議, 而喪期則以二十五月爲主. 此皆先儒之言, 而非愚之臆解也. 今來敎所云若謂祥後便禫, 則是月禫一句, 爲贅剩語一節, 竊所未曉. 此不必旁引他說, 只就本文細繹, 則祥而縞, 是月禫, 徙月樂三句相承, 文勢皎如指掌. 旣祥而素縞麻衣, 是月仍行禫祀, 徙月始作樂, 緣有徙月字, 故明言是月, 以示祥禫同月也. 若如來諭, 則經何不曰祥而縞, 中月而禫乎? 愚見如此, 不審高明以爲如何. 試更考朱子之訓及諸先儒之論, 凡此所論, 如有未當處, 更賜鐫誨望也. 不備.

삼종제三從弟 유교有喬[47]에게 답한 편지

答三從弟有喬書

보낸 편지 잘 보았네. 영중(英仲) 형과 못 만난 것이 몇 년 되었군. 예전 함께 노닐던 즐거움은 매우 오래전의 일처럼 느껴져 때때로 생각나 실로 나의 생각을 수고롭게 하네. 지금 들으니 근년에 연이어 두 아들의 상을 당해 정이 매우 참혹하여 이미 할 말이 없네. 노쇠한 나이에 외로이 어떻게 지내는가? 그러나 이 세상 피해 숨어 사는 사람이 조문하는 편지라도 감히 서울 안에 통문(通問)하지 못하고 바람을 향해 그리워하며 슬픔을 이기지 못하겠네. 질문한 예(禮)에 대한 절목은 참으로 이른바 맹인에게 눈을 빌려 보는 것이네. 나같이 쇠약하고 형편없이 공부한 자가 감히 참람되게 구가(舊家)의 예제를 논하겠는가? 영형(英兄)이 혹 널리 묻고 두루 채집하려는 뜻으로 이렇게 나무꾼에게도 묻는 일을 한 것인지, 그대의 당내 지친에게는 어찌 실상을 여쭈어 그것을 전달해주지 않았는가? 가만히 그대를 위해 탄식한다. 그러나 내가 영형(英兄)에게 질문이 있는데 답이 없어서는 안 되겠으니, 그만두지 못한다면 나의 억견(臆見)으로 부응하고자 하네. 근세에 따르는 시제(時制)는 장자(長子)를 위해 기년복을 입어도 실제는 3년의 체제이네. 중자(衆子)나 망자의 처인 경우에도 자식이 3년 복을 입어야 하면, 두 해가 지나지 않으면 영좌(靈座)를 거두면 안 되니 하물며 장자에 있어서랴. 영형(英兄)의 일을 우러러 생각해보니, 연이어 상을 당한 와중에 이미 두 영전의 제사에 직접 임하지 못하고 또 수고로움을 대신할 다른 자식도 없었기 때문에, 부득이하게 임시방편으로 생각하는 설을 가졌을 것이네. 아아, 슬프구나. 경(經)에 "아버지의 것으로 자식에게 제사지내지 않는다." 했고, 선유(先儒)는 자식의 제사를 아버지가 직접 제사지내

---

47 삼종제(三從弟) 유교(有喬) : 서유교(徐有喬)는 비연(斐然) 서기수(徐淇修)의 장남으로 자(字)는 장세(長世)이다.

는 것은 안 된다라고 풀이하였네. 지금 영형(英兄) 집안의 두 영전에 아침 저녁으로 상식을 올리는 것은 각각 그 미망인들에게 일을 맡도록 하고, 어떤 일이 있으면 혹 종들에게 대신하게 하는데 또한 불가하지는 않을 것이네. 혹 집이 좁아 둘을 함께 설치하기 어렵다면, 뒤에 당한 상의 장례가 끝난 후 한 방안에 함께 설치하되 병풍으로 가리면 또한 가할 것이네. 지금 몇 가지 작은 불편한 일 때문에 앞에 당한 상의 연상(練祥)에서 그 궤연(几筵)을 급히 철거하고 단지 삭망(朔望)의 제사만 지내면 매우 미안할 걸세. 고례(古禮)에 비록 '졸곡(卒哭)하고는 다시 하실(下室)에 궤식(饋食)하지 않는다.'라고 했지만, 후현(後賢)은 후한 편을 따르려는 뜻으로 3년 상에는 모두 3년 마칠 때까지 상식을 하는 것으로 풀이하였고, 《가례(家禮)》부터 지금까지 한결같이 이를 따라서 행하였네. 하물며 장자(長子)의 상은 바로 전중(傳重)의 정복(正服)이니, 영형(英兄)의 복제는 혹 기년에 그치더라도 3년복을 입는 미망인이 있으니, 더욱더 아침저녁의 상식을 급히 파하는 것은 부당하네. 예전 평양감사를 지낸 심대감 집에서도 두 개의 궤연(几筵)을 설치했다고 들었네. 이 또한 근거할 만한 사대부가의 가까운 예일세. 내 생각이 이와 같으니 다시 널리 자문하여 처리하시게.

示諭縷悉. 從與英仲兄阻面, 凡幾年矣. 疇昔從游之歡, 若隔前塵, 有時瞻詠, 實勞我思. 今聞比年之間, 荐哭兩胤, 情理慘毒, 已無可言. 衰年煢獨, 何以支持? 顧此屛蟄之蹤, 雖吊慰書尺, 不敢以姓名通問於京洛, 向風馳情, 悲係難勝. 第俯詢禮節, 眞所謂借視於盲者. 如從衰朽蔑學之流, 何敢僭論知舊家禮制耶? 英兄或以博叩廣採之意, 有此詢蕘之擧, 而如君之堂內至親, 何不以實狀禀白, 而爲之轉報耶? 竊爲君慨然也. 雖然從之於英兄, 不可有問而無答, 無已則以臆見仰塞可乎! 近世從時制, 雖爲長子服朞, 實則三年之體也. 雖衆子若有亡者之妻, 子當服三年者, 則未再朞, 不可撤靈, 况長子乎! 仰想英兄之情事, 哀疚震剝之中, 旣無以躬莅兩筵饋奠, 又無他子姓替勞之人, 故不得已有此權宜商確之說. 吁亦憾矣! 經云'父不祭子', 先儒以子祭父不可親行奠獻釋之. 今英兄家兩筵朝夕之饋, 各使孀婦執事, 有故則或使婢屬代之, 亦未爲不可. 或室廬狹窄, 難於兩設, 則後喪葬後, 同設於一房之內, 而以屛障隔之亦可. 今若以些小非便之故, 而遽撤前喪几筵於練祥, 只行朔望奠, 則極涉未安. 古禮雖云'卒哭, 不復饋食於下室', 後賢以從厚之意, 凡三年之喪, 皆終三年上食. 自家禮迄于今, 壹是遵行. 况長子之喪, 卽傳重之正服, 英兄之服制, 雖或止於朞年, 而有服三年之孀婦在焉, 則尤不當徑罷朝夕之饋也. 聞前箕伯沈台家, 亦兩設几筵云. 此又士夫家近例之可據者也. 愚見如是, 更須博訪而處之也.

족질族姪 형보炯輔에게 답한 편지

答族姪炯輔書

질문한 예(禮)에 대한 절목은 다음과 같네. 부음을 받은 것이 비록 4-5일 사이지만 이미 달이 바뀌었다면, 대기(大朞)는 부음을 들은 날로부터 물려서 행하고 기일(忌日)에는 간단하게 차려 정성을 표하는 것이네. 제복(除服) 하는 절차는 주석가의 달수가 먼저 찬 사람은 먼저 벗고 나중에 찬 사람은 나중에 벗는다는 설에 의거하여, 상주의 두 동생은 기일에 역복(易服) 하고 상주는 다음 달에 역복(易服) 하는 것이 의심을 없을 듯하네. 담사(禫祀)는 이른바 '시기를 지나서는 담제를 지내지 않는다'는 것은 마땅히 담제를 지내야 하는 달에 혹 상을 당해서 담사(禫祀)를 지낼 수 없다면 그 다음 달에 추행(追行)할 수 없다는 것을 가리킨다네. 지금 상을 당했다면 성복(成服)을 한 달부터 계산하여 대상(大祥) 뒤 한 달 사이를 두니 응당 27개월의 기간이 되어 어찌 시기가 지났다고 할 수 있는가. 재기(再期)를 이미 10월에 물려서 행했다면, 담사(禫祀)는 마땅히 12월에 행해야 하고, 길제(吉祭)는 같은 달 중순의 정일(丁日) 혹은 하순의 정일(丁日)에 행하는 것이 예의 뜻에 합치하는 것 같네. 담월(禫月)이 사시정제(四時正祭)의 달에 해당한다면 길제(吉祭)를 이달에 지내는 것이 경(經)에 분명히 기록되어 있다네. 지금 만약 평상의 예대로 행하여 달을 넘겨 길제(吉祭)를 지낸다면, 이는 상기(喪期)가 4년이나 된다네. 다시 널리 상고하여 처리해야 하네.

過詢禮節, 哀之承訃, 雖在四五日間, 而旣已月更, 則大朞以聞訃日退行, 而忌日則畧設伸情. 除服之節, 依疏家先滿先除後滿後除之說, 哀之兩弟則易服於忌日, 而哀則易服於次月, 恐無可疑. 至於禫祀則所謂過時不禫者, 盖指當禫之月, 或因喪故, 不得行祀, 則不可追行於後月也. 今哀之所遭, 則自成服月計之, 祥後間一月, 政當二十七月之期, 何可謂過時, 再期旣以十月退行, 則禫祀當行於十二月, 而吉祭則行於同月中丁或下丁, 似合禮意. 盖禫月若値四時正祭之月, 則吉祭行於是月, 經有明文. 今若依常例, 踰月而吉祭, 則是喪期至於四年也, 更須博考而處之也.

김영金泳에게 답한 편지

答金生泳書

제가 족하와 교유한 지 몇 년 되었지만, 족하가 한 가지 기예에서 이름을 이루었다는 것만 알 뿐입니다. 이는 제가 족하를 아는 것이 이와 같을 뿐만 아니라 다른 사람이 족하를 아는 것 또한 한 가지 기예뿐입니다. 근래에 적막한 물가에서 서로 따르면서 경서를 강독하며 그 온축된바를 더 확인해보니, 족하의 업은 수학(數學) 한 가지 기예에 그치지만은 않습니다. 율려(律呂)의 본원을 연구하고 역상(易象)의 깊은 뜻을 탐색하여 유자(儒者)의 이름을 저버리지 않았습니다. 아, 금세의 선비는 한 가지 기예에서 이름을 이룬 자 드뭅니다. 더구나 이보다 더한 것이야 말할 나위 있겠습니까? 또한 그 공부 방법은 분발함이 초매하여 철저히 궁구함이 십분 도저하니, 족하같은 사람이 몇이나 되겠습니까? 이는 제가 족하의 얼굴을 안 지가 20년 전이지만 족하가 족하 됨을 안 것은 오늘부터입니다. 구구한 저의 마음이 족하에게 향한 정이 어찌 끝이 있겠습니까? 일전에 긴 편지로 주신 가르침으로 족하의 뜻을 자세히 알게 되었습니다. 그중 박이부정(博而不精) 한 단락은 근세 학자의 병에 절실히 들어맞아, 세 번 반복 하여 읽음에 저도 모르게 문득 마음이 무척 아팠습니다. 저는 평생 실사구시(實事求是) 4글자를 무척 좋아했습니다. 일에는 반드시 실제가 있어야 하고, 실제 일 중에는 또한 반드시 그 옳음을 구하여 행해야 합니다. 이것은 비단 학문만이 그러한 것이 아닙니다. 모든 일로 미루어 나가면 그렇지 않음이 없습니다. 족하 또한 이 말을 이해하실 것입니다. 누누이 이어지는 경계의 말은 감히 마음에 새기지 않겠습니까마는, 족하의 뒷부분 일설은 의혹이 없을 수 없습니다. 족하는 매번 선유(先儒)와 선현(先賢)의 말을 하나하나 들며 문득 헐뜯는 의론을 더 하며 조금도 어려워하거나 삼가지 않았습니다. 아, 지나칩니다. 제가 청컨대 하나하나 변설할 테니 들어주십시오. 족하는 소옹(邵雍)의 설을 인용하여 별자리를 땅에 대응시키고 역법을 정지(井地)에 대응시킨 것은 견강부회한 것이라 했고, 또 이를 미루어 정현과 공영달의 주소(註疏)에 대해서도, "주소(註疏) 태반에 이러한 잘못이 있다. 그래서 후학들이 답습하여 학문에 실질이 없는 것이다."라고 했습니다. 또 주자(朱子)의 설을 인용하여, "50은 서로 곱하였다는 설은 전혀 근거가 없는 것이다.", "다시 손가락 사이에 끼워서 거는 것(再扐而後掛)이라는 문장[48]은 《역학계몽(易學啟蒙)》과 합치하지 않는

48 50은……이라는 문장 : 《주역(周易)》〈계사상전(繫辭上傳)〉 9장의 "대연(大衍)의 수(數)가 50이니, 그 씀은 49이다. 이를 나누어 둘로 만들어 양의(兩儀)를 상징하고, 하나를 걸어서 삼재(三才)를 상징하고, 넷으로 세어 사시(四時)를 상징하고, 남는 것을 손가락 사이에 돌려 윤달을 상징하니, 5년(年)에 윤달이 두 번이므로 다시 손가락 사이에 끼워서 거는 것이다.(大衍之數五十, 其用四十有九. 分而爲二以象兩, 掛一以象三, 揲之以四以象四時, 歸奇於扐以象閏, 五歲再閏, 故再扐而後掛.)"와 관련된 논의들이다.

다." "앞의 10괘(卦)는 정(貞, 내괘)을 주로 하고 뒤의 10괘(卦)는 회(悔, 외괘)를 주로 한다는 설은 그 연원을 알지 못하겠다."라고 했습니다. 애석하게도 족하의 말은 사마(駟馬)도 따라잡지 못하겠습니다. 무릇 의리라는 것은 천하의 공물입니다. 성인으로부터 그 아래로는 비록 대현이라 할지라도 하나의 잘못이 없을 수 없으며, 비록 속유일지라도 간혹 하나의 소득이 있다고 합니다. 후학들은 주자의 논의에 대해 만약 자기의 생각과 들어맞지 않는 것이 있다면 진실로 옳고 그름을 가려 논박하고 분석하는 데 거리낌이 없어야 합니다. 요체는 그 깊은 뜻을 극진히 하는 것입니다. 그런데 지금 족하는 다시 변석하지 않고 일필로 단정하여 그것을 바로 파탄의 구렁텅이에 귀결시키니 이것이 무슨 일입니까? 소옹의 별자리를 땅에 대응 시킨 단락은 제가 그 설을 자세히 연구할 겨를이 없었는데, 견강부회한 곳이 있다 하더라도 이는 문장의 잘못에 불과할 뿐 진실로 여러 말로 변론할 것도 없습니다. 주자의 설에 대해서도, 하도(河圖)는 천고 상수(象數)의 비조로 천(天) 5, 지(地) 10이 서로 짝하여 가운데에 있고, 5로 10을 곱하고 10으로 5를 곱하여 대연(大衍)의 수를 이룬 것인데, 어찌 근원이 없다고 하십니까? 계사전(繫辭傳)의 이른바 '다시 손가락 사이에 끼워서 거는 것'은 다시 손가락 사이에 끼운 후에는 걸 수밖에 없는 것을 밝힌 것입니다. 만약 족하의 의견대로 《역학계몽》과 합치하지 않는다면 바로 곽자화(郭子和)의 1변(變)에 걸지 않는 설이 됩니다. 이는 여섯 번 손가락에 낀 후 거는 것인데, 5년(年)에 윤달이 두 번 있는 문장은 어떻게 하시겠습니까? 곽자화 설의 오류는 선유(先儒)가 변설한 것이 상세한데, 족하는 살펴보지 않으셨나요? 《역학계몽(易學啟蒙)》의 〈고변점(考變占)〉 한 편은 주자가 여러 주소(註疏)를 근거로 좌씨(左氏)를 참고하였고, 간혹 본인의 생각으로 바로 잡은 곳이 있지만 대체로 선유(先儒)의 옛설을 모두 따랐습니다. 만약 변괘(變卦)를 얻었다면, 앞의 10괘에서는 다시 본괘(本卦)의 정(貞)을 주로하고, 뒤의 10괘에서는 다시 변괘(變卦)의 회(悔)를 주로 하니, 사공계자(司空季子)가 점친 '둔괘(屯卦)에 정(貞, 내괘)으로 있고 예괘(豫卦)에 회(悔,

외괘)로 있으면서 모두 8을 얻었다'라는 것이 있습니다. 그 예가 이와 같은데, 또 어찌 그 연원을 알지 못하겠다고 합니까? 무릇 한유(漢儒)는 옛날과 멀지 않고 전문(專門)으로 수업한 것이 각자 연원이 있어, 진나라의 분서갱유 후에 육경(六經)을 보좌한 공이 성대하다고 할 만합니다. 택당(澤堂) 이식(李植)이, "한유(漢儒)가 2천여 간 우주를 지탱한 공은 가벼이 논할 수 없다."[49]라고 했는데, 이는 참으로 바꿀 수 없는 논의입니다. 주자 같은 대현(大賢)도 경전(經傳)을 훈석(訓釋) 하며 명물도수(名物度數)에 대해 주소(註疏)를 많이 따랐는데, 후학(後學)들이 어찌 감히 망령되이 기롱하는 평가를 할 수 있습니까? 옛날의 명유(名儒)들은 13경 주소(註疏)를 배송(背誦)할 수 있었는데, 족하는 과연 할 수 있습니까? 배송(背誦)은 어려울 것입니다. 족하는 반드시 모두 다 읽지 못할 것입니다. 전체를 다 읽지도 못하면서 우연히 한 두군데 의논할만한 것을 보고는 바로 꼬투리 잡아, "주소(註疏) 태반에 이러한 잘못이 있다"라고 말합니다. 말하는 사람은 매우 쉽지만, 듣는 사람은 어찌 놀라며 비웃지 않겠습니까? 대저 족하의 재주는 매우 뛰어나고 이해도도 매우 투철한데, 부족한 것은 침잠하고 치밀한 것입니다. 이 때문에 사색하는 것이 혹 매우 험벽한 데에 빠지거나 논설이 혹 너무 기이한 실수로 가게 됩니다. 진실로 절반을 나누어 희미하게나마 알 것 같은 데에서 바로 전대 사람들을 압도하고 천고를 뛰어넘으려 하는 것은, 이 기상이 이미 마음속에서 확장하고 개척한 것이 아니라 의리의 근본을 헛되이 받아 논의에서 발하는 것이 왕왕 과장되고 조야한 병이 있게 됩니다. 지금 보내주신 여러 조목들은 족하를 잘 아는 저 같은 이는 오히려 용서해주자는 논의가 있지만, 모르는 사람이 본다면 반드시 어리석지 않으면 망령되다고 할 것입니다. 족하는 이미 이 말의 흠결에 후회가

---

49 한유(漢儒)가……논할 수 없다 : 이식(李植)이 〈잡저(雜著)·산록(散錄)〉《택당선생별집(澤堂先生別集)》 권15)에서 다음과 같이 말한 바 있다. "한유(漢儒)가 도(道)를 보위한 학문으로 그래도 1,000여 년 동안 우주를 지탱해 올 수가 있었으니, 이에 대해 다른 의논을 제기할 수는 없는 것이다.(漢儒衛道之學, 猶足撑拄宇宙千餘年, 未可容議也.)"

있지 않으십니까? 족하가 진실로 역상(易象) 율려(律呂)의 학문에 뜻을 둔다면, 먼저 《역학계몽(易學啟蒙)》 주소(註疏) 및 성리(性理) 제서(諸書)들을 보고 글자마다 구하고 구절마다 통달하며, 수십 년간의 힘들고 어려운 공부를 하셔야 고인의 울타리에 들어가 그 종묘(宗廟)의 아름다움과 백관(百官)의 성대함을 모두 볼 수 있을 것입니다. 진실로 족하의 조예로 고인들의 자리를 정말로 차지하고, 족하의 견해로 고인들의 의리를 정말로 모두 얻은 후에 강독을 하고 익숙히 복습하며 선유(先儒)의 득실을 토론한다면 누가 참람되다 하겠습니까? 옛글에 '자신이 당 위에 있어야만 비로소 당 아래에 있는 사람들의 곡직(曲直)을 분별할 수 있다.'[50]라 하니 이 말은 정말 유념할 만합니다. 족하는 힘쓰십시오.

僕之與足下交有年矣, 知足下成名於一藝而已. 不惟僕之知足下者如此, 人之知足下, 亦以一藝期之而已. 乃自近日以來, 相從於寂寞之濱, 講貫經籍, 益叩其所蘊, 則足下之業, 不止於數學之一藝而已. 盖將研究乎律呂之原, 探索乎易象之奧, 以不負於儒者之名. 噫! 今世之士, 能成名於一藝者鮮矣. 况進於此者乎! 又况其用工之法, 奮發超邁, 直窮十分到底, 如足下者, 能有幾人哉? 是則僕之知足下之面, 雖在二十年前, 而知足下之爲足下, 則自今日始也. 區區嚮往之情, 容有旣哉? 日者長牋辱敎, 敬悉雅意, 其中博而不精一段, 切中近世學者之病, 三復以還, 不覺慽慽於心. 僕平生酷好實事求是四字. 盖事必有實際, 而實事之中, 又必求其是者而行之, 此非獨學問爲然. 推之百事, 莫不皆然. 足下其亦有會於斯言耶! 縷縷箴警之言, 敢不銘佩, 然愚於足下之後一說, 不能無惑. 足下枚擧先儒先賢之言, 輒加訾議, 不少難愼. 噫過矣! 愚請歷辨之, 而明者聽之. 足下引邵子之說, 以星對土, 以歷紀對井地, 爲牽強處, 又推而及於鄭孔之註疏, 槩曰"註疏太半有此失, 所以後學沿

50 자신이……분별할 수 있다 : 《맹자(孟子)》 〈공손추(公孫丑)·상(上)〉 2장의 '지언(知言)'에 대한 정자(程子)의 설명으로 나온 말이다.

襲, 學無其實." 又引朱子之說曰, "五十相乘之說, 沒却根原也." 曰"再扐後掛之文, 與啓蒙不合也." 曰"前十卦主貞, 後十卦主悔之說, 未詳所受也." 惜乎足下之言, 駟不及舌也. 夫義理者, 天下之公物也. 自聖人以下, 雖大賢不能無一失, 雖俗儒亦或有一得. 後學之於朱子之論, 苟有未契則固不嫌於辨難剖析, 要極其旨趣, 而今足下則不復辨析, 一筆句斷, 直歸之於破綻之科, 此何事也? 邵子之以星對土一段, 愚未暇詳究其說, 縱有牽合處, 此不過立言之失, 固不足多辨. 至於朱子之說, 則河圖爲千古象數之祖, 而天五地十相配居中, 以五乘十, 以十乘五, 以成大衍之數者, 何以謂之沒却根原也? 繫辭所謂'再扐而後掛'者, 明再扐之後不可不掛也. 若如來示謂與啓蒙不合, 則卽郭子和第一變不掛之說也. 是乃六扐而後掛, 其如五歲再閏之文何哉? 郭說之誤, 先儒辨之詳矣. 足下其未之考耶? 考變占一篇, 朱子本諸註疏, 參之左氏, 間或有以意裁正處, 而大體則悉遵先儒舊說. 如所得變卦在前十卦, 則却以本卦貞爲主, 在後十卦, 則却以變卦悔爲主, 司空季子所占貞屯悔豫皆八. 其例如此, 又何以謂之未詳所受也? 且夫漢儒去古未遠, 專門授業, 各有淵源, 承秦焰絶學之後, 羽翼六經之功, 可謂盛矣. 李澤堂曰, "漢儒撑拄宇宙二千餘年之功, 未可輕議也." 此誠不易之論, 而雖以朱夫子之大賢, 訓釋經傳, 名物度數, 多遵註疏, 後學豈敢妄加譏評乎? 古之名儒有能背誦十三經註疏者, 足下果能之乎? 背誦尙矣, 足下必不能盡讀也. 夫不能讀其全書, 而偶見其一二可議處, 便執而爲說曰註疏太半有此失云爾. 言之者雖甚易, 聞之者豈不駭笑乎? 大抵足下才分絶異, 悟解甚透, 而所少者深沈縝密之工耳. 是以思索或淪於太僻, 論說或失於太奇, 苟有一半分依俙見得處, 便欲壓倒前人, 凌駕千古, 只此氣像, 已非所以恢拓心胷, 虛受義理之本, 而其發於言議者, 往往有夸張誕率之病. 今此來論諸條, 如僕之知足下深者, 猶爲原恕之論, 而自其不知者觀之, 必以爲非愚則妄也. 足下旋已有悔於斯言之玷也乎? 足下誠有志於易象律呂之學, 則先將啓蒙註疏及性理諸書, 字字而求之, 句句而通之, 積費三數十年辛苦不快活底工夫, 方可以入古人之門墻, 而盡見其宗廟之美百官之富矣. 苟足下之造詣, 實占得古人之地步, 足下之見解, 實窮得古人之義理, 然後講貫熟復, 討論先儒之得失, 夫孰以爲僭哉? 傳云'身居堂上, 方能辨堂下人曲直.' 此言殊可念也. 足下勉之.

김영金泳에게 보낸 편지

與金生泳書

의자를 걸어놓고 기다리다 신발 거꾸로 신고 달려가 맞이하여, 매번 한 번 만날 때마다 오묘하며 강직하고 시원한 기론(奇論)을 나누어, 강가의 해가 금방 저물어 돌아가는 수레 붙잡지 못하는 것이 몹시 한스러웠죠. 보릿고개에 쌀값이 날로 올라 차가운 부엌의 썰렁한 아궁이에 곤궁하여 일어나지 못함은 면하셨는지요? 족하는 뛰어난 기예를 품고 있어, 나라 전체에서 모두 논하기를, "김 모는 역상학(曆象學)에서 우리나라에서 짝할 자가 없다."라고 합니다. 그러나 백발이 될 때까지 불우하여 죽도 먹지 못하는데 끝내 걱정하거나 위로하는 말 한마디 없습니다. 아, 우리나라에서 인재를 숭상하지 않는 것이 오래되었습니다. 족하는 위로는 사장(詞章)을 화려하게 꾸미는 기교를 닦아 세상에 아첨하지 않았고, 아래로는 백공(百工)의 각종 기예를 잡지 않아 제힘으로 먹고 살 수 없었습니다. 다만 늙도록 무용(無用)의 학문에 온 힘을 쏟았으니, 족하의 조예(造詣)는 과연 조충지(祖冲之)[51] · 곽약사(郭若思)[52]를 뛰어넘었으나, 지금 세상에서 누가 알아줍니까? 족하가 궁벽진 마을에서 굶주리는 것은 마땅하니 하소연할 것도

---

51 조충지(祖冲之) : 조충지(祖冲之, 429~500)는 남북조(南北朝) 시기의 수학자, 천문학자로 원주율을 정확하게 계산했고, 행성의 운행 궤도와 주기를 계산했다. 《대명력(大明曆)》을 편찬했고, 《철술(綴術)》, 《안변론(安邊論)》 등을 저술했다.

52 곽약사(郭若思) : 곽수경(郭守敬, 1231~1316)은 원(元)나라 수학자, 천문학자로 자(字)가 약사(若思)이다. 《수시력(授時曆)》을 편찬했고, 《추보(推步)》, 《입성(立成)》 등을 저술했다.

없습니다. 족하는 칠순에 가까워 남은 날이 거의 없으니, 가령 갑자기 죽어 골짜기에 버려질 우려가 있어도 족하에게 또한 다시 무슨 서운함이 있겠습니까마는, 성세에 인재를 빠뜨리지 않는다는 뜻은 어떡해야 합니까? 이것이 제가 거듭 세도(世道)를 개탄하고 애석해하는 것으로 족하 때문만은 아닙니다. 《동국분야기(東國分野記)》를 약속대로 필사하여 보냅니다. 세상에서는 이것이 남사고(南師古)가 지은 것이라고 합니다. 무른 분야(分野)에 대한 설은 《주례(周禮)》에 실려 있으나 《성경(星經)》이 이미 없어져, 지금 근거할 바는 단지 반고(班固)의 《한서(漢書)》 〈지리지(地理志)〉, 정강성(鄭康成)의 주례(周禮) 주(註) 및 위(魏)나라 태사령(太史令) 진탁(陳卓)이 지은 군국(郡國)이 담당하는 별자리뿐으로 이후 유자 중 의심하는 사람이 반이 되었습니다. 우리나라는 지역이 연(燕)의 경계와 서로 접하였기 때문에 모두 기수(箕宿)과 미수(尾宿)의 분야에 함께 소속시켰고, 지금 또 탄환처럼 작은 우리나라 땅에 대하여 28수(宿)로 분할하여 소속시키며, '모 주(州)는 모 수(宿)에 속하고, 모 읍(邑)은 모 수(宿)에 해당한다.'라고 하니, 이는 참으로 우물 안의 개구리가 하늘을 바라보는 격입니다. 그 설은 허무맹랑하게 없는 말을 만들어낸 것 같아 실용에 적용할 수 없을 듯합니다. 그러나 지구(地球) 한 점은 천계(天界) 우주 중에서 대택(大澤) 가운데 있는 작은 구멍일 뿐만이 아닙니다. 중국 성야(星野)의 구분은 각각 사람 눈으로 본 방위에 따라 대략 분속(分屬) 시킨 것뿐입니다. 가령 양주(揚州)는 성기(星紀)에 속하게 하고 옹주(雍州)는 돈수(鶉首)에 속하게 한 것과 같은데, 어찌 성기(星紀)의 자리가 단지 양주(揚州)에만 임하고, 돈수(鶉首)의 자리가 오직 옹주(雍州)에만 배정되겠습니까? 진실로 이와 같다면 주천(周天) 360도가 중국 12주(州)에 모두 소속되고, 해외의 만국은 우주의 천계(天界)에 전혀 끼어들지 못하게 되니, 어찌 이런 이치가 있겠습니까! 그러므로 중국에서 본다면 중국의 분야(分野)가 있고, 우리나라에서 본다면 또한 우리나라의 분야가 있는 것으로, 각각 그 방위와 경계를 따라 각자 길흉화복을 점치는 것이 또한 속일 수 없는 이치입니다. 남사고(南師古)가 길흉을 점친 것이 백에 하나도 어그러지지 않아 세상에서는 우리나라의 소강절(邵康節)이라 칭하지만, 그 점술은 오로지 성상(星象)으로 추측한 것이니 그가 저술한 성야지기(星野之記)는 반드시 자연의 법상(法象)이 있는 것이지 결코 억측으로 만든 근거 없는 말은 아닙니다. 그러나 그 책에서는 각 주(州)가 담당하는 별자리는 구분하지 않았으니, 반드시 빠진 문장이 있을 것입니다. 족하는 한가한 날에 여도(輿圖) 1도 2백 리를 근거로 한 번 살펴보십시오. 호남(湖南) 12읍(邑)이 모두 각수(角宿)에 소속된다면, 전주(全州) 등의 읍은 몇 도가 되고 담양(潭陽) 등의 읍은 몇 도가 된다는 것을 한 분야마다 각 주(州) 아래에 적으시면 전대 사람들이 마치지 못한 업을 연구하시게 될 것이니, 이것 또한 하나의 일입니다. 바라건대 유의하여 도모하십시오.

懸榻而待, 倒屣而迎, 每一接要眇亢爽之奇論, 苦恨江暉易淪, 歸轄莫投也. 窮春米直日翔, 寒竈曠炊, 能免困不能起否? 足下身抱絶藝, 通國之論皆曰, "金某之於曆象之學, 我東無兩也." 而白首轗軻, 饘粥不給, 卒無一言嗟勞之者. 噫! 東俗之不尙才久矣. 足下上不能治詞章藻繪之工, 以求媚於世, 下不能執百工衆技之業, 以自食其力, 而顧窮老盡氣於無用之學, 足下之造詣, 果能超軼祖冲之·郭若思而上之, 今世有誰知之? 宜足下之枯餓窮巷, 無所控訴也. 足下年近七旬, 餘日無幾, 假令猝有溝壑之憂, 在足下亦復何憾之有, 而其如盛世無遺才之義何哉? 此僕之所以重爲世道慨惜, 而不獨爲足下也. 東國分野記, 依約謄去, 世傳此是南師古所作. 夫分野之說, 載在周禮而星經既亡, 今所據者, 止班固漢志, 鄭康成禮註及魏太史令陳卓所著郡國所直宿度, 然後儒疑信者相半, 而至於東國則地與燕境相接, 故倣屬之箕尾分. 今又就東土彈丸之地, 割裂分繫於二十八宿, 曰'某州直某宿, 某邑當某宿.' 是眞井蛙之窺天也. 其說疑若鑿空杜撰, 不可措諸實用. 然地球一點, 在天界大圜中, 不翅礨空之於大澤. 中國星野之分, 各以其人目所見方位所向, 大槩分屬而已. 如揚州屬星紀, 雍州屬鶉首, 豈星紀之次, 止臨於揚, 鶉首之次, 獨配於雍也? 苟如是則周天三百六十度, 盡於中國十二州, 而海外萬國, 並無與於大圜之天界也. 此豈理也哉? 故自中國而視之, 則有中國之分野. 自東國而視之, 則亦有東國之分野. 各隨其方位界限而各占其災祥休咎, 亦其理之不可誣者也. 南師古災祥之占, 百不一爽, 世稱我東之康節, 而其術專以星象推測, 則所著星野之記, 必有自然之法象, 而决非臆撰無稽之言也. 然記不分各州所直宿度, 必是闕文也. 尊於暇日試檢輿圖, 以一度二百里爲據, 如湖南十二邑皆屬角宿, 則全州等邑得幾度, 潭陽等邑得幾度, 逐一分書於各州之下, 以究前人未卒之業, 則亦一事也. 幸留意圖之.

무릇 율도형량(律度量衡)을 같게 하는 것이 바로
왕정(王政)의 큰 일이기 때문에, 두 개의 척(尺)을
겸하여 사용한다면 길고 짧음이 통일이 되지 않으니,
장차 어떻게 물건을 저울질하여 고르게 베풀 수
있으며, 한 시대의 전장(典章)을 이룰 수 있겠소?

좌소산인문집 左蘇山人文集

권4

達城 徐有本 混原 一文

유계중柳繼仲【경儆】[1]에게 보낸 편지

與柳繼仲【儆】書

지난해 섣달에 하루 함께 묵을 적에 좋은 대화 맑게 이어져, 문득 남은 향기가 사람을 엄습하는 것 같소. 관편(官便)으로 편지를 받으니, 길이 얼어 험난하였으나 돌아가는 길이 무사하여 어머님을 모시며 새해를 맞았다고 자세히 들으니 매우 위안되고 기뻐, 함께 자리한 것과 거의 다음이 없다오. 나는 걱정거리가 얽혀있어 공부가 열흘 춥다가 하루 볕 쬐는 것같이 하는 것을 면하지 못하니 슬픔과 탄식을 어찌하겠소? 대진(戴震)이 주석한 《고공기(考工記)》《고공기도(考工記圖)》를 지난번 다른 사람을 통해 빌려보며, 도수학(度數學)이 정미하고 치밀함을 몹시 어려워하면서 열흘에서 보름가량 펼쳐보았으나, 아직도 그 온축된 뜻을 다 탐구하지 못하였다오. 그런데 형이 객지에서 매우 바쁜 가운데 다섯 밤 동안 눈 깜짝할 사이에 도(圖)와 설(說)을 지었는데, 모두 찬연히 볼 만 하였소. 사람의 재주 있음과 재주 없음의 사이가 어찌 30리 사이뿐이겠소? 보설(補說)의 여러 조목은 혹 헤아려야 할 것이 있어 나의 견해로 논변한 것을 아래에 적어 강론하고 분석하는 자료로 삼으니, 바라건대 하나하나 살펴보아 다시 훌륭한 가르침을 내려주기 바라오.[2] 다 갖추지 못하오.

---

1 유계중(柳繼仲)【경(儆)】: 유경(柳儆)은 서파(西陂) 유희(柳僖, 1773~1837)이다. 자(字)는 계중(繼仲·戒仲), 호는 방편자(方便子)·관청농부(觀靑農夫)·서파(西陂) 등이고 본관은 진주(晉州)이다. 초명이 경(儆)이고 54세에 희(僖)로 개명했다. 유희는 훈민정음 연구서인 《언문지(諺文志)》, 물명어휘집인 《물명고(物名考)》, 그리고 경학·문학·역사학·어학·천문학·수리학·음률학에 이르기까지 다양한 내용을 망라한 《문통(文通)》 등의 저술을 남겼다. 유희의 모친은 《태교신기(胎教新記)》를 저술한 사주당(師朱堂) 이씨(李氏, 1739~1821)이고, 서유본의 처인 빙허각(憑虛閣) 이씨(李氏)가 유희와 사촌(빙허각 이씨의 모친이 유희의 고모)이다.

2 보설(補說)의……내려주기 바라오 : 이 편지에 대한 유희(柳僖)의 답변이 《문통(文通)》 권13에 제목만 실려있는 〈행정(杏亭) 서유본(徐有本)이 고공기보주보설(考工記補註補說)을 논한 것에 대해 답변한 편지(答徐杏亭有本論考工記補註補說〉(1816년 6월)와 〈재서(再書)〉(1817년 9월)이다. 이 편지의 제목에는 '고공기보설(考工記補說) 뒤에 별도로 싣는다(別載在考工記補說後)'라고 적혀 있는데, 《문통(文通)》 2차 정리본의 25책에 《고공기도보설(考工記圖補說)》과 서유본에게 답변한 편지가 실려있다.

보설(補說)에서 다음과 같이 말했다. 바퀏살의 너비는 근거한 바가 없다. 주석은 억측일 뿐이다.

윗글에서 '그 수레바퀴 둘레를 3분의 1로 나누어 가운데 수레바퀴 구멍을 깎는다'고 하였고, 주(注)에서 수레바퀴 구멍 지름은 3촌(寸) 가량이라 하였다. 이 절은 모든 바퀏살은 그 깎은 깊이를 헤아려 바퀴 너비로 삼는다는 것이니, 바퀏살 너비 또한 3촌임을 따라서 알 수가 있다. 어찌 근거한 바가 없다고 하였는가?

보설(補說)에서 다음과 같이 말했다. '우루(萬蔞)'라고 한 것은 알 수가 없다. 구루(枸蔞)로 증명했는데 또한 명확하지가 않다. 아마도 옛 '구(矩)' 자의 음이 비슷해 서로 통하니, 문리(文理) 또한 통한다.

정중(鄭衆, 정사농(鄭司農))은 우(萬)는 혹 구(矩)라 쓴다 하였고, 강조석(姜兆錫)의 《주례집의(周禮輯義)》도 이를 따랐다.

보설(補說)에서 다음과 같이 말했다. 개궁(蓋弓, 수레 덮개를 지탱하는 활 모양의 틀)을 꽂는 부분이 이미 위로 넓어졌다면, 그 구멍 또한 마땅히 위를 깎아야 하는데, 지금 아래를 깎는다고 하니 그 개궁(蓋弓)이 위로 기울어지게 되어, 이 의미를 이해할 수 없다. 아래 2분(分)을 깎는 것이 조씨(趙氏)의 설인데, 후에 다른 말이 없어 괴이하다.

아래 2분(分)을 깎는 것은 바로 정현 주이다. 개궁(蓋弓) 꽂는 부분을 2분(分) 깎아내고, 또 개궁 뾰족한 곳을 1분(分) 깎아 구멍과 서로 맞게 하는 것이다. 염하(剡下)의 하(下)는 개궁(蓋弓) 끝의 뾰족한 곳에 상대하여 말한 것이기 때문에 하(下)라고 한 것이다. 꽂는 구멍이 비스듬하게 넓으니 개궁을 꽂으면 그 형세는 반드시 위로 기울어지기 때문에 그 부근을 2척(尺) 휘게 하여 아래로 평평하게 하는 것이다.

보설(補說)에서 다음과 같이 말했다. 끌채의 깊이가 반드시 말 높이가 되어야 하고, 가로댄 나무 형(衡)과 형을 지탱하는 나무 경(頸) 사이는 반드시 7촌(寸)이 되어야 한다고 하는데, 7촌의 제도는 고찰할 수 없다.

형(衡)과 경(頸) 사이가 반드시 7촌(寸)이 되어야 하는 것은, 형(衡)과 경(頸)의 둘레로 그 지름을 추산한 것이다. 그다음 주에서 형(衡) 둘레가 1척 3촌가량, 경(頸) 둘레가 9촌가량으로 모두 22촌이며, 지름은 둘레의 3분의 1이므로 지름은 7촌 조금 더 된다. 수레에 높낮이가 있고 말의 크고 작음이 있지만, 형(衡)과 경(頸)의 제도는 같지 않을 수가 없다. 그러므로 병거(兵車)·승거(乘車)·전거(田車)가 모두 똑같이 7촌(寸)이다.

보설(補說)에서 다음과 같이 말했다. 부(鬴)의 모양은 안과 밖이 똑같이 둥근데, 안이 방척(方尺)이라고 말한 것은 주가(籌家)들이 원 안에 들어가는 사각형을 구하는 기술과 같다. 기문(記文)에서 도(度)라고 말한 것은 본래 대부분 이와 같은 종류이다. 주(周) 나라 때에는 10촌(寸)과 8촌(寸)을 모두 척(尺)이라 했다. 그러므로 범촉공(范蜀公, 범진(范鎭))은 방척(方尺)을 8촌(寸)의 척(尺), 심척(深尺)을 10촌(寸)의 척이라고 여겼다. 지금 대종방위(帶縱立方)로 구하면, 원의 직경은 11촌(寸) 4분강(分強), 둘레는 36촌(寸) 1분강(分強), 전체 부피는 1,036촌(寸) 8분(分)이고 실제 용적은 1,280약(籥)이니, 곧 6두(斗) 4승(升)이다.

보설(補說)의 계산법은 바로 《율려신서(律呂新書)》의 서산(西山) 채원정(蔡元定)의 설이다. 지금 다시 신법(新法)의 정률(定率) 비례(比例)에 따라 계산하면, 사방 8촌(寸), 대각선(對角線) 11촌 3분가량, 원주 35촌 4분가량, 반원주와 반지름을 서로 곱하면 10만 5리(釐)가량이니 반원주와 반지름 곱은 구(矩) 안의 직각형 면적이면서 바로 원의 면적이다. 이를 깊이 100분(分)과 곱하면 부(鬴)의 부피는 100만 50분이니, 이것이 부의 실제 용적이다. 이를 1약(籥)인 부피 810분으로 나누면 1,234와 810분의 510약(龠)이니 6두(斗) 4승의 용량인 1,280약(龠)에 비해 46과 810분의 300약이 적다. 【2승(升) 2합강(合強)이 적다.】 소율(疎率)과 밀율(密率)이 있는 것은 원주와 지름의 도수가 같지 않아서 그런 것이다. 그러나 소율(疎率)과 밀율(密率)을 막론하고 신법(新法)의 정률(定率) 비례(比例)에 의거하여 계산하면, 그 용적은 6두(斗) 4승의 수에 정확히 들어맞을 것이다. 나는 이것이 결코 주나라 부(鬴)의 제도가 아니라고 생각한다. 왜 이렇게 말하는가? 무릇 부(鬴)의 형태는 안과 밖이 똑같이 둥근데, 안이 방척(方尺)이라고 말한 것은 단지 사각과 원형이 서로 포용하는 도수를 보여주는 것일 뿐이니, 진실로 의심할 만한 점이 없다. 정강성(鄭康成)이 방척(方尺)을 부피가 1천 촌(寸)이고 그 밖을 둥글게 싼 것을 순(脣)이라고 한 것은 그 설이 잘못되었다. 채서산(蔡西山)의 계산법 또한 몰아가서 맞춘 것을 면치 못한다. 한(漢) 나라 곡(斛) 용적 10두(斗)의 방척(方尺)·심척(深尺)과 원외(圜外) 조방(庣旁)의 면적으로 계산하면 방(方) 8촌(寸)·심(深) 10촌(寸)과 원외(圜外) 조방(庣旁)의 면적을 얻으니, 이것으로 6두(斗) 4승의 용량에 합하게 구한 것이니, 이는 범촉공(范蜀公, 범진(范鎭))의 설로 《율려신서(律呂新書)》는 이것에 근거하여 법으로 삼았던 것이다. 주나라 시대에 손익(損益)의 글이 있고 8촌(寸)과 10촌(寸)의 척(尺)을 함께 사용했다고 하지만, 한 기물 내에서 방(方)으로는 8촌(寸), 심(深)으로는 10촌(寸)을 사용하지는 않았을 것이다. 게다가 이 기물은 바로 율도형량(律度量衡)이 담긴 것인데, 방(方)과 심(深)의 제도를 달리하여 척도가 서로 어긋난다면, 어찌 후세에 법칙을 내려줄 수 있겠는가? 또한 조방(庣旁)에 대한 설은 《한서(漢書)》 〈율력지(律曆志)〉에 처음 보이고, 여러 기문(記文)을 고찰해보아도 조방(庣旁)이란 글자가 없다. 제도에 관한 글은 묘사가 정밀하고 안팎 방원(方圓)의 도수와 기물 바닥과 귀의 촌분(寸分)의 수, 용적의 다과(多寡)와 소리가 율(律)에 맞는 것 등은 기록에서 자세하게 싣고 신중히 기록하지 않은 것이 없어 완연히 하나의 그림과 같다. 진실로 남거나 모자라는 수가 있었다면, 기록에서 어찌 말하지 않아 반드시 후세 사람이 몰아가서 충족시키는 것을 기다렸는가? 한나라 곡(斛)의 제도는 참조할 만하지 못하고, 조방(庣旁)의 글도 근거로 삼기에 부족한 것이 또한 이미 분명하다. 무릇 제도에 합치하지 않는 것이 있으면 척도를 더하거나 덜어내고, 수치에 부족한 것이 있으면 조방(庣旁)을 첨가할 수 있지만, '이것이 주나라 부(鬴)의 제도이다.'라고 말하는 것이 어찌 이치에 맞겠는가? 삼대(三代) 이후 주인(疇人)들이 본업을 잃어 수학(數學)이 전하지 않아, 척도(尺度)와 부(鬴)의 제도는 태반이 양한(兩漢) 제유(諸儒)들에 의해 어지럽혀져서 궁구할 수 없게 되었다. 지금 수천 년 후에 이미 처음부터 정리할 수 없어, 그 결함을 엿보고 연구를 크게 더하여야 하니, 주나라 부(鬴)의 제도는 잠시 놔두고 논하지 않는 것이 오히려 잘못이 적을 것이다.

보설(補說)에서 다음과 같이 말했다. 보주(補注)의 강영(江永)의 설은 바로 이문리(李文利)의 '궁(宮)은 청(淸)이고 우(羽)는 탁(濁)이다.'는 주장의 여설(餘說)이다. 그러므로 반드시 여섯 개의 양율(陽律)을 모두 반율(半律)로 귀결시키고자 하였다. 그러나 인용한 《여씨춘추(呂氏春秋)》의 '위상(爲上)'·'위하(爲下)'를 '이미 다른 율(律)이 생성한 바가 되었다.'라고 풀이하지 않고, '이미 다른 율(律)을 생성했다'라는 뜻으로 보았다. 무릇 궁(宮)은 목구멍에서 나오는데 가장 탁한 것이 되는가, 가장 맑은 것이 되는가? 황종(黃鍾)은 여러 율(律)이 우두머리인데 가장 긴가, 가장 짧은가? 가장 긴 것을 버리고 가장 짧은 사이에 근본을 취하고, 가장 탁한 것을 치우고 청탁의 사이에서 시작하는 것은 이치가 없으니, 도리어 이문리(李文利)의 황종(黃鍾)이 가장 짧다는 설로 오로지 한 쪽에 치우친 것만 못하다.

보주(補注)에서 인용한 《관자(管子)》의 황종소소지수(黃鍾小素之首)는 현음(絃音)에 근거하여 말한 것이다. 《여씨춘추(呂氏春秋)》의 이른바 황종지궁(黃鍾之宮)은 영윤(伶倫)이 음악을 만들던 초기로 거슬러 올라가, 대나무를 잘라 관(管)을 만들어 그 길이가 4촌약(寸弱)이고 이를 불어 황종(黃鍾)의 5성(聲)을 갖추고, 이어서 12용(筩)을 제정하여 율성(律聲)를 구별하여 그 소리가 모두 황종지궁(黃鍾之宮)과 응하였으니, 모두 황종지궁(黃鍾之宮)을 만들어낼 수 있었다. 이것이 바로 최초에 음악을 만든 근본이었으므로 율려(律呂)의 근본이라고 하며, 그 관(管)의 길이가 4촌약(寸弱)이었으므로 황종소궁(黃鍾少宮)이라고 명명하였다. 이광지(李光地)의 이른바 '한(漢) 경방(京房)이 율준(律準)한 것과 같아 12관(管) 외에 별도로 한 기물을 만들었다'가 이것이고, 보주(補注)에서 인용한 여러 설은 모두 이 경(經)이 황종지궁(黃鍾之宮)을 황종소궁(黃鍾少宮)이라 여긴 것이다. 강영(江永)의 설 또한 소궁(少宮)의 의미를 미루어 밝힌 것으로, 그 상하가 상생(相生)하는 법은 황종소궁(黃鍾少宮)을 율(律)을 제정하는 근본으로 삼기 때문에 12율(律)이 모두 황종(黃鍾)으로부터 생성된 것이고, 다른 율(律)은 황종(黃鍾)을 생성할 수 없다. 이것이 강영의 이른바 '황종(黃鍾)을 배율(倍律)하여 위로 다섯 개의 탁율(濁律)을 생성하고, 반율(半律)하여 아래로 여섯 개의 청율(淸律)을 생성한다.'는 설이다. 무릇 궁성(宮聲)은 5성(聲) 중 가장 탁하고, 황종(黃鍾)은 여러 율(律) 중 가장 길다. 사람들이 이것을 알았다면, 일찍이 강영(江永)이 책을 저술하여 음악을 논한 것 같이 여겼을 것인데, 도리어 이를 알지 못하고 황종정궁(黃鍾正宮)을 청탁의 사이에 둔 것 같다.

보설(補說)에서 다음과 같이 말했다. 토규(土圭) 절의 대진(戴震) 주(注)는 언뜻 보면 매우 치밀한 것 같아 보이나 실제로는 또한 쓰임에 통하지 않으니, 지금 청컨대 논변하고자 한다. 해그림자가 남북으로 길어졌다 짧아졌다 하는 것은 참으로 토규(土圭)로 측량할 수 있다. 그러나 중국이 본래 적도(赤道)의 북쪽에 있어, 고인(古人)들이 숭산(嵩山)과 낙양(洛陽)을 중(中)으로 삼은 것은 매우 어설프고 소략한 것이었다. 규(圭)로 측정하는 해그림자는 단지 동지와 하지의 원근일 뿐이니, 만약 우(禹) 임금의 자취 안에서 지중(地中)을 구하고자 한다면 할 수가 없다. 동서의 차이가 10차(次)에 1시간이면 그러하겠으나, 천백 리 밖은 참으로 큰 소리로 서로 말을 주고받을 수 없으니, 이 나라의 모 시(時)가 어떻게 저 나라의 모 시(時)의 기준이 되겠는가? 이 때문에 동서의 차이는 반드시 월식의 시각을 사용하여 표준으로 삼아야 한다. 그 외는 다른 방법이 없다. 토규(土圭)가 1척 5촌인 것은 해그림자의 장단 가운데를 본뜬 것이 아니고, 한 절기(節氣)의 날짜 수에 부합하는 것이다. 《주례(周禮)》 〈지관(地官)·대사도(大司徒)〉의 이른바 '영석(景夕)'과 '영조(景朝)'[3]가 바로 동지와 하지에 해가 출입하는 그림자를 측량하여 땅의 묘유(卯酉)[4]를 정한 것이다. 바람이 많고 흐린 기운이 많은 것은 지기(地氣)가 치우친 바를 대략적으로 기록한 것이리라!

토규(土圭)에 〈고공기(考工記)〉의 '이것으로 치일(致日, 해그림자가 이르렀는지 이르지 않았는지 측량하는 것)하고 이것으로 토지를 측량한다'는 두 구가 아래에 대구로 배치된 것은, 하나는 해그림자를 측량하여 춘분·추분과 동지·하지를 징험하는 것이고, 하나는 해그림자를 측량하여 지중(地中)을 구하는 것이다. 풍상씨(馮相氏)가 겨울과 여름에

3 영석(景夕)과 영조(景朝) : 《주례(周禮)》 〈지관(地官)·대사도(大司徒)〉에 "토규지법(土圭之法)으로 해그림자를 바르게 하여 땅의 중앙을 구한다. 일남(日南)인 경우에는 그림자가 짧아지고 무척 더워지고, 일북(日北)인 경우에는 그림자가 길어지고 무척 추워지며, 일동(日東)인 경우에는 영석(景夕, 그림자가 저녁에 지는 것)이 되고 바람이 많고, 일서(日西)인 경우에는 영조(景朝, 그림자가 아침에 지는 것)가 되고 흐린 기운이 많다."라 하였다. 영석(景夕)은 정오에는 그림자가 토규의 길이에 맞지 않고 오후가 되어야 그림자의 길이가 토규에 맞는다는 뜻이고, 영조(景朝)는 정오가 되기 전에 그림자가 이미 토규의 길이에 맞는다는 뜻이다.

4 묘유(卯酉) : 묘시와 유시로 이름과 늦음을 뜻하는 말이고, 천구(天球) 상에서 묘유(卯酉) 선은 자오(子午) 선과 천정에서 직각으로 만나는 선이라 상대의 개념으로도 쓰인다.

는 치일(致日)하고 봄과 가을에는 치월(致月) 하며[5], 전서(典瑞)가 사계절의 해그림자와 달그림자를 측량한다[6]는 것이 모두 치일(致日)의 일이고, 전서(典瑞)가 나라를 봉할 때 토지로 했다는 것과 대사도(大司徒)가 땅의 사방 거리를 측량하고 해그림자를 교정했다[7]는 것이 모두 토지의 일이다. 이는 모두 토규(土圭)에 힘입어 사용하는 것이기 때문에 여기에서 총괄하여 말하여 토규(土圭)의 직분을 서술한 것이다. 그러나 치일(致日)은 단규(單圭)를 사용하여 동지·하지와 춘분·추분의 해그림자의 장단을 징험하는 것이고, 토지는 오규(五圭)를 사용하여 해그림자를 측량하여 사방의 가운데를 구하는 것이다. 토지의 방법은 본래 역법(曆法)과는 무관하나, 대진이 역법(曆法)에 억지로 끌어다 맞추어 일남(日南)·일북(日北)을 남북 거리의 차, 일동(日東)·일서(日西)를 동서 거리의 차라고 여겼으니, 정현 주에서 1천 리[8]에 1촌(寸) 차이가 나고, 1백 리에 1분(分) 차이가 난다고 하는 것을 근거로 한 것이다. 그러나 이것을 교식(交食)의 시각과 함께 이지러지고 회복되는 시각을 서로 징험하여 거리의 차를 구하면 다름이 있다. 가령 중토(中土)의 정오(正午)는 그림자와 토규가 가지런한데, 사방 각 10리 떨어진 지역에서는 해그림자가 혹은 길거나 혹은 짧으니, 어떻게 이때가 중토(中土)의 정오(正午)라는 것을 안다고 하여 거리의 차를 확정할 수 있겠는가? 어설프고 잘못됨이 매우 심하다. 보설(補說)에서 논박한 것이 가장 합당하다. 나는 일찍이 〈대사도(大司徒)〉 토규(土圭) 절의 '일남(日南)·일북(日北)' 글자가 가장 잘못 보기 쉽다고 생각했다. '남북동서' 글자는 모두 중토규(中土圭)의 사방을 근거로 하여 말

5 풍상씨(馮相氏)……치월(致月) 하며 : 《주례(周禮)》 〈춘관(春官)·풍상씨(馮相氏)〉에 나온다.

6 전서(典瑞)……측량한다 : 《주례(周禮)》 〈춘관(春官)·전서(典瑞)〉에 나온다.

7 대사도(大司徒)……교정했다 : 《주례(周禮)》 〈지관(地官)·대사도(大司徒)〉에 나온다.

8 1천 리 : 원문의 '十里'는 '千里'의 필사 오기로 보인다. 《주례(周禮)》의 정현 주는 '千里'이므로 천 리로 번역한다.

한 것이다. 지금 오토규(五土圭)를 사택(四宅)의 지역에 설치하고, 중토규(中土圭)를 주로 하여 해그림자가 가리키는 바를 보면 다음과 같다. '일남(日南)인 경우에는 그림자가 짧아지고 무척 더워진다'라는 것은 해가 중토규(中土圭)로부터 남쪽에 가까우면 그림자가 짧고 그 땅이 매우 덥다는 것이고, '일북(日北)인 경우에는 그림자가 길어지고 무척 추워진다'라는 것은 해가 중토규(中土圭)로부터 북쪽에 가까우면 그림자가 짧고 그 땅이 무척 춥다는 것이다. '일동(日東)인 경우에는 그림자가 저녁에 지고 바람이 많다'라는 것은 해가 중토규(中土圭)로부터 동쪽에 가까우면 그림자가 저녁에 지고 그 땅에 바람이 많은 것이고, '일서(日西)인 경우에는 그림자가 아침에 지고 흐린 기운이 많다'라는 것은 해가 중토규(中土圭)로부터 서쪽에 가까우면 그림자가 아침에 지고 그 땅이 흐린 기운이 많다는 것이다. 그림자가 저녁에 지고 바람이 많은 것은 바다에 가깝기 때문이고, 그림자가 아침에 지고 흐린 기운이 많은 것은 산에 가깝기 때문이다. 사방에서 모두 이 1척 5촌의 토규로 해그림자의 길고 짧음을 비교하여 낙양(洛陽)을 중국의 지중(地中)으로 삼았기 때문에 하지의 해그림자가 바로 토규와 가지런한 것이다. 그런데 〈대사도(大司徒)〉에서 '방국(邦國)을 건설할 때 토규로 그 땅을 측량하고 구역을 제정하였다.'라 하였으니, 그렇다면 다섯 등급(공·후·백·자·남)의 봉강(封疆)이 어찌 반드시 모두 중토(中土)에 있어 해그림자가 모두 토규와 가지런하겠는가? 각각 토규로 해그림자의 길고 짧음을 측량하고 징험하여 적중(適中)한 지역을 구하여 도읍을 세운 것이다. 【가공언 소(疏)에서 "해그림자가 1백 리에 1분(分)의 차이가 나서, 다섯 등급의 제후는 바로 5분(分)의 그림자를 취하였고, 그 이하는 척촌(尺寸)을 취한 뜻이 없다."라 하였다.】 가까이는 일향(一鄕)과 일구(一區)에 이르기까지 모두 토규를 사용하여 적중(適中)을 구하였으니, 이것이 바로 토규로 지중(地中)을 구하는 방법이며 역법(曆法)과는 절로 서로 상관없는 것이다. 보설(補說)에서는 중국이 본래 적도(赤道)의 북쪽에 있어, 고인(古人)들이 숭산(嵩山)과 낙양(洛陽)을 중(中)으로 삼은 것은 매우 어설프고 소략한 것이었다고 하였다. 이는 적도의 남북으로 지구에서 지중(地中)을 구한 것이다. 적도는 남극과 북극을 평분(平分)하여 지구의 정중앙을 가로로 걸쳐있다. 적도를 천정(天頂)으로 삼는다면 남극과 북극이 모두 지평선으로 들어간다. 적도는 사계절이 항상 덥고 낮과 밤이 항상 고르니, 이는 지구의 중앙이지 천지의 중앙이 아니다. 북쪽으로 적도에서 19도에서 42도 사이에 있는 것이 중국 지역인데, 한 번 춥고 한 번 더워 기후가 골고루 알맞아 천지의 조화로운 기운이 여기에 모여들게 되었으니, 이곳을 벗어나면 지나치게 덥거나 지나치게 추워 모두 조화로운 기운이 아니다. 지금 대지(大地) 오대(五帶)의 각도로 고찰하면, 낙양(洛陽)은 냉대(冷帶)의 남쪽 31도와 열대(熱帶)의 북쪽 13도에 위치하니, 이른바 사계절이 서로 만나고 음양이 조화를 이루는 곳으로 천지의 중앙이다. 어찌 중국이 적도의 북쪽에 있기 때문에 숭산(嵩山)과 낙양(洛陽)이 지중(地中)이 아니라고 하는가? 보설(補說)은 또 토규의 법이 해그림자의 장단 가운데를 본뜬 것이 아니고 한 절기(節氣)의 날짜 수에 부합하는 것이라 하였다. 경(經)에서 분명히 '하지의 해그림자가 1척 5촌'이라고 말했는데, 어찌하여 해그림자의 장단의 가운데가 아니라고 하는가? 게다가 15일마다 한 절기(節氣)가 바뀌는데, 어찌하여 토규로 측량하여 징험하는 것을 기다린 후에 알겠는가? 추론이 너무 심하여 역법(曆去)에 억지로 끌어다 맞춘 대진(戴震)의 주와 동일한 병폐가 있다. 일찍이 유병충(劉秉忠)[9]의 《옥척경(玉尺經)》을 고찰해보니, 곤륜(崑崙)이 팔극(八極)으로 뻗어나가 세 줄기로 나뉘어 중국으로 들어가니, 가운데 줄기는 황하(黃河)를 건너 낙양(洛陽)으로 들어가 위

9 유병충(劉秉忠) : 유병충(劉秉忠, 1216~1274)은 자(字)가 중회(仲晦)이고 호는 장춘산인(藏春散人)으로 원나라 학자이다. 천문과 산술을 연구하여 《평사옥척경(平沙玉尺經)》을 저술했다.

로 자미원(紫微垣)에 응하고, 남쪽 줄기는 장강(長江)과 한수(漢水)를 건너 남경(南京)으로 들어가 위로 태미원(太微垣)에 응하며, 북쪽 줄기는 압록강을 건너 연경(燕京)으로 들어가 위로 천시원(天市垣)에 응한다고 하였다. 유공(劉公)의 뛰어난 재주와 박학다식은 근대에는 그와 견줄 이가 드물고, 원(元) 세조(世祖)는 이 세계를 통일하여 그 영역의 폭이 한당(漢唐)보다 훨씬 크니, 이는 반드시 실측하여 분명히 징험한 것이 있을 것이며 결코 귀로만 들은 근거 없는 말이 아닐 것이다. 이 또한 지리지에서 징험하여 낙읍(洛邑)이 지중(地中)이라는 것을 미루어 밝힌 것이다. 아울러 기록하여 이문(異聞)을 넓힌다.

보설(補說)에서 다음과 같이 말했다. '대장(大璋)도 그와 같다'는 것은 작(勺)이 있는 대장(大璋)과 같은 것으로 길이가 9촌(寸), 석(射, 깎는 곳) 4촌(寸), 두께 1촌(寸)이라는 것을 말한다. 정현 주는 변장(邊璋)과 같다고 했고 보주(補注)는 곡규(穀圭)와 같다고 하여, 모두 반드시 7촌(寸)으로 귀결시키고자 한 것은, 천자가 7촌(寸)으로 여자를 초빙하니, 제후가 9촌(寸)으로 여자를 초빙할 수 없는 것을 의심하였기 때문이다. 그러나 규(圭)는 높고 장(璋)은 낮아, 높이고 낮추는 것이 여기에서 갈리니, 2촌(寸)의 길이가 구애될 만하겠는가?

삼장(三璋, 대장, 중장, 변장)의 구별은 9촌(寸)·7촌(寸)으로 높이고 낮추는 예절을 삼을 뿐이다. 그 석(射) 4촌(寸) 이하는 삼장(三璋)을 꾸미는 것이 모두 같다. '대장(大璋)도 그와 같다'는 구는 이 절에서 끝내 타당해 보이지 않는다. 만약 정현 주에 의거한다면 변장(邊璋)과 같이 길이 7촌(寸), 석(射) 4촌(寸)과 같다는 것을 이르는 것이다. 석(射) 4촌(寸) 이하는 삼장(三璋)이 모두 같으니, 오직 길이 7촌(寸)의 수치가 변장(邊璋)과 같다면, 〈고공기(考工記)〉에서 어찌 범범하게 '또한 그와 같다'라고 말했는가? 만약 보설(補說)과 같이 작(勺)이 있는 대장(大璋)과 같아 길이가 9촌(寸), 석(射) 4촌(寸)을 이르는 것이라면, 대장(大璋)

의 길이 9촌과 석(射) 4촌은 위 절에서 이미 상세하게 말했으니, 이 절에서 이미 대장(大璋)이라고 했으면 길이 9촌과 석(射) 4촌의 제도를 윗글을 통해 알 수가 있는데, 또 어찌하여 '또한 그와 같다'라고 했는가? 반복해서 궁구해보니 분명히 착간(錯簡)으로 마땅히 진 씨의 설을 따라 '천자가 곡규(穀圭)로 여자를 초빙한다'는 구절 아래에 붙이는 것이 의심이 없다.

보설(補說)에서 다음과 같이 말했다. 보주(補注)의 그림에서 궤(簋)를 안을 네모지게 하지 않았고, 또한 바깥도 네모지게 하지 않았으니, 어디에 근거하여 이것을 얻었는지 모르겠다.

궤(簋)의 모양이 안팎이 모두 둥근 것은 가공언의 소에 근거한 것이다. 사인주(舍人註)에서도 '네모진 것을 보(簠)라 하고, 둥근 것을 궤(簋)라 한다.'라고 하였다.

보설(補說)에서 다음과 같이 말했다. 보주(補注)는 정밀하지만, 일중(日中)과 조석(朝夕)의 글자 뜻을 풀이하지 않은 것은 왜인가? 이미 '밤에 살피는 것이 조석(朝夕)에 무슨 상관이 있는가?'라 했는데, 조석(朝夕)이란 말은 동서(東西)의 뜻이다. 대진(戴震)이 북극의 고도를 측정한 것에서 조석(朝夕) 글자는 도리어 있지가 않다.

북극(北極)의 고도(高度)가 정해지면, 자오선(子午線)이 정해지고, 자오선(子午線)이 정해지면 동서(東西)는 구하지 않아도 저절로 정해진다. 경(經)에서 "밤에 북극성을 살펴서 조석(朝夕)을 바로잡는다."라고 하였으니, 긴요처는 오로지 '밤에 살피는' 한 구에 있다. 그러므로 대진(戴震)이 주에서 북극 고도를 측정하는 방법을 상세히 말했으나 조석(朝夕) 글자 뜻을 풀이하지 않은 것은, 북극의 고도가 이미 정해지면 남북의 진선(眞線)을 얻을 수 있으니, 동서(東西) 양계(兩界)의 바름은 절로 그 안에 있기 때문이 어찌 아니겠는가! 조석(朝夕)이 동서

(東西)라는 뜻에 대해서는 주소(注疏)에서 이미 분명히 말했다. 보주(補注)는 주소(注疏)의 미비한 점을 보완하는 것이기 때문에 '정조석(正朝夕)' 한 구는 다시 해설하지 않는 것이니, 어찌 이른바 '말이 비록 미비하지만 뜻은 이미 홀로 이르는 것'이 아니겠는가! 또 살펴보건대, 북극 고도를 측정하는 방법은 가장 높은 고도와 가장 낮은 고도를 서로 더 하여 절반으로 나누어 고도를 얻는 것이다. 혹은 가장 높은 고도와 가장 낮은 고도의 두 수를 서로 뺀 차이의 절반으로 몇 도를 얻고, 다시 가장 낮은 고도를 더하여 북극 고도를 얻는 것인데 그 얻어지는 수는 동일하지만, 서로 빼는 법이 비교적 정밀하다. 동지(冬至) 전후 3~4일이 밤이 가장 긴 때인데, 뭇별[10]들이 북극성을 둘러싸서 과반이 하늘을 돌고 있기 때문에, 땅에서 가장 높은 약간의 도수와 가장 낮은 약간의 도수를 측량할 수 있다. 가장 낮은 도수로 가장 높은 도수를 빼면 별들이 북극성을 둘러싼 지름을 얻고, 이를 반으로 나누면 북극성이 있는 지점을 얻을 수 있으며, 여기에 가장 낮은 도수를 더하면 북극의 고도를 얻을 수 있다. 이러한 전절(轉折)의 사이에 경계가 분명해져 실제로 서로 더하여 반을 나누는 법도가 더 낫지만, 북극 고도를 얻는 것에는 도리어 층절이 없다. 대진(戴震)의 이 법이 바로 서로 빼는 법이다.【가령 북극성의 가장 높은 고도가 38도이고 가장 낮은 고도가 32도라면, 이 두 수를 더하여 얻은 70도를 반으로 나누면 35도가 북극성의 고도가 된다. 혹은 두 수의 서로 감하여 남은 6도를 반으로 나누어 얻은 3도에 다시 가장 낮은 32도를 더하면, 역시 얻은 35도가 북극성의 고도가 된다. 서로 뺀 차이인 6도는 바로 별들이 북극성을 둘러싼 지름이고, 반지름 3도의 첫 번째 점이 바로 북극성이 있는 지점이다.】

10 뭇별 : 원문의 '極星'은 '衆星'의 필사 오기로 보인다. 문맥상 '衆星'이 맞기 때문에 '衆星'으로 번역하였다.

보설(補說)에서 다음과 같이 말했다. 내 생각에 선(宣)·촉(欘)·가(柯)·경(磬)은 모두 구곡(句曲, 굽은 각도자)의 넓고 좁음을 가리키는 것이다. 반구(半矩)는 그 각이 큰 예각(銳角)으로 도수가 45도인데 이와 같은 것을 선(宣)이라 한다. 1.5선(宣)은 그 각도가 조금인 예각(銳角)으로 도수가 67도인데 이와 같은 것을 촉(欘)이라 하니, 《이아(爾雅)》의 이른바 '구촉(句欘)'[11]이 이것이다. 1.5촉(欘)은 그 각도가 조금인 둔각(鈍角)으로 도수가 101도약(弱)인데 이와 같은 것을 가(柯)라 하니, 다음 문장의 '3척이 가(柯)이다'의 가(柯)와는 이름이 같지만 형태는 다른 것이다. 1.5가(柯)는 그 각도가 큰 둔각(鈍角)으로 도수가 151도강(強)인데 이와 같은 것을 경절(磬折)이라 한다. 이를 경기(磬器)와 비교하면 거(倨)를 더하기는 하지만(거(倨)의 도수보다 큰 각도이지만) 그래도 이를 빌려 이름을 삼은 것이다. 촉(欘)은 근(斤) 도끼의 자루이고, 가(柯)는 부(斧) 도끼의 자루이다. 근(斤)의 날은 아래를 굽어보고 있고, 부(斧)의 날은 위를 바라보고 있기 때문에, 이를 취하여 예각과 둔각의 명칭으로 삼은 것이다. 정강성(鄭康成)은 다음 문장의 가(柯)로 곡(轂, 수레바퀴)과 복(輻, 바큇살)의 길이를 헤아린 것을 보고, 마침내 사람 신장을 세 절로 나눈 것으로 풀이하였는데, 이는 천착이다. 선(宣)의 의미는 자세하지 않다.

도수학(度數學)이 진실로 법에 합치하면 가로와 세로, 기(奇)와 정(正)이 통하지 않음이 없다. 지금 삼각형(三角形)으로 선(宣)·촉(欘)·가(柯)·경(磬)의 도수를 풀이한 것은 몰아가서 합치하지 않음이 없다. 그러나 직각·예각·둔각의 삼각형은 호(弧)의 도수로 그 각도를 정하는 것이니, 서양인이 창설한 방법이다. 서양의 법이 나오기 전의 중국의 계산법에는 원래 이른바 각도라는 것이 없었으니, 어찌 이것에 근거하여 경(經)을 풀이하겠는가? 게다가 경(經)을 해석할 때는 반드

11 구촉(句欘) : 나무를 깎는 도구로 《이아(爾雅)》에서는 "구촉(句欘)을 정(定)이라 한다."라 하였다.

시 먼저 글자의 뜻을 구해야 한다. 그러므로 "육서(六書)로 경문을 해석 하면 그 오묘함을 이루 다 말할 수 없다."라고 하는 것이다. 선(宣)이 머리라는 뜻을 가짐은 《주역(周易)》〈설괘전(說卦傳)〉의 "손위선발(巽爲宣髮)"[12]이라는 글에서 징험할 수 있고, 선(宣)을 곱자인 구(矩)로 여긴 것은 고금의 자서(字書)에 있지 않으니, 또한 어찌 억지로 구(矩)로 풀이하겠는가? 보설(補說)의 이 한 단락은 기이한 것을 좋아하고 새로운 것에 힘쓰는 병통을 면하지 못할 듯하다.

보설(補說)에서 다음과 같이 말했다. 큰 수레의 원(轅, 끌채)과 승거(乘車)의 주(輈, 끌채)는 한 가지이다. 주인(輈人)의 직분을 보면 원(轅)의 쓰임을 알 수 있으니, 수레 하나에 두 개의 원(轅)이 있는 일은 반드시 없다. 대진(戴震)은 근래 습속의 원(轅)이 두 개가 있는 제도를 익숙히 보아서, 거칠게 '역(鬲, 멍에)이 두 끌채 사이에 있다'는 글을 썼는데, 잘못되었다.

두 끌채를 소 한 마리에 지운다는 글은 이미 가공언의 소에 보인다. 옛날 짐을 싣는 수레에는 이미 두 끌채를 사용하는 제도가 있었다. 그 제도에서 두 끌채는 마땅히 아래의 좌우 복면(伏免, 둔테) 위에 있을 것이니, 거상(車箱)은 또한 끌채 위에 있었을 것이다.

客臘一夜伴宿, 談屑泠然, 尙覺餘芬襲人. 官便拜書, 細審冰路間關, 歸鞭穩稅, 侍奉迓新嘉慶, 慰豁之至, 殆無異合席也. 弟憂故纏綿, 看讀工夫, 不免十寒而一曝, 悼歎奈何? 考工記戴注, 向從人借閱, 而度數之學, 苦患微密, 披繹旬望, 尙未究覆其底蘊. 乃兄於旅榻百忙中, 五宵電閱, 有

12 손위선발(巽爲宣髮) : 《주역(周易)》〈설괘전(說卦傳)〉에서 "손위선발(巽爲宣髮)"은 "손위과발(巽爲寡髮)"로 되어 있는 판본도 있다. 선발(宣髮)이라고 보면, 머리카락이 흰머리와 검은 머리가 섞여 있다는 뜻이고, 과발(寡髮)로 보면 머리털이 적다는 뜻이다. 유희는 답장에서 《주역(周易)》의 원문이 '과발(寡髮)'이라는 점을 거론하며 서유본의 이 주장에 대해 반박하였다.

圖有說, 皆粲然可觀. 人之才不才相去, 奚啻三十里之間哉! 補說諸條, 或有合商量者, 并以愚見論辨, 開錄于下方, 以爲講貫剖析之資. 幸望逐一照勘, 更賜鐫誨也. 不宣.

補說曰, 輻廣無所据, 補注盖億爾.

上文云, 以其圍之防捎其藪, 注推得藪徑三寸零. 此節云, 凡輻量其鑿深, 以爲輻廣, 則輻廣亦三寸, 從可知已. 何謂無所據耶?

補說曰, 萬蔞云者不可曉. 證以枸蔞, 亦非明的., 疑古矩字之音近相通, 文理乃豁. 先鄭云, 萬書或作矩, 姜氏輯義從之.

補說曰, 鑿旣上迆, 則菑亦當剡上, 而今曰剡下, 遂慮其弓之上仰, 此意未可曉. 剡下二分, 趙氏之說, 而後無異辭可恠.

剡下二分, 卽注說也. 入鑿處剡去二分, 又於弓尖處削去一分, 使與鑿孔相稱. 剡下之下, 對弓頭放尖處爲言, 故謂之下也. 鑿孔斜迆, 弓入鑿中, 則其勢必上仰, 故揉其近部二尺, 使平向下也.

補說曰, 輈深必是馬高, 而衡頸之間必爲七寸. 其所以爲七寸之制未考.

衡頸之間, 必爲七寸, 以衡與頸之圍, 推得其徑也. 下注衡圍一尺三寸零, 頸圍九寸零, 共二十二寸, 周三徑一, 得徑七寸有奇. 雖車有高下, 馬有大小, 而衡頸之制, 不得不同. 故兵車·乘車·田車, 皆同爲七寸也,

補說曰, 鬴形內外同圜, 其言內方尺者, 猶籌家圜內容方之術, 記文言度, 本多此類. 周時十寸八寸皆爲尺, 故范蜀公以爲方尺者八寸之尺也, 深尺者十寸之尺也. 今以帶縱立方, 求得圜徑十一寸四分強, 周三十六寸一分強, 全積一千三十六寸八分, 實容一千二百八十籥, 卽六斗四升也.

補說籥法, 卽律呂新書蔡西山之說也. 今更以新法定𣫍比例, 求得方八寸, 對角線十一寸三分零, 周三十五寸四分零, 半周半徑相乘得一十萬五釐零, 卽半周半徑, 矩內直角形面冪, 而亦卽圜面冪也. 與深一百分相乘得鬴積一百萬五十分, 是爲鬴實, 乃以一籥積八百一十分歸之得一千二百三十四籥八百一十分籥之五百一十, 比六斗四升之容積一千二百八十籥, 少四十六籥八百一十分籥之三百.【少二升二合強.】蓋𣫍有疎密, 周徑之度不同而然也. 然毋論𣫍之踈密, 卽依新法定𣫍籌之, 其容積密合於六斗四升之數. 愚以爲此决非周鬴之制也. 何以言之? 夫鬴形之爲內外同圜, 而其言內方尺者, 特以示方圜相函之度耳. 此固無可疑. 康成以方尺爲積千寸而以圜其外者謂之㫡, 其說非是, 而西山之籌法, 亦不免湊合. 以漢斛容十斗之方尺深尺圜外庣旁之冪積, 推得方八寸深十寸圜外庣旁之冪積, 以求合於六斗四升之容積, 此范蜀公之說而新書據以爲法者也. 周時雖以損益之文, 兼用八寸十寸之尺, 然不應一器之內, 方用八寸, 深用十寸. 況此器卽律度量衡之所寓, 而方深異制, 尺度相違, 則曷足以啓後而垂則乎! 且庣旁之說, 始見於漢志, 而考諸記文, 元無庣旁字. 制度之文, 工於描寫, 內外方圓之度, 臀耳寸分之數, 與夫容積多寡, 聲之中律, 記無不該載而謹識之, 宛一畵筆也. 苟有奇零不盡之數, 則記何以不言, 而必俟後人湊足之乎! 漢斛之制, 不足以旁照, 而庣旁之文, 不足以援據, 亦已明矣. 夫制有不符則增損尺度, 數有未足則添加庣旁, 而曰此周鬴之制也, 豈其然乎! 三代以降, 疇人失業, 數學不傳, 尺度鬴制, 太半爲兩漢諸儒所汨亂, 莫可究詰. 今於數千載之後, 旣不能從頭整理, 窺見其罅隙, 而大加硏究, 則周鬴之制, 姑存而勿論, 猶爲寡過也.

補說曰, 補注江氏之說, 乃李文利宮淸羽濁之餘說, 故必欲以六陽律皆歸之半律, 而所引呂氏書中爲上爲下字, 不以已爲他律所生解之, 而乃以已生他律爲意. 夫宮出於喉, 爲最濁乎最淸乎? 黃鍾爲諸律之首,爲最長乎最短乎? 捨却最長而取本乎長短之間, 撤去最濁而爲始乎清濁之際, 其爲無理, 反不若李文利黃鍾最短之說, 爲專於一邊也.
補注所引管子黃鍾, 小素之首據絃音而言也. 呂氏春秋所謂黃鍾之宮, 盖上溯伶倫作樂之初, 截竹爲管, 其長四寸弱, 吹之以備黃鍾之五聲, 而繼乃制十二篇, 以別律聲, 其聲皆與黃鍾之宮應, 而黃鍾之宮, 皆可以生之. 此乃最初作樂之本, 故曰律呂之本, 以其管長四寸弱, 故命之曰黃鍾少宮. 李安溪所謂盖如漢京房律準然, 在十二管之外, 別爲一器者得之, 而補注所引諸說, 皆以釋此經黃鍾之宮, 爲黃鍾少宮也. 江氏之說, 亦是推明少宮之義, 而其上下相生之法, 黃鍾少宮爲制律之本, 故十二律皆爲黃鍾之所生, 而他律不能生黃鍾也. 此江氏所謂黃鍾以倍律上生五濁律, 以半律下生六淸律之說也. 夫宮聲爲五聲之最濁, 黃鍾爲諸律之最長. 夫人而知之, 曾謂如江氏之著書論樂者, 乃反不知而以黃鍾正宮, 爲居清濁之間哉!

補說曰, 土圭節戴注, 驟看似甚綜密, 而實亦不通於用. 今請辨之. 日景之南北長短, 固可以土圭度之. 然中國本在赤道之北, 古人以嵩洛爲中者, 大是踈繆. 度圭之景, 但可得二至之遠近, 若欲求地中於禹跡之內則未也. 東西相差, 十次一時則然矣, 而千百里之外, 固不能大聲以相語, 則此國某時, 何以準彼國之某時乎? 是故東西之差, 必用月食時刻而準之, 其外更無他術矣. 盖土圭之一尺五寸, 非以象日景長短之衷, 所以符一節氣之日數也. 大司徒所謂景夕景朝, 乃以測二分出入之晷, 定其土之卯酉也, 多風多陰, 檗記地氣之所偏歟!
土圭以致日以土地兩句對下, 一是測日景, 以驗分至也. 一是測日景, 以求地中也. 馮相氏冬夏致日, 春秋致月, 典瑞致四時, 日月皆致日之事也. 典瑞封國則以土地, 大司徒測土深正日景, 皆土地之事也. 是皆資土圭以爲用, 故於此摠言之, 以叙土圭之職. 然致日則用單圭以驗二至二分晷景之長短, 土地則用五圭以測日景求四方之中. 土地之術, 本無關於曆法, 而戴氏捏合於曆法, 以日南日北爲南北里差, 日東日西爲東西里差. 盖以鄭注十里差一寸, 百里差一分爲據. 然此與交食時彼此相驗虧復時刻, 以求里差有異. 假令中土午正, 景與圭齊, 四方相距各十里之地, 日景或長或短, 何以知此時爲中土之正午而硬定里差乎? 踈謬甚矣. 補說駁之最當. 愚甞謂大司徒土圭節日南日北字, 最易誤看. 南北東西字, 皆據中土圭之四方而言也. 今以五土圭奠於四宅之地, 以中土圭爲主而視日景之所指, 日南則景短多暑者, 日距中土圭而近南, 則其景短而其地多暑. 日北則景長多寒者, 日距中土圭而近北, 則其景長而其地多寒. 日東則景夕多風者, 日距中土圭而近東, 則其景夕而其地多風. 日西則景朝多陰者, 日距中土圭而近西, 則其景朝而其地多陰. 景夕多風, 爲近海也, 景朝多陰, 爲近山也. 四方皆以此尺五寸之圭, 視日景之長短, 洛陽爲中州之中, 故夏至日景, 正與圭齊, 而大司徒爲言凡建邦國, 以土圭土其地而制其域. 然則五等封疆, 豈必盡在中土, 而景皆與圭齊乎! 盖各以土圭測驗日景之長短, 求其適中之地而建都焉.【疏云, 日景百里差一分, 五等諸候直取五分景, 以下無取尺寸之義也.】近而至於一鄕一區, 皆可用圭而求中. 此卽土圭求地中之術, 而與曆法自不相干也. 補說以爲中國本在赤道之北, 古人以嵩洛爲中者, 大是踈繆. 是以赤道南北, 求中於地球也. 赤道平分南北極, 橫跨地球之正中, 以赤道爲天頂, 則南北極俱入地平, 其地四時常燠, 晝夜常平均, 是乃地球之中而非天地之中也. 北距赤道十九度, 至四十二度之下, 卽中國地界, 而一寒一暑, 氣候均停, 天地冲和之氣, 乃鍾於是, 過此以往, 偏燠偏寒, 皆非冲氣也. 今以大地五帶之度考之, 則洛陽在冷帶之南三十一度, 熱帶之北十三度, 所謂四時之所交, 陰陽之所和, 而天地之中也. 豈可以中國在赤道之北, 而謂嵩洛非地中耶! 補說又以爲土圭之法, 非以象日景長短之衷, 所以符一節氣之日數. 經明言日至之景尺有五寸, 何以謂非日景長短之衷也! 且夫十五日而交一節氣, 何待土圭測驗而後知之乎! 竊恐推之太過, 與戴注牽合於曆去, 同一語病矣. 嘗考劉秉忠玉尺經云, "崑崙嶹行八極, 三榦分入中國, 中榦涉黃河入洛陽, 上應紫微垣. 南榦涉江漢入南京, 上應太微垣. 北榦涉鴨綠入燕京, 上應天市垣." 劉公之宏才博識, 近代罕儔, 而元世祖混一區宇, 幅員之廣, 遠邁漢唐, 是必有實測明驗, 而決非耳食無稽之言也. 此又徵諸地理, 而推明洛邑之爲地中也. 幷識之, 以廣異聞.

補說曰, 大璋亦如之者, 謂如有勺之大璋長九寸射四寸厚寸也. 鄭注則謂如邊璋, 補注則謂如穀圭. 幷必欲歸之於七寸者, 盖疑天子以七寸聘女, 諸侯不可以九寸聘女故也. 然圭尊而璋卑, 隆殺斯判, 二寸之長, 何足爲拘碍乎!

三璋之別, 以九寸七寸爲隆殺之節而已. 其射四寸以下, 文餙三璋皆同. 大璋亦如之句在此節, 終覺未妥. 若依注說, 謂如邊璋之長七寸射四寸, 則射四寸以下, 三璋皆同. 惟長七寸之度如邊璋, 則記何以泛言亦如之乎? 若如補說謂如有勺之大璋長九寸射四寸, 則大章之長九射四, 上節已詳言之, 此節既曰大璋, 則長九射四之制, 按上文可知. 又何以云亦如之乎? 反復參究, 明是錯簡, 當從陳說, 類附於天子穀圭以聘女之下無疑.

補說曰, 補注圖簋不方其內, 亦不方外, 未知從何據得此.

簋形內外俱圓, 據疏說也. 舍人註亦云, 方曰簠, 圓曰簋.

補說曰, 補注密矣, 而不解日中字朝夕字之義何也? 既云夜考何干於朝夕, 朝夕之爲言東西也. 戴氏所測北極之高度也, 朝夕字却無所着矣.

北極之高度定, 則子午線定矣. 子午線定, 則東西不求而自定矣. 經云, "夜考之極星, 以正朝夕." 緊要處專在夜考一句, 故戴註詳言測極高之法, 而不解朝夕字者. 豈不以極度既得則南北之眞線可得, 而東西兩界之正, 自在其中故歟! 至於朝夕之爲東西, 注疏已明言之. 補注者, 將以補注疏之所未備也. 故正朝夕一句則不復解說. 豈非所謂‘辭雖未備, 而意已獨至’者耶! 又按測極高之法, 最高最卑之度, 相加折半得高度. 或以最高最卑兩數相減之較, 折半得幾度, 復加最卑之度爲高度, 其得數一也, 而相減之法較精. 冬至前後三四日夜刻極曼之時, 極星環繞北辰, 過半周天, 故測得最高去地若干度, 最卑去地若干度, 以最卑減最高, 則得星環北辰之全徑, 半之則得北辰所在之點, 加最卑去地之度則得高度. 此其轉折之間, 界限分明, 實勝於相加折半之法. 但得高度而却無層節也. 戴氏此法, 卽相減之法也.【設如極星最高三十八度, 最卑三十二度, 則以兩數相加得七十度, 半之得三十五度爲高度. 或以兩數相減, 餘六度折半得三度, 復加最卑三十二度, 亦得三十五度爲高度. 相減之較六度, 卽星繞北辰之全徑, 半徑三度初點, 卽北辰所在之點也.】

補說曰, 愚意宣欘柯磬, 皆指句曲之廣狹也. 半矩其角太銳, 其度四十五, 如是者謂之宣. 一宣有半, 其角少銳, 其度六十七, 如是者謂之欘. 爾雅所謂句欘是也. 一欘有半, 其角少鈍, 其度百有一弱, 如是者謂之柯. 與下文三尺爲柯之柯, 名同形異也. 一柯有半, 其角太鈍, 其度百有五十一強, 如是者謂之磬折. 比之磬器, 雖加倨而猶借以名爾. 欘斤柄, 柯斧柄, 斤刃俯, 斧刃仰, 故取以爲二角之稱. 康成因見下文以柯量轂輻之長, 遂有人長三節之解則鑿矣. 宣義未詳.

度數之學, 苟合於法, 則撗豎奇正, 無不可通. 今以三角形, 解宣欘柯磬之度, 非不湊合. 然直銳鈍三角形, 以弧度定其角度, 乃西人創設之法. 西法未出之前, 中國籌法, 元無所謂角度者, 何可據此而解經耶? 且釋經, 必先求字義, 故曰六書解經, 其妙有不可勝言者. 宣之爲頭, 可徵於巽爲宣髮之文, 而以宣爲矩, 古今字書之所未有, 又安得億訓爲矩耶? 補說此一段, 恐不免好奇務新之病矣.

補說曰, 大車之轅, 乘車之輈一也. 觀乎輈人之職, 可知轅之爲用, 必無一車兩轅之事. 戴氏習見近俗兩轅之制, 擧爾有鬲在兩轅之間之文, 誤矣.

兩轅駕一牛之文, 已見於疏說. 古者任載之車, 已有兩轅之制矣. 其制兩轅, 當與下左右伏兔之上, 而車箱則又在轅上歟!

유계중柳繼仲에게 보낸 편지

與柳繼仲書

긴 편지로 주신 가르침을 그리워하던 중에 받고는, 편지를 펼쳐 재삼반복해서 읽어 보니 기쁘고 위안이 되는 마음을 어찌 이루 다 말할 수 있겠소! 여러 조목에 다시 이의를 제기하고 논한 것에 모두 내가 제기한 설의 하자를 담고 있으며, 강론하고 궁구하는 도(道)는 세 번 반복하는데 귀함이 있다고 말하니, 터득하기 전에는 손을 떼지 않겠다는 성대한 뜻을 더더욱 볼 수 있어, 사람으로 하여금 감복하게 하오. 〈고공기(考工記)〉의 글은 본래 읽기 어렵다고 칭해지니, 나의 천견(淺見) 또한 어찌하나하나 다 들어맞기를 바라겠냐마는, 그 중 주부장(周鬴章)은 바로 율도(律度)의 근본이고, 토규장(土圭章)은 바로 건국(建國)의 선무(先務)라오. 이 〈고공기(考工記)〉를 읽는 사람은 더욱 이 두 장에 대해 마음을 깨끗이 하여 궁구하고 해석해야 하며, 엉성하게 대충 보아 넘겨서는 안 되오. 소(疏) 중에 8촌(寸)이 지(咫), 10촌(寸)이 척(尺)이라는 설이 있으나, 주나라 시대 두 개의 척(尺)에 대한 글은 《예기(禮記)》 〈왕제(王制)〉에 처음 보이니, 〈왕제(王制)〉에서 "옛날에는 주척(周尺)으로 8척(尺)을 1보(步)로 하였는데, 지금은 주척으로 6척(尺) 4촌(寸)을 1보로 하였다."라 하였고, 정현 주에서는 "살펴보건대, 예제(禮制)에서 주나라에서는 10촌(寸)을 1척(尺)으로 삼았는데, 대개 육국

(六國) 시대에 법도(法度)에 많은 변란이 일어나, 혹은 주척이 8촌(寸)으로 1보(步)는 다시 8곱하기 8로 64촌이다."라고 하였소. 그러하니 한유(漢儒) 또한 일찍이 주나라 사람들이 두 개의 척(尺)을 함께 사용했다고 말한 적이 없소. 무릇 율도형량(律度量衡)을 같게 하는 것이 바로 왕정(王政)의 큰 일이기 때문에, 두 개의 척(尺)을 겸하여 사용한다면 길고 짧음이 통일이 되지 않으니, 장차 어떻게 물건을 저울질하여 고르게 베풀 수 있으며, 한 시대의 전장(典章)을 이룰 수 있겠소? 지난번 조목별로 논변하는 것을 저술할 때 단지 고인(古人)이 이미 완성한 설에 의거했기 때문에, 다만 그 한 기물에 두 개의 척을 사용하는 오류를 논변했을 뿐이오. 그 실은 주나라에서 두 개의 척(尺)을 사용했다는 설이 모두 후대 유자들의 억측으로 지어낸 것이오. 게다가 《예기(禮記)》 글을 고찰해보면, "지금은 주척으로 6척(尺) 4촌(寸)을 1보로 하였다."라 하였으니, 그 8척(尺)을 1보(步)로 하는 것은 바로 주나라 말기의 잘못된 정치이니, 일찍이 주공(周公)이 제작하여 두 개의 척도를 사용했다라 이른 것이겠소? 범촉공(范蜀公)이 이미 정강성(鄭康成)의 '안이 사각형이고 그 밖을 둥글게 싼 것을 순(脣)이다'라는 설을 논파하였소. 부피가 1천 촌(寸)이고 그 밖을 둥글게 쌌다고 하면 그 수는 6두(斗) 4승(升)을 넘어가게 되니, 어쩔 수 없이 방척(方尺)이 8촌(寸)이라는 설을 만들어 그 수를 줄인 것이고, "주나라 시대에는 8촌(寸)과 10촌(寸)을 모두 척(尺)으로 삼았다."라고 한 것이오. 그래도 나머지 수가 딱 들어맞지 않으니, 또 어쩔 수 없이 《한서(漢書)》 〈율력지(律曆志)〉의 조방(庣旁)에 대한 글을 가져다 몰아서 맞춘 것이라오. 형은 생각해 보시오. 이것이 과연 주나라 부(鬴)의 제도인가요? 도수학(度數學)은 눈썹과 수염을 세는 것이나 손금을 보는 것과 같아 터럭 하나라도 정해진 틀을 벗어나 자기를 속이고 남을 속여서는 안 되오. 옛 기물은 본래 궁구하기 어려운 것이 많아 서로 참조하며 맞는 것을 구하는 것은 후인들의 책임이라고 한 편지글은 참으로 맞소. 그러나 서로 참조해도 맞지 않고 구하려 해도 얻어지지 않으면, 견강부회하여 억지로 끌어 맞춰 결국 자기를 속이고 남을 속이는 것을 면

하지 못하기보다는 어찌 알지 못하는 것을 알지 못한다고 여기는 것이 오히려 성인(聖人)의 가르침을 등지지 않는다고 함이 더 낫지 않겠소! 내가 그래서 "주나라 부(鬴)의 제도는 잠시 놔두고 논하지 않는 것이 오히려 잘못이 적을 것이다."라고 한 것이오. 황종지궁(黃鍾之宮)은 하나는 여기 〈고공기(考工記)〉에 보이고, 하나는 《예기(禮記)》 〈월령(月令)〉에 보이오. 〈월령(月令)〉의 계하(季夏) 중앙토장(中央土章)에 "율(律)은 황종지궁(黃鍾之宮)에 응한다."라 하였으니, 6월의 본래 율(律)은 임종(林鍾)이고 11월의 본래 율(律)이 황종(黃鍾)인데, 중앙토(中央土)는 바로 매 계절 18일에 왕성한 기운을 펼치는 자리라오. 무릇 5성(聲)이 갖추어지지 않으면 율(律)을 이룰 수 없으니, 중앙토(中央土)만 홀로 황종(黃鍾)의 궁성(宮聲)에 응하고 상(商)·각(角) 이하는 응하지 않는다면, 《예기(禮記)》에서 어찌 '율중(律中)'이라고 말했겠소? 《여씨춘추(呂氏春秋)》의 3촌(寸) 9분(分) 설은 선유(先儒)들 각각의 풀이가 한 가지가 아닌데, 근세 순암(遜庵) 운일초(惲日初)의 설이 그 뜻을 깊이 얻었소. 순암(遜庵)은 다음과 같이 말했다오. "고인(古人)은 음악으로 양률(陽律)을 기록하고 수(數)는 9를 사용한다. 황종(黃鍾)은 9촌인데, 9를 곱하면 81분(分)을 얻는다.(9×0.9=8.1) 응종(應鍾)은 4촌(寸) 6(分) 6리(釐)이데, 9를 곱하면 4촌(寸) 1분(分) 9리(釐) 4호(毫)를 얻는다.(4.66×0.9=4.194). 이 수를 황종에서 빼면 나머지는 3촌(寸) 9분(分) 6호(毫)이니,(8.1-4.194=3.906) 관(管)의 장단과 소리의 청탁은 이 3촌(寸) 9분(分) 6호(毫)의 안에서 벗어나지 않는다." 【순암(遜庵)의 설은 여기까지이다.】 이것이 바로 이른바 황종소궁(黃鍾少宮)의 제도라오. 이 3촌(寸) 9분(分)의 관(管)을 12율(律) 가운데에 두고 위아래로 다섯 개의 탁율(濁律)과 여섯 개의 청율(淸律)을 생성하는 것은, 또한 중앙토(中央土)가 12월의 가운데에 위치하여 사계절에 왕성한 기운을 펼치는 것과 같소. 그 설은 몇 촌의 관(管)으로 다 풀어낼 수 있는 것이 아니나 지금 세밀히 분석할 겨를이 없다오. 다만, '황종지궁(黃鍾之宮)' 네 글자는 '황종소궁(黃鍾少宮)'으로 해석하지 않으면 설명할 수가 없소. 보낸 편지에서 이를 의론한 단락은 《여씨춘추(呂氏春秋)》의 본래 뜻을 궁구하지 못한 듯하오. 시험 삼아 여러 선유(先儒)들의 설로 마음을 가라앉히고 체득하여 궁구한다면, 반드시 말 아래에서 깨우칠 바가 있을 것이오. 토규(土圭)를 반드시 1척 5촌으로 기준 삼은 것은 땅이 여러 별들과 더불어 3만 리 안에서 사방으로 다니며 오르내리는데, 이를 반으로 나누면 1만5천 리로 지중(地中)이 되는 것을 얻을 수 있으니, 이는 한 절기의 날짜 수를 본뜬 것이 아니오. 숭산(嵩山)과 낙양(洛陽)은 지중(地中)으로 중국의 중앙인데, 중국은 적도의 북쪽에 치우쳐 위치했으니 참으로 천지의 중은 아니오. 그러나 중국의 지계(地界)는 냉대(冷帶)와 열대(熱帶) 사이에 위치하여 천지의 조화로운 기운이 여기에 모여들어, 성현(聖賢)과 호걸(豪傑)이 영험한 기운으로 빼어나게 길러지며 천지와 더불어 참여하여 셋이 하나가 되었으니, 이것이 천지의 중앙이 된 까닭이오. 《주역(周易)》 〈계사전(繫辭傳)〉에 "해가 가면 달이 오고 달이 가면 해가 와서 해와 달이 서로 미룸에 밝음이 생기며, 추위가 가면 더위가 오고 더위가 가면 추위가 와서 추위와 더위가 서로 미룸에 1년이 이루어진다."라고 하였소. 주야(晝夜)의 나뉨과 추위와 더위의 교차는 바로 조화(造化)의 대단(大端)이고, 하늘이 만물을 범위 짓는 바요. 그러나 온 천하로 논한다면, 사계절 동안 항상 춥고 항상 더운 지역이 있고, 반년이 낮이고 반년은 밤인 지역이 있소. 해외의 만국에 이르러서는 풍기(風氣)와 인물(人物)이 지역과 인종마다 다르고 기이하고 괴상하며 황당하고 터무니없는 일들이 있어서 모두 항상 된 이치로 추구(推求)할 수 없다오. 이는 서양인이 편찬한 《곤여도설(坤輿圖說)》에 모두 실려있으니 살펴볼 수 있소. 그러므로 "육합(六合)의 밖에 대해서는 성인(聖人)은 그대로 두고 논하지 않았다."라고 하였으니, 이는 실로 장몽씨(莊蒙氏, 장자(莊子))가 도(道)를 본 말로, 이단(異端)에서 나왔다고 하여 소홀히 여겨서는 안 되오. 또한 해가 동쪽에서 뜨고 달이 서쪽에서 뜬다[13]고 하는 경우는 바로 천문법상(天文法象)의 큰 것인데, 달이 어찌 일찍이 서쪽에서 뜬 적이

13 해가……뜬다 : 《예기(禮記)》 〈제의(祭儀)〉에 나오는 말이다.

있소? 단지 서쪽에서 밝음이 생긴 것에 대해 사람의 눈으로 본 것을 주로 하여 말한 것이오. 또한 일식의 경우에도 가장 많이 가려진 식심(食甚)을 본 자도 있고 얕게 가려진 것을 본 자도 있으며 일식 현상을 전혀 보지 못한 자도 있으니, 비유하자면 등불이 방을 비추는데 한 사람이 손가락 하나로 가리면 불빛을 전혀 보지 못하고, 한 사람이 가리는 바가 없으면 등불이 그대로 빛나니, 또한 사람 눈으로 본 바를 주로 한 것이오. 식심(食甚)이 일어난 지역은 재앙의 징조가 반드시 나타나는 정침(精祲, 재앙과 상서를 일으키는 기운)이 서로 감응하는 것이오. 이것으로 미루어보면, 만상(萬象)과 만법(萬法)은 모두 하늘과 사람이 서로 더불어 있는 사이를 벗어나지 않고, 사람은 천지의 마음이 되니, 오직 중국이 그렇게 되는 것이오. 예로부터 성현(聖賢)이 사람들에게 궁리(窮理)·격물(格物)의 학문을 가르쳤으니, 어찌 일찍이 허공에 매달고 허구를 만들어 실리(實理)·실용(實用)의 밖으로 달려나가게 한 적이 있었소? 지금 반드시 구주(九州)를 버리고 천지 내에서 중(中)을 구하고자 한다면, 성광자(成光子)【후한(後漢) 시대 사람으로 조서산(鳥鼠山)부터 달친(達親)까지 길의 거리를 실측했다고 스스로 말했다.】의 이른바 '중천축(中天竺)의 땅은 사방으로 각각 5만 8천 리'라고 한 것과 혹 비슷하오. 그러나 이는 과보(夸父)가 해를 쫓아가고[14] 수해(竪亥)가 하늘을 걷는 것[15]과 거의 같아, 천지의 중앙은 참으로 쉽게 궁구할 수가 없소. 가령 궁구하여 찾았다 한들, 또한 어찌 실용(實用)에 보탬이 되겠소? 그러므로 토규(土圭)의 중(中)은 바로 중국(中國)의 중(中)이요, 중국(中國)의 중(中)은 천지의 중(中)이니, 또한 어찌 허다한 노력을 들여 중인지 중이 아닌지 논쟁할 필요가 있겠소? 경전(經典)의 수법(數法)을 신율(新率)로 해석

---

14 과보(夸父)……쫓아가고 : 과보(夸父)는 《산해경(山海經)》에 나오는 전설상의 인물로, 태양을 쫓아가다가 목이 마르자 하수(河水)와 위수(渭水)의 물을 마시고 그것도 부족하여 북쪽으로 대택(大澤)에 가려고 하였는데, 대택에 이르지 못하고 도중에 갈증이 나서 죽었다고 한다.

15 수해(竪亥)가……걷는 것 : 수해(竪亥)는 《회남자(淮南子)》에 나오는 전설상의 인물로, 우임금이 수해(竪亥)로 하여금 북극에서부터 남극까지 걸어서 거리를 재보게 하였더니, 2억 3만 3천 5백 리 75보였다고 한다.

하는 것은 참으로 사람들로 하여금 쉽게 이해시킬 수 있소. 그러나 먼저 경문(經文)의 글자 뜻을 올바로 이해하고 그다음으로 수법(數法)을 이해해야지, "이것이 바로 신법(新法)의 모 율(攣)이다."라고 한다면, 경문(經文)의 글자 뜻을 깨뜨리고 자기의 견해에 견강부회하는 것이니, 미안하지 않겠소? 선(宣)을 구(矩)로 풀이하는 것에 대해 형은 많은 말을 하여 지적하고 진술했지만, 나는 이해하지 못하겠소. 나머지 여러 조목은 소소하게 제도 간의 동이(同異)에 불과하니, 훗날 직접 만나 토론하기를 기다리겠소. 보(簠) 제도의 안팎이 모두 둥근 것과 대거(大車)의 두 끌채로 소의 멍에를 매는 것 같은 경우는 명확히 소(疏)가 있는데, 형이 또한 믿지 못한다면, 제도(制度) 명물(名物)에 대해 주소(注疏)를 버리고 어디에서 준거를 취하겠소? 형은 박학강기(博學強記)하고 견해가 매우 투철하여 벗들 중에 견줄 이가 드문데, 재기(才氣)가 너무 민첩하고 날카로워 의론 발하는 것이 왕왕 자신감이 지나치니, 고인(古人)의 전범을 벗어나는 폐단과 높고 밝은 이는 부드러움으로 다스린다는 경계를 다시 깊이 생각하여야 할 것이오. 내가 일찍이 듣건대, 중주(中州)의 좨주(祭酒) 옹방강(翁方綱)이 우리나라 사신에게 "우주 간의 몇 편의 문자(文字)는 조부(祖父)의 유훈과 같다. 만일 우연히 잘못된 부분이 있는데, 단지 '나는 이렇게 보지 않는다'라고 말하기 좋아하여, 거리낌 없이 변증하면 곧 입언(立言)의 체재가 아니다."[16]라고 한 일이 있으니, 군자의 말이 참으로 맛이 있소. 지금 이 주부(周鬴)의 수법(數法)은 명확히 파탄 난 증거가 있으니, 토론하고 시정하는 것 또한 유자(儒者)의 궁리(窮理)·격물(格物)의 공부에 관계되기 때문에 어쩔 수 없이 자세히 고찰하고 길게 말했다오. 그러나 보잘것없는 천견(淺見)으로 외람되이 선현(先賢)의 정론(定論)을 반박하였으니, 옹방강의 말을 생각해 보고는 문득 부끄러워 땀이 흐른다오. 보낸 편지에서 논한 남북양계도(南北兩戒圖)와 곤륜삼간(崑崙

16 우주 간의……아니다 : 이 말은 본래 이광지(李光地)의 《용천어록(榕村語錄)》 권21에 진대장(陳大章)과 관련된 일화로 실린 글인데, 우리나라 사신 중 옹방강(翁方綱)을 통해 이를 들은 일이 있어서, 서유본이 옹방강의 말로 적은 듯하다.

三縩)의 글에 대해서는, 이 모두 고인(古人)이 학문을 쌓아 정밀하게 생각하고 실제 측량에서 징험하여 입론한 것이오. 나는 형과 더불어 이미 당(唐)나라 일행(一行)[17]같은 신통한 이해력과 유병충(劉秉忠) 같은 능통한 재주가 없으니, 그 득실을 성급히 평가하지는 못할 듯하오. 나의 견해는 이와 같은데, 형의 의견이 어떠한지 모르겠소. 서로 깊이 허여하는 마음을 입어 이와 같이 쏟아내었으니, 잘 용서해주시기 바라오. 다 갖추지 못하오.

長牋辱教, 得之翹想之中, 披復再三, 曷勝欣慰! 諸條覆難, 俱中鄙說之瑕纇, 而講究之道, 貴在三復云者, 尤可見不得弗措之盛意, 令人佩服. 考工記文字, 素稱難讀, 淺見亦何望其一一中窾, 而其中周鬴章, 卽律度之所本也, 土圭章, 卽建國之先務也, 讀此記者, 尤當於此兩章, 洗心究解, 不可艸艸看過也, 疏家雖有八寸爲咫, 十寸爲尺之說, 而周時兩尺之文, 始見於王制, 王制曰, "古者以周尺八尺爲步, 今以六尺四寸爲步." 鄭注曰, "案禮制, 周以十寸爲尺, 盖六國時, 多變亂法度. 或言周尺八寸, 則步更爲八八六十四寸." 然則漢儒亦未嘗言周人并用兩尺矣. 夫同律度量衡, 卽王政之大者, 而兼用兩尺, 長短不一, 則將何以稱物平施, 成一代之典章乎? 向著條辨時, 只依古人已成之說, 故特辨其一器兩尺之謬而已. 其實周用兩尺之說, 皆後儒臆撰也. 且考諸記文, 曰今以六尺四寸爲步, 則其以八寸爲尺, 卽周末之秕政, 曾謂周公之制作而兩用尺度耶? 蜀公旣破康成方內圓脣之說, 而積千寸而圓其外, 則數溢於六斗四升, 故不得不爲方八寸之說, 以縮其數, 而曰周時八寸十寸皆爲尺也. 零數猶未密合, 則又不得不援漢志庣旁之文, 以湊足之. 兄試思之. 此果周鬴之制乎? 度數之學, 如數眉髮, 如指掌紋, 不可一毫籠罩, 自欺而欺人也. 古器本多難究, 參互求合, 後人之責云者, 來教誠是矣. 然而參互而不合, 推求而不得, 則與其牽傳遷就, 終不

17 일행(一行) : 일행(一行, 683~727)은 당나라 승려로 본명은 장수(張遂)이며 천문학자이다. 혼천의를 제작하여 천문을 측량하였으며, 《대연력(大衍曆)》을 저술했다.

免於自欺欺人之歸，曷若不知爲不知之猶不背於聖訓乎！愚故曰周鏞之制，姑存而勿論，猶爲寡過也. 黃鍾之宮，一見於此記，一見於月令，季夏中央土章曰律中黃鍾之宮. 六月本律卽林鍾，十一月本律卽黃鍾，而中央土卽每季十八日寄旺之位也. 夫五聲不備，則不得成律，中央土獨中黃鍾之宮聲，而商角以下不應，則記何以言律中乎？呂書三寸九分之說，先儒各解不一，而惟近世渾遯庵之說，深得其旨. 遯庵云，“古人樂以紀陽律，數用九，黃鍾九寸，以九因之，得八十一分. 應鍾四寸六分六釐，以九因之，得四寸一分九釐四毫. 以此數減黃鍾餘三寸九分零六毫，則凡管之長短，聲之淸濁，要不出此三寸九分六毫之內矣.”【遯庵說止此.】此卽所謂黃鍾少宮之制也. 此三寸九分之管，居十二律之中，上下相生五濁律·六淸律，亦猶中央土位乎十二月之中，而寄旺乎四季也. 其說非寸管可盡，今不暇縷析. 然黃鍾之宮四字，不以少宮釋之，則推說不去矣. 來教此一段議論，似未究呂書本旨. 試以諸先儒之說，潛心軆究，則必有言下領悟者矣. 土圭之必以尺五寸爲準者，地與星辰四遊升降於三萬里之中，半之得萬五千里爲地中也，非以象一節氣之日數也. 嵩洛爲地中，卽中國之中央，而中國偏在赤道之北，則固非天地之中也. 然而中國地界，在於冷帶熱帶之間，天地冲和之氣，乃鍾於是，而聖賢豪傑，炳靈毓秀，與天地參三而爲一，所以爲天地之中也. 繫辭曰，“日往則月來，月往則日來，日月相推而明生焉. 寒往則暑來，暑往則寒來，寒暑相推而歲成焉.”晝夜之分，寒暑之交，卽造化之大端，而天之所以範圍萬物者也. 然以普天之下論之，則有四時常寒四時常燠之地矣，有半年爲晝半年爲夜之地矣. 至於海外萬國，風氣人物，方殊種別，吊詭譎恠·騷荒悠謬之事，皆不可以常理推求，俱載於西人所撰坤輿圖說，可案而考也. 故曰，“六合之外，聖人存而不論.”此實莊蒙氏見道之言，不可以出於異端而忽之也. 且如‘日生於東，月生於西’，卽法象之大者，而月何嘗生於西乎？特以生明於西，主人目所見而言也. 又如日食，有見食甚者，有見食淺者，有全不見食者. 譬如燈光照室，一人爲一指之所蔽則全不見光，一人無所蔽則燈光自若，亦以人目所見爲主，而食甚之地，咎徵必應，精祲有以相感也. 由是推之，萬象萬法, 皆不出於天人相與之際, 而人爲天地之心, 惟中國爲然也. 從上聖賢敎人窮格之學, 何甞懸空架虛, 馳騖於實理實用之外哉! 今必欲捨九州, 而求中於天地之內, 則成光子【後漢時人, 自言從鳥鼠山, 至于達親, 實測道里,】所謂'中天竺之地, 四至相距各五萬八千里'者, 抑或近是. 然殆同夸父之逐日, 竪亥之步天, 天地之中央, 固未易窮之. 假令窮得, 亦何補於實用哉? 故土圭之中, 卽中國之中, 而中國之中, 亦卽天地之中也. 又安用許多勞攘, 爭辨其中不中哉? 經典數法, 以新攣解釋, 固令人易曉. 然先正解經文字義, 次解數法, 曰此卽新法之某攣也云爾, 則可破析經文字義, 牽合於己見, 得毋未安乎! 宣之爲矩, 兄雖費辭指陳, 愚竊聽瑩也. 自餘諸條, 不過小小制度間同異, 容俟後日面究, 而如簠制之內外俱圓, 大車之兩轅駕牛, 明有疏說. 兄亦不之信, 制度名物, 捨注疏而於何取準乎? 吾兄博學強記, 見解甚透, 朋儕中尠有倫比. 然才太敏氣太銳, 發於言議者, 往往有篤於自信, 而經畔古人之弊, 高明柔克之戒, 更宜體念也. 愚甞聞中州翁祭酒方綱語我使曰, "宇宙間幾篇文字, 如父祖遺訓, 萬一偶誤, 只好說我不如此看, 若侃侃辨證, 便非立言之體." 有味乎其君子之言也. 今此周髀數法, 確有破綻之明證, 討論是正, 亦係儒者窮格之工, 故不得不攷之詳而說之長. 然以膚末之淺見, 猥加辨駁於先賢之定論, 追思祭酒之言, 不覺愧汗. 至於來敎所論南北兩戒之圖·崑崙三榦之文, 此皆古人積學精思, 徵諸實測而立論者也. 弟與兄旣乏唐一行之神解·劉秉忠之通才, 則恐未可遽評其得失也. 愚見如此, 不審兄意以爲如何. 荷相與之深, 傾倒至此, 想有以善恕之也. 不宣.

어떤 사람에게 답한 편지

答或人書

보내주신 절복(絕服)에 대한 거듭된 논변은 경(經)과 전(傳)에 근거하고 역사서의 지(志)를 함께 나열하여 종횡으로 두루 관통하며 치밀하게 수백 언을 말씀하셨는데, 옷깃을 여미고 한 번 읽어보다가 문득 망연자실하게 되었습니다. 무릇 예의 뜻은 미묘하여 통유(通儒)와 석학(碩學)도 오히려 철저하게 연구할 수 없을 것을 근심합니다. 지금 하사(下士)의 대롱과 표주박 같은 협소한 소견으로 힘써 천고의 이미 정해진 강철같은 안건에 대항하니, 이것이 어찌 개미가 나무를 흔들고 모기가 태산을 짊어지는 것과 다르겠습니까? 그러나 《예기(禮記)》 〈문상(問喪)〉에서, "예(禮)는 하늘에서 내려온 것도 아니고 땅에서 솟아난 것도 아니며 인정(人情)일 뿐이다."라 하였고, 또 《예기(禮記)》 〈예운(禮運)〉에서, "예라는 것은 의의 실질이니, 의에 맞추어 맞으면 예는 비록 선왕(先王) 때에 있지 않던 것일지라도 의로써 만들어낼 수 있다."라고 하였습니다. 진실로 인정(人情)에서 구하여 편안하지 않고 의리에 맞추어 맞지 않으면, 비록 경(經)과 전(傳)에서 게시한 선유(先儒)의 정론(定論)이라도 오히려 변론하고 분석하여 그 의미를 깊이 탐구하며 그냥 그만두어서는 안 됩니다. 형은 생각해 보십시오. 임금의 절복(絕服) 제도는 과연 어느 경(經)에 보입니까? 《대대례기(大戴禮記)》와 《소대례기(小戴禮記)》를 고찰해보아도 이러한 것은 없고, 육전(六典)의 글을 고찰해보아도 이러한 것은 없으며, 《의례(儀禮)》의 경문에서 고찰해보아도 역시 이러한 것이 없습니다. 삼례(三禮)에 모두 명문(明文)이 없는데도 주공(周公)이 제정한 것이라고 억지로 결정하는 것은 있을 수 없습니다. 오직 《의례(儀禮)》 〈상복(喪服)〉 전문(傳文)의 '처음 봉해진 임금은 제부(諸父)를 신하로 삼지 못한다'는 글이 참조할 수 있는 하나의 단서가 되기에 충분합니다만, 이 절은 본래 의심할 만한 구절입니다. 만약 '선군(先君)이 복을 입은 대상에 대해 자식이 감히 입지 않을 수 없다'라고 한다면, 이는 대대로 이어가며 결국은 끊을 수 있는 날이 없으니, 어떻게 손자에 가서 모두 끊어버릴 수 있습니까? 만약 '세대를 이어 손자에 이르러 존귀한 체(體)가 점차 갖추어졌다'라고 한다면, 임금이 이미 천명을 받아 종사(宗社)의 주인이 되었으니, 하루만 그 자리에 있어도 존귀한 체(體)는 갖추어지게 되는 것이니, 어찌 처음에 봉해진 임금과 이어받은 임금의 구별을 둡니까? 또한 이 의미를 미루어 나가면 대부 중 처음 대부로 명을 자도 기년복을 강복할 수 없고, 반드시 노(魯) 나라 삼환(三桓)이나 진(晉) 나라 육경(六卿)[18]과 같아야만 방친의 복을 강복할 수 있을 것입니다. 대부가 방친의 기복에 대해 원래 혹 강복하거나 혹은 강복하지 않는 차등이 없고, 임금이어야 혹 절복하거나 절복하지 않는다는 글은 그 의미를 더욱 이해할 수 없습니다. 서건학(徐乾學)의 《독례통고(讀禮通考)》는 근대의 예서(禮書) 중 가장 해박하다고 칭해지는데, 천자와 제후의 절복(絕服) 조목에서는 정강성(鄭康成)의 《주례(周禮)》〈춘관(春官)·사복(司服)〉 주와 주자의 《중용(中庸)》 주[19]를 인용하여 채워 넣으며 "절복(絕服)의 제도는 삼례(三禮)에 모두 정문(正文)이 없다."라고 하였습니다. 이는 어찌 《의례(儀禮)》의 이 조목이 이미 경문(經文)의 뜻이 아닌데도 또 절복(絕服)의 단안(斷案)이 되기에 부족한 것을 억지로 맞추려 한 것이 아니겠습니까! 주(周) 나라가 쇠한 이래로 예문(禮文)이 이지러지고 빠져, 지금 전하는 《의례(儀禮)》의 〈사상례(士喪禮)〉·〈사우례(士虞禮)〉 등 여러 편은 바로 대부와 사(士)의 상제례(喪祭禮)이고, 천자와 제후의 예는 고찰할 수 없는데, 정현은 이것으로 저것을 요약하여 등급을 조절하며 더하여 임금의 상제례(喪祭禮)를 모아 완성했습니다. 절복(絕

18 노(魯) 나라 삼환(三桓)이나 진(晉) 나라 육경(六卿) : 삼환(三桓)은 노나라 대부인 맹손(孟孫), 숙손(叔孫), 계손(季孫)으로 노나라 환공(桓公)의 자손이므로 삼환(三桓)이라 한다. 육경(六卿)은 진나라 대부 범씨(范氏), 중항씨(中行氏), 지씨(智氏), 한씨(韓氏), 위씨(魏氏), 조씨(趙氏)를 가리킨다. 모두 조정보다 강한 권세를 자랑한 대부들이다.

19 주자의 《중용(中庸)》 주 : 《중용장구(中庸章句)》 18장 "기년상(期年喪)은 대부(大夫)에까지 이르고, 삼년상(三年喪)은 천자(天子)에까지 이른다."에 대한 주자의 주석으로, "상복(喪服)은 기년(期年) 이하부터 제후(諸侯)는 절복했고 대부(大夫)는 강복했다."라고 하였다.

服)의 제도 또한 한유(漢儒)가 개창한 설이 아니니, 《의례(儀禮)》 〈상복(喪服)〉에 대부가 강복(降服) 한다는 글이 있어서입니다. 대부이면서 강복하면, 임금은 절로 절복(絕服) 해야 하기 때문입니다. 제가 청컨대, 대부가 강복(降服)하는 예를 논변하고자 하는데 괜찮습니까? 경(經)과 전(傳)에서 말하는 경대부(卿大夫)는 상대하여 말하면 이칭(異稱)이고 단독으로 말하면 통칭(通稱)입니다. 《주례(周禮)》 〈춘관(春官)·대종백(大宗伯)〉에서 "고(孤)는 피백(皮帛)을 들고 경(卿)은 염소를 들며 대부(大夫)는 기러기를 든다."라고 했을 때는 경대부(卿大夫)가 이칭(異稱)입니다. 《예기(禮記)》 〈왕제(王制)〉에서 "제후의 상대부(上大夫)인 경(卿)과 하대부·상사·중사·하사 모두 다섯 등급이다."라 했고, 《주례(周禮)》 〈천관(天官)〉에서 관직을 차례로 나열하며 "치관(治官)에 태재경(大宰卿) 1인, 소재중대부(小宰中大夫) 2인"이라 했는데, 정현 주에서 "경(卿)은 상대부(上大夫)이다.", "경(卿)은 육명(六命), 중하대부(中下大夫)는 사명(四命)이다."라 했으니, 이는 공경(公卿)을 대부(大夫)라 통칭한 것입니다. 《주례(周禮)》 〈춘관(春官)·대종백(大宗伯)〉에서 "구의(九儀)의 명으로 나라의 지위를 바르게 한다."라 했고, 정현 주에서 "왕의 중하대부(中下大夫)는 모두 사명(四命)이고 출봉(出封) 되면 일명(一命)을 더하여 오명(五命)이 된다. 상대부경(上大夫卿)은 육명(六命)인데, 이 관직을 받은 자는 신하를 둘 수 있음을 밝힌 것이다. 여기에서 출봉(出封)되면 일명(一命)을 더하여 칠명(七命)인데, 나라를 받은 자는 비로소 나라를 이룰 수 있음을 밝힌 것이다."라고 하였습니다. 《의례(儀禮)》의 이른바 대부(大夫)는 바로 칠명(七命)으로 나라를 이룬 대부입니다. 대부 중 천자에게 띠풀을 나누어 받아 건국하는 자는 각각 그 토지를 오로지 소유하며 그 부친과 형을 신하로 삼으니, 왕형공(王荊公)의 이른바 '존존(尊尊)의 의리를 펴려고 하면 친친(親親)의 은혜는 마땅히 감쇄하는바가 있다.'[20]라는 것이 이것입니다. 사명(四命)과 오명(五命)의 대부는 기

20 존존(尊尊)의……감쇄하는 바가 있다 : 왕안석(王安石)의 〈의복차자(議服劄子)〉(《임천선생문집(臨川先生文集)》 권42)에 나온다.

내(畿內)의 채지(采地)에서 겨우 식읍(食邑)만 가지고 있을 뿐으로 일찍이 신하를 두거나 나라를 이룬 적이 없으니, 어찌 방친의 복을 강복할 수 있겠습니까? 《중용(中庸)》에 "삼년상(三年喪)은 천자(天子)에까지 이르고, 기년상(期年喪)은 대부(大夫)에까지 이른다."[21]라고 하였는데, 달(達)은 모두 통한다는 뜻입니다. 아홉 길의 산을 여덟 길을 밟고 올랐으나 한 길을 오르지 못하면 '달(達)'이라 이를 수 없습니다. 대부이면서 기년복을 강복하면, 경(經)에서 대부에까지 이른다라고 말할 수 없습니다. 《중용장구(中庸章句)》는 정현 주를 따라 적기를, "기년상은 제후는 절복하고 대부는 강복한다."라 하였으나, 정현 주에는 또 '천자와 제후가 기년복을 강복한다.'[22]라는 글이 있으니, 정현 주 또한 근거로 삼기에 부족합니다. 게다가 주자(朱子)는 삼례(三禮)를 수정할 것을 차자(箚子)를 올려 청하였으나 일이 시행되지 않았고, 《의례경전통해(儀禮經傳通解)》의 〈상복(喪服)〉편 또한 문인의 손에서 나왔으니, 만약 주자(朱子)에게 삼례(三禮)에 관해 토론하며 직접 절충을 가하게 한다면 강복과 절복의 논변에서 반드시 논설을 둘 것입니다. 지금 《중용장구(中庸章句)》를 인용하여 주자의 정론으로 삼을 수 없는 것입니다. 이것으로 보면, 대부 중 신하를 두고 나라를 이룬 자여야 비로소 방친의 복을 강복할 수 있고, 천자가 방친의 기복에 대해서도 마땅히 강복을 하고 절복은 없으며, 한 등급 강복하고 두 등급 강복하는 것은 제가 어찌 감히 억설로 과시가 지나치다는 꾸지람[23]을 범하겠습니까? 보내주신 편지에서 재차 강복한다면 삼상(三殤)에 대해 강복하는 제도에 저촉된다고 하셨는데, 저는 그렇지 않다고 생각합니다. 조정의 예는 필서(匹庶)와 같지 않습니다. 임

---

21 삼년상(三年喪)은……이른다 : 《중용장구(中庸章句)》 18장에 나온다.

22 천자와……강복한다 : 《예기(禮記)》 〈왕제(王制)〉의 정현 주에 나온다.

23 과시가 지나치다는 꾸지람 : 《예기(禮記)》 〈단궁(檀弓)〉의 "사사분(司士賁)이 자유(子游)에게 '염습할 때 평상에서 하고 싶은데, 어떻습니까?' 물으니, 자유가 '좋습니다.'라고 대답하였다. 현자(縣子)가 그 얘기를 듣고 말했다. '숙씨(叔氏, 자유)의 과시가 지나치구나. 예에 있는 것을 자신이 새로 예를 만들어 내는 것처럼 허락하였으니.'"에서 나온 말로, 자신을 과시하기 위해 근거를 제시하지 않고 함부로 말하는 것에 대한 비난을 가리킨다.

금이 방친에 대해 존귀함으로 강복한다면, 또 삼상(三殤)에 대해 복을 입는 것에 무슨 혐의가 있겠습니까? 편지에서 인용한 우희(虞喜)·하순(賀循)[24]의 여러 설은 모두 정현의 지류입니다. 정강성(鄭康成)은 대유(大儒)로 하나의 큰 깃발을 세웠으니, 누가 감히 이의를 제기하겠습니까? 저는 여러 선유(先儒)들의 논의를 두루 채록하여 형이 참고하여 증명할 수 있는 자료로 도와드리고자 하였는데 아직 그럴 겨를은 없었습니다. 다섯 조목[25]에 대한 반박에 대해서는 혼미함을 일깨워주시는 성대한 뜻을 매우 깊이 받았습니다. 그러나 저의 생각에는 끝내 계합되지 않는 부분이 있습니다. 두 번째 조목 현자(縣子)의 설에서 "옛날에는 강복을 하지 않아 상하가 각각 그 친함에 따라 복을 입었다."라고 한 것은 바로 주나라 중고(中古) 이상에는 임금이 방친의 기복에 대해 강복하지 않았다는 것을 가리키고, 등백문(滕伯文) 이하는 그러한 사람을 인용하여 증명한 것으로, 문세(文勢)와 어맥(語脉)이 매우 긴밀하게 연결되어 있습니다. 지금 우희(虞喜)의 설은 '옛날' 한 절을 은(殷)나라 이전, '등백(滕伯)' 한 절을 주(周)나라 시대라고 여겼습니다. 그렇다면 상하 구절이 연결되는 사이에 반드시 하나의 전환하는 말을 덧붙인 후에야 그 뜻이 충족될 것입니다. 그러므로 강복이하 몇 마디는 우희(虞喜)가 스스로 지어낸 설입니다. 경문(經文)에 이미 이런 뜻이 없는데 어떻게 마음 내키는 대로 지어낼 수 있습니까? 세 번째 조목 《예기(禮記)》 〈문왕세자(文王世子)〉에서 말한 공족(公族)이 죄로 죽어 조상의 사당과 끊은 것은 친척을 돈독히 여기는 인(仁)과 악을 미워하는 의(義)가 함께 행해지며 어그러지지 않습니다. 소복(素服)을 입고 음악을 듣지 않으며 그를 위해 상례(常禮)를 바꾸어 친소(親疎)의 윤서(倫序)와 같이하되 단지

24 우희(虞喜)·하순(賀循) : 우희(虞喜, 281~356)는 자(字)가 중녕(仲寧)으로 동진(東晉)의 경학가, 천문학가이다. 《안천론(安天論)》을 저술하였고 중국에서 처음으로 세차(歲差)를 계산했다. 하순(賀循, 260~319)은 자(字)가 언선(彦先)으로 동진(東晉)의 경학가이다. 《상복보(喪服譜)》, 《상복요기(喪服要記)》 등을 저술하였다.

25 다섯 조목 : 본권의 〈천자와 제후가 절복하는 것에 대한 논변(天子諸侯絶服辨)〉에서 서유본이 논한 다섯 조목을 가리킨다.

그를 위해 복을 입지 않지만, 여전히 직접 곡을 할 뿐입니다. 정현이 이미 절복설(絕服說)을 만들어 냈기 때문에 어쩔 수 없이 조복(吊服)으로 무복(無服)의 복을 설명하겠습니다. 그러나 조복(吊服)의 피변(皮弁)과 환질(環絰)은 조문할 때 잠시 착용하는 복장이기 때문에 경(經)에서 "일을 당해서는 변질(弁絰)을 한다."라 했으니, 일이 없으면 착용하지 않음을 밝힌 것입니다. 경(經)과 전(傳)을 두루 고찰해보면, 원래 조복(吊服)을 복이라 칭한 글은 없습니다. 이 〈문왕세자(文王世子)〉의 다음 절은 위의 뜻을 거듭 풀이하며 "조문하지 않고 그를 위해 복을 입지 않으며 이성(異姓)의 사당에서 곡을 하는 것은 조상을 위하여 멀리하는 것이다."라 한 것으로, 이미 조문하지 않는다라고 말했으니 조복(吊服)을 입지 않는 것임을 알 수 있습니다. 진실로 정현 주의 '무복(無服)' 두 글자와 같이 친히 조문하지 않음을 가리켜 말했다면, 이 문단의 '조문하지 않고 그를 위해 복을 입지 않는다'라고 한 것은 그 말이 얼마나 중첩됩니까! 공족(公族)이 죄로 죽은 후에 그를 위해 복을 입지 않는다면, 그가 죄없이 명대로 늙어 죽는 경우 마땅히 각각 그 친척의 복을 입을 것이니, 임금이 방친의 기복을 끊지 않은 것은 여기에서 더욱 십분 명확히 증명됩니다. 네 번째 조목에 대해 보내신 편지에서 정현의 주인 공족(公族)을 위해 시최(緦衰)을 입는 글을 인용하였는데, 이 또한 경문(經文)에 보이지 않고 정현 주에서 처음 나왔습니다. 아마도 정현은 일찍이 임금이 공족(公族)의 상에서 모두 조복(吊服)을 하는 것에 의심했지만 경(經)에 명문(明文)이 없기 때문에 이러한 설을 만든 것 같습니다. 그러나 왕이 공경(公卿)과 대부(大夫)와 사(士)에 대해 그 귀천의 등급에 따라 시석최(緦錫衰) 세 등급의 조복(吊服)을 입고, 공족(公族)에 대해서는 친소(親疎)를 묻지 않고 한결같이 시최(緦衰)로 조문을 한다고 하는데, 어찌 유독 존존(尊尊)의 차례에 대해서는 상세하면서 도리어 친친(親親)의 인륜에 대해서는 소홀합니까? 게다가 임금이 과연 공족(公族)을 위해 시최(緦衰)를 입는 예가 있다면, 《주례(周禮)》〈사복(司服)〉에서 공경(公卿)과 대부(大夫)와 사(士)에 대한 삼최(三衰)의 조복(吊服)을 차례로 서술하면서 공족(公族)을 위한 시최(緦衰)의 글이 대략도 보이지 않음은 어째서입니까? 그렇다면 정현주의 시최(緦衰)의 설은 과연 근거하기에 부족하고, 〈사복(司服)〉에서 말하지 않은 것은 궐문(闕文)이 아니니, 절로 정복(正服)이 있기 때문입니다. 다섯 번째 조목인 임금이 신하를 위해 복을 입는 제도에 대해, 보내신 편지에서 이른바 '동성(同姓)을 위한 3개월은 은혜이고 이성(異姓)을 위한 3개월은 의리다.'라는 것이 있으니 어찌 동성(同姓)이 귀신(貴臣)만 못하다라고 하는가 하셨는데, 제가 말한 의미를 잘 이해하시지 못한 듯합니다. 절복(絕服)을 주장하는 논자들은 반드시 "예에 임금이 신하를 위해 복을 입는 제도는 없다."라고 말합니다. 저는 그래서 《진서(晉書)》의 '귀신(貴臣)을 위하여 3개월 동안 복을 입는다'는 글을 참고로 인용하여 임금이 신하를 위해 복을 입는 예를 증명했을 뿐입니다. 동성(同姓)의 귀한 사람과 이성(異姓)의 귀한 사람에 대해 균등하게 3개월 동안 복을 입으며 친소(親疎)의 순서를 잃었다고 말하는 것이 아닙니다. 보내신 편지에서 또한 절복(絕服)의 분명한 증거가 곡진할 뿐만이 아니라 강복의 제도는 대략도 보이지 않는다 하셨습니다. 만약 한(漢) 이후의 예설과 같다면 참으로 보내신 편지의 말씀과 같습니다. 그러나 삼례(三禮)를 거슬러 올라가 고찰하면 강복(降服)의 강(降)은 오히려 현자(縣子)의 말을 근거로 할 수 있지만, 절복(絕服)의 절(絕)은 어디 일찍이 더듬어볼 만한 그림자나 메아리라도 있습니까? 무릇 삼년상은 삼대(三代)에 통용된 상이지만, 등문공(滕文公)의 부형(父兄)과 백관(百官)이 "우리의 종주국인 노(魯) 나라 선군(先君)께서도 이것을 행하지 않으셨다."라고 한 적이 있습니다.[26] 노나라가 주(周) 나라 예를 잡고 있지만 임금도 이미 삼년상을 행할 수 없었으니, 하물며 방친의 기공(朞功) 복

26 등문공(滕文公)……있습니다 : 《맹자(孟子)》 〈등문공(滕文公)·상(上)〉 2장의 "연우(然友)가 복명(復命)하여 삼년상을 하기로 정하자, 부형(父兄)과 백관(百官)이 모두 하고자 하지 않으면서 다음과 같이 말했다. '우리의 종주국인 노(魯) 나라 선군(先君)께서도 이것을 행하지 않으셨고, 우리 선군(先君)께서도 또한 행하지 않으셨습니다. 그대에 이르러 이것을 뒤집는 것은 불가합니다. 또 옛 기록에 상례(喪禮)와 제례(祭禮)는 선조를 따르라하였으니, 이것은 우리들이 전수 받은 바가 있기 때문입니다.'"에서 나온 말이다.

에 있어서는 어떻겠습니까! 삼년상을 바꾸라고 한 한문제(漢文帝)의 유조(遺詔)는 천고의 나무람과 꾸짖음을 면하지 못할 것이나 실로 상기(喪紀)가 무너진 것은 매우 오래되었습니다. 후세로 내려올수록 예를 의론하는 사람들은 잘못된 것을 그대로 답습하고 고루한 것을 인하여 간략한 대로 나아갔으니, 임금을 존숭하고 신하를 억제하는 것은 숙손통(叔孫通)의 면체(緜蕝)[27]이고, 인정을 따라서 예를 멸시하는 것은 자류(子柳)의 세최(繐衰)[28]입니다. 누가 기꺼이 이미 끊어진 후의 그 떨어진 단서를 찾아 지존의 자리에 있는 사람에게 흉례(凶禮)를 강론하겠습니까? 정현 주의 절복설(絕服說)은 《의례(儀禮)》의 대부가 강복한다는 글을 가지고 미루어 알 뿐 아니라, 또한 습속에 이끌리고 보고 들은 것에 익숙해져 분별하지 못합니다.

《서경(書經)》〈강왕지고(康王之誥)〉에서 면복(冕服)을 입은 것은 임금이 처음을 바로 하는 예로 후세에 어쩔 수 없이 그렇게 하였으나, 동파(東坡) 소식(蘇軾)은 오히려 주공(周公)이 있었다면 반드시 그렇게 하지 않았을 것이라 여겼습니다.[29] 참으로 상례는 지극히 중하고, 길흉이 서로 간섭해서는

27 숙손통(叔孫通)의 면체(緜蕝) : 《사기(史記)》〈숙손통열전(叔孫通列傳)〉에 나오는 말로, 한(漢) 나라 고조(漢高祖) 때 박사(博士) 숙손통(叔孫通)이 제자들과 함께 야외에서 띠풀을 묶어 세워 존비(尊卑)의 차례를 표시하여 군신의 예를 제정했던 일이 있다. 이는 예를 허술함을 가리키는 것으로, 사마광은 "예의 쭉정이만 가지고 세속에 맞추어 총애를 탐하였다"라고 평한 바 있다.

28 자류(子柳)의 세최(繐衰) : 《예기(禮記)》〈단궁하(檀弓下)〉에 나오는 말로, 예에 맞게 행동을 했으나 오히려 당시 통용되는 예로 잘못 바꾼 것을 가리킨다. "숙중피(叔仲皮)가 자류(子柳)를 가르쳤는데, 숙중피가 죽자 자류의 아내는 노둔했지만 숙중피를 위하여 예에 맞는 최복을 입고 무질(繆絰)을 둘렀다. 숙중피의 동생 숙중연(叔仲衍)이 자류에게 고하여 그보다 가벼운 세최(繐衰)를 입고 환질(環絰)을 두르라고 청하며 말하기를 '옛날 내가 고모와 자매의 상을 당했을 때도 이와 같이 했는데 아무도 나를 금하지 않았다.'라고 하니, 자류가 그 아내로 하여금 세최에 환질을 하게 하였다."

29 서경(書經)……여겼습니다 : 《서경(書經)》〈강왕지고(康王之誥)〉의 "여러 공(公)들이 모두 명령을 듣고는 서로 읍하고 달려 나가자, 왕(王)이 면복(冕服)을 벗고 다시 상복(喪服)을 입었다."에 대한 소식(蘇軾)의 논의를 가리키는 것으로 내용은 다음과 같다. "성왕(成王)이 붕어하고 아직 장사지내지 않았는데, 군주와 신하가 모두 면복(冕服)을 입는 것이 예(禮)인가? 예(禮)가 아니다. 변례(變禮)라고 하는 것이 가하겠는가? 가(可)하지 않다. 예(禮)는 부득이 변하는 것이니, 형수가 물에 빠지지 않았으면 끝내 손으로 구할 수 없는 것이다. 삼년상에 이미 성복(成服)한 뒤에 상복을 벗고 길복(吉服)에 나아감은 가한 때가 없는 것이다. 성왕(成王)의 고명(顧命)을 전하지 않을 수 없고, 이미 전한다면 상복으로 받을 수 없다. 어찌 불가하겠는가. 공자(孔子)가 '장차 자식을 관례(冠禮)하려 할 적에 기일에 미치지 못하여 자최(齊衰)와 대공(大功)의 상(喪)이 있으면 상복을 그대로 입고 관례한다.'라 하였다. 관례(冠禮)는 길례(吉禮)인데도 오히려 상복을 입고 행하니, 고명(顧命)을 받고 제후를 만나봄에 홀로 상복으로 할 수 없단 말인가. 태보(太保)가 태사(太史)로 하여금 책을 받

안 됩니다. 게다가 오복(五服)의 제도는 친소(親疏)와 멀고 가까움의 절차를 분별하여 인도(人道)를 지극하게 꾸미는 것입니다. 유독 여항의 필사(匹士)들에게만 책임을 지우고, 저 작록을 가지고 있으며 남을 다스리는 지위에 있는 사람들에게는 도리어 혹 강복하거나 절복하게 한다면, 이것이 과연 인정에 편한 것이고 의리에 합하는 것입니까? 또한 《의례(儀禮)》에서 고찰해보면, 제후가 절복하고 대부가 강복할 뿐만이 아닙니다. 대부의 아들이 존귀함으로 강복하고 제후의 형제가 방존(旁尊)으로 강복하니, 이는 대부의 아들과 제후의 형제가 모두 강복할 수 있는 것입니다. 형벌이 대부에게 올라가지 않고, 예가 서인에게까지 내려가지 않는 것[30]이 주나라 제도가 그러한 것이라면, 천하를 통틀어 오복(五服)을 모두 입는 경우는 오직 사(士) 하나일 뿐입니다. 성인(聖人)이 오복(五服)의 정밀한 뜻을 제정하는데, 어찌 그리 치우치고 주밀하지 못합니까! 말류(末流)의 폐단이 도도하여 돌이키지 못하니, 귀귀(貴貴)의 의리는 더욱더 강론하며 더욱더 중해지고, 친친(親親)의 은혜는 더욱더 감쇄하며 더욱더 쇠미해져 갑니다. 이에 부모의 상에 대해 대부와 사(士)가 그 상복를 달리하는 예가 있게 되었고, 사(士)의 자식이 대부가 되면 부모는 그 상을 주관할 수 없는 예가 있게 되었습니다. 이 두 조목은 모두 《예기(禮記)》 〈잡기(雜記)〉에 나오는데, 혹 후

들어 상차(喪次)에서 왕(王)에게 올리거든 제후들이 노침(路寢)에 들어가 곡(哭)하고 왕(王)을 상차(喪次)에서 뵈며, 왕(王)은 상복으로 가르침과 경계와 간언을 받고는 곡(哭)하고 용(踊)하고 답배하여야 하니, 성인(聖人)이 다시 나와도 이 말을 바꾸지 않으실 것이다. 《춘추전(春秋傳)》에 정(鄭)나라 자피(子皮)가 진(晉)나라에 가서 진(晉)나라 평공(平公)을 장례할 적에 장차 폐백을 가지고 가려 하자, 자산(子産)이 '상사에 폐백을 어디에다가 쓰겠는가?'하였으나 자피(子皮)가 굳이 청하여 가지고 갔었다. 장례를 마친 다음 제후의 대부(大夫)들이 새 군주를 뵙고자 하자, 숙향(叔向)이 사양하며 '대부의 일이 끝났으나 다시 상주에게 명하는데, 상주가 상복을 입고 계시어 길복으로 만나본다면 상례(喪禮)가 아직 다하지 않았고, 상복으로 만나본다면 이는 거듭 조문을 받는 것이니, 대부(大夫)가 장차 어찌겠는가?'라 하니, 모두 말없이 물러갔다라고 하였다. 이제 강왕(康王)이 길복으로 제후를 만나보고 또 승황(乘黃)과 옥백(玉帛)의 폐백을 받았으니, 가령 주공(周公)이 계셨다면 반드시 이렇게 하지 않았을 것이다. 그렇다면 공자(孔子)가 어찌하여 이 글을 취하였는가? 지극하도다. 부자간과 군신간에 가르침과 경계가 깊고 간절하고 저명하여 후세의 법이 될 만하니, 공자(孔子)가 어찌하여 취하지 않으시겠는가. 그러나 그 실례(失禮)는 분변하지 않을 수 없다." 소식(蘇軾)의 《동파서전(東坡書傳)》에 나온다.

30 예가……않는 것 : 《예기(禮記)》 〈곡례(曲禮)〉에 나오는 말이다.

대의 유자가 견강부회한 것이 아닌가 의심하기도 합니다.[31] 그러나《춘추좌전(春秋左傳)》에서 안영(晏嬰)의 부친이 사망하여 안영이 예에 따라 상복을 입으니, 그 늙은 가신이 "대부의 예가 아닙니다."라고 한 일이 있습니다.[32] 그렇다면 대부의 부모에 대한 상은 그 예가 사(士)와 다른 것이 춘추시대부터 이미 그러한 것입니다. 이것이 과연 주공(周公)의 제도입니까? 그래도 증자(曾子)와 맹자(孟子)의 가르침이 해와 별처럼 빛나고 있는 덕분에 후세의 유자들이 이것에 근거하여 여러 설의 오류를 변박하고 타파할 수 있으니, 진실로 그 원류를 찾는다면 모두 대부가 강복하는 설이 열어놓은 것입니다. 임금이 높이 천위(天位)에 거하여 제부(諸父)와 형제들이 모두 북면하여 신으로 섬기니, 그 직분은 하루에도 만기(萬幾)를 다스리는 번잡함이 있고, 그 예는 교(郊)와 사(社)에서 증(烝)제사와 상(嘗)제사 등의 일이 있습니다. 이에 방친 기공(朞功)의 복에 대해서는 형세상 강복할 수밖에 없는데, 대부이면서 강복하는 것은 그 의미가 어디에 있습니까? 역대로 상제(喪祭)의 예는 모두 주나라 제도를 따랐지만, 오직 대부가 강복하는 예는 일찍이 준행(遵行)한 적이 없습니다. 논설하는 자들은 "봉건(封建)의 법이 폐해져 천자의 대부는 옛날의 제후가 아니니, 강복의 제도는 다시 시행된 바가 없다. 이것이 진(晉) 이래로 예를 의론하는 사람들의 통론이다. 그렇다면 오직 제후만이 방친의 기복에 대해 강복할 수 있고 대부는 강복할 수 없는 것이 또한 이미 분명하다. 절복설(絕服說)에 대해서는 또 반드시 '제후는 절복하고 대부는 강복한다.'라고 하는 것은 어째서인가?"라고 합니다. 천자의 제후는 높고 낮음이 비록 다르지만, 균등하게 임금의 예를 사용하기 때문에 대부이면서 강복한 연후에 천자와 제후가 이에 절복할

31 부모의 상……의심하기도 합니다 :《예기(禮記)》〈잡기(雜記)〉 중 '사(士)의 자식이 대부가 되면 부모는 그 상을 주관할 수 없다'는 절에 대해 진호(陳澔)는 집설(集說)에서 석량왕씨(石梁王氏)의 다음과 같은 말을 실었다. "이것이 가장 의리(義理)가 없다. 그 주장을 확장하면 자식의 작위가 높아져서 부모가 결국 그를 자식으로 대할 수 없게 되고, 순임금도 자신의 부친인 고수를 신하로 삼을 수 있게 됩니다. 이는 모두 제나라 동쪽 야인의 말이다."

32 안영(晏嬰)의……있습니다 :《춘추좌전(春秋左傳)》 양공(襄公) 17년조 기사에 나온다.

수 있기 때문입니다. 《중용(中庸)》에 "천자에까지 이르고, 대부에까지 이른다."라고 하였고, 그 정현 주에서 "기년의 상은 대부는 강복하고 천자와 제후는 그를 위해 복을 입지 않는다."라고 하였습니다. 《예기(禮記)》 〈왕제(王制)〉에서는 임금과 대부의 절차를 말하지 않았고, 단지 "삼년상은 천자에까지 이른다."라고 하였으며 그 정현 주에서 "천자와 제후는 기년상에 강복한다."라고 하였으니, 이는 정현 주가 글만 보고 풀이한 것으로 일찍이 일정한 논의가 없었던 것입니다. 그러나 절복의 제도가 마침내 역대의 경례(經禮)가 되어 견고히 깨뜨릴 수 없게 되었는데, 이는 대부가 강복한다는 글에 뿌리를 둔 것입니다. 오복(五服)의 제도는 주(周) 나라에 이르러 크게 갖추어져, 비로소 혹 더하거나 혹 내리는 허다한 품절(品節)이 있게 되었습니다. 부친이 살아계시면 모친을 위해 강복하는 것은 집안에 두 존귀한 분이 없다는 뜻입니다. 다른 사람의 후손이 된 자가 본종(本宗)을 위해 강복하는 것은 두 근본이 없다는 뜻입니다. 여자가 시집간 뒤 그 부모를 위해 강복하는 것은 남편에게 하늘을 옮겨갔기 때문입니다. 이러한 여러 조목은 대저 모두 압굴하여 강복하는 것인데, 대부가 강복하는 것은 과연 어떤 뜻입니까? 논설하는 자들은 "존귀함으로 천함에 대해 강복한다."라고 합니다. 아아! 군자(君子)는 감히 부귀함을 가지고 부형(父兄)과 종족(宗族)에 뽐내서는 안 되는 것[33]이 예에서 말한 뜻입니다. 어찌 나의 현달한 작위로 근엄하게 스스로 존귀하게 거하며 부형을 대하며 비천하다하여 문득 입어야할 복을 강복할 수 있겠습니까? 주나라 사람들이 비록 문(文)이 승하다고 하지만, 주공(周公)의 가르침은 반드시 이와 같지 않았을 것입니다. 그러므로 저는 《의례(儀禮)》의 이른바 '강복하는 대부'는 바로 칠명(七命) 이상의 나라를 이룬 상대부(上大夫)일 것이고, 제후가 비로소 기년복에 대해 강복할 수 있다면 천자는 방친의 기년복에 대해 또한 마땅히 강복함이 있고 절복은 없을 것이라고 생각합니다. 삼례(三禮)는 똑같이 성

33 군자(君子)는……안되는 것 : 《예기(禮記)》 〈내칙(內則)〉에 나오는 말이다.

전(聖典)이지만, 《주례(周禮)》는 경국(經國)의 전장(典章)이고, 《의례(儀禮)》는 길흉(吉凶)의 의절(儀節)이며, 《예기(禮記)》만이 예의 의리(義理)와 명물(名物)을 모두 말하였습니다. 그러므로 한유(漢儒)가 예를 말할 때, 상제(喪祭)의 의식과 존비(尊卑)의 품절(品節)의 태반은 《예기(禮記)》에 근거하여 입론한 것입니다. 임금이 절복하는 것은 예의 큰 절목이니, 예를 기록하는 자가 반드시 붓을 싣고 가서 신중히 적었을 텐데, 《대대례기(大戴禮記)》와 《소대례기(小戴禮記)》 몇십백편 중에 과연 이러한 글이 있습니까? 현자(縣子)가 말한 무복(無服)의 글은 분명히 임금이 강복하는 증거인데, 후세의 유자들이 감히 《예기(禮記)》에 근거하여 정현 주를 반박하지 못하고 도리어 《예기(禮記)》를 가지고 정현 주로 나아가니, 저는 잘못되었다고 생각합니다. 그러나 이것은 왕조(王朝)의 곡례(曲禮)에 관계된 것으로 한(漢) 이래로 서로 이어받은 지 이미 오래되었습니다. 진실로 정자(程子)와 주자(朱子)와 같은 큰 안목과 큰 역량이 없다면 누가 감히 용이하게 검토하여 논파하겠습니까? 제가 이 설을 지은 것은 제 억견을 스스로 설명하여 뜻을 같이하는 이들에게 질정을 구하기를 바라는 것에 불과합니다. 형이 글을 지어 논변하고 정밀히 고증하며 거듭 깨우쳐주시어, 처음에는 척연(惕然)히 스스로 깨닫도록 하시고 결국에는 뚜렷이 서로 뜻이 맞도록 힘쓰게 하셨으니, 서로 함께하려는 후의가 지극합니다. 그러나 꽉 막힌 저의 견해로 형의 뜻을 그대로 받아들일 수 없어, 또다시 제 뜻을 이와 같이 쏟아내었습니다. 바라건대 존형(尊兄)께서는 참람됨을 용서하시고 시정하여 주시기 바랍니다.

寄示絶服重辨, 根據經傳, 旁列史志, 橫竪貫穿, 纚纚累百言. 斂袵一讀, 不覺憮然自失. 夫禮意微妙, 通儒碩學, 尙患不能徹底硏究. 今以下士管蠡之見, 而力抗千古已定之鐵案, 此何異於蟻撼樹而蚊負山也哉? 雖然, 記曰, "禮非從天降從地出, 人情而已." 又曰, "禮也者, 義之實也. 協諸義而協, 則禮雖先王未之有, 可以義起也." 苟求諸人情而不安, 揆諸義理而不協, 則雖經傳所揭先儒定論, 猶當辨論剖析, 要極其旨趣而不但已也. 兄試思之. 人君絶服之制, 果見於何經乎? 考之二戴之記則無是也, 考之六典之文則無是也, 考之儀禮之經則又無是也. 三禮俱無明文, 而勒定爲周公所制, 不可得也. 惟儀禮之傳始封之君不臣諸父之文, 足爲傍照之一端, 而此節原屬可疑. 若謂先君所服, 不敢不服云爾, 則是世世相承, 終無可絶之日也. 何以至孫而盡絶之? 若謂繼世至孫, 而尊貴之體漸備云爾, 則人君旣已承天命主宗祀, 一日居其位, 尊貴之體斯備矣. 何以有始封繼體之別也? 且推此義也, 則大夫之始命爲大夫者, 亦不得降期矣. 必如魯三桓晉六卿, 乃得降其旁親之服矣. 大夫之於旁期, 原無或降或不降之等, 而人君則乃有或絶或不絶之文, 其義尤不可曉. 徐乾學讀禮通考, 近代禮書中最號淹博, 而天子諸侯絶服條, 引鄭康成禮註·朱子中庸註以實之, 曰絶服之制, 三禮俱無正文. 豈非以儀禮此條旣非經文義, 又遷就不足爲絶服之斷案故也歟! 周衰以來, 禮文殘缺. 今所傳儀禮士喪士虞諸篇, 卽大夫士之喪祭禮, 而天子諸侯之禮, 不可得而考矣. 鄭玄以此約彼, 節級而加之, 以湊成人君之喪祭禮. 絶服之制, 亦非漢儒創爲之說也. 以經有大夫降服之文也. 大夫而降之, 則人君自當絶之故也. 愚請先辨大夫降服之禮, 可乎? 凡經傳所言卿大夫, 對文則異稱, 散文則通稱. 周禮春官, 孤執皮帛, 卿執羔, 大夫執鴈, 是卿大夫異稱也. 王制曰, 諸侯之上大夫卿, 下大夫上士中士下士凡五等. 天官序官曰, 治官之屬, 大宰卿一人, 小宰中大夫二人. 註曰卿卽上大夫也, 卿六命, 中下大夫四命. 是公卿通稱大夫也. 春官大宗伯, 以九儀之命, 正邦國之位. 註曰, 王之中下大夫皆四命, 出封加一命爲五命, 上大夫卿六命, 受官者明得置臣也. 出封加一命爲七命, 受國者明始成國也. 儀禮所謂大夫卽七命, 成國之大夫也. 盖大夫之分茅建國者, 各專其土地, 各臣其父兄. 王荊公所謂欲其尊尊之義有所伸, 則親親之恩宜有所殺者是也. 至於四命五命之大夫, 僅有食邑於畿內采地而已. 未嘗置臣而成國, 則安得降其旁親之服乎? 中庸曰, "三年之喪達乎天子, 期之喪達乎大夫." 達者專達之謂也. 九仞之山, 足蹦八仞而未竟一仞, 則不可謂之達也. 大夫而降期, 則經不得言達乎大夫也. 章句因鄭註而書之曰期之喪, 諸侯絶, 大夫降. 然鄭註又有天子諸侯降期之文, 則鄭註亦不足據也. 且朱子箚請修正三禮, 事未施行. 經傳通解喪服篇, 又出於門人之手, 使朱子而討論三禮, 親加折衷, 則其於降絶之辨, 必有說矣. 今不得引中庸章句, 以爲朱子定論也. 由是觀之, 大夫之置臣成國者, 始得降其旁親之服, 而天子之於旁期, 亦當有降而無絶. 其降一等降二等, 愚何敢臆說, 以犯汰哉之誚, 而來諭以爲再降則嫌於三殤降服之制者, 愚竊以爲不然. 公朝之禮, 與匹庶不同. 國君之於旁親, 以尊而降服, 則又何嫌於服殤服哉? 來諭所引虞喜·賀循諸說, 皆鄭氏之支裔也. 康成大儒, 建旗一號, 則孰敢有異議, 愚欲歷採諸先儒之論, 以助兄參證之資而姑未暇也. 至於五條駁正, 深荷牖迷之盛意. 然愚見終有未契. 第二條縣子之說, 其曰古者不降, 上下各以其親者, 卽周世中古以上, 人君不降旁期之謂也. 滕伯以下, 引其人以證之也. 文勢語脉, 承接甚緊. 今虞說以古者一節爲殷以前, 以滕伯一節爲周時. 然則上下節承接之際, 必添一轉語而後, 其意乃足, 故降服以下數節, 乃虞喜自爲之說也. 經文旣無此意, 何可鑿意杜撰耶? 第三條文王世子云云, 公族罪死, 與祖廟絶, 而敦親之仁, 癉惡之義, 幷行不悖, 素服不擧樂爲之變, 如其親踈之倫序, 而但不爲之服, 猶親哭之而已. 鄭氏旣爲絶服之說, 故不得不以吊服解無服之服. 然吊服之皮弁環絰, 乃臨吊時暫着之服. 故經曰當事則弁絰, 明無事則不着也. 歷稽經傳, 元無以吊服稱服之文. 此記下節, 申釋上義曰, "弗吊弗爲服, 哭于異姓之廟, 爲天祖遠之也." 旣言弗吊則弗爲吊服可知, 誠如鄭註無服二字, 指弗親吊而言, 則此段弗吊弗爲服云者, 何其語之架疊也! 公族罪死然後, 不爲之服, 則其無罪而考終者, 自當各服其親服. 人君之不絶旁期, 此尤爲十分明證矣. 第四條來諭所引鄭注, 爲公族緦衰之文, 此亦不見於經文, 而創自鄭注. 盖鄭氏亦甞致疑於人君之於公族之喪, 幷與吊服而經無明文, 故有是說. 然王於公卿大夫士, 隨其貴賤之等, 而爲服緦錫衰三等之吊服, 其於公族, 不問親踈, 一例以緦衰臨吊. 何其獨詳於尊尊之序, 而反忽於親親之倫乎? 且國君果有爲公族緦衰之禮, 則司服歷叙公卿大夫士三衰之吊服, 而爲公族緦衰之文, 不少槩見, 何也? 然則鄭註緦衰之說, 果不足據, 而司服不言者, 非闕文也, 以自有正服故也. 第五條君爲臣服之制, 來諭所謂同姓之三月恩也, 異姓之三月義也, 豈謂同姓之不如貴臣乎云云, 似未詳鄙說之指歸. 盖主絶服之論者, 必曰禮無君爲臣服之制也. 愚故旁引晉書爲貴臣服三月之文, 以證君爲臣服之禮而已, 非謂同姓之貴者異姓之貴者, 均服三月之服而親踈失序也. 來敎又以爲絶服之明證, 不啻丁寧, 而降服之制, 不少槩見. 若論漢以後禮說, 誠如來敎, 而溯考三禮, 則降服之降字, 猶有縣子之言可據, 而絶服之絶, 何甞有影響之可摸乎? 夫三年之喪, 三代之通喪, 而滕文公之父兄百官曰, 吾宗國魯先君, 莫之行也. 魯秉周禮, 而國君已不能行三年之喪, 况於旁親朞功之服哉! 漢文遺詔, 不免千古之譏罵, 而其實喪紀之壞, 厥惟久矣. 降及後世, 議禮之家, 承訛襲謬, 因陋就簡, 尊君而抑臣則叔孫之綿蕝也, 徇情而蔑禮則子柳之繐衰也. 夫孰肯尋墜緖於旣絶之後, 而講凶禮於至尊之位哉? 鄭註絶服之說, 不但以儀禮大夫降之文, 推而知之也, 盖亦牽於習俗, 狃於見聞, 而莫之能辨也. 康誥之冕服, 卽人君正始之禮, 在後世不得不然, 而東坡蘇氏猶以爲周公而在, 必不爲此. 誠以喪禮至重, 吉凶不可以相干也. 况五服之制, 所以別親踈遠邇之節, 而人道之至文者也, 獨責之於閭巷匹士, 而彼身都爵祿, 位居人牧者, 乃反或降而或絶之. 此果安於人情, 協於義理乎? 又考之儀禮, 不但諸侯絶大夫降而已. 大夫之子以尊降, 公之昆弟以旁尊降, 是大夫之子公之昆弟, 皆得降服也. 刑不上大夫, 禮不下庶人, 周制然也, 則是擧天下, 盡服五服者, 惟有士一位而已. 聖人制五服之精義, 何其偏枯而不周也? 末流之弊, 滔滔不返, 貴貴之義, 愈講愈重, 而親親之恩, 愈殺愈微. 於是有父母之喪, 大夫士異其喪服之禮矣, 有士之子爲大夫, 則父母不得主其喪之禮矣. 右二條皆見雜記, 或疑後儒之傅會, 而春秋傳晏嬰父卒, 如禮服喪, 其老曰非大夫之禮也. 然則大夫之於親喪, 其禮與士異, 自春秋時已然矣. 此果周公之制乎? 賴有曾子孟子之訓, 炳如日星, 後儒得以援據辨駁, 打破諸說之謬妄, 而苟求其源則皆大夫降服之說啓之也. 人君尊居天位, 諸父昆弟皆北面臣事之, 而其職則一日萬幾之繁也, 其禮則郊社烝甞之事也. 其於旁親朞功之服, 勢不得不降, 大夫而降服, 其義何居? 歷代喪祭之禮, 皆從周制, 而惟大夫降服之禮, 未嘗遵行. 說者曰, 封建廢而天子之大夫, 非古之諸侯, 降服之制, 無所復施. 此晉以來議禮家之通論也. 然則惟諸侯得降旁朞, 而大夫不得降, 亦已明矣. 及爲絶服之說, 則又必曰諸侯絶大夫降, 何也? 盖天子諸侯, 尊卑雖殊, 均用人君之禮, 故大夫而降然後, 天子諸侯乃得絶之故也, 中庸曰, 達乎天子, 達乎大夫, 則註曰朞之喪大夫降, 天子諸侯不爲服也. 王制不言君大夫之節, 而但言三年之喪達於天子, 則註曰天子諸侯降朞. 是則鄭註望文爲解, 未嘗有一定之論, 而絶服之制, 遂爲歷代之經禮, 牢不可破者, 根着於大夫降服之文也. 五服之制, 至周大備, 始有或加或降之許多品節. 父在爲母降, 無二尊也. 爲人後者降其本宗, 不二本也. 女適人降其父母, 移天於夫也. 凡此諸條, 大抵皆厭屈而降也. 至於大夫之降服, 果何義也? 說者曰, 以貴降賤. 嗟呼! 君子不敢以貴富加於父兄宗族, 禮之建言也. 奈何以吾之爵位隆顯, 儼然以尊貴自居, 而待諸父若兄, 以卑者賤者, 輒降當服之服哉? 周人雖云文勝, 周公之敎, 必不如此. 故愚以爲儀禮所謂降服之大夫, 卽七命以上成國之上大夫, 而諸侯始得降期, 則天子之於旁期, 亦當有降而無絶也. 三禮同爲聖典, 而周禮則經園之典章也, 儀禮則吉凶之儀節也. 惟禮記通言禮之義理名物, 故漢儒說禮, 凡喪祭之儀式, 尊卑之品節, 太半據禮記而立論. 人君絶服, 乃是禮之大節, 則記禮者必載筆而謹識之, 大小戴記累十百篇之中, 果有此文乎? 縣子之言無服之文, 明是人君降服之證, 而後儒不敢據禮記以駁鄭註, 却援禮記以就鄭註, 愚竊以爲過矣. 然此係王朝之曲禮, 自漢以來相承已久. 苟無程朱之大眼目大力量, 孰敢容易勘破. 愚之爲此說, 不過自疏其臆見, 蘄以求正於同志而已. 乃蒙吾兄爲文以辨之, 考據精核, 誨諭諄複, 始厲之以惕然自悟, 卒勉之以犂然相合, 相與之意至矣. 然固滯之見, 不能言下承領, 又復傾倒其底蘊如此. 伏惟尊兄恕其僭而是正焉.

정뢰鄭澑에게 답한 문목問目

答鄭生澑問目

백종형(伯從兄)에게 자식이 없어 중종형(仲從兄)의 자식을 후사로 삼았는데, 중종형(仲從兄)의 어린 자식이 불행히 요절하고 백중 양형(兩兄)이 서로 잇달아 사망하여, 당질(堂姪)이 형세상 장차 본생과 양자로 들어간 집의 제사를 겸하여 주관하려 하는데 신주를 쓰는 한 절목이 극히 어렵습니다. 어떤 사람은 "마땅히 '현본생고(顯本生考)'라 칭하고, 방제(旁題, 신주 왼쪽 아래에 제사 받드는 사람의 이름을 쓰는 것)에는 '효(孝)'를 없애고 '자모봉사(子某奉祀)'라 해야 한다."라고 하는데, 이것은 과연 어떻게 해야합니까?

'고(考)'라 칭하고 '자(子)'라 칭하는 것은 근본이 둘이 있는 혐의가 있으므로 어떤 사람의 설은 단연코 따라서는 안 됩니다. 예에 다른 사람의 후사가 된 자가 본생의 부친과 백숙부(伯叔父)를 위하여 부득이하게 제사를 주관하게 되면, 신주를 쓸 때 마땅히 '현중부(顯仲父)'라 칭하고 스스로는 '종자(從子)'라 칭해야 합니다. 어제 급하게 대답하느라 미처 고찰하지 못한 게 있어 감히 단정하여 말씀드리지 못했습니다. 밤에 예서(禮書)를 보니 이러한 질문이 있어, 사계(沙溪) 김장생은 "마땅히 정자와 주자의 말에 의거하여 '현백숙부(顯伯叔父)'라 칭하고 자신은 종자(從子)로 칭해야 한다."라고 하였고, 도암(陶庵) 이재(李縡)는 "마땅히 백숙부(伯叔父)라 칭하고 방제(旁題)는 없애야 할 듯하다. 방친(旁親)이 제사를 섭행하는 사례를 사용하기 때문에 방제(旁題)를 적지 않는 것이다."라 하였습니다. 선현(先賢)들의 정론을 이와 같이 뚜렷하게 고찰할 수 있으니 다시 의론할 필요가 없을 것입니다.

부친이 상중에 사망하여 자식이 대신 복을 입는 것에 대한 당부(當否)는 의론이 또한 일치하지 않습니다. 과연 근거할 만한 적확한 글이 있습니까?

자식이 부친을 대신하여 승중(承重)함은 예경(禮經)의 큰 절목으로《의례(儀禮)》〈상복도식(喪服圖式)〉에 분명히 거듭 참최복을 입는다는 글이 있으니, 지금 어찌 다시 의론할 만 하겠습니까만, 단지 그 수복(受服)의 절차에 대해 선유(先儒)들의 논의가 들쭉날쭉 가지런하지 않습니다. 퇴계(退溪) 이황(李滉)은 "마땅히 삭망(朔望)이나 조전(朝奠)을 올릴 때 행해야 한다."라 하였고, 수암(遂庵) 권상하(權尙夏)는 "부친상에서의 성복(成服)한 날이 바로 승중복(承重服)을 입는 날이다."라고 하였으며, 농암(農巖) 김창협(金昌協)은 "우재(尤齋) 송시열(宋時烈)이 일찍이 이 일을 논한 적이 있으니 '후상(後喪) 성복(成服)한 이튿날 상복을 받아야 한다.'고 하셨다. 의리로 미루면 마땅히 이처럼 해야 할 것 같으니, 그렇지 않으면 마땅히 나흘 뒤에 받아야 한다. 삭망전(朔望奠)을 따라 행한다는 것은 의미가 없는 것 같다."라고 하였습니다. 지금 살펴보건대, 후상(後喪) 성복(成服)한 날에 전상(前喪)의 복을 아울러 받는 것은 이튿날 복을 받는 것과 결국에는 대체로 층절(層節)이 없는 듯합니다. 나흘 뒤에 별도로 제사를 지내고 고유(告由)하며 복을 받는 것이 정(情)과 예(禮)에 합치하는 듯합니다.

상중에 사망한 자를 습렴(襲斂) 하는 절차에 대해 혹은 효복(孝服)을 사용해야 한다 하고 혹은 길복(吉服)을 사용해야 한다고 하면서, 의론이 일치하지 않습니다. 여기에 선유(先儒)의 정론이 있습니까?

습(襲)을 할 때는 소복(素服)과 흑건(黑巾), 흑대(黑帶)를 사용하고, 소렴(小斂)할 때는 몸에 입는 정복(正服) 또한 소복을 사용하며, 그 나머지는 길복(吉服)을 섞어 쓰고, 입관할 때는 길복 한 벌과 상복 한 벌을 마주하여 놓는다는 것은 퇴도(退陶) 이황(李滉) 선생의 설입니다. 사계(沙溪) 김장생(金長生) 선생은 길흉 양쪽을 쓰는 것이 이것이나 저것이나 나아가고 물러남에 근거가 없다고 여겨, 기묘(己卯) 제유(諸儒)들이 논의하여 정한 것을 인용하였으니, 상중에 사망한 자의 습렴(襲斂)에는 모두 길복(吉服)을 사용하고, 장사 치르기 전에는 상복을 영상(靈床)에 진설했다가 장사를 치르고 나면 영좌(靈座) 곁에 보관하여 복을 벗는 날을 기다리며, 연상(練祥)에 제사 지내 고유하고 수질(首絰)·부판(負版)·최(衰)·벽령(辟領)을 제거하는 것과 역복(易服) 등의 절차를 한결같이 살아있을 때와 같이 한다고 하였습니다. 한강(寒岡) 정구(鄭逑)·우복(愚伏) 정경세(鄭經世) 등의 제현(諸賢)들은 모두 사계(沙溪)의 말을 따랐습니다. 지금 살펴보건대, 《의례(儀禮)》에 죽은 자에게는 관을 씌우지 않고 엄(掩)으로 머리를 쌌으며, 옷섶을 왼쪽으로 여미고 옷고름을 묶은 고를 빼내지 않아 다시 풀지 않는 것을 보였으니 신도(神道)가 참으로 살아있는 사람과 다른 것입니다. 상중에 사망한 자는 염을 할 때 상복(喪服)을 사용하니, 비록 사망한 자의 효심(孝心)에 순응한다고 하지만, 예제(禮制)에는 제한이 있고 사망한 자는 끝이 없으니 흉복(凶服)으로 습렴(襲斂) 하는 것 또한 정리(情理)상 지극히 차마 하지 못하는 것입니다. 게다가 이미 장사를 치른 후에 형체는 무덤 속으로 갔지만 신령은 집으로 돌아가, 살아 있을 때 섬기는 도구를 모두 영좌(靈座)에 진설하니, 상복을 영좌(靈座) 곁에 두었다가 상을 마치고 불태우는 것을 기다리는 것이 합당할 듯합니다. 이는 마땅히 사계(沙溪)의 설을 따라야 하는 것에 의심이 없습니다.

부친이 살아계시면 모친을 위하여 기년을 지내고 복을 벗습니다. 상을 마치고 담제(禫祭)를 지내는 달은 심제(心制)를 지키며 길월(吉月)을 기다려야 합니까, 아니면 담제를 지내는 달에 길복으로 입습니까?

우암(尤庵) 송시열(宋時烈)은 "부친이 살아계실 때 모친의 상은 상을 마친 후 담제를 지내는 달에 곡례(哭禮)를 간략하게 행하여 담제를 행하는 뜻을 보존하는 것이 좋다."라 하였고, 도암(陶庵) 이재(李縡)는 "심상(心喪)을 지키며 담제를 지내는 달을 마치고, 담제를 지내는 달이 다 지나가면 무덤에 와서 곡을 하고 복을 벗는 것이 온당할 듯하다."라 하였습니다. 살펴보건대, 예에 '상제(祥祭)를 지내면 밖에서 곡하지 않고, 담제(禫祭)를 지내면 안에서 곡하지 않는다.'[34]라 하였으니, 이는 삼년상을 가리켜 말한 것입니다. 하물며 부친이 살아계시어 이에 압굴되어 삼 년의 제도를 다 펼 수 없는데, 담제를 지내는 달에 신위를 설치하고 곡을 하는 것은 끝내 온당하지 못한 듯합니다. 심제(心制)를 지키며 담제를 지내는 달을 마치고, 담제를 지내는 달이 다 지나가면 길복으로 바꾸어 입으니, 마땅히 도암(陶庵)의 설을 따라야 합니다. 담제를 지내는 달에는 바로 길복으로 바꾸어 입을 수 없습니다.

伯從兄無子, 取仲從兄子爲後, 仲從兄有幼子, 不幸夭折, 伯仲兩兄相繼而歿, 堂姪勢將兼主生養家祀事, 而題主一節極難處. 或曰當稱顯本生考, 旁題則去孝字而曰子某奉祀. 此果如何耶?

稱考稱子, 有二本之嫌, 或說斷不可從也. 禮爲人後者謂所生父爲伯叔父, 若不得已而主祀, 則題主當稱顯仲父, 而自稱以從子. 昨者欒爾奉對, 猶以未及考据, 不敢質言. 夜閱禮書有此問, 沙溪曰, "當依程子朱子之言, 以顯伯叔父稱之, 而自稱以從子." 陶庵曰, "恐當稱伯叔父, 而去旁題. 盖用旁親攝祀之例, 故不書旁題也." 先賢定論, 班班可考如此, 無容更議矣.

父死喪中, 子代服當否, 議論亦不一. 果有的確可據之文否?

子代父承重, 禮經之大節. 喪服圖式, 明有再制斬衰之文, 今何可更議, 而但其受服之節, 先儒之論, 參差不齊. 退溪曰, "當因朔望或朝奠行之." 遂庵曰,

34 상제(祥祭)를……않는다 : 《예기(禮記)》 〈상대기(喪大記)〉에 나오는 말이다.

"父喪成服日, 卽服承重之服." 農巖曰, "尤齋嘗論此事, 以爲當於後喪成服之翌日受服. 以義推之, 似當如此. 不然則當於後四日受服. 若因朔望奠, 則恐無意義." 今案後喪成服日, 並受前喪之服, 與翌日受服, 終恐大無層節. 後四日別爲奠告受服, 恐合於情禮.

喪中死者襲斂之節, 或云當用孝服, 或云當用吉服, 議論不一. 此有先儒之定論耶?

襲用素服黑巾帶, 小斂時着身正服亦用素, 其餘雜用吉服. 入棺時吉服一具, 與喪服一具對置左右. 此退陶先生之說也. 沙溪先生, 則以爲吉凶兩用, 進退無據, 引己卯諸儒之議定, 喪中死者, 襲斂皆用吉服, 葬前則陳之於靈床, 葬後則藏之靈座傍, 以待除服之日. 練祥時奠告, 去首絰負版衰辟領, 以至易服等節, 一依生時爲之云云. 寒岡·愚伏諸賢, 皆從沙溪之言. 今案儀禮, 死者不冠, 以掩裹首, 衣皆左衽不紐, 示不復解, 神道固異於生人也. 喪中死者, 斂用喪服, 雖云順死者之孝心, 然禮制有限, 而死者無終極, 則凶服襲斂, 亦是情理之至不忍處. 且況旣葬之後, 形歸窀穸, 魂返室當, 凡事生之具, 皆於靈座設之, 則喪服奉置於靈座側, 以俟喪畢而焚之, 恐爲合宜. 此當從沙溪之說無疑也.

父在爲母, 朞而除服矣. 喪畢當禫之月, 仍持心制, 以待吉月耶, 抑禫月便卽吉耶?

尤庵曰父在母喪, 喪畢後禫月, 畧行哭禮, 存行禫之義可也. 陶庵曰, "持心喪以終禫月, 禫月旣盡, 來哭於墓除之, 似爲穩當." 案在禮, 祥而外無哭者, 禫而內無哭者, 此指三年之喪而言也. 況父在壓屈, 不得伸三年之制, 而禫月設位哭臨, 終恐未安. 持心制以終禫月, 月盡而卽吉, 當從陶庵之說, 禫月則不可便卽吉也.

정예동鄭禮東에게 답한 편지

答鄭生禮東書

대상(大祥)이 문득 임박하였으나, 부여잡고 통곡하여도 미칠 수 없는 애통해하는 마음은 마치 막 상을 당한 것처럼 더욱 더할 것입니다. 보낸 편지는 잘 보았습니다. 옛날 수복(受服)의 절차는 소상(小祥)에는 졸곡(卒哭) 후 7승(七升)으로 만들어 썼던 관(冠)을, 상(裳) 7승(升)과 관(冠) 8승(升)으로 하여 관은 또 다듬습니다. 그래서 소상(小祥)을 연사(練祀)라 이릅니다. 7승(升)은 바로 대공포(大功布)이기 때문에 연상(練祥)의 복을 공최(功衰)라 하는 것입니다. 《가례(家禮)》는 간략함을 좇아 수복(受服)하는 절차를 없애고, 단지 부판(負版)·최(衰)·벽령(辟領)만 제거하여 공최(功衰)의 뜻을 담았습니다. 《가례(家禮)》에서 대공(大功) 이하로 부판(負版)·최(衰)·벽령(辟領)의 삼물(三物)[35]을 제거한 까닭입니다. 관(冠) 및 중의(中衣)는 소상(小祥)에 모두 연(練)[36]으로 세탁합니다. 《예기(禮記)》 〈단궁(檀弓)〉과 〈간전(間傳)〉에 보여 또렷이 고찰할 수 있습니다. 오직 최상(衰裳)을 연(練)하지 않고, 《가례(家禮)》 또한 최상(衰裳)을 연(練)한다는 기록이 없습니다. 지금 세속에서 삼물(三物)을 제거한 뒤 또 반드시 연(練)하고 다듬는데, 《상례비요(喪禮備要)》 장자(張子)의 설을 인용하여, '연(練)하는 것이 무방하니 이미 대동(大同)의 풍속이 되어 어길 수 없다.'라고 했습니다. 이미 최상(衰裳)을 연(練)했으니 직령(直領)을 어찌 연(練)하지 않겠습니까. 하물며 여러 경(經)에 중의(中衣)를 연(練)한다는 글이 있으니, 직령(直領)을 마땅히 연(練)해야 하는 것 또한 알 수 있습니다. 상을 당하며 이미 참자(斬齊)를 겸하여 입었으니, 내상(內喪)에 제사 지내는 경우가 아니라면, 궤연(几筵) 및 조문을 받는 등의 절차에서는 마땅히 참최복을 입어야 합니다. 참최복은 이미 연(練)하였고, 자최복

35 부판(負版)·최(衰)·벽령(辟領)의 삼물(三物) : 부판(負版)·최(衰)·벽령(辟領)의 삼물(三物)에 대해서는 본서 권5의 〈상복 해설(喪服解)〉에서 자세히 논하였다.

36 연(練) : 삼베를 삶거나 빨아서 볕에 말려 하얗게 하는 일을 가리킨다.

은 아직 연(練)하지 않았다 하더라도 중복(重服)을 주로 해야 합니다. 교대(絞帶)의 포(布)를 바꾸는 것에 대해 《의례(儀禮)》〈상복(喪服)〉의 가공언 소(疏)는 공사(公士)와 중신(衆臣)이 임금을 위해 포대(布帶)를 하는 것을 인용하여 증명했지만, 면재(勉齋)는 도식(圖式)의 교대조(絞帶條)에서 소(疏)를 인용하며 알 수 없다고 하였습니다. 선유(先儒)들도 대부분 소(疏)가 그렇지 않다고 하니, 아마 따라서는 안 될 것 같습니다.[37] 심부름꾼이 서 있어 급히 쓰느라 바빠서 다 말하지 못합니다.

祥事奄迫, 仰惟攀號靡逮之慟, 益復如新. 示意奉悉. 古者有受服之節, 小祥以卒哭後冠七升爲受衰裳七升冠八升, 而冠則又鍛治之, 故小祥謂之練祀. 七升卽大功布, 故練祥之服, 謂之功衰也. 家禮從簡畧, 去受服之節, 只去負版衰辟領, 以寓功衰之意. 盖家禮自大功以下去三物故也. 冠及中衣, 小祥而皆練濯之, 見於檀弓間傳者, 班班可考. 惟衰裳不練, 家禮亦無練衰之文. 今俗旣去三物, 又必練治之. 備要引張子說, 謂練之無妨, 已成大同之俗, 不可違也. 旣練衰裳, 則直領何可不練. 况諸經有練中衣之文, 則直領之當練, 又可知也. 哀旣兼服斬齊, 非有事于內喪, 几筵及受吊等節, 當服斬衰. 雖斬已練而齊未練, 當以重服爲主也. 絞帶之變布, 喪服䟽雖引公士衆臣爲君布帶以證之, 勉齋圖式絞帶條, 引䟽說而曰未詳. 先儒亦多以䟽說爲不然, 恐不可從也. 立伻胡草, 悤悤不宣.

37 교대(絞帶)의 포(布)……안될 것 같습니다 : 교대(絞帶)의 포(布)를 바꾸는 것에 대해서는 본서 권5의 〈교대의 포를 바꾸는 것에 대한 논설(絞帶變布說)〉에서 자세히 논하였다.

하경우河慶禹에게 보낸 편지

與河生慶禹書

구도(矩度)의 제도가 해에 의지한 것임을 만나서 상의했는데, 72도를 그어, 그 면멱(面羃)이 5,184가 됨은 세밀하다고 할 수 있습니다. 견목판(堅木板) 만드는 품삯 1백 문을 보내니, 세심한 장인으로 정교하게 만들어 보내도록 해주십시오. 측망도설(測望圖說)은 별지에 기록하였으니, 보는 사람들이 그림과 함께 설명을 본다면 그 대의를 이해할 수 있을 것이니, 구도(矩度)를 모사한 후에 만나는 것이 좋을 것입니다. 서문정(徐文定, 서광계(徐光啟))이 말하길, "유휘(劉徽)·심존중(沈存中, 심괄(沈括))의 무리는 모두 측망(測望)을 설명할 수 있을 것이나, 일표(一表)는 설명할 수 있어도 중표(重表)는 설명할 수 없다. 이는 중구측망(重矩測望)의 이치가 서방의 선비들에게서 시작되었기 때문이다."라 했습니다. 우연히 당형천(唐荊川)의 구고측망론(勾股測望論)을 보니 중구(重矩)의 뜻을 기술한 것이 매우 상세했습니다. 당시에는 서양의 법이 아직 중국에 들어오지 않았는데도 형천(荊川)이 중표(重表)의 법을 말할 수 있었으니, 문정(文定)이 '서방의 선비들에게서 시작되었다.'라고 한 것은 고찰할 수 없습니다. 대저 구장(九章)의 수법(數法)은 모두 삼대의 남겨진 가르침으로, 서방 사람들이 세운 허다한 명목은 모두 고법(古法)을 안배하여 펴서 밝힌 것이고, 오직 각도팔선(角度八線) 2개의 조목만이 서방 사람들이 창설한 것입니다. 지금 서방 사람들이 홀로 터득한 견해라고 스스로 자랑하며 중국의 선비들이 아직 통달하지 못했다고 힘써 꾸짖는 것은, 바로 지구설(地球說)로 칠정(七政)이 각각 운행하는 일중천(一重天)의 설입니다. 그러나 지원설(地圓說)은 《주비산경(周髀算經)》에 이미 그 이치가 잘 나와 있고, 각 중천(重天)의 설은 주부자(朱夫子)께서 이미 단서를 말씀하셨습니다. 저들이 성난 눈으로 주먹을 휘두르며 수만 마디의 저서를 내며 스스로 천고 동안 알지 못한 온축된 지식을 발하였다고 하지만, 고인들이 이미 다 갖추었다는 것은 알지 못하는 것입니다. 논자들은 상수학(象數學)이 중국과 서양의 법이 다르다고 하는데, 저는 중국과 서양의 법이 자세한 면에서는 같지 않지만, 요점은 고인의 범위를 벗어나지 않는다고 생각합니다. 매정구(梅定九, 매문정(梅文鼎))가 말하길, "사해 중 오직 매곡(昧谷)과 중국이 길이 통하였기 때문에 삼대 말기에 도술이 흩어져 서방에서 왕왕 듣게 된 것이다. 그래서 각도팔선(角度八線)이 비록 전하는 글에서는 징험할 수 없지만, 또한 어찌 주인(疇人)들의 남겨진 법이 서방의 선비들에게 전해진 것이 아님을 알 수 있겠는가?"라고 했습니다. 붓 가는 대로 쓴 것이 여기에 이르렀는데, 그대는 어떻게 생각하십니까?

矩度之制, 依日者面商, 畫七十二度, 則其冪爲五千一百八十四, 可謂細密矣. 堅木板一方工費錢一百文送去, 須令細心匠手, 精造以送也. 測望圖說, 錄在別紙, 庶使覽者按圖考說, 可以領略其大意, 摹寫于矩度後面爲佳. 徐文定曰, "劉徽·沈存中之徒, 皆能言測望矣. 能說一表, 不能說重表, 是則重矩測望之理, 自西士始發之也." 偶閱唐荊川勾股測望論, 述重矩之義甚詳. 當時西法未入於中國, 而荊川能言重表之法, 文定之謂自西士發之者, 蓋未之考也. 大抵九章之數法, 皆三代之遺敎, 而西人所立許多名目, 皆按古法而伸明之, 惟角度八線二條, 卽西人之所創設也. 今夫西人所自詑以爲獨得之見, 而力詆中士之未達者, 卽地球之說也, 七政各行, 一重天之說也. 然地圓之說, 周髀筭經, 已著其理, 各重天之說, 朱夫子已發其端. 彼努目張拳, 著書數萬言, 自以爲發千古未發之蘊, 不知古人言之已悉也. 論者以爲象數之學, 中西異法, 而愚則以爲中西之法, 特有詳略之不同, 要不出於古人之範圍也. 梅定九曰, "四海之域, 惟昧谷與中國通道, 故三代之末, 道術散逸, 而西方往往有聞. 然則角度八線, 雖無徵於傳記, 亦安知非疇人之遺法, 流傳於西土耶?" 信筆及此, 足下以爲如何?

정전井田과 구혁溝洫의 구분에 대한 논변
井田溝洫分合辨

《주례(周禮)》〈지관(地官)〉에서 수인(遂人)이 무릇 들판을 정리하는 데에, 부(夫) 사이에 수(遂)를 두고 10부(夫)마다 구(溝)를 두었다 하였고, 〈고공기(考工記)〉에서 장인(匠人)이 구(溝)·혁(洫)을 만들고 9부(夫)를 정(井)으로 삼았으며 정(井) 사이 너비 4척, 깊이 4척으로 한 것을 구(溝)라 이른다 하였다. 정현은 수인(遂人)에 대해 주석을 달며 "이는 향수(鄕遂)의 구혁법(溝洫法)이다."라 하였고, 장인(匠人)에 대해 주석을 달며 "이는 도비(都鄙)의 정전법(井田法)이다."라 하였다. 이에 향수(鄕遂)에서는 공법(貢法)을 사용하고 도비(都鄙)에서는 조법(助法)을 사용한다는 설을 개창하였고, 주자(朱子)가《맹자집주(孟子集註)》에 이를 채용하였으며[38], 또 "정전(井田)과 구혁(溝洫)은 결코 합치할 수 없다. 정현이 두 개 항목으로 나눈 것이 도리어 맞다."[39]라 하였다. 무엇 때문인가? 수인(遂人)의 10부(夫)와 장인(匠人)의 9부(夫)는 시작하는 수가 각각 다르지만 수인(遂人)의 구혁(溝洫) 수는 너무 많고, 장인(匠人)의 구혁(溝洫) 수는 너무 적어 그 제도가 서로 합치하지 않는다. 그러므로 향수(鄕遂)에서 구혁(溝洫)을 다스리면, 1부(夫)가 백묘(百畝)를 받아 천부(千夫)·만부(萬夫)로 제도를 만들고, 도비(都鄙)에서 정전(井田)을 구획하면, 1정(一井)을 구분 지어 1성(成)·1동(同)으로 제도를 만드니[40], 이것이 정전(井田)과 구혁(溝洫)이 나누어진 까닭이다. 내가 가만히 생각하니, 정전제(井田制)는 반드시 토지가 평탄하고 비옥해야 한다. 땅이 넓고 인구가 조밀한 지역이어야 고르고 가지런히 분획할 수 있으니, 이것이 천하에 통용될 수 없음은 마땅하다. 향수(鄕遂) 지역은 바로 천자의 근기(近畿)이고 육경(六卿)

---

38 주자(朱子)가……채용하였으며 : 《맹자(孟子)》〈등문공(滕文公)·상(上)〉 3장에 나온다.

39 정전(井田)과……도리어 맞다 : 《주자어류(朱子語類)》 권86 주례(周禮)에 대한 부분에서 나온다.

40 1정(一井)을……제도를 만드니 : 사방 1리(里)가 1정(井)이고 1정(井)은 9백 묘이며 9부(夫)이다. 그리고 사방 10리가 1성(成)이고, 사방 1백 리가 1동(同)이다.

이 나누어 다스리는 곳이며 사방의 나라가 우러러보는 곳이고, 또한 오도(五都)와 가까워 평평하고 넓으며 개간되어 정전(井田)으로 나누어 주기에 가장 적합하나 도리어 공법(貢法)을 행하고, 3백 리 밖의 도비(都鄙) 지역에서 비로소 정전제를 행하니 또한 본말이 전도된 것이 아닌가! 게다가 향수(鄕遂)와 도비(都鄙)에서 공법(貢法)과 조법(助法)으로 달리하고, 토지 경계와 물길이 피차 서로 제도를 달리하였으니, 이는 토지법의 가장 큰 것으로 의당 특별히 적고 상세히 보여야 할 것이나, 경(經)에서 고찰해도 끝내 이에 대해 한마디도 언급한 것이 없다. 이는 정현의 오류가 분명하니, 어찌 수인(遂人)과 장인(匠人)의 직분에서 돌이켜 구하지 않는가! 수인(遂人)과 장인(匠人)의 구혁(溝洫) 제도는 일찍이 합치하지 않은 적이 없는데, 정현은 단지 정밀하게 고찰하지 않았을 뿐이다. 주나라 시대 정전의 구혁 제도가 어찌 향수(鄕遂)와 도비(都鄙)의 다름이 있었겠는가! 지금 살펴보건대, 수인(遂人)에서는 '10부(夫)마다 구(溝)를 두었다.'라고 하였고, 장인(匠人)에서는 '정(井) 사이를 구(溝)라 이른다.'라고 하여 9부(夫)의 토지로 1부(夫) 차이가 난다. 수인(遂人)에서는 '1백 부(夫)마다 혁(洫)을 두었다.'라고 하였고, 장인(匠人)에서는 '성(成) 사이를 혁(洫)이라 이른다.'라고 하여 9백 부(夫)의 토지로 8백 부(夫) 차이가 난다. 수인(遂人)에서는 '1천 부(夫)마다 회(澮)를 두었다.'라고 하였고, 장인(匠人)에서는 '동(同) 사이를 회(澮)라 이른다.'라고 하여 9만 부(夫)의 토지로 8만 9천 부(夫)의 차이가 난다. 이는 그 수가 많으면 많아질수록 차이가 더욱 멀어져, 끌어와서 합치시킬 수 없을 것 같다. 그러나 자세히 살펴보면, 수인(遂人) 글에서 '구(溝)'·'혁(洫)'·'회(澮)'를 두었다 하는 것은 길이로 말하여 밖에 있는 수를 거론한 것이고, 장인(匠人)의 글에서 '정(井) 사이'·'성(成) 사이'·'동(同) 사이'라고 한 것은 넓이로 말하여 그 안의 수를 면적으로 나타낸 것이다. 수인(遂人)에서 10부(夫)마다 구(溝)를 두는 것은 1정(井)밖에 반드시 하나의 구(溝)를 두어 수(遂)의 물이 흘러가게 하는 것이고, 장인(匠人)에서 정(井) 사이【이른바 정(井) 사이는 하나의 정(井) 사이를 이르는 것이 아니라 바로 각 정과 정 사이이다.】를 구(溝)

라 이른다고 하는 것은 또한 하나의 정(井)에 하나의 구(溝)가 있는 제도이다. 수인(遂人)에서 1백 부(夫)마다 혁(洫)을 두는 것은 10구(溝) 바깥에 반드시 하나의 혁(洫)을 두어 구(溝)의 물을 통하게 하는 것이고, 장인(匠人)에서 1성(成) 9백 부(夫)의 토지는 구(溝)가 90임을 계산하여 혁(洫)을 9개로 한 것이니 또한 수인(遂人)의 10구(溝)에 하나의 혁(洫)을 두는 제도이다. 수인(遂人)에서 1천 부(夫)마다【바로 장인(匠人)의 1성(成) 9백 부(夫)의 토지로 성수(成數)를 들었기 때문에 1천 부(夫)라 한 것이다.】 회(澮)를 두는 것은, 10혁(洫) 바깥에 반드시 하나의 회(澮)를 두어 혁(洫)의 물을 흘러가게 하는 것이고, 장인(匠人)에서 1동(同) 9만 부(夫)의 토지는 혁(洫)이 9백임을 계산하여 회(澮)를 90개로 한 것이니 또한 수인(遂人)의 10혁(洫)에 하나의 회(澮)를 두는 제도이다. 수인(遂人)에서 1만 부(夫)에서 천(川)을 둔다고 하였으나, 장인(匠人)에서는 단지 천(川)으로 오로지 통하게 한다라고 하여 1동(同)에 단지 하나의 천(川)만 있는 것 같다. 그러나 10구(溝)에 1혁(洫)과 10혁(洫)에 1회(澮)의 제도로 미루어보면, 이 9만 부(夫)의 90회(澮) 물이 반드시 하나의 천(川)으로 함께 흘러가는 이치는 없으니, 1동(同)의 토지를 쪼개어 10개로 하면, 각각 9천 부(夫)의 토지가 1종(終)이 됨을 얻어, 1종(終) 사이에 9회(澮)가 있어 그 바깥에 비로소 천(川)이 둘러싸는 것이니, 또한 수인(遂人)의 1만 부(夫)에 하나의 천(川)을 두는 제도인 것이다. 장인(匠人)의 이 절은 마땅히 "사방 33리를 종(終)이라 하고 종(終) 사이를 회(澮)라 이른다. 사방 1백리를 동(同)이라 하고 동(同) 사이를 천(川)이라 이른다."라고 해야 한다. 장인(匠人)은 성수(成數)를 들었기 때문에, 단지 10리의 성(成)으로 1백리의 동(同)과 함께 말한 것이다. 내가 수인(遂人)의 글을 사마법(司馬法)에 합한다면, 10부(夫)에 구(溝)를 두는 것은 바로 정(井) 사방 1리의 토지이고, 1백 부(夫)에 혁(洫)을 두는 것은 정(井) 10개가 1통(通)이 되는 토지이며, 1천 부(夫)에 회(澮)를 두는 것은 10통(通)이 1성(成)이 되는 토지이고, 1만 부(夫)에 천(川)을 두는 것은 바로 10성(成)이 1종(終)이 되는 토지이다.【구혁법(溝洫法)은 수(遂)에서 천(川)까지 5개의 수로가 이루어져 1종(終)

에서 완비되는 것이다.】 장인(匠人)은 1통(通)을 빠뜨리고 바로 사방 10리의 1성(成)을 들었고, 1종(終)을 빠뜨리고 바로 사방 1백 리의 1동(同)을 들었다. 【정전제(井田制)는 읍(邑)에서 도(都)로 오를 때까지 각각 4로 곱하여 1동(同)에서 완비되는 것이다.】 이것이 수가 많으면 많아질수록 차이가 더 멀어지는 까닭이다. 그러나 수인(遂人)의 10부(夫)와 장인(匠人)의 9부(夫)는 취한 수가 다르지만, 그 점유한 토지의 대소의 차이는 거의 없어 그 실질은 하나의 제도이다. 정(井) 사이의 허다한 구(溝)와 성(成) 사이의 허다한 혁(洫)은 바로 이 10부(夫)의 구(溝)와 1백 부(夫)의 혁(洫)을 면적으로 계산한 것이고, 동(同) 사이의 허다한 회(澮)와 허다한 천(川)은 이 1천 부(夫)의 회(澮)와 1만 부(夫)의 천(川)을 면적으로 계산한 것이다. 장인(匠人)에서 "각각에 그 명칭을 달았다."라고 하였으니, 천(川)에 이르는 것이 하나의 회(澮)가 아님을 알겠고, 구(溝)와 혁(洫)에 이르는 것 또한 하나의 수(遂)와 하나의 구(溝)가 아님을 따라서 알 수가 있다. 그러하니 수인(遂人)과 장인(匠人)에 어찌 두 가지 법이 있겠는가! 대저 수인(遂人)은 들판을 경영하는 것을 주관하였기 때문에, 경(徑)에서부터 진(畛), 도(涂), 도(道), 로(路)를 거쳐 곧바로 나아가 기(畿)에 이르기까지, 이른바 구혁(溝洫)은 단지 경(徑)의 수(遂)와 진(畛)의 구(溝)에 근거하여 대략 계산하였으니, 그 직분이 혁(洫)을 다스리는 것을 오로지 하지 않아서이다. 장인(匠人)은 혁(洫)을 다스리는 것을 주관하였기 때문에, 정(井)에서부터 성(成), 동(同)까지 사방을 분명히 정하여 각각 그 지역을 들었고, 또한 구(溝)와 회(澮)에 대해서는 그 너비와 깊이가 몇 척도인지를 상세히 말하였으나 경(徑)·진(畛)·도(涂)·도(道)는 언급하지 않았으니, 그 직분이 들판을 경영하는 것에 있지 않아서이다. 이것이 두 직분이 나뉜 까닭이다. 수(遂)의 물이 구(溝)로 들어가고, 구(溝)의 물이 혁(洫)으로 들어가며, 혁(洫)의 물이 회(澮)로 들어가고, 회(澮)의 물이 천(川)으로 들어가, 작고 큰 물이 서로 포용하며 때때로 비축하고 흘려보내니, 이것이 두 직분이 합하는 까닭이다. 구혁(溝洫)의 척도는 장인(匠人)에 상세하니 수인(遂人)에서는 단지 '1백 부(夫)에 혁(洫)을 두고, 1천 부(夫)에 회(澮)

를 둔다'고 한 것이다. 구혁(溝洫)의 실제 수는 수인(遂人)에 보이니, 장인(匠人)에서는 단지 '성(成) 사이를 혁(洫)이라 이르고, 동(同) 사이를 회(澮)라 이른다'한 것이다. 이것은 각각 그 일단을 든 것이니, 이것과 저것을 서로 미루어 보면 그 제도가 비로소 완비되는 것이다. 이런 연후에 하나의 경(經)과 하나의 위(緯)가 서로 표리(表裡)를 이루어 정전(井田)·구혁(溝洫)의 법이 천 리의 방기(邦畿)에 통용되어 행할 수 있는 것이다. 지금 단지 수인(遂人)은 10으로 수를 시작하고 장인(匠人)은 9로 수를 시작하는 것만 보고, 그 법이 합치하지 않음을 의심한다면, 이는 그 가로를 얻었지만 둘레를 잃은 것이고, 너비를 잡았지만 세로를 빠뜨린 것이다. 아아, 옳겠는가! 그렇다면, 맹자(孟子)가 향야(鄕野)는 9분의 1로 조법(助法)을 사용하고 국중(國中)은 10분의 1로 하여 스스로 세금을 내게 하는 것[41]이 야수(野遂)에서 공법(貢法)을 사용하고 도비(都鄙)에서 조법(助法)을 사용한 증거가 아니겠는가? 아니다. 수(遂)는 마땅히 야(野)가 되어야 하고, 향(鄕)은 국중(國中)이 될 수 없으니, 맹자(孟子)의 설은 더욱 이를 증명할 수 없다. 옛날 주의 이른바 국중(國中)은 바로 원전(園廛)의 땅이어야 맞다.【《주례(周禮)》에서 말하는 국중(國中)은 모두 성곽(城郭)의 안을 가리켜 말한 것이다.】 나는 확고하게 말한다. "주나라 시대의 정전(井田)과 구혁(溝洫)의 제도는 일찍이 향수(鄕遂)와 도비(都鄙)의 다름이 없었고, 정현이 수인(遂人)과 장인(匠人)을 나누어 두 개의 법(法)을 만들었으니 이는 논변하지 않으면 안 된다."

周禮遂人凡治野, 夫間有遂, 十夫有溝. 匠人爲溝洫, 九夫爲井, 井間廣四尺深四尺謂之溝. 鄭氏註遂人則曰, "此鄕遂溝洫法." 注匠人則曰, "此都鄙井田法." 於是創爲鄕遂用貢, 都鄙用助之說, 而朱子採之於孟子集註. 且曰, "井田溝洫, 决不可合." 鄭氏分作兩頃, 却是夫何故也? 盖以遂人之十夫, 匠人之九夫, 起數各異, 而遂之溝洫數太多, 匠之溝洫數太少, 其制不相合也.

---

41 향야(鄕野)는……내게 하는 것 : 《맹자(孟子)》 〈등문공(滕文公)·상(上)〉 3장에 나오는 말이다.

故鄕遂治溝洫, 則夫授百畝, 而以千夫萬夫爲制. 都鄙畫井田, 則區分一井, 而以一成一同爲制, 此井田溝洫之所以分也. 愚竊以爲井田之制, 必須平衍沃饒, 土廣而人稠之地, 可以齊整分畫, 則其不能通行於天下固也. 若夫鄕遂之地, 則乃天子之近畿, 六卿之所分治, 四國之所觀瞻, 而又其密邇五都, 平曠墾闢, 寔宜井授而反行貢法, 乃於三百里外都鄙之地, 始行井制, 不亦本末之倒置乎! 且夫鄕遂都鄙, 貢助殊科, 經界水道, 彼此異制, 則是乃地法之最大者, 宜特書而詳見, 考之於經, 竟無一言及此, 則鄭氏之誤決矣. 盍亦反求乎遂人匠人之職乎? 遂人匠人溝洫之制, 未甞不合, 而鄭氏特考之未精耳. 周世井溝之制, 夫豈有鄕遂都鄙之異哉! 今按遂人曰十夫有溝, 匠人曰井間謂之溝, 則九夫之地, 差一夫. 遂人曰百夫有洫, 匠人曰成間謂之洫, 則九百夫之地, 差八百夫. 遂人曰千夫有澮, 匠人曰同間謂之澮, 則九萬夫之地, 差八萬九千夫. 此其數愈多而差愈遠, 似不可牽合. 然細繹遂人之文, 曰有溝曰有洫曰有澮, 則以徑言而擧其在外之數也. 匠人之文, 曰井間曰成間曰同間, 則以方言而積其在內之數也. 遂人十夫有溝, 一井之外, 必有一溝, 以澂遂水, 而匠人井間【所謂井間, 非謂一井之間, 卽各井之間.】謂之溝, 則亦一井一溝之制也. 遂人百夫有洫, 十溝之外, 必有一洫, 以疏溝水, 而匠人則一成九百夫之地, 計爲溝者九十, 爲洫者九, 亦遂人十溝一洫之制也. 遂人千夫有澮,【卽匠人一成九百夫之地, 擧成數故曰千夫.】十洫之外, 必有一澮, 以蕩洫水, 而匠人一同九萬夫之地, 計爲洫者九百, 爲澮者九十, 亦遂人十洫一澮之制也. 遂人萬夫有川, 而匠人則但言專達於川, 似一同止一川矣. 然以十溝一洫十洫一澮之制推之, 則此九萬夫九十澮之水, 必無同注一川之理. 就一同之地, 析而爲十, 則各得九千夫之地而爲一終, 一終之間, 凡有九澮, 而其外始有川環之, 則亦遂人萬夫有川之制也. 盖匠人此節, 當曰方三十三里爲終, 終間謂之澮, 方百里爲同, 同間謂之川, 而匠人擧成數, 故特就十里之成, 與夫百里之同而言之也. 余以遂人之文, 合之司馬法, 則十夫有溝, 卽井方一里之地, 百夫有洫, 卽井十爲通之地, 千夫有澮, 卽通十爲成之地, 萬夫有川, 卽成十爲絡之地也.【溝洫之法, 自遂達川, 五溝旣成, 備於一終矣.】匠人則脫却一通, 而徑擧方十里之一成, 脫却一終, 而徑擧方百里之一同,【井田之制, 自邑登都, 各以四乘之, 備於一同矣.】此其所以數愈而差愈遠. 然遂人之十夫, 匠人之九夫, 取數雖異, 而其占地大小相去無幾, 則其實一制也. 至於井間之許多溝, 成間之許多洫, 卽此十夫之溝, 百夫之洫之積也. 同間之許多澮, 許多川, 卽此千夫之澮, 萬夫之川之積也. 曰各載其名, 則知達川者非一澮, 而其達於溝達於洫者, 亦非一遂一溝, 從可知已. 然則遂人匠人, 夫豈有二法哉! 大抵遂人主經野, 故自徑而畛而涂而道而路, 一直趲去, 以達於畿, 所謂溝洫, 只據徑上之遂畛上之溝, 而姑略約計之, 以其職不專於治洫也. 匠人主治洫, 故自井而成而同, 四周截住, 各擧其方, 又於溝於澮, 詳言其廣深尺度, 而不及徑畛涂道者, 以其職不在於徑野也, 此二職之所以分也. 遂水入溝, 溝水入洫, 洫水入澮, 澮水入川, 小大相抱, 以時蓄洩, 此二職之所以合也. 溝洫之尺度, 詳於匠人, 則遂人但曰百夫有洫, 千夫有澮. 溝洫之實數, 見於遂人, 則匠人但曰成間謂之洫, 同間謂之澮. 此其各擧一端, 彼此互見, 而其制始備矣. 然後一經一緯, 相爲表裡, 而井田溝洫之法, 可以通行於千里之邦畿矣. 今徒見遂人之以十起數, 匠人之以九起數, 而疑其法之不合, 則是得其經而失其圍, 執其廣而遺其縱也. 於乎可哉! 然則孟子野九一而助, 國中什一, 使自賦者, 非野遂用貢, 都鄙用助之證歟? 曰非也. 盖遂當爲野, 而鄕不可以爲國中, 則孟子之說, 尤不可以證此也. 古注所謂國中, 卽園廛之地者得之矣.【周禮凡言國中, 皆指城郭之中而言.】吾固曰, "周世井溝之制, 未嘗有鄕遂都鄙之異, 而鄭氏析遂人匠人爲二法. 是不可以不辨."

천자天子와 제후諸侯가 절복絶服하는 것에 대한 논변

天子諸侯絶服辨

강복(降服)은 고례(古禮)가 아니다. 주(周) 나라 사람들이 작록을 귀하게 여기고 문(文)을 숭상하여 비로소 강복(降服)의 제도가 있었다. 옛날 봉건(封建)의 법이 행해져 천자(天子)의 대부(大夫)가 각각 그 토지를 소유하고 그 부형(父兄)을 각각 신하로 삼아, 존존(尊尊)의 의리가 펴지니 친친(親親)의 은혜가 마땅히 감쇄한 바가 있게 되었으니, 이것이 강복(降服)이 있게 된 까닭이다. 그러나 강등하는 것은 옳지만, 절복하는 것은 왜인가? 천자(天子)와 제후(諸侯)의 절복설(絕服說)은 정현(鄭玄)의 《주례(周禮)》〈춘관(春官)·사복(司服)〉 주(註)에서 시작하여 역대로 이를 이어받아 마침내 사라지지 않고 영원히 전하는 법도가 되었다. 내가 일찍이 경(經)과 전(傳)에서 찾아보고 인정(人情)에서 구해보고는 이것이 주공(周公)의 제도가 아님을 알게 되었다. 어떻게 증명할 수 있는가? 절복(絕服)의 제도는 삼례(三禮)에 모두 정문(正文)이 없는 것이 첫 번째이다. 《예기(禮記)》〈단궁(檀弓)〉에서 현자쇄(縣子瑣)가 "옛날에는 강복을 하지 않아 상하가 각각 그 친함에 따라 복을 입었다. 등백문(滕伯文)이 맹호(孟虎)를 위해 자최복을 입었으니 그의 숙부였고, 맹피(孟皮)를 위해 자최복을 입었으니 그의 숙부였다."라고 하였다. '옛날에 강복을 하지 않았다.'라고 했으니, 지금은 모두 강복을 한다는 것을 밝힌 것으로, 주나라 사람들이 강복을 했지만 절복(絕服)은 없었다는 분명한 증거이다. 만약 주나라 시대 임금들이 모두 기공(期功)에 대해 절복하였다면, 현자(縣子)가 옛일을 끌어다 지금을 탄식하는 말이 마땅히 '옛날에는 절복하지 않았다.'라고 해야지 '강복하지 않았다.'라고 해서는 안되는 것이 두 번째이다. 〈문왕세자(文王世子)〉에서 "공족(公族)이 죽을죄를 지으면 전인(甸人)에게 보내 목매달아 죽인다. 공은 소복(素服)을 입고 성찬을 들지 아니해서 그를 위해 상례(常禮)를 바꾸며, 친족의 상과 똑같이 슬퍼하되 복을 입지 않는다."라고 했고, 정현 주는 "복을 입지 않는다는 것은 가서 조문하지 않는다는 뜻이다."라고 하여 조복(弔服)을 무복(無服)의 복으로 풀이하였다. 그러나 모든 조복(弔服)을 복이라 칭할 수 없기 때문에, 공부자(孔夫子)의 상에 문인들이 복을 입는 것에 대해 의심하자, 자공(子貢)이 말하기를, "청컨대 부자(夫子)의 상에 아버지의 상을 당한 것과 같이 하되 복은 입지 말자."[42]라고 했다. 복은 정복(正服)을 이르는 것이다. 조복(弔服) 또한 복이라 한다면, 공자(孔子)의 상에 문인들이 장차 조복(弔服)에 마(麻)를 더하는 것을 입지 않는 것인가? 또한《예기(禮記)》〈문왕세자(文王世子)〉에서 "조문하지 않고 그를 위해 복을 입지 않으며 이성(異姓)의 사당에서 곡을 하는 것은 조상을 위하여 멀리하는 것이다."라고 하였다. 조문과 복을 둘로 나누었으니, 무복(無服)의 복은 분명히 오복(五服)의 복이 분명하다. 공족(公族)이 죄로 죽어 조상의 사당과 끊고 그를 위해 복을 입지 않으니, 그렇지 않다면 스스로 마땅히 각각 그 복을 입어야 할 것이니, 이것이 세 번째이다.《예기(禮記)》〈복문(服問)〉에서 "공(公)은 경대부를 위하여 석최를 입고, 일을 당해서는 변질(弁絰)을 한다."라 하였고,《주례(周禮)》〈사복(司服)〉에서 "왕은 삼공(三公)과 육경(六卿)을 위하여 석최(錫衰)를 입고, 제후를 위하여 시최(緦衰)를 입으며, 대부와 사(士)를 위하여 의최(疑衰)를 입고, 머리에 쓰는 복식은 모두 변질(弁絰)을 한다."라고 하였으며, 가공언 소(疏)에서 "장사를 지낸 후 벗는다."라고 하였다. 이는 천자와 제후가 공경대부(公卿大夫)에 대해 그 귀천의 등급에 따라서 삼최(三衰)의 조복을 입는 것이다. 공족(公族)에 대해 또한 마땅히 그 친소의 차이에 따라 그를 위하여 조복을 입는 것이고,〈사복(司服)〉에 그 글이 없는 것은 절로 정복(正服)이 있었기 때문이다. 만약 정복(正服)이 이미 끊어졌다면 또한 그를 위해 조복을 입지 않으니, 선왕(先王)이 왕실의 골육지친(骨肉之親)을 대함이 도리어 조정 밖의 경사(卿士)보다 못하다면 어찌 이치에 맞겠는가? 이것이 네 번째이다. 논란하는 자들은 "예에 임금이 신하를 위

42 청컨대……입지 말자 :《예기(禮記)》〈단궁(檀弓)〉에 나온다.

하여 복을 입는 법은 없다. 임금은 방친의 기년복을 입지 않는 것이 임금과 신하의 분수를 바로 하는 것이다."라고 하니, 다음과 같이 답한다. 복이란 무엇인가? 슬픔이 의복에 발한 것이다. 《예기(禮記)》 〈잡기(雜記)〉에 "임금은 경대부를 위하여 장사를 마칠 때까지 고기를 먹지 않고, 졸곡(卒哭) 때까지 음악을 듣지 않는다."라 하였으니, 슬픔이 지극한 것이다. 유독 의복으로 정을 표현해내는 것만 불가하겠는가! 〈복문(服問)〉에 "공(公)은 경대부를 위하여 석최(錫衰)를 입고 거처한다."라 하였으니, 이는 평소에도 석최(錫衰)을 입는 것이며 조문을 할 때만 입는 것이 아니다. 《진서(晉書)》 〈예지(禮志)〉에 "천자와 제후는 귀신(貴臣)과 귀첩(貴妾)을 위하여 3개월 동안 복을 입는다." 하였다. 예를 설명한 것이 진(晉) 나라 사람보다 자세한 것이 없고, 또한 옛날과 멀지 않았기 때문에 3개월의 제도는 반드시 받은 바가 있었을 것이다. 이것이 임금이 신하를 위해 복을 입는 명확한 증거가 아니겠는가! 무릇 이미 신하를 위해 복을 입었는데, 이미 신하를 위해 복을 입었는데 유독 동성(同姓)의 친척을 위하여 그 복을 입을 수 없다는 것은 어째서인가? 이것이 다섯 번째이다. 무릇 이 다섯 조목을 반복하여 참고하고 검토하면 모두 근거할 만한 명문(明文)이 있다. 한유(漢儒)가 개창한 절복설(絕服說)은 《의례(儀禮)》 〈상복(喪服)〉에 대부가 강복(降服)한다는 글이 있어서이다. 대부이면서 강복하면, 등급에 따라 올라가서 임금은 절로 절복(絕服)해야 하기 때문이다. 그러나 옛날에 왕조(王朝)의 신하는 들어가면 경사(卿士)가 되고 나가면 후목(侯牧)이 되는 것이니, 《의례(儀禮)》의 이른바 '대부'는 바로 제후이다. 강복의 제도는 《의례(儀禮)》 〈상복(喪服)〉편에 겨우 보이고, 천자와 제후의 상제(喪祭)에 대한 예는 없어져 자세히 고찰할 수 없다. 이치로 미루어 보면 천자 또한 마땅히 차등에 따라 강복하였을 것이나, 반드시 한유(漢儒)의 설과 같이 온전히 절복(絕服)하지는 않았을 것이다. 임금이 방친의 기복을 끊는 것이 과연 주나라 제도라면, 《소대례기(小戴禮記)》 49편이 상례(喪禮)에 대해 매우 자세히 말하면서 어찌 이것에 대해서는 한 마디도 없는가? 아아! 선왕(先王)이 오복(五服)을 제정함은 천리(天理)에 근본하고 인정(人情)을 따라서 3에서 5, 5에서 9로 하며 위로 감쇄하고 아래로 감쇄하며 곁으로 감쇄하여 인도(人道)가 다 하는 것이다. 임금이 작은 몸으로 숭고한 지위에 있으며 치국평천하의 기반을 다지니, 바로 교화(教化)가 근본하는 바이고 예악(禮樂)이 여기에서 나오는 것이다. 제부(諸父)는 선군(先君)과 일체이고 나의 방존(旁尊)이며, 곤제(昆弟)는 선군(先君)의 유체(遺體)이고 나의 방친(旁親)이다. 봉토를 주어 대접하고 종족을 거두어 이으니, 잔치를 하면 나이대로 앉고 죄가 있으면 그를 위해 세 번 용서하여 도탑게 펴는 은전이 지극하다 할 만하다. 그런데 유독 상에 대해서만 엄격하게 지위를 나누어 서로 임하여 일찍이 그를 위해 공시(功緦)의 상복을 입고 슬퍼하지도 않는다면 이것이 과연 인정(人情)인가? 상기(喪紀)는 사람의 큰 윤리이고, 백성의 윗사람이 되어 친친(親親)의 은혜를 모두 끊어버린다면 장차 어떻게 신민(臣民)들의 사표가 되어 통솔하며 같은 제도와 문물 속으로 들어오게 할 수 있겠는가? 논설하는 자들이 "임금이 천지를 받들어 종묘를 주관하며 조상과 한 몸이 되었으니, 상복에서 방친의 기복을 끊는 것은 종통(宗統)을 엄히 하고 혐의를 분별하는 것이다."라 하니, 다음과 같이 답한다. 임금은 지존(至尊)이다. 주공(周公)이 예를 제정하여 기년상 이하부터 천자와 제후가 존귀함으로 강복하였다. 《중용(中庸)》에 "기년상(期年喪)은 대부(大夫)에까지 이르고, 삼년상(三年喪)은 천자(天子)에까지 이른다."하였는데, 달(達)은 모두 통한다는 뜻이다. 천자에까지 이르니 삼년상은 천자부터 서인까지 한 가지인 것이고, 대부에까지 이르니 기년상은 대부부터 서인까지 한 가지이다. 《맹자(孟子)》에 "삼년상에 자소(齊疏)의 상복을 입으며 미음과 죽을 먹음은 천자부터 서인에 이르기까지 삼대(三代)가 공통이었다."라 하였다. 예에 자최에는 2일 동안 먹지 않고 대공(大功)에는 세끼를 먹지 않으며, 자최는 4승·5승·6승, 대공은 7승·8승·9승으로 슬픔을 의복과 음식에 드러내는 것이다. 오직 부모의 상만 위로 천자에까지 이르고, 기공(期功)의 상은 천하와 국가를 소유한 자가 형세상 모두 예절과 같이 하기 어렵기 때문에, 강복의 사이에 포루(布縷)의 거칠고 고움과 상기(喪期)의 늦음과 빠름을 두어 존귀할수록 강복을 하여, 그 제도가 반드시 일례(逸禮) 39편 안에 실렸을 것이나 지금은 고찰할 수 없다. 그러나 기년에서 강복하여 대공·소공을 하고, 대공·소공에서 강복하여 시마를 하며 시마에서 강복하여 절복한다면 의리는 존존(尊尊)에서 높아지나 은혜는 친친(親親)에서 줄어들게 되니, 이에 종통(宗統)을 엄히 하고 혐의를 분별하게 된다. 어찌 반드시 모두 끊어버린 후에 가하겠는가? 천자가 방친의 기년을 절복한다면, 성왕(成王)이 주공(周公)의 상을 당했을 때도 장차 조복(吊服)을 입고 정복(正服)을 안 입어야 하는가? 주나라 사람들이 비록 작록을 귀하게 여긴다고 하지만, 또한 은혜가 무겁고 의리가 가벼워, 친친(親親)이 항상 귀귀(貴貴)의 위에 자리 잡는다. 팔통(八統)[43]으로 만민을 통솔할 때 첫 번째가 친친(親親)이고, 팔벽(八辟)[44]으로 형벌을 부여할 때 첫째가 의친지벽(議親之辟)이다. 어찌 유독 상기(喪紀)에 대해서만 친친(親親)의 윤서(倫序)를 모두 폐하는가? 나는 반드시 그렇지 않다는 것을 알고 있다. 지금 삼례(三禮)를 거슬러 올라가 고찰해보면, 절복(絕服)에 대한 정문(正文)이 없고 강복(降服)에 대한 명확한 증거가 있는데, 한유(漢儒)의 한 마디로 마침내 천고의 경례(經禮)가 되었다. 진한(秦漢) 이래로 군도(君道)는 더욱 높아짐에 따라 상기(喪紀)가 날로 무너졌으나 예를 아는 선비가 감히 그 시비를 의론하지 못하여, 마침내 선왕(先王)의 친친(親親)을 돈독히 하고 죽은 이를 추숭하는 성대한 전례가 가리워지고 후세에 드러나지 않게 되었으니, 이루 말할 수 없이 한탄스럽구나! 게다가 봉건(封建)의 법이 폐해져 천자의 대부가 나라의 임금이 되어 백성을 기르는 책임

43 팔통(八統) : 만민을 통솔하는 여덟 가지 방법으로, 친친(親親), 경고(敬故), 진현(進賢), 사능(使能), 보용(保傭), 존귀(尊貴), 달리(達吏), 예빈(禮賓)이다. 《주례(周禮)》 〈천관(天官)·태재(太宰)〉에 나온다.

44 팔벽(八辟) : 특별 심의를 거쳐 형벌을 감면할 수 있도록 한 여덟 가지 범죄 유형으로, 의친지벽(議親之辟, 왕실의 친척), 의고(議故之辟, 왕실과 오랜 친구관계로 특별한 은전을 받은 사람), 의공(議功之辟, 큰 공을 세운 사람), 의현(議賢之辟, 덕행이 있는 현인군자), 의능(議能之辟, 재능이 탁월한 사람), 의근(議勤之辟, 성실히 봉직하여 노고가 많은 사람), 의귀(議貴之辟, 작위가 높은 사람), 의빈(議賓之辟, 선왕의 자손으로 선대의 제사를 맡아 국빈이 된 사람)을 가리킨다. 《주례(周禮)》 〈추관(秋官)·소사구(小司寇)〉에 나온다.

이 없는데도, 오히려 옛날의 제후에 스스로 의탁하려고 하여 기공(期功)의 복을 모두 끊는 경우가 즐비하게 있었다. 교화(敎化)가 쇠미해지고 풍속이 야박해진 것은 모두 절복설(絕服說)이 열어놓은 것이니, 나는 분명히 이것은 주공(周公)의 제도가 아니라고 말한다.

내가 이미 이 설(說)을 쓰고 난 후에 개원례(開元禮)를 살펴보니, 황제(皇帝)가 외조부모(外祖父母)를 위하여 소공복(小功服) 5개월을 입는데 공제(公除)[45]로 5일에 상복을 벗는다는 것이 모두 성복(成服)·제복(除服) 의식의 주(注)에 실려 있다. 《송사(宋史)》 〈예지(禮志)〉에는 다음과 같은 글이 있다. 정국장공주(鄭國長公主)가 사망하자, 예관(禮官)이 "대공복(大功服)으로 강복하고 날을 택하여 성복(成服) 하십시오. 황태후(皇太后) 대상(大祥) 안에 의례를 행하기 때문에 최복(衰服)은 벗지 않으며, 예(禮)는 마땅히 압강(壓降) 해야 하므로 바라건대 성복(成服) 하지 마시고, 황친(皇親)의 제왕(諸王)들도 또한 복을 입지 않도록 하십시오."라 하니, 임금이 말했다. "종실(宗室) 제왕(諸王)이 모두 복을 입지 않는 것은 인정상 차마 할 수 없다. 기일이 되었을 때 마땅히 제왕(諸王)들을 보내 그 집에 가서 성복(成服) 하게 하라." 그리고 건도(乾道) 3년(1176년)에 황백모(皇伯母) 수왕부인(秀王夫人)이 사망하자 그를 위하여 처음으로 후원(後苑)에 막전(幕殿)를 설치하고 애도의 예를 거행하며 성복(成服) 하였다.[46] 이것에 근거하면, 당송(唐宋)의 임금들이 한유(漢儒)의 설과 같이 일찍이 모두 기공(期功)의 복을 모두 다 끊지는 않았다.

降服非古也. 周人貴爵而尙文, 始有降服之制. 盖古者封建之法行, 而天子

45 공제(公除) : 임금이 국사(國事)의 중대함 때문에 상을 당했을 때 상복을 입는 예제(禮制)를 알맞게 조정하여 상복을 벗는 것을 뜻한다.

46 정국장공주(鄭國長公主)……성복(成服) 하였다 : 《송사(宋史)》 권124 〈예지(禮志)〉에 나온다.

之大夫, 各私其土地, 各臣其父兄, 尊尊之義有所伸, 則親親之恩宜有所殺, 此其所以有降服之說也. 然降之則可也, 絶之何哉? 天子諸侯絶服之說, 始自鄭玄禮註, 歷代相沿, 遂以爲不刊之典. 愚甞質之於經傳, 求之於人情, 而有以知非周公之制也. 何以明之? 絶服之制, 三禮俱無正文, 一也. 檀弓, 縣子瑣曰, "古者不降, 上下各以其親. 滕伯文爲孟虎齊衰, 其叔父也. 爲孟皮齊衰, 其叔父也." 曰古者不降, 明今時皆降, 是周人有降服而無絶服之明證. 若使周世人君盡絶期功之服, 則縣子援古歎今之辭, 當曰古者不絶, 而不當曰不降, 二也. 文王世子曰, "公族其有死罪, 則磬于甸人, 公素服不擧, 爲之變, 如其倫之喪無服." 鄭註云, "無服者, 不往吊也." 以吊服解無服之服. 然凡吊服不得稱服, 故夫子之喪, 門人疑所服, 子貢曰, "請喪夫子, 若喪父而無服." 服者正服之謂也. 吊服亦謂之服, 則孔子之喪, 門人其將不服吊服加麻乎? 記又曰, "弗吊弗爲服, 哭于異姓之廟, 爲忝祖遠之也." 吊與服分爲二節, 則無服之服, 明是五服之服. 公族罪死, 與祖廟絶, 故不爲之服. 不然則自當各服其服, 三也. 服問曰, "君爲卿大夫錫衰, 當事則弁絰." 周官司服, "王爲三公六卿錫衰, 爲諸侯緦衰, 爲大夫士疑衰, 其首服皆弁絰." 疏云, "旣葬除之." 是天子諸侯之於公卿大夫, 隨其貴賤之等, 而爲服三衰之吊服. 其於公族, 亦當視其親踈之比, 爲之吊服, 而司服無文者, 以自有正服故也. 若正服旣絶, 而又不爲吊服, 則是先王待王室骨肉之親, 反不如外朝之卿士. 豈理也哉? 四也. 難之者曰, "禮無君爲臣服之法, 人君絶旁期, 所以正君臣之分也." 曰服者何也? 哀之發於衣服者也. 雜記曰, "君爲卿大夫, 比葬不食肉, 比卒哭不聽樂." 夫不食肉不聽樂, 悲哀之甚也, 獨不可餙情以衣服乎? 服問曰, "公爲卿大夫, 錫衰以居." 是平居亦服錫衰, 而不但臨吊服之也. 晉書禮志曰, "天子諸侯爲貴臣貴妾服三月." 說禮莫詳於晉人, 而且去古未遠, 三月之制, 必有所受也. 此非君服臣之明證乎! 夫旣爲臣服矣, 而獨於同姓之親, 不以其服服之者何哉? 五也. 凡此五條, 反覆參究, 皆有明文可據, 而漢儒刱爲絶服之說者, 以儀禮有大夫降服之文也. 大夫而降之, 則等而上之, 人君自當絶服故也. 然古者王朝之臣, 入則爲卿士, 出則爲侯牧. 儀禮所謂大夫, 卽諸侯也. 降服之制, 僅見於儀禮喪服篇, 而天子諸侯喪祭禮亡, 無以詳考. 以理推之則天子亦當差次降服, 必不全然絶服, 如漢儒之說也. 人君絶旁期, 果是周制, 則戴記四十九篇, 言喪禮甚詳, 何無一言及此乎? 嗚呼! 先王之制五服也, 本天理緣人情, 以三爲五, 以五爲九, 上殺下殺旁殺而人道竭矣. 人君以眇然之身, 居崇高而基治平, 乃敎化之所本, 禮樂之自出. 諸父是先君之一體而吾之旁尊也, 昆弟是先君之遺體而吾之旁親也. 胙土以饗之, 收族以聯之, 燕則與之齒坐. 有罪則爲之三宥, 惇叙之典, 可謂至矣, 而獨於其喪也, 儼然以分位相臨, 曾不爲之功緦之服以哀之, 是果人情乎? 喪紀人之大倫, 而爲人上者, 盡絶其親親之恩, 將何以表㢡臣民而納之軌物乎? 說者曰, "人君承天地而主宗廟, 與祖爲軆, 喪服絶旁期, 所以嚴宗統而別嫌疑也." 曰君至尊也. 周公制禮, 自期以下, 天子諸侯以尊而降服. 中庸曰, "期之喪達乎大夫, 三年之喪達乎天子." 達者專達之謂也. 達乎天子則三年之喪, 天子庶人一也. 達乎大夫則期之喪, 大夫庶人一也. 孟子曰, "三年之喪, 齊疏之服, 飦粥之食, 自天子達於庶人, 三代共之." 在禮齊衰二日不食, 大功三不食, 齊衰四升五升六升, 大功七升八升九升, 哀之發於衣服飮食者. 惟父母之喪, 上達于天子, 期功之喪, 有天下國家者, 勢難盡如禮節. 於是乎有降服之際, 布縷之麤細, 喪期之遲速, 彌尊而彌降, 其制必載於逸禮義三十九篇之中, 而今不可考. 然如期降而爲功, 功降而爲緦, 緦降而絶, 義隆於尊尊, 而恩屈於親親, 乃所以嚴宗統而別嫌疑也. 何必盡絶而去之然後可也? 天子絶旁期, 則成王喪周公, 亦將服吊服而無正服乎? 周人雖云貴爵, 亦是恩重而義輕, 親親常序於貴貴之上. 以八統馭萬民, 則一曰親親. 以八辟附刑罰, 則一曰議親之辟. 何獨於喪紀, 盡廢親親之倫序乎? 吾知其必不然也. 今溯考三禮, 無絶服之正文, 有降服之明證, 而漢儒一言, 遂爲千古之經禮. 秦漢以降, 君道且亢, 喪紀日壞, 知禮之士莫敢議其是非, 遂使先王惇親崇終之盛典, 掩翳不章於後世. 可勝歎哉! 且夫封建之法廢, 而天子之大夫, 非有君國子民之責, 猶欲自托於古之諸侯, 盡絶期功之服者, 比比有之. 敎化之陵夷, 風俗之渝薄, 皆絶服之說啓之也. 吾固曰非周公之制也.

愚旣爲此說, 後考開元禮, 皇帝爲外祖父母, 服小功五月, 公除五日, 具載成服除服之儀注. 宋史禮志, 鄭國長公主薨, 禮官言, '降服大功, 擇日成服, 緣居大行皇太后大祥之內, 衰服未除, 禮當壓降, 望不成服. 皇親諸王, 亦不制服.' 帝曰, '宗室諸王皆不制服, 情所未忍. 至期當遣諸王, 就其第成服.' 乾道三年, 始爲皇伯母秀王夫人薨, 設幕殿後苑, 擧哀成服. 據此則唐宋人君未嘗盡絶期功之服, 如漢儒之說也.

시각을 정하는 법은 먼저 천경(天經)을 나경(羅經)에 의거하여 자오(子午)의 방위를 정하니, 낮이면 규형(窺衡)을 들어올려 해를 향해 그림자를 받아, 해 그림자가 둥근 구멍에 정확히 들어차서 조금도 어긋남이 없다면, 그 규형(窺衡)이 향하는 경계가 바로 정적도(靜赤道)의 모시 모각이다.

좌소산인문집 左蘇山人文集

권 5

達城 徐有本 混原 一 文

서자는 후세에 전해주는 제사가 없다는 것에 대한 논변
庶無傳祭辨

《예기(禮記)》〈상복소기(喪服小記)〉에 "자모(慈母)와 첩모(妾母)는 대대로 제사 지내지 않는다."라고 하였고, 정현(鄭玄)의 주(注)에서 "정(正)이 아니기 때문이다. 《춘추곡량전(春秋穀梁傳)》에 아들 대에서만 제사를 지내고 손자 대에서는 그친다."라고 하였으니, 이것이 예가(禮家)가 근거로 하여 서자는 후세에 전해주는 제사가 없다는 설로 삼는다. 내가 살펴보건대, 첩잉(妾媵)이 정적(正適)과 비교하여 정(正)이 아니다고 하는 것은 옳다. 그러나 자손으로 보면, 감히 그 조부를 낮출 수 없으니 어찌 정(正)이 아니다고 할 수 있겠는가? 무릇 보본(報本)의 정성은 시달(豺獺)도 똑같이 가지고 있는 것인데, 첩잉(妾媵)이 비록 천하지만 살아서 주군을 모셨고 죽어서 자손에 임했는데, 손자 된 자는 예제(禮制)에 제한되어 세시마다 제사를 지낼 때 빼놓고 올리지 않는다면, 이것이 어찌 선왕(先王)이 효(孝)로 천하를 다스린 뜻이겠는가? 그러므로 나는 '서자는 후세에 전해주는 제사가 없다'는 것은 한유(漢儒)의 잘못된 설이고 선왕의 제도가 아니라고 주장한다. 그렇다면 기록된 글은 근거로 삼기에 부족한가? 〈상복소기(喪服小記)〉의 이른바 '대대로 제사 지내지 않는다'라는 것은 아마 적자(適子)가 서모(庶母)의 제사를 주관하는 것을 가리켜 말한 것이다. 자모(慈母)는 군자(君子)의 아들이 자기를 길러준 모친이고, 첩모(妾母)는 바로 부친의 첩이다. 예(禮)에 근거해 보면, 군자의 아들은 자신을 길러준 자모(慈母)를 위해 소공복(小功服)을 입고, 사(士)는 부친의 첩을 위해 시마복(緦麻服)을 입는다. 혹 자모(慈母)와 첩모(妾母)는 제사를 받들 자손이 없어 적자가 그들을 위해 제사를 지내니 모두 그 자신에 그치고 대대로 전해주는 뜻은 없게 된다. 아들은 부친의 자모(慈母)를 위해 복을 입지 않고, 손자는 조부의 첩을 위해 복을 입지 않으니, 복을 입지 않기 때문에 그들을 위해 제사를 지내지 않으니, 이를 일러 대대로 제사 지내지 않는다고 하는 것이다. 경(經)에서 '첩모(妾母)'

라고 한 것은 적자를 가리켜 말한 것이니, 그 뜻이 더욱 분명하다. 〈왕제(王制)〉에서 "대부(大夫)는 3묘(廟)를 두고 사(士)는 1묘를 둔다."라고 했는데, 1묘는 아마도 고비(考妣)만 제사 지내는 것 같다. 그러나 〈제법(祭法)〉에 "관사(官師)는 1묘인데 고묘(考廟)라 한다. 왕고(王考)에게는 사당 없이 제사 지낸다."라고 했고, 정현 주(注)에서 "1묘에서 조부와 부친을 함께 한다."라고 했다. 옛날에 존비(尊卑)의·등급은 묘(廟) 개수의 다소로 차등을 두었을 뿐이다. 제사를 지내는 절차의 경우는 비록 필부(匹夫)와 서인(庶人)의 정침(正寢)에서의 제사라도 조부모에게까지 제사를 지내지는 않았다. 저 첩잉(妾媵)이 자손만이 유독 사람의 무리가 아니라서 조모에게 제사지낼 수 없도록 금하였겠는가! 이 예가 반드시 그렇지 않을 것이다. 그렇다면 제사를 지냄은 어떠한가? 경(經)에 "첩에게 첩조고(妾祖姑)가 없으면 희생을 바꾸어 여군(女君, 적조고(適祖姑))에게 부제(祔祭)한다."[1]라고 하였다. 첩에게 제사지내는 예는 여군(女君)보다 낮추는 것이니, 감히 큰 희생과 성거(盛擧)를 사용하지 않을 뿐이다. 제철 산물로 제사를 지내는 것은 정침(正寢)에서 제사지내는 의식과 같으니, 의심 또한 가하다.

小記曰, "慈母與妾母, 不世祭也." 注曰, "以其非正, 春秋傳曰, '於子祭, 於孫止.'"【穀梁傳】禮家據此以爲庶無傳祭之說. 愚案妾媵之於正適, 謂之非正, 可也. 自其子孫視之, 則人莫敢卑其祖, 安得謂之非正哉? 夫報本之誠, 豺獺之所同得. 妾媵雖賤, 生接主君, 歿臨子孫, 而爲其孫者, 限於禮制, 歲時芬苾, 闕然不擧, 則是豈先王以孝治天下之意哉? 愚故曰庶無傳祭, 乃漢儒之錯說而非先王之制也. 然則記文不足據與? 曰小記所謂'不世祭'云者, 指適子之主庶母之祀者而言也. 慈母卽君子子慈己之母也, 妾母卽父之妾也. 據禮君子子服慈母小功, 士服父之妾緦. 或慈母妾母無子孫以承祀, 而適子爲之祭, 則皆止於其身, 而無傳世之義. 盖子不爲父之慈母服, 孫不爲祖之妾

1 첩에게……부제(祔祭)한다 : 《예기(禮記)》〈상복소기(喪服小記)〉에 나온다.

服, 無服故不爲之祭, 此之謂不世祭也. 經曰妾母, 則指適子而言, 其義尤明矣. 王制曰, "大夫三廟, 士一廟." 一廟者, 疑若止祭考妣矣. 然祭法曰, "官師一廟, 曰考廟, 王考無廟而祭之." 注曰, "一廟祖禰共之." 古者尊卑之等, 以廟數之多少爲之差而已. 若其薦享之節, 則雖匹庶之祭寢, 未有祀不及其祖父母者也. 彼妾媵之子孫, 獨非人類而禁不得祭其祖母耶! 此禮之必不然也. 然則其祭之也如何? 曰, 經曰"妾無妾祖姑, 則易牲而祔於女君." 盖祀妾之禮, 殺於女君, 不敢用成牲盛擧耳. 以時物薦, 若祭寢之儀, 疑亦可也.

주상主喪의 주主에 두 개의 뜻이 있다는 것에 대한 논변

主有二義辨

《가례(家禮)》의 입상주장(立喪主章)의 주(註)에, "무릇 주인은 장자(長子)를 이르니, 장자가 없으면 장손(長孫)이 승중(承重)하여 궤전(饋奠)을 받든다. 빈객과 더불어 예를 행하는 것은 같이 사는 자들 중에 친하고 항렬이 높은 자가 주관한다."라고 하였으니, 또한 《서의(書儀)》의 글을 따른 것이다. 예가(禮家)는 예에 제주(祭主)와 상주(喪主)가 있어, 궤전(饋奠)을 받드는 것은 제사를 주관하는 자가 하고, 빈객과 더불어 예를 행하는 것은 상을 주관하는 자가 한다고 여긴다. 이 설은 《예기(禮記)》 〈분상(奔喪)〉의 정현 주(注)에 근본 한다. 〈분상(奔喪)〉에 "모든 상은 아버지가 살아 계시면 아버지가 상주가 되니, 집안일을 존자에게 통솔 받는 의미이다."라 했고, 정현 주(注)에서는 "빈객과 더불어 예를 행하는 것은 마땅히 존자에게 하도록 해야 한다."라고 했다. 부모가 자식에 대해, 시부모가 며느리에 대해 반함하고 염하며 궤전(饋奠) 하는 절차를 직접 주관하는 것은 천리(天理)와 인정(人情)으로 그만둘 수 없는 바이니, 이를 일러 주상(主喪)이라고 한다. 어찌 단지 빈객과 더불어 예를 행하는 것뿐이겠는가? 살펴보건대, 《의례(儀禮)》

〈사상례(士喪禮)〉에 "주인이 서계(西階)로 내려가 빈객이 있으면 절을 한다." 라고 하였고, 〈상대기(喪大記)〉에 "여자 상주가 없을 경우에는 남자 상주가 여자 빈객에게 침문(寢門) 안에서 절을 하고, 남자 상주가 없을 경우에는 여자 상주가 남자 빈객에게 조계(阼階) 아래에서 절을 한다. 자식이 어릴 경우에는 상복으로 싸서 안고 다른 사람이 절을 한다."라고 하였다. 이것이 모두 주인이 빈객에게 절을 하는 예를 겸하여 행하는 것이다. 예경(禮經)과 예기(禮記)를 두루 고찰해보면, 본래 주인이 아니고 조문온 빈객에게 절을 하는 예는 없다. 예가(禮家)는 단지 정현 주에 근거하여 논설하며 《가례(家禮)》의 '주상(主喪)'의 '주(主)'는 주상(主喪)과 주제(主祭) 두 개의 뜻을 겸한 것이다고 하는데, 의미를 해치는 것이 매우 심하다. 상에 두 상주가 있는 것은 성인(聖人)이 배척한 바이니, 어찌 '주상(主喪)'의 '주(主)'에 두 개의 뜻이 있다고 할 수 있겠는가? 《가례(家禮)》는 《서의(書儀)》를 따라 존친(尊親)이 빈객을 주관하는 것을 주상(主喪)의 아래에 종류대로 붙였으니, 주빈(主賓)의 주(主)를 주상(主喪)의 주(主)와 혼동해서는 안 된다는 것이 매우 명백하다. 경산(瓊山) 구준(邱濬)은 이 뜻을 알았기 때문에 《가례의절(家禮儀節)》에서 《가례(家禮)》의 문장을 조금 수정하여, 입상주장(立喪主章)의 주(註)에서 단지 "주인은 장자(長子)를 이르니, 장자가 없으면 장손(長孫)이 승중(承重)하여 궤전(饋奠)을 받든다."라고만 말했고, 다음 문장에서 '입주빈(立主賓)'과 '입상례' 두 조목을 보충하여 《가례(家禮)》 입상주장(立喪主章) 주(註)의 '여빈객위례(與賓客爲禮)' 절을 나누어 별도로 강(綱)으로 삼았다. 효자가 처음으로 부모의 상을 당했을 때, 슬퍼하며 급히 하는 와중에 빈객이 오면 절을 할 뿐이다. 혹 멀리 사는 빈객이 와서 조문하면 날씨를 말하며 접대하는 사람이 없어서는 안 되니, 이것이 《가례의절(家禮儀節)》에서 입주빈(立主賓) 한 절을 별도로 세운 까닭이다. 그렇다면 주상(主喪)과 주빈(主賓)에는 각각 가리키는 바가 있으니, 주상(主喪)의 주(主)가 두 개의 뜻을 겸한다고 하는 것은 과연 어디에 근거한 것인가?

家禮立喪主章註曰, “凡主人謂長子, 無則長孫承重, 以奉饋奠. 其與賓客爲禮, 則同居之親且尊者主之.” 盖亦因書儀之文也. 禮家以爲禮有祭主喪主, 奉饋奠卽主祭者, 與賓客爲禮卽主喪者. 其說盖本於奔喪鄭注. 奔喪曰, “凡喪父在父爲主, 家事統於尊之義也.” 鄭注乃曰, “與賓客爲禮, 宜使尊者.” 夫父母之於子, 舅姑之於婦, 親主其含斂饋奠之節, 卽天理人情之所不容已也. 是之謂主喪, 豈但與賓客爲禮而已哉? 案士喪禮, “主人降自西階, 有賓則拜之.” 喪大記, “無女主, 則男主拜女賓于寢門內. 無男主, 則女主拜男賓于阼階下. 子幼則以衰抱之, 人爲之拜.” 此皆主人兼行拜賓之禮也. 歷稽經記, 元無非主人而拜吊賓之禮. 禮家特據鄭注爲說, 而謂家禮主喪之主字, 却兼主喪主祭二義, 則害義滋甚. 夫喪有二孤, 聖人之所深斥, 則安得謂主喪之主, 有二義哉? 家禮因書儀, 而以尊親之主賓者, 類附於主喪之下也. 其不可以主賓之主, 混錯於主喪之主則明甚. 瓊山邱氏知此義, 故儀節稍檃括家禮之文, 立喪主章註, 止曰主人謂長子, 無則長孫承重. 下文補立主賓立相禮二條, 析家禮立喪主章註與賓客爲禮節, 另立爲綱也. 盖孝子始喪親, 悲哀急遽之中, 賓至則拜之而已. 或有遠客來吊問喪, 故叙寒暄, 不可無酬接之人. 此儀節所以別立主賓一節也. 然則主喪主賓, 各有攸指, 而謂主喪之主, 却兼二義者, 果何所據哉?

처妻를 위해 연제練祭를 지내지 않는다는 것에 대한 논변

爲妻無練辨

《예기(禮記)》〈잡기(雜記)〉에 “기년의 상은 11개월이 지나 연제(練祭, 소상)를 지내고 13개월이 지나 대상(大祥)을 지내며 15개월이 지나 담제(禫祭)를 지낸다.”라고 하였고, 정현 주(注)에서 “이는 부친이 살아계실 때 모친을 위한 것이다.”라고 하였다. 면재(勉齋)는 《의례경전통해속(儀禮經傳通解

續)》 연장(練章)에서는 또 《의례(儀禮)》 〈상복(喪服)〉 가공언 소(疏)에 "처를 위해서도 정을 펴서 이를 적용한다."라는 글을 인용하여 정현 주(注) 아래에 붙여 넣었다. 부친이 살아 계실 때 모친이나 처를 위해서는 복이 기년에 그치더라도 실은 3년의 뜻이 있기 때문에 연제(練祭)·대상(大祥)·상장(喪杖)·담제(禫祭)를 모두 갖추니, 이것이 예경(禮經)의 정해진 제도이고 고금으로 통하여 행하는 바이다. 근세에 성호(星湖) 이익(李瀷)이 처를 위해 연제(練祭)를 지내지 않는다는 설을 개창하여 수백언으로 다음과 같이 논변했다.[2] "'11개월이 지나 연제(練祭)를 지낸다.'라는 것은 〈잡기(雜記)〉에 겨우 보이나, 《예기(禮記)》에서는 단지 '기년의 상'만 말했지 '부친이 살아계실 때 모친을 위한다'는 것은 말하지 않았다. 부친이 살아계실 때 모친을 위하는 것에 해당한다는 것은 바로 정현의 설인데, 또한 남편이 처를 위한다는 것은 말하지 않았다. 《의례경전통해속(儀禮經傳通解續)》에서 인용한 '처를 위해서도 정을 펴서 이를 적용한다.'라는 것은 바로 〈상복(喪服)〉 소(疏)에서 담장(禫杖)을 가리켜 말한 것인데, 면재(勉齋)가 무엇을 고찰하여 이 한 구를 연상(練祥) 조목에 붙였는지 모르겠다. 사계(沙溪) 김장생(金長生)의 《상례비요(喪禮備要)》에서 이를 따랐으나, 처를 위해 11개월이 지나 연제(練祭)를 지내는 것은 삼례(三禮)를 두루 고찰해보아도 끝내 근거할 만한 글이 보이지 않으니, 처의 상(喪)에 연제(練祭)가 없다는 것은 분명하다." 내가 살펴보건대, 성호(星湖)의 이 논변은 핵심적이다라고 할 만하다. 그러나 그 고찰이 정밀하지 못하여 입론(立論)이 가벼운 것은 애석하다. 《예기(禮記)》 〈간전(間傳)〉에 "기년의 상은 15개월이 지나 담제(禫祭)를 지낸다."라 하였고, 〈상복소기(喪服小記)〉에 "부모와 처와 장자(長子)를 위하여 담제(禫祭)를 지낸다."라고 하였으며, 《의례(儀禮)》 〈상복(喪服)〉 가공언 소(疏)에 "남편이 처를 위해 연수(年數)·월수(月數)와 담제를 지내는 것과 상장(喪杖)을 짚는 것 또한 모친을 위한 상과 동일하다."라고 하였다. 이 세 조목이 모

---

2 성호(星湖)……논변했다 : 이익(李瀷) 《성호전집(星湖全集)》 권42에 〈위처불연설(爲妻不練說)〉이 있다.

두 〈잡기(雜記)〉의 글과 함께 함께 서로 뜻을 보여주고 있다. 무릇 연제(練祭)·대상(大祥)·상장(喪杖)·담제(禫祭)는 서로 일관되게 이어지니, 담제(禫祭)를 지내면서 소상(小祥)·대상(大祥)을 지내지 않는 경우는 없다. 남편이 처를 위해 기년복을 입으나 실제로는 3년의 뜻이 있기 때문에 상장(喪杖)이 있고 담제(禫祭)가 있으니, 담제(禫祭)가 있다면 이에 연제(練祭)·대상(大祥)이 있는 것이다. 가공언 소(疏)에서 말한 '연수(年數)·월수(月數)와 상장(喪杖)을 짚는 것과 담제를 지내는 것'이 연제(練祭)·대상(大祥)·담제(禫祭)의 연수(年數)·월수(月數)를 가리킨 것이 아니겠는가! 처를 위한 것 또한 모친과 같으니, 11개월이 지나 연제(練祭)를 지내고 13개월이 지나 대상(大祥)을 지내는 것이 십분 명확할 뿐만이 아니다. 어찌하여 삼례(三禮)에 모두 근거할 만한 글이 없다고 하는가? 또한 〈단궁(檀弓)〉의 공영달 소(疏)에서 〈잡기(雜記)〉의 이 절을 인용하며 "모친과 처를 위해 13개월이 지나 대상(大祥)을 지내고 15개월이 지나 담제(禫祭)를 지낸다."[3]라고 하였으니, 여기에서도 모친과 처를 아울러 가리켰으니, 공영달 소 또한 근거할 만하다. 면재(勉齋)가 어찌 근거없이 말했다라고 했는가? 또 성호 이익이 말하기를 "처의 상에는 실제로 3년의 뜻은 없다."라고 했다. 내가 살펴보건대, 오복(五服)의 조례(條例)에 오직 부친과 조부는 아들과 손자에 대해 높은 사람으로서 낮은 사람에게 임하여 보답하여 복을 입지 않고, 나머지 친척은 모두 서로 보답하여 복을 입는다고 했다. 고례(古禮)에 형제의 자부(子婦)를 위해 대공복을 입고 자기의 여러 며느리들을 위해서는 소공복을 입는다 하였다. 친소(親疎)에 따라 같지 않은 것 같지만, 형제의 자부(子婦)가 백·숙부모(伯叔父母)를 위해 대공복을 입기 때문에 자신 또한 그를 위해 보답하여 복을 입는 것이니, 복술(服術)에서 서로 보답하여 복 입는 것을 중히 여기는 것이 이와 같다. 처는 이미 남편에게 시집을 와서 남편을 위해 가장 중한 복을

3 모친과……지낸다 : 《예기(禮記)》 〈단궁(檀弓)〉의 "맹헌자(孟獻子)가 담제를 지내고 나서 악기를 걸어 놓고 연주하지 않았으며 부인을 거느릴 때가 되었는데도 침실에 들어가지 않았다. 공자가 '맹헌자는 일반 사람보다도 한 등급 높다'라고 말했다." 부분에 있는 공영달 소이다.

입기 때문에 남편이 그를 위해 복을 입는 것이니, 또한 부친이 살아 계실 때 모친을 위해 입는 것과 똑같이 삼 년의 체(體)로 보답하는 것이다. 이는 적체(敵體)로 존귀함을 나란히 하여 만세 종사(宗祀)의 주인이 될 뿐만이 아니다. 이것이 성인(聖人)이 복을 제정한 정밀한 뜻이다. 경(經)과 전(傳)으로 증명하면, 《춘추좌씨전(春秋左氏傳)》 소공(昭公) 15년 조의 이른바 '왕에게 삼년상이 두 번 있었다'와 《예기(禮記)》 〈상복소기(喪服小記)〉의 이른바 '부모와 처와 장자(長子)를 위하여 담제(禫祭)를 지낸다'와 〈상대기(喪大記)〉의 이른바 '기년복에서 상을 마칠 때까지 고기를 먹지 않고 술을 먹지 않는 것은 부친이 살아계실 때 모친이나 처를 위해서다. 기년상에서 여막에 거하며 상을 마칠 때까지 부인과 잠자리를 같이 하지 않는 것은 부친이 살아 계실 때 모친이나 처를 위해서다' 등이 모두 삼년(三年)의 확실한 증거이다. 또 성호 이익이 말하기를, "아들이 모친을 위해 기년복을 입는 것은 아버지에게 압존(壓尊)되어 감히 자신의 정성을 펴지 못하는 것이다. 그러므로 11개월이 지나 연제를 지내는 것이다. 만약 처를 위해 진정 삼년상의 뜻이 있다면 과연 누구에게 압존되어 연제를 지내지 말아야 하는 달에 연제를 지내는 것인가?"라고 했다. 무릇 부친이 살아계실 때 모친을 위해 복을 입는 것이 기년에 그치니, 남편이 처를 위한 복이 어찌 감히 부친이 살아계실 때 모친을 위한 것을 넘을 수 있겠는가? 아들이 모친을 위한 것이 부친에게 압굴(壓屈)되고 남편이 처를 위한 것이 모친에게 압굴(壓屈)되는 것은 그 뜻이 하나이다. 또 성호 이익이 말하기를 "11개월이 지나 연제를 지낸다는 것은 《의례(儀禮)》에 보이지 않는다. 만약 〈잡기(雜記)〉의 말이 정당하다면 모든 기년상은 다 11개월이 지나 연제를 지내야 하고 오직 부친이 살아 계실 때 모친을 위해서만은 안된다."라고 했다. 이 또한 그렇지 않다. 살펴보건대, 〈잡기(雜記)〉의 이 장은 무거운 복을 입고 있는 중에 다른 사람을 조문하는 예를 통론한 것으로, 먼저 삼년상을 말하고 다음으로 기년상을 말한 뒤 연제(練祭)·대상(大祥)·담제(禫祭)의 절차를 함께 거론하고는 맺으며 '연제를 지내면 조문 갈 수 있다'라고 한 것이니, 이는 기년복 중 가장 무거운 것을 들어 말한 것이다. 만약 상장(喪杖)이 없고 담제(禫祭)를 지내지 않는 기년상이라면, 장사지낸 뒤 조문하고 곡해서는 안 된다는 이치는 반드시 없을 것이다. 그렇다면 《예기(禮記)》의 이 절은 분명히 부친이 살아계실 때 모친을 위한 예이고 정현 주도 바꿀 수가 없다. 게다가 15개월이 지나 담제(禫祭)를 지낸다는 글은 〈간전(間傳)〉과 정확히 들어맞는다. 1개월을 건너뛰어 담제(禫祭)를 지낸다는 것은 《예기(禮記)》에 명문(明文)이 있으니, 15개월이 지나 담제(禫祭)를 지내는 것은 반드시 11개월이 지나 연제(練祭)를 지내고 13개월이 지나 대상(大祥)을 지내 삼 년의 절차를 펴는 것이다. 이와 같지 않다면 삼 년의 체(體)가 갖추어지지 않기 때문이다. 〈잡기(雜記)〉의 말에 오히려 어디 의심할 만한 것이 있는가? 《의례(儀禮)》 한 부는 참으로 예경(禮經)의 단선(壇墠)으로, 상변(常變)의 조례(條例)와 길흉(吉凶)의 의절(儀節) 같은 경우는 대부분 《예기(禮記)》에 힘입어 징험한다. 진실로 《의례(儀禮)》에 실리지 않았다고 하여 곡대(曲臺)[4]의 기록을 모두 폐기한다면, 예를 고찰하는 자는 장차 두루 살펴 행할 수 없을 것이다. 아아, 옳겠는가! 내가 가만히 성호 이익의 뜻을 자세히 살펴보니, '처의 상에는 삼 년의 뜻이 없다'라는 한 절이 바로 입론(立論)의 종지(宗旨)이다. 삼년의 뜻이 없다면 아울러 담제(禫祭)와 상장(喪杖)도 없게 된다. 그러나 처를 위한 담제(禫祭)와 상장(喪杖)은 여러 경(經)의 글에서 해와 별처럼 빛나 움직일 수 없다. 이러한 것들은 한쪽에 제쳐두고 여러 편을 거듭 이어서 극력 논변한 것은 단지 '처를 위해서는 연제를 지내지 않는다(爲妻無練)'는 네 글자를 위해서일 뿐이었다. 과연 담제(禫祭)를 지내지만 연제(練祭)가 없다면, 앞으로 나아가 삼 년의 체(體)에 미치지 못하고, 물러나 기년(期年)의 제도를 이루지 못한다. 성인(聖人)이 예를 제정한 것은 단연코 이렇게 반쯤 올렸다가 중간에 다시 떨어뜨리는 복술(服術)은 없다. 경(經)에

4 곡대(曲臺) : 한(漢) 나라의 궁전 이름인데, 태상박사(太常博士)를 두어 저술하고 서적을 교정하던 곳으로 쓰여, 후에 서적 저술과 교정, 그리고 예제(禮制)를 가리키는 명칭으로 쓰인다.

서 모친을 위한 것을 말하지 않았으나 정현 주에서 밝혔고, 정현 주에서 처를 위한 것을 언급하지 않았으나 면재(勉齋)가 보완했다. 이것이 경(經)과 전(傳)이 서로 충족시키는 뜻이다. 하물며 면재(勉齋)의 억설(臆說)이 아님에 있어서랴! 《의례(儀禮)》 〈상복전(喪服傳)〉 및 《예기(禮記)》 〈단궁(檀弓)〉의 여러 소(疏)가 확실히 근거할 만한 글이니, 지금 소(疏)에 연(練) 한 글자가 안 보인다고 하여, 억지로 연제(練祭)를 지내지 않는다는 설로 단정하는 것은 고수(高叟)가 시(詩)를 설명한 것과 거의 가깝지 않은가! 성호(星湖)는 머리가 희도록 경전을 연구했고 예학(禮學)에 더욱 깊어, 또한 근대의 명유(名儒)라 이를 만하다. 내가 그의 전서(全書)를 읽어보니, 삼례(三禮)를 꿰뚫어 의심나는 뜻을 자세히 분석하여 이따금 탁연히 볼만하였다. 그러나 천천히 고찰해보면, 서로 덮을 수 없는 흠결이 없을 수가 없었다. 예를 들어, 부모의 상에 머리를 풀어 헤치는 것에 대해 고례(古禮)에 근거할 만한 것이 있다[5]고 한 것이나, 대부와 사(士)가 고조(高祖)까지 제사하는 것에 대해 선유(先儒)의 잘못된 설을 이어받아 단연코 선왕(先王)의 전례가 아니다[6]라고 한 것 같은 종류가 이것이다. 내가 절마다 논변할 겨를이 없지만, 오직 이 처를 위해 연제(練祭)를 지내지 않는다는 설은 붕우들 사이에서도 이를 믿는 자가 있어 한 두 집이 이를 좇아 연제(練祭)를 지내지 않을 것이라 스스로 생각했다. 무릇 예를 아는 사람은 여러 사람들의 스승이다. 한 마디도 검토하지 않는다면, 스스로 그르치는 잘못은 작지만 남을 그르치는 잘못은 더욱 커진다. 내가 이를 두려워하여 이와 같이 갖추어 논하였다.

雜記曰, "期之喪, 十一月而練, 十三月而祥, 十五月而禫." 鄭注云, "此謂父在爲母也." 勉齋續通解練章, 又引喪服疏爲妻亦伸之文, 附入於鄭注之

---

5 부모의 상……것이 있다 : 《성호전집(星湖全集)》 권39 〈김사계의례문해변의상(金沙溪疑禮問解辨疑上)〉의 '피발(被髮)' 조목에 나온다.

6 대부와 사(士)……전례가 아니다 : 대부와 사(士)가 고조까지 제사하는 것에 대해서는 본권의 〈대부와 사가 4대까지 제사 지내는 것에 대한 논설(大夫士祭及四世說)〉에서 자세히 논하였다.

下. 夫父在爲母夫爲妻, 服雖止期, 而實有三年之義, 故練祥杖禫皆具, 此乃禮經之定制, 而古今之所通行也. 近世星湖李氏瀷刱爲爲妻無練之說, 辨論累百言. "有曰十一月而練, 僅見於雜記, 而記但言朞之喪, 不言父在爲母. 其以父在爲母當之者, 卽鄭氏之說, 而亦不言夫爲妻. 續通解所引爲妻亦伸, 卽喪服疏指禫杖而言也. 不知勉齋何考, 而以此一句附見於練祥條, 而沙溪備要因之. 然爲妻十一月而練, 遍考三禮, 終不見可據文字, 則妻喪無練明矣." 愚按星湖此論, 可謂核矣. 然惜其考之不精, 而輕於立論也. 間傳曰, "朞之喪, 十五月而禫." 小記曰, "爲父母妻長子禫." 喪服疏曰, "夫爲妻年月禫杖, 亦與母同." 此三條, 皆與雜記之文相發. 夫練祥杖禫, 一串相貫, 未有有禫而無二祥者. 夫爲妻服朞, 而實有三年之義, 故有杖有禫, 有禫則斯有練祥矣. 疏言年月杖禫, 則非指練祥禫之年月耶! 爲妻亦與母同, 則十一月練, 十三月祥, 不啻十分明的矣. 何以謂三禮都無可據文字也? 又檀弓孔疏引雜記此節, 而曰爲母爲妻, 十三月大祥, 十五月禫, 則此記之並指母妻, 孔疏又可據也. 勉齋豈無稽而云爾耶! 又曰, "妻喪實無三年之義." 愚按五服條例, 惟父祖之於子孫, 以尊臨卑而不報, 餘親皆相報. 古禮爲兄弟之子婦大功, 而己之諸婦則小功, 疑若親疎之不倫. 然兄弟之子婦爲伯叔父母大功, 故己亦爲之報也. 服術之重相報如此. 妻旣移天於夫, 爲夫極服, 故夫之爲之服也. 亦與父在爲母同而報之以三年之體, 不但敵體齊尊, 爲萬世宗祀之主而已也. 此聖人制服之精義也. 證之以經傳, 左氏所謂'王有三年之喪二', 小記所謂'爲父母妻長子禫', 大記所謂'期終喪, 不食肉不飮酒, 父在爲母爲妻期, 居廬終喪, 不御於內.' 夫父在爲母爲妻, 皆是三年之確證也. 又曰, "子爲母厭於父, 不敢伸, 故練於十一月. 若爲妻眞有三年之義, 則果厭於誰而練於不當練之月耶?" 夫父在爲母, 服止於朞, 夫爲妻服, 豈敢過於父在爲母耶? 子爲母厭屈於父, 夫爲妻厭屈於母, 其義一也. 又曰, "十一月而練, 不見於儀禮. 若以雜記之言爲正當, 則凡朞之喪, 皆可十一月而練, 不獨父在爲母也." 此又不然. 按雜記此章, 通論重服中吊人之禮, 先言三年喪, 次言期之喪, 並擧練祥禫之節, 而結之曰練則吊, 此乃擧期服之最重者而言之. 若無杖不禫之期, 則旣葬必無不可吊哭之理. 然則記文此節, 明是父在爲母之禮, 而鄭注自不可易也. 且其十五月而禫之文, 與間傳吻合. 夫中月而禫, 記有明文, 則十五月而禫者, 必也十一月而練祭, 十三月而大祥, 以伸三年之節次. 不如是則三年之體不備故也. 雜記之言, 尙何可疑之有哉? 儀禮一部, 固爲禮經之壇墠, 而若其常變之條例, 吉凶之儀節, 多賴戴記以徵之. 苟以儀禮之所不載, 盡廢曲臺之記, 則考禮者將無以觀通而行典矣. 於乎可哉! 余竊詳星湖之意, 妻喪無三年之義一節, 卽其立論宗旨也. 無三年之義則並與禫杖而無之. 然爲妻禫杖, 諸經之文, 炳如日星, 移動不得, 則倚閣一邊, 連篇累牘, 極力辨難者, 只是爲妻無練四字而已. 果其有禫而無練, 則進不及三年之體, 退不成期年之制. 聖人制禮, 斷無此半上落下之服術矣. 經不言爲母而鄭注明之, 注不及爲妻而勉齋補之. 是乃經與傳互相足之義也. 況勉齋非臆說也! 喪服傳及檀弓諸疏說, 確是可據之文, 而今以疏不見一練字, 硬斷爲無練之說, 不幾近於高叟之說詩乎! 星湖白首窮經, 尤邃於禮學, 亦可謂近代之名儒也. 余讀其全書, 貫穿三禮, 剖析疑義, 逴逴卓然可觀. 然徐而考之, 則亦不能無瑕瑜之不相掩處. 如父母喪被髮, 謂有古禮之可據, 大夫士祭及高祖, 承先儒之謬說, 而斷斷以爲非先王之典之類是也. 余未暇逐節論辨, 而惟是爲妻無練之說, 自以爲朋友間亦有信及者, 一二家從而不練云. 夫知禮之家, 衆人之師資也. 一言不審, 自誤之失猶小, 誤人之過滋大. 余爲是懼, 具論之如此.

상복喪服 해설

喪服解

상고(上古) 시대에는 상기(喪期)에 일정한 수가 없었고 심상(心喪)을 종신토록 하여, 상복(喪服)의 제도가 있지 않았다. 선유(先儒)는 하후씨(夏后氏,

우임금)가 처음으로 상복(喪服)을 만들었다고 하였는데, 그 자세한 것은 들을 수 없었다. 주(周) 나라에 이르러 그 제도가 크게 완비되어, 상복의 앞에는 최(衰)를 붙이고 뒤에는 부판(負版)을 붙이며 좌우에는 벽령(辟領)을 붙인다. 질(絰)에는 모시의 구별이 있고 지팡이에는 둥글고 깎은 차등이 있다. 또한 포영(布纓)의 거칠고 고움으로 오복(五服) 경중(輕重)의 차등을 나누어 모두 《의례(儀禮)》〈상복기(喪服記)〉에 실었다. 정현은 주(注)에서 부판(負版)·최(衰)·적(適, 벽령) 삼물(三物)의 이름 지은 뜻을 모두 자식이 부모를 위한 것으로 풀이하였으니, 대개 무거운 것을 들어서 가벼운 것을 포괄하는 것일 뿐이다. 주문공(朱文公)의 《가례(家禮)》에서는 대공(大功) 이하는 모두 삼물(三物)을 제거한다고 하였고, 양씨(楊氏)가 다시 문공(文公)을 인용하여 후대의 정론으로 삼으면서 '방친(旁親)에 대한 복에서는 모두 삼물(三物)을 제거한다'라고 하였다. 경산(瓊山)의 《가례의절(家禮儀節)》에서는 '참최는 기년이 될 때까지 제도가 달라지는 적이 없다. 오직 대공(大功) 이하에서 공을 들여 실을 손질하는 뜻을 취하여 마땅히 삼물(三物)을 제거해야 한다'고 하였으니, 또한 《가례(家禮)》의 글을 따른 것이다. 지금 살펴보건대, 〈상복기(喪服記)〉에서 삼물(三物)의 제도를 차례로 서술한 뒤 '모든 상복(凡衰)'으로 문장을 시작하였고, 가공언 소(疏)에서 모든 상복은 오복(五服)을 총괄해서 말한 것이라고 하였다. 정현 또한 오복(五服)의 상복은 오복의 최 가운데 하나는 꿰매지 않고 넷은 꿰맨다고 하였다. 이는 주소가(註疏家) 들이 모두 오복(五服)이 모두 삼물(三物)을 갖추었다고 여긴 것이다. 〈상복(喪服)〉의 주(注)로 증명한다면, 정현 주(注)에서 "질(絰)은 실(實)이니, 효자가 충실한 마음을 갖고 있음을 밝힌 것이다."라고 하였다. 그렇다면 질(絰) 또한 방친(旁親)에게는 사용해서는 안 될 것이리라! 얽매여서 보아서는 안된다는 것이 분명하다. 옛날 조정의 제사에서 복은 상의하상(上衣下裳)에 모두 백포(白布)를 사용하였는데, 지금 삼물(三物)을 제거하는 것은 단지 베와 실의 정한 것과 거친 것을 취하여 길흉의 복을 구별하니, 이것이 어찌 일부러 슬픈 감정을 일으키게 하는 물건의 뜻[7]이겠는가? 내가 생각하기에, 삼물(三物)은 슬픔을 표현하는 도구이다. 《예기(禮記)》 〈잡기(雜記)〉에 "대부가 장지(葬地)와 장일(葬日)을 잡을 때 유사(有司)는 마의(麻衣)에 포최(布衰)와 포대(布帶)를 착용하고, 상구(喪屨)와 갓끈 장식이 없는 치포관(緇布冠)을 착용한다."라고 하였고, 정현 주(注)에서 "마의(麻衣)는 백포(白布)의 심의(深衣)이고 포최(布衰)를 붙인다."라고 하였으며, 황씨(皇氏)는 "삼승반포(三升半布)로 최(衰)를 만드는데, 길이는 6촌(寸)이고 너비는 4촌(四寸)으로 앞의 가슴 부분에 꿰매고, 뒤에는 또 부판(負版)이 있다."라고 하였다. 살펴보건대, 유사(有司)가 점을 칠 때 감히 흉복(凶服)을 입지 않더라도 또한 슬퍼하는 절차가 온전히 없어서는 안 되기 때문에 최(衰)와 부판(負版)의 제도를 갖춘 것이다. 그리고 조복(吊服)도 모두 최(衰)의 이름을 붙이니, 예를 들어 석최(錫衰)·시최(緦衰)·의최(疑衰) 등이 이것이다. 임금이 신하의 상에 임할 때도 반드시 머리에 환질(環絰)을 쓰고 가슴에 최(衰)를 붙여 슬퍼하는 감정을 표상하니, 하물며 공시(功緦)의 상복(喪服)에 있어서랴! 이는 모든 오복(五服)이 삼물(三物)을 모두 갖추었다는 분명한 증거이다. 오계공(敖繼公)은 '오복(五服)은 모두 최(衰)와 적(適, 벽령)을 갖추고 있고, 오직 부판(負版)만이 자식이 부모를 위해 한다.'라고 하며, '공자(孔子)가 부판(負版)한 사람에게 경의를 표했다'는 것을 인용하여 증명했다. 그러나 《논어(論語)》에서 "상복(喪服)을 입은 자에게 경의를 표하고, 나라의 도적(圖籍)을 짊어진 자에게 경의를 표했다.(凶服者式之, 式負版者.)"[8]라고 한 것은, 흉복(凶服)이 이미 오복(五服)의 상복(喪服)을 가리켰으니, 부판(負版)은 상복(喪服)이 아님을 명확히 알 수 있다. 오계공(敖繼公)의 설은 어디에 근거한 것인지 모르겠다. 근세 중국의 사명(四明) 황씨(黃氏)[9]가 가례(家禮)의 오복(五服)은 모두 삼물(三

---

7 일부러……물건의 뜻 : 《예기(禮記)》 〈단궁(檀弓)〉에 나오는 말이다. "자유(子游)가 말하였다. '예는 정을 줄인 것이 있고, 일부러 슬픈 감정을 일으키는 물건을 두는 경우가 있다. 자기감정대로 곧바로 행하는 것은 오랑캐의 도이니, 중국의 예도는 그렇지 않다.(子游曰, 禮有微情者, 有以故興物者. 有直情而徑行者, 戎狄之道也. 禮道則不然.)"

8 상복(喪服)을……표했다 : 《논어(論語)》 〈향당(鄉黨)〉 15장에 나온다.

9 사명(四明) 황씨(黃氏) : 황윤옥(黃潤玉, 1389~1477)으로 자(字)가 맹청(孟淸)이고 명나라 학자이다.

物)을 갖추었다고 했으니, 또한 예의 근본을 얻은 것이다.

上古喪期無數, 心喪終身, 未有喪服之制. 先儒云夏后氏始制喪服, 其詳盖不可得而聞也. 至周其制大備, 前有衰後有負版, 左右有辟領, 絰有牡枲之別, 杖有圓削之等. 又以布縷之麄細, 分五服輕重之差, 具載於喪服記. 鄭注負版·衰·適三物之名義, 皆以子爲父母釋之, 盖擧重而包輕耳. 文公家禮大功以下, 皆去三物. 楊氏復又引文公後來定論, 謂旁親之服, 並去三物. 瓊山儀節云斬衰至朞, 制度未嘗有異. 惟大功以下, 取用功治絲之義, 則當去三物, 盖亦遵家禮之文也. 今按喪服記, 歷叙三物之制, 而以凡衰起文. 賈疏云凡衰總五服而言也. 鄭氏亦云五服之衰, 一斬四緝, 是則註疏家皆以爲五服並具三物也. 若以喪服注爲證, 則注又曰, "絰者實也, 明孝子有忠實之心." 然則絰亦不可用於旁親乎! 其不可泥看也明矣. 古者朝祭之服, 皆上衣下裳, 皆用白布. 今去三物, 但取布縷之精麄, 以別吉凶之服, 則是豈以故興物之義哉? 竊謂三物者, 所以表哀也. 雜記云, "大夫卜宅與葬日, 有司麻衣布衰布帶, 因喪屨緇布冠不蕤." 注云, "衣白麻布深衣而着衰焉." 皇氏云, "以三升半布爲衰, 長六寸廣四寸, 綴於衣前當胷上. 後又有負版." 按有司涖卜, 雖不敢用凶服, 而亦不可全無哀節, 故亦具衰負版之制. 又吊服皆以衰名, 如錫衰緦衰疑衰是也. 君臨臣喪, 亦必首加環絰而胷著衰焉, 所以表哀素之情也, 況於功緦之喪服乎! 此皆五服皆具三物之明證也. 敖繼公謂五服皆具衰適, 而惟負版子爲父母有之, 引孔子式負版者以證之. 然論語曰, "凶服者式之, 式負版者." 凶服旣指五服喪服, 則負版之非喪服, 斷可知矣. 敖說未知何據也. 近世中州四明黃氏, 家禮五服皆具三物, 盖亦得禮之本也.

《경서보주(經書補注)》와 《해함만상록(海函萬象錄)》 등의 저술이 있다.

선기옥형으로 측험한 것에 대한 설명

璿璣玉衡測驗說

선기옥형(璿璣玉衡)이 의(儀)와 상(象)을 겸하여 하나로 한 제도는 내가 이미 자세히 논하였다.[10] 그러나 《서경(書經)》에서 "칠정(七政)을 고르게 하셨다."[11]라고 했으니, 또한 이것은 상(象)을 가볍게 여기고 의(儀)를 중히 한 것이다. 후세 옛것을 숭상하는 선비가 혹 그림을 살펴 기구를 제작하는데 단지 하늘의 모양만 본떴을 뿐, 측험(測驗) 하는 방법까지 미치는 데는 드물었다. 그 상(象)을 얻었으나 법을 빠뜨렸고, 체(體)를 얻었으나 용(用)이 없었으니, 유자(儒者)의 학문이 매양 도수(度數)에 정밀하지 못함을 근심하는 까닭이다. 내가 이미 이 기구를 제작하고 이를 회전시켜 측험(測驗) 하니, 각 절기의 중성(中星)을 고찰할 수 있었고, 각 절기의 해가 지는 것의 이르고 늦음을 분별할 수 있었으며, 일주야(一晝夜)의 시각을 정할 수 있었다. 만약 입춘(立春)의 혼중(昏中)을 알고자 하여 황도(黃道)의 입춘계(立春界)를 지평(地平)의 유방(酉方)에서 회전시키면, 동적도(動赤道)의 묘수(昴宿)가 정히 남방에 위치한다. 만약 우수(雨水)의 혼중(昏中)을 알고자 하여 황도(黃道)의 우수계(雨水界)를 지평(地平)의 유방(酉方)에서 회전시키면, 동적도(動赤道)의 삼수(參宿)가 정히 남방에 위치한다. 절기에 따라 회전시키면 24절기의 혼중(昏中)과 조중(朝中)을 고찰할 수 있다.【항성(恒星)의 도수(度數)는 문정(文定) 서광계(徐光啓)가 정한 적도경위도(赤道經緯度)를 사용했기 때문에 지금 항성도(恒星度)와 비교하면 조금 차이가 있고 혹 몇 도까지 차이가 나서 정남(正南)의 방위에 해당하지 않는 것이 있으니, 보는 자는 잘 살펴야 한다.】 만약 동지와 하지의 해가 뜨고 지는 이르고 늦음을 알고자 하여 황도(黃道)의 하지계(夏至界)를 지평계(地平界)에서 동쪽으로 회전시

10 선기옥형(璿璣玉衡)이……논하였다 : 본서 권7의 〈선기옥형에 대한 기문(璿璣玉衡記)〉를 가리킨다.

11 칠정(七政)……하셨다 : 《서경(書經)》 〈순전(舜典)〉에 "선기(璿璣)와 옥형(玉衡)으로 살펴 칠정(七政)을 고르게 하셨다.(在璿璣玉衡, 以齊七政.)"라는 말이 나온다.

키면, 해가 뜨는 시각은 인시(寅時) 몇 각(刻)이 되고, 또 지평계(地平界)에서 서쪽으로 회전시키면, 해가 지는 시각이 술시(戌時) 몇 각(刻)이 된다. 황도(黃道)의 동지계(冬至界)를 지평계(地平界)에서 동쪽으로 회전시키면, 해가 뜨는 시각이 진시(辰時) 몇 각(刻)이 되고, 또 지평계(地平界)에서 서쪽으로 회전시키면, 해가 지는 시각이 신시(申時) 몇 각(刻)이 된다. 절기마다 회전시키면, 24절기의 해가 뜨고 지는 이르고 늦음과 주야(晝夜)의 장단을 분별할 수 있다. 시각을 정하는 법은 먼저 천경(天經)을 나경(羅經)에 의거하여 자오(子午)의 방위를 정하니, 낮이면 규형(窺衡)을 들어올려 해를 향해 그림자를 받아, 해 그림자가 둥근 구멍에 정확히 들어차서 조금도 어긋남이 없다면, 그 규형(窺衡)이 향하는 경계가 바로 정적도(靜赤道)의 모시 모각이다. 만약 묘정(卯正)·유정(酉正)이면 해 그림자가 정히 천위환(天緯環)의 직선상에 있고 오정(午正)이면 정히 천경(天經)의 직선상에 있어, 규형(窺衡)이 환각(環角)에 가려져 그림자를 받을 수 없기 때문에 묘정(卯正)·유정(酉正)·오정(午正)의 삼정(三正) 때에는, 사유권(四游圈)의 둥근 그림자를 일자(一字)로 변형시켜 세로로 그은 것이 정시(正時)가 된다. 밤에는 규형(窺衡)을 옮겨서 바라보며 둥근 구멍 안에 밤의 모 수(宿)를 받아들여, 규형(窺衡)이 가리키는 도수에 동적도(動赤道)가 해당하는 별자리를 차례로 회전시키면, 그 황도(黃道)의 해당하는 절기가 절로 지평(地平) 아래로 굴러 들어간다. 예를 들어, 입춘(立春)에 귀수(鬼宿)가 규형(窺衡)에 바로 들어와 동적도(動赤道)의 귀수(鬼宿)를 회전시키면, 황도(黃道)의 입춘계(立春界)가 절로 지평(地平) 아래 해당 시각으로 굴러 들어가니, 【귀수(鬼宿)가 정남에 있으면 해정(亥正) 3각(刻)이다.】 곧 모시 모각이 됨을 알 수 있다. 때에 따라 시기를 점치면 일주야(一晝夜) 12시의 각분(刻分)을 정할 수 있으니, 이것이 그 법의 대략이다. 비록 회전시키고 관측하여 삼광(三光)의 전도(躔度)를 고찰할 수 없으나, 이것으로 별과 해가 있는 곳을 측험(測驗) 한다면 남음이 있을 것이다. 나무를 깎아서 기구를 만들어 둥근 자가 한 아름을 채우지 못하지만, 이것으로 중성(中星)을 고찰하고 시각을 점치며 주야의 장단을 살펴 그 쓰임이 무궁한 것은, 참으로 이수(理數)가 갖춘 바이고 사물은 정(情)을 숨길 수 없기 때문이다. 내가 또 그 설을 상세히 적어 이 기구가 의(儀)와 상(象)의 제도를 겸하여 체용(體用)의 온전함을 미루어 밝힌 것이다.

璣衡之兼儀象而爲一之制, 愚旣論之詳矣. 然書云以齊七政, 則又是象爲輕而儀爲重也. 後世尙古之士, 或按圖制器, 僅以倣像天形而已, 鮮有及於測驗之方, 得其象而遺其法, 有其體而無其用, 盖以儒者之學, 每患不精於度數故也. 余旣制此器, 用以旋轉測驗, 則各節氣之中星可考也, 各節氣之日入早晩可分也, 一晝夜之時刻可定也. 如欲知立春昏中, 旋轉黃道立春界于地平西方, 則動赤道之昴宿正在南方. 欲知雨水昏中, 旋轉黃道雨水界于地平西方, 則動赤道之參宿正在南方. 逐節旋轉, 而二十四節氣之昏中朝中可考也.【恒星度數, 用徐文定光啓所定赤道經緯度, 故比今恒星度常少差, 差或至幾度, 而有不當正南之位者, 觀者詳之.】如欲知冬夏至日出入早晩, 東旋黃道夏至界于地平界, 則日出爲寅時幾刻. 又西轉于地平界, 則日入爲戌時幾刻. 東轉黃道冬至界于地平界, 則日出爲辰時幾刻. 又西轉于地平界, 則日入爲申時幾刻. 逐節旋轉, 而二十四節氣之日出入早晩, 晝夜時長短可分也. 其定時刻之法, 則先以天經依羅經定子午位, 晝則擡起窺衡, 向日受影, 日影正滿圓孔, 無少參差, 則其窺衡所向之界, 卽靜赤道之某時某刻也. 如卯正·酉正, 則日影正當天緯環直線上, 午正則正當天經直線上, 窺衡爲環角所遮, 不得受影. 故卯午酉三正時, 則以四游圈圓影之變成一字, 縱晝者爲正時也. 夜則游移窺衡而望之, 納當夜某宿于圓孔中, 次轉動赤道之當宿于窺衡所指之度, 則黃道當節氣, 自轉入地平下. 如立春節鬼宿正入衡中, 而動赤道之鬼宿轉在衡上, 則黃道之立春界, 自轉入地平下當時刻,【鬼宿在正南, 則爲亥正三刻.】卽知爲某時某刻也. 隨時占候, 則一晝夜十二時之刻分可定也. 此其法之大畧也. 雖不能轉而候望, 以考三光之躔度, 而用以測驗星日之所在則有餘矣. 夫刻木而爲器, 圓規不滿拱抱, 而以之候中星·占時刻·考晝夜之長短, 其用不窮者, 誠以理數之所該, 物無遁情故也. 余又詳著其說, 以推明是器之兼儀象之制, 而具體用之全云爾.

기영氣盈과 삭허朔虛에 대한 설명

氣朔盈虛說

해가 하늘과 만나 5일가량 많은 것을 기영(氣盈)이라 하고, 달이 해와 만나 5일가량 적은 것을 삭허(朔虛)라고 한다. 많고 적으며 차고 비는 수는 어디를 따라서 기준을 삼은 것인가? 상수(常數)로 기준을 삼은 것이다. 상수(常數)는 어떤 수인가? 1년 360일의 수이다. 양(陽)은 1에서 시작하여 5에서 중간이 되고, 음(陰)은 2에서 시작하여 6에서 중간이 된, 5와 6은 천지(天地)의 중수(中數)이다. 360일을 5로 나누면 각각 72일이 되고, 6으로 나누면 각각 60일이 된다. 금목수화토(金木水火土)를 오행(五行)이라 하고, 풍한서습조화(風寒暑濕燥火)를 육기(六氣)라 한다. 오행(五行)은 하늘에서 나와 땅에서 행하고, 육기(六氣)는 땅에서 나와 하늘에서 행한다. 오행(五行)이 방위를 나누어 사시(四時)가 각각 72일을 점하고, 육기(六氣)가 차례를 바꾸어 1년의 각각 60일을 점하여, 모두 360을 절기로 삼는다. 《회남자(淮南子)》에서 "하늘에 열두 달이 있어 360일을 제어하고, 사람은 십이지(十二肢)가 있어 360관절을 부린다."[12] 라고 하였는데 이것을 이르는 것이다. 하늘은 간(干)이고 땅은 지(支)이기 때문에 십간(十干)을 오행(五行)에 소속시키고 십이지(十二支)를 육기(六氣)에 소속시키며, 십간(十干)과 십이지(十二支)를 서로 짝하게 하면, 갑자(甲子)에서 시작하여 계해(癸亥)에서 끝난다. 갑자(甲子)부터 계해(癸亥)까지 60일을 일기(一紀)로 삼아, 육기(六紀)가 되면 360일이 된다. 금년 동지(冬至)의 간지(干支)가 갑자(甲子)라면, 내년 동지(冬至)의 간

12 하늘에……부린다 : 《회남자(淮南子)》 〈천문훈(天文訓)〉에 나온다.

지(干支)가 기사(己巳)가 됨을 알 수 있다. 또 반을 나누면 183일이 되니, 금년 동지(冬至)부터 내년 하지(夏至)까지의 일수이다. 만약 금년 하지(夏至)의 간지(干支)가 갑자(甲子)라면, 내년 하지(夏至)의 간지(干支)가 병인(丙寅)이 됨을 알 수 있다. 천년의 일지(日至)도 이것을 말미암아 알 수 있으니, 이것이 또한 날짜를 기록하는 방법이다. 《주례(周禮)》 〈춘관(春官)·태사(太史)〉의 정현 주에 "중수(中數)를 세(歲)라 하고 삭수(朔數)를 연(年)이라 한다."라고 하였다. 해가 하늘과 만나 동지에서 시작하여 동지에서 끝나면, 나누어 12중기(中氣)로 하여 이를 세(歲)라 하고, 달이 해와 만나 합삭(合朔)에서 시작하여 합삭(合朔)으로 끝나면, 나누어 12주삭(周朔)으로 하여 이를 연(年)이라 한다. 양(陽)은 많고 나아가서 세수(歲數)가 항상 상수(常數)를 지나치고, 음(陰)은 모자라고 물러나서 연수(年數)가 항상 항수(恒數)에 미치지 못한다. 그러므로 상수(常數)를 표준으로 삼아 그 차고 줄어드는 것을 비교하여 이름하기를 기영(氣盈)·삭허(朔虛)라 하는 것은 소식(消息)·영허(盈虛)의 기기(氣機)를 징험하는 것이다. 기기(氣機)가 소식(消息)·영허(盈虛)함은 하늘이 변화를 이루며 귀신을 행하는 것이다.[13]

日與天會而多五日零, 謂之氣盈, 月與日會而少五日零, 謂之朔虛. 多少盈虛之數, 何從而取準乎? 以常數爲準也. 常數者何數也? 一歲三百六十日之數也. 陽始一而中於五, 陰始於二而中於六, 五六者天地之中數也. 三百六十日, 以五分之則各爲七十二日, 以六分之則各爲六十日. 金木水火土謂之五行, 風寒暑濕燥火謂之六氣. 五行生於天而行於地, 六氣生於地而行於天. 五行分位而四時各占七十二日, 六氣代序而一年各占六十日, 皆以三百六十爲節. 淮南子曰, 天有十二月, 以制三百六十日, 人有十二肢, 以使三百六十節, 此之謂也. 天干而地支, 故十干以屬五行. 十二支以屬六氣. 十

13 기기(氣機)가……행하는 것이다 : 《주역(周易)》 〈계사전(繫辭傳)·상(上)〉 9장에 "무릇 천지(天地)의 수(數)가 55이니, 이것이 변화(變化)를 이루며 귀신(鬼神)을 행하는 것이다.(凡天地之數五十有五, 此所以成變化而行鬼神也.)"라는 말이 나온다.

干十二支相配, 則起於甲子, 終於癸亥. 自甲子至癸亥六十日爲一紀, 六紀則三百六十日, 而今年冬至干支爲甲子, 則知來年冬至干支爲己巳也. 又半之得一百八十三日, 則今年冬至距來年夏至之日數也. 如今年夏至干支爲甲子, 則知來年夏至干支爲丙寅也. 千歲之日至, 由此可致而亦所以紀日也. 周禮註曰, 中數曰歲, 朔數曰年. 日與天會而始冬至終冬至, 則分爲十二中氣而謂之歲. 月與日會而始合朔終合朔, 則分爲十二周朔而謂之年. 陽饒而進, 歲數恒過於常數, 陰乏而退, 年數恒不及於恒數, 故以常數爲準而較其盈縮, 命之曰氣盈曰朔虛者, 所以驗消息盈虛之機也. 氣機之消息盈虛, 天之所以成變化而行鬼神也夫.

역수曆數에 대한 설명

曆數說

홍범(洪範)의 네 번째가 오기(五紀)이고 오기 중 다섯 번째가 역수(曆數)이다.[14] 일(日)·월(月)·성신(星辰)이 운행하는 도수를 역(曆)이라 하고, 일(一)·십(十)·백(百)·천(千)·만(萬)을 수(數)라 하며, 수(數)로 역(曆)을 기록한 것을 역수(曆數)라고 한다. 무릇 이(理)가 있으면 기(氣)가 있고, 기(氣)가 있으면 수(數)가 있으니, 수(數)는 이(理)의 분한(分限)과 절도(節度)이다. 하늘과 사람사이는 서로 기준이 되도록 영향을 주어, 천도(天道)는 위에서 운행하고 인사(人事)는 아래에서 응한다. 사시(四時)가 서로 갈마들어 세공(歲功)이 이루어지고, 이기(二氣)가 교착(交錯)하여 길흉(吉凶)이 생겨난다. 이 때문에 하늘을 헤아리고 오기(五紀)를 살펴, 천년 뒤의 동지도 알 수 있고, 백대(百代)

14 홍범(洪範)……역수(曆數)이다 : 《서경(書經)》 〈홍범(洪範)〉에 나오는 말로, 오기(五紀)는 세(歲), 월(月), 일(日), 성신(星辰), 역수(曆數)이다.

의 기의 운행을 알 수 있다. 그러므로 "방문을 나가지 않아도 천하를 알고, 창밖을 살펴보지 않아도 천도(天道)를 볼 수 있다."[15]라고 하니 이를 이른 것이다. 신묘함을 궁구하여 변화를 아는 것[16]이 역(易)의 도(道)이고, 지난 일을 인하여 앞으로 다가올 일을 미루어 아는 것이 역(曆)의 기(紀)이다. 태현(太玄)은 3으로 수를 일으켰고 황극경세(皇極經世)는 4로 수를 일으켰으니, 모두 역(易)을 부연하여 역(曆)에 짝하게 하여 소식영허(消息盈虛)하는 까닭을 궁구한 것이고, 황극경세(皇極經世)의 일원(一元)인 12만 9천 6백 년은 바로 1년을 미루어 나간 것이다. 또 미루어 원회운세(元會運世)[17]까지 나아가 번갈아 무궁한 데까지 찾아가는데 이는 모두 역기(曆紀)의 수를 벗어나지 않는다. 어찌 별도로 신묘불측(神妙不測)한 술법을 두어 일부러 그 말을 은하같이 막연하게 했겠는가! 지금 양구(陽九)와 백육(百六)의 설[18]로 고찰해보면, 일원(一元) 중에 홍수와 가뭄은 모두 정해진 수가 있어 옮길 수가 없다. 그렇다면 성인(聖人)의 재성(財成)하고 보상(輔相)하는 도(道)는 과연 어디에 있는가? 요(堯) 임금이 9년의 홍수를 만나 우(禹)로 하여금 치수하게 하여 천하가 태평하게 되었으니, 요(堯) 임금이 재성(財成)하고 보상(輔相)한 바이나, 바야흐로 오는 기수(氣數)를 만회하여 9년의 홍수가 없게 할 수 없었다. 탕(湯) 임금이 7년의 가뭄을 만나 자신이 직접 희생이 되어 단비가 때맞춰 내리게 하였으니, 탕(湯) 임금이 재성(財成)하고 보상(輔相)한 바이나, 이미 그렇게 된 기수(氣數)를 돌려서 7년의 가뭄이 없게 할 수 없었다. 왜인가? 기수(氣數)가 가지런하지 않음은 하늘의 도(道)이다. 360은 1년의 상수(常數)이나, 기영(氣盈)으로 5일가량 많이 남고 삭허(朔虛)로 5일 가

15 방문을……볼 수 있다 : 《도덕경(道德經)》 47장에 나오는 말이다.

16 신묘함……아는 것 : 《주역(周易)》 〈계사전(繫辭傳)·하(下)〉 5장에 나오는 말이다.

17 원회운세(元會運世) : 소옹(邵雍)의 《황극경세서(皇極經世書)》에 나오는 말로, 1원(元)은 세상이 열린 뒤부터 소멸하기까지의 한 주기이다. 1원은 12회(會)이고 1회는 30운(運)이며, 1운은 12세(世)이고 1세는 30년(年)이다. 이에 1원(元)이 12만 9천 6백 년이 되는 것이다.

18 양구(陽九)와 백육(百六)의 설 : 양구(陽九)는 재난(災難)과 액운으로, 《한서(漢書)》 〈율력지(律曆志)〉에 따르면 처음 원(元)에 들어가서 106년이면 양구(陽九)가 되는데 9년의 한재(旱災)가 있는 것을 가리킨다고 하였다.

량 적게 되니, 이에 윤달을 두어 그 가지런하지 못한 것을 가지런하게 하였다. 19년에 7번의 윤달을 두니, 그 나머지가 흡사 전혀 남음이 없는 듯 하였으니 19는 하늘에서 셋을 취하고 땅에서 둘을 취한 수[19]이다. 천도가 작게 이루어진 것을 1장(章)이라 하고, 4장(章)을 1부(部), 20부(部)를 1통(統), 3통(統)을 1원(元)으로 삼는데, 1원(元)에는 오양(五陽)·사음(四陰)과 양(陽)이 가뭄이 들고 음(陰)이 홍수가 되며, 7·8·9·6의 음양(陰陽)의 수(數)가 있다. 이것들이 교대로 서로 타서 혹 480년 만에 재난이 한 번 생기고 혹 720년 만에 재난이 한 번 생기며 혹 600년 만에 재난이 한 번 생긴다. 무릇 장(章)에서부터 부(部)와 통(統)을 거쳐 원(元)이 되기까지 4,617년이 된다. 음양과 오행의 기(氣)가 어지럽게 서로 어울려 섞여, 양(陽)이 지나쳐 마르게 되면 가뭄이 되고 음(陰)이 성하여 넘치게 되면 홍수가 되니, 이는 모두 천지자연의 수이다. 천문가(天文家)가 성상(星象)을 관찰하여 재앙과 상서를 미루어 구하는 것과 오성(五星)의 비류(飛流)·복역(伏逆)·충합(衝合)·능범(凌犯)에는 모두 수(數)가 존재한다. 혜성은 천참성(天欃星)에 속하는 것으로 성변(星變) 중 큰 것이다. 《사기(史記)》〈천관서(天官書)〉에 "오성(五星)의 모이고 흩어짐은 64번 변한다. 세성(歲星, 목성(木星))이 동남쪽으로 나아가면 3개월 뒤에 혜성이 나타나고, 서북쪽으로 물러나면 3개월 뒤에 천참성(天欃星)이 나타난다."고 했다. 측험(測驗) 하는 기술이 옛날 책에 기록이 없지만, 이치로 헤아리면 오성(五星)의 진퇴(進退)와 역순(逆順)은 이미 수(數)로 얻을 수 있으니, 그것이 흩어져 64번 변하는 조짐은 성력(星曆)을 정밀히 연구한 자가 어찌 추측하여 알지 못하겠는가! 《한서(漢書)》〈예문지(藝文志)〉에 《오잔잡변성(五殘雜變星)》 21권이 있는데, 아마도 옛날에 그 법이 있었으나 지금은 없어진 것 같다. 지금 일식과 월식은 음양의 액회(阨會)로 운행하는 길이 항상 됨이 있고 다시 때가 있어, 역(曆)을 담당하

19 하늘에서……취한 수 : 《주역(周易)》〈설괘전(說卦傳)〉에 "하늘에서 셋을 취하고 땅에서 둘을 취하여 수(數)를 의지한다.(參天兩地而倚數)"라는 말이 나온다. 하늘은 둥글고 땅은 네모져서, 둥근 것은 둘레가 3이라 셋을 취하고, 네모진 것은 둘레가 4인데 4는 2를 합한 것이라 둘을 취한다고 하였다.

는 자가 한 번 계산하면 미리 알 수 있다. 노(魯) 나라 소공(昭公) 17년 정월(正月)에 음기가 일어나지 않았는데도 일식이 일어나고, 원조(元朝) 첫 해에 일식이 일어났으니, 그 점치는 것이 더욱 중시되었으니 역사서에서 고찰하면 치밀하게 징험할 수 있다. 저 홍수와 가뭄의 재난과 혜성의 변화만 유독 수(數)로 얻지 못할 수 있겠는가! 다만 여기에 전문(專門)으로 업을 삼은 성력가(星曆家)가 있는데, 평범한 사람이면서 능히 저기에 통할 수 있다면, 사부에게 배운 기술이 없는 경우에는 진실로 뛰어난 사람의 총명함이 아니고서는 천지의 기함(機緘)을 쉽게 엿볼 수가 없다. 소요부(邵堯夫)가 형서(邢恕)[20]에게 말하길 "그대의 재주로 나의 학술을 배운다면 잠깐 사이에 다 할 수 있을 것이네. 그러나 숲속에서 여유롭게 수양하며 마음을 허명(虛明)하게 하지 않는다면 배울 수가 없네."[21]라고 하였으니, 그렇다면 소강절(邵康節)의 학문이 전함이 없게 된 것은 단지 그 사람을 찾기 어려웠을 뿐 그 학문을 다른 사람에게 가르칠 수 없어서가 아니었다. 논설하는 자는 "이(理)는 기(氣)의 장수이다. 군자(君子)가 먼저 이(理)를 밝힌다면 기(氣)와 수(數)도 이것을 벗어나지 않을 것이다. 지금 '길흉(吉凶) 및 좋고 나쁨에는 일정한 수(數)가 있다'라고 말한다면 이는 술수(術數)의 학문으로 흘러가는 것이니 군자가 마땅히 말할 바는 아니다."라고 말하니, 다음과 같이 답한다. 수(數)는 기(氣)에서 나오고 기(氣)는 이(理)에게 명을 받기 때문에 군자의 학문은 반드시 이(理)를 궁구하는 것을 귀하게 여긴다. 그러나 이(理)에는 상(常)과 변(變)이 있어, 이(理)에 밝지 못한 점이 있으면 기수(氣數)를 인하여 밝혀야만 한다. 정숙자(程叔子, 정이(程頤, 1033~1107))가 "수련하여 수명을 늘이고, 나라의 복으로 하늘에 천명이 영원하기를 기원하며 배워

---

20 형서(邢恕) : 자(字)가 화숙(和叔)이고 송나라 학자이며, 정호(程顥)에게 학문을 배웠다. 당대 중신인 사마광(司馬光), 여공저(呂公著) 등의 문하에 출입하였으나, 후에 장돈(章惇) 등과 손잡고 사마광, 여공저 등을 모함하여 궁지에 빠뜨린 일이 있다.

21 그대의……배울 수가 없네 : 《주자어류(朱子語類)》와 《성리대전서(性理大全書)》 등 다른 기록에는 소옹이 장자후(章子厚, 장돈(章惇))에게 말한 것으로 기록되어 있다.

서 성인에 이를 수 있음은 모두 필연의 이치이다."라고 했고, 또 바람 앞의 촛불과 방안의 등불로 사람의 장수와 요절을 비유하였다. 그러나 안연(顏淵)은 요절을 면하지 못하였고 정백자(程伯子, 정호(程顥, 1032~1085))는 겨우 오십을 넘겼다. 게다가 요순(堯舜)의 대성(大聖)으로도 주균(朱均)[22]을 교화하지 못했고, 공부자(孔夫子)의 대덕(大德)으로도 녹위(祿位)를 얻지 못했다. 이것이 모두 이(理)의 변(變)이다. 주자(朱子)가 진종(眞宗)의 전주(澶州) 전쟁에서의 무사함[23]을 본조(本朝)의 기(氣)가 바르고 융성한 극치라고 여겼는데, 또한 기수(氣數)를 주로 하여 말한 것이다. 전주(澶州)의 전쟁은 진종(眞宗)의 위엄이 사방 오랑캐를 채찍질하기에 부족하고, 구래공(寇萊公)[24]의 지략은 천리를 제압하기에 부족하였지만, 오랑캐의 기운이 이미 심하여 막아낼 방책이 없어 머뭇거리고 돌아보다가 급하게 직접 전쟁에 나갔으니, 이는 당(唐)나라 태종(太宗)이 위수(渭水)의 편교(便橋)에서 맹약[25]하였던 조정의 기운이 있었던 것이 아니고, 계책은 부득이한 데서 나왔다. 만약 북방 오랑캐가 욕심을 내어 빈틈을 타서 결전했다면 성 위에서 술 마시고 바둑 두는 상태에서 막아낼 수 있었겠는가! 인사(人事)로 말하면, 반드시 오국지수(五國之狩)[26]와 토목지변(土木之變)[27]을 면하지 못했을 것이다. 그러나 거란

22 주균(朱均) : 요(堯)의 아들인 단주(丹朱)와 순(舜)의 아들인 상균(商均)을 가리킨다. 둘 다 불초했기 때문에 요임금은 순임금에게, 순임금은 우왕에게 선양했다.

23 진종(眞宗)……무사함 : 송(宋) 진종(眞宗) 경덕(景德) 원년(1004) 9월에 거란이 송나라를 침입하여, 진종이 이를 맞아 전주(澶州)에서 전쟁을 벌였고, 그해 12월에 동맹을 맺고 끝이 났다.

24 구래공(寇萊公) : 송나라 명재상 구준(寇準, 961~1023)이 내국공(萊國公)에 봉해져서 구래공(寇萊公)으로 불린다. 구준은 전주(澶州) 전쟁에서 거란과의 동맹을 이끌어냈다.

25 당(唐)나라……맹약 : 당나라 태종(太宗)이 즉위한 해에 돌궐(突厥)의 힐리(頡利)가 장안(長安)의 위수(渭水) 편교(便橋) 북쪽까지 침입하자, 태종이 직접 현무문(玄武門)을 나가 6기(騎)를 이끌고 위수까지 가서 담판을 한 다음 편교에서 백마(白馬)를 잡아 맹약을 맺고 돌궐을 돌려보낸 일이 있다.

26 오국지수(五國之狩) : 정강지변(靖康之變)을 가리킨다. 정강(靖康)은 송(宋) 흠종(欽宗)의 연호로 금(金)나라가 북송(北宋)을 멸망시킨 사건이다. 휘종(徽宗)의 뒤를 이은 흠종은 정강 원년 수도를 포위한 금나라와 강화 교섭을 진행하여 금은 재물을 제공하고, 북방 영토 중산(中山)·하간(河間)·태원(太原) 삼진(三鎭)의 할양, 금나라를 백부(伯父)로 하는 등의 조건으로 화의하였다. 그러나 송나라는 금나라의 내부 교란을 획책하였기 때문에 금나라의 공격을 받고 개봉이 함락되었다. 금나라는 휘종·흠종 두 황제를 비롯하여 후비(后妃)와 황족, 관료와 기술자 수천 명을 납치하고, 예기(禮器)·장서(藏書) 등을 약탈해 갔다. 그 뒤 휘종과 흠종은 오국성(五國城)에 유배되었다가 죽었다. 정강지변(靖康之變)을 휘흠북수(徽欽北狩)로도 칭한다.

(契丹)이 멀리서 바라보고 스스로 그만두어 화살과 화살촉을 잃어버리는 낭비가 없었고 영토를 끝내 온전하게 지켜내어 송나라가 융성하게 되었다. 한(漢) 나라 서경(西京)의 초기에 여 태후(呂太后)의 집안 사람들이 지역을 점거하고 강한 병력을 장악하여, 유씨(劉氏)의 통서는 거의 끊어져 가는 띠처럼 겨우 이어졌다. 이에 진평(陳平)과 주발(周勃)[28]이 다시 회복하기를 맹세하였으나, 그 방책은 여록(呂祿)을 속이고 그 병력을 빼앗은 것에 불과할 뿐이었다. 만약 여록(呂祿)이 겨우 보통 사람의 지식을 갖추어 병권(兵權)을 놓지 않았다면 남군(南軍)은 들어올 수 없었고, 진평(陳平)이 지혜를 쓸 곳이 없었으며 주발(周勃)이 그 용맹을 펼 곳이 없었을 것이다. 게다가 대왕(代王)[29]이 이미 사저에서 황제 자리에 올랐으나 소제(少帝)[30]가 여전히 존엄하게 칭해지며 스스로 궁중에 있어, 흥거(興居)[31]가 청궁(淸宮)에 들어가려니 호위하는 군졸이 꾸짖어 그만두게 하여 천자(天子)가 둘이 있게 되었다. 곽광(霍光)이 이미 창읍왕(昌邑王)을 폐위시켰으나[32], 황제를 세우는 의론이 정해지지 않아 근심과 번민으로 안정되지 못하다가 병길(丙吉)이 곽광(霍光)에게 주기(奏記)하여 비로소 황증손(皇曾孫)을 맞아들였으니, 36일 동안 한(漢) 나라 조정에 임금이 없었다. 무릇 혁제(革除)한 큰일이요, 폐립(廢立)한 대고(大故)였으니, 요직을 맡은 자가 우환을 방비함에 소홀함이 이와 같았다. 인사(人事)로 미루어보면, 담장 안의 왕실 내부의 급변(急變)이

---

27 토목지변(土木之變) : 명(明)나라 영종(英宗)이 정통(正統) 14년(1449)에 와자군(瓦剌軍)에게 포로가 된 사건을 가리킨다. 당시에 와자의 귀족 야선(也先)이 군대를 거느리고 명나라를 공격했는데 환관 왕진(王振)이 영종에게 50만 군대를 거느리고 직접 정벌하게 했다가 토목보(土木堡)에서 명군이 대패하여 영종은 포로로 잡히고 왕진은 죽은 사건이 있었다.

28 진평(陳平)과 주발(周勃) : 한 고조(高祖) 유방(劉邦)의 개국공신으로, 여씨의 난을 평정하였다.

29 대왕(代王) : 한 고조의 넷째 아들로 후에 문제(文帝)로 등극했다.

30 소제(少帝) : 여태후가 자신의 소생인 혜제(惠帝)가 사망한 뒤 황제로 삼은 후궁의 아들이다.

31 흥거(興居) : 혜제(惠帝)의 이복인 주허후(朱虛侯) 유장(劉章)의 동생 유흥거(劉興居)이다. 유장(劉章)은 진평, 주발을 도와 대왕(代王)을 황제로 세웠으나, 황제로 등극한 문제가 유장의 공을 인정해주지 않아 동생 유흥거(劉興居)가 나중에 모반하게 되었다.

32 곽광(霍光)이……폐위시켰으나 : 한(漢) 나라의 소제(昭帝)가 일찍 죽고 아들이 없어 방계인 창읍왕(昌邑王)이 황제가 되었는데, 등극한 지 1백 일 동안 포학한 정치를 자행하여, 곽광(霍光)이 황제를 폐위시켰고 후에 황증손(皇曾孫) 선제(宣帝)를 추대하였다.

있지 않다면, 반드시 지방 관찰사의 참란(僭亂)을 불러왔다. 그러나 점괘가 횡경(橫庚)[33]으로 나오고 상서로움이 버드나무에서 응하며 저자 가게도 바뀌지 않았으니, 중흥(中興)의 업을 빛나게 열어 한(漢) 나라가 온전하게 되었다. 이를 통해 역사서를 거울처럼 고찰해보면 명신(名臣)과 지사(智士)가 때를 타서 기회를 노려 공업을 세운 것은 대저 모두 요행으로 이루어진 것이다. 어찌 한결같이 인사(人事)로 반드시 그렇게 될 것을 취하여 항상 된 이(理)로 헤아렸겠는가! 그러므로 "그렇게 함이 없는데도 그렇게 되는 것이 천(天)이요, 이르게 함이 없는데도 이르는 것이 명(命)이다."[34]라고 하는 것이니, 기수(氣數)를 이르는 것이다. 기수(氣數)는 천도(天道)가 유행하는 흔적이고 음양(陰陽)이 굽히고 펴는 기미이다. 성인(聖人)이 괘(卦)를 그어 그 변화를 다하고, 역(曆)을 만들어 그 기후를 밝혔다. 《서경(書經)》〈우서(虞書)·대우모(大禹謨)〉에 "하늘의 역수(曆數)가 너의 몸에 있다."라고 했고, 〈주서(周書)·대고(大誥)〉에 "무강(無疆)한 큰 역복(曆服)을 이어서"라고 했으니, 천명(天命)을 말하며 반드시 역(曆)에 근본 하였으니, 역(曆)이 천도(天度)의 기강인 것이다. 작게는 1년의 주기, 크게는 일원(一元)의 운행까지 그 이(理)는 하나이다. 무리의 우두머리로 정하고 장(章)의 통서로 미루며 삼오(參伍)로 착종하고 종류별로 인신하여, 수(數)를 말미암아 기(氣)를 알고 기(氣)를 말미암아 이(理)를 밝히면, 먼 천백 년 뒤라도 소장(消長)과 진퇴(進退)의 일을 손바닥 들여다보듯 훤할 것이다. 위대하구나, 역(曆)이여. 백성에게 때를 주고 백성의 필요한 것부터 앞세워, 온갖 변화가 이를 통해 펼쳐지고 온갖 법도가 이를 통해 얻어진다. 그 이(理)는 태극상원(太極上元)이고, 그 수(數)는 원회운세(元會運世)이다. 무극도(無極圖)는 앞에 배치하였으니 역(曆)의 체(體)이고, 황극(皇極書)는 뒤에서 부연하였으니 역(曆)의 용(用)이다. 게다가 육위(六位)가 때에 맞추어 이루어진다는 것은 대역(大易)이 변

33 횡경(橫庚) : 한(漢) 문제(文帝)가 대왕(代王)으로 있다가 황제로 추대를 받을 때 거북점을 쳤는데, '크게 가로놓인 무늬(大橫庚庚)'를 보고 자신이 천자가 될 것이라고 했다.

34 그렇게 함이……명(命)이다 : 《맹자(孟子)》〈만장(萬章)·상(上)〉 6장에 나오는 말이다.

화를 찬미한 것이고[35], 사시(四時)를 반드시 매어둔 것은 《춘추(春秋)》가 윗사람을 존엄하게 대한 것이며, 호천(昊天)을 공경하고 칠정을 고르게 한 것은 《상서(尙書)》의 이용이고[36], 대화심성(大火心星)이 서쪽으로 내려가거나 달이 필성(畢星)에 걸린 것은 시인(詩人)이 때를 점친 것이다.[37] 율(律)이 같이 서로 생겨 음악의 근본이 서는 것은 음양(陰陽)의 기(氣)이고, 높고 낮음이 순서가 있어 예(禮)의 체(體)가 변별되는 것은 일월(日月)의 상(象)이다. 이것이 삼재(三才)의 도(道)이고 육경(六經)의 뜻으로 역(曆)에 모두 다 갖추어져 있다.

洪範四五紀, 五曰曆數. 日月星辰所歷之度, 謂之曆, 一十百千萬, 謂之數. 以數紀曆, 謂之曆數. 夫有理則有氣, 有氣則有數. 數也者, 理之分限節度也. 天人之際, 影響相準, 天道運於上而人事應於下, 四時相嬗而歲功成焉, 二氣交錯而吉凶生焉. 是以揆天察紀, 千歲之日至可致也. 推筴窮變, 百代之氣運可知也. 故曰"不出戶知天下, 不窺牖見天道", 此之謂也. 窮神知化, 易之道也. 因往推來, 曆之紀也. 太玄以三起數, 經世以四起數, 皆衍易以配曆, 究極乎消息盈虛之故, 而經世之一元十二萬九千六百年, 卽一年之推也, 又推而至於元會運世, 迭相尋於無窮, 皆不外於曆紀之數也. 夫豈別有神妙不測之術, 而故爲河漢其言哉! 今以陽九百六之說考之, 一元之中, 水旱皆有定數, 移易不得. 然則聖人財成輔相之道, 果安在也? 堯遭九年之水, 而使禹治之, 天下平成, 則堯之所以財成輔相, 而不能挽回方來之氣數, 使無

---

35 육위(六位)가……찬미한 것이고 : 《주역(周易)》 건괘(乾卦)의 단전(彖傳)에 "시작과 끝을 크게 밝히면 육위(六位)가 때에 맞추어 이루어지니, 때로 여섯 용(龍)을 타고서 하늘을 날아다닌다.(大明終始, 六位時成, 時乘六龍, 以御天.)"라는 말이 나온다.

36 호천(昊天)을……이용이고 : 《서경(書經)》 〈요전(堯典)〉에 "이에 희씨(羲氏)와 화씨(和氏)에게 명하여 호천(昊天)을 공경히 따라서 해와 달과 성신(星辰)을 역상(曆象)하여 인시(人時)를 공경히 주게 하셨다.(乃命羲和, 欽若昊天, 曆象日月星辰, 敬授人時.)", 〈순전(舜典)〉에 "선기(璿璣)와 옥형(玉衡)으로 살펴 칠정(七政)을 고르게 하셨다.(在璿璣玉衡, 以齊七政.)"라는 말이 나온다.

37 대화심성(大火心星)이……점친 것이다 : 《시경(詩經)》 〈빈풍(豳風)·칠월(七月)〉에 "칠월에 대화심성(大火心星)이 서쪽으로 내려가거든(七月流火)", 〈소아(小雅)·삼삼지석(漸漸之石)〉에 "달이 필성에 걸렸다(月麗于畢)"라는 말이 나온다.

九年之水也. 湯遭七年之旱, 而身爲犧牲, 甘澍應時, 則湯之所以財成輔相, 而不能斡旋已然之氣數, 使無七年之旱也. 何者? 氣數之不齊, 天之道也. 三百六十者, 一歲之常數, 而氣盈多五日贏, 朔虛少五日贏. 於是置閏, 以齊其不齊, 十九歲七閏, 則零分恰盡無餘, 十九者參天兩地之數也. 天道小成而謂之一章, 四章爲一部, 二十部爲一統, 三統爲一元. 一元有五陽四陰陽旱陰水, 而七八九六陰陽之數也. 交互相乘, 或四百八十歲而一灾, 或七百二十歲而一灾, 或六百歲而一灾. 夫自章而部而統而元, 得歲四千六百一十七矣. 二五之氣, 紛糾錯揉, 陽亢而燥則爲旱, 陰盛而溢則爲水, 此皆天地自然之數也. 天文家仰觀星象, 推求灾祥, 而五星之飛流伏逆衝合淩犯, 皆有數存. 彗孛天欃之屬, 星變之大者, 而天官書云"五星之精散, 爲六十四變, 歲星進東南, 三月生彗星, 退西北, 三月生天欃." 測驗之術, 傳記雖無文, 以理揆之, 五星之進退逆順, 旣可以數得, 則其散而爲六十四變之祲象, 精於星曆者, 豈不可推測而知之耶! 漢書藝文志, 有五殘雜變星二十一卷, 疑古有其法而今無矣. 今夫日月薄蝕, 陰陽之阨會, 而躔度有常, 復有時, 司曆者一布籌, 可以前知, 而正月慝未作而蝕, 元朝歲之首而蝕, 則其占尤重, 考諸史志, 鑿鑿可驗也. 彼水旱之灾, 彗孛之變, 獨不可以數而得之乎! 特此有專門之業星曆家, 夫人而能通彼則非有師傅曹習之術, 苟非絶人之聰明, 天地之機緘, 未易遽窺也. 邵堯夫謂邢恕曰, "以君之才, 學吾之術, 頃刻可盡, 然非養閒林下十年, 使心地虛明, 則不可學也." 然則康節之學無傳焉, 特難其人爾, 非其學之不可以敎人也. 說者曰, "理者氣之帥也. 君子先明乎理, 則氣與數亦不外是矣. 今曰'吉凶休咎皆有一定之數', 則流於術數之學, 而非君子之所宜言也." 曰數出於氣, 氣命於理, 故君子之學, 必貴窮理. 然理有常有變, 理有不明, 則不得不因氣數而明之也. 程叔子曰修煉之延年, 國祚祈天永命, 學而至於聖人, 皆必然之理也. 又以風燭室燈, 喩人之壽夭. 然而顔子不免於夭, 程伯子僅踰五十, 且夫堯舜之大聖而不能化朱均, 夫子之大德而不能得祿位, 此皆理之變者也, 而朱子以眞宗澶州無事, 爲本朝氣正盛之致, 盖亦主氣數而言也. 夫澶州之役, 眞宗之威, 不足以鞭笞四夷, 萊公之略, 不足以折衝千里, 而寇氛既深, 捍禦無策, 遲徊顧望, 轝爾親戎, 是非有唐宗渭橋之朝氣也, 計出於不得已也. 向使北虜生心, 乘虛決戰, 城上之飮博, 其可以禦之乎! 以人事言之, 必不得免於五國之狩土木之變矣. 然而契丹望風自戢, 無亡矢遺鏃之費, 而疆埸卒完者, 宋朝之方盛也. 西京之初, 諸呂盤據, 手握重兵, 劉氏之緖, 不絶如帶, 而陳平·周勃誓心興復, 其策不過紿說呂祿而奪其兵耳. 向使呂祿僅具常人之知而不釋兵柄, 則南軍不可得入, 而陳平無所運其智, 周勃無所施其勇矣. 且代王旣至邸踐阼, 而少帝尙穪尊, 自在於宮中, 興居入淸宮而衛卒呵止之, 是有二天子也. 霍光旣廢昌邑, 而議所立未定, 憂懣不自安, 丙吉奏記光而始迎皇曾孫, 凡三十六日, 漢朝無君. 夫革除大事也, 廢立大故也, 而當軸者之防患踈忽如此. 以人事推之, 不有蕭墻之急變, 則必招藩臬之僭亂也. 然而卜叶橫庚, 瑞膺起柳, 市肆不易, 光啓中興之業者, 漢道之方全也. 由是而鏡考史牒, 則名臣智士之乘時投會, 建立功業者, 大抵皆僥倖而成也. 是烏可一以人事取必, 而常理推度乎! 故曰, "莫之爲而爲者天也, 莫之致而至者命也", 氣數之謂也. 氣數者, 天道流行之迹, 而陰陽屈伸之機也. 聖人畫卦以窮其變, 作曆以明其候. 夏書曰天之曆數在爾躬, 周誥曰嗣無疆大曆服, 言天命而必本之於曆者, 曆是天度之紀也. 小而一歲之周, 大而一元之運, 其理一也. 蔀首以定之, 章統以推之, 參伍綜錯, 觸類引伸, 由數以知氣, 由氣以明理, 則雖千百歲之遠, 消長進退之故, 可以瞭如指掌矣. 大哉曆也! 以授民時, 以前民用, 萬化由是而施焉, 百度由是而得焉. 其理則太極上元也, 其數則元會運世也. 無極之圖, 配之於前則曆之體也. 皇極之書, 衍之於後則曆之用也. 且夫六位時成, 則大易之贊化也. 四時必繫, 則春秋之嚴上也. 欽昊齊政, 尙書之利用也. 流火麗畢, 詩人之占候也. 律同相生, 而樂之本立焉, 則陰陽之氣也. 高卑有序, 而禮之體辨焉, 則日月之象也. 是則三才之道, 六經之義, 悉備於曆矣.

제례祭禮에 대한 설명

祭禮說

제사는 음과 양에서 구하는 뜻이다. 하늘은 양(陽)이고 땅은 음(陰)으로, 화톳불을 올려 강신(降神)하고 피를 바쳐 하늘에 제사 지내는 것이 그 부류를 따른 것이다. 사람은 음양의 사귐으로, 죽으면 혼기(魂氣)는 하늘로 돌아가고 체백(體魄)은 땅으로 내려간다. 쑥을 태워 혼기(魂氣)에 보답하는 것은 양에서 구하는 것이요, 울창주를 뿌려 체백(體魄)에 보답함은 음에서 구하는 것이다. 《주례(周禮)》에 "규찬(圭瓚)으로 울창주를 떠서, 선왕(先王)에게 제사한다."라고 하였고, 《예기(禮記)》 〈왕제(王制)〉에 "제후가 만약 규찬(圭瓚)을 하사받지 못하면, 천자에게 울창주를 도움받는다."라고 하였으니, 이 예는 천자와 제후의 예이다. 옛날에 제사에는 반드시 시동이 있었고, 시동은 신을 형상화한 것이다. 조고(祖考)의 유체(遺體)를 따라 조고(祖考)의 신기(神氣)를 감응하여 불러와, 기(氣)와 질(質)이 합하여 흩어졌던 것들이 거의 다시 모이게 되니, 가르침의 지극함이다. 천자와 제후가 시동을 세운 뒤, 또 쑥을 태워 하늘로 올리고 울창주를 떠서 땅에 부리며 사방에서 구하는 것은 음양의 자리를 찾는 것이다. 대부와 사(士)의 예는 임금보다 낮아 시동을 세워 음식을 드릴 뿐이고, 감히 임금의 조정에서 울창주를 도움받을 수 없으므로 《의례(儀禮)》의 〈소뢰궤식례(少牢饋食禮)〉와 〈특생궤식례(特牲饋食禮)〉에 울창주를 올리는 글이 없으니, 존비(尊卑)의 차등이 있는 것이다. 후세에 공사(公私)의 제사에 시동이 폐해지고 신주를 세워 신을 의지하게 하니, 효자(孝子)가 음양에서 구하는 뜻은 반드시 귀천으로 차이가 있지 않게 되었다. 후세에 현인이 나와 향을 사르는 것으로 쑥을 태우는 것을 대신하게 하고 술을 붓는 것으로 울창주 뿌리는 것을 대신하게 하였으니, 고금의 변화를 통하고 신명(神明)의 사귐을 통달한 것이다. 예(禮)에 참이파(揰而播)[38]라는 것이 있으니 이를 이른 것이다. 《예기(禮記)》 〈교특생(郊特牲)〉에 "지극한 공경에는 맛있는 음식을 올리지 않고 기운과 냄새를 귀하게 여긴다."라고 했고, 〈예기(禮器)〉에 "예가 인정(人情)에 가까운 것은 그 지극한 것이 아니다."라고 했다. 임금은 지위가 존귀하고 사물이 갖추어져 있어, 모든 제사의 희생에서 날것과 익힌 것을 모두 사용한다. 털과 피를 바치는 것은 근본을 잊지 않는 것이요, 날고기와 데친 고기는 옛날을 숭상하는 것을 보인 것이며 익힌 고기를 바쳐 맛을 다하는 것이다. 하늘의 신보다 존귀함은 없기 때문에 교(郊) 제사에서는 먼저 피를 바치고, 종묘(宗廟)가 다음이기 때문에 대향(大饗)을 하며 피와 날고기를 함께 올리는 것이다. 사직(社稷)의 오사(五祀)가 다음으로 먼저 데친 고기를 올리니, 점차 인정(人情)에 가까워지는 것이다. 여러 소사(小祀)들에 대해서는 익힌 고기가 있고 날 것이 없으니, 인정(人情)을 순수하게 따르는 것이다. 대부와 사(士)의 제사는 공가(公家)의 여러 소사(小祀)들의 예에 견주니, 희생의 고기는 모두 익힌 것을 진설한다. 그러므로 〈소뢰궤식례(少牢饋食禮)〉와 〈특생궤식례(特牲饋食禮)〉에 날고기를 바치는 글과 차등을 두는 절도가 없는 것이다. 예에 순이토(順而討)[39]라는 것이 있으니 이를 이른 것이다. 문공(文公) 《가례(家禮)》에서 사시정제(四時正祭)에서는 모두 일상적인 음식을 사용하고, 동지(冬至)에 시조(始祖)에 제사 지내고 입춘(立春)에 선조(先祖)에게 제사 지낼 때만 털과 피를 담은 쟁반과 날고기 제기를 올린다고 했으니, 신이 더욱 높아질수록 예가 더욱 융성해져 감히 일상적인 음식으로 제사 지낼 수 없는 것이다. 그러나 주자(朱子)는 일찍이 시조에게 지내는 제사는 체(禘)와 같고 선조에게 지내는 제사는 협(祫)과 같다고 했다가 후에 참람됨을 의심하여 마침내 다시 거행하지 않았으니, 피와 날고기를 함께 올리는 것은 분명히 통용됐던 예가 아니다. 지금보다 앞에 예(禮)의 경(經)을 세운 것이 주공(周公)의 《의례(儀禮)》이고, 옛날보다 뒤에 예(禮)의 마땅함을 헤아린 것이 문공(文公)의 《가례(家禮)》이다. 이 두 책을 버려두고 예를 말한다

---

38 참이파(摲而播) : 《예기(禮記)》 〈예기(禮器)〉에 나오는 말로 위의 존귀한 사람의 것을 나누어 아랫사람에게 나누어주는 것을 뜻한다.

39 순이토(順而討) : 《예기(禮記)》 〈예기(禮器)〉에 나오는 말로 순서를 따라서 덜어내는 것을 이른다.

면, 나는 무엇을 볼 것인가? 근세의 예가(禮家)는 혹《예기(禮記)》〈교특생(郊特牲)〉의 혈성섬임장(血腥爓膴章)을 인용하여 날고기와 익힌 고기를 섞어 사용하는 증거로 삼는다. 그러나 〈교특생(郊特牲)〉에 "가(斝)와 각(角)을 들어 올리면 시동에게 절해서 편히 앉게 한다."라고 했으니, 가(斝)와 각(角)은 바로 왕의 예에서 쓰는 술잔으로 또한 임금의 예를 기록한 것이다. 대부이면서 날고기와 익힌 고기를 모두 사용했다면,《의례(儀禮)》에서 어찌하여 '궤식(饋食)'이라 하고《가례(家禮)》에서 어찌하여 일상적인 음식을 사용한다라고 했겠는가? 아아, 할 수 있지만 하지 않는 것과 하면 안 되지만 하는 것은 똑같이 예가 아니다. 효자(孝子)가 제사 지낼 때, 그 정(情)에 걸맞도록 제물을 갖추어 위로 경(經)의 뜻을 저버리지 않고 아래로 시의(時宜)에 어긋나지 않게 하여, 나의 정성을 스스로 다하기를 바랄 뿐이다.

祭求諸陰陽之義也. 天陽而地陰, 升煙以降神, 薦血以祭示, 從其類也. 人者陰陽之交也. 死則魂氣歸于天, 體魄降于地. 焫蕭以報氣, 求諸陽也. 祼鬯以報魄, 求諸陰也. 周禮, "祼圭有瓚, 以肆先王." 王制, "諸侯未賜圭瓚, 則資鬯於天子." 斯禮也天子諸侯之禮也. 古者祭必有尸, 尸神像也. 因祖考之遺體, 感召祖考之神氣, 氣與質合, 而散者庶乎復聚, 教之至也. 天子諸侯旣立尸, 又焫蕭以升天, 酌鬯以灌地, 求之無方, 所以察乎陰陽之位也. 大夫士禮, 下於人君, 卜尸以饗之而已. 不敢資鬯於王朝, 故少牢特牲, 無祼獻之文, 尊卑之等也. 後世公私之祭, 尸廢而立主以憑神, 則孝子求諸陰陽之義, 必不以貴賤而有間. 後賢有作, 焚香以代焫蕭, 酹酒以代祼鬯, 所以通古今之變, 而達神明之交也. 禮有擳而播者, 此之謂也. 記曰, "至敬不饗味, 而貴氣臭也." 又曰, "禮之近人情者, 非其至者也." 人君位尊物備, 凡祭牲肉並用生熟, 薦毛血, 不忘本也, 腥爓示尙古也, 饋熟以致味也. 莫尊於天神, 故郊先薦血. 次宗廟, 故大饗血腥同薦. 次社稷五祀, 則先薦爓湯, 漸近於人情矣. 至於羣小祀, 則有熟無生, 葢純乎人情矣. 大夫士之祭, 視公家羣小祀之禮, 牲肉皆熟設, 故少牢特牲, 無薦腥之文, 隆殺之節也. 禮有順而討者, 此之謂也. 文公家禮四時正祭, 皆用常饌. 惟冬至祭始祖, 立春祭先祖, 薦毛血盤及腥俎, 盖以神彌尊而禮彌隆, 不敢用常褻味以饗之也. 然朱子常以始祖之祭爲似禘, 先祖之祭爲似祫, 後疑其僭, 遂不復擧, 則血腥並薦, 固非通行之禮也. 夫前乎今而立禮之經者, 周公之儀禮也. 後乎古而酌禮之宜者, 文公之家禮也. 舍二書而言禮則吾何以觀之哉? 乃近世禮家, 或引郊特牲篇血腥爓臉章, 以爲參用生熟之證. 然記云, "擧斝角詔妥尸." 斝角乃王者之禮爵, 則亦記人君之禮也. 大夫而並用生熟, 則儀禮何以曰饋食, 家禮何以用常饌哉? 嗚呼! 得爲而不爲, 不得爲而爲, 均之非禮也. 孝子之祭也, 稱情而備物, 上不倍於經義, 下不乖於時宜, 蕲以自盡乎吾誠而已.

대부大夫와 사士가 4대까지 제사 지내는 것에 대한 논설
大夫士祭及四世說

《예기(禮記)》〈왕제(王制)〉에 "천자는 7묘(廟)를 두니, 3소(昭)·3목(穆)과 태조(太祖)의 묘를 합하여 7묘이다. 제후는 5묘를 두니, 2소·2목과 태조의 묘를 합하여 5묘이다. 대부는 3묘를 두니, 1소·1목과 태조의 묘를 합하여 3묘이다. 사는 1묘를 둔다."라고 했고, 풀이하는 자가 "7묘를 둔 자는 제사를 7대까지 지내고, 5묘를 둔 자는 제사를 5대까지 지내며 3묘를 둔 자는 제사를 3대까지 지낸다. 대부와 사(士)는 고조(高祖)를 제사 지낼 수 없다."라고 하였다. 이것이 한(漢) 나라 이래로 서로 전해져온 설이다. 당송(唐宋)의 제도는 벼슬의 높고 낮음으로 차등을 두어 4묘와 3묘의 구별이 있었고, 공고(公孤)[40]와 대신(大臣)만이 고조에게 제사 지낼 수 있

40 공고(公孤) : 삼공(三公)과 삼고(三孤)로 고관을 가리킨다. 삼공(三公)은 태사(太師)·태부(太傅)·태보(太保), 삼고(三孤)는 소사(少師)·소부(少傅)·소보(少保)이다.

었으며 대부 이하는 제사지낼 수 없었다. 이천(伊川) 정자(程子)는 "천자부터 서인에 이르기까지 오복(五服)은 차이가 없이 복이 모두 고조까지 미치니, 복이 이미 이와 같다면 제사도 이와 같아야 한다. 3묘·1묘와 정침(正寢)에서의 제사라도 또한 고조까지 제사 지내는 것이 해가 되지 않는다."[41]라고 했고, 주자(朱子)도 이를 따랐다. 그러나 예를 의론하는 선비들 중 혹 이를 비난하며, "예(禮)는 분수보다 큰 것이 없고, 분수는 상하를 분별하는 것보다 엄한 것이 없다. 7묘부터 3묘·1묘까지 둘씩 줄여 터럭만큼이라도 차이를 두어서는 안되니, 지위가 낮은 자는 위로 고조까지 제사 지낼 수 없는 것이 선왕(先王)이 정한 제도이다. 이른바 덕이 후한 자는 세월이 흐를수록 빛나고 덕이 박한 자는 세월이 흘러가면 천해진다고 한다. 정자(程子)가 의리로 만든 가르침이 가령 두터움을 따르는 도라고 하더라도, 예경(禮經)에 명문(明文)이 없음을 어찌하랴?"라고 하였다. 내가 생각하기에, 교체(郊禘)는 천자의 일로 제후가 참람되게 행할 수 없고, 대협(大祫)은 제후의 예로 대부가 간여할 수가 없다. 이것을 일러 분수라 하고, 이를 일러 상하를 분별 한다고 하는 것이다. 만물은 하늘에서 근본하고 사람은 조상에서 근본한다. 근본에 보답하는 정성은 시달(豺獺)도 똑같이 가지고 있는데, 비천한 자만 유독 그 조상에 제사를 지낼 수 없다면, 이것이 과연 선왕이 정한 제도인 것인가! 아버지의 아버지가 할아버지가 되고, 할아버지의 할아버지가 고조(高祖)가 된다. 《서경(書經)》 〈요전(堯典)〉에 "구족(九族)을 친하게 하시니"라 했으니, 구족(九族)은 고조(高祖)부터 현손(玄孫)까지의 친족(親族)이다. 《예기(禮記)》 〈상복소기(喪服小記)〉에 "친(親)을 친(親)하는 것은 셋으로 다섯이 되고 다섯으로 아홉이 된다. 위가 감쇄하고 아래가 감쇄하며 곁이 감쇄하면 친함이 끝난다."라고 했으니, 위로 감쇄하여 고조까지 이르고 아래로 감쇄하여 현손까지 이르며 곁으로 감쇄하여 고조가 같은 친족까지 이른다는 것을 말한

41 천자부터……해가 되지 않는다 : 《이정유서(二程遺書)》 권15에 나온다.

다. 고조가 자손에 대해 친함으로 말하면 구족(九族)의 근본이 되고, 복술(服術)로 말하면 오복(五服)의 안에 있게 된다. 그런데 후손 된 자가 벼슬자리에 제한되어 세시마다 제사를 지낼 때 빼놓고 올리지 않는다면, 이는 일찍이 시달(豺獺)만도 못하게 되니, 선왕이 세상의 모범이 되어 가르침을 내린 뜻이 어찌 이렇게 하라는 뜻이었겠는가? 삼가 살펴보건대, 《예기(禮記)》 〈대전(大傳)〉에 "대부와 사(士)의 간협(干祫)[42]은 고조까지 미친다.", "고조를 계승하는 자를 종(宗)으로 하는 것은 오세(五世)가 되면 옮긴다." 라고 했고, 〈상복소기(喪服小記)〉에 "대부와 사(士)의 첩은 첩조고(妾祖姑)에게 부묘한다. 부묘할 데가 없으면, 한 세대를 띄어서 위로 부묘하니, 한 세대를 띄어서 위이면 고조고(高祖姑)이다."라고 했다. 이것이 모두 고조까지 제사 지내는 명문(明文)이지만, 예(禮)를 읽는 자들이 다만 고찰하지 않았을 뿐이다. 그 제사가 반드시 고조에 그치는 것은 왜인가? 고조를 말미암아 위로 올라가면 5대조가 된다. 5대면 은택이 이미 끊어졌고 복도 다 끝났다. 천자와 제후만이 여기까지 추원(追遠)할 수 있고, 지위가 낮은 자는 미루어 나아가지 못한다. 고조로부터 아래를 사친(四親)이라고 하니, 아버지를 말미암아 조부와 친하고 조부를 말미암아 고조·증조와 친하게 된다. 이것이 생민(生民)의 큰 인륜이고 천하의 달도(達道)이니, 누가 예제(禮制)로써 제한을 할 수 있는가? 그렇다면 〈왕제(王制)〉는 근거로 삼기에 부족할 것이리라! "묘제(廟制)는 소목(昭穆)을 수를 따라 둘씩 감해지고, 고조까지 제사 지내는 것은 귀천의 구별 없이 한가지이다. 그렇다면 대부 3묘는 조부와 부친이 각 1묘이고 태조(太祖)의 묘를 아울러 셋이 되며 고조는 묘가 없다. 묘가 없으면서 제사지내는 것이 옳은가?"라는 질문에 다음과 같이 답한다. 옛날의 묘제(廟制)는 각각 후침(後寢)과 전당(前堂)이 있고 그 체제가 매우 크다. 지위가 높은 자는 대대로 각 1묘가 있고, 지위

---

42 간협(干祫) : 협제(祫祭)는 선조를 한 곳에 모셔 합제(合祭)하는 것인데 대부와 사는 특별히 허락을 받아야 지낼 수 있는 제사로, 범한다는 뜻의 간(干)을 붙여 높은 사람의 예를 행한다는 뜻으로 간협(干祫)이라 하는 것이다.

가 낮은 자는 묘를 함께 하여 제사를 지낸다. 〈제법(祭法)〉에 “관사(官師)는 1묘인데 고묘(考廟)라 한다. 왕고(王考)에게는 사당 없이 제사 지낸다.”라고 했고, 정현 주(注)에서 “1묘에서 조부와 부친을 함께 한다.”라고 했다. 이것이 바로 사당없이 제사를 지내는 확실한 증거이다. 진실로 묘의 수로 제한을 둔다면 1묘인 자는 단지 고비(考妣)만 제사지내고 조부에는 미치지 못하고, 3묘인 자는 위로 태조에게 제사지내고 아래로는 조부와 부친에게 제사지내지만, 유독 고조와 증조에는 미치지 못하니, 이것이 무슨 예의 뜻인가? 저 〈왕제(王制)〉의 글에 얽매여, 억지로 단정하여 대부와 사는 고조까지 제사지내지 못한다는 설은 한유(漢儒)의 실수이지 선왕의 법도가 아니다. 명(明)나라 세종(世宗)이 예신(禮臣)에게 교유하며 다음과 같이 말했다. “사람들은 모두 근본으로 하는 조상이 있어 정(情)이 같지 않음이 없으니, 이것이 예가 상하로 통하는 것이다. 예악(禮樂)의 명물(名物)만은 참람하게 비겨서는 안되니 이것이 꺼리는 것을 둔 까닭이다. 어찌 보본(報本)하고 추원(追遠)하는 정성을 펴지 못 하도록 하겠는가?” 세종(世宗)의 이 말은 정자(程子)의 가르침과 함께 서로 일깨워주니, 성인(聖人)이 다시 나와도 바꾸지 못할 것이다.

王制曰, “天子七廟, 三昭三穆與太祖之廟而七, 諸侯五廟, 二昭二穆與太祖之廟而五, 大夫三廟, 一昭一穆與太祖之廟而三, 士一廟.” 釋之者曰, “七廟者祭及七世, 五廟者祭及五世, 三廟者祭及三世, 而大夫士不得祭其高祖.” 此漢以來相沿之說也. 唐宋之制, 以爵秩之高下爲等, 有四廟三廟之別, 而惟公孤大臣, 得祭高祖, 大夫以下, 固不得與也. 伊川程子曰, “天子至庶人, 五服未嘗有異, 皆服高祖, 服旣如是, 祭祀亦須如是, 雖三廟一廟祭寢, 亦不害祭及高祖.” 朱子亦從之, 而議禮之士猶或難之曰, “禮莫大於分, 分莫嚴於辨上下. 七廟至於三廟一廟, 降殺以兩, 而不可以毫髮僭差, 則位卑者不得上祭高祖, 卽先王之定制, 而所謂德厚者流光, 德薄者流卑也. 程子義起之訓, 籍曰從厚之道, 其奈禮經無明文何哉?” 愚謂, 郊禘者, 天子之事而諸侯不得以僭也, 大祫者, 諸侯之禮而大夫不得以干也. 此之謂分, 此之謂辨上下. 萬物本乎天, 人本乎祖. 報本之誠, 豺獺之所同得, 卑賤者獨不得祭其祖, 此果先王之定制乎? 父之父爲祖, 祖之祖爲高祖. 堯典曰, "以親九族." 九族者高祖至玄孫之親也. 戴記曰, "親親以三爲五, 以五爲九, 上殺下殺旁殺而親畢矣." 上殺而至高祖, 下殺而至玄孫, 旁殺而至同高祖之親之謂也. 夫高祖之於子孫, 以言乎親則爲九族之本, 以言乎服術則在五服之內, 而爲後孫者, 限以官位, 歲時芬苾之薦, 闕然不擧, 是曾豺獺之不若. 先王範世垂敎之意, 豈亶使然哉? 謹案大傳曰, "大夫士干祫及其高祖." 又曰, "宗其繼高祖者五世則遷者也." 小記曰, "大夫士之妾, 祔於妾祖姑, 亡則中一以上而祔, 中一以上則高祖姑矣." 此皆祭及高祖之明文, 而讀禮者特未之考耳. 其祭必止於高祖何也? 由高祖而上則爲五世祖矣. 五世則澤已斬矣, 服已窮矣. 惟天子諸侯, 得以追遠及此, 而位卑者推不去也. 由高祖而下, 謂之四親. 由父而親祖, 由祖而親高曾. 是乃生民之大倫而天下之達道也. 夫孰能以禮制限節哉? 然則王制不足據歟! 曰, "廟制從昭穆之數, 遞降以兩, 而祭及高祖, 則無貴賤一也. 然則大夫三廟者, 祖禰各一廟, 並太祖之廟而爲三, 高祖無廟矣. 無廟而祭之可乎?" 曰, 古者廟制各有後寢前堂, 其體甚大. 位尊者世各一廟, 位卑者共廟而祭之. 祭法曰, "官師一廟, 曰考廟, 王考無廟而祭之." 注曰, "一廟祖禰共之." 此卽無廟而祭之之確證也. 苟以廟數爲限, 則一廟者只祭考妣而不及祖, 三廟者上祭太祖, 下祭祖禰, 而獨不及高曾. 是豈禮意也哉? 彼泥王制之文, 而硬斷爲大夫士祭不及高祖之說者, 漢儒之失也, 非先王之典也. 明世宗諭禮臣曰, "人皆有所本之祖, 情無不同, 此禮當通乎上下. 惟禮樂名物, 不可僭擬, 是爲有嫌. 奈何不令伸其報本追遠之誠耶?" 世宗此言, 與程子之訓相發. 雖聖人復起, 不能易矣.

정제正祭를 지내는 때에 대한 논설
正祭時日說

예(禮)에 천자(天子)와 제후는 맹월제(孟月祭)를 지내고, 대부와 사(士)는 중월제(仲月祭)를 지내니 존비의 차이이다. 그러나 《안자춘추(晏子春秋)》에서 "천자(天子) 이하 사(士)에 이르기까지 모두 수시(首時)에 제사 지내고 중월(仲月)에 천신(薦新)한다."라고 하였고, 《의례(儀禮)》 〈특생궤식례(特牲饋食禮)〉의 가공언 소(疏)에 "맹월(孟月) 상순 안에 점을 쳐서 길하지 않으면 중순에 다시 점을 친다." 하였으며, 장횡거(張橫渠)는 《경학이굴(經學理窟)》에서 "옛날에 맹월제(孟月祭)를 지낸 뒤 또 중월(仲月)에 천신한다."라고 하였다. 《주례(周禮)》 〈하관(夏官)·대사마(大司馬)〉의 직분에서 "중하(仲夏)에 짐승을 바쳐 약(礿) 제사를 올리고, 중동(仲冬) 짐승을 바쳐 증(烝) 제사를 올린다."라고 하였고, 정현 주(注)에 "겨울과 여름에 사냥을 하는 것은 종묘에 제사 지내는 것을 주로 하였으니, 음양이 처음 일어나 신이 그 안에 있음을 표상해서이다."라고 하였다. 여기에 근거하면, 대부와 사(士)도 맹월제(孟月祭)를 지냈고, 천자와 제후도 중월제(仲月祭)를 지냈다. 사마온공(司馬溫公)이 《서의(書儀)》에서 "지금 국가에서는 태묘(太廟)만 맹월에 제사 지내고, 주육묘(周六廟)와 복왕묘(濮王廟)로부터는 모두 중월에 제사 지낸다."라고 하였고, 문공(文公)의 《가례(家禮)》에서는 이를 정식으로 만들었으니, "임금은 맹월에 제사 지내고 신하는 중월에 제사 지낸다."라고 하여 마침내 역대의 정해진 제도가 되었다. 그러나 경전의 여러 글이 저와 같이 또렷하니, 대부와 사(士)에게 대사(大事)가 있어 합향(合享)하여 맹월에 제사 지내는 것도 예에서 금하지 않는 바이다. 선유(先儒)는 소(疏)의 '봄 제사는 봄이 지나면 지내지 않는다.'[43]라는 설을 인용하여 '중월(仲月)에 일이 생겨 제

43 봄 제사……않는다 : 《예기(禮記)》 〈증자문(曾子問)〉의 "군자는 때를 지나면 제사 지내지 않는 것이 예이다.(君子過時不祭禮也.)"에 대한 공영달 소이다.

사를 지내지 않았다면 계월(季月)이 되었어도 역시 제사 지낼 수 있다.'[44]라고 하였다. 살펴보건대, 《춘추좌전(春秋左傳)》 환공(桓公) 5년 조에 "무릇 제사는 계칩(啓蟄)이 되면 교(郊) 제사를 지내고 창룡성(蒼龍星)이 나타나면 우(雩) 제사를 지내며, 쌀쌀한 기운이 비로소 일어나면 상(嘗) 제사를 지내고 벌레가 땅속으로 들어가면 증(烝) 제사를 지낸다." 하였고, 공영달 소(疏)에서 "네 가지는 모두 중기(中氣)를 들어 말한 것이다. 이 중기(中氣)에 이르러 이 제사 지낼 것을 점치면, 다음 달 초기(初氣)가 제사 기한이고 다음 달 중기(中氣)는 시기를 지나치게 된다. 이미 벌레가 땅속으로 들어가는 시기를 건해(建亥)의 달(두병(斗柄)이 해방(亥方)을 가리키는 달로 음력 10월)로 삼고 또 11월을 말하면 마침내 들어가 버리게 되니, 벌레가 땅속으로 들어가는 것을 본 이후부터 동지 이전에 모두 증(烝) 제사를 지낼 수 있다.", "《주례(周禮)》에서는 종묘에 제사 지낼 때 사중(四仲)으로 하였는데, 그 하한(下限)을 말한 것이다. 하한(下限)이 중월(仲月)에 이르면 상한(上限)은 맹월(孟月)에서 시작한다. 증(烝) 제사는 건해(建亥)의 달에서 시작하고, 상(嘗) 제사는 건신(建申)의 달(음력 7월)에서 시작한다. 여기에서 쌀쌀한 기운이 비로소 일어나면 상(嘗) 제사를 지낸다고 말했으니, 건유(建酉)의 달(음력 8월)을 이르는 것으로 또한 하한(下限)을 말한 것이다."라고 하였다. 사(祠)·약(禴)·상(嘗)·증(烝) 제사에서는 각각 제철의 산물을 바치는데, 절기에 진퇴가 있고 산물이 익는데 이르고 늦음이 있기 때문에 맹월(孟月) 중기(中氣) 이후부터 중월(仲月) 초기(初氣)까지 모두 제사를 지낼 수 있으나, 중월(仲月) 중기(中氣) 이후는 시기가 지나 제사를 지내지 않는 것이다. 옛날에 방악(方岳)을 관리하는 제후는 각각 때에 맞춰 천자를 조회하는데, 노(魯) 나라는 동방에 있어 봄에 수도에서 조회하면 봄에 사(祠) 제사는 지내지 않으니, 《예기(禮記)》 〈명당위(明堂位)〉의 "여름에 약(礿) 제사를 지내고 가을에 상(嘗) 제사

---

44 중월(仲月)에……지낼 수 있다 : 우복(愚伏) 정경세(鄭經世, 1563~1633)의 말로 《우복선생문집(愚伏先生文集)》 권13 〈답송경보문목(答宋敬甫問目)〉에 나온다.

를 지내며 겨울에 증(烝) 제사를 지낸다."는 것이 이것이다. 서남북(西南北)의 제후도 모두 그러하다. 근기의 나라는 수도까지 조회하는 거리가 반드시 3개월을 지나게 하지는 않게 하였으니, 각각 조회하는 때의 정제(正祭)를 폐하는 것이 중월(仲月)의 하한(下限)이 이미 지나갔기 때문이다. 이것에 근거 하면 옛날에는 계월(季月)에 제사 지내는 법이 없었음을 알 수 있다. 《의례(儀禮)》〈특생궤식례(特牲饋食禮)〉에 "만약 길하지 않으면 열흘 뒤의 먼 날을 점치는데 처음 날짜를 점칠 때와 같이한다."[45]라고 하였고, 가공언 소(疏)에서 "전 달의 하순에 다음 달의 상순으로 점을 친다. 불길하다면 중순으로 점을 치고 또 불길하다면 하순으로 점을 치며, 또 불길하다면 마침내 그만두고 제사를 지내지 않는다."라고 하였다. 횡거(橫渠) 장자(張子)는 "제사에서 날을 점칠 때 두 번 불길하면 그만두고, 날을 여쭈어 제사 지내며 다시 점치지 않는다. 《의례(儀禮)》에 단지 '열흘 뒤의 먼 날을 점친다'는 글만 있고 세 번 점치는 것을 말하지 않은 것은, 날을 점치는 예는 단지 두 번만 점을 치기 때문이다. 먼저 가까운 날을 점치고 뒤에 먼 날을 점치고, 길하지 않아 따르지 않으면 곧 하순의 먼 날을 여쭙는데, 대개 또한 귀신에게 듣는다는 뜻을 다하면 족하고 제사는 폐할 수 없어서이다."라고 하였다. 《가례(家禮)》에서 "다시 점을 쳐서 길하지 않으면 다시 점치지 않고 바로 하순의 날을 사용한다."라고 하였으니, 횡거(橫渠)의 설을 취한 것이다. 내가 생각하기에, 세 번 점쳐서 따르지 않으면 바로 그만두고 제사를 지내지 않는다는 소(疏)가 반드시 근거한 바가 있을 것이다. 고인(古人)이 정성과 공경의 지극함으로 신명(神明)과 통하여 장차 제사 지내려고 할 때 반드시 먼저 조묘(祖廟)에서 날을 점쳤으나 세 번 점쳐 따르지 않으면, 감히 제사를 지내지 않으며 조고(祖考)에게 명을 받은 듯이 여겼으니 유명(幽明) 사이 양쪽에 감응한 바가 없어서이다. 《예기(禮記)》

45 만약……같이한다 : 본문에서는 《의례(儀禮)》〈소뢰궤식례(少牢饋食禮)〉라고 하였으나, 해당 원문과 소는 〈특생궤식례(特牲饋食禮)〉에 나오기 때문에 번역에서 수정하였다. 또한 본문의 '礿'은 '初'의 필사 오기로, 번역은 《의례(儀禮)》 원문을 따랐다.

〈곡례(曲禮)〉에 "점을 치는 것은 선대의 성왕(聖王)이 백성들로 하여금 시일을 믿고 귀신을 공경하며 법령을 두려워하도록 하려는 것이다.", "의심스러워 점을 쳤으면 비난하지 않고, 택일하여 일을 행하려고 했으면 반드시 실천하는 것이다."라고 하였다. 만약 다시 점을 쳐서 길하지 않으면 다시 점치지 않고 바로 하순의 날을 사용한다고 한다면, 시일을 믿고 귀신을 공경하는 것이 아닌 것 같고, 또한 어찌 이른바 '택일하여 일을 행하려고 했으면 반드시 실천하는' 뜻이겠는가! 《춘추(春秋)》 희공(僖公) 31년 조의 "노(魯) 나라에서 네 번 교(郊) 제사를 점쳤으나 따르지 않아 교(郊) 제사를 지내지 않았다."라고 한 것이 또한 그 증거이다. 주자(朱子)가 비록 《가례(家禮)》에 날을 점치는 의식을 적었지만, 만년에 논의를 정하여 날을 점칠 때 경건하지 못할까 염려된다고 하며 춘분·추분과 하지·동지를 사용하여 제사를 지내는 것으로 하였다. 제사에서 춘분·추분과 하지·동지를 사용하는 것은 당(唐)의 맹선(孟詵)이 시작하여 송(宋)의 정자(程子)·장횡거(張橫渠)·사마광(司馬光)·여조겸(呂祖謙) 등 제현(諸賢)들이 모두 준용했다. 《예기(禮記)》 〈잡기(雜記)〉에서 맹헌자(孟獻子)가 "정월(正月) 일지(日至)에 상제(上帝)에게 제사지낼 수 있고, 7월 일지(日至)에 선조에게 제사 지낼 수 있다."라고 하였다. 정월(正月)은 바로 주(周) 나라 정월로 건자(建子)의 달(음력 11월)이니 일지(日至)는 동지(冬至)이고, 7월은 주(周) 나라 7월로 건오(建午)의 달(음력 5월)이니 일지(日至)는 하지(夏至)이다. 또한 《주례(周禮)》 〈하관(夏官)·대사마(大司馬)〉의 직분에 대한 가공언 소(疏)에서 "중동(中冬)에 일양(一陽)이 생겨나고 중하(中夏)에 일음(一陰)이 생겨나니, 이는 음양이 안에 있기 때문에 신으로 표상하여 제사를 지내는 것이다."라고 하였다. 이는 모두 맹선(孟詵)이 조술(祖述)한 바이고, 봄과 가을에는 춘분·추분을 사용하였다. 후세에 날을 점치는 예가 폐해져, 예가(禮家)가 정일(丁日) 혹은 해일(亥日)을 사용하여 《의례(儀禮)》 〈소뢰궤식례(少牢饋食禮)〉의 "오는 정해일(丁亥日)에 세시(歲時) 제사를 올릴 것입니다"라는 글을 본떴다. 그러나 〈소뢰궤식례(少牢饋食禮)〉에서 "날은 정일(丁日)이나 사일(巳日)을 쓴다"라고 하였으니, "오는 정해일(丁亥日)"이라 한 것은 해(亥)를 들어 정(丁)과 짝지은 것일 뿐으로 해(亥)에서 취한 것은 없다. 정현 주는 해(亥)에 중함을 돌렸고, 【유창(劉敞)과 제소남(齊召南)[46] 모두 주설의 오류를 논변했다.】 가공언 소(疏)도 제사는 복(福)을 구하는 것이고 해(亥)는 천창(天倉)이라는 설로 견강부회했다. 그러나 여러 천관서(天官書)를 고찰해보면, 위수(胃宿)가 천창(天倉)으로 시진(時辰)에 있어서는 유시(酉時)에 속하니 소(疏)가 어디에 근거했는지 모르겠다. 경(經)에서 "내사(內事)에는 유일(柔日)을 사용한다."[47]라고 하였으니, 을(乙)·정(丁)·기(己)·신(辛)·계(癸) 등 오음(五陰)의 날에 모두 제사를 지낼 수 있고 반드시 정일(丁日)이나 사일(巳日)을 쓴다고 한 것은 단지 스스로 경계하고 스스로 변개하는 좋은 이름을 취하여 이날을 여쭈어 점을 친 것이다. 상순이 불길하면 또 중순에 점을 쳐서 중히 여기는 것은 점치는 날에 있지 정일(丁日)이나 사일(巳日)에 있지 않다. 무릇 춘분·추분과 하지·동지는 바로 시간이 흐르고 계절이 바뀌는 절기이다. 천시(天時)에 따른 자연스러운 때로 이미 굽힌 기운에 감응하여 신을 섬기는 데 흡족히 맞는 정밀한 뜻으로, 《예기(禮記)》 〈제의(祭義)〉에 "천도(天道)에 합하여 봄에 체(禘) 제사를 지내고 가을에 상(嘗) 제사를 지낸다."라고 하였다. 이것이 송(宋)나라 여러 선생이 정일(丁日)이나 사일(巳日)을 쓰지 않고 반드시 춘분·추분과 하지·동지에 제사를 지낸 뜻일 것이다.

禮天子諸侯用孟月祭, 大夫士用仲月祭, 尊卑之差也. 然晏子春秋曰, "天子以下至士, 皆祭以首時, 薦以仲月." 特牲疏曰, "孟月上旬內筮不吉, 更筮中旬." 橫渠理窟曰, "古者旣爲孟月祭, 又爲仲月薦." 周禮大司馬職曰, "仲夏獻禽以享礿, 仲冬獻禽以享烝." 注曰, "冬夏田, 主于祭宗廟者, 陰陽始起, 象神之在內." 據此則大夫士亦用孟月祭, 而天子諸侯亦以仲月祭矣. 司馬溫公曰, "今國家

46 유창(劉敞)과 제소남(齊召南) : 유창(劉敞, 1019~1068)은 자자(字)가 원부(原父)로 북송의 경학가로 경학, 특히 《춘추》 관련 저술을 많이 남겼다. 제소남(齊召南, 1703-1768)은 자(字)가 차풍(次風), 호가 경대(瓊臺)로 청나라 경학가이며 지리학가이다. 경학과 사학에 대한 고증 저술을 많이 남겼다.

47 내사(內事)……사용한다 : 《의례(儀禮)》에서는 〈소뢰궤식례(少牢饋食禮)〉의 "날은 정일(丁日)이나 사일(巳日)을 쓴다(日用丁巳)"의 정현 주에 나오고 《예기(禮記)》 〈표기(表記)〉에서 본문으로 나온다.

惟太廟用孟月, 自周六廟濮王廟, 皆用仲月." 文公家禮, 著以爲式, 則君用孟月, 臣用仲月, 遂爲歷代之經制. 然經典諸文, 班班如彼, 則大夫士有大事而合享, 孟月行事, 盖亦禮所不禁也. 先儒引疏家'春祭過春不擧'之說, 謂'仲月有故不祭, 則季月亦可行祀.' 案左傳曰, "凡祀啓蟄而郊, 龍見而雩, 始殺而嘗, 閉蟄而烝." 疏曰, "四者皆擧中氣言, 其至此中氣卜此祭, 次月初氣是祭限, 次月中氣乃爲過時. 旣以閉蟄爲建亥之月, 又言十一月則遂閉之, 見閉蟄以後冬至以前, 皆得烝祭也." 又曰, "周禮祭宗廟以四仲, 盖言其下限也. 下限至於仲月, 則上限起於孟月. 烝起建亥之月, 嘗起建申之月. 此言始殺而嘗, 謂建酉之月, 亦是下限也." 盖祠禴嘗烝, 各薦時物, 而節氣有進退, 物成有早晩. 故孟月中氣以後至仲月初氣, 皆可以祭, 而仲月中氣以後則過時不擧矣. 古者方岳諸侯, 各以其時朝于天子, 魯居東方, 春朝于京則闕春祠, 明堂位'夏礿秋嘗冬烝', 是也. 西南北皆然. 近甸侯邦朝京道里, 未必經涉三月之久, 而各廢朝時之正祭者, 以仲月之下限已過故也. 據此古無季月行祭之法可知矣. 少牢禮曰, "若不吉則筮遠日如礿." 疏曰, "前月下旬, 筮來月上旬, 不吉則筮中旬, 又不吉則筮下旬, 又不吉則遂止不祭." 橫渠張子曰, "祭之筮日, 若再不吉則止, 諏日而祭, 更不筮. 儀禮惟有'筮遠日'之文, 不云三筮, 筮日之禮, 只是二筮. 先筮近日, 後筮遠日, 不從則直諏用下旬遠日. 盖亦足以致聽於鬼神之意, 而祀則不可廢." 家禮再卜而不吉則不復卜, 而直用下旬, 盖取橫渠之說也. 愚謂三筮而不從, 卽止不祭疏說, 必有所據也. 古人誠敬之至, 與神明通, 將祭必先筮日於祖廟. 三筮而不從, 則不敢以祭, 有若禀命於祖考然, 幽明之間, 兩無所憾. 記曰, "卜筮者, 先聖王之所以使民信時日·敬鬼神·畏法令也." 又曰, "疑而筮之則弗非也. 日而行事則必踐之." 若再卜不從而不復卜, 直用下旬, 則殆非所以信時日敬鬼神, 而亦豈所謂'日而行事則必踐'之義哉! 春秋魯四卜郊, 不從而不郊, 亦其證也. 朱子雖著卜日之儀於家禮, 而晩年定論, 以爲卜日慮有不虔, 乃用二分二至以祭. 夫祭用分至, 唐孟詵始, 而有宋程張馬呂諸賢皆遵用. 孟獻子曰, "正月日至, 可以有事於上帝. 七月日至, 可以有事於祖." 正月卽周正建子之月也, 日至冬至也. 七月卽周七月建午之月也, 日至夏至也. 又周禮大司馬職疏曰, "仲冬一陽生, 仲夏一陰生, 是陰陽在內, 故神象之而行祭也." 凡此皆孟詵之所祖述, 而春秋則用二分也. 後世筮日之禮廢, 而禮家用丁日或亥日, 以倣少牢來日丁亥之文. 然少牢饋食曰日用丁巳, 其曰來日丁亥者, 盖擧亥以配丁耳. 無取於亥, 而注乃歸重於亥,【劉氏敞齊氏召南, 皆辨注說之謬.】疏又爲祭祀所以求福, 亥爲天倉之說, 以傅會之. 然考諸天官書, 胃爲天倉, 於辰屬酉, 疏說未知何據也. 經曰內事用柔日, 則乙丁己辛癸五陰辰, 皆可以祭, 而必用丁巳者, 特取自丁寧自變改之令名, 諏是日而筮之. 上旬不吉, 則又筮中旬, 重在筮日, 不在丁巳也. 夫春秋分冬夏至, 卽氣序流易之節候也. 因天時自然之候, 而感召旣屈之氣, 允愜事神之精義. 記曰, "合諸天道, 春禘秋嘗." 此有宋諸先生所以不用丁巳, 而必用分至以祭之義也歟!

진찬進饌에 밥을 오른쪽에 두고 국을 왼쪽에 둔다는 것에 대한 논설

進饌右飯左羹說

《예기(禮記)》〈곡례(曲禮)〉에, "음식을 올리는 예는, 밥은 사람의 왼쪽에 두고, 국은 사람의 오른쪽에 둔다."라고 하였고, 정현 주(注)에서는 "먹기에 편하기 때문이다."라고 하였다. 대개 밥은 반드시 오른손을 사용하고 국은 밥을 돕는 것이니, 먹고 마실 때는 그 순서가 마땅히 그러해야 한다. 《가례(家禮)》의 진찬(進饌)에 밥을 오른쪽에 두고 국을 왼쪽에 둔다고 하였고, 설명하는 자는 음식을 올리는 예가 살아있는 사람과 죽은 사람 사이에 차이가 없다고 했지만, 《가례(家禮)》의 진설은 《예기(禮記)》〈곡례(曲禮)〉와 합치하지 않는다. 혹 신도(神道)는 서쪽을 위로 여기기 때문에 밥을 서쪽에 두고 국을 동쪽에 둔다고 하고, 혹은 당시의 습속이 이와 같은데 《가례(家禮)》가 따른 것이다라고 한다. 내가 생각하기에 위의 설은 모두 잘못되었다. 《가례(家禮)》의 음식 진설은 실로 《의례(儀禮)》에 근본 한 것인데 읽는 자가 스스로 깊이 고찰하지 못했을 뿐이다. 무릇 예(禮)는 서로 변하는 것을 귀하게 여기고, 길흉(吉凶)은 서로 인습 하지 않는다. 그러므로 신을 제향하는 예절은 살아있는 사람에게 음식을 드리는 것과는 다르다. 상제(喪祭)의 의식은 길사(吉祀)와 반대로 한다. 연식(燕食)에서 포(脯)와 수(脩)를 놓을 경우에는 포의 가운데를 굽히되 왼쪽에 놓고, 포의 끝이 오른쪽을 향하도록 하며, 우제(虞祭)에서는 포의 가운데를 굽히되 오른쪽에 놓고, 포의 끝이 왼쪽을 향하도록 한다. 길제(吉祭)에서는 희생의 오른쪽 몸체를 올리고, 상제(喪祭)에서는 왼쪽 몸체를 올린다. 생정(牲鼎)을 진설하는 것이나 세수하는 도구를 놓는 것에서도 반드시 그 자리를 바꾼다. 이러한 것들이 모두 변한 것을 보이는 것이다. 삼가 살펴보건대, 《의례(儀禮)》〈특생궤식례(特牲饋食禮)〉에 "고깃국을 젓갈 북쪽에 놓는다."라고 하였고, 가공언 소(疏)에서 "젓갈 북쪽이란 것은 왼쪽에 올리는 것이다. 〈공사대부례(公食大夫禮)〉와 〈사혼례(士昏禮)〉에서는 고깃국이 모두 오른쪽에 올린다고 했는데, 여기에서 왼쪽에 두는 것은 신(神)에 대한 예가 산 사람과 변해서이다. 〈사우례(士虞禮)〉에서는 고깃국을 형(鉶, 국그릇)의 남쪽에 진설하여 오른쪽에 두는 것은 살아있는 사람과 같게 하는 것이니, 차마 살아있을 때와 다르게 하지 못한 것이다."라고 하였다. 그러하니 음식을 올릴 때 밥을 오른쪽에 두고 국을 왼쪽에 두는 것은 고례(古禮)가 그러하고, 그 뜻을 소(疏)에서 이미 밝혔다. 이것이 《가례(家禮)》가 근거한 바이다. 상제(喪祭)에서 음식을 진설하는 법은 《가례》에 명문(明文)이 없지만, 소(疏)에서 3년 동안 궤식(饋食)할 때 이미 살아있는 사람을 섬기는 예를 사용했다고 한 것을 참고하면, 지금 세속에서 밥을 왼쪽에 두고 국을 오른쪽에 두는 것은 살아있는 사람의 먹는 법에 의거한 것이니 아마도 또한 예를 얻은 뜻일 것이다. 사계선생(沙溪先生)이 《의례문해(儀禮問解)》에서 《의례(儀禮)》〈특생궤식례(特牲饋食禮)〉의 '조(俎)가 들어오면 두(豆)의 동쪽에 진설한다. 주부(主婦)가 서(黍)와 직(稷)을 담은 두 돈(敦)을 조(俎)의 남쪽에 놓는데, 서쪽이

상위(上位)이다. 또 채소국을 담은 형(鉶)을 두(豆)의 남쪽에 진설하는데, 남쪽을 바라보도록 진설한다.'라는 한 조목을 인용하여, 고례(古禮)에서는 밥을 왼쪽에 두고 국을 오른쪽에 두는 증거로 여겼다. 그러나 이때에는 신위(神位)가 동쪽을 향해 있으면 국그릇 및 서직(黍稷)을 오른쪽에 두고 조(俎)와 두(豆)를 왼쪽에 두며, 시동을 맞이한 후에는 좌식(佐食)이 자리 위에 가까이 놓아 채소국을 담은 형(鉶)이 오른쪽에, 고깃국은 왼쪽에 있게 된다. 소(疏)의 이른바 '국그릇을 왼쪽에 둔다.'라는 것은 고깃국을 가리켜 말한 것이다. 고깃국은 바로 상고(上古)의 국으로 식품 중 존귀한 것이므로, 서직(黍稷)과 짝하여 왼쪽에 두는 것이다.

曲禮曰, "進食之禮, 食居人之左, 羹居人之右." 注云, "便食也." 盖飯必用右手, 而羹以佐於食, 飮飯則其序宜然也. 家禮進饌, 右飯而左羹. 說者以爲進食之禮, 無間於生死, 而家禮陳設, 與曲禮不合. 或謂神道以西爲上, 故飯居西而羹居東. 或謂當時習俗如此, 而家禮因之也. 愚謂右說皆非也. 家禮設饌, 實本於儀禮, 而讀者自不能深考耳. 夫禮貴相變, 吉凶不相襲, 故享神之節, 異於饗生. 喪祭之儀, 反乎吉祀. 燕食以脯脩置者, 左朐右末, 而虞祭則右朐左末. 吉祭牲體升右胖, 而喪祭則升左胖. 以至牲鼎之陳盥洗之設, 必易其位, 凡此皆所以示變也. 謹案特牲, "設大羹湆于醢北." 疏云, "醢北者爲薦左. 公食大夫昏禮, 大羹湆皆在薦右. 此在左者, 神禮變於生人. 虞禮大羹湆設於鉶南在右, 與生人同, 不忍異於生也." 然則進饌右飯左羹, 古禮然矣, 而其義疏家已發之. 此家禮之所本也. 至於喪祭陳饌之式, 家禮雖無明文, 參以疏說三年饋食, 旣用事生之禮, 則今俗左飯右羹, 依生人之食法, 恐亦得禮之意也. 沙溪先生問解, 引特牲禮, '俎入設于豆東, 主婦設兩敦黍稷于俎南, 西上. 及鉶芼于豆南, 南陳'一條, 以爲古禮左飯右羹之證. 然此時神位東面, 則鉶及黍稷居右, 俎豆居左也. 至迎尸之後, 佐食邇黍稷于席上, 而鉶羹在右, 大羹居左也. 疏所謂左羹, 指大羹而言. 大羹卽上古之羹, 食品之尊者, 故所以配黍稷而居左也.

소렴小斂할 때 변복變服하는 것에 대한 논설

小斂變服說

사망한 직후에는 머리싸개를 하고 윗옷의 섶을 끼우며 맨발을 하고, 소렴(小斂)을 한 뒤에는 단(袒)을 하고 머리를 묶으며 마복(麻服)을 입으니, 장차 시신을 받들어 당(堂)에 눕히고 계단을 내려가 빈객에게 절을 하는데, 예의 절차가 조금 번잡해져서 꾸밈이 없어서는 안 되기 때문이다. 근세의 예가(禮家)가 장차 소렴(小斂)을 할 때 효자(孝子)가 머리에 백포(白布)로 만든 소모(小帽)를 쓰고 습(襲)을 하며 단고(單股)로 만든 질대(絰帶)를 더한다고 하였는데, 그 제도는 《예기(禮記)》 〈잡기(雜記)〉의 정현 주에 근본하고 구준(邱濬)의 《가례의절(家禮儀節)》의 설을 참고하여 사용한 것이다. 살펴보건대, 〈잡기〉에 "소렴(小斂)에 환질(環絰)을 하는데, 공(公)·대부(大夫)·사(士)가 동일하다."라고 하였고, 정현 주에서 "환질은 한 가닥인데, 이른바 전질(纏絰)이다. 사(士)는 소위모(素委貌), 대부 이상은 소작변(素爵弁)에 이 환질을 더한다."라고 했다. 경산(瓊山) 구준(邱濬)은 《가례의절》에서 위모(委貌)와 작변(爵弁) 제도는 지금 고찰할 수 없으나, 마땅히 백포건(白布巾)을 사용하여 속제의 소모(小帽)처럼 하여야 또한 예의 뜻에 맞을 듯하다고 하였으니, 포모(布帽)를 위모(委貌)에 해당시키고 환질(環絰)을 더한 것이다. 문공(文公)의 《가례(家禮)》는 간편함을 좇아 소렴변복(小斂變服)의 절차를 적용하지 않았고, 사계(沙溪) 김장생(金長生)의 《상례비요(喪禮備要)》에서는 고례(古禮)를 온전히 폐할 수 없다 하여 백모(白帽)와 환질(環絰)을 모두 구준(邱濬)의 《가례의절》을 모방하여 그 절차를 만들어, 백여 년 동안 이미 통용되는 예가 되어 지금 움직일 수 없게 되었다. 그러나 나는 일찍이 예경(禮經)을 거슬러 올라가 고찰하며 의심이 없을 수 없었다. 이에 삼가 살펴보건대, 《의례(儀禮)》 〈사상례(士喪禮)〉에 "장차 소렴(小斂)을 할 때 먼저 저질(苴絰)을 크게 한 줌 진설하는데 삼의 밑둥을 머리의 왼쪽으로 가게 하고, 요질(腰絰)은 작게 하는데 요질의 띠를 흩어서 3척 드리우는데 모두 동쪽에 둔다. 소렴을 마친 뒤에는 시신을 받들어 당(堂)에 눕히고 주인이 서계(西階)에서 내려와 빈객에게 절하고 자리에 나아가 발을 구르며, 서동(序東)에서 습(襲)을 하고 수질(首絰)과 요질(腰絰)을 갖춘 다음 자리로 돌아온다." 라고 하였다. 저질(苴絰) 큰 한 줌은 둘레가 9촌(寸)이고, 밑동을 머리의 왼쪽으로 가게 하는 것은 두 가닥이며, 요질(腰絰)을 작게 하는 것은 5분의 1을 뺀 차이로, 《의례》〈상복(喪服)〉의 저질(苴絰)의 제도와 딱 들어맞는다. 이것은 소렴 후 습(襲)에 한 질대(絰帶)이지 성복(成服)한 질대(絰帶)는 아닐 것이다. 환질(環絰)은 《주례(周禮)》〈변사(弁師)〉에 보이니, 조문하는 복의 질(絰)이다. 질(絰)이란 말은 실(實)의 뜻으로, 효자(孝子)에게 충실한 마음이 있음을 밝힌 것이다. 지금 참자(斬齊)의 중복(重服)에 먼저 조문하는 복의 질대(絰帶)를 더하는 것이 예에 있어 타당한가? 게다가 소렴의 습질(襲絰)을 성질(成絰)이라 하니, 마복(麻服)을 입는 절차가 여기에 이르러 비로소 완성된 것이다. 만약 조문하는 복에 환질(環絰)을 한다면 성질(成絰)이라 할 수 없다. 《예기》〈상복소기(喪服小記)〉에 "상복을 벗을 때는 중한 것을 먼저 한다."라 하였고, 공영달 소(疏)에서 "중한 것은 남자는 수질(首絰), 여자는 요질(腰絰)을 이른다. 무릇 중한 것은 제거하는 것은 있어도 바꾸는 것은 없다. 그래서 졸곡(卒哭)에도 가벼운 복을 받지 않고, 소상(小祥)에 이르면 각각 그 중한 것을 제거하는 것이다."라고 하였다. 대개 상복 중에 수질(首絰)이 가장 존귀하기 때문에 소상이 되면 제거하는 것이고, 소상이 되기 전에 마(麻)를 갈(葛)로 바꾸어서는 안 되는 것이다. 지금 소렴에 환질(環絰)을 하고 성복(成服)에 저질(苴絰)을 하면 며칠 내에 입었다가 바로 바꾸는 것이니, 바꾸지 않는 뜻에 매우 잘못된 것이다. 그러하니 환질(環絰)의 제도는 경(經)에서 고찰해보아도 전혀 근거할 바가 없고, 예로 헤아려보아도 결단코 해당하는 바가 없는데, 예가(禮家)는 단지 〈잡기(雜記)〉를 주로 했을 뿐이다. 작변(爵弁)과 위모(委貌)의 차이는 《예기(禮記)》에서도 말하지 않았으나, 정현은 〈상대기(喪大記)〉의 글로 미루어 안 것이다. 〈상대기(喪大記)〉에 "임금을 장차 대렴(大斂)하려고 할 때 자식은 변질(弁絰)을 하고 동서(東序) 끝부분으로 나아간다."라고 했다. 변질(弁絰)이란 작변(爵弁)을 하고 환질(環絰)을 두른 것이다. 모든 조문하는 복장은 임금과 대부는 반드시 흰 작변(爵弁)에 환질을 더하고, 사(士)는 지위가 낮아 작변(爵弁)이 없으니 복을 입으면 흰 위모(委貌)에 환질을 더한다. 무릇 《의례(儀禮)》는 경(經)이고 《예기(禮記)》는 전(傳)으로, 《예기》를 기록한 자는 경(經)의 뜻을 적은 것인데, 〈잡기(雜記)〉의 설은 확연히 《의례》와 서로 어긋나니 어째서인가? 주석가는 이에 '〈잡기(雜記)〉에서 말한 것은 천자(天子)의 사(士)이고 〈사상례(士喪禮)〉에서 말한 것은 제후(諸侯)의 사(士)이다. 그래서 작변(爵弁)과 위모(委貌)가 없는 것이다.'라 하니 얼마나 견강부회가 심한가! 〈잡기(雜記)〉 한 편은 주(周) 나라 말기의 변한 예를 아울러 기록하였기에 잡기(雜記)라 한 것이다. 거기에서 "사(士)의 아들이 대부가 되면 그 부모가 상주가 될 수 없다.", "대부(大夫)와 사(士)는 그 상복을 달리한다."라고 하였는데, 이것이 과연 선왕(先王)의 제도인가? 삼년상에 자소(齊疏)의 상복을 입는 것은 천자부터 공통된 것인데[48], 소렴(小斂)에 변복(變服)을 하면, 어찌 대부와 사(士)가 예절을 달리함이 있는 것인가? 《예기》 〈잡기〉의 '환질(環絰)'에 대해 정현 주에서 "대부(大夫)는 소작변(素爵弁)을 쓰고 사(士)는 소위모(素委貌)를 쓴다."라고 하였다. 이 때문에 조문하는 복의 차등이 상복에 통용되어 초상 습질(襲絰)의 예를 대부와 사(士)가 달리하게 된 것이니, 단연코 선왕(先王)의 경례(經禮)가 아니다. 나는 그래서 다음과 같이 말한다. 〈상대기(喪大記)〉의 이른바 '변질(弁絰)'과 〈잡기〉의 이른바 '환질(環絰)'은 모두 주(周) 나라 예 중 말기에 잘못된 것으로 기록한 자가 아울러 기록하였기에 《의례》 〈사상례(士喪禮)〉와 합치하지 않는 것은 당연하다. 주(周) 나라 제도는 지위가 높은 자가 낮은 자를 위해 강복하고 귀한 자가 천한 자를 위해 강복하여, 대부(大夫)인 자가 방친(旁親)의 복을 강복할 수 있으나, 역대로 준용한 적이 없었다. 봉건(封建)의 법이 폐기되었을 뿐 아니라 존압(尊壓)의

48 삼년상에……공통된 것인데 : 《맹자(孟子)》 〈등문공(滕文公)·상(上)〉 2장에 나오는 말이다.

예가 다시 시행되지 못했으니, 걸치레가 너무 지나쳐 인정(人情)에 흡족하지 못했기 때문이다. 소렴(小斂)의 마복(麻服)을 입는 절차에 대해 《의례》에서 '저질(苴絰)', 《예기》에서 '환질(環絰)'이라 했는데, 경산(瓊山) 구준(邱濬)은 《의례》 경문(經文)을 인용하여 《예기》의 잘못을 바로잡지 못하고 "작변(爵弁)과 위모(委貌)의 제도는 모방하지 않을 수 없다."라고 하여 마침내 포모(布帽)와 환질(環絰)로 변질(弁絰)을 대체하였다. 이는 오복(五服) 존강(尊降)의 제도를 모두 주(周) 나라 예를 사용하지 않으면서 유독 소렴변복(小斂變服)에 대해서는 오히려 《예기(禮記)》의 귀천(貴賤)에 따라 복을 달리하는 설을 인습한 것이다. 아아, 옳겠는가! 이것이 내가 《가례의절(家禮儀節)》의 글에 의심이 없을 수 없는 까닭이다. 문원(文元, 사계 김장생의 시호) 선생의 《상례비요(喪禮備要)》는 《의례》와 《예기》의 제도를 함께 취하여, 장차 소렴(小斂)을 할 때 환질(環絰)을 하고 소렴 후에는 환질(環絰)을 벗고 저질(苴絰)을 착용한다고 하였다. 그러나 환질의 제도는 경(經)에서뿐만 아니라 대략도 보이지 않는다. 《의례》 〈기석(旣夕)〉에서는 상장(喪葬)의 의식 절차를 차례로 서술하며 소렴(小斂) 조항에서는 단지 교대(絞帶)와 포대(布帶)만 말하여 경문(經文)의 미비함을 보완했으나, 또한 이른바 환질은 없다. 그러하니 환질과 저질(苴絰)은 각각 스스로 예가 되고 혼합하여 하나의 절차로 삼을 수 없다는 것이 분명하다. 내가 생각하기에 소렴변복(小斂變服)은 마땅히 예경(禮經)을 주로 하고, 〈상대기(喪大記)〉와 〈잡기(雜記)〉의 글은 하나같이 폐기해야 한다. 어떤 이가 말했다. "《의례》 〈사상례〉에서는 단지 괄발(括髮)을 하고 습질(襲絰)하는 것만 말하고 도리어 관(冠)을 대신하는 머리 복장이 없으니, 지금 구준(邱濬)의 《가례의절(家禮儀節)》의 모질(帽絰)의 제도를 사용하지 않는다면, 장차 머리를 드러내고 저질(苴絰)을 착용해야 합니까?"하니, 다음과 같이 답한다. "《의례》 〈사상례〉의 괄발(括髮)의 주에 '괄발(括髮)은 비녀와 머리싸개를 제거하고 계(紒)를 하는 것이다. 마포(麻布)를 사용하여 지금 삼두(幓頭)를 착용하는 것과 같다.'라고 하였다. 사마온공(司馬溫公)은 《서의(書儀)》에서 '괄발(括髮)을 할 때, 먼저 삼끈을 사용하여 상투를 묶고, 또 베로 두수(頭缷, 머리 묶는 끈)를 만든다.'라고 하였고, 주자(朱子)는 《주자어류(朱子語類)》에서 '괄발(括髮)은 지금의 약두편자(掠頭編子, 망건 편자)와 같다.'라고 하였다. 이 여러 설을 자세히 살펴보면, 괄발(括髮)은 마(麻)로 머리를 묶는 것뿐 아니라 별도로 포(布)를 사용하여 머리를 싸매어 장식하는 것이니, 문(免)으로 관(冠)을 대신하는 것과 한가지이다. 그 제도를 지금 고찰할 수 없지만, 지금 세속의 이른바 '효건(孝巾)'이 바로 문(免)의 남겨진 제도이다. 이것으로 머리를 싸매면 실로 당시의 제도를 따르는 뜻에 합치하니, 게다가 후세에 머리를 풀어 헤치는 절차가 있어 머리를 묶은 후에 더욱 머리를 싸매는 도구가 없을 수가 없다. 장차 소렴(小斂)할 때 효자(孝子)가 마(麻)로 머리를 묶고 효건(孝巾)을 더하는 것은 대략 삼두(幓頭)의 제도를 모방한 것이다. 염을 마친 후 오복(五服)의 종류는 모두 본복의 질대(絰帶)를 착용하고 빈객에게 절하여 예를 이루는 것에는 한결같이 예경(禮經)의 가르침을 따르는 것이 거의 과실이 적을 것이리라!" 우선 천견(淺見)을 기록하여 예를 아는 자들에게 두루 물어볼 것을 기다린다.

始死, 鷄斯扱上衽徒跣. 旣小斂, 袒括髮服麻, 盖將以奉尸侇堂, 降階拜賓, 禮節稍繁, 不可以無飾也. 近世禮家將小斂, 孝子頭加白布小帽, 襲單股絰帶. 其制本於雜記鄭註, 而參用邱儀之說也. 案雜記曰, "小斂環絰, 公大夫士一也." 鄭注曰, "環絰一股, 所謂纏絰也. 士素委貌, 大夫以上素爵弁, 而加此絰焉." 瓊山儀節以爲, "委貌·爵弁之制, 今不可考. 宜用白布巾, 如俗製小帽之類, 似亦得之." 盖以布帽當委貌, 而加環絰也. 文公家禮從簡, 不著小斂變服之節, 而沙溪備要則以古禮不可全廢, 白帽環絰, 悉倣邱儀而爲之節, 百餘年來, 已成通行之例, 今不可動. 然愚嘗溯考禮經, 而不能無疑. 於是謹案士喪禮, "將小斂, 先陳苴絰大鬲, 下本在左. 腰絰小焉, 散帶垂三尺, 饌于東方. 旣小斂, 奉尸侇于堂. 主人降自西階, 拜賓卽位踊, 襲絰于序東復位." 苴絰大鬲則圍九寸也, 下本在左則雙股也, 腰絰小焉, 則五分去一之差也. 與喪服篇苴絰之制吻合. 此斂後所襲之絰帶, 非成服之絰帶乎! 環絰見周官弁師, 卽吊服之絰也. 夫絰之爲言實也, 明孝子有忠實之心. 今以斬齊重服, 而先加吊服之絰帶, 於禮何居? 且夫小斂襲絰, 謂之成絰, 言服麻之節, 至是始成也. 若吊服環絰, 則不可謂之成絰也. 記曰, "除喪者先重者." 疏云, "重謂男首女腰. 凡所重者有除無變, 所以卒哭不受以輕服, 至小祥則各除其重也." 蓋喪服之中, 首絰尤尊, 故練則除之, 而未練不可變麻服葛也. 今也斂則環絰, 而成服則苴絰, 數日之內, 旋服旋改, 其於無變之義, 失之遠矣. 然則環絰之制, 考之於經, 絶無可據, 揆之於禮, 斷無攸當, 而禮家特以雜記爲主耳. 其爵弁委貌之差, 記亦不言, 而鄭氏以喪大記之文, 推之而知也. 大記曰, "君將大斂, 子弁絰, 卽位于序東." 弁絰者, 爵弁而環絰也. 凡吊服, 君大夫必素爵弁而加環絰, 士卑無爵弁, 服則素委貌而加環絰也. 夫儀禮爲經, 禮記爲傳, 記者所以記識經義, 而雜說之說, 顯與儀禮相違何也? 疏家乃謂'雜記所云, 卽天子之士. 士喪禮, 卽諸侯之士, 所以無爵弁委貌.' 何其傅會之甚也! 蓋雜記一篇, 兼記周末之變禮, 故曰雜記. 其曰, "士之子爲大夫, 則其父母不能主之." 曰"大夫士異其喪服." 此果先王之制乎? 三年之喪, 齊疏之服, 自天子達. 小斂變服, 豈有大夫士之異節乎? 記曰"環絰", 注曰"大夫素爵弁, 士素委貌." 是以吊服之等差, 通之於喪服, 而初喪襲絰之禮, 大夫士異節也, 斷非先王之經禮也. 愚故曰大記所謂弁絰, 雜記所謂環絰, 皆是周禮之末失, 而記者並記之, 其與士喪禮不合固也. 周制以尊降卑, 以貴降賤, 命爲大夫者, 得降其旁親之服. 然歷代未嘗遵用, 不惟封建之法廢, 而尊厭之禮無所復施也. 亦文太勝而不厭於人情故也. 小斂服麻之節, 經曰苴絰, 記曰環絰, 瓊山不能引經文以正記者之失, 乃曰爵弁委貌之制, 不可不倣, 遂以布帽環絰代弁絰之節. 是則五服尊降之制, 皆不用周禮, 而獨於小斂變服, 猶襲記人貴賤異服之說也. 烏乎可哉! 此愚所以不能無疑於儀節之文也. 文元先生備要, 兼取儀禮禮記之制, 將小斂環絰, 斂後去環絰服苴絰. 然環絰之制, 不但於經, 不少概見. 旣夕記, 歷敍喪葬儀節, 而小斂條, 特言絞帶布帶, 以補經文之未備, 亦無所謂環絰者. 然則環絰苴絰, 各自爲禮, 其不可輥合爲一節也明矣. 愚謂小斂變服, 當以禮經爲主, 而大記雜記之文, 壹是可廢也. 或曰, "士喪禮但言括髮襲絰, 而却無代冠之首服, 今不用邱儀帽絰之制, 則其將露髮而服苴絰乎?" 曰"士喪禮括髮注曰, '括髮者, 去笄纚而紒, 用麻布爲之, 如今之著幓頭矣.' 司馬溫公曰, '括髮先用麻繩撮髻, 又以布爲頭䫉.' 朱子曰, '括髮如今之掠頭編子.' 詳此諸說, 則括髮非止以麻束髮, 別用布收斂髮際以爲飾, 與免之代冠一㨾也. 其制今不可考, 今俗所謂孝巾, 卽免之遺制也. 以此斂髮, 實合從時之義. 况後世有被髮之節, 而束髮之後, 尤不可無斂髮之具. 將小斂, 孝子用麻束髮, 而加以孝巾, 畧倣幓頭之制, 而旣斂五服之屬, 悉服本服之絰帶, 拜賓成禮, 一遵禮經之訓, 則庶乎其寡過也歟! 姑識淺見, 以俟博叩於知禮家.

중重에 대한 설명

重說

살펴보건대, 《의례(儀禮)》 〈사상례(士喪禮)〉에 사망했을 때 중(重)을 만들어 신을 의지하게 하는데, 그 제도는 나무를 잘라 깎아서 하나는 가로로 지르고 하나는 세로로 세운 뒤 반함(飯含)하고 남은 쌀로 솥에 죽을 담아 양쪽 끝에 걸어두며, 천자(天子)·대부(大夫)·사(士)는 각각 그 길고 짧음으로 차등을 둔다. 그리고 중정(中庭)에 세워 습렴(襲斂)의 전(奠)에서는 모두 시신 곁에 진설하고, 성빈(成殯)한 뒤에는 실내 대렴전(大斂奠)에 진설한다라고 하였다. 경(經)에서 "이에 전(奠)을 올린다. 촛불을 잡고 조계(阼階)를 통해 올라가고, 축(祝)은 건(巾)을 들고 자리를 가진 자가 따라가서 오(奧)에 동향으로 진설한다."라고 하였고, 정현 주(注)에서 "이로부터 다시는 시신에 전(奠)을 올리지 않는다. 축이 건을 가지고 자리를 가진 자와 함께 따라 들어가서 신위(神位)를 모신다. 촛불을 잡고 남향하며, 건은 자리 오른쪽에 둔다."라고 하였으며, 가공언 소(疏)에서 "건을 자리 오른쪽에 둔다고 한 것은 건을 신(神)으로 삼았기 때문에 자리 오른쪽에 두는 것임을 알겠다."라고 하였다. 이것에 의거하면, 실내의 일은 건(巾)으로 신을 의지하게 하는 것이다. 사람이 사망하면 체백(體魄)은 땅으로 돌아가고, 혼기(魂氣)는 가지 않는 곳이 없어, 효자(孝子)가 복(復)으로 초혼(招魂)하고 중(重)으로 신을 기록하여, 혼이 돌아와 의지하는 바를 두게 하기를 바라는 것이다. 그러므로 중(重)은 신주(神主)의 도(道)라고 하는 것이다. 처음 사망했을 때, 살아있는 사람을 섬기는 예로 모시므로 시신 앞에 음식을 올리고, 성빈(成殯)하고 하관하여 매장한 후에는 살아있을 때 거처한 방에 전(奠)을 차리고 건(巾)으로 신을 의지하게 한다. 적실(適室, 정침) 외에 또 하실(下室, 평소 거처했던 방)에서 아침 저녁으로 음식을 올릴 때는 그 제도 또한 반드시 적실(適室)의 예와 같이 한다. 옛날에 임금은 대협(大祫)[49]을 했기 때문에 본주(本主)가 있고, 대부는 제폐(制幣, 일정한 양식의 폐백)로, 사(士)는 띠풀을 베어 신을 의지하게 한다. 〈사상례〉의 이른바 신을 의지하게 하는 건(巾)은 아마도 제폐(制幣) 중 척도에 맞지 않는 것으로 후세의 혼백(魂帛)이 그 남겨진 제도인 것 같다. 《시경(詩經)》〈대아(大雅)·억(抑)〉에서 "신(神)의 이르름은 헤아릴 수가 없다."라고 했으니, 고인(古人)의 길제(吉祭)는 팽(祊)에게 축사를 아뢰고 실내에서 피를 바치며 또 당(堂)에서 시동을 맞이하여 음식을 드리고, 또 다음날 역제(繹祭)를 지내는 것은 모든 곳에서 신을 구하는 것이다. 상례(喪禮)에서 중(重)으로 마당에서 신을 기록하고 건(巾)으로 실내에서 신을 의지하게 하는 것 또한 신을 여기에서 저기에서 구하는 뜻일 것이리라! 그렇지만, 중(重)에는 신주(神主)의 도(道)가 있어 신주를 세움은 장차 제사를 지내려는 것이다. 처음 사망했을 때부터 우제(虞祭)를 지낼 때까지 모두 중(重)에 전(奠)을 진설하는 글은 보이지 않으며, 오직 조조(朝祖)[50]할 때에 영구를 따라 사당 문밖에서 멈추고 우제(虞祭)를 지내고 나

49 대협(大祫) : 체천(遞遷)된 조상의 신주를 태조의 사당에 모아 놓고 합제(合祭)하는 것을 가리킨다.
50 조조(朝祖) : 발인하기 하루 전에 영구를 모시고 사당에 가서 조상을 뵙는 절차이다.

면 매장한다고 하였다. 그러하니 이른바 신주(神主)의 도(道)는 과연 어디에 있는가? 《예기(禮記)》 〈단궁하(檀弓下)〉에서 "은(殷)나라에서는 신주를 만들고 중(重)을 묶어서 매달았고, 주(周) 나라에서는 신주를 만들고 중(重)을 철거했다."라고 했다. 주나라 사람들의 상제(喪祭)는 하나라와 은나라의 예를 겸했기 때문에 〈사상례〉에서 하축(夏祝)과 상축(商祝)이 각각 그 일을 집행한다고 한 것이다. 내 생각에, 중(重)으로 신을 의지하게 한 것은 상고(上古)의 제도이고 삼대(三代)에서 이어받아 아울러 보존했던 것 같다.

案士喪禮, 始死作重以依神, 其制刊木鑿之, 一橫一竪, 以飯含餘米爲鬻盛於鬲, 懸於兩頭. 天子大夫士各以長短爲差, 而立之於中庭, 然襲斂奠皆設於尸傍, 成殯之後則大斂奠設於室中. 經曰, "乃奠, 燭升自阼階, 祝執巾, 席從, 設于奧東面." 注曰, "自是不復奠於尸, 祝執巾, 與執席者從入, 爲安神位, 執燭南面, 巾委於席右." 䟽曰, "云巾委於席右者, 以巾爲神, 故知委於席右也." 據此則室中之事, 以巾憑神也. 盖人死, 體魄歸于地, 而魂氣則無不之也. 孝子復以招魂, 重以錄神, 冀其返而有所憑依也. 故曰重主道也. 始死, 以事生之禮事之, 則饋奠於尸前. 及夫成殯塗殯之後, 則奠於生時所處之室, 而以巾依神. 適室之外, 又有下室朝夕之奉, 則其制亦必如適室之禮也. 古者人君大祫, 故有本主, 大夫以制幣, 士以刌茅依神. 士喪禮所謂依神之巾, 恐是制幣之不中尺度者, 而後世魂帛, 或其遺制也. 詩云, "神之格思, 不可度思." 古人吉祭, 詔祝於祊, 薦血於室, 又迎尸於堂而饗之, 又明日繹而祭之, 所以求之無方也. 喪禮重以錄神於庭, 巾以憑神於室, 亦是於此乎於彼乎之義也歟! 雖然重有主道, 立主將以享祭也. 自始死迄於虞, 俱未見設奠於重之文, 惟朝祖時, 隨柩止於廟門外, 而旣虞則埋之. 然則所謂主道者, 果安在也? 記曰, "殷主綴重焉, 周主重徹焉." 周人喪祭, 兼用夏殷之禮, 故士喪禮, 夏祝商祝各執其事. 竊意重以依神, 卽上古之制, 而三代因以並存之也歟!

교대絞帶를 포布로 바꾸는 것에 대한 논설

絞帶變布說

《의례(儀禮)》〈상복도식(喪服圖式)〉의 〈졸곡수복도(卒哭受服圖)〉에 "교대(絞帶)는 우제(虞祭)를 지낸 뒤에 마(麻)를 포(布)로 바꾸어 입는데 7승 포로 만든다."라고 했고, 지금의 예가(禮家)들이 대부분 따른다. 소상(小祥)에 변복(變服) 하여 마(麻)를 벗고 포(布)를 입는데, 후세에 수복(受服)의 절차가 없어 소상(小祥)에 변복(變服)하는 것으로 우제(虞祭)를 지낸 뒤의 수복(受服)하는 절차에 해당시킨 것이다. 지금 살펴보건대, 교대를 포로 바꾸는 설은 경(經)에 보이지 않는다. 《의례》〈상복전(喪服傳)〉에 "교대(絞帶)는 승대(繩帶)이다."라고 했고, 가공언의 소(疏)에 "질대(絰帶)는 우제(虞祭)를 지낸 뒤에 마(麻)를 갈(葛)로 바꾸어 입는데, 교대(絞帶)에 대해서는 우제를 지낸 뒤 바꾼다고 말하지 않았지만, 공사(公士)와 중신(衆臣)이 임금을 위해 포대(布帶)를 착용한다는 말을 참고하면, 자최(齊衰) 이하 또한 포대(布帶)이니 교대는 우제를 지낸 뒤에 마(麻)를 포(布)로 바꾸어 입는 것이 의리에 맞을 것이다."라고 했다. 이것이 도식(圖式)이 근거하여 설로 삼은 것이다. 나는 소(疏)에 대해 의심이 없을 수 없다. 공사(公士)와 중신(衆臣)이 비록 임금을 위해 참최복을 입지만, 천자와 제후에 눌려 정을 펼쳐 복을 입을 수 없기 때문에 포대(布帶)를 하고 지팡이가 없는 것이니, 이것이 어찌 자식이 부친을 위해 정참(正斬)을 입는 데에 인용할 수 있는 것인가? 예에 근거하면, 참최·자최의 복과 마(麻)·포(布)의 제도는 전혀 섞일 수가 없다. 염(斂)을 한 뒤 빈객에게 절을 하고, 참최복의 경우 마(麻)로 괄발(括髮)을 하고 자최복의 경우 포(布)로 문(免)을 하며, 참최복의 경우 관(冠)의 영(纓)과 무(武)를 모두 마승(麻繩)을 사용하고 자최복의 경우 포(布)를 사용하며, 참최복의 경우 교대(絞帶)를 하고 자최복의 경우 포대(布帶)를 한다. 일부러 슬픈 감정을 일으키게 하는 물건은 각각 그 뜻이 있으니, 마(麻)를 포(布)로 바꾸면 안되는 것이 분명하다. 어찌하여 자최의 포대(布帶)를 인용하여 포(布)

로 바꾸어 입는 증거로 삼을 수 있겠는가? 대(帶)를 바꿀 수 있다면 관(冠)의 영무(纓武)는 유독 바꿀 수 없는가? 《예기(禮記)》 〈잡기(雜記)〉에 "상관(喪冠)은 조촉(條屬)하고, 삼 년의 연관(練冠) 또한 조촉(條屬)한다."라고 하였고, 정현 주(注)에서 "조촉(條屬)은 한 가닥 끈을 구부려 포무(布武)와 같이 만드는 것인데, 참최의 연관에도 오히려 마(麻)로 된 끈을 쓴다."라고 하였다. 영무(纓武)를 바꾸지 않는데, 대(帶)만 유독 포(布)로 바꾸는 것이 옳은가? 소(疏)의 오류는 바로 여기에서 논변할 수 있다. 《가례(家禮)》는 간략함을 따라 수복(受服)의 절차를 없앴고, 연제(練祭)에 이르러 단지 삼물(三物)[51]만 제거하여 공최(功衰)[52]의 뜻을 부쳤을 뿐이다. 지금 세속에서 졸곡수복(卒哭受服) 절차를 연사(練祀)에서 추후에 행하려 하는데, 나아감에는 《의례》의 점점 감하는 제도에 미치지 못하고 물러남에는 《가례(家禮)》의 덜고 더하는 뜻을 따르지 못하니, 예(禮)에 어떠한지 모르겠다. 도식(圖式)의 졸곡수복(卒哭受服)에 비록 교대(絞帶)를 포(布)로 바꾸어 입는 설이 있으나, 연제수복도(練祭受服圖)의 교대(絞帶) 조항에는 '자세하지 않다'라고 했으니, 요점은 정해지지 않은 논의이다. 내가 생각하기에, 교대(絞帶)를 포(布)로 바꾸어 입는 것은 예(禮)에 명문(明文)이 없으니, 아마도 도식(圖式)의 정해지지 않은 논의로 결단코 행해서는 안 될 것 같다.

喪服圖式卒哭受服圖曰, "絞帶虞後變麻服布, 七升布爲之." 今之禮家多從之, 至小祥變服, 去麻服布. 蓋後世無受服之節, 以小祥變服, 當虞後受服之節也. 今案絞帶變布之說, 不見於經. 喪服傳云, "絞帶者繩帶也." 疏曰, "絰帶至虞後, 變麻服葛. 絞帶雖不言所變, 按公士衆臣爲君布帶, 齊衰以下亦布帶, 則絞帶虞後變麻服布, 於義可也." 此圖式所據以爲說者也. 愚於疏說, 不能無疑. 公士衆臣, 雖爲其君斬, 厭於天子·諸侯不得申服, 故布帶無杖.

---

51 삼물(三物) : 앞의 〈상복 해설(喪服解說)〉에 나오는데, 최(衰)·부판(負版)·벽령(辟領)을 가리킨다.

52 공최(功衰) : 대공(大功)의 상복으로, 참최나 자최의 상복이 연제를 지낸 후 대공의 기간과 같아졌음을 이른다.

此何足援引於子爲父之正斬乎? 據禮斬齊之服, 麻布之制, 截然不可混. 斂後拜賓, 斬則括髮以麻, 而齊則免而以布, 斬則冠纓武皆用麻繩, 而齊則用布, 斬則絞帶, 而齊則布帶, 以故興物各有其義, 則麻之不可變布也明矣. 何可引齊衰布帶, 以爲變布之證乎? 帶可變則冠之纓武, 獨不可變乎? 雜記云, "喪冠條屬, 三年之練冠亦條屬." 注云, "條屬者, 屈一條繩爲之如布武, 則斬衰之練冠, 猶用麻繩也." 纓武不變, 而帶獨變布可乎? 疏說之謬, 卽此可辨矣. 家禮從簡畧, 去受服之節, 而至練祭, 只去三物, 以寓功衰之意而已. 今俗乃以卒哭受服之節, 追行於練祀, 則進不及儀禮遞減之制, 退不遵家禮損益之義, 未知於禮何如. 而圖式卒哭受服, 雖有絞帶變布之說, 練祭受服圖絞帶條則曰'未詳', 要是未定之論也. 愚謂絞帶變布, 禮無明文, 恐不可以圖式未定之論, 斷而行之也.

조석곡朝夕哭과 조석전朝夕奠에 대한 논설

朝夕哭奠說

사계선생(沙溪先生)은 조석곡(朝夕哭)과 조석전(朝夕奠)이 두 가지 일이라 하면서 면재(勉齋) 황간(黃榦)의 《의례경전통해속(儀禮經傳通解續)》으로 증명하였다.[53] 근세에 성호(星湖) 이익(李瀷)은 또한 《가례(家禮)》 및 구준(邱濬)의 《가례의절(家禮儀節)》을 인용하여 논변하면서, "《통해(通解)》에서 조석곡(朝夕哭) 및 조석전(朝夕奠)을 나누어 서술한 것은 중간에 철대렴전(撤大斂奠) 한 절이 있기 때문에 문세(文勢) 상 부득이한 것이었다. 만약 반드시 문구를 비교해 본다면 조석곡(朝夕哭)을 한 뒤 대렴(大斂)의 전(奠)을 거둔 뒤 또 조

53 사계선생은……증명하였다 : 김장생의 《사계전서(沙溪全書)》 권39 〈의례문해(疑禮問解)·조석곡(朝夕哭)〉에 나온다.

전(朝奠)을 행하는 것인가? 융통성 없이 얽매여 보면 안 된다는 것이 분명하다."[54]라고 하였다. 지금 《가례(家禮)》로 고찰해보면, '집사가 채소와 과일, 포, 육장을 진설하고 축이 손을 씻은 다음 분향하면, 주인 이하는 재배하고 곡하여 슬픔을 다한다.'[55]라고 하였으니, 곡(哭)과 전(奠)은 과연 두 가지 일이 아니다. 《통해》에서 곡(哭)과 전(奠)을 나누어 서술한 것은 진실로 성호(星湖)의 말처럼 융통성 없이 얽매여 보면 안 된다. 그러나 만약 고례(古禮)로 논한다면, 곡(哭)과 전(奠)은 분명히 두 가지 일이다. 삼가 살펴보건대, 《의례(儀禮)》 〈사상례(士喪禮)〉의 조석곡장(朝夕哭章)에 "부인(婦人)은 가슴을 치되 곡하지는 않는다."라고 하였고, 정현 주(注)에 "바야흐로 일이 있으면 시끄럽게 떠듦을 그친다."라고 하였으며, 가공언 소(疏)에 "바야흐로 일이 있다는 것은 다음 경의 대렴(大斂)의 전(奠)을 거두고 새로 전(奠)의 일을 진설함을 이른다."라고 하였다. 조전장(朝奠章)에서 "주인이 빈객에게 절한다."라고 하였고, 정현 주(注)에서 "곡을 마치면 전(奠)을 올린다. 전을 올리면 예를 마치는 것이다."라고 하였으며, 가공언 소(疏)에 "곡을 마치면 전(奠)을 올린다는 것은 조석곡을 그치고 빈객에게 절하고 전(奠)을 올리며, 전을 올리면 예를 마치는 것이다는 것을 이른다."라고 하였다. 이것에 근거하면, 조석에 주인 이하는 들어가 자리에 나아가 곡을 하고, 곡을 마친 뒤 빈객에게 절을 하는 절차가 있으며, 빈객에게 절을 하고 예를 마친 뒤에 전을 올리는 것이다. 무릇 전을 올리는 것은 흠향하도록 하고자 하는 것이다. 신도(神道)는 그윽하고 고요한 것을 숭상하기 때문에 "바야흐로 일이 있으면 시끄럽게 떠듦을 그친다."라고 한 것이다. 곡하는 것은 살아 있는 사람의 정(情)이고, 전(奠)은 사망한 사람을 섬기는 예이니 서로 끼어들 수가 없다. 대소렴장(大小斂章)에 "장차 전(奠)을 진설할 때 축관은 손을 씻고 먼저 곡을 멈추라 명한다."라고 한 것이 이 뜻이다. 옛날

---

54 《통해(通解)》에서……분명하다 : 이익의 《성호전집(星湖全集)》 권28 〈답윤진사심원문목(答尹進士深源問目)〉과 권41 〈조석곡전설(朝夕哭奠說)〉에 관련된 논의가 나오나, 본문에 인용된 말은 보이지 않는다.

55 집사가……다한다 : 《가례》 〈조석곡전조(朝夕哭奠條)〉에 나온다.

에는 서계(西階)에서 빈(殯)을 하고 하실(下室)에서 음식을 올리니, 서계(西階) 아래에서의 곡과 실내에서의 일은 절연(截然)히 두 개의 절이 된다. 후세에 도빈(塗殯)의 예가 폐해지고 관 옆에 영좌(靈座)를 설치하여, 《가례(家禮)》에서 영좌(靈座)에서 일이 있으면 반드시 곡을 한다고 하였으니, 곡(哭)과 전(奠)이 비로소 합하여 한 절이 된 것이다. 사계(沙溪)가 이를 나누어 두 가지 일로 한 것은 《가례》의 뜻이 아니지만 실은 예경(禮經)과 합하는 것이니 비방할 수 없다.

沙溪先生謂朝夕哭與奠, 是兩項事, 引勉齋通解以證之. 近世李星湖瀷又引家禮及邱儀辨之曰, "通解分叙朝夕哭及朝夕奠者, 以中間有撤大斂奠一節, 故文勢不得不爾也. 若必以文句較看, 則既朝夕哭, 撤大斂奠, 又行朝奠乎? 其不可泥看也明矣." 今以家禮考之, 則"執事者設蔬果脯醢, 祝盥手焚香, 主人以下再拜哭盡哀," 則哭與奠果非兩項事, 而通解之分叙哭奠, 誠如星湖之言, 不可泥看. 然若以古禮論之, 則哭奠明是兩項事. 謹按士喪禮朝夕哭章, "婦人拊心不哭." 注云, "方有事, 止讙囂." 疏云, "方有事, 謂下經撤大斂奠, 設新奠之事也." 朝奠章, "主人拜賓." 注云, "哭止乃奠, 奠則禮畢矣." 疏云, "哭止乃奠者, 謂朝夕哭止, 拜賓乃奠, 奠則禮畢矣." 據此則朝夕, 主人以下入就位哭, 哭訖有拜賓之節, 拜賓禮畢, 乃奠矣. 夫奠之欲其饗之也. 神道尙幽靜, 故曰方有事, 止讙囂. 哭是生者之情, 奠是事亡之禮, 不可以相攙. 大小斂章, 將設奠, 祝盥先命止哭, 是其義也. 古者殯於西階, 饋於下室, 則階下之哭, 室中之事, 截然爲兩節矣. 後世塗殯之禮廢, 而設靈座於柩傍. 家禮凡有事於靈座必哭, 則哭與奠始滚合爲一節. 沙溪之分爲兩項, 雖非家禮之義, 而實與禮經合, 未可訾議也.

우제虞祭를 지낼 때 축祝의 자리에 대한 설명

虞祭祝位說

예(禮)에 소렴(小斂)을 마치고 시신을 받들어 당(堂)으로 옮기고 나서 효자(孝子)는 계단 아래로 나아가 습질(襲絰)을 하고 빈객에게 절을 하니, 장차 조문하는 빈객과 예를 완성하고자 하는 것으로 주인의 자리에 나아가지 않을 수 없는 것이다. 장사지낸 뒤 반곡(反哭)하고 주인은 서계(西階)로 올라가 서서(西序)에서 지팡이를 짚고 서는데, 돌아옴에 시신이 없어 찾아도 볼 수가 없으니 애통함이 여기에서 가장 심해져 차마 급히 계단의 자리를 밟을 수가 없게 된다. 우제(虞祭)를 지낼 때는 주인의 자리가 서쪽에 있으며 동쪽을 향해 있기 때문에, 축(祝)이 제사가 끝났음을 고하는 것이 서쪽을 향해 대하게 된다. 특생(特牲)과 소뢰(少牢)와 같이 주인이 동쪽에 거하며 서쪽을 향해 있다면, 축(祝)이 동쪽을 향해 제사가 끝났음을 고한다. 이것이 우제(虞祭)에서 축(祝)의 자리가 길제(吉祭)와 다른 까닭이다. 《가례(家禮)》에 영좌(靈座)가 남쪽을 향해 있고 주인이 북면(北面)을 한다고 하였으니, 오른쪽이 동쪽이고 왼쪽이 서쪽으로 축(祝)은 주인의 오른쪽에 서게 되어 주인은 서서(西序)에 축(祝)은 동서(東序)에 있게 된다. 사마온공(司馬溫公)이 《서의(書儀)》에서 "우제(虞祭)에는 축(祝)이 주인의 오른쪽에 선다."라고 하였고, 주자(朱子)가 이를 인용하여 예경(禮經)의 뜻을 깊이 얻었다고 하였으니, 《가례(家禮)》에서 주인이 북면을 하더라도 그 동서의 자리는 고례를 본떠 절차를 삼을 수밖에 없다. 그러므로 축(祝)이 주인의 오른쪽에서 무릎을 꿇고 읽어 제사가 끝났음을 고하는데, 주인이 동쪽을 향해 있고 축(祝)은 서쪽을 향해 대하는 것이니, 이것이 《가례》에서 고금을 참작한 정밀한 뜻이 된다. 졸곡(卒哭)하여 길제(吉祭)로 상제(喪祭)를 바꾸면, 주인은 다시 계단의 자리로 회복하니, 졸곡 이후에는 축(祝)의 자리가 주인의 서쪽에 있게 된다.

禮旣小斂, 奉尸俠于堂, 孝子卽阼階下, 襲絰拜賓, 盖將以與吊賓成禮, 不可以不就主人之位也. 旣葬而反哭, 主人由西階升, 倚杖於西序, 返而亡矣, 弗可得而見矣, 哀痛於是爲甚, 不忍遽踐阼階之位也. 其虞也, 主人之位居西而東面, 故祝告利成, 西面以對之. 若特牲少牢, 主人之位居東而西面, 則祝東面告利成, 此虞祭祝位之所以異於吉祭也. 家禮靈座南向, 而主人北面, 則右爲東而左爲西, 祝立於主人之右者, 以主人在西序而祝在東序也. 溫公曰, '虞祭祝立於主人之右.' 朱子引之以爲深得禮經之旨, 盖家禮主人雖北面, 其東西之位則不可不倣古爲節. 故祝跪讀於主人之右, 告利成, 主人東面而祝西面以對之, 此家禮參今酌古之精義也. 卒哭以吉祭易喪祭, 主人復阼階之位, 則卒哭以後, 祝位皆在主人之左矣.

이염二厭에 대한 논설

二厭說

옛날의 제례(祭禮)에서 이염(二厭)은 신이 흠향하기를 바라는 것이고, 시동을 세우는 것은 신의 위의를 표상하는 것이다. 염(厭)으로 신을 제향하는 것은 사망한 사람을 섬기는 예이고, 시동으로 신을 표상하는 것은 살아 있는 사람을 섬기는 예이다. 살펴보건대, 《의례(儀禮)》〈소뢰궤식례(少牢饋食禮)〉에 "사궁(司宮)이 실(室)의 서남쪽 모퉁이에 자리를 펴고 찬을 다 진설한 다음 축(祝)이 술을 따르고 축사를 풀어 고한다."라고 했는데, 이것이 이른바 '음염(陰厭)'이다. 실의 서남쪽 모퉁이를 오(奧)라 하고 오(奧)에서 제사 지내기 때문에 음염이라고 하는 것이다. 시동을 맞이하여 실로 들어가 삼헌례(三獻禮)가 이루어지고 여수(旅酬)함에 잔을 헤아림이 없는 것을 정제(正祭)라고 한다. 정제(正祭)를 마친 후에는 또다시 서북쪽의 모퉁이에 음식을 진설하고 유호(牖戶)를 닫는데, 이것이 이른바 양염(陽厭)이다.

실의 서북쪽 모퉁이는 문이 있어 밝기 때문에 양염(陽厭)이라고 하는 것이다. 효자(孝子)가 신의 소재가 여기에 있는지 저기에 있는지 모르는 뜻이 담겨있다. 삼상(三殤)[56]의 제사는 성인(成人) 아래에 두고, 염(厭)이 있지만, 시동이 없고 또한 이염(二厭)을 갖출 수 없다. 종자(宗子) 중 일찍 죽은 이는 조묘(祖廟)에서 음염(陰厭)을 하고, 그밖에 일찍 죽은 이는 종자(宗子)의 집에서 양염(陽厭)을 한다. 신도(神道)는 그윽하고 어두운 것을 숭상하기 때문에 음염이 양염보다 중하다. 그래서 종자(宗子)는 음염을 하고 그밖에 일찍 죽은 이는 양염을 하는 것이다. 증자(曾子)가 묻기를 "제사에는 반드시 시동이 있어야 합니까? 염제(厭祭)를 지내는 것처럼 하는 것도 괜찮습니까?" 하니, 공자가 말했다. "성인(成人)을 제사하는 경우는 반드시 시동이 있어야 한다. 상(殤)을 제사하되 반드시 염제(厭祭)를 하는 것은 아직 성인이 되지 않았기 때문이다. 성인의 상(喪)을 제사하면서 시동이 없는 것은 제사하는 대상을 상(殤)으로 여긴 것이다."[57] 이는 성인의 제사에는 반드시 시동을 세워 표상하고, 상(殤)을 제사할 때는 염(厭)이 있지만 시동이 없다는 것을 말한 것이다. 송유(宋儒) 육전(陸佃)은 이것에 근거하여 상(殤)을 제사할 때는 염(厭)이 있지만, 성인을 제사할 때는 염(厭)이 없다는 증거로 삼아, 정현이 《의례(儀禮)》에 주석을 단 음염·양염에 대한 설을 논박하며 다음과 같이 말했다. "시동이 아직 들어오기 전에 축(祝)은 술을 따르는 것을 고하는 것이니 음염이 아니다. 시동이 일어난 후 좌식(佐食)이 시동의 천(薦, 포해(脯醢))과 조(俎)를 거두고 서북쪽 모퉁이에 진설하는 것은 신이 의지하도록 한 것이니, 바로 《주례(周禮)》의 제사 지내고 남은 음식을 갈무리한다는 것으로 양염이 아니다." 살펴보건대, 음염에서 음식을 진설한 후 축(祝)이 고하여 다음과 같이 말한다. "효손(孝孫) 아무개가 감히 유모(柔毛)와 강렵(剛鬣)과 가천(嘉薦)과 보뇨(普淖)를 사용하여 황조백(皇祖伯)

56 삼상(三殤) : 일찍 죽은 사람을 가리키는 것으로, 16세 이상 19세 이하에 죽은 경우가 장상(長殤), 12세 이상 15세 이하에 죽은 경우가 중상(中殤), 8세 이상 11세 이하에 죽은 경우가 하상(下殤)이 된다.

57 증자(曾子)가……여긴 것이다 : 《예기(禮記)》 〈증자문(曾子問)〉에 나온다.

아무개에게 세사(歲事)를 올리오니 흠향하소서." 향(饗)은 신이 흠향하여 배부르게 먹기를 바라는 것이다. 육전(陸佃)이 고했지만 염(厭)이 아니라고 여긴 것은 어디에 근거했는지 모르겠다. 고인(古人)이 제사를 지낸 후 남은 공경스러운 마음이 아직 풀리지 않아 천자와 제후는 제사 지낸 다음 날 또 역제(繹祭)를 지낸다. 대부 이하는 따로 희생을 삶거나 천조(薦俎)를 올리지 않고 다시 음식을 진설하여, 상대부(上大夫)는 당에서 시동을 인도하고 하대부(下大夫) 및 사(士)는 실내에서 양염(陽厭)을 한다. 만약 '서북쪽 모퉁이에 진설하는 것은 신이 의지하도록 한 것이니 양염(陽厭)이 아니다.' 라고 한다면, 저 상대부가 시동을 인도하는 것은 유독 신을 의지하게 하는 절차가 없다는 것인가? 《의례(儀禮)》 〈유사철(有司徹)〉의 양염장(陽厭章)에 "사궁(司宮)이 제사 지낸 것을 치운다."라고 했고, 정현 주(注)에서 "두(豆) 사이에서 제사지낸 것을 치운다. 구설(舊說)에서는 '서쪽 계단의 동쪽에 묻는다.'라고 했으니, 이는 바로 《주례(周禮)》 〈수조(守祧)〉의 이른바 제사 지내고 남은 음식을 갈무리한다는 것이다."라고 했다. 수(隋)는 바로 수제(隋祭)이니, 시동이 폐를 먹으려 손을 들어 두(豆) 사이에 떨어뜨려 제사 지내는 것이다. 그가 신에게 제사 지낸 나머지이기 때문에 갈무리하여 묻는 것이다. 지금 양염(陽厭)의 음식을 진설한 후 정제(正祭)를 지낼 때 두(豆) 사이에 떨어진 제육(祭肉)을 치우는 것은 정결함을 다하고 또 장차 갈무리하여 묻고자 하는 것이다. 실내에 진설한 음식은 바로 신에게 올린 것으로 제사가 끝나면 부인(婦人)이 치운다. 육전(陸佃)이 고찰하지 않고, 양염(陽厭)에서 진설한 음식을 《주례(周禮)》의 제사 지내고 남은 음식을 갈무리한다는 뜻이라 하였으니, 얼마나 어설프고 잘못이 심한가! 공자가 이미 증자의 물음에 답하고 또 "음염(陰厭)이 있고 양염(陽厭)이 있다."라고 하였으니, 상(殤)에게 제사하는 예에는 혹 음염이 있고 혹 양염이 있음을 말한 것이다. 증자는 그 뜻을 이해하지 못하고 또 묻기를, "상(殤)은 제사를 구비하지 않는데 어찌 음염과 양염이 있다고 합니까?"라고 하니, 공자가 또 종자(宗子)의 상(殤)은 음염(陰厭)을 하고 그 밖의 상(殤)에는 양염(陽厭)을 한다고 차례로 말하여 답한 것이다. 상(殤)은 제사를 구비하지 않기 때문에 이염(二厭)을 갖출 수 없는 것이니, 성인(成人)으로 제사를 구비하는 것은 절로 이염(二厭)을 갖추는 것에 해당하는 것으로 그 뜻이 어찌 환하게 아주 명백하지 않은가! 또《예기(禮記)》〈증자문(曾子問)〉에서 "종자(宗子)에게 죄가 있어서 서자가 대부가 되면, 그 제사는 염제(厭祭)를 지내지 않고 여수를 하지 않으며, 복을 내리는 말을 하지 않고 수제(綏祭)를 지내지 않는다."라고 하였으니, 의식의 절차를 줄인 것은 종법(宗法)을 엄하게 하는 것이다. 만약 종자(宗子)가 스스로 주인이 되어 예를 갖춘다면, 제사를 지낼 때 반드시 염제(厭祭)가 있음을 알 수 있다. 저 육전(陸佃)은 무엇을 고찰하였기에, 성인(成人)에게 제사 지낼 때 염(厭)이 없다는 설을 개창했는가?

古者祭禮, 二厭所以冀神之歆格也, 立尸所以象神之威儀也. 厭以享神則事亡之節也, 尸以象神則事生之禮也. 案儀禮, 司宮筵于奧, 旣設饌, 祝奠酌, 釋辭以告之, 此所謂陰厭. 室西南隅謂之奧, 行事於奧, 故謂之陰厭. 迎尸入室, 三獻禮成, 旅酬無筭爵, 謂之正祭. 正祭旣畢, 又改設饌於西北隅, 闔牖戶, 此所謂陽厭. 室西北隅得戶之明, 故謂之陽厭. 孝子不知神之所在於彼乎於此乎之義也. 三殤之祭則下於成人, 有厭而無尸. 又不得備二厭, 而宗子之殤則陰厭於祖廟, 凡殤則陽厭於宗子之家. 神道尙幽闇, 故陰厭重於陽厭, 所以宗子則陰厭, 而凡殤則陽厭也. 曾子問曰, "祭必有尸乎? 若厭祭亦可乎?" 孔子曰, "祭成人者必有尸. 祭殤必厭, 盖弗成也. 祭成喪而無尸, 是殤之也." 此言成人之祭, 必立尸以象之, 而祭殤則有厭而無尸也. 宋儒陸佃乃據此以爲殤祭則有厭, 而成人祭無厭之證, 辨駁鄭注儀禮陰厭陽厭之說曰, "尸未入之前, 祝酌奠, 所以告之, 非陰厭也. 尸謖之後, 佐食徹尸薦俎, 設于西北隅, 所以依神, 卽周官藏其隋者, 非陽厭也." 案陰厭設饌之後, 祝告曰, "孝孫某敢用柔毛剛鬣嘉薦普淖, 用薦歲事于皇祖伯某, 尙饗." 饗者冀神之歆格而厭飫也. 陸氏以爲告而非厭者, 未知何據也. 古人旣祭, 餘敬未弛, 天子諸侯祭之明日又繹, 大夫以下, 不別牲煁薦俎而改設饌, 上大夫儐尸於堂,下大夫及士陽厭於室中. 若謂西北隅設饌, 所以依神而非陽厭也, 則彼上大夫之儐尸者, 獨無依神之節乎? 儀禮陽厭章曰"司宮掃祭." 注曰, "掃豆間之祭. 舊說云埋之西階東, 此卽周禮守祧, 所謂藏其隋者也." 隋卽隋祭也. 尸食肺, 擧手隋下於豆間而祭之. 以其祭神之餘, 故藏而埋之. 今陽厭設饌之後, 掃除正祭時豆間之祭肉, 所以致蠲潔, 而且將藏而待埋也. 其室中陳設之饌, 卽所以享神, 而事畢婦人徹之. 陸氏不考, 乃以陽厭設饌, 謂是周官藏其隋之義, 何其疎謬之甚也! 孔子旣答曾子之問, 又曰, "有陰厭有陽厭." 盖言祭殤之禮, 或有陰厭, 或有陽厭也. 曾子不達其旨, 又問曰, "殤不備祭, 何謂陰厭陽厭?" 孔子又歷言宗子之殤則陰厭, 而凡殤則陽厭以答之. 殤不備祭, 故不得具二厭, 則其成人而備祭者, 自當具二厭, 其義豈不皎然明甚乎! 又記曰, "宗子有罪, 庶子爲大夫, 其祭也不厭祭, 不旅不假不綏祭." 貶損儀節, 所以嚴宗法也. 若宗子自爲主而備禮, 則祭必有厭可知矣. 彼陸氏何考, 而刱爲成人祭無厭之說哉?

우리나라가 아득히 동쪽 끝에 있어 비록 중국을 섬기기는 하지만 천자(天子)가 분봉한 땅은 아니다. 단군(檀君)이 으뜸으로 나와 처음으로 하늘에 제사드리는 예를 시행하였고, 신라·고려 이래로 대마다 각각 경건히 받든 것이 이미 누천년이었으니, 이른바 '한 번 거행한 적이 있으면 감히 폐지하지 못한다'는 것이다.

좌소산인문집 左蘇山人文集

권 6

達城 徐有本 混原 一 文

국조國朝의 사전祀典에 대한 개인적인 의론

國朝祀典私議

단사壇祀

국초(國初)에 예에 의거하여 교단(郊壇)을 파했는데, 태종 11년(1411년)에 어떤 사람이 말하길, "진(秦)나라는 서쪽에 있기 때문에 다만 백제(白帝)만 제사하였는데, 우리나라는 동쪽에 있으니 또한 마땅히 청제(青帝)를 제사하여야 합니다."라 하여 교단(郊壇)을 다시 쌓았고[1], 태종 12년에 또 없앴다.[2] 태종 15년에 예문제학(藝文提學) 변계량(卞季良)이 상소하여 말하길, "우리 동방의 단군(檀君)은 하늘에서 내려왔고 천자가 분봉하지 않았습니다. 명(明)나라 고황제(高皇帝, 태조)께서는 조문을 내리시어 우리 조정의 일을 두루 말하여, 하늘에 제사하는 일 또한 반드시 알고 계셨습니다. 곧 의식은 본속(本俗)을 따르고 법은 구장(舊章)을 지키도록 허락하셨으니, 그 뜻은 대개 해외(海外)의 나라이므로 처음에 하늘에서 명을 받았음을 이르는 것입니다. 하늘에 제사하는 예는 매우 오래되어 바꿀 수가 없습니다. 마땅히 남교(南郊)에서 하늘에 제사하여야 합니다." 하니, 이를 따랐다.[3] 세종 원년에 원단(圓壇)에서 기우제를 지냈다.[4] 세조 3년에 원구(圓丘)에서 친히 제사 지냈다.[5] 삼가 국초(國初)의 교단(郊壇)에 대해 살펴보니, 잠깐 파했다가 바로 다시 설치하였다. 세조 3년에는 오히려 친히 제사하였는데, 이후 영원히 파한 연조(年條)는 지금 고찰할 수 없다. 그러나 《국조오례의(國朝五禮儀)》에서 성종조의 반강(頒降) 하는 글에 교향(郊

1 태종 11년……다시 쌓았고 : 《태종실록(太宗實錄)》 태종 11년 10월 27일 기사에 나온다.

2 태종 12년에 또 없앴다 : 《태종실록(太宗實錄)》 태종 12년 8월 28일 기사에 나온다.

3 태종 15년……이를 따랐다 : 《태종실록(太宗實錄)》 태종 16년 6월 1일 기사에 나온다. 서유본이 잘못 보았거나 필사 과정에서 태종 15년으로 잘못 적은 것으로 보인다.

4 세종 원년……기우제를 지냈다 : 《세종실록(世宗實錄)》 세종 1년 5월 26일 기사에 나온다.

5 세조 3년에……제사 지냈다 : 《세조실록(世祖實錄)》 세조 3년 1월 15일 기사에 나온다.

享)의 의절(儀節)을 싣지 않았으니, 원구(圓邱)가 영원히 파해진 것은 반드시 세조 조일 것이다.

다음과 같이 의론한다. 예(禮)에 천자(天子)는 하늘과 땅에 제사 지내고, 제후(諸侯)는 사직(社稷)에 제사 지내며, 대부(大夫)는 오사(五祀)에 제사 지낸다. 이승에는 관섭(管攝)하는 바가 있고 저승에는 감응하는 바가 있으니, 이것은 자연의 바른 이치이고 바꿀 수 없는 등차이다. 그렇지만 해외(海外)의 각국은 각각 그 봉역(封域)을 오로지 하여, 모토(茅土)[6]를 태사(太社)에서 나누지 않고 풍기(風氣)는 각각 편방(偏方)마다 다르다. 홍수와 가뭄 들 때 기우제와 영제(禜祭), 재상(灾祥)에 대한 양회(禳禬)는 천신(天神)에게 제사 지낼 수밖에 없으니, 또한 예(禮)가 본속(本俗)을 따르는 뜻으로 성인이 허락한 바이다. 우리나라가 아득히 동쪽 끝에 있어 비록 중국을 섬기기는 하지만 천자(天子)가 분봉한 땅은 아니다. 단군(檀君)이 으뜸으로 나와 처음으로 하늘에 제사 지내는 예를 시행하였고, 신라·고려 이래로 대마다 각각 경건히 받든 것이 이미 누천년이었으니, 이른바 '한 번 거행한 적이 있으면 감히 폐지하지 못한다.'[7]는 것이다. 국초에 예신(禮臣)의 건의로 성조(聖祖) 께서 따르셨으니, 이는 예경(禮經)을 따르고 제후의 법도를 잘 지키는 뜻에서 나온 것으로 참으로 감히 망령되게 의론할 수 없다. 그러나 당시의 혹자의 설과 변계량의 상소는 어긋나는 논의가 있으니, 예를 의론하는 사람은 토론을 해야 할 것이 있다. 삼가 예를 살펴보니, 제후가 해당 분야의 별자리에 제사를 지냈으니, 《춘추좌전(春秋左傳)》에서 상(商)에서 대화(大火)에 제사 지내고 진(晉)에서 삼성(參星)에 제사 지냈다는 것[8]이 이것이다. 교사(郊祀)를 지금 다시 거행할 수 없지만 분야의 별자리에 제사 지낸

6 모토(茅土) : 제후(諸侯)를 봉할 때 제후에게 주는 흙으로, 천자가 제후를 봉할 때 그 방면의 흙을 백모(白茅)로 싸서 주어 사(社)를 세우게 하였다. 《서경(書經)》 〈우공(禹貢)〉에 관련된 이야기가 나온다.

7 한 번……폐지하지 못한다 : 《예기(禮記)》 〈곡례(曲禮)·하(下)〉에 나오는 말이다.

8 상(商)에서……제사 지냈다는 것 : 《춘추좌전(春秋左傳)》 소공(昭公) 원년에 나온다.

뜻을 참고하면 혹 청제(青帝)에게 제사드리는 설이 또한 근거가 있는 것 같다. 오제(五帝)는 태미원(太微垣)의 오제좌(五帝座)이니 바로 천신(天神)이 오행(五行)을 관장하는 것이다. 오제(五帝)를 천(天)으로 여긴 주소(註疏)의 오류는 역대로 인습 하다가 당(唐)나라 영창(永昌, 예종의 연호, 689년) 중에 비로소 바로잡았으니, 오직 호천상제(昊天上帝)를 천(天)이라 칭하고 나머지 오제(五帝)는 모두 제(帝)라 칭하였다. 선유(先儒)는 하늘에 오제(五帝)가 있는 것이 땅에 오악(五嶽)이 있는 것과 같이 생각했다. 그렇다면 옛날 제후는 각각 그 봉토 내의 산악과 강에 제사 지내면서 유독 그 방위에 임한 별에는 제사 지내는 것이 불가한가? 본조(本朝)의 천신(天神)에 제사 지내는 예는 오직 풍운뇌우단(風雲雷雨壇)이 있는데, 풍운뇌우질(風雲雷雨秩)은 본래 소사(小祀)로 당제(唐制)에서는 천하의 부주현(府州縣)에서 모두 제사드릴 수 있게 허락하였다. 천승(千乘)의 나라로 천신(天神)을 모시는 예가 겨우 중국의 주현(州縣)에 비견된다면, 이것이 어찌 상하에 미치고 신인(神人)을 조화시키는 도(道)이겠는가! 지금 국초에 이미 거행된 전례(典禮)를 따르고자 하여 약간의 변통을 가하여 입춘에 남단(南壇)에서 동방의 창제(蒼帝)에게 제사 지내고 복희(伏羲)를 배향하고 구망(勾芒)을 따르게 하며[9], 한결같이 경전(經典)에 의거하여 기물은 질그릇과 바가지를 사용하고 자리는 볏짚으로 짠 자리를 사용하여 하늘을 섬기는 예로 제사를 지내면, 거의 위로는 참제(僭制)의 혐의가 없고 아래로는 예에서 본속(本俗)을 따르는 뜻에 어긋나지 않을 것이리라! 아아! 세종의 성지(聖智)로 몸소 예악을 제작하는 일을 맡았지만 유독 원구(圜丘)의 예에 대해서는 일찍이 의론하지 않으셨으니, 예를 담당하는 신하가 옛일을 상고하고 제정하여 선왕이 이루어놓은 법을 보는 성덕(聖德)을 널리 드러내어 알린 것을 깊이 생각해봐야 하지 않겠는가!

9 동방의……따르게 하며 : 《예기(禮記)》 〈월령(月令)〉에 "맹춘(孟春)에 그 임금은 태호(太皞, 복희)요, 그 신은 구망이다.(其帝太皞, 其神勾芒.)"라는 말이 나온다.

사향모혈예감社享毛血瘞坎

《국조오례의(國朝五禮儀)》에, 재인(宰人)이 난도(鸞刀)로 희생을 잡고, 축사(祝史)가 반(盤)에 모혈(毛血)을 담는다. 제사를 드리려 할 때에는 구덩이에 묻고 사배(四拜)를 하며, 음복을 하고 제육을 받은 뒤 축폐(祝幣)와 서직(黍稷)을 묻는다라고 하였다. 영종(英宗) 25년에 하교하기를, "모혈(毛血)을 함께 불태워 구덩이에 묻는 것은 마음에 두려운 바가 있다. 유신(儒臣)으로 하여금 널리 전례(典禮)를 상고하도록 하였으나 근거할 만한 글이 없었는데, 태묘(太廟)에서 구덩이에 함께 묻게 하지 않았다면 이는 참고로 볼 만하다. 이후로는 사직(社稷)이 모혈(毛血)은 북쪽 유문(壝門) 안의 정결한 곳에 묻으라."[10]라고 하였다.

다음과 같이 의론한다. 사제(社祭)에서 구덩이에 모혈을 묻는 것은 신을 불러오는 것이고, 제기에 모혈을 담아 바치는 것은 옛 도를 숭상하는 것이다. 《주례(周禮)》 〈대종백(大宗伯)〉에 혈제(血祭)로 사직(社稷)에 제사 지낸다고 했는데, 사제(社祭)는 음사(陰祀)이고 피는 유음(幽陰)한 물질이므로 동류로 동류를 구하는 것이다. 《예기(禮記)》 〈예운(禮運)〉에 조(俎)에 날고기를 담아 올리고 그 고기를 익혀서 올린다고 하였는데, 교사(郊社) 대향(大享)에서는 먼저 모혈(毛血)을 바치고 다음으로 데친 고기를 올리며 그 다음으로 익힌 고기를 올리니, 이른바 원근에 따라 고금(古今)의 예를 모두 갖추는 것이다.[11] 그렇다면 모혈을 묻어 음(陰)을 불러오고, 모혈(毛血)로 날 것을 바치는 것은 각각 한 절로 이것을 들어 저것을 폐지할 수 없는 것이 분명하다. 후세의 사(社)에 제사 지내는 의식은 다만 모혈을 제기에 담아 바

10 모혈(毛血)을……묻으라 : 《영조실록(英祖實錄)》 영조 25년 4월 14일 기사에 나온다. 다만, 서유본이 인용한 '於太廟同瘞於坎'이 영조실록과 승정원일기에는 '於太廟不爲同瘞於坎'로 되어 있어, 번역문에서는 실록의 문장에 따라 번역하였다.

11 원근에……갖추는 것이다 : 《예기(禮記)》 〈예기(禮器)〉의 정현(鄭玄) 주로 원문은 다음과 같다. "피·날고기·데친 고기·익힌 고기는 원근에 따라 고금의 예를 모두 갖추는 것이다.(血腥爓孰遠近, 備古今也.)"

치고 피를 구덩이에 묻는 예는 없었다. 송(宋)나라 원풍연간(元豊年間, 송 나라 신종의 연호, 1078~1085)에 상정소(詳定所)[12]에서 처음으로 사(社)에 제사 지낼 것을 청하여, 먼저 피를 묻는 것을 시작하여 역대로 이를 따랐다. 제사를 드리려 할 때는 축사(祝史)가 혈반(血盤)을 받들어 묻는 자리로 갔고, 피를 묻고 옥폐(玉幣) 바치는 것을 마치면 대축(大祝)이 모혈(毛血)이 담긴 제기를 받들어 정배위(正配位)에 올린 뒤 익힌 음식을 올릴 때 물린다. 옛글에 '희생의 털 빛깔로 제물을 보이고, 희생의 피로 잡았음을 고한다.'라고 했으니, 익힌 음식을 올리기 전에 반드시 털과 피를 함께 올리는 것은 하나는 희생의 털의 순수함을 보이고, 하나는 제사를 위해 잡은 것을 밝히는 것이다. 구덩이에 묻어 신을 불러오는 것에 이르러서는, 음(陰)으로 음(陰)을 부르니 피를 취하여 묻을 뿐이다. 어찌 일찍이 모혈(毛血)을 함께 묻는 예가 있었는가? 《명회전(明會典)》에 천하 부주현(府州縣)의 제사(祭社) 의식을 실으며, 희생을 살피는 것이 끝나면 희생을 잡아 모혈(毛血)을 반(盤)에 조금 채우는데, 그 희생은 모두 가죽째 삶아 익히는 것이며, 제사를 지낼 때 일을 맡은 사람이 모혈(毛血)을 구덩이에 묻는다[13]고 하였다. 대개 부주현(府州縣)에서의 제사(祭社)의 예는 태사(太社)에서 희생을 잡는데 날고기를 바치는 의절은 없고, 희생 고기는 모두 익혀서 올린다. 그러므로 잡은 희생의 모혈(毛血)은 모두 구덩이에 묻는 것이다. 삼가 《국조오례의(國朝五禮儀)》를 살펴보니, 본조(本朝)의 제사(祭社) 의절(儀節)은 한결같이 《명회전》의 의절을 따르고 있다. 그러므로 모혈(毛血)을 구덩이에 함께 묻고 망예(望瘞)[14]하는 것은 단지 축문과 폐백 및 서직(黍稷)을 묻는 것일 뿐이다. 그러나 피를 묻어 신을 불러오고 모혈(毛血)로 날 것을 바치며 망예(望瘞)하고 아울러 축문과 폐백, 서직(黍稷) 및 희생의 왼쪽 다리를 묻는 것은 모

12 송(宋) 나라……상정소(詳定所) : 원풍(元豊)은 송(宋) 나라 신종(神宗)의 연호(1078~1085)이고, 상정소(詳定所)는 1080년에 설치되었다.

13 부주현(府州縣)……구덩이에 묻는다 : 《명회전(明會典)》 권86 〈제사칠(祭祀七)〉의 '성생(省牲)'에 나오는 말이다.

14 망예(望瘞) : 제사를 끝내고 축문과 폐백을 땅에 묻는 것을 지켜보는 일을 가리킨다.

두 역대 제사(祭社)의 경례(經禮)이니 강행(講行)해야만 할 것 같다.

태묘칠사묘太廟七祀廟

칠사묘(七祀廟) 3칸은 종묘(宗廟) 태실(太室) 마당의 서쪽에 있어, 봄에 사명(司命)【궁중의 소신(小神)으로 삼명(三命)을 감찰하는 것을 주관한다.】과 호(戶)【출입을 주관한다.】, 여름에 조(竈)【음식 만드는 일을 주관한다.】, 가을에 문(門)【또한 출입을 주관한다.】과 여(厲)【후손이 없는 옛 제후인 공려(公厲)로 죽이고 벌하는 것을 주관한다.】, 겨울에 행(行)【도로 다니는 것을 주관한다.】, 그리고 각각 때에 따라 제사를 지내 계하(季夏)와 토왕일(土旺日)에 별도로 중류(中霤)【당실의 거처를 주관한다.】에 제사 지내고, 납월(臘月)에 두루 제사 지낸다.

다음과 같이 의론한다. 태묘(太廟)에서 오사(五祀) 제사를 지내는 것이 예인가? 설명하는 사람은 《예기(禮記)》 〈월령(月令)〉의 정현(鄭玄) 주인 '묘(廟)에서 오사(五祀) 제사를 지냈다.'[15]는 문장을 인용하여 증명한다. 그러나 《주례(周禮)》 〈천관(天官)·궁정(宮正)〉에서 정현의 주는, '궁중에서 사직(社稷)과 칠사(七祀)에 제사를 지냈다.'라고 했다. 월령(月令)의 주는 단지 정현의 정해지지 않은 논의일 뿐이다. 설명하는 사람은 또 〈월령(月令)〉의 '선조(先祖)와 오사(五祀)에 납(臘) 제사를 지낸다.'[16]는 문장을 인용하여 증명한다. 그러나 〈월령〉에서 말한 것은 바로 납제(蜡祭)이다. 납제(蜡祭)는 귀신을 찾아 제사 지내므로, 위로 천종(天宗)부터 아래로 오사(五祀)까지 두루 제사 지내는 것이니, 조묘(祖廟)에서 오사(五祀)에 제사 지내는 것을 이르지 않는다. 옛날에 천자부터 사(士)에 이르기까지 모두 오사(五祀)에 제사 지낼 수 있었다. 오사는 바로 사람이 살면서 일어나고 앉고 마시고 먹는 가

---

15 묘(廟)에서……지냈다 : 《예기(禮記)》 〈월령(月令)〉 맹춘(孟春)의 정현 주이다.

16 선조(先祖)와……지낸다 : 《예기(禮記)》 〈월령(月令)〉 맹동(孟冬) 글이다.

운데 항상 접하는 땅이니, 마땅히 그 땅에 나아가 제사를 지내는 것이다. 정현 주의 두 개의 설 중 궁중(宮中)에 대한 것이 맞다. 그러나 오사 또한 선조의 신령(神靈)을 모셔둔 곳으로 때에 따라 사당에서 제사 지내는 것이 의미가 없는 것이 아니나, 저 사명(司命)과 태려(泰厲) 같은 것을 어떻게 조묘(祖廟)의 뜰에서 할 수 있는가? 오사(五祀)의 조목은 경(經)과 전(傳)에서 산견(散見) 되며 조금 들쭉날쭉하다. 〈월령(月令)〉에서는 '겨울에 행(行)에 제사 지낸다.'라고 했고, 《백호통(白虎通)》[17]에서는 '겨울에 정(井)에 제사지낸다.'라고 했다. 겨울은 수(水)에 속하기 때문에 정(井)에 제사 지내는 것이 그 부류를 따르는 것이므로, 선유(先儒)들은 대부분 《백호통(白虎通)》의 설을 따랐다. 제사가 다섯에서 그치는 것은 여러 경(經)이 모두 이동(異同)이 없지만, 《예기(禮記)》 〈제법(祭法)〉에서는 사명(司命)과 태려(泰厲)를 더하여 칠사(七祀)라 이름하였다. 사명(司命)을 주에서는 궁중소신(宮中小神)이라 했는데, 오사(五祀) 외에 또 어찌 별도로 궁중의 신이 있는가? 불경스럽기가 매우 심하다. 태려(泰厲)는 주에서 후손이 없는 옛 제왕(帝王)이라 했으니, 후왕(後王)이 공덕에 보답하는 뜻이 담겨있어 제사 지내는 것 또한 가하다. 그러나 어떤 연유로 궁중의 오사(五祀)와 나란히 배열되어 제사를 받는가? 〈제법(祭法)〉의 종묘(宗廟)와 단선(壇墠)의 제도는 경(經)과 합치하지 않는다. 칠사(七祀)의 조목은 또한 다른 경문에서 참고할 만한 것이 전혀 없으니, 혹 한유(漢儒)가 부회(傅會)한 것인지 알지 못하겠다. 한(漢) 나라와 위(魏) 나라 및 진(晉) 나라는 모두 궁중에서 오사(五祀) 제사를 지냈고, 당(唐)나라 개원례(開元禮)에서 비로소 태묘에서 칠사(七祀) 제사를 지냈으니, 〈제법(祭法)〉의 설을 사용한 것이다. 명(明)나라 제도는, 맹춘(孟春)에 호(戶)에 제사를 지내며 황궁(皇宮) 문 왼쪽에 단(壇)을 설치하고 사문(司門)이 주관하였다. 맹하(孟夏)에는 조(竈)에 제사지내며 어주(御廚)에 단(壇)을 설치하고 광록시관(光祿寺官)이

17 《백호통(白虎通)》: 후한(後漢) 반고(班固)가 찬한 것으로, 후한(後漢) 장제(章帝) 건초(建初) 4년(79년)에 백호관(白虎觀)에서 여러 학자들이 모여 오경(五經)의 이동(異同)을 강론한 책이다.

주관하였다. 계하(季夏)에는 중류(中霤)에 제사 지내며 건청궁(乾淸宮) 단지(丹墀)에 단(壇)을 설치하고 내관(內官)이 주관하였다. 맹추(孟秋)에는 문(門)에 제사 지내며 오문(午門) 왼쪽에 단(壇)을 설치하고 사문(司門)이 주관하였다. 맹동(孟冬)에는 정(井)에 제사 지내며 궁 안의 대포정(大庖井) 앞에 단(壇)을 설치하고 광록시관(光祿寺官)이 주관하였다. 또 세모(歲暮)에 태묘의 서무(西廡) 아래에서 오사(五祀)에 합제(合祭)하였다. 당송(唐宋)의 제도와 비교해보면 가장 예(禮)에 맞는다. 본조(本朝)의 사전(祀典)은 대부분 명나라 제도를 따르나, 칠사(七祀)의 제사는 오히려 당송(唐宋)의 누습(陋習)를 따르고 또한 태실(太室) 마당에 칠사묘를 세웠으니, 이는 중국 역대로 있지 않았던 제도이다.【역대로 모두 제사를 지낼 때 그 자리에서 제사를 지냈다.】무릇 가장 엄중한 것이 종묘(宗廟)의 예로 혼령이 양양(洋洋)하게 오르내리며 날마다 살피는 것이 여기에 있는 엄숙하고 경건한 곳이니, 어찌 별도로 외신(外神)의 사당을 세울 수 있겠는가? 국초에 예를 의론하는 신하가 그 허물을 책임져야 한다. 사명(司命)과 공려(公厲)를 폐하여 오사(五祀)를 만들고 사시에 각각 궁중에서 제사를 지내며 한결같이 명나라 제도에 의거하여 행하는 것을 아마도 그만둘 수 없을 듯하다. 어떤 사람이 말하길, "사명(司命)과 공려(公厲)를 묘정(廟庭)에서 제사 지내면 안된다는 것이 참으로 그대의 의론과 같다면 사명(司命)은 없애는 것이 좋다. 공려(公厲)에 대한 제사는 사전(祀典)에도 실려 있어 그 유래가 이미 오래되었는데, 하루 아침에 제사를 없앤다면 아마 성조(聖朝) 존망(存亡)의 덕의(德意)가 아닐 것 같다."라고 하여 다음과 같이 말했다. "본조(本朝)의 여제(厲祭)는 후손이 없는 백성들이 모두 함께 흠향할 수 있다. 여제(厲祭)를 지낼 때 별도로 하나의 단(壇)을 만들어 그 예질(禮秩)을 조금 높여 제사 지내는 것이 좋겠다."

악독산천嶽瀆山川

단제(壇制)는 풍운뇌우(風雲雷雨)와 같다. 오직 담 하나에 단(壇)이 없고 사당 3칸이 있으며, 중춘(仲春)과 중추(仲秋)에 제사 지낸다.

다음과 같이 의론한다. 《주례(周禮)》 〈소종백(小宗伯)〉에서 '사교(四郊)에 오제(五帝)의 제단을 설치하고, 사망(四望)과 사류(四類)도 그처럼 한다. 산천과 구릉, 분연(墳衍)에 제단을 설치하는 것은 각각 그 방위에 따른다.'라 하였고 정현(鄭玄) 주(註)는 다음과 같다. '사망(四望)[18]은 오악(五嶽)·사진(四鎭)·사독(四瀆)을 이른다. 조(兆)는 단(壇)의 영역(營域)이다.' 높은 산악과 큰 하천은 한 지역의 진망(鎭望)으로 왕이 숭상하고 보답하는 전례는 천지에 버금가고, 명산(名山)과 대천(大川)이 구름과 비를 일으켜 윤택을 베푸는 것 또한 사전(祀典)에 함께 나열되어 있다. 그러므로 《주례(周禮)》에서 오악(五嶽)에 혈제(血祭)를 지내고 산천(山川)에 매침(貍沈)을 지내며, 단유(壇壝)와 희생, 옥과 폐백 같은 종류에 대해서는 모두 등차가 있다. 《설원(說苑)》에서 오악(五嶽)은 삼공(三公)에 견주어지고 사독(四瀆)은 제후(諸侯)에 견주어지며 산천(山川)은 자남(子男)에 견주어진다[19]고 하였으니, 이는 사질(祀秩)의 대소를 말한 것이다. 옛날 천자의 방망(方望)은 통하지 않는 곳이 없었기 때문에 교(郊) 제사를 지낸 후의 망(望)은 두루 악독(嶽瀆)까지 미친 것이다. 제후는 단지 경내(境內)에서만 제사를 지내니 초(楚) 나라의 강한(江漢), 진(晉) 나라의 양산이 그것이다. 진한(秦漢)의 악독산천(嶽瀆山川)에 대한 제사는 모두 그 지역에 사당을 세워 사관(祠官)으로 사당을 관리하다가 천자가 순수(巡狩)하면 특별히 제사를 지냈다. 당(唐)나라 개원례(開元禮)에는 각각 오교(五郊)의 영기일(迎氣日)로 제사를 지냈다. 송(宋)나라 원풍(元豐) 연간에는 사교(四郊)에 사망(四望)의 제단을 설치하고 각각 영기일(迎氣日)로 제사를 지냈고, 주현(州縣)에서 제사 지내는 것은 예전과 같이하였다. 황명(皇明)에서는 오악(五嶽)·오진(五鎭)·사해(四海)·사독(四瀆) 및 천하산천단(天下山川壇)을 천지단(天地壇) 서쪽에 설치하고 봄에는 청명(淸明), 가을에는 상강(霜降)에 제사를 지냈다. 본조(本朝)는 옛날을 상고하여 제도를 정해 악해독(嶽海

18 사망(四望) : 천자가 사방의 산천을 멀리 바라보며 지내는 제사이다.

19 오악(五嶽)은……견주어진다 : 《설원(說苑)》 권18 〈변물(辨物)〉에 나온다.

瀆)을 중사(中祀), 산천(山川)을 소사(小祀)로 삼았다. 산천(山川)은 천신단(天神壇)에서 종사(從祀)했으나, 악독(嶽瀆)은 도리어 함께 있지 못했다. 또한 서울 밖의 여러 곳에서는 혹 단(壇)을 설치하고 혹 사당을 설치했는데, 산천(山川)의 형세는 일기(一氣)가 흘러 통하여 유통하여 제한되거나 막힘이 없는데, 후세에 지붕을 덮고 제사를 지내신 예가 아니다. 마땅히 오악해독(五嶽海瀆)을 하나의 단(壇)으로 설치하고, 산천(山川)을 하나의 단(壇)으로 설치하여 교단(郊壇) 옆에 종사(從祀)해야 한다. 단에서 제사하는 날은 각각 망제(望祭)를 지내고, 서울 밖의 여러 사당은 아울러 단과 담을 교체하며 그곳이 있는 지방에서는 향을 하사하여 예전과 같이 제사를 지낸다면, 거의 사질(祀秩)이 질서를 얻고 경의(經義)에 어긋나지 않을 것이다.

壇祀

國初據禮罷郊壇, 太宗十一年, 或言秦在西, 只祭白帝, 我國在東, 亦宜祭青帝, 乃復祀. 十二年又罷之. 十五年, 藝文提學卞季良疏言吾東方檀君, 盖自天而降, 非天子分封之也. 高皇帝降詔, 歷言我朝事, 亦必知祭天之事, 而乃許儀從本俗, 法守舊章. 其意盖謂海外之邦, 始也受命於天. 其祀天之禮, 甚久而不可變也, 宜祭天於南郊, 從之. 世宗元年, 祈雨于圜壇. 世祖三年, 親祀圜邱. 謹案國初郊壇, 乍罷旋設. 世祖三年猶親祀, 伊後永罷年條, 今不可考. 然五禮儀, 乃成宗朝頒降之書, 而不載郊享儀節, 則圜邱之永罷, 必在世祖朝矣.

議曰, 禮天子祭天地, 諸侯祭社稷, 大夫祭五祀, 明有所管攝, 而幽有所感應, 此自然之正理而不易之等衰也. 雖然海外各國, 各專其封域, 茅土不分於太社, 風氣各殊於偏方, 是其水旱之祈禜, 灾祥之禳禬, 不得不有事於天神, 盖亦禮從俗之義, 而聖人之所許也. 我國邈在東表, 雖曰服事中朝, 非天子賜履之地也. 檀君首出, 始行祭天之禮. 羅麗以降, 代各虔奉, 盖已累千年, 所謂有其舉之莫敢廢也. 國初禮臣之建議, 聖祖之允從, 寔出於遵禮經謹侯度之意, 固不敢妄議, 而當時或者之說, 卞公之疏, 猶有參差之論, 則議禮之家, 尙有俟於討論也. 謹案禮, 諸侯祭分野星, 春秋傳, '商祀大火, 晉祀參星'是也. 郊祀今不可復擧, 而參以祭分野之義, 則或者祀靑帝之說, 恐亦有據也. 五帝卽太微垣五帝座, 乃天神之司五行者, 以五帝爲天, 註疏之謬, 而歷代沿襲, 唐永昌中始正之. 惟昊天上帝稱天, 自餘五帝皆稱帝, 先儒以爲天之有五帝, 猶地之有五嶽. 然則古者諸侯各祀其封內之嶽瀆, 獨不可祀其方所臨之星官乎! 本朝祭天神之禮, 惟有風雲雷雨壇, 風雲雷雨秩本小祀, 而唐制許令天下府州縣, 皆得祀之者也. 夫以千乘之國, 欽奉天神之禮, 僅比於中朝州縣. 此豈所以格上下和神人之道哉! 今擬遵國初已擧之典, 而畧加通變, 以立春日, 祭東方蒼帝于南壇, 配以伏羲, 從以勾芒, 一依經典, 器用陶匏, 籍用藁秸, 祭以事天之禮, 則庶幾上不嫌於僭制, 下不乖於禮從俗之義也歟! 嗚呼! 以世宗之聖智, 身任制作之事, 而獨於圜丘之禮, 未嘗議到, 則掌禮之臣, 稽古定制, 對揚監成憲之聖德者, 其可不深長思也哉!

社享毛血瘞坎

五禮儀, 宰人以鸞刀割牲, 祝史以盤取毛血, 臨行事, 瘞之四拜, 飮福受胙, 瘞祝幣黍稷. 英宗二十五年, 敎曰"毛血同焚於坎, 心有所怵然, 令儒臣博考典禮, 無可據之文, 而於太廟同瘞於坎, 則可以傍照. 此後社稷毛血, 則瘞於北壝門內潔處."

議曰, 社祭瘞血于坎, 所以求神也. 薦毛血于豆, 所以尙古也. 周禮大宗伯以血祭祭社稷, 盖社爲陰祀. 血者幽陰之物, 是以類求類也. 禮運曰腥其俎熟其殽. 凡郊社大享, 先薦毛血, 次薦爓, 次薦熟, 所謂備古今遠近也. 然則瘞血以求陰, 毛血以薦腥, 各爲一節, 其不可擧此而廢彼也審矣. 後世祭社儀, 但薦毛血豆, 而闕却瘞血之禮. 宋元豊, 詳定所始請祭社, 先以瘞血爲始, 歷代因之, 臨行事, 祝史奉血盤至瘞位, 瘞血奠玉幣畢, 大祝奉毛血豆, 奠于正配位, 及進熟徹却. 傳曰毛以告物, 血以告殺, 進熟之前, 必並薦毛血者,一以示牲色之純, 一以明爲享而殺也. 至於瘞坎以求神, 則以陰求陰, 取血以瘞之而已. 何嘗有並瘞毛血之禮哉! 惟明會典, 載天下府州縣祭社儀, 省牲畢, 宰牲以毛血少許盛于盤, 其牲皆連皮煑熟, 臨祭執事者以毛血瘞于坎. 盖府州縣之祭社禮, 殺於太社, 無薦腥饋食之節. 牲肉皆熟薦, 故宰牲毛血, 並以瘞坎也. 謹案五禮儀, 本朝祭社儀節, 一遵會典府州縣之儀, 故毛血同瘞于坎, 望瘞只瘞祝幣黍稷. 然瘞血以求神, 毛血以薦腥, 望瘞並瘞祝幣黍稷及牲左髀, 皆歷代祭社之經禮, 恐不可不講行也.

太廟七祀廟

七祀廟三間, 在宗廟太室庭西, 春司命【宮中小神, 主督察三命.】戶【主出入.】, 夏竈【主飮食之事.】, 秋門【亦主出入.】, 厲【公厲古諸侯之無後者, 主殺罰.】, 冬行【主道路行作.】, 各因時享祭之, 季夏土旺日, 別祭中霤【主堂室居處.】, 臘徧祭.

議曰, 祭五祀于太廟禮歟? 說者引月令鄭註凡祭五祀于廟之文以爲證. 然鄭註周禮宮正, 則曰凡邦之祭社稷七祀于宮中, 月令註特鄭氏未定之論也. 說者又引月令臘先祖五祀之文以爲證. 然月令所言, 卽蜡祭也, 蜡祭者, 索鬼神而祭之. 故上自天宗, 下逮五祀, 遍有事焉. 非謂五祀之祭行於祖廟也. 古者自天子至于士, 皆得祭五祀. 夫五祀乃人生起居飮食所常接之地也, 當卽其地而祭之. 鄭註二說之中宮中爲是. 然是五者亦祖先神靈所妥奉之地, 因時享祭之于廟, 不爲無義. 彼司命泰厲之屬, 胡爲乎祖廟之庭乎! 五祀之目, 散見於經傳, 畧有參差. 月令曰冬祀行, 白虎通曰冬祀井, 冬屬水故祭井, 從其類也. 先儒多從白虎通之說, 而其祀止於五, 則諸經並無異同. 惟祭法加以司命·泰厲, 名曰七祀. 司命註以爲宮中小神, 五祀之外, 又豈別有宮中之神哉? 不經甚矣. 泰厲註以爲古帝王無後者, 在後王報功德之義, 祀之亦可. 然何緣與宮中之五祀, 並列而受享哉? 祭法宗廟壇墠之制, 不與經合, 七祀之目, 又絶無他經之可以參證者. 或是漢儒之傅會, 未可知也. 漢魏及晉, 皆卽宮中祭五祀, 唐開元禮, 始祭七祀于太廟, 盖用祭法之說也. 明制孟春祀戶, 設壇皇宮門左, 司門主之. 孟夏祀竈, 設壇御厨, 光祿寺官主之. 季夏祀中霤, 設壇乾淸宮丹墀, 內官主之. 孟秋祀門, 設壇午門左, 司門主之. 孟冬祀井, 設壇宮內大庖井前, 光祿寺官主之. 又歲暮合祭五祀于太廟西廡下, 較諸唐宋, 最爲得禮. 本朝祀典, 多遵明制, 而七祀之祭, 尙沿唐宋之陋習. 又建廟于太室之庭, 則中朝歷代所未有之制.【歷代皆臨祭, 爲位以祭之.】夫莫嚴者宗廟之禮, 洋洋陟降, 日監在玆, 肅敬之地, 豈容別立外神之祠哉? 國初議禮之臣, 不得不任其咎也. 廢司命·公厲爲五祀, 四時各祭於宮中, 一依皇朝之制, 恐不可已也. 或曰司命·公厲之不當祀於廟庭, 誠如子議, 而司命去之可也. 至於公厲之祭, 載在祀典, 其來已久, 一朝殄祀, 則恐非聖朝存亡之德意也. 曰本朝有厲祭, 凡民之無後者, 皆得與食焉. 厲祭時別爲一壇, 稍隆其禮秩以祀之可也.

嶽瀆山川

壇制與風雲雷雨同. 惟一壝無壇, 則有廟三間, 祭以仲春仲秋.

議曰, 周禮小宗伯, '兆五帝于四郊, 四望四類亦如之. 兆山川·丘陵·墳衍, 各因其方.' 鄭註曰, 四望, 五嶽·四鎭·四瀆. 兆爲壇之營域. 盖高嶽巨浸, 爲一方之鎭望. 王者崇報之典, 亞於天地, 而名山大川之能興雲雨施潤澤者, 亦幷列於祀典. 故周禮五嶽則血祭, 山川則貍沈, 以至壇壝牲玉器幣之屬, 皆有等差. 說苑謂五嶽視三公, 四瀆視諸侯, 山川視子男, 以言乎祀秩之大小也. 古者天子方望, 無所不通, 故郊後之望, 遍及嶽瀆. 諸侯則只祭其境內, 楚之江漢, 晉之梁山是也. 秦漢嶽瀆山川之祭, 皆立祠其方, 而以祠官領祠, 天子廵狩則特祀. 唐開元禮, 各以五郊迎氣日祭之. 宋元豐中, 兆四望于四郊, 各以迎氣日祭之, 州縣就祭如故. 皇明設五嶽五鎭四海四瀆及天下山川壇于天地壇西, 春以淸明, 秋以霜降日行事. 本朝稽古定制, 嶽海瀆爲中祀, 山川爲小祀, 而山川則從祀於天神壇, 嶽瀆反不得與焉. 又京外諸處, 或爲壇或爲廟. 夫山川之形, 一氣流通, 無有限隔. 後世屋而祀之則非禮矣. 謂宜五嶽海瀆爲一壇, 山川爲一壇, 從祀于郊壇之傍, 壇享日各行望祭, 京外諸廟, 幷易以壇壝, 所在地方, 降香就祭如故, 則庶乎祀秩得序而不違於經義也.

국휼國恤 중 자기 집안의 제사를 지내야 할지에 대한 의론
國恤中私祭行否議

상을 당하면 제사를 폐하니, 길흉이 서로 간여할 수 없기 때문이다. 그러므로 "시마복(緦麻服)을 입고 있어도 제사를 지내지 않는다."[20]라고 하였다. 또 "궁중에서 죽은 사람이 있으면 3개월간 다른 제사를 지내지 않는다."[21]라고 하였으니, 신첩(臣妾)의 상이라도 장례를 치른 후 제사를 지낸다. 무릇 예에는 다섯 가지 큰 예가 있는데 제사보다 중요한 것은 없다.[22] 제사는 나의 정성을 다하여 신의 흠격을 기원하는 것이다. 진실로 혹 제사지내지 말아야 하는데 억지로 지내고 마음에 숨겨 편안하지 못한 바가 있으며 예에 비추어서 감히 할 수 없는 바가 있다면, 이는 나의 정성이 지극하지 못하여 조고(祖考)의 혼령이 반드시 오지 않는 것이다. 국휼(國恤) 중 자기 집안의 제사를 지내야 할지에 대해 선유(先儒)들의 설은 어지러이 일치하지 않는다. 삼가 살펴보건대, 〈증자문(曾子問)〉에서 "임금이 빈소를 차리기 전에 신하가 부모의 상을 당하면 돌아와 부모의 빈소를 차리고 임금의 빈소로 돌아가며, 은사(殷事)[23]가 있을 때는 집으로 돌아간다. 임금이 빈소를 차린 뒤에 신하가 부모의 상을 당하면 집으로 돌아와서 은사(殷

---

20 시마복(緦麻服)……지내지 않는다 : 《예기(禮記)》 〈증자문(曾子問)〉에 나온다.

21 궁중에서……지내지 않는다 : 《의례(儀禮)》 〈상복(喪服)〉에 나온다.

22 예에는……중요한 것은 없다 : 《예기(禮記)》 〈제통(祭統)〉에 나온다.

23 은사(殷事) : 초하루와 보름에 지내는 성대한 제사를 가리킨다.

事)가 있을 때에만 임금의 빈소로 간다."라고 하였다. 임금과 부모에 대한 은혜와 의리가 서로 경중이 있어 은사(殷事)에서 정성을 펴는 것이 일찍이 한쪽을 폐하지 않았으니, 제사를 지내야 한다고 의론을 주장하는 자가 이를 근거로 말을 한다. 또 "증자가 묻기를 '대부(大夫)나 사(士)가 부모의 상복을 입고 있다가 곧 제상(除喪)하게 되었는데 임금의 상을 당해 복을 입어야 한다면 그 제상(除喪)은 어떻게 해야 합니까?'라 하니, 공자가 말했다. '임금의 상복을 자신의 몸에 입고 있으면 감히 사복(私服)을 입지 못하니 또한 어떻게 제상(除喪)하겠는가? 이런 때에는 시기를 지나도 제상할 수가 없다. 임금의 상복을 제상한 후에 소상(小祥)과 대상(大祥)을 지내는 것이 예이다.'"라고 하였다. 소상(小祥)과 대상(大祥)도 감히 할 수가 없는데, 하물며 기제(忌祭)에 있어서랴! 폐해야 한다는 의론을 주장하는 자가 이를 근거로 말을 한다. 그렇다면 〈증자문(曾子問)〉의 설은 과연 두 가지 의미가 있는가? 옛날에 제사를 지내면 반드시 희생을 잡아 성대히 거하며 술잔을 주고받는 데 술잔을 세지 않으니, 길례(吉禮)이기 때문으로 상을 만나면 폐한다. 삼우제(三虞祭)를 지낸 후 졸곡(卒哭)을 하고 비로소 길제(吉祭)라 칭한다. 연제(練祭)를 지내고 빈객에게 술잔을 올리고, 2년이 지나 수작하는 술잔을 들어 술잔을 주고받으니, 점점 길해지기 때문에 '상(祥)'이라고 한다. 상(祥)이란 것은 흉(凶)에서 길(吉)로 가는 것을 가리킨다. 임금의 상에 아직 졸곡(卒哭)을 하지 않았으면 감히 길사(吉事)를 행할 수 없고, 졸곡을 끝내고 새로운 상복을 받은 후에 감히 소상(小祥)과 대상(大祥)의 성대한 제사를 행하는 것이다. 만약 상 중에 지내는 초하루와 보름에 천신(薦新) 같은 유는 바로 상제(喪祭)이므로 길사(吉事)가 아니다. 대상(大喪)이 빈전(殯殿)에 있더라도 정지하고 폐하는 뜻이 없으므로, 이것을 참고하면 〈증자문(曾子問)〉 두 조목의 뜻은 큰 차이가 있어서 그런 것은 아니다. 기일(忌日)의 제사는 바로 송(宋) 나라 여러 현인이 의리로 따져 만들어 낸 예이다. 기일(忌日)을 상여(喪餘)라고 하니, 이는 바로 상제(喪祭)이고 길제(吉祭)가 아니다. 예의 뜻으로 헤아려보면 상중에 제사 지내는 데 해가 없는 듯하다.

그러나 생정(牲鼎)과 서수(庶羞)의 물품은 식사를 권하고 배부르도록 흠향하게 하며 이롭게 기르는 것을 돕는 절차로 모두 길제(吉祭)의 의식을 본뜬 것이다. 그러므로 오복(五服)이 갖춰지지 않았으면 행하지 않고 궁 안에 상이 있으면 행하지 않는다. 《가례(家禮)》부터 지금까지 한결같이 준행(遵行)하였으니, 상을 당해 졸곡(卒哭) 전에 무릅쓰고 제사를 지내면 안된다는 것은 분명하다. 하물며 절사(節祀)는 연회를 즐기는 뜻이 있으니, 묘제(墓祭)는 세속의 예절에 따라 정성을 펴는 것이니 더더욱 행할 수 없다. 어떤 이가 말했다. "이것은 그러하지만, 기일(忌日)은 평생토록 상중처럼 지내는 날이다. 자식 된 정으로 차마 무심하게 제사를 지내지 않을 수 없다. 옛날에 제사에 예를 갖추지 못하면, 유식(侑食, 신에게 식사를 권하는 것)도 하지 않고 염제(厭祭, 배부르게 흠향하도록 하는 것)도 지내지 않으며 고이성(告利成, 제사가 끝났음을 고하는 것)도 하지 않았다. 지금 이를 본떠 절차를 만들어 음식을 줄이고 예를 생략하여 추모의 정을 편다면, 과연 의리에 해가 없겠는가?" 다음과 같이 답한다. "예는 분수보다 엄한 것이 없고, 분수가 정한 바는 털끝만큼도 참람하여 어그러져서는 안 된다. 나라에 대상(大喪)이 있으면 온 나라가 애통해하여, 신과 사람은 하나의 이치로 묘릉(廟陵)과 산천(山川)에 일상적으로 지내는 제사는 모두 정지하고 폐하니, 경사(卿士)와 서민 된 자가 유독 선조에게 제사를 지내면 네 마음에 편안하겠는가? 밥 한 사발과 국 한 그릇의 미미한 것이라도 선왕(先王)과 선후(先后)가 들지 않았는데, 신하의 혼령이 감히 돌아보고 흠향하겠는가? 저 유식(侑食)하지 않고 염제(厭祭)하지 않음은 바로 일찍 죽은 삼상(三殤)을 제사지내되 성인(成人) 아래에 두고, 서자(庶子)가 대신 제사하되 종자(宗子) 아래에 두는 것은, 분수에 정해져 감히 할 수 없는 것을 이르는 것이 아니다. 무릇 마음에 숨기고 불안해하며 예로 헤아려 감히 할 수 없는데도, 오히려 차마 할 수 없는 바에 맡기고 하지 말아야 할 것을 억지로 한다면, 나는 그것이 무슨 설인지 모르겠다." 어떤 이가, "초하루와 보름에 주과(酒果)를 차려놓고 지내는 제사는 기제(忌祭)와 묘제(墓祭)에 비할 것이 아니라 모두 폐해서는 안 될 것 같다."라고 하여 다음과 같이 답한다. "이것이 비록 예경(禮經)이나 시제(時制)에 명확한 문장이 없지만, 태묘(太廟)에서는 초하루와 보름에 향을 사르고 제사를 지내지 않으니 사묘(私廟)의 예에서 또한 어찌 감히 지나치겠는가! 사시 제철의 물산을 바치는 데 있어서는 묘궁(廟宮)에서 모두 예에 따라 행하여 초하루와 보름에 향을 사르고 제철 물산을 바치고 제사를 지내지 않으니, 한결같이 나라의 제도를 준수하며 감히 넘어서지 않는 것이 옳겠다. 아아, 나라에서 상을 당했을 때의 제도는《상례보편(喪禮補編)》에 크게 갖추어져, 신라와 고려의 누습을 한 번에 씻어냈으니 매우 성대한 일이다. 졸곡(卒哭) 전에 연상(練祥)과 기제(忌祭), 묘제(墓祭)를 모두 허가하지 않은 것이 예전에 실려 그 법식이 밝게 걸려있으니, 당시 임금의 법제를 누가 감히 참람되게 의론하는가? 예를 고찰하는 선비도 오히려 옛 설의 다기함으로 들쭉날쭉한 의견이 없을 수가 없으니, 내가 감히 경전(經典)을 거슬러 올라가 고찰하고 인정(人情)을 참고하여 예율(禮律)의 뜻을 이와 같이 펼쳤다. 또 논해보건대,《상례보편(喪禮補編)》을 삼가 엎드려 읽어보니 여러 조목이 찬연히 빛나 예경(禮經)과 서로 부합하였다. 신민(臣民)의 장례를 금하지 말라는 것은 바로 가벼운 상을 먼저하고 무거운 상을 나중에 한다는 뜻이고, 효자가 대껍질로 짠 삿갓 쓰는 것을 금하지 말라는 것은 남의 상을 빼앗지 않는 뜻이며, 우제(虞祭)를 지내도록 허가한 것은 은사(殷事)에는 돌아가는 뜻이고, 연상(練祥)을 허가하지 않은 것은 임금이 상복을 벗은 후 은제(殷祭)를 지내는 뜻이며, 기제(忌祭)와 묘제(墓祭)를 모두 정지한 것은 백성들에게 윗사람을 존엄하게 대해야함을 보인 것이다. 위대하다, 우리 성조(聖祖)께서 제도를 정하심이. 고금을 참작하여 만세에 법을 내리셨다. 이것에 따라 미루어 나가면, 상중의 제사는 금하지 말라는 종류가 있는 듯하다. 우제(虞祭)는 상제(喪祭)이기 때문에 특별히 허가했으니, 상중의 초하루와 보름의 제사는 어떻게 사례를 달리하겠는가? 혹 상중의 제사를 모두 폐한다면, 이는 성조(聖祖)께서 제도를 정하신 정밀한 뜻을 자세히 연역하여 유에 따라 두루 통할 수가 없다. 아울러 기록하여 예를 아는 자가 질정하기를 기다린다.

有喪則廢祭, 吉凶不可以相干也. 故曰“緦不祭”, 又曰“有死於宮中者, 三月不擧祭.” 雖臣妾之喪, 葬而後祭. 夫禮有五經, 莫重於祭. 祭也者, 將以盡吾之誠而祈神之歆格也. 苟或不當擧而强擧, 隱之於心而有所不安, 揆之於禮而有所不敢, 則是吾之誠有未至, 而祖考之靈必不來格矣. 國恤中私祭行否, 先儒之說, 紛然不一. 謹案曾子問曰, “君未殯而臣有父母之喪則歸殯, 反于君所, 有殷事則歸. 君旣殯而臣有父母之喪, 則歸居于家, 有殷事則之君所.” 君親恩義, 互爲輕重, 殷事展誠, 未嘗偏廢, 主當祭之論者據以爲說也. 又“曾子問曰, 大夫士有私喪, 可以除之矣, 而有君喪服焉, 其除之也, 如之何? 孔子曰, 有君喪服於身, 不敢私服, 又何除焉? 於是乎有過時而弗除也, 君之喪服除而后殷祭禮也.” 二祥且不敢, 况忌祭乎! 主當廢之論者據以爲說也. 然則曾子問之說, 果有二義乎? 古者祭必殺牲盛擧, 旅酬無算爵, 所以爲吉禮, 而遇喪則廢也. 三虞之後卒哭, 始稱吉祭, 練而奠酬於賓. 再期而擧酬行旅則彌吉矣, 故曰祥. 祥者自凶而趍吉之謂也. 君喪未卒哭, 不敢行吉事. 旣卒哭受衰而後, 敢擧二祥之殷事也. 若喪內朔望薦新之類, 卽喪祭而非吉事也. 雖大喪在殯而無停廢之義. 以此參究, 則曾子問二條之旨, 非有所逕庭而然也. 忌日之祭, 卽有宋諸賢義起之禮, 而忌日謂之喪餘, 則此卽喪祭而非吉祭也. 揆以禮意, 似無害於喪內行事. 然其牲鼎庶羞之品, 侑厭利養之節, 悉倣吉祭之儀. 故五服未成則不擧, 宮內有喪則不擧. 自家禮迄于今, 一是遵行, 則方喪卒哭之前, 其不可冒昧行事也審矣. 况節祀是燕樂之義, 墓祭因俗節而伸誠, 則尤不可擧矣. 或曰是則然矣, 忌日者終身之喪也. 人子之情, 不忍恝然無事. 古者祭不備禮, 則不侑不厭不告利成. 今倣此爲節, 減饌殺禮, 以伸追慕之情, 果無害於義乎? 曰禮莫嚴於分, 分之所限, 不可以毫髮僭差也. 國有大喪, 匝域哀素, 神人一理, 廟陵山川之常祀, 一切停廢, 而爲卿士庶民者, 獨饗其祖先, 於汝心安乎? 雖一盂飯一豆羹之微, 先王先后之所不擧, 臣子之靈, 其敢顧歆乎? 彼不侑不厭, 卽祭三殤而下於成人也, 庶子攝祀而下於宗子也, 非謂限於分而不敢擧者也. 夫隱之於心而不安, 揆之於禮而不敢, 而猶且諉之以不忍, 強擧其所不當擧, 則吾不知其何說也. 或曰朔望酒果之奠, 非忌墓祭之比, 恐不可並廢也. 曰是雖無禮經時制之明文, 而太廟朔望, 焚香而不祭, 私廟之禮, 亦安敢過也! 至於四時節物之薦, 則廟宮皆如禮行之, 朔望焚香時物薦而不祭, 一遵國家之制而不敢踰越可也. 嗚呼! 國朝方喪之制, 大備於喪禮補編, 一洗羅麗之陋習, 甚盛擧也. 卒哭前練祥忌墓祭並勿許, 載在令典, 昭揭關和, 時王之制, 夫孰敢僭議, 而考禮之士猶或以舊說之多歧, 不能無參差之見. 愚敢溯考經典, 參以人情, 發揮禮律之旨如此. 抑又論之, 伏讀補編, 諸條燦然, 與禮經相符. 勿禁臣民之葬, 卽先輕後重之義也. 勿禁孝子之織篾笠, 卽不奪人喪之義也. 虞祭之許行, 卽有殷事則歸之義也. 練祥之不許, 卽君之喪服除而后殷祭之義也. 忌墓祭之並停, 卽示民嚴上之義也. 大哉! 我聖祖之定制, 酌古參今, 可以垂憲於萬世矣. 因是而推之, 凡喪內之奠, 似在勿禁之科, 虞是喪祭故特許之, 則喪內朔望之饋, 何以異例乎? 或者並廢喪內之奠, 則是不能詳繹聖祖定制之精義而比類旁通也. 並識之, 以與知禮者質焉.

상제祥祭와 담제禫祭에 대한 의론

祥禫議

삼년상은 고금의 통상(通喪)이나, 상제(祥祭)와 담제(禫祭)의 절차는 선유(先儒)들이 서로 다르다. 정현(鄭玄)은 27개월을 주장하였으니, 대덕(戴德)[24]이 지은 〈상복편(喪服篇)〉의 27개월째에 담제(禫祭)를 지낸다는 문장에 근

24 대덕(戴德) : 자(字)가 연군(延君)으로 한(漢) 나라의 예학가이며 《대대례기(大戴禮記)》를 저술했다.

거한 것이다. 왕숙(王肅)[25]은 25개월을 주장하였으니, 《예기(禮記)》〈삼년문(三年問)〉의 삼년상은 25개월로 마친다는 문장에 근거한 것이다. 둘은 각각 근거한 바가 있어 논란이 분분하여, 주부자(朱夫子)의 대현(大賢)으로도 시정하지 못했다. 담제의 개월 수는 경(經)에 명문(明文)이 없다. 《예기(禮記)》의 〈단궁(檀弓)〉·〈간전(間傳)〉 두 편에 겨우 보이지만, 그러나 그 말에 각각 달리 가리킴을 두어 서로 통하지 않기 때문이다. 〈간전(間傳)〉에서 "한 달을 건너 담제를 지낸다(中月而禫)"라고 했다. 중(中)은 사이를 둔다는 뜻으로, 〈학기(學記)〉의 "1년 간격으로 성적을 점검하여(中年考校)"의 중(中)과 〈대전(大傳)〉의 "한 대를 건너서 올려(中一以上)"의 중(中)이 모두 간(間)의 뜻으로 풀이한 것이다. 중월(中月)이라는 것은 대상제(大祥祭)를 지낸 후 1개월을 건너뛰어 담제를 지낸다는 것을 이른다. 〈단궁(檀弓)〉에서 "대상(大祥)을 지내고 호관(縞冠)을 쓰며 이달에 담제를 지내고, 달을 넘겨서 음악을 연주한다."라고 하였다. 이달은 바로 상제를 지내는 달이고, 상제를 지낸 후에 담제를 지내는 것이다. 이 두 가지 설은 결코 억지로 합일시킬 수가 없고, 두 주석가의 무리들은 각각 한 가지 설을 고집하여 저것을 가져다 이것에 붙인다. 왕 씨는 '중월(中月)'을 풀이하며, "중월(中月)은 이달의 중간이다."라고 했다. 진실로 이 풀이와 같다면, 경(經)에서 어찌 월중(月中)이라 하지 않고 중월(中月)이라고 했는가? 이는 문의(文義)에 막힘이 있을 뿐만이 아니다. 가령 상제를 점을 쳐서 길한 날짜를 따라 하순에 지내게 된다면, 장차 담제를 먼저 지내고 상제를 뒤에 지낼 것인가? 정 씨는 '시월(是月)'을 풀이하며, "시월(是月)이라고 한 것은 아래 문장을 시작하는 것이지 윗 문장에 이어지는 것이 아니다. '공자께서는 이날에 곡을 하시면 노래를 부르지 않으셨다.'[26]라고 말한 것과 같다."라고 하였다. 《논어(論語)》에서는 위에 일이 없이 다만 '공자께서 이날'이라고 하였으니, '시일(是日)'이라고 한

25 왕숙(王肅) : 왕숙(王肅, 195~256)은 자(字)가 자옹(子雍)으로 삼국 위(魏) 나라의 경학가이며 《공자가어(孔子家語)》를 편찬했다.

26 공자께서는……않으셨다 : 《논어(論語)》〈술이(述而)〉 9장이다.

것은 '모일(某日)'이라고 한 것과 같다. 〈단궁(檀弓)〉의 '이 달에 담제를 지낸다'는 문장은 '대상을 지내고 호관을 쓴다'라는 구에 직접 연결되어 있으니, 이달은 상제를 지내는 달이 되는데 어찌 《논어(論語)》의 글을 인용하여 비기는가? 옛글에 "여러 말이 혼란하면 여러 성현의 말을 절충해야 한다."[27]라고 했다. 지금 왕숙을 종주로 여기는 자들은 〈단궁(檀弓)〉을 인용하고 정현을 종주로 여기는 자들은 〈간전(間傳)〉을 인용하여, 피차간에 각각 경문(經文)에 근거하여 서로 비난하니, 장차 누가 그 뿔을 꺾게 할 것인가? 고염무(顧炎武)가 "고인(古人)이 장차 제사를 지내려 날을 점칠 때, 대상(大祥)을 25개월째 지내게 되면 담제는 혹 그달에 지내기도 하고 혹은 1개월 건너뛰어 지내기도한다. 이는 예를 기록할 때부터 이미 같지 않았다."[28]라고 했는데, 이 말이 맞다. 무릇 삼년상은 대판(大判)에 근거하여 말을 하면, 상을 당한 지 2주기가 되면 상장(喪杖)을 부러뜨리고 악실(堊室)을 철거하니, 상제(喪制)는 마쳤다고 이를 만하다. 복을 바꾸거나 벗는 절차는 주(周) 나라 때부터 혹 같고 다름이 있지만, 대상(大祥)을 지내고 소호관(素縞冠)을 쓰고 마의(麻衣)를 입는 것이 예이다. 유자(有子)는 대상을 마치고 나서 흰 명주로 코 장식을 한 신발을 신고 유색 갓끈으로 장식한 관을 썼고 담제를 지내고 음악을 연주했으니 예이다. 맹헌자(孟獻子)는 악기를 걸어두고 연주하지 않았다. 자하(子夏)가 상복을 벗고 공자를 뵙자, 공자가 거문고를 주었는데 조율을 해도 고르지 못했고 연주를 해도 소리를 제대로 이루지 못하였다. 자하가 일어나 "슬픔이 아직 잊혀지지 않았습니다만, 선왕이 제정한 예라 감히 지나칠 수 없었습니다."라고 하였다. 자장(子張)이 상복을 벗고 공자를 뵙자, 공자가 거문고를 주었는데 조율을 하니 조화를 이루고 연주를 하니 소리를 제대로 이루었다. 자장이 일어나 "선왕

27 여러 말이……절충해야 한다 : 공영달(孔穎達)의 《춘추정의(春秋正義)》에 처음 보이고, 주자도 자주 이 말을 사용하였다.

28 고인(古人)이……이미 같지 않았다 : 《일지록(日知錄)》 권6에 나온다.

이 제정한 예라 감히 이르지 않을 수 없었습니다."[29]하였다. 복을 벗는 것을 '제상(除喪)'이라 하는데, 대상을 지낸 후의 제상(除喪)을 이른다. 예에서 상제를 지내는 날 소금(素琴)을 연주하기 때문에 공자가 거문고를 준 것이다. 그러니 고인(古人)의 이른바 '제상(除喪)'은 모두 2주기가 되어 대상을 마치는 것을 가리켜 말한 것이다. 변하여 길(吉)로 나가는 시기이니, 각각 정(情)에 따라 예를 행하여 혹은 지나치거나 혹은 미치지 못하니 한 가지 방법으로 얽맬 수가 없다. 〈단궁(檀弓)〉의 '시월(是月)'과 〈간전(間傳)〉의 '중월(中月)'은 기록하는 자가 각각 들은 바에 미혹된 것이다. 대덕(戴德)의 이른바 27개월은 1개월을 건너뛰어 담제를 지낸다는 문장에 근거한 것으로, 상복을 바꾸어 입고 상을 마쳐 복을 벗는 달을 모두 계산하여 말한 것이다. 이로 말미암아 논해보면, 삼년상은 상제와 담제를 같은 달에 지내면 25개월에 마치고, 상제와 담제를 다른 달에 지내면 27개월에 마치는 것이다. 예를 의론하는 사람은 마땅히 상제와 담제 지내는 것이 같은 달인지 다른 달인 지를 논변해야 할 뿐이다. 가만히 예경(禮經)의 뜻을 자세히 살펴보니, 상제와 담제의 제도는 마땅히 〈단궁(檀弓)〉을 정(正)으로 여겨야 한다. 선유(先儒)들이 논변한 달을 넘기고 열흘이 지났다는 설은 잠시 내버려 둔다. 지금 장간지(張柬之)가 인용한 《상서(尙書)》와 《춘추(春秋)》 두 조목을 보면, 【장간지(張柬之)가 말했다. "노(魯) 나라 희공(僖公) 33년 12월 을사일(乙巳日)에 공이 사망했다. 문공(文公) 2년 겨울에 공자(公子) 수(遂)가 제(齊)나라로 가서 납폐(納幣)를 했다. 좌전(左傳)에서는 예에 맞는다고 하였고, 두예(杜預)의 주(注)에서는 '희공(僖公)의 상을 이해 11월에 마치고 납폐(納幣)는 12월에 하였기 때문에 전(傳)에서 예에 맞는다고 칭한 것이다.'라고 하였다. 《상서(尙書)》 〈태갑중(太甲中)〉편에서, 3년 12월 초하루에 이윤(伊尹)이 면복(冕服)으로 사왕(嗣王)을 받들어 박읍(亳邑)으로 돌아왔다라 하였고,

29 유자(有子)는……없었습니다 : 유자(有子)부터 자장(子張)까지의 일은 모두 《예기(禮記)》 〈단궁상(檀弓上)〉에 나온다.

공안국(孔安國)의 주(注)에서, '탕왕(湯王)이 원년(元年) 11월에 사망했다.'라고 했으니, 이에 의거하면 2년 11월에 소상(小祥)을 지내고 3년 11월에 대상(大祥)을 마쳤으며, 12월 초하루에 왕에게 길한 면복(冕服)을 더하여 박읍(亳邑)으로 돌아온 것이다. 이는 모두 상제와 담제를 같은 달에 지낸 증거이다."】 확실히 은(殷)·주(周) 시기에는 상제와 담제를 같은 달에 지냈다는 명료한 증거가 있다. 1개월을 건너뛰어 담제를 지냈다는 것은 《의례(儀禮)》〈사우기(士虞記)〉 및 《예기(禮記)》〈간전(間傳)〉의 '중월(中月)'의 문장이고, 다른 근거할 만한 증험은 없다. 정 씨는 《예기(禮記)》〈잡기(雜記)〉의 모친을 위하여 13개월만에 상제를 지내고 15개월 만에 담제를 지낸다는 문장을 인용하여 '부친이 살아계실 때 모친을 위하여도 오히려 상제와 담제를 달을 달리할 수 있으니, 어찌 삼년상에 상제와 담제를 같은 달에 지낼 수 있는가?'라고 하였다. 이는 모친을 위해 본래 삼 년을 치르지만, 부친이 살아계셔서 압강(厭降)하였기 때문에 상제를 지낸 후 1개월 건너뛰어 삼 년의 체(體)를 편 것인지 모르겠다. 어찌 이를 인용하여 상제와 담제를 달을 달리한다는 증거로 삼을 수 있는가? 그러하니 유송(劉宋, 남조 송나라) 이래로 비로소 정 씨의 의론을 사용하여 27개월 제도를 정하고 역대로 인습하고 이어받아 지금에 이르렀다. 저것들이 모두 예는 아닌가? 예이다. 무릇 삼년상은 그 뜻이 사마(駟馬)가 문틈 사이를 지나는 것과 같이 빨라 현자(賢者)가 굽혀서 알맞게 나아가니, 진실로 선왕이 이를 위하여 중도를 세우고 절차를 정한 것이다. 지금 2주기가 이미 지나 최마(衰麻)의 상복을 벗고 곡읍(哭泣)의 절차를 마치게 되어, 변하여 길(吉)로 나아갔다. 참으로 예율(禮律)이 허락한다면, 비록 몇 개월을 더하더라도 자식의 마음에 유독 만족스럽지 않겠는가! 하물며 1개월을 건너뛰어 담제를 지내는 것은 고인(古人)들이 행한 것이 있으니, 누가 '예에 없는 예'라고 하는가? 오직 예경(禮經)의 본뜻은 단연코 마땅히 25개월을 정(正)으로 삼아야 하니 학자들은 강론하여 밝히지 않을 수 없다. 아아, 25개월과 27개월의 논변은 선유(先儒)들의 논의에 갖추어져 있다. 그러나 단지 〈단궁(檀弓)〉과 〈간전(間傳)〉의 글이 서로 달라 문득 혀를 멈추고 뒷걸음질 쳐, 말을 분명히 하여 논파할 수 있는 사람은 없었다. 오직 고녕인(顧寧人, 고염무)의 말이 나와, 중월(中月)과 시월(是月)의 글이 말은 각각 뜻이 다르지만 절로 서로 걸림돌이 되지 않게 되었으니, 이런 연후에 상제와 담제의 의론은 하나로 귀결될 수 있을 것이다. 나는 그래서 그 뜻의 근원을 미루어 이와 같이 자세히 논하였다.

三年之喪, 古今之通喪, 而祥禫之節, 先儒互異. 鄭玄主二十七月, 則據戴德喪服篇二十七月而禫之文也. 王肅主二十五月, 則據三年問三年之喪二十五月而畢之文也. 二家各有所據, 聚訟紛紜, 雖以朱夫子之大賢, 亦莫之是正. 蓋以禫祭之月, 經無明文, 而僅見於檀弓·間傳二篇, 然言各有指, 不可相通故也. 間傳曰, "中月而禫." 中猶間也, 學記中年考校之中, 大傳中一以上之中, 皆作間字解, 其曰中月者, 謂祥後間一月而禫也. 檀弓曰, "祥而縞, 是月禫, 徙月樂." 是月卽祥月, 而祥後便禫也. 是二說决不可強合爲一, 而二氏之徒, 各執一說, 援彼以附此. 王氏解中月曰, "中月者是月之中也." 誠如此解, 則經何不曰月中, 而曰中月乎? 此非徒文義之有礙, 假令祥祭一卜而從, 行於下旬, 則其將先禫而後祥乎? 鄭氏解是月曰, "是月云者, 乃發下文, 非蒙上文也, 猶言子於是日哭則不歌." 論語無上事, 而但言子於是日, 則是日云者, 猶言某日也. 檀弓是月禫之文, 直接祥而縞句, 則是月卽祥月也, 安得引論語之文以擬之哉? 傳曰衆言淆亂, 折諸聖賢. 今宗王者引檀弓, 宗鄭者引間傳, 彼此各據經文以相難, 則將誰使折其角乎? 顧炎武曰, "古人將祭卜日, 大祥行於二十五月, 而禫則或當月行之, 或間一月而行之, 自記禮時已不同." 斯言得之矣. 夫三年之喪, 據大判而言, 則至再朞而斷杖去堊室, 喪制可謂終矣. 其變除之節, 則自周時或有異同, 祥而素縞麻衣禮也, 而有子則絲屨組纓, 禫而樂作禮也, 而孟獻子則懸而不樂. 子夏旣除喪而見, 予之琴, 和之而不和, 彈之而不成聲, 作而曰, '哀未忘也, 先王制禮, 不敢過也.' 子張旣除喪而見, 予之琴, 和之而和, 彈之而成聲, 作而曰, '先王制禮, 不敢不至焉.' 釋之者曰除喪, 謂祥後除喪也. 在禮祥之日鼓素琴, 故夫子與之琴. 然則古人所謂除喪者, 皆指再朞終祥而言也. 其變而卽吉之期, 則各緣情而爲禮, 或過或不及, 有不可以一例拘也. 檀弓之是月, 間傳之中月, 記者各迷其所聞, 而戴德所謂二十七月, 據中月而禫之文, 通計變除之月而言也. 由是論之, 三年之喪, 祥禫同月, 則二十五月而畢, 祥禫異月, 則二十七月而畢. 議禮之家, 當辨祥禫之同月異月而已. 竊詳禮經之旨, 則祥禫之制, 當以檀弓爲正. 先儒所辨踰月異旬之說姑舍是. 今以張柬之所引尙書春秋二條觀之,【張柬之曰, 魯僖公三十三年十二月乙巳公薨, 文公二年冬, 公子遂如齊納幣, 左傳曰禮也, 注云僖公喪終此年十一月, 納幣在十二月, 故傳稱禮也. 尙書太甲中篇云惟三祀十有二月朔, 伊尹以冕服奉嗣王, 歸于亳, 注云湯以元年十一月崩. 據此則二年十一月小祥, 三年十一月大祥訖, 十二月朔日, 加王冕服吉而歸于亳也. 此皆祥禫同月之證.】確是殷周時祥禫同月之明證, 而其間月而禫, 則惟有士虞記及間傳中月之文, 而無他證驗之可據者. 鄭氏引雜記爲母十三月而祥, 十五月而禫之文, 以爲父在爲母, 尙得祥禫異月, 豈以三年之喪而祥禫同月乎? 不知爲母本三年而父在厭降, 故祥後間一月而禫, 以伸三年之體也, 安得引此以爲祥禫異月之證也? 然則自劉宋以來, 始用鄭氏議, 定爲二十七月之制, 歷代因之, 相承至今. 彼皆非禮歟? 曰禮也. 夫三年之喪, 義同過隙, 而賢者俯就, 誠以先王爲之立中制節故也. 今再朞已過, 而衰麻之服除矣, 哭泣之節終矣, 其變而卽吉也. 苟禮律之所許, 雖加數月, 於人子之心, 獨無恔乎! 況中月而禫, 古人有行之者, 夫孰曰'亡於禮之禮'哉! 惟是禮經之本旨, 則斷當以二十五月爲正, 而學者不可以不講明也. 嗚呼! 五七之辨, 先儒之論備矣, 而但以檀弓·間傳之文相難, 則輒拄舌而却步, 未有能明言辨破之者. 惟顧寧人之言出, 而中月是月之文, 言各殊旨, 自不相礙, 然後祥禫之議, 可以歸一也. 余故推原其意而詳論之如此.

부제祔祭에 대한 의론
祔祭義

제사에 부(祔)가 있는 것은 무슨 뜻인가? 부(祔)는 속한다는 뜻과 같다. 손자가 사망하면 조고(祖考)에 부향(祔享)하는데, 손자가 사망하면 반드시 조고(祖考)에 부향(祔享)하는 것은 무슨 뜻인가? 부자(父子)는 한 몸으로 나눌 만한 의리가 없지만, 조부와 손자는 세대를 달리한다. 조부를 말미암아 미루어 나가 증조·고조에 이르면 이미 멀고, 증조·고조를 말미암아 5세조·6세조에 이르면 또한 매우 멀다. 성인(聖人)이 소목(昭穆)의 예를 제정하여, 살아있으면 그 순서로 합식(合食)하고 사망하면 그 반열에 따라 부향(祔享)하여, 그 소원(疎遠)함을 잇고 엮는 것이다. 부친을 증조에 부합(祔合)하고 조부를 고조에 부합(祔合)하여, 차례차례 층층으로 쌓이면 먼 천백대(千百代)라도 모두 나의 일기(一氣)가 서로 전하여 부합(祔合)에 간격이 없게 된다. 《예기(禮記)》 〈제의(祭義)〉에 "백성들로 하여금 옛날로 돌아가 처음을 회복하게 하여 그 말미암아 태어난 바를 잊지 않게 한다."라고 하였으니, 이것이 성인(聖人)이 부(祔)를 제정한 정밀한 뜻이다. 은(殷)나라 사람은 연제(練祭)를 지내고 부향(祔享)하였고, 주(周) 나라 사람은 졸곡(卒哭)한 후 부향(祔享)하였으니, 부향(祔享)은 위로 조고(祖考)와 같게 하는 것이다. 공자(孔子)가 은(殷)나라의 제도를 좋다고 한 것은, 1년이 지나 신으로 여겨[30] 부모가 차마 돌아가셨다고 할 수 없는 뜻을 깊이 얻어서이다. 삼가 살펴보건대, 《의례(儀禮)》 〈사우기(士虞記)〉에 "졸곡(卒哭) 한 다음날 그 반열에 따라 부향(祔享)한다. 시동을 그대로 이어서 쓰며 축문에서 다음과 같이 말한다. '너의 황조(皇祖) 모보(某甫)에게 가서 너의 손자 모보(某甫)를 올려 부향(祔享)한다.'"라고 하였다. 정현(鄭玄)의 주(注)에서 "오직 한 명의 시동

30 공자(孔子)가……신으로 여겨 : 《예기(禮記)》 〈단궁(檀弓)·하(下)〉에 나오는 말이고, '1년이 지나 신으로 여긴다.'라는 말은 공자의 평가에 대한 정현(鄭玄)의 주이다.

을 쓰는 것은 부합(祔合)하여 양쪽에 함께 고하고자 한 것이다."라고 하였다. 조손(祖孫)을 함께 제사 지내는데 단지 한 명의 시동만 세우고 궤석(几席)과 올리는 음식도 함께 진설하여 축사로 양쪽에 고한 것은 정기(精氣)가 부합(祔合)하게 하고자 하는 것이다. 《의례(儀禮)》 〈사우기(士虞記)〉에 "시동을 그대로 이어서 쓴다."라고 한 것은 우제(虞祭)에서의 시동을 그대로 써서 침(寢)에서 조고(祖考)를 함께 제사 지냈음을 알 수 있다. 그러하니 부(祔)는 부향(祔享)을 이르는 것이지, 부묘(祔廟)를 이르는 것이 아니다. 선유(先儒)들은 모두 부묘(祔廟)의 부(祔)라고 여겨 사당에 들어가는 것을 중하게 여겼다. 후세에 주나라 제도를 따라 졸곡한 후에 부향(祔享)하면, 장례를 치르자마자 영좌(靈座)를 이미 철거한 것이니, 효자가 장차 어디에 의지하여 삼 년을 마치겠는가? 이에 '부제(祔祭)를 마치면 신주를 침(寢)으로 모셔온다'고 이르는 것이 있고, '신주(新主)를 조묘(祖廟)에 부장(祔藏)하고, 삼 년째 제사에 신주(新主)를 단독으로 제사한다'고 말하는 것이 있는 것이다. 이 일은 마침내 예가(禮家)들이 논쟁하는 일대안(一大案)이 되었다. 내가 살펴보건대, 옛날에 손자가 사망하고 조부모가 살아계시면 고조(高祖)에 부향(祔享)하고, 첩잉(妾媵)이 사망하면 또한 첩조고(妾祖姑)에 부향(祔享)할 수 있었다. 고조(高祖)의 사당이 없으면 첩잉(妾媵)도 감히 사당에 들어갈 수 없으니, 부향(祔享)할 수 있는 사당에서 반드시 부향(祔享) 행하는 것을 고할 수 있지 않겠는가! 또한 부향(祔享)은 반드시 귀천(貴賤)의 반열 차례로 해야 한다. 그러나 천한 사람은 존귀한 사람을 감히 끌어올 수 없고, 귀한 사람은 조상을 감히 낮출 수 없다. 그러므로 《예기(禮記)》 〈상복소기(喪服小記)〉에서 "제후는 천자에게 부향(祔享)될 수 없고, 천자·제후·대부는 사(士)에게 부향(祔享)될 수 없다."라고 한 것이다. 부향(祔享)은 반드시 그에 맞는 사당에서 해야 하니, 천자·제후의 신주가 사(士)의 사당에 부장(祔藏) 될 수 있겠는가! 〈상복소기(喪服小記)〉의 이 한 절은 더욱 확실한 증거이다. 건암(健菴) 서건학(徐乾學)이 "부제(祔祭)는 합향(合享) 하는 데 중점이 있는 것이지 사당에 들어가는 데 있지 않다."[31]라고 했는데, 예로부터 부의(祔義)에 대한 의론이 거의 이것을 바꾸지 못할 것이다.

祭之有祔何義也? 祔猶屬也. 孫死而祔享於祖考也, 孫死而必祔於祖考者何義也? 父子一體, 無可分之義, 而祖與孫異世. 由祖而推之, 至於曾高則已遠矣. 由曾高而推之, 至於五世六世則又綦遠矣. 聖人制爲昭穆之禮, 生則以其序合食, 死則以其班祔享, 所以聯其疎而綴其遠也. 禰祔合曾, 祖祔合高, 節次層累, 雖千百代之遠, 是皆吾一氣之相傳而祔合無間也. 記曰, "教民反古復始, 不忘其所由生." 此聖人制祔之精義也. 殷人練而祔, 周人卒哭而祔, 祔則上同於祖考, 孔子善殷者, 以其期而神之, 深得不忍死其親之意也. 謹案士虞記曰, "明日以其班祔, 用嗣尸, 祝曰'適爾皇祖某甫, 以隮祔爾孫某甫.'" 注曰, "惟用一尸, 欲其祔合而兩告之." 夫並享祖孫, 而特立一尸, 几席薦饌皆同設, 祝辭兩告之者, 欲其精氣之祔合也. 記曰"用嗣尸", 則仍用虞祭之尸, 而並享祖考於寢可知已. 然則祔者祔享之謂, 而非祔廟之謂也. 先儒皆作祔廟之祔, 歸重於入廟. 後世從周制, 卒哭而祔, 則是甫葬而靈座已撤矣, 孝子將安所憑依而終三年乎? 於是有謂祔祭畢, 主返於寢者, 有謂新主祔藏於祖廟, 而三年之祭, 特祀於新主者, 此事遂爲禮家聚訟之一大案. 愚按古者孫死而王父母尙存, 則祔於高祖, 妾媵死, 亦得祔於妾祖姑. 高祖無廟矣, 妾媵不敢入廟矣, 有何可祔之廟, 而必行祔告哉? 又祔必以其貴賤班次, 然賤不敢援尊, 貴不敢卑祖, 故小記云"諸侯不得祔於天子, 天子諸侯大夫可以祔於士." 祔必於其廟, 則天子諸侯之主, 可以祔藏於士之廟乎? 祔非祔廟之祔, 小記此一節, 尤是確證矣. 徐健菴乾學氏曰, "祔祭重在合享, 不在入廟." 從古論祔義者, 殆無以易此矣.

31 부제(祔祭)는……있지 않다 : 《독례통고(讀禮通考)》 권49 〈상의절(喪儀節)〉에 나온다.

상제喪祭에 적炙을 올리는 것에 대한 의론
喪祭進炙義

《의례(儀禮)》〈사우례(士虞禮)〉를 살펴보건대, "시동이 왼손에 작(爵)을 잡고 오른손에 간(肝)을 잡아 소금에 찍어서 맛을 본 다음 조(俎)에 올린다." 라고 하였고, 가공언의 소(疏)에서는, "특생(特牲)과 소뢰(少牢)는 시동이 간(肝)을 맛본 다음 저두(菹豆)에 올려 몸에 가까이 하는 것이다. 여기에서 간을 맛본 다음 저두(菹豆)에 올리지 않고 멀리 조(俎)에 올려서 생체(牲體)와 동일하게 하는 이유는, 상례(喪禮)의 뜻이 맛에 있지 않기 때문에 몸에서 멀리하여 조(俎)에 올리는 것이다."라고 하였다. 《가례(家禮)》의 상제(喪祭)에 적(炙)을 올린다는 문장이 없는 것에 대해, 어떤 이는 '상례(喪禮)에는 맛에 뜻을 두지 않는다는 의미'라고 한다. 그러나 모든 헌(獻)에 종(從)이 없는 적이 없었다. 《의례(儀禮)》의 우제(虞祭) 삼헌(三獻)에서는 모두 간종(肝從)과 번종(燔從)[32]이 있었다. 다만, 두(豆)에 올리지 않고 조(俎)에 올려 길제(吉祭)와 구별하였다. 《가례(家禮)》의 상제(喪祭)에 적(炙)을 올린다는 문장이 없는 것은 글이 다 갖추어지지 않은 것 같다. 경산(瓊山) 구준의 《가례의절(家禮儀節)》에서 우제(虞祭)의 간번(肝燔)을 모두 진찬(進饌)할 때 함께 올린다고 하여 조(俎)에 올리는 뜻을 덧붙였는데, 이것도 예의 뜻을 얻은 것 같다.

案士虞禮, "尸左執爵, 右取肝, 擩塩以嚌之, 加于俎." 疏曰, "特牲少牢, 尸嚌肝訖, 加菹豆以近身, 此嚌肝訖, 不加于菹豆, 而遠加于俎, 以同牲體, 以喪志不在於味, 故遠身加俎也." 家禮喪祭無進炙之文, 或云喪不志味之義. 然凡獻未有無從, 儀禮虞祭三獻, 皆以肝燔從, 但不加豆而加俎, 以別於吉祭. 家禮喪祭無進炙之文, 恐是文不具也. 瓊山儀節, 虞祭肝燔, 皆同薦於進饌之時, 以稍附加俎之義, 恐亦得禮之意也.

---

32 간종(肝從)과 번종(燔從) : 제사에서 술을 올릴 때 술에 따라서 올리는 구이 안주로, 술에 따르는 의미로 종(從)을 쓴다.

부친 상중에 조부와 모친을 위한 상복에 대한 의론

父喪中服祖服母議

아아, 예(禮)는 꾸밈이 승하여 본질이 없어졌고, 주소(註疏)가 번다해져 경의(經義)가 어두워졌다 했는데, 이 말이 믿을 만 하지 않은가! 부친이 사망한 후 조부의 후사가 된 자는 참최복을 입는다는 것이 《의례(儀禮)》〈상복(喪服)〉의 전문(傳文)이다. 이는 곧 이른바 승중(承重)의 정복(正服)으로 예의 큰 절목이다. 정현(鄭玄) 이래로 예를 논설하는 사람들이 다른 논의가 없었는데, 진(晉) 나라 하순(賀循)이 "부친이 사망하여 빈렴(殯斂) 하기 전에 조부가 사망한다면 감히 조부를 위하여 삼년복을 입지 못하는 것은 차마 부친이 사망했다고 여기지 못하는 뜻이다."라고 하였다. 아, 이 무슨 망령된 설인가! 무릇 자식의 효는 부모의 마음을 내 마음으로 삼는 것보다 큰 것이 없다. 그래서 "효(孝)는 선대의 뜻을 잘 계승하며, 선대의 일을 잘 전술(傳述)하는 것이다."[33]라고 하였다. 이 뜻은 천자부터 두루 통한다. 지금 부친이 이미 사망하고 조부가 사망했다면, 부친의 혼령은 반드시 저승에서 번뇌하고 원통해 하며 슬피 소리치고 울며 근심스레 후사를 이은 사람을 돌아볼 것이다. 이는 오직 참최복에 지팡이를 짚고 연상(練祥)을 주관하며 나의 뜻과 일을 마치는 데 있을 뿐이다. 자식 된 자가 도리어 부친의 시신이 아직 있다고 핑계를 대며 태연하게 기년복으로 일을 치르고, 참최복과 지팡이를 모두 생략하고 소상(小祥)과 대상(大祥)에 주관하는 사람이 없게 한다면, 또한 그 부친의 마음을 크게 상심시키는 것이 아니겠는가! 그 부친이 기꺼이 '나에게 후손이 있다'라고 말하겠는가? 이는 조부에게 차마 할 수 없을 뿐 아니라, 또한 부친에게도 차마 할 수 없는 것이다. 막 사망했을 때 차마 귀신으로 여기지 않는 것은 참으로 자식의 지극한 정이다. 습(襲)을 하고 우임(右衽)하는 것은 차마 생시(生時)와 다르게 하

---

33 효(孝)는……전술(傳述)하는 것이다 : 《중용(中庸)》 19장에 나오는 말이다.

지 못하는 것이고, 전(奠)을 올리고 제사를 지내지 않는 것도 차마 생시(生時)와 다르게 하지 못하는 것이니, 이를 일러 차마 부친이 사망했다고 여기지 못하는 것이다. 지금 상기(喪紀)에 외람되이 인용하며 말하길, '차마 하지 못하고 감히 조부를 위해 중한 복을 입을 수 없다'라고 한다면, 몸소 단(袒)을 하고 괄발(括髮) 하는 절차를 진행하며 의려(倚廬)의 일을 주관할 수 있겠는가? 유울지(庾蔚之)[34]가 따라서 화답하며 '기년복을 입고 일을 대신 처리한다'라고 하였으니, 일은 생략할 수가 없고 바른 상주가 없어 대신한다는 것을 이른다. 승중(承重) 한 손자가 참최의 중함이 거듭 자신의 몸에 전해졌는데, 이에 대신 처리한다고 하는 것은 무슨 뜻인가? 진(晉) 나라 사람이 예를 논설하며 삼례(三禮)에 의거하여 의심나는 뜻을 자세히 분석하여 찬연히 볼 만한 것이 없지 않으나, 왕왕 꾸밈을 따르는 논의가 승하여 본질의 뜻이 미미해지는 경우가 있으니, 하순(賀循)의 이러한 논의는 상기(喪紀)를 무너뜨리고 윤리를 해침이 또한 더욱 심하다. 《의례(儀禮)》〈상복(喪服)〉의 장기장(杖期章)에 "부친이 살아계실 때 돌아가신 모친을 위해"라고 하였고, 자최삼년장(齊衰三年章)에 "부친이 사망하였으면 돌아가신 모친을 위해(父卒則爲母)"라고 하였는데, 가공언의 소(疏)에서 "'부졸위모(父卒爲母)'라 하지 않고 반드시 '즉(則)'을 쓴 것은 부친상을 당한 삼 년 내에 모친상을 당하면 그대로 기년복을 입는 것을 밝힌 것이다. 부친상을 마친 후에 모친상을 당하면 늘여서 삼년복을 입을 수 있으니, 이를 일러 여존(餘尊)에 눌린 것이라 한다."라고 했다. 무릇 부모의 친함은 하나이고, 뱃속에서 기르고 어루만지며 기른 은혜는 모친이 더욱 중하다. 성인(聖人)이 부친이 살아계실 때 강복하여 기년복으로 하는 예를 제정한 것은 존귀함에는 두 윗사람이 없다는 뜻을 보인 것이다. 부친이 사망한 후 비록 모친을 위해 삼년복을 입어도, 참최와 자최의 구분은 칼로 자른 듯이 명확하여 존비(尊卑)의 차례는 여전히 그대로 굳건하니, 다시 무슨 혐의가

---

34 유울지(庾蔚之) : 남조(南朝) 송(宋) 나라 사람으로 예학(禮學)에 밝았다.

있다고 복을 끝까지 다하지 않는가? 부친이 살아계실 때는 돌아가신 모친을 위해 강복하여 기년복을 입고 부친이 사망한 후 삼년복을 입으니, 자식이 모친상을 당해 앞뒤로 복을 달리하기 때문에 다시 '즉(則)' 한 글자를 더하여 안목을 둔 것으로, 이것이 문장을 구성하는 체(體)인 것이다. 어느 곳에서 부친상을 다 마친 후 복을 늘인다는 뜻을 말하였는가? 이른바 '여존(餘尊)에 눌린다'는 것은 오직 임금이 나라를 체(體)로 삼았기 때문에, 비록 사망하더라도 여전히 존압(尊厭)의 예가 있는 것이다. 대부(大夫)는 그 자신에게만 미칠 뿐이다. 세대가 바뀐 후에는 다시 존압(尊厭)의 제도가 없으므로, 대부의 서자(庶子)는 부친이 살아계시면 모친을 위해 대공복(大功服)을 입고 부친이 사망하면 복을 늘일 수 있는 것이니, 이것이 그 뜻이다. 서자가 생모를 위해서도 오히려 여존(餘尊)에 눌림이 없는데, 하물며 적자(適子)에 있어서랴! 소(疏)에서는 또 《예기(禮記)》 〈내칙(內則)〉의 "여자에게 사정이 있을 경우 23세에 시집간다."라는 글을 인용하여 증명했다. 〈내칙(內則)〉의 글은 대개 여자가 시집갈 나이가 되었는데 사정이 생겨 조금 늦춘다는 것을 말하는 것이고, 또한 3년 뒤에 시집가는 것도 아직 늦지 않았다. 소(疏)에서 왜곡시켜 인용하여 지루하고 번다해지니, 말이 많아질수록 의미는 더 어두워졌다. 그 경(經)을 풀이하는 것이 단지 경(經)을 어지럽히게 된 것이다. 애석하다, 가씨(賈氏)의 널리 통하고 두루 밝음으로 한 글자를 잘못 이해하여 이와 같이 점점 틀리고 어그러졌으니, 경학(經學)이 어찌 어렵지 않은가! 아아, 조부와 손자, 어머니와 아들은 천륜의 지극한 친함이다. 손자가 조부를 위해 복을 입고 아들이 어머니를 위해 복을 입는데, 높이고 낮춤이 있으며 굽히고 폄이 있는데, 높이고 낮추며 굽히고 펴는 사이에 털끝만큼도 참람하여 어그러져서는 안 된다. 지금 같은 부류가 아닌 것을 인용하고 글자 뜻을 억지로 풀이하여, 자손(慈孫)이 조부에게 높이는 것을 더하지 못하고 효자가 모친에게 정을 펼 수 없게 되었으니, 이 논설을 하는 자는 또한 천성(天性)의 사랑에 박하다 할 만하다. 게다가 예의 변제(變制)는 경(經)에 정문(正文)이 없다면 주(注)를 참고하고,

주(注)에 명확한 증명이 없으면 비슷한 부류에 비겨 두루 통하게 하니, 이것이 예를 논설하는 사람의 공통된 뜻이다. 승중복(承重服)은 경문(經文)에 보이지 않고 자하(子夏)가 장기장(杖期章)의 전문(傳文)에서 처음 말하여, 후세 사람들이 이를 근거로 예로 삼았다. 진실로 한 단계의 절목이 생겨 부친이 사망하고 아직 빈렴을 하기 전에 손자가 승중(承重)할 수 없다면, 이는 변례(變禮)의 큰 것에 관계된 것이니, 전문(傳文)에서 어찌 한 마디도 거듭 밝히지 않았는가? 또 주소(注疏)의 여러 설을 두루 검토해보아도 유추하거나 서로 참고할 수 있는 논의는 전혀 없으니, 이는 하순(賀循)의 억설로 결단코 선왕(先王)의 제도가 아니다. 《예기(禮記)》〈잡기(雜記)〉에서 "삼년상이 겹쳤을 경우 먼저 당한 상의 마질(麻絰)을 이미 경질(潁絰)로 바꿨으면 뒤에 당한 상의 연상(練祥)을 모두 거행한다"라고 하였고, 공영달(孔穎達) 소(疏)에서, "먼저 부친상이 있고 모친이 사망하면 또한 그러하다. 이전 문장에서 부친이 사망한 후 돌아가신 모친을 위해 삼년복을 입는다 하였기 때문에, 〈상복(喪服)〉 자최삼년장(齊衰三年章)에서 '부친이 사망하였으면 돌아가신 모친을 위해 삼년복을 입는다.'라고 한 것이 이것이다."라고 하였다. 이것이 고인(古人)의 부친이 사망한 뒤 돌아가신 모친을 위해 삼년복을 입는 증거이고, 공영달 소(疏)의 이 한 절이 진실로 가공언 소(疏)를 깨뜨리는 단안(斷案)이다. 경전(經傳)에 바탕하여 예론(禮論)을 참고하면 이와같이 명백하고 의심이 없다. 예를 의론하는 선비가 오히려 망설이고 끌려다니며 "구설(舊說)을 논파할 수 없다."라고 한다면, 또한 고루하지 않은가! 나는 세상이 불행하여 이러한 변례(變禮)를 만나면, 단지 경전(經傳)의 명문(明文)을 좇아 각각 그 복을 끝까지 다 마치기만 하면 된다고 생각한다. 빈렴을 이미 하거나 하지 않은 것은 논의할 필요 없이, 하순의 의론과 가공언의 소(疏)는 하나같이 없앨 만하다.

嗚呼! 禮文勝而本質亡, 註疏繁而經義晦, 不其信然矣乎! 父卒然後爲祖後者服斬, 喪服傳文也, 是卽所謂承重之正服而禮之大節也. 自鄭氏以來, 說禮家未有他議, 而晉賀循乃云父死未殯而祖死, 則不敢服祖三年, 謂是不忍死其親之義. 噫, 何其說之妄也! 夫人子之孝, 莫大於以親心爲心. 故曰'孝者善繼人之志, 善述人之事', 斯義也自天子達焉. 今也父旣先沒而祖死, 則父之靈, 必煩寃悲號於冥冥之中, 恤焉顧望於後之人者, 惟在於服斬杖而主練祥, 以終吾之志事而已. 爲其子者, 乃反諉之以父尸尙在, 而晏然服周以行事, 使斬杖都闕而二祥無主, 則不亦大傷厥考心乎! 厥考其肯曰余有後乎, 是不惟忍於其祖, 抑亦忍於其父矣. 夫始死, 不忍神之, 固人子之至情也. 襲而右衽, 則未忍變於生也. 奠而不祭則未忍變於生也. 此之謂不忍死其親. 今乃猥引之於喪紀, 而曰不忍而不敢服祖重, 然則死者之魂, 其可以躬袒括之節而主倚廬之事乎? 庾蔚之從而和之曰服周攝事, 事無所闕攝者, 無正主而代之之謂也. 承重之孫, 斬衰之重, 纍然傳之在身, 而乃云攝事, 此何義也? 晉人說禮, 援據三禮, 剖析疑義, 非不燦然可觀, 而往往徇文之論勝, 反質之意微, 如循此論, 壞喪紀而害倫理, 抑又甚焉. 喪服杖期章曰"父在爲母", 齊衰三年章曰"父卒則爲母", 賈疏云"不言父卒爲母, 而必云則者, 明父喪三年內遭母喪者仍服期, 父喪畢後遭母喪, 乃得申服, 謂之餘尊所厭." 夫父母之親一也, 而胞胎拊育之恩, 母尤重焉. 聖人制爲父在降期之禮者, 所以示尊無二上之義也. 父沒之後, 雖爲母三年, 斬齊之分截然, 則尊卑之序, 固自如也. 復何所嫌而不遂服乎? 父在爲母降期, 父卒然後三年, 子之喪母, 前後異服, 故更加一則字, 以着眼, 此乃立文之體也. 何處討得喪畢後申服之義? 所謂餘尊之厭者, 惟人君以國爲體. 故雖歿而猶有尊厭之禮. 大夫則及身而已, 易世之後, 更無尊厭之制. 故大夫之庶子, 父在爲其母大功, 父沒得申, 是其義也. 庶子爲生母, 尙無餘尊之厭, 況適子乎! 疏又引內則'女子有故, 二十三年而嫁之'文以證之. 內則之文, 大槩言女子當嫁年而有故, 少遲之. 又三年而嫁, 亦未晚也. 疏乃曲引之, 支離煩絮, 言愈多而義愈晦. 其所以釋經, 秖所以亂經也. 惜乎! 以賈氏之淹貫綜明, 錯解一字, 轉輾差謬如此, 經學豈不難哉! 嗚呼! 祖孫母子, 天倫之至親也. 孫爲祖服, 子爲母服, 有隆有殺, 有屈有伸. 隆殺屈伸之間, 不可以毫髮僭差, 而今乃援引非類, 穿鑿字義, 使慈孫不得加隆於其祖, 孝子不得伸情於其母. 爲此說者, 其亦可謂薄於天性之愛矣. 且夫禮之變制, 經無正文, 則參之於注, 注無明證, 則比類而旁通之, 此說禮家之通義也. 承重之服, 不見於經文, 子夏始發之於杖期章傳文, 而後人據以爲禮也. 苟有一層節, 父沒未殯, 孫不得承重, 則此係變禮之大者, 傳文何無一言申明之也. 又遍檢注疏諸說, 絶無可以推類參互之論, 則此乃賀循之臆說, 而斷斷非先王之制也. 雜記云"如三年之喪, 則旣潁其練祥皆行." 孔疏云"先有父喪而母死亦然. 以前文父死爲母三年也. 故喪服齊衰三年章云'父卒則爲母三年'是也." 此古人父卒爲母三年之證, 而孔疏此一節, 洵爲闢賈疏之斷案矣. 質之經傳, 參之禮論, 若是其明白無疑, 而議禮之士, 猶且依違牽制, 曰'舊說不可破', 不亦固乎! 愚以爲世之不幸而遭此變禮者, 只得遵經傳之明文, 各遂其服而已. 已殯未殯不須論, 而賀循之論, 公彥之疏, 壹是可廢也.

남의 후사가 된 자가 본생의 친척들을 위해 복을 입는 것에 대한 의론

爲人後者爲本生諸親服議

남의 후사가 되었다는 것은 누구의 후사가 된 것인가? 대종(大宗)의 후사가 된 것이다. 어찌하여 대종(大宗)의 후사가 되는가? 대종은 존귀한 통서요, 종족(宗族)을 수합(收合)하는 사람이니, 통서를 끊을 수 없다. 그래서 족인들이 지자(支子)를 대종의 후사로 삼는다. 소종(小宗)에서 후사를 세우는 것은 옛날에 있지 않았다. 소종(小宗)이 끊어지면 대종의 사당에 항렬에 따라 합사한다. 《예기(禮記)》 〈상복소기(喪服小記)〉의 이른바 "일찍 죽은 자와 후사가 없는 자는 조묘에 합사한다."라고 한 것이 이것이다. 성인(聖人)은 후사를 세우는 예를 제정하여 대종(大宗)에 중한 자리를 맡기고 본종(本宗)에 대해서는 상복의 등급을 낮췄다. 《의례(儀禮)》 〈상복(喪服)〉 부장기장(不杖期章)에서 "남의 후사가 된 자는 본생부모를 위해 보답하여 복을 입는다."라고 하였고, 가공언 소(疏)에서 "보답하여 입는다는 것은 깊이 억제하여 본소(本疏)의 '주고받으며 서로 갚는다.'라는 예법과 같게 하고자 해서이다."라고 하였다. 논설하는 자는 모두 출계하여 남의 후사가 된 자는 본생의 부모를 위해 상복을 한 등급 낮춘다고 하였다. 그러나 참자(斬齊)에서 강복하여 부장기(不杖期)가 되었으니, 실제는 두 등급을 낮춘 것이다. 《의례(儀禮)》 〈상복(喪服)〉 기(記)에서 "남의 후사가 된 자는 형제에 대해 한 등급 낮춘다."라고 하였다. 여러 친척을 말하지 않고 오직 형제만 언급했으니, 본생의 부모를 위한 복은 한 등급 낮추는 것에 그치지 않음을 알 수 있다. 출계하여 남의 후사가 된 자가 이미 후사한 부모를 위해 참자(斬齊)를 입었다면 본생에 대해서는 감히 정을 펼 수 없고, 자최장기(齊衰杖期)는 모친과 아내를 위해 하는데 이 또한 삼년복 체제인 것이다. 그러므로 강복하여 부장기(不杖期)하여 백숙부모(伯叔父母)와 같이하니 소(疏)에서 이른바 '깊이 억제한다'는 것이 이것이다. 본생이 조부모에 대해서는 《의례(儀禮)》부터 《서의(書儀)》·《가례(家禮)》에 이르기까지 모두 보이지 않는데, 어떤 이는 궐문(闕文)이라고 한다. 그러나 〈상복(喪服)〉 경(經)에서 본생의 부모와 형제, 자매에 대해 차례로 말하며 유독 조부모에 대해 언급하지 않은 것은 왜인가? 어떤 이는 《가례(家禮)》에 남의 후사가 된 자는 본생의 친척을 위해 모두 한 등급 낮춘다고 한 조목이 포괄한 것이라고 한다. 그런데 개원(開元)·정화(政和) 등 당송(唐宋)의 여러 예서(禮書) 같은 데에서는 전혀 근거할 것이 없으니, 또 왜 그런가? 오계공(敖繼公)[35]은 다음과 같이 말했다. "경(經)에서 남의 후사가 된 자는 오직 부모와 형제, 자매에 대한 복만 보이고 나머지는 모두 보이지 않는다. 이러한 까닭은 자신과 한 몸이기 때문이다. 그러하니 이 이외에 소종(小宗)의 정친(正親)과 방

35 오계공(敖繼公) : 원(元) 나라 사람으로 《의례집설(儀禮集說)》을 저술했고, 본문에 인용된 부분은 《의례집설(儀禮集說)》 권11 〈상복(喪服)〉 부분이다.

친(旁親)은 모두 후사가 된 집과의 친소(親疎)에 따라 복을 입는다."〈상복(喪服)〉 소공장(小功章)에서 "남의 후사가 된 자가 시집간 자매를 위하여 입는다."라고 한 것에 대해 마융(馬融)[36]은 다음과 같이 말했다. "시집가지 않은 여자는 자최(齊衰) 1년복을 입고 시집간 여자는 대공복을 입으니, 대종(大宗)의 후사가 된 집과 소원하여 두 등급을 낮췄기 때문이다. 고모를 말하지 않은 것은 일체(一體)를 낮추고 고모는 낮추지 않는 것을 밝힌 것이다."【마융의 설은 여기까지이다.】 강복(降服)은 후사가 된 집과의 친소(親疎)를 논하지 않고 본복(本服)을 따라 한 등급 낮추는 것이다. 남의 후사가 된 자가 본생을 위해 강복하는 것은 부모와 형제에 그치고, 나머지 친척은 모두 후사가 된 집과의 친소(親疎)에 따라 복을 입으니, 정존(正尊)의 조부모라도 강복의 제도를 적용할 수는 없다. 적통은 오직 하나이기 때문에 적자가 있으면 적손이 없다. 출계하여 남의 후사가 된 자가 종묘의 중함을 이어받아 조부와 일체가 되었는데, 다시 친조부를 위하여 강복을 하면 이는 통서가 둘이 되는 것이다. 부모형제와 나는 일체에서 나누어진 것이고 조부와 손자는 세대를 달리하여, 세대가 바뀐 뒤에 의리로 은혜를 단제(斷制)하여 후사에 전심할 수 있는 것이다. 이것이 〈상복(喪服)〉에서 본생의 조부를 위한 복을 언급하지 않은 이유이니, 그 뜻은 마융(馬融)이 이미 말하였다. 진한(秦漢) 이래로 종법(宗法)이 붕괴되어 종자(宗子)가 종족(宗族)을 수합(收合)하지 못하였고, 부식(祔食)의 예도 폐해져 강론되지 않아 족인(族人)이 자식없이 죽으면 마침내 주인없는 귀신이 되었다. 이에 남자가 결혼하고 요절하면 모두 이를 위해 후사를 세웠으니, 혹은 대종(大宗)의 자식으로 소종(小宗)을 이었고, 혹 소종(小宗)의 자식으로 지자(支子)의 후사를 세워, 후사를 세우는 예가 선왕의 옛 법도를 회복하지 못했다. 부자(父子)의 인륜이 이미 정해져, 비록 후사가 된 부친을 위해 참최복을 입고 본생의 부친을 위해 강복하여 기년복을 입더라도, 이 자식이 후사를 이은 것

36 마융(馬融) : 마융(馬融, 79~166)은 자(字)가 계장(季長)으로 후한(後漢)의 경학가이다.

은 대종(大宗) 존통(尊統)을 이은 것이 아니면 고조·증조의 제사를 전해주는 중함이 있는 것이다. 그러나 친조부의 복을 억제하여 한결같이 후사가 된 집과의 친소(親疎)에 따라 마침내 시마복(緦麻服)이 되거나 혹 무복(無服)의 친척이 된다면, 이는 인자한 자손의 효심이 아니다. 《가례(家禮)》에 특별히 남의 후사가 된 자가 본생의 친척을 위해 한 등급 낮춘다는 예를 들어, 출계하여 남의 후사가 된 자는 모두 그 조부를 위해 대공복(大功服)을 입었으니, 이 또한 때에 따라 덜고 더하는 의리인 것이다. 출계하여 남의 후사가 된 자의 자식에 이르러서는 그 부친의 본생 부친을 위해 복을 입는 것은 예에서 또한 전혀 고찰할 수가 없다. 하순(賀循)·최개(崔凱)·공정양(孔正陽) 여러 선비들은 다 강복이 모두 그 자신에게 그치고 대를 이어가는 것은 아니라고 하였다. 유지(劉智)·왕표지(王彪之)는 후사가 된 자의 자식은 부친이 후사가 된 집의 친소(親疎)는 논하지 않고 한 등급 낮춘다고 하였다. 서건암(徐健菴)은 《독례통고(讀禮通考)》에서 유지(劉智)·왕표지(王彪之)의 설을 따랐으니, 부친의 생부는 바로 자신의 친조부이어서이다. 만약 부친이 오복(五服) 밖에 먼 친척으로 출계하여 후사가 되었더라도, 조부와 손자의 친함으로 복이 없을 수는 없기 때문이다. 《가례(家禮)》 또한 대를 이어 강복하는 것은 말하지 않았다. 그러나 지금 사람들은 모두 《가례(家禮)》의 사친(私親)을 위해 강복한다는 문장을 미루어, 출계하여 후사가 된 자의 자식도 조부를 위해 대공복(大功服)을 입는 것이 이미 정해진 제도가 되어버렸다. 그러나 하순(賀循) 등의 의론을 생각하지 않으면 안 된다. 하순은 서자(庶子)로서 부친의 후사가 된 자의 예(禮)를 의론하며 다음과 같이 말했다. "서자(庶子)로 후사가 된 자는 이름만 칭하고 '효(孝)'는 칭하지 않으며, 단을 만들어 제사 지내는데 여전히 둘을 두는 것은 뜻이 한 곳에만 있지 않기 때문이다. 그 자식은 이름을 정하여 사당에 처하며 저 정을 제어할 수 있다고 여기니 이 의리가 마땅히 도탑게 된다. 어찌 본래 가진 것이 아닌데, 통서를 회복하는 절차가 있겠는가!" 또 말했다. "복의 강등에는 그 품계가 넷이 있다. 네 가지 강복의 명칭은 똑같이 그 자신에게 그치니, 출계한 자의 자식이 어찌 유독 대를 이어 칭하겠는가? 출계한 후에는 의리는 점점 가벼워지고 소원해져 은혜가 끊어지니, 은혜가 끊어지면 마음을 전일 하게 할 수 있다. 마음이 전일 해지면 후사 된 집안이 친해지고, 후사가 된 집안이 친해지면 제사가 공경스러워지며, 제사가 공경스러워지면 종묘가 엄하게 된다."[37] 유지(劉智)·왕표지(王彪之) 두 사람의 의론은 오로지 조부와 손자 간에 복이 없다는 것은 힘들다는 것이다. 그러니 지금 5대조(五代祖)를 같이 하는 종(宗)에 후사로 간 자는 본종(本宗)은 4세에서 끝나므로 출계하여 후사가 된 자의 자식은 조부를 위해 대공복을 입고 증조부를 위해 소공복을 입으며 고조를 위해 시마복을 입는다. 이와같이 하면 복은 4세에 미쳐 후사가 된 종(宗)과 전혀 차등이 없게 되어 그대로 종(宗)를 둘로 두는 혐의가 있게 된다. 이것이 어찌 후사를 세운 뜻이겠는가! 게다가 경(經)에서 고찰해보면, 남의 후사가 된 자가 본종(本宗)을 위한 것은 세 조목이 있으나 본생 조부를 위한 것은 없고, 남의 후사가 된 자의 자식이 부친의 본생 여러 친척을 위한 것은 전혀 한 구절도 근거할 만한 것이 없으니, 이는 결코 궐문이나 탈간(脫簡)이 아니고 반드시 뜻이 있을 것이다. 옛날에 종법(宗法)이 세워지고 종자(宗子)에게 군주의 도리가 있게 되었다. 예에 근거하면, 옛 임금을 위하여 자최 3개월을 입고 종자(宗子) 또한 자최 3개월을 입는다. 족인(族人) 중 그 후사를 이어받은 자는 임금 중 방계에서 들어가 대통(大統)을 이은 것과 같으니, 의리에서 눌리는 바가 있고 은혜에서 빼앗는 바가 있으나 절로 천리(天理)와 인정(人情)에 서운한 것은 없었다. 그러나 후세는 그렇지 않아, 분분하게 이어서 단지 약오(若敖)가 제사를 지내지 않게 되는 것만을 위할 뿐이었다.[38]

---

37 서자(庶子)로……엄하게 된다 : 《통전(通典)》 권96에 나온다.

38 약오(若敖)가……위할 뿐이었다 : 춘추시대 초(楚) 나라 약오(若敖) 집안의 사마(司馬) 자량(子良)이 아들 투월초(鬪越椒)를 낳았는데, 영윤(令尹) 자문(子文)이 그가 이리 같은 야심이 있어 약오(若敖) 집안을 멸족시킬 것이라 하였다. 후에 투월초(鬪越椒)가 반란을 일으켰으나 초왕에게 패하여 멸족되었다. 《춘추좌전(春秋左傳)》 선공(宣公) 4년에 나온다.

은혜와 의리의 융쇄(隆殺) 사이에는 참으로 고례(古禮) 한 가지 표준을 적용할 수 없고, 상기(喪紀)의 품절(品節)은 경(經)에 명확한 문장이 없으니, 예는 중함을 따르는 것이 고금의 같은 정이다. 이 유지(劉智)·왕표지(王彪之)의 설은 후대 사람들이 이에 근거하여 큰 강목이 되는 예로 여겼다. 옛글에 "예에 선왕(先王)의 예가 있고, 선유(先儒)의 예가 있다."라고 했으니, 이런 종류가 그것이다. 만약 예경(禮經)의 뜻으로 고찰해보면 오씨(敖氏)와 하씨(賀氏)의 설이 의미가 맞는 것 같다. 어떤 이가 다음과 같이 말했다. "부친을 위한 복이 참최에서 강복하여 부장기(不杖期)가 되고, 조부를 위한 복이 기년복에서 강복하여 소공복(小功服)이 된 것은 경중의 순서를 잃은 것이다. 게다가 부친을 위한 복을 백숙부를 위한 복으로 한다면 조부를 위한 복을 종조(從祖)를 위한 소공복(小功服)으로 하는 것이 명분과 의리가 맞는다. 또한 출계하여 후사가 된 자가 본생의 조부를 위해 대공복을 입으면, 대를 전하는 것을 기다리지 않고 이 자는 증조·고조를 위하여 매번 한 등급을 강복하여, 또한 복이 4세에 이르러 종(宗)를 둘로 두는 혐의가 있게 된다. 반드시 조부를 위해 소공복을 입은 연후에 증조는 시마복, 고조는 무복(無服)이어야 후사가 된 종(宗)과 차등이 있게 된다. 이것이 또한 마땅히 소공복을 입어야 하는 증거이다." 근세의 선유(先儒)도 본생의 여러 친척들을 위한 명복(名服)이 서로 어긋나는 것을 의심하였으나 끝내는 절충의 의론이 없었다. 상(牀)에서 습(襲)을 하는 것이 예이므로 자유(子游)가 승낙을 한 것인데도 오히려 거만하다는 기롱을 면하지 못했는데[39], 하물며 이 상복의 정미한 뜻에 대해 누가 감히 선유(先儒)의 정론(定論) 외에 입설(立說)하겠는가! 그래서 《가례(家禮)》에 한 등급 낮춘다는 문장을 지원하여, 출계하여 후사가 된 자가 본생의 조부를 위해, 출계하여 후사가 된

39 상(牀)에서……면하지 못했는데 : 《예기(禮記)》 〈단궁상(檀弓上)〉에 나오는 것으로, "사사분(司士賁)이 자유(子游)에게 청하기를 '상(牀)에서 습(襲)하는 것을 청합니다.'라고 하자, 자유(子游)가 '허락합니다.'라고 하였다. 현자(縣子)가 그 이야기를 듣고 '거만하구나, 숙씨(叔氏)여. 자기 마음대로 예를 다른 사람에게 허락하는구나.'"라고 한 일이 있다.

자의 자식이 부친의 본생 부친을 위해 모두 대공(大功)으로 정한 것이니, 의거하는 바가 있고 후한 쪽을 따르는 의리를 해치지 않는다. 아아, 후사를 세우는 예는 고금에 같지 않지만, 후세에 통서를 엄히 하는 뜻은 점점 미미해지고, 정을 따르는 논의가 갈수록 커졌다. 혹 두 세대를 연이어 후사를 세워, 후사가 된 자가 후사의 부친의 본생 여러 친척들을 위하여 또한 한 등급 낮추는 예가 있게 되었는데, 단연코 예가 아니다. 논설하는 사람이 말하길, “예에 이른바 ‘종복(從服)’이 있으니, 부친이 본생의 부친을 위해 부장(不杖) 기년복을 입으면, 후사가 된 자가 어찌 복이 없겠는가?” 하였다. 무릇 종복(從服)에는 속종(屬從)이 있고 도종(徒從)이 있다. 도종(徒從)이란 것은 신하가 임금을 따라 임금의 당을 위하여 복을 입고 첩이 군모(君母)를 따라 군모(君母)의 당을 위하여 복을 입는 것으로 이것은 모두 의리로 제정한 것이다. 의리로 제정한 것은 모두 존압(尊厭)이 있다. 후사가 된 부친이 이미 본생의 부친을 위해 복을 입으며 백숙부 방친의 복으로 하는데, 부친의 방친에게 과연 존압(尊厭)의 의리가 있는가? 또 말하길, “예에 이른바 ‘명복(名服)’이 있으니, 부친이 이미 본생의 부친을 위해 복을 입었다면, 자식이 어떻게 복을 입지 않겠는가?” 하였다. 다음과 같이 답한다. “본생이란 나를 낳은 사람을 가리킨다. 출계하여 후사가 된 자가 이미 본생의 친척을 위해 복을 입었는데, 또 부친의 본생 친척을 위해 복을 입는다면 이는 근본이 둘이 되는 것이니 옳겠는가? 게다가 출계하여 후사가 된 자의 부자관계가 만약 오복(五服) 범위 안에 있다면, 후사한 집과의 친소에 따라 복을 입는 것이 옳다. 후사한 집과의 친소의 순서를 버리고 억지로 본생의 친척이라고 이름한다면 또한 속이는 것이 아니겠는가! 종복(從服)은 혹은 의리로 제정하고 혹은 명칭으로 제정하는데, 의리와 명칭을 모두 어긋나게 하여 복을 정한 경우는 있지 않았다. 가령 3세대를 연이어 후사를 이었다면, 그 자식은 각각 부친의 본생 친척을 위해 강복해야 하는가? 옛날에는 이와같이 길게 늘여 어지럽히는 상복 입는 법은 없었다.” 어떤 이가 말하길, “이것은 그러하지만, 혹 부친의 본생 부친이 자식에 있어서는 무복(無服)의 친척이라면, 부친은 기년복을 입지만 자식은 복을 입지 않으니 또한 정례(情禮)에 걸림돌이 되지 않겠는가?" 하였다. 답한다. "예에서 허가하지 않은 바는 또한 어쩔 수 없다. 부친이 중한 복을 입지만 자식이 복을 입지 않는 것은 옛날에도 견줄 것이 있다. 부친이 쫓겨난 모친을 위해 자최복을 입지만 자식은 따라서 복을 입지 않았고, 자식이 자신을 길러준 모친을 위해 삼년복을 입지만 손자는 따라서 입지 않은 것이 그것이다. 《예기(禮記)》 〈옥조(玉藻)〉에 '흰 비단 관(冠)에 검은색 테두리를 한 것은 손자의 복이다.'라고 하였고, 《예기(禮記)》 〈잡기(雜記)〉에 '부친이 상복을 입고 있으면 궁중에서 자식은 음악을 참관하지 않는다.'라고 하였다. 출계하여 후사가 된 자가 후사 부친의 본생 친척의 상을 만나는 경우, 만약 오복(五服) 범위 밖이라면 의복의 꾸밈과 애통해 하는 마음은 〈옥조(玉藻)〉와 〈잡기(雜記)〉의 문장에 따라 유를 미루어 절차로 삼는 것이 옳겠다."

爲人後者孰後, 後大宗也. 曷爲後大宗? 大宗者尊之統, 收族者也. 統不可以絶, 故族人以支子爲後. 小宗立後, 古未有也. 小宗絶則以其班祔于大宗之廟. 記所謂'殤與無後者, 從祖祔食'是也. 聖人制爲立後之禮, 持重於大宗者, 降其本宗, 喪服不杖期章云'爲人後者, 爲其父母報', 疏云言'報者, 深抑之, 使同本疏, 往來相報也.' 說者皆以爲出後子爲本生父母服降一等. 然從斬齊而降爲不杖期, 其實降二等也. 喪服記云'爲人後者, 於兄弟降一等.' 不言諸親而獨擧兄弟, 則本生父母之服, 不止降一等可知也. 出後子旣爲所後父母斬齊, 則不敢伸情於所生, 齊衰杖期, 爲母爲妻, 亦是三年之體也. 故降服不杖期, 與伯叔父母同. 疏所謂深抑之者是也. 其爲本生祖父母, 則自儀禮迄書儀家禮並無見. 或曰闕文, 然喪服經歷言本生父母兄弟姊妹, 而獨不及祖父母何也? 或謂家禮爲人後者, 爲其私親, 皆降一等一條, 可以包之. 然如開元政和唐宋諸禮書, 都無可據. 抑又何也? 敖繼公曰, "經於爲人後者, 惟見父母兄弟姊妹之服, 餘皆不見所以然者, 與己爲一體也. 然則自此之外,凡小宗之正親旁親, 皆以所後之親疎爲服矣." 喪服小功章云'爲人後者爲其姊妹適人者.' 馬融曰, "在室者齊衰周, 適人者大功, 以爲大宗後疎之降二等故也. 不言姑者, 明降一體不降姑也."【馬說止此.】降服者, 不論所後之親疎, 而從本服降一等也. 爲人後者爲本生降服, 止於父母兄弟, 而餘親皆以所後親疎之倫爲服. 雖以祖父母之正尊, 不得用降服之制也. 盖適統惟一, 故有適子者無適孫. 出後子承宗廟之重, 與祖爲體, 而復爲親祖降服則是二統矣. 父母兄弟與吾一體而分者, 而祖與孫異世, 易世之後, 可以義制恩而專心於所後也. 此喪服所以不言本生祖服, 而其義馬融已發之矣. 秦漢以來, 宗法壞而宗子不能收族, 祔食之禮廢而不講. 族人無子而死, 則遂爲無主之鬼矣. 於是男子有室而夭者, 皆爲之立後, 或以大宗之子而繼小宗, 或以小宗之子而後支子, 立後之典, 非復先王之舊矣. 父子之倫旣定, 雖爲所後父斬, 爲本生父降期, 而此子之於所後, 非有大宗尊統之承也, 非有高曾傳祭之重也. 顧乃抑其親祖之服, 一以所後親疎爲服, 竟同於緦麻, 或無服之親, 則非所以順慈孫之孝心也. 家禮特揭爲人後者爲私親降一等之例, 而出後子皆服其祖大功, 是亦因時損益之義也. 至於出後者之子, 爲其父本生父服, 於禮又絶無可考. 賀循·崔凱·孔正陽諸儒皆以爲降服, 皆止其身, 非傳代之穪. 劉智·王彪之以爲爲後者之子, 不論父所後之親疎, 槩降一等. 徐健菴讀禮通考, 從劉王之說, 葢父之生父, 卽己之親祖也. 若父出後於五服之外, 則以祖孫之親而不可無服故也. 家禮亦不言代降. 然今人皆推用家禮爲私親降等之文, 出後者之子, 亦服其祖大功, 已成定制. 然循等之議, 亦不可不思也. 循之議引庶子爲父後之禮, 曰庶子爲後, 穪名不穪孝, 爲墠而祭, 以其尙有貳, 志不專故也. 其子則定名而處廟, 以爲彼情可制, 此義宜惇也. 豈非顧本有已復統有節也哉! 又曰服之所降, 其品有四, 四降之名, 同止一身, 出者之子, 豈當獨以爲傳代穪乎? 承出之後, 義漸輕疎而絶其恩, 絶其恩者, 以一其心, 其心一則所後親, 所後親則祭祀敬, 祭祀敬則宗廟嚴云云. 劉王二子之論, 則專以祖孫無服爲難. 然今有出後於同五代祖之宗者, 本宗四世繼沒, 出後者之子, 服祖大功, 服曾祖小功, 服高祖緦麻, 如是則服及四世, 與所後宗全無差等,而居然有貳宗之嫌矣. 是豈立後之意哉! 且考之於經, 爲人後者, 爲本宗凡三條, 而本生祖不與, 爲人後者之子, 爲父本生諸親, 都無一句可據. 此決非闕文脫簡, 必有其義矣. 古者宗法立而宗子有君道焉. 據禮爲舊君齊衰三月, 爲宗子亦齊衰三月, 族人之承其後者, 如有國者之由旁支而入繼大統, 義有所厭, 恩有所奪, 自無憾於天理人情, 而後世則不然, 彼紛紛繼立, 只爲若敖之乏祀而已. 恩義隆殺之間, 固不得一準於古禮, 而喪紀品節, 經無明文, 則禮疑從重, 古今同情. 此劉智·王彪之之說, 後人據以爲經禮者也. 傳曰'禮有先王之禮, 有先儒之禮', 此類是也, 而若以禮經之旨推勘, 則敖氏·賀氏之說, 恐得其義也. 或曰父服由斬衰而抑降爲不杖期, 祖服由期年而降爲小功, 不失輕重之序. 且服父以伯叔父之服, 則服祖以從祖小功之服, 名義爲順也. 又出後子服生祖大功, 則不待傳代, 此子爲曾高服每降一等, 亦服及四世而有貳宗之嫌. 必服祖小功然後, 曾祖緦高祖無服, 而與所後宗有差等, 此又當服小功之證也. 近世先儒亦以本生諸親名服相違爲疑, 而竟無折衷之論. 夫襲於牀禮也, 而子游之一諾, 尙不免汰哉之譏, 況此喪服精微之義, 夫孰敢立說於先儒定論之外哉! 所以援家禮降一等之文, 出後子服本生祖, 出後者之子服父之本生父, 皆定爲大功, 猶有依據而不害於從厚之義也. 嗚呼! 立後之典, 古今不同, 而後世嚴統之義漫微, 徇情之論轉勝, 或有兩世繼後者, 所後子爲所後父之本生諸親, 亦從降一等之例, 則斷然非禮矣. 說者曰禮有所謂從服, 父服本生父不杖周, 則所後子安得無服. 夫從服有屬從有徒從, 徒從者如臣從君而服君之黨, 妾從君母而服君母之黨, 是皆以義制也. 凡義制者, 皆尊厭者也. 所後父旣服本生父以伯叔父旁親之服, 父之旁親果有尊厭之義乎? 又曰禮有所謂名服者, 父旣服之以本生父, 則子安得無服? 曰本生者, 生我之謂也. 出後子旣爲本生親服矣. 又爲父之本生親服, 則是二本也. 可乎? 且出後者之父子, 若是五服之內, 則以所後親踈而爲之服可也. 舍所後親踈之序而強名爲本生親, 不亦誣乎! 凡從服者, 或以義制, 或以名制, 未有義與名俱違而爲之制服者. 假令三世俱繼後, 其子各爲其父之本生親降服乎? 古未有如此拖長黷亂之服術矣. 或曰是則然矣. 或父之本生父,於子爲無服之親, 則父服周而子無服, 不亦有礙於情禮乎? 曰禮所不許, 亦無奈何? 父服重而子無服, 古亦有其比. 父服出母齊衰, 而子不從服. 子服慈母三年, 而孫不從服是也. 玉藻云'縞冠玄武, 子姓之服也.' 雜記云'父有服, 宮中子不與於樂.' 出後子遭所後父之本生親喪, 而如在五服之外, 則衣服之飭, 哀素之情, 以玉藻雜記之文, 推類而爲節可也.

시집간 여자가 본종本宗을 위해 복을 입는 것에 대한 의론

嫁女爲本宗服義

부인(婦人)은 남편의 집을 안으로 삼고 아버지의 집을 밖으로 삼는다. 그러나 사람에게 근본이 없는 적이 없으니, 본종(本宗)의 중함은 그대로 있어, 다른 곳에 양자로 간 자식이 의리로는 저기에 엄하여 은혜가 여기에서 빼앗기는 것과는 같지가 않다. 조부를 위해서는 기년복을 입고, 증조·고조를 위해서는 자최 3개월을 입어 한결같이 시집가기 전의 예와 같이 하며 정존(正尊)에 대해 강복하지 않으나, 부모를 위해서는 감히 융중함을 더하지 않는 것은 남편에게 시집갔기 때문에 참최복을 두 번 하지 않는 것이다. 백숙부와 형제 등 여러 가족들을 위해서는 강복(降服)을 하고, 형제 중 아버지의 후사가 된 자를 위해서는 기년복을 입으니 귀종(歸宗)의 의리가 있는 것이다. 정현 주에서는 "아버지가 살아계시면 형제를 위해 대공복(大功服)을 입고, 아버지가 돌아가셨으면 아버지의 후사가 된 형제를 위해 기년복을 입는다."[40]라고 하였다. 근세의 예가(禮家)가 혹 《의례(儀禮)》 〈상복(喪服)〉의 "적자(適子)가 있으면 적손(適孫)이 없다."라는 뜻을 인용하여, "이는 자식이면서 손자가 아닌 것이다. 아버지가 이미 적자로 복

40 아버지가……기년복을 입는다 : 《의례(儀禮)》 〈상복(喪服)〉 '대공(大功)' 부분에 나온다.

을 입었는데, 출가한 여자가 어찌 유독 그렇지 않은가? 아마 아버지가 살아계시면 또한 마땅히 기년복을 입어야 한다."라고 하였다. 내가 생각하기에는, 통서(統緖)를 엄히 하고 적자를 중히 여기는 것은 바로 본종(本宗)을 이어받는 뜻이고 시집간 여자까지 언급한 것은 아니다. 부인(婦人)은 밖에 나가 이루어지지만 반드시 귀종(歸宗)이 있으므로, 아버지가 돌아가신 후에 아버지의 후사가 된 형제를 위해 기년복을 입는 것이다. 만약 아버지가 살아계시면 종(宗)은 아버지에게 있고 장자(長子)에게 있지 않으니, 다시 어떻게 중한 바를 두고 기년복을 더할 수 있겠는가? 상복에는 서로 보답하지 않은 적이 없으나, 적장자가 시집간 자매들을 위해 기년복을 입은 적은 없다. 저가 기년복을 입는 것은 아버지를 대신했기 때문이지 적장자 때문이 아니다. 경(經)에서 말한 '아버지의 후사가 된 형제'는 비록 서자(庶子)가 아버지의 중함을 이어받았다면 시집간 여자는 또한 마땅히 복을 입어야한다는 것이다. 이것이 예경(禮經)의 뜻이니, 정현의 주는 절로 바뀔 수가 없다.

婦人內夫家而外父家. 然人未有無本, 本宗之重則自在也, 非如出後子之義嚴於彼而恩奪於此也. 爲祖期, 爲曾高齊衰三月, 一如在室之禮, 不降正尊也. 爲父母不敢加隆者, 移天於夫, 不貳斬也. 爲伯叔父兄弟諸親降服報也, 爲兄弟之爲父後者期, 歸宗之義也. 鄭註云, "父在則同, 父沒乃爲父後者服期." 近世禮家或引有適子者無適孫之義, 謂"此則子而非孫, 父旣服之以適, 出女何獨不然? 疑其父在, 亦當服期." 愚謂嚴統重適, 卽本宗相承之義, 而非所以拖及於嫁女者也. 婦人雖外成而必有歸宗, 故父沒然後, 爲兄弟之爲父後者服期. 若父在則宗在於父而不在於長子矣, 復何所重而加服期哉? 凡服未有不相報者, 而適長子未嘗爲姊妹之適人者服期, 以彼之服期由於代父而不由於適長也. 經云爲兄弟之爲父後者, 雖庶子承父之重, 則嫁女亦當服矣. 此禮經之旨, 而註說自不可易矣.

서자의 자식이 부친이 사망한 뒤 부친의 생모를 위하여 복을 입는 것에 대한 의론
庶子之子父歿服其父所生母議

《예기(禮記)》〈상복소기(喪服小記)〉에 "자모(慈母)의 후사가 되는 자는 서모(庶母)를 위해서도 후사가 될 수 있고, 조서모(祖庶母)를 위해서도 후사가 될 수 있다."라고 하였다. 가만히 경(經)의 뜻을 살펴보니, 자신을 양육해 준 서모를 자신의 친어머니로 여겨 삼년복을 입는다는 것이고, 서조모가 자기를 길러 준 경우에는 자신의 친할머니로 여겨 기년복을 입는다는 것을 가리킨다. 공영달(孔穎達) 소(疏)는 이에 "조서모(祖庶母)를 위하여 또한 삼년복을 입는다."라고 하였다. 송(宋)나라 조정의 여러 신하들이 설신(薛紳)이 승중(承重) 하는 일을 논의하며 공영달 소를 인용하여 증거로 삼아 특별히 승중복(承重服) 입는 것을 허락하였다. 서자의 자식이 감히 조부를 위하여 삼년복을 입을 수 없는데, 어떻게 감히 조서모(祖庶母)를 위해 삼년복을 입을 수 있는가? 천하에 어찌 조서모(祖庶母)가 적조(適祖)보다 도리어 더 중한 경우가 있는가? 공영달은 경(經)의 뜻을 착각하여 후인들을 잘못 인도하였으니, 이루 말할 수 없이 한탄스럽구나! 숙종(肅宗) 계사년(癸巳年, 1713년)에 대신(大臣)들에게 문의하여, 서자의 자식이 부친이 사망한 뒤 조모를 위해 삼년복을 입을 수 없다는 것을 법령으로 명확히 하고 예전(禮典)으로 정하여 참으로 이미 해와 별같이 밝게 빛나고 있다.[41] 그러나 종래로 이것을 의론한 자들은 모두 서자는 후세에 전해주는 제사가 없다는 문장[42]을 인용하여 승중복(承重服)을 입어서는 안 된다는 증거로 여기고 있다. 《예기(禮記)》〈상복소기(喪服小記)〉에 "자모(慈母)와 첩모(妾母)는 대대로 제사 지내지 않는다."라고 하였고, 정현의 주(注)에서 "정(正)이 아니

41 숙종 계사년에……빛나고 있다 : 《숙종실록(肅宗實錄)》 숙종 39년 5월 1일 기사에 나온다.

42 서자는……없다는 문장 : 《통전(通典)》〈위서자후위서조모복의(爲庶子後爲庶祖母服議)〉에 나오는 말이다.

기 때문이다. 《춘추곡량전(春秋穀梁傳)》에 아들 대에서만 제사를 지내고 손자 대에서는 그친다."라고 하였으니, 이것이 예가(禮家)가 근거로 하여 서자는 후세에 전해주는 제사가 없다는 설로 삼는다. 내가 살펴보건대, 이른바 '대대로 제사 지내지 않는다.'라는 것은 아마 적자(適子)가 서모(庶母)의 제사를 주관하는 것을 가리켜 말한 것 같다. 자모(慈母)는 군자(君子)의 아들이 자기를 길러준 모친이고, 첩모(妾母)는 바로 부친의 첩이다. 군자의 아들이 자신을 길러준 자모(慈母)를 위해 소공복(小功服)을 입고 서모(庶母)를 위해 시마복(緦麻服)을 입는 것은 모두 자신의 몸에 그치므로 제사 또한 자신에게 그치는 것이다. 이를 일러 대대로 제사 지내지 않는다고 하는 것이지, 첩이 자기 자손이 있는데 제사 전하는 것을 허락하지 않는다는 것이 아니다. 서자는 후세에 전해주는 제사가 없다는 것은 바로 한유(漢儒)가 착각한 것이지 경(經)의 뜻이 아니며, 별도로 설명이 있으니 다시 덧붙이지 않는다.[43] 그러하니 어찌하여 신복(申服)을 허락하지 않는가? 그가 조부의 적통을 이어받지 못했기 때문이다. 무릇 부친이 사망하여 손자가 조부를 위해 삼년복을 입는 것을 세속에서는 대상(代喪)이라고 하는데 이는 잘못이다. 이것이 바로 전중(傳重)의 복이다. 중(重)이란 무엇인가? 부친과 조부의 제사이다. 저가 사친(私親)을 위하여 대대로 제사 지내는 것을 어찌 감히 전중(傳重)이라 할 수 있는가! 이 예를 의론하는 자는 단지 승중(承重)하지 못했다는 한 구로 판단을 해야지, 대대로 제사 지내지 않는다는 설을 인용하여 증명해서는 안된다. 어떤 이가 말했다. "이것은 그러하다. 무릇 상에 삼년복을 입는 사람이 있으면, 그런 후에 그를 위해 두 제사를 지낸다.[44] 지금 서자의 자식은 조모를 위해 삼년복을 입을 수

---

43 서자는……덧붙이지 않는다 : 본서 권5의 〈서자는 후세에 전해주는 제사가 없다는 것에 대한 논변(庶無傳祭辨)〉을 가리킨다.

44 상에……두 제사를 지낸다 : 《예기(禮記)》 〈상복소기(喪服小記)〉에 나오는 말로, "대공복을 입는 사람이 상을 주관할 때, 삼년복을 입어야 하는 사람이 있으면 반드시 그를 위해 두 제사를 지낸다." 라는 말이다.

없으니, 1년이 지나 상복을 벗고 영좌(靈座)도 치운다. 상제(祥祭)와 담제(禫祭)도 예를 갖출 수가 없는데 하물며 길제(吉祭)에 있어서랴! 이것에 근거하면 서자는 후세에 전해주는 제사가 없다는 뜻을 증명할 수 있을 것이다." 이에 대해 다음과 같이 답한다. "서자의 자식이 부친의 생모를 위해 상복이 기년에 그치지만, 실제로는 삼년(三年)의 체(體)이다. 1년이 되어 상복을 벗고 심상(心喪)으로 삼 년을 마치는 것이 옳다. 부친이 살아계시면 모친을 위해 굽혀서 기년복을 입지만 삼년복을 입는 사람이 없다고 해서는 안 된다. 이것이 어떻게 사례를 달리하겠는가? 기년복을 입고 소상(小祥)과 대상(大祥)을 치르는 것을 모두 예에 따라 행하고, 27개월 지나 바로 길례(吉禮)를 행하는 것이다. 어찌 굽혀서 기년복을 입고 삼년상의 상주가 없다라고 할 수 있겠는가?"

小記曰, "爲慈母後者爲庶母可也, 爲祖庶母可也." 竊詳經義, 盖謂庶母之慈己者, 視其母服三年, 祖庶母之慈己者, 視其祖母服期也. 孔疏乃謂, "爲祖庶母, 亦服三年." 宋朝諸臣議薛紳受重事, 引疏說以證之, 特許服重. 庶子之子, 不敢爲其祖三年, 何敢爲祖庶母三年? 天下豈有祖庶母反重於適祖者耶? 孔氏錯解經義, 致誤後人, 可勝歎哉! 我肅宗癸巳, 問議大臣庶子之子父亡, 不得爲祖母三年, 著爲挈令, 禮典時制, 固已炳如日星矣. 然從來議此者, 皆引庶無傳祭之文, 以爲不當服重之證. 小記曰, "慈母與妾母不世祭也." 注曰, "以其非正, 春秋傳曰於子祭, 於孫止." 此禮家據以爲庶無傳祭之說也. 愚案小記所謂不世祭者, 盖指適子之主庶母祀者而言. 慈母卽君子子慈己之母也, 妾母卽父之妾也. 君子子服慈母小功, 服庶母緦, 皆服止於己身, 故祭亦止於己身. 此之謂不世祭, 非謂妾自有子孫而不許傳祭也. 庶無傳祭, 乃漢儒之錯說而非經義也, 別有說不贅. 然則何以不許申服也? 以其不傳祖重也. 凡父亡而孫爲祖三年者, 俗謂之代喪非也, 卽傳重之服也. 重者何也? 父祖之祭也, 彼爲私親而世祭, 何敢謂傳重也! 議此禮者, 只當以不受重一句勘斷, 不當引不世祭之說以證之也. 或曰, "是則然矣. 凡喪有三年者, 然後爲之再祭. 今庶子之子, 不得爲祖母三年, 則朞而服闋, 靈座已撤矣. 祥禫且不得備禮, 况吉祭乎! 據此足以明庶無傳祭之義也." 曰, "庶子之子, 爲父之生母, 服雖止朞, 而實則三年之體也. 朞而釋服, 心喪終三年可也. 父在爲母, 屈而服朞, 不可謂無三年者也. 此何以異例? 以朞服承事二祥, 皆如禮行之, 二十七月而卽吉禮也. 何可以屈而服朞, 謂無三年之主哉?"

승중承重하는 자의 아내가 시어머니가 살아계실 때 따라서 복을 입어야 하는지의 여부에 대한 의론

承重者之妻姑在則當從服與否議

남편이 승중복(承重服)을 입으면 아내가 따라서 복을 입는 것이 예이다. 만약 남편이 조부에게 승중(承重)하였는데 시어머니가 살아계시는 경우 전중(傳重)의 복에 대해서는 의문이 든다. 하순(賀循)은 아내는 마땅히 시아버지와 시어머니같이 따라서 복을 입어야 한다고 하였고, 우희(虞喜)와 유울지(庾蔚之)는 전중의 복은 이치상 마땅히 시어머니에게 있어야 한다고 하였다. 본조의 퇴도(退陶) 선생의 전후 세 개의 설은 각각 달라 예를 고찰하는 선비가 절충할 수 없다. 근세의 선유(先儒)[45]는 우희(虞喜)의 설을 펴서 《가례(家禮)》 소공조(小功條)의 "적손 및 증현손(曾玄孫)으로 후사가 되어야 할 자의 아내는 시어머니가 살아계시면 그렇게 하지 않는다."라는 문장을 지원하며, 승중(承重)하는 자의 아내가 시어머니가 살아계시면 3년복을 입으면 안 된다는 증거로 여겼다. 주(周) 나라의 도는 적통이 오직 하나로, 적자가 있으면 적손이 없다. 그래서 시어머니가 살아계시면 적손이나 증

45 근세의 선유(先儒) : 성호(星湖) 이익(李瀷)을 가리키는 것으로 〈승중자지처고재복조설(承重者之妻姑在服祖說)〉(《성호전집(星湖全集)》 권42)에 관련된 내용이 나온다.

손의 아내는 오히려 서부(庶婦)가 된다. 이것으로 미루어보면 조부에게 승중한 자는 시어머니가 마땅히 참최복을 입어야 하고 아내는 함께 할 수가 없다. 이것이 우희(虞喜)와 유울지(庾蔚之) 등 여러 유자들이 입론한 종지(宗旨)이다. 논설하는 자는 "《가례(家禮)》에서 비록 승중하는 자의 아내가 시어머니가 살아계시면 따라서 복을 입지않는다고 말을 하지 않았지만, 소공조(小功條)에서 시어머니가 살아계시면 그렇게 하지 않는다는 문장은 적확할 뿐만 아니라 의거할 수 있는 증거이다."라고 한다. 내가 생각하기에는 다음과 같다. 조부로 자손에 임하면 전수하는 적통이 엄하지 않을 수 없고, 자손으로 선조의 후사를 이으면 잇는 대가 명확히 드러나지 않으면 안 된다. 적통이 엄하지 않으면 안 되기 때문에 적자가 있으면 적손이 없고, 대가 명확히 드러나지 않으면 안 되기 때문에 소목(昭穆)이 서로 이어받는다. 가령 현손(玄孫)이 고조(高祖)의 중함을 이었는데 증조모와 조모가 모두 살아있으면, 각각 남편의 복에 따라서 입은 연후에야 윤서(倫序)가 비로소 분명하고 전중(傳重)에 근본이 있게 된다. 만약 증조모가 승중복을 입고 조모와 어머니가 단지 본복을 입었다면 대는 계승하지 않는 것으로 의심된다. 그 남편이 전중(傳重) 하지 않는 것으로 의심되는데, 저 현손(玄孫)된 자가 어떻게 중함을 받아 고조의 적통을 직접 접할 수 있겠는가? 그러므로 적자가 있으면 적손이 없다는 뜻은 여기에서는 말을 할 수가 없고, 《가례(家禮)》 소공조(小功條)도 서로 참고하여 논설을 펼치면 안 된다. 논설하는 자는 또 다음과 같이 말했다. "《의례(儀禮)》 〈상복(喪服)〉의 전(傳)에서 '적자가 있으면 적손이 없고, 손부(孫婦) 또한 그와같이 한다.'라고 했으며, 정현(鄭玄)은 주에서, '적부(適婦)가 살아 있으면 또한 서손부(庶孫婦)가 된다.'라고 하였다. 만약 적자가 살아 있으면 적부를 거론할 필요가 없고, 손자가 이미 적자가 아니라면 또 그 처가 적부가 아니라는 것은 말할 필요가 없다. 이것은 분명히 시아버지가 죽고 시어머니가 살아 있으면 적부가 될 수 없다는 것이다. 자신이 적부가 아니라면 어떤 복을 입을지는 의심할 바가 아니다." 살펴보면, 이는 바로 부친이 살아있는데 장자가 먼저 죽어 손자를 세워 적손으로 삼은 것이다. 적통은 오직 하나이므로 총부(冢婦)가 살아있다면 적손의 부인은 오히려 서손부(庶孫婦)가 되는 것이다. 만약 조부가 돌아가셨는데 승중하는 자의 아내가 어떻게 시어머니가 살아계신다고 하여 적통이 아니라고 할 수 있겠는가? 남편이 순서와 대를 이었는데 아내가 오히려 서부(庶婦)가 되는 경우는 없었다. 적통이 여전히 시어머니에게 있고 손자의 부인에게 있지 않다면, 《예기(禮記)》〈내칙(內則)〉에서 어찌하여 '시아버지가 돌아가시면 시어머니도 늙어 집안일을 맏며느리에게 물려준다.'라 하였는가? 적통인 시어머니가 살아있는데 서부(庶婦)가 감히 제사와 빈객 접대하는 예를 주관할 수 있겠는가? 이러한 이치는 만무하다. 논설하는 자는 또 "시어머니와 며느리가 함께 참최복을 입으면 상에 두 사람의 상주가 있게 된다는 혐의가 있게 된다."라고 한다. 부인이 남편 친족의 복을 입는 것은 모두 따라서 입는 것이지 정복(正服)이 아니다. 남편을 위해 장자 정복 참최복을 입었다 하더라도 남자 상주가 없는 후에 여자 상주를 세우게 된다. 지금 맏손자가 상주가 되면 따라서 복을 입는 사람이 비록 참최복을 열 번 입더라도 어찌 상에 두 사람의 상주가 있게 된다는 혐의가 있겠는가? 그렇다면 조부의 중함을 이은 자는 어머니는 아버지를 위해, 아내는 남편을 따라 각각 중복(重服)을 입는 것이 무슨 의심이 있겠는가!

夫服重而妻從服禮也. 若夫承重於祖而其姑在, 則疑於傳重之服. 賀循以爲妻當從服如舅姑, 虞喜·庾蔚之以爲傳重之服, 理當在姑. 我朝退陶先生前後三說各異, 考禮之士, 莫之折衷. 近世先儒又申虞喜之說, 而援家禮小功條, 爲嫡孫若曾玄孫, 當爲後者之妻其姑在則否之文, 以爲承重者之妻姑在則不當服三年之證. 盖周之道, 嫡統惟一, 有嫡子者, 無嫡孫. 所以姑在則嫡孫曾之妻, 猶爲庶婦也. 以此推之則承重於祖者, 姑當服斬, 而妻不得與也. 此虞庾諸儒立論之宗而旨. 說者曰家禮雖不言承重者之妻姑在則不從服, 小功條姑在則否之文, 不啻的確可據之證案也. 愚謂以祖而臨子孫, 則傳授之統, 不可以不嚴也. 以子孫而嗣祖先, 則繼序之代, 不可以不著也. 統不可以不嚴, 故有嫡子者, 無嫡孫. 代不可以不著, 故昭穆相承. 假令玄孫承高祖之重, 而曾祖母祖母俱在, 則各服從夫之服, 然後倫序始明而傳重有本耳. 若曾祖母服重, 而祖母與母只服本服, 則代疑於不繼矣, 其夫疑於不傳重矣. 彼爲玄孫者, 安所受重而直接高祖之統乎? 故有嫡子無嫡孫之義, 於此說不得, 而家禮小功條, 不可以相攙爲說也. 說者又曰, 喪服傳曰有嫡子者無嫡孫, 孫婦亦如之. 鄭氏曰適婦在, 亦爲庶孫婦也. 若適子尙在, 則不應擧適婦, 孫旣不爲適, 則又不必言其妻之非適也. 此分明是舅沒姑在而不得爲適者也. 身旣非適則服非所疑也. 案此卽父在, 長子先亡而立孫爲適者也. 適統惟一, 故冢婦在則適孫之婦猶爲庶也. 若祖沒而承重者之妻, 何可以姑在而謂之非適? 未有其夫繼序承代, 而妻猶爲庶婦者也. 適統猶在於姑而不在於婦, 則記何以云舅沒則姑老, 傳家事於冢婦也? 適姑在而庶婦敢主祭祀賓客之禮乎? 萬萬無此理矣. 說者又謂姑婦並服斬, 則嫌於喪有二孤, 婦人服夫黨, 皆從服而非正服也. 雖爲夫爲長子正服斬, 無男主而後立女主. 今冢孫主喪則彼從服者雖十斬, 安有二孤之嫌哉? 然則承祖之重者, 母爲舅妻從夫, 各持重服, 何疑之有?

부친에게 폐질廢疾이 있어, 아들이 대신 조부를 위해 승중복承重服을 입는 것에 대한 의론

父有廢疾子代服祖重議

부친이 돌아가셨는데 적자(適子)에게 폐질(廢疾)이 있어 상을 치를 수 없으면 적손(適孫)이 대신 승중복(承重服)을 입는 것은 바로 천자와 제후의 예이다. 대개 상은 상주가 없어서는 안 되고 사군(嗣君) 또한 상주가 되지 않을 수가 없다. 주자(朱子)는 송(宋)나라 영종(寧宗)이 상례를 주관하는 것을 논하면서 정강성(鄭康成)을 인용하여 증명하였다.[46] 강성(康成)의 문답은 오로지 천자와 제후의 예에 근거하여 말한 것이다. 《상복도식(喪服圖式)》의 〈천자제후정통방기복도(天子諸侯正統旁期服圖)〉에서는 "부친에게 폐질이 있으면 손자가 조부의 후사가 되며 또한 참최 삼년복을 입는다."라고 하였는데, 이는 사서(士庶)의 〈본종복도(本宗服圖)〉에는 들어가 있지 않다. 도식(圖式) 또한 주자의 뜻을 이어받아 완성한 것이다. 근세의 예가(禮家)들은 혹 주자의 의론을 인용하여 사서(士庶)에게도 같이 적용하려 하는데, 단연코 예가 아니다. 《독례통고(讀禮通考)》에서 서건암(徐健菴)의 논의도 사서(士庶)에게 같이 적용하는 것이나, 《통전(通典)》에서 "부친이 사망하여 아직 빈(殯)을 하지 않았는데 조부가 사망하면, 손자는 감히 조부를 위해 승중복(承重服)을 입지 않는다."라고 했으니 이는 차마 부친이 돌아가셨다고 여기지 못한다는 의미를 가리킨다. 부친이 폐질이 있더라도 자식이 어찌 감히 그 생존하는 부친을 돌아가셨다고 여겨 대신 조부를 위해 승중복(承重服)을 입을 수 있는가? 이는 많은 변론을 기다리지 않아도 알 수 있다. 그러나 내 가만히 의심스러운 바가 있으니, 《예기(禮記)》〈상복소기(喪服小記)〉에 "적부(適婦)가 시아버지의 후사를 잇지 못한 경우 시어머니는 그를 위해 소공복(小功服)을 입는다." 하였고, 정현 주에서는 "남편에게 혹 폐질이 있거나 다른 사유가 있어 적통을 잇지 못한 경우에, 시어머니가 그 며느리를 위해 입는 상복은 서부(庶婦)와 같이한다."라고 하였다. 《의례(儀禮)》〈상복전(喪服傳)〉의 부친이 장자(長子)를 위해 복을 입는 경우에 대해, 가공언(賈公彦)의 소(疏)에서 "넷째는 정(正)이지만 체(體)가 아닌 경우(적통이지만 친아들이 아닌 경우)이니, 적손(適孫)을 세워 후계자로 삼은 것이 이것이다."라고 했고, 〈상복소기(喪服小記)〉의 경문(經文)과 주(註)를 인용하면서, "며느

46 주자(朱子)……증명하였다 : 주자의 〈걸토론상복차자(乞討論喪服箚子)〉(《주자대전(朱子大全)》 권14)에 나온다. 송(宋) 나라 효종(孝宗)이 재위 시절 고종(高宗)의 상을 당해 광종(光宗)에게 제위를 물려주고 삼년상을 치렀는데, 광종은 효종과의 불화와 질병으로 인해 효종의 상례를 주관하지 않았고, 영종(寧宗)에게 제위를 물려주었다. 주자는 영종이 할아버지를 계승한 손자의 신분으로 효종이 고종에게 했던 것처럼, 영종도 광종을 대신해서 효종의 상례를 치르도록 건의한 일이다.

리가 이미 소공(小功)이고 대공(大功)이 아니라면 남편이 죽었을 때도 삼년복이 아니라 기년복임을 알 수 있다."라고 하였다. 이것에 근거하면, 옛날에는 적자에게 폐질이 있어 종묘를 이어받을 수 없고 적통을 이을 수 있는 자식이 있다면 그를 세워 후사로 삼는다. 이와 같은 경우는 또 어떻게 대처할지 모르겠다. 부친이 사망하고 적자에게 폐질이 있어 상을 치를 수 없다면, 적손은 기년복을 입고 대리로 일을 맡아 조문온 빈객들에게 절하고 상담(祥禫)를 행하는 것이 한결같이 부친상의 예와 같이 하되 다만 감히 참최복을 입지 않을 뿐이다. 만약 부친이 생존해 계시고 그 자식이 폐해져 손자에게 적통이 전해졌다면, 지금 조부가 사망한 뒤 그 손자는 감히 아버지가 계신다고 하여 참최복을 입지 못하는 것은 아닌가. 〈상복소기(喪服小記)〉의 이 단락은 실로 상하로 통하니, 사서(士庶)의 집안에서도 혹 이러한 변례(變禮)를 만나는 경우, 강성(康成)의 설과 주자의 의론을 선택하여 사용하면 예교(禮敎)에 어그러짐이 없을 것이다. 우선 내 관견(管見)을 기록하여 널리 묻는 것을 기다린다.

父死而適子廢疾, 不能執喪, 則適孫代受重, 卽天子諸侯之禮. 盖喪不可以無主, 而嗣君又不可以不爲之主也. 朱子論宋寧宗之主喪禮, 引鄭康成爲證, 康成之問答, 專據天子諸侯之禮而言, 而喪服圖式, 天子諸侯正統旁期, 服圖云'父有廢疾, 孫爲祖後, 亦斬衰三年', 而不入於士庶本宗服圖, 圖式亦承朱子意而成者也. 近世禮家或引朱子之議, 欲通之於士庶, 則斷然非禮矣. 讀禮通考徐健菴之論, 亦通之於士庶. 然通典'父死未殯而祖死, 則孫不敢服祖重', 謂是不忍死其親之義. 父雖廢疾, 子安敢死其生存之父而代服祖重乎? 此不待多辨而可知也. 然愚竊有所疑, 小記云'凡適婦不爲舅後者, 姑爲之小功', 註云'夫或廢疾, 若有他故, 不受重者, 姑服其婦, 同之庶婦也.' 喪服父爲長子, 疏云'四則正而不體, 立適孫爲後是也.' 引小記經文及註說曰, '婦旣小功不大功, 則夫死亦不三年, 期可知也.' 據此則古者適子有廢疾, 不堪承宗廟, 而有子可以傳重, 則立以爲後矣. 如此者又未知何以處之也. 彼父亡而適子廢疾, 不能執喪, 則適孫以朞服攝事, 拜吊賓行祥禫, 一如父喪之禮, 而但不敢服斬耳. 若父在之時, 廢其子而傳重於其孫, 則今於祖亡之後, 其孫恐不敢以父在而不服斬也. 小記此節, 實通於上下, 士庶家或遭此變禮, 則康成之說朱子之議, 可以掘用而不悖於禮敎也歟! 姑識管見, 以俟博叩.

《금석사료錦石史料》 서문

錦石史料序

역사에는 재(材)가 있고 체(體)가 있으며 법(法)이 있다. 포폄(褒貶, 칭찬하고 폄하하는 것)과 여탈(予奪, 인정하고 인정하지 않는 것)로 권계(勸戒) 하는 것은 법(法)에 신중한 것이고, 기(紀)·전(傳)·지(志)·표(表)로 구분하고 종류별로 나누는 것은 체(體)에서 분별하는 것이며, 치란(治亂)과 득실(得失)을 두루 찾아 곡진히 증명하는 것은 재(材)에서 풍부한 것이다. 이 세 가지 중 하나라도 빠지면 역사가 아니다. 그렇지만 재(材)가 갖추어진 후에 체(體)가 서고, 체(體)가 선 후에 법(法)이 행해지므로 세 가지 중에 재(材)가 우선이 된다. 역사이면서 재(材)가 없다면, 비유하자면 눈금 없는 저울을 잡고 수량(24분의 1냥으로 매우 작은 양)을 재려고 하는 것과 같으니, 어찌 될 수 있겠는가? 이 때문에 옛날의 훌륭한 사관(史官)은 반드시 먼저 구문(舊聞)을 망라하고 옛사람들의 저작에서 채집하였으니, 태사공(太史公)이 《사기(史記)》를 지을 때 세본(世本)과 국어(國語)를 채록하였고, 사마씨(司馬氏)가 《자치통감(資治通鑑)》을 편수할 때 먼저 그 속관(屬官)들에게 장편(長編)을 쓰도록 한 것이다. 수백 년 후에 태어나 수백 년의 일을 헤아려 정하니 전해 들은 것이 잘못되거나 문서들이 번다하여, 그저 석실(石室)에 있는 비밀 기록을 뽑아내 관지(官志)에 옛날 일들을 안배하여 역사로 만들고자 한다면, 한 가지만 늘어 놓고 만 가지를 빠뜨리는 데 이르지 않는 것이 얼마나 되겠는가? 내가 일찍이 듣건대, 명나라 송렴(宋濂, 1310~1380)과 위소(危素, 1303~1372) 등이 명을 받아 원사(元史)를 편찬할 때 빠지고 산일(散逸)된 사실들이 많아서 떡과 과일을 소매에 넣어 노병(老兵)들에게 먹이며 한마디를 들으면 곧 적었다 하니, 그 어려움이 이와 같았다. 그러나 의론하는 자들은 혹 그 체재가 번다하거나 필법(筆法)이 어긋났다고 기롱하였다. 위소와 송렴 두 공의 식견과 재주로도 오히려 후세 사람들의 자황(雌黃)[47]을 면하지 못하였으니, 역사에서 재(材)를 빠뜨려 징험할 수 없었기 때문이다. 아아, 역사에 뜻을 둔 자는 먼저 해야 할 바를 알 것이다. 박종해(朴宗海) 사함(士涵)[48]은 평소 나와 친하게 지냈는데, 하루는 나를 찾아와 다음과 같이 청했다. "본조(本朝) 4백 년의 역사가 여전히 책으로 엮이지 않았으니, 이는 문원(文苑, 홍문관과 예문관)에 있는 여러 공들의 책임입니다. 저는 불민(不敏)하지만 삼가 제 역량을 헤아리지도 않고 개국부터 선조(先朝, 여기서는 영조(英祖)를 가리킴)까지 열전(列傳)을 약간편 찬술하여 금석사료(錦石史料)라 이름하였습니다. 감히 저술(著述)로 자처하는 것이 아니라, 부(部)를 나누어 인물들을 연결시키고 인물에 따라 사건을 설명하여, 장고(掌故)를 살피는 서적이나 갑을(甲乙)을 구별하는 장부같이 하였을 따름이니, 이것이 저의 뜻입니다. 그대는 한 마디 하여 책 첫머리에 달아주십시오." 내가 그 책을 보고 다 읽고는 일어나 말했다. "삼가 생각건대 우리나라는 성스럽고 신묘한 임금님께서 계승하여 거듭 밝고 태평세월이 계속되어, 큰 법과 훌륭한 공적이 백왕(百王)을 뛰어넘은 것이 열조(列朝)의 실록(實錄)과 좌우(左右) 사관(史官)의 일력(日曆)에 있습니다. 찬란하고 융성함이 바로 해와 달, 별과 함께 무궁하게 함께 빛나니, 명신(名臣)·석보(碩輔, 훌륭한 재상)·언의(言議)·출처(出處)의 갈래와 인심(人心)·세도(世道)·숙특(淑慝)·오륭(汚隆)의 구분은 반드시

---

47 자황(雌黃) : 유황과 비소의 화합물로 옛날 잘못 기록된 글을 지울 때 자황을 사용하였는데, 여기에서 유래하여 잘못을 바로 잡거나 비평하는 것을 뜻하게 되었다.

48 박종해(朴宗海) 사함(士涵) : 박종해(朴宗海, 1734~1799)는 본관은 반남(潘南)이고 자(字)가 사함(士涵)이며, 사장(士章) 박상한(朴相漢, 1742~1767)의 형이다.

당세의 입언군자(立言君子)를 기다려 같고 다름을 헤아려 증명하고 득실을 살펴 바름을 들어, 송(宋)나라 이도(李燾, 1115~1184)의 《속자치통감장편(續資治通鑑長編)》, 명(明)나라 하교원(何喬遠, 1558~1631)의 《명산장(名山藏)》[49] 같은 한 부의 사라지지 않고 영원히 전할 책을 완성해야 하는데, 학사대부(學士大夫)들이 태연히 신경을 쓰지 않는 것은 어째서인지요? 대개 촉(蜀)의 천당(川黨)[50]에 대해 언급하면 시비가 실타래같이 어지럽고, 일이 조장(朝章)과 국전(國典)에 관계된 것이라면 문서들이 안개 낀 바다처럼 호한해지니, 이것이 어려움으로 인해 싫증을 내는 이유입니다. 또한 성색화리(聲色貨利, 유흥과 여색과 재물)의 유혹이 밖에 있고, 영예와 명성 및 높은 벼슬에 대한 바람이 마음속에서 당기는데, 누가 기꺼이 머리 세도록 푸른 대나무 구워 역사 기술하는 일에 마음을 두겠습니까? 무릇 우리나라가 인재를 기른 성대함과 치세의 융성함이 있지만, 사재(史材)가 결여된 것은 개탄할 일입니다." 사함(士涵)은 젊어서 과거 공부를 접고 힘써 고문사(古文辭)를 익혀 공경(公卿)들 사이에 이름을 알렸다. 지금 머리가 듬성듬성해지고 영락하여 세상의 대접을 받지 못하고 있지만, 문을 닫고 마당도 쓸지 않으며 옛 문서를 연찬하여, 패관야승(稗官野乘) 및 지장(誌狀)과 고실(故實)에 대해 살피고 헤아리며 인용하지 않은 것이 없다. 해가 다하도록 밤을 이어가며 저술한 것이 상자에 넘쳐나 풍부하다고 할만하다. 옛글에 "우경(虞卿)이 곤궁하게 살며 시름을 겪지 않았다면 책을 저술하지 못했을 것이다."[51]라고 했는데, 어찌 믿지 않겠는가! 이 책은 위로 재보(宰輔)부터 아래 방기(方技)까지 부문별로 나누고 조목을 열거하여 모두 거두고 아울러 쌓아 사재(史材)를 넓혔고, 사정(邪正)과 미악(美惡)을 드러내되 단정을 짓지 않아 사법(史法)을 피하였으며, 지(志)·표(表)·서(叙)·전(傳)을 제쳐두고 짓지 않아 사체

49 명산장(名山藏) : 명(明) 나라 13조(朝)의 유사(遺事)를 인물별로 엮은 하교원의 저술이다.

50 촉(蜀)의 천당(川黨) : 소식(蘇軾) 등을 중심으로 한 촉(蜀) 지역의 천당(川黨)으로 정이(程頤) 등을 중심으로 한 낙당(洛黨)과 당쟁을 벌였다.

51 우경(虞卿)이……못했을 것이다 : 《사기(史記)》 〈우경열전(虞卿列傳)〉에 나오는 말이다.

(史體)를 줄였다. 이것은 사함(士涵)이 저술로 스스로 명하지 않은 뜻인가? 체(體)와 법(法)이 재(材)를 기다린 후에 서는 것이지만, 진실로 그 재(材)가 없다면 《춘추(春秋)》의 권형(權衡)과 반고(班固)·사마천(司馬遷)의 의례(義例)가 있더라도 어디에 놓겠는가? 천백 대 후에 훌륭한 사관이 있어 금궤(金匱)에 넣고 옥판(玉版)에 새긴 진귀한 책을 뽑아 본조(本朝)의 역사를 찬술하며 여기에서 징험한다면, 이 책은 바로 술작(述作)의 원류요, 필삭(筆削)의 모범일 것이다. 비록 사마천의 《사기(史記)》와 사마광(司馬光)의 《자치통감(資治通鑑)》과 함께 후세에 같이 전하더라도 또한 이상하지 않을 것이다. 아아, 태평 시대의 사람이 태평 시대의 역사를 지으며 같고 다름을 헤아리고 득실을 바로잡음이 하윤중(何掄仲)·이사표(李似表)[52] 두 사람처럼 해야 하는데, 세상에 그러한 사람이 없어 두루 모으고 편집하여 사관의 재(材)를 갖추는 것이 또한 초야에 있는 선비에게 있는 것은 당세에 사필(史筆)을 잡고 있는 이들에게 부끄러움이 없게 할 수는 없으리라! 책은 모두 몇 권이고, 금석(錦石)은 사함(士涵)의 자호(自號)이다.

史有材有體有法. 褒貶予奪, 以勸以戒, 謹乎法者也. 紀傳志表, 區分類別, 辨乎體者也. 治亂得失, 旁搜曲證, 富乎材者也. 三者闕一焉則非史也. 雖然材備而後體立, 體立而後法行, 故三者之中, 材爲之先. 史而無材, 則譬猶操無星之秤而欲稱銖兩, 庸可得乎? 是以古之良史, 必先網羅舊聞, 采摭遺書, 太史公作史記, 採世本國語, 司馬氏修通鑑, 先令其屬官草長編. 夫生乎數百載之下, 商推數百載之事, 傳聞錯互, 簡牘叢委, 而徒欲抽秘錄於石室, 按故事於官志, 據以爲史, 則其不至於掛一漏萬者幾何哉? 余嘗聞明宋濂·危素等奉勑修元史, 事多放逸, 乃袖餠果啖老兵, 得一語輒書之, 其艱也如此. 然議者或譏其體裁冗蕪, 筆法乖剌. 夫以危·宋二公之識與才, 猶不免後人之

---

52 하윤중(何掄仲)·이사표(李似表) : 송(宋) 나라의 사관으로 이전에 한쪽 당에 유리하도록 편파적으로 기술된 사서(史書)를 고치려고 했던 인물들이다. 《주자어류(朱子語類)》 권102에 나온다.

雌黃者, 史材闕而無徵故也. 嗚呼! 有志於史事者, 可以知所先矣. 朴宗海士涵素習於余, 一日造余而請曰, "本朝四百年國史, 尙無成書, 此文苑諸公之責也. 宗海不敏, 竊不自揆, 斷自開國以來迄于先朝, 纂成列傳若干, 署曰'錦石史料', 非敢以著述自命也. 分部以繫人, 因人以疏事, 如掌故之籍·甲乙之簿而已. 此宗海之志也. 子合有一言以弁卷首." 余徵其書而卒業, 廼作而言曰, "恭惟我國家聖繼神承, 重熙累洽, 宏謨偉烈之度越百王者, 有列朝之實錄焉, 有左右史之日曆焉. 赫赫洸洸, 直可與三光並耀於無窮, 而若夫名臣碩輔言議出處之歧, 人心世道淑慝汚隆之分, 則必有待於當世之立言君子, 商證同異, 擧正得失, 以成一部不刊之書, 如宋李燾之長編, 明何喬遠之名山藏者, 而學士大夫恬然不以爲意何耶? 盖言涉於蜀部川黨, 則是非棼如絲縷. 事係於朝章國典, 則案牘浩如烟海. 此其所以因難生厭, 而又況聲色貨利之誘交於外, 榮名膴仕之慕牽於中, 夫孰肯留心於頭白汗靑之役哉? 夫以我朝作人之盛·致治之隆, 而史材闕如, 此可慨也已." 士涵少棄擧業, 力爲古文辭, 知名公卿間. 今且髮種種, 而濩落無所遇, 則乃杜門却掃, 鑽硏故紙, 凡稗官野乘及誌狀故實, 無不句稽援攷. 窮年繼晷, 丹鉛聿牘, 溢於箱篋, 可謂富矣. 傳曰'虞卿非窮愁則不能著書', 豈不信歟! 其爲書也上自宰輔, 下逮方技, 分門列目, 俱收並蓄, 所以廣史材也. 邪正美惡之著而不斷, 所以避史法也. 志表叙傳之闕而不作, 所以削史體也. 此士涵所以不以著述自命之意也歟! 雖然體與法, 待材而後立者也. 苟無其材, 則雖有春秋之權衡, 班馬之義例, 于何措之? 後千百代, 有良史氏作, 抽金匱玉版之書, 撰次本朝之史, 而於斯乎有徵焉, 則是書乃述作之源流, 筆削之先資也. 雖與龍門之世本, 涑水之長編, 並傳於後, 亦不異矣. 嗚呼! 以昭代之人, 作昭代之史, 商同異而正得失, 如何李二家者, 世無其人, 而蒐羅纂輯, 備史氏之材者, 又在草野之士, 是不能無愧於當世之秉史筆者歟! 書凡幾卷, 錦石者士涵之自號也.

《삼례소지》 인문引文

三禮小識引

경오년(庚午年, 1810년) 여름에 내가 삼호(三湖)에 터를 잡고 살며 대문을 닫고 정원의 길도 쓸지 않으며 삼례(三禮) 전부를 가져다 엎드려 읽었다. 여러 번 되풀이 하여 익숙하게 반복하며 예닐곱의 추위와 더위를 지나니, 비로소 문구의 대의를 성글게 알게 되었다. 이에 혹 의심이 쌓여 해결되지 않은 것은 억측으로 이해하여 통하고, 혹 주소(註疏)가 빠진 부분은 선유(先儒)들의 설로 보완할 수 있는 것들을 바로 필기하여 기록하였다. 탈고를 한 후 8편으로 편차 하여 이름하기를 '삼례소지(三禮小識)'라 하였다. 무릇 삼례(三禮)의 정경(正經)은 백성들의 상규(常規)이고 유문(儒門)의 종묘(宗廟)이다. 한당(漢唐) 이래로 경전을 주석한 전주문자(傳注文字)는 무성한 숲이나 넘실대는 바다처럼 많아, 통유(通儒)와 석학(碩學)들도 오히려 깊이 연구하지 못할 것을 두려워했으니 나의 우매함으로 어찌 감히 만에 하나라도 헤아려 볼 수 있겠는가? 옛글에 이르길, "현명한 사람은 큰 것을 기억하고, 현명하지 못한 사람은 작은 것을 기억한다."[53]라고 하였다. 무릇 이 기록한 것은 장구(章句)와 훈고(訓詁)의 끄트머리에 불과하니, 또한 깨닫지 못해 분하게 여기고 표현할 줄 몰라 더듬거린 의문임을 스스로 알겠다. 부디 벗들의 계발(啓發)에 힘입어 강학하고 익히며 자세히 분석하여 오류들을 정정하고, 성글고 얕은 곳에서 정밀하고 깊은 곳으로 가고 이끌어서 원대한 곳으로 나아가는 것이 나의 구구한 바람이다. 《주례(周禮)》가 경례(經禮)이고 《의례(儀禮)》가 곡례(曲禮)라는 것은 정강성(鄭康成, 정현(鄭玄))의 설이다. 주자(朱子)는 《의례(儀禮)》가 사관례(士冠禮)와 사혼례(士昏禮) 같은 종류로 이것이 경례(經禮)이고 그 일을 시행하는 의절(儀節)이 곡례(曲禮)라고 했다. 정현(鄭玄)은 주관(周官) 360의 수가 경례(經禮) 삼백(三百)에 해당

53 현명한……기억한다 : 《논어(論語)》 〈자장(子張)〉 22장에 나오는 말이다.

한다고 했기 때문에 이러한 설이 나오게 된 것이다. 그러나 《주례(周禮)》는 주로 육전(六典)을 다스리는 것에 대해 주로 서술하였기 때문에 오례(五禮)의 조목에 대해서는 대체로 자세하지 않다. 예(禮)는 마땅히 《의례(儀禮)》를 근본으로 삼아야 하므로 지금 이편의 차례는 한결같이 주자(朱子)의 가르침을 따라 《의례(儀禮)》를 첫머리에 두고 《주례(周禮)》를 그다음으로 두며 《예기(禮記)》를 또 그다음으로 한다. 기묘년(己卯年, 1819년) 양월(陽月, 10월)에 좌소산인(左蘇山人)이 쓰다.

庚午夏, 余卜居湖上, 杜門却掃, 取三禮全部而伏讀之. 迴環熟復, 歷六七寒炎, 而始粗識其文句大義. 於是或蓄疑不决而臆解而通之, 或註疏有失而先儒說可以補之, 則輒筆記而識之. 旣脫藁, 纂次爲八編, 命之曰三禮小識. 夫三禮正經, 卽生民之彛典而儒門之宗祧也. 自漢唐以來, 傳注文字, 林蓁海滚, 通儒碩學, 尙患不能硏窮. 以余愚昧, 何敢窺測其萬一哉? 傳曰賢者識其大者, 不賢者識其小者, 凡此所識, 不過章句訓詁之末, 而抑亦自識其憤悱之疑義也. 尙賴朋友啓發之力, 講貫剖析, 訂正紕繆, 由粗淺而及精奥, 引而進之於遠者大者, 則區區之望也. 周禮爲經禮, 儀禮爲曲禮, 鄭康成說也. 朱子則謂儀禮如士冠士昏之類, 是爲經禮, 其中行事之儀節, 是爲曲禮. 葢康成以周官三百六十之數, 當經禮三百, 故有是說. 然周禮主叙六典之治體, 故其於五禮之條目, 槩未之詳焉. 禮當以儀禮爲本, 今玆篇目第次, 一遵朱子之訓, 儀禮爲首, 周禮次之, 禮記又次之云. 己卯陽月, 左蘇山人題.

《가례소지》 서문

家禮小識序

주(周)나라가 쇠한 이래로 예경(禮經)이 흩어지고 없어졌다. 한(漢) 나라와 당(唐)나라 천여 년을 지나면서 나라마다 풍속을 달리하고 집안마다 습속을 달리하였으므로 누구나 법칙으로 삼을 만한 것이 없었다. 간혹 한둘 수칙(修飭)한 군자가 있어 떨어진 법도를 연구하고 시의(時宜)를 짐작하여 각자 일가의 말을 세웠다. 그러나 옛것을 지키는 자는 각주구검(刻舟求劍)과 같았고, 피리를 어루만지며 해라고 의심하는 것처럼 행동하였다.[54] 주자(朱子)께서 이것을 근심하여 통행 되는 법도를 보고는 직접 절충을 가하여 여러 몽매한 이들을 가르치시어 천하 후세에 집마다 받들어 모셨으니, 《가례(家禮)》가 바로 한 시대 왕조의 예법이다. 인륜의 기강을 세우고 세교(世教)를 도운 공은 원성(元聖, 주공(周公))의 《의례(儀禮)》와 함께 무궁하게 빛난다. 그러나 이 책은 탈고하자마자 어린 중이 훔쳐 가, 선생께서 돌아가시고 나서야 비로소 나타나 선생의 수정을 거칠 수 없었으니, 학자들이 무척 한스럽게 여긴다. 그러나 책이 완성된 후 선생께서 거의 30년을 더 사셨으니, 예를 논한 글들이 주고받은 서찰과 문인들과의 문답에서 산견(散見)되어 뚜렷하게 고찰할 수 있어, 《가례(家禮)》와 서로 도움되는 것이 자못 많다. 무릇 선생의 저술은 대지가 만물을 짊어지고 바다가 온갖 물을 포용한 듯 광대하여, 전서(全書) 가운데에 초년과 만년의 다름이 없을 수가 없다. 하물며 《가례(家禮)》가 가장 먼저 완성되었고 서찰의 문답은 대부분 후대 의론이니, 《가례(家禮)》를 잘 읽는 자는 널리 선생의 전서(全書)를 살펴보며 서로 헤아려 고증한다면, 선생 의론의 종지(宗旨)에 어긋나지 않을 것이다. 시험 삼아 몇 가지 일을 들어 증명하면 다음과 같다. 《가례(家禮)》에 아버지가 계실 때 어머니를 위해 자최 삼년 복을 입는 것은 시제(時制)를 따르는 것인데, 훗날의 의론은 자주 예경(禮經)의 아버지가 계실 때 압굴(厭屈)하는 정밀한 뜻을 말씀하셨다. 대상(大祥)을 치르고 술을

54 피리를……행동하였다 : 소식(蘇軾)의 〈일유(日喩)〉에 나오는 이야기이다. 어떤 장님이 해가 어떤 것인지 몰라서 어떤 사람에게 물으니, 해의 형상은 구리 쟁반처럼 생겼다고 말해 주어 장님은 쟁반을 두드려 소리를 들어 보았다. 훗날 종소리를 듣고는 해라고 여겼다. 또 어떤 사람이 해의 빛은 촛불과 같다고 말해 주니, 그 장님은 초를 어루만져 본 뒤, 훗날 피리를 만지고는 해라고 여겼다.

마시고 고기를 먹는 것은 《서의(書儀)》를 따른 것인데, 《소학(小學)》에서는 특별히 한 달을 건너뛰어 담제(禫祭)를 지내고 담제를 지내고나서 예주(醴酒)를 마신다는 문장을 들었으니, 그 문구를 묵수할 수 없는데도 또한 조금 보고 스스로 또한 주자(朱子)의 예교(禮敎)를 분명히 얻었다고 한다. 나는 삼례(三禮)를 모두 다 읽고 《가례(家禮)》를 이어서 읽으며 침잠하고 반복하며 마음을 두고 근원을 궁구하여, 선생 예설(禮說)을 모두 다 모아 교감을 한 번 보았다. 혹 합치하지 않는 것은 반드시 만년의 정론을 주로 하고 삼가 써서 표시하였다. 훈고명물(訓詁名物) 같은 것들은 보고 들은 것을 참고하여 그 뜻을 소략하게 밝혀 두 편(篇)으로 엮고 《삼례소지(三禮小識)》의 뒤에 붙였다. 아아, 선비가 이 세상에 살며 천여 년간 예가 뭔가 뒤에 주자(朱子)의 완성된 책을 얻었으니 다행이라 할 것이다. 혹 초년과 만년설이 같지 않거나 상세하고 간략함이 서로 다른 경우는 선생의 글로 선생의 글을 교정하였다. 황연(怳然)히 스승 앞에서 옷섶을 걷고 배우며 몸소 진퇴의 명을 받든 것이 이 또한 다행 중 다행이 아니겠는가! 경진년(庚辰年, 1820년) 맹동(孟冬, 10월)에 좌소산인(左蘇山人)이 쓰다.

周衰以來, 禮經殘缺. 歷漢唐千有餘年, 國異風家異俗, 靡靡乎莫之儀則. 間或有一修二飭之君子, 揚搉墜典, 斟酌時宜, 各立一家之言. 然守古者刻舟而求劍也, 循今者撫籥而疑日也. 子朱子有憂之, 觀通行典, 親加折衷, 以詔羣蒙, 而天下後世, 家家而尸祝之, 則家禮者便是一王之法. 其立人紀扶世敎之功, 與元聖之儀禮, 並耀於無窮也, 第是書甫脫藁, 旋爲童行竊去, 先生易簀之後始出, 不及經先生修潤, 學者頗以是爲恨. 然書成後先生享壽幾三十年, 論禮文字, 散見於書牘往復及門人問答者, 斑斑可考, 而與家禮相左者蓋夥矣. 夫先生之著述, 地負而海涵, 卽其全書之中, 尙不能無初晩之別, 况家禮最先成, 而書牘問答, 多是後來議論, 則善讀家禮者, 博極先生之全書, 參互商證, 期不畔於先生論禮之宗旨可也. 姑擧數事以明之, 家禮父在爲母齊衰三年, 從時制也, 而他日議論則亟稱禮經父在厭屈之精義. 大祥而飮酒食肉, 因書儀也, 而小學則特揭中月而禫, 禫而飮醴酒之文. 其不可以墨守文句, 亦寸亦尺而自謂得朱子之禮敎也審矣. 愚讀三禮旣卒業, 繼讀家禮, 沈潛反復, 翫心源委, 乃悉取先生禮說而校勘一過, 或有不合者, 必以晩來定論爲主, 謹書而識之. 至於訓詁名物之末, 參以聞見所及, 畧疏其旨義, 彙爲二篇, 以附三禮小識之後. 嗚呼! 士生斯世, 得朱子之成書於千餘年禮壞之後, 斯已幸矣. 其或有初晩之不同, 而詳畧之互異者, 則以先生之書, 訂先生之書. 恍然若摳衣於函丈之前而躬承進退之命者, 玆又非幸之幸歟! 庚辰孟冬, 左蘇山人書.

서증조모庶曾祖母 조온趙媼 65세 수서壽序

庶曾祖母趙媼六十五歲壽序

할머니는 우리 증조(曾祖) 문민공(文敏公, 서종옥(徐宗玉), 1688~1745)의 소실(小室)이다. 공께서는 영조(英祖) 을축년(乙丑年, 1745년)에 돌아가시고 지금 4번 축(丑)의 해가 돌아 계축년(癸丑年, 1793년)이 되어, 문생(門生)과 옛 아전 및 청지기와 노비 등 공을 모시던 자들이 거의 사망하였는데 오직 할머니만이 무탈하여 지금 65세가 되었다. 할머니는 적종(嫡宗)을 사랑하고 떠받들기를 지성(至誠)으로 하여 우리 내외 종형제들 수십 명을 돌봐주는 것이 한결같아 일찍이 터럭만큼도 후하고 박한 차이가 없었으니, 병이 들면 아픈 곳을 어루만지고 가려운 곳을 긁어주며 밤으로 낮을 이으며 걱정스러운 근심이 낯빛에 드러났다. 예전 신해년(辛亥年, 1791년)에 종조(從祖) 충헌공(忠憲公, 서명선)의 병이 심해지자, 할머니는 새벽에 일어나 목욕하고 이마를 조아리며 하늘에 기도하면서 자신의 몸으로 대신할 것을 빌어, 이를 들은 사람들이 감격하여 눈물을 흘렸다. 내가 다른 집안의 적첩(嫡妾) 관계를 보면, 골육지정(骨肉之情)은 없고 다만 명분으로만 서로 유지하기 때문에, 왕왕 정실의 생사와 영고(榮苦)를 아득하게 길거리 다니는 사람과 같이 보는 경우가 대부분이다. 할머니는 어찌 현명하지 않은가? 아아! 할머니의 훌륭함이 어찌 타고난 자질의 아름다움뿐이랴! 또한 문민공(文敏公)께서 집안을 바로잡은 가르침을 볼 수가 있다. 문민공(文敏公)께서 돌아가신 을축년 이후 20년 동안 가문이 혁혁하게 융성하여 조부 문정공(文靖公, 서명응) 및 가대인(家大人, 서호수)께서 연이어 웅번(雄藩)과 대부(大府)에 부임하시어[55], 조모 이부인(李夫人)께서는 화려하게 장식한 말에 화려하게 꾸민 수레를 타고 번쩍번쩍 광채를 내며 왕래하셨는데, 할머니는 매번 따라가서 전후로 관청 주방의 봉양을 받은 것이 모두 11곳이었고 한 고을에 다시 부임한 것은 세지 않았다. 성대하도다! 이것이 선(善)을 행한 복의 보답이다. 7월 28일 생신에 어른과 아이들이 모두 모여 술잔 올려 장수를 기원하고 나에게 축사를 부탁하였다. 내가 듣건대, 집에 연륜과 인덕을 갖춘 노성인(老成人)이 있는 것은 나무에 석과(碩果) 있고 소나무에 복령(茯苓)이 있는 것과 같아, 가지가 번성하고 뿌리가 무성한 것은 반드시 여기에서 징험하는 것이다. 할머니가 처음 우리 집에 오셨을 때, 부친께서는 아직 관례를 하지 않으셨고 여러 고모들도 상을 짚고 놀던 어릴 때였다. 지금은 우리 형제가 아들과 딸을 낳아, 큰아이들은 이미 글공부를 하고 곱게 화장도 하고 있으니, 할머니는 우뚝하니 5세손을 맞고 있다. 지금 이후로 80세, 90세, 100세가 되도록 우뚝한 세월을 하루같이 돈후하게 인도하고 보익하여 우리 문민공(文敏公) 자손들의 무궁한 경사를 나무의 석과(碩果), 소나무의 복령(茯苓)이 되는 것처럼 도와주신다면, 그 장수의 끝은 거의 헤아리지 못할 것이다. 우선 이렇게 써서 후세에 징험하도록 한다.

---

55 조부 문정공……부임하시어 : 서명응은 영조 52년(1776)에 평안도 관찰사(平安道觀察使), 서호수는 정조 3년(1779)에 함경도 관찰사(咸鏡道觀察使)가 되었다.

嫗我曾祖考文敏公之小室也. 公以英宗乙丑捐館, 今四浹丑爲癸丑, 而門生故吏及傔從臧獲, 凡逮事公者, 零謝殆盡, 惟嫗尙無恙, 於是得年六十有五矣. 嫗愛戴嫡宗, 出於至誠, 余羣從內外數十人, 撫視如一, 未嘗有毫髮厚薄之差, 疾病則摩痛爬痒, 夜以繼晝, 恤恤然憂形于色, 記昔辛亥, 從祖忠憲公疾亟, 嫗每晨起沐浴, 稽顙禱天, 願以身代, 聞者爲之感涕. 余觀人家嫡媵之際, 非有骨肉之情, 而徒以名分相維持, 故往往視其嫡之生死榮苦, 邈然如路人者多矣. 若嫗者豈不賢哉! 嗚呼! 嫗微也夫, 豈獨生質之美! 抑可見先文敏刑家之化矣. 盖自乙丑後二十年來, 門戶隆赫, 祖考文靖公曁家大人, 繼莅雄藩大府, 祖妣李夫人, 雕軒文駟, 往來有煒, 而嫗輒從行, 前後受官厨之養者, 凡十有一所, 而其一邑再赴則不計也. 盛矣哉! 此殆福善之報也. 七月二十八日, 爲設帨之辰, 長幼咸萃, 稱觴介壽, 屬余爲祝嘏之辭. 余聞家之有老成人, 如樹之有碩果, 松之有茯苓, 枝之蕃而根之茂, 必徵於此. 嫗之始入吾家也, 吾父未冠, 諸姑扶床而戱. 今吾兄弟擧子生女, 其大者旣已課書史調粉黛, 而嫗巋然臨五世孫矣. 從今以往, 耄而頤而期而, 巋然者猶一日, 敦庬引翼, 以相我文敏公本支無疆之慶, 如碩果之于樹, 茯苓之于松, 則其年壽所極, 殆未可量也. 姑書此以徵于後.

나의 중부 명고선생께서 사부(四部)의 서적을 그 안에
모아두시고 자제들에게 그곳에서 학업을 익히도록
하시며, 그곳의 편액을 '필유당(必有堂)'이라고 하였다.
옛날 정의(丁顗)란 사람이 서적 만 권을 구입하고는,
"내 자손 중에 반드시 학문을 좋아하는 자가 있을
것이다(吾子孫必有好學者)"라고 하였으니, 서재의 이름을
지은 뜻은 여기에서 나온 것이다.

좌소산인문집 左蘇山人文集 권7

達城 徐有本 混原 一文

필유당必有堂에 대한 기문

必有堂記

죽오(竹塢)의 서쪽에 나무를 얽어 가리개를 만들고, 가리개 안에는 땅을 정리하여 서재를 지으니, 조용하고 깨끗하여 산속에 있는 듯한 생각이 들었다. 나의 중부 명고선생(明皐先生, 서형수)께서 사부(四部)의 서적을 그 안에 모아두시고 자제들에게 그곳에서 학업을 익히도록 하시며, 그곳의 편액을 '필유당(必有堂)'이라고 하였다. 옛날 정의(丁顗)[1]란 사람이 서적 만 권을 구입하고는, "내 자손 중에 반드시 학문을 좋아하는 자가 있을 것이다(吾子孫必有好學者)."라고 하였으니, 서재의 이름을 지은 뜻은 여기에서 나온 것이다. 종제(從弟) 도가(道可)[2]가 나에게 기문을 요구하기에 가만히 이 필유당에 대해 생각해보았다. 명고 선생께서 이미 스스로 글을 지어 필유(必有)의 뜻을 밝히셨고, 나아가 농사는 반드시 노력한 만큼 수확하고 상인은 반드시 이익을 남긴다는 데까지 미루어 나갔다.[3] 아, 선생님께서 우리 계승자들을 깨우치심은 지극하다 할 수 있다. 그러니 내가 다시 무슨 말을 하겠는가. 그러나 내가 듣기에, 군자(君子)의 학문(學問)은 가학(家學)보다 좋은 것이 없다. 양한(兩漢)의 시기에 유자(儒者)들은 각기 전문과 공적을 두어, 아비가 밭을 개간하고 자식이 일구며 계속 이어 끊임이 없었다. 한영(韓嬰)의 시(詩)나 구양생(歐陽生)의 상서(尙書)는 6, 7대를 계속 이었고, 아래로 여러 장인들도 모두 그러하지 않음이 없었다. 반맹견(班孟堅)이 말한, "선비는 구덕(舊德)의 이름으로 먹고, 장인은 부조(父祖) 이래의 규구(規矩)

---

1 정의(丁顗) : 원문의 정기(丁覬)는 정의(丁顗)의 필사 오기이다. 정의(丁顗)는 북송의 유명한 장서가로 8천 권의 장서를 수집하였다고 한다. 정의(丁顗)가 8천 권의 장서를 소장하고 "내가 책을 모은 것이 많으니, 반드시 배우기를 좋아하는 자가 내 자손 중에 있을 것이다.(吾聚書多矣, 必有好學者爲吾子孫)"라 한 말이 《동도사략(東都事略)》 등의 기록에 보인다.

2 종제(從弟) 도가(道可) : 서형수의 장남 서유경(徐有檠, 1771~1835)으로, 자(字)가 도가(道可)이다.

3 명고 선생께서……미루어 나갔다 : 서형수의 〈필유당에 대한 기문(必有堂記)〉은 《명고전집(明皐全集)》 권8에 실려있다.

를 사용한다"가 바로 이것이다. 대개 일용의 사이에 배우고 익히기 때문에 가르침이 쉽게 들어가고 집안에서 가르치기에 그 전함이 어긋나지 않는 것이다. 옛날의 군자가 학문이 이루어지면 이름이 세워져, 대대로 유종(儒宗)이 되었던 것은 대개 이 때문이다. 또한 효자가 부모를 섬기는 데에 있어서는 음식 기호의 작은 것이라도 오히려 감히 잊지를 않는데, 하물며 마음이 존재하는 바에 있어서랴? 비록 일예(一藝) 일사(一事)의 말(末)이라도 감히 폐기할 수 없는데, 하물며 도(道)가 존재하는 바에 있어서랴? 내가 후세(後世) 명유(名儒)의 후손들을 살펴보니, 왕왕 조상의 학문을 관례 뒤에 버리는 땋은 머리처럼 여기고는, 언어(言語) 문자(文字)를 꾸며 자기의 재능을 현혹시켜 보이고 시대의 유행에 영합하는 자가 있었다. 이것이 사람과 속습(俗習)이 날로 시들고 무너지는 데로 나아가 구할 수 없게 된 까닭이다. 통탄할 만하다! 내가 비록 선생님의 깊이 온축된 것을 헤아려 보기에는 부족하지만, 그래도 일찍이 가르침을 얻어들은 적이 있다. 선생님께서는 일찍이 다음과 같이 말씀하셨다. 육경(六經)의 학문이 세 번 변했으니, 한당(漢唐)의 훈고(訓詁), 송(宋)의 성리(性理), 명청(明淸)의 고증(考證)이다. 옛 기록에 있으니 어진 자들은 큰 것을 기억하고, 어질지 못한 자들은 작은 것을 기억한다. 경학(經學)의 변화는 처음에는 작은 것에서 큰 것으로 나아갔으나, 결국에는 또한 큰 것에서 작은 것으로 돌아갔다. 무릇 궁하면 변하고 변하면 통한다. 당세의 유명한 인물이나 거유들이 또한 후학으로서의 책무를 자임하여 한 시대를 고취하였으나 마침내는 큰 것에서 변하지 않았는가?[4] 선생 학문의 바름과 입지(立志)의 높음은 여기서도 볼 수가 있다. 아아, 드문 일이다. 지금 도가(道可) 형제는 재주가 민첩하

4 육경(六經)의 학문이……변하지 않았는가 : 경학삼변설(經學三變說)은 명고 서형수의 〈상서지지서(尙書枝指序)〉《명고전집(明皐全集)》 권7)에 자세히 나오고, 본문도 〈상서지지서(尙書枝指序)〉의 내용을 인용한 것이다. 서형수의 경학삼변설은 〈재적대(載籍對)〉《명고전집(明皐全集)》 권12)에서도 간단히 나온다.

고 기개가 예리하여 점차 학문에 뜻을 두고 있으나, 장차 비단 끈을 엮어[5] 공교함을 구하고 고기 잡고 사냥하는 것[6]으로 기이함에 힘쓰니 사장(詞章)일 뿐이지 박문(博聞)이겠는가. 또한, 선생의 뜻에 뜻을 두고 선생의 학문을 배울 것을 생각해야 할 것이리라. 지금 저 비단 장식의 향기로운 상자가 옥을 꿴 듯 별이 줄지어 반짝이듯 하여 많은 옥이 보관된 창고를 열어 진귀한 보물들을 나열한 것 같은 것은 우리 선생께서 부지런히 애쓰신 바이고, 주황색 갑을(甲乙)로 표를 하고 장과 구마다 빗질하듯 설명을 달아 마치 좋은 재목들인 녹나무 숲으로 들어가 꽃송이를 다는 것과 같은 것은 우리 선생께서 일삼으신 바이다. 이를 들어 도가(道可)에게 주니, 도가(道可)는 어떻게 선생의 뜻을 따를 것인가? 무릇 어진 부형이 있는 것을 즐거워한다는 것은 사람들이 항상 하는 말이지만, 오직 '평범한 사람의 자손이 되는 것은 쉽고 어진 사람의 자손이 되는 것은 어렵다'라고 말하지 않았던가. 도가(道可)는 진실로 이른바 어려움을 알아, 다른 사람이 한 번 하면 자신은 백 번을 하여 선생의 학문을 본받고 이어, 기운이 서로 감응되고 정신이 서로 발현되는 것이 자석이 철을 끌어당기듯, 부싯돌이 불을 취하는 듯해야 한다. 온 천하의 기뻐할 만하고 어여삐 여길 만한 것이 나의 즐거움을 바꿀 수 없으니, 즐기면 생기고 생기면 어찌 그만둘 수 있겠는가. 이 이후로는 도가(道可) 학문의 성취는 혹 헤아릴 수 없을 것이다. 이런 후에야 선생께서 전수하신 뜻을 욕보이지 않고, 또한 이를 미루어 도가(道可)의 자손과 먼 후손까지 미쳐 전혀 바뀌지 않게 된다면, 백 세의

---

5 비단 끈을 엮어 : 조기(組綦)는 《한비자(韓非子)》 〈궤사(詭使)〉의 "창고가 충실한 것은 농부들이 본업에 힘썼기 때문이다. 그런데도 비단 끈으로 직물을 짜고 비단에 수를 놓거나 조각하고 그림 그리는 말업에 종사하는 자들이 부유하다.(倉廩之所以實者, 耕農之本務也, 而綦組錦繡刻畫爲末作者富.)"와 《서경잡기(西京雜記)》의 "사마상여가 말하길, 채색 비단 끈을 조합하여 무늬를 이루고 비단 수를 놓아 바탕을 삼으며, 날줄 한 올과 씨줄 한 올, 궁(宮)한 음과 상(商)한 음을 갈마들게 하는 것, 이것이 부(賦)의 자취이다.(相如曰, 合綦組以成文, 列錦繡而爲質, 一經一緯, 一宮一商, 此賦之迹也.)"에서 온 말로 문사(文辭)를 꾸미는 것을 가리킨다.

6 고기 잡고 사냥하는 것 : 어렵(漁獵)은 유종원(柳宗元)의 여우인논위문서(與友人論爲文書)의 "글을 쓰는 사람 또한 옛사람의 작품을 고기잡이하고 사냥하며 문학과 역사를 해친다.(爲文之士, 亦多漁獵前作, 將賊文史.)"에서 나온 말로 다른 작품을 표절하는 것을 가리킨다.

후라도 이 필유당에 앉아 이 책을 읽는 자들은 학문의 연원을 거슬러 올라가 모두 선생의 학문을 어기지 않을 것이고, 도가(道可)는 선인의 뜻을 잘 계승하는 자라고 이를 만 한 것이다. 아아, 상농(上農)의 자식은 반드시 토지를 잘 골라 농사를 짓고, 대고(大賈)의 자식은 반드시 물건을 잘 골라 팔며 유명한 아버지의 가업을 잇는 자는 반드시 그 기술을 택하여 배울 것이다. 만약 과거를 공부하여 높은 직위를 취하려 한다면 반드시 정의(丁顗)의 후손은 정도(丁度)[7] 한 사람에서 그친 것과 같게 될 것이니, 선생의 필유(必有)의 뜻이 황폐해질까 두렵다. 도가(道可)는 힘쓰도록 하라. 이것으로 기(記)를 삼는다.

竹塢之西, 架樹爲屏, 屏之內, 除地爲堂, 窈窕潔靚, 翛然有山林之思. 我仲父明皋先生, 庋四部書籍于其中, 而命諸子弟羣居肄業, 署其扁曰必有. 盖昔有丁覬者購書萬卷, 而曰'吾子孫必有好學'者, 名堂之意出於此. 從弟道可徵余文爲記, 竊念是堂也, 先生旣自爲文, 以明必有之義, 推而至於農必食其力, 商必殖其貨. 噫! 先生之啓迪我後承者, 可謂至矣, 則小子復何言哉! 雖然, 余聞之, 君子之學, 莫尚乎家學. 兩漢盛時, 儒者各有顓門實功, 父菑子畬, 承承未艾, 如韓嬰之詩, 歐陽生之尙書, 歷六七代相繼, 而下至百家衆技, 莫不皆然. 班孟堅所謂士食舊德之名氏, 工用高曾之規矩是也. 盖服習於日用之間, 故其教易入, 指授於庭闈之內, 故其傳不差. 古之君子, 學成名立, 代爲儒宗, 率由是也. 且夫孝子之事親也, 雖飮食嗜好之微, 猶不敢忘, 而況於心之所存乎? 雖一藝一事之末, 亦不敢荒墜, 而況於道之所在乎? 余竊觀後世名儒之裔, 往往弁髦其父祖之學, 而藻飭其言語文字, 以眩己能而投時好, 此其所以人才俗習, 日就於委靡頹敗而莫之捄也. 可嘅也已! 余小子雖不足窺測先生之所藴, 而亦嘗獲聞緖言矣. 先生嘗謂六經之學凡三變, 漢

7 정도(丁度) : 정도(丁度, 990~1053)는 자는 공아(公雅)이며, 정의(丁顗)의 손자이다. 북송의 문자훈고학자로 《예부운략(禮部韻略)》, 《집운(集韻)》, 《무경총요(武經總要)》 등을 편찬했다.

唐之訓詁也, 有宋之性理也, 明淸之考證也, 傳有之, 賢者識其大, 不賢者識其小. 經學之變, 始則由小而趨大, 終又自大而反小矣. 夫窮則變, 變則通, 當今之聞人覇儒, 亦有任後死之責, 鼓一世而卒變之於大者否乎? 先生所學之正, 立志之高, 此亦可見. 嗚呼希矣! 今道可兄弟才敏氣銳, 駸駸然嚮學矣. 將組綦以求工, 漁獵以務奇, 詞章焉而已, 博聞焉而已乎! 亦思所以志先生之志而學先生之學者乎! 今夫錦帕芸箱, 珠貫星聯, 如開羣玉之府而列其珍異者, 吾先生之所拮据也. 朱黃甲乙, 章梳句櫛, 如入豫章之林而掇其菁華者, 吾先生之所有事也, 而擧以畀之道可, 道可其何以稱先生之意焉. 夫樂有賢父兄, 人之恒言, 而獨不曰爲衆人之子孫易, 爲賢人之子孫難乎! 道可誠能知其所謂難者, 而人一己百. 惟先生之學, 是程是紹, 則其氣機之相感, 精神之相發, 如磁引鐵, 如燧取火, 而擧天下之可喜可艶, 無以易吾之樂, 樂則生, 生則烏可已. 過此以往, 道可之學之所就, 或未可量也. 然後無忝乎先生授受之意, 而又推以及於道可之子若孫, 至于雲仍之遠, 引而勿替, 使百世之下, 居斯堂讀是書者, 沿流溯源, 皆不畔於先生之學, 則道可可謂善繼人之志者矣. 於戱! 上農之子, 必擇地而耕, 大賈之子, 必擇貨而售, 嗣名父之家者, 必擇術而學. 若夫掇科名取高位, 必如丁覬之後, 丁度其人而止, 則吾恐先生必有之志荒矣. 道可勉之, 是爲記.

운룡산인雲龍山人 초상화에 대한 기문

雲龍山人小照記

원림의 수석이 아름다운 곳에 책 한 권을 손에 쥐고 땅에 앉아 있는 훤칠한 장부는 촉(蜀) 지방 사람 이우촌(李雨村)의 초상이다. 옛날에 내가 옛 벗인 탄소(彈素) 유금(柳琴)을 따라 기하실(幾何室)에서 열람했는데, 그림이 세로 2척 남짓에 가로 1척 반이었고 초상은 높이가 세로 3분의 1에 미치지 못했다. 긴 눈썹에 통통한 볼, 적은 수염에 구레나룻은 흰색이고 양볼은 약간 홍조를 띠며 갓을 쓰지 않고 담청색의 소매가 좁은 옷을 입었으며 붉은 신발을 신고 있다. 왼팔은 굽혀서 바위에 기대었고 오른손은 양 무릎을 어루만지고 있는데, 오른 무릎은 세우고 왼무릎은 약간 펴고 있으며 눈동자는 무슨 생각을 하는 것처럼 보인다. 바위 가에는 고송 한 그루가 하늘을 찌르며 우뚝 서 있어 쏴아하며 맑은 바람을 보내는 차가운 퉁소처럼 있다. 바위 아래에는 돌상이 하나 있는데 상 위에는 다구와 서함(書函)을 갖추고 있으며, 언덕 너머에는 붉은 난간 몇 칸이 은은히 비치고 오죽(烏竹) 100여 그루가 고운 자태로 난간 밖으로 솟아나 있고, 폭포가 콸콸 쏟아져 대숲 사이고 흘러가고 있다. 그림 오른쪽 조금 위에 작은 해서(楷書)로 '운룡산인이 소나무 아래에서 책을 읽는 작은 그림[雲龍山人松下讀書小照]'이라 적었고, 아래에는 '이조원인(李調元印)' 네 글자가 작게 찍혀있다. 운룡(雲龍)은 예전에 살던 곳이고 조원(調元)은 그의 이름이다.

탄소(彈素)는 시에 능하고 재주가 많으며 특히 상수학(象數學)에 정통하였다. 평소 개연히 사방으로 다니고자 하는 뜻이 있어 지금 임금님 정유년(丁酉年, 1777년)에 우리 아버님(서호수)을 따라 연경에 들어가 성곽과 거리를 두루 돌아보고 우촌(雨村)과 반형(班荊)의 교분[8]을 맺었다. 객관에 머문 40일 동안 5번 그의 집을 방문하였는데, 매번 술을 거나하게 마시고 시를 지었으며 천고(千古)를 오르내리며 대화를 나누며 그치지 않았으나 피곤한 줄 몰라 해가 기울어서야 자리를 파했다. 이별할 때가 되어 우촌(雨村)이 연연해하며 차마 보내지를 못해 이 그림을 펼쳐 보여주며, "우리 두 사람은 한 사람은 서쪽에 한 사람은 동쪽으로 삼성(參星)과 상성(商星)처럼 뚝 떨어져 있어, 이생에 다시 만날 기약은 오직 꿈일 뿐이라오. 심휴문(沈休文)

8 반형(班荊)의 교분 : 반형(班荊)은 가시나무를 깔고 앉는다는 말로, 옛친구를 만나 반갑게 이야기하는 것을 가리킨다. 초(楚)나라의 오거(伍擧)가 정(鄭)나라로 도망쳤다가 진(晉)나라로 들어가려고 하는데, 성자(聲子) 역시 진나라로 가다가 정나라 교외에서 둘이 만나 가시나무를 깔고 길가에 앉아서 함께 초나라로 돌아가는 것을 의논한 일에서 유래하였다.

의 시에 '꿈속에선 길을 알지 못하니, 어떻게 그리움을 위로하려나.(夢中不識路, 何以慰相思.)'라 하였으니, 저 푸른 벼랑 물가의 대나무 숲이 바로 우리 두 사람 베갯머리 신교(神交)의 자리라오."라고 말하고는 공경스럽게 서로 주고받았다. 탄소(彈素)는 귀국 즉시 수놓은 비단으로 장정하고 향나무로 축을 만들고는, 매년 11월 13일이 되면 반드시 당을 깨끗이 청소하고 긴 자리를 편 뒤 자리 옆에 그림을 걸고 책상 위에는 우촌과 문답한 필첩과 그에게 받은 글과 벼루 등 여러 물건을 차례로 늘어두고는 여러 동지들을 불러 함께 감상하는 것으로 기쁨을 삼았다. 집이 본래 가난했기 때문에 술과 안주를 제대로 갖출 수 없어 호사가들이 왕왕 도와줬다. 이에 술 가득 부어 벌컥벌컥 들이켰는데, 손님들을 보고 술 한 통 거른 후 비로소 마셨고 술을 다 마시고 나서는 장가(長歌) 한 곡조를 불러 우촌(雨村)을 위해 축하를 하였으니, 이날이 바로 우촌(雨村)의 생일이었던 것이다. 이덕무(李德懋) 무관(懋官)과 박제가(朴齊家) 차수(次修)는 모두 탄소(彈素)와 금석지교(金石之交)를 맺은 사이로, 매년 두 사람은 참석하지 않은 적이 없었다. 차수(次修)가 시를 지어, "그대에 의지해 찬찬히 생각하며 연경에 대한 꿈을 꾸니, 향불 연기 모락모락 피어오르다 사라지는 것과 같구나.(憑君細繹幽燕夢, 爭似香烟冉冉消.)"[9]라 했으니, 그 사실을 기록한 것이다. 탄소(彈素)가 말년에는 멀리 유람도 못 가고 병이 심하게 들었지만, 이날을 그냥 보낸 적은 없었다.

아아, 벗의 도리가 상실된 지 오래되었다. 사대부가 평소 서로 부르고 따르며 은근하게 손잡고 지내다가 문득 머리가 희어지고 날이 추워져 겨우 열흘이나 달포 가량 격조하면 홀홀히 서로 잊은 것처럼 지내니, 1년이나 2년이 되면 길에 다니는 사람같이 되지 않는 경우는 매우 드물다. 아득하게 한쪽에 치우친 작은 나라의 선비로 만 리 밖에서 교분을 맺어 10

9 그대에……같구나 : 박제가의 〈기하유공귀자연저, 서기협실(幾何柳公歸自燕邸, 書其夾室)〉이란 시로 《정유각초집(貞蕤閣初集)》에 실려 있다.

여 년이 지나도록 한 날처럼 마음을 서로 비추는 것이 탄소같은 이는 다른 사람들보다 겨우 한 등급 높다고 할 수가 없다. 탄소(彈素)는 예전 나의 숙사(塾師)이다. 수십 년 전을 기억해보니, 나에게 태사공서(太史公書)를 가르치다가 옛 열협(烈俠)이 기절을 숭상하고 연낙(然諾)을 중시한 일에 이르러서는 문득 눈을 부릅뜨고 팔뚝에 불끈 힘을 주며 사기(辭氣)가 벌떼처럼 솟구쳐서는 계속해서 비분강개함을 토로하며 눈물을 뚝뚝 떨궜으니, 나는 매양 공경히 귀 기울여 들었다. 아아, 탄소(彈素)는 신분이 중인(中人)으로 쓸쓸히 뒷방으로 물러난 노승 같아, 그 흉중에 가득 맺힌 불평이 이와 같았으니 이 세상에서 외톨이로 지내며 일찍이 당시 사람들의 한 번 돌아봄을 부족하게 여겼다. 마침내는 평생지기가 하늘 끝 절역(絕域)에서 만났으니 어찌 생각하지 않으리오, 어찌 생각하지 않으리오. 지금 탄소(彈素)가 사망한 지 벌써 6년이 되었다. 그의 조카 유득공(柳得恭)이 이 그림을 가지고 와 나에게 기문을 청하여, 묵은 자취를 쓰다듬고 옛날 노닐었던 일을 돌이켜 생각하다가 그를 위해 개연히 탄식하며 이와 같이 적었다. 아아, 저승에서 살아난다면 아마도 이 글을 보고 빙그레 웃지 않을까? 우촌(雨村)은 박학(博學)하여 저술이 매우 많아 시문집 몇 권이 해내(海內)에 출판·유통되고 있으니, 나는 일찍이 탄소(彈素)를 따라 그가 창화한 시 약간 수를 볼 수 있었는데, 청신(清新)하고 깊은 맛으로 송원(宋元) 명가의 기풍이 있어 읊조릴 만 하였다. 우촌은 건륭(乾隆) 몇 년에 진사(進士)에 급제하고 이부원외랑(吏部員外郎)의 벼슬을 지냈다고 한다.[10]

有園林水石之勝, 偉丈夫手一編露坐者, 爲蜀人李雨村之像. 昔余從故人柳彈素琴, 得閱於幾何室, 圖縱二尺嬴, 橫尺半, 像高不盡縱三之一, 脩眉豐頰, 寡鬚髯色白, 而兩顴微赬, 不冠穿淡青窄袖, 躡朱履, 屈左肘倚崖厂, 而右手

10 우촌은……지냈다고 한다 : 이조원(李調元, 1734~1802)은 호가 우촌(雨村), 동산(童山)이고 자(字)가 갱당(羹堂)이다. 건륭(乾隆) 28년(1763년)에 진사 시험에 합격했다. 저서에 《동산시집(童山詩集)》, 《우촌시화(雨村詩話)》, 《우촌사화(雨村詞話)》, 《함해(函海)》, 《속함해(續函海)》 등이 있다.

拊兩膝, 膝右竪左微舒, 目睒睗若有所思. 巖上古松一株, 挺立干霄, 謖謖然如送泠風冷籟. 巖下石牀一, 牀上具茶器書函, 隔岸見紅欄數曲, 高低隱映, 而烏竹百餘个, 娉婷秀出於欄外, 飛泉瀡瀡循竹間去. 右方稍上, 小楷題曰'雲龍山人松下讀書小照', 下印李調元印四字小章, 雲龍其故居, 調元其名也. 彈素工詩, 多才藝, 尤精象數之學. 平居慨然有四方之志, 今上丁酉, 隨家大人入燕, 縱觀其城郭街巷, 與雨村班荊定交, 留館四十日, 五造其第, 每酒闌詩成, 上下千古語, 蟬聯不知倦, 至日昃乃罷. 臨別雨村戀戀不忍舍, 披此圖示之曰, "吾兩人一西一東, 參商落落, 此生會面之期, 唯有夢耳. 沈休文詩云'夢中不識路, 何以慰相思', 彼蒼崖之畔水竹之濱, 卽吾兩人枕上神交之地也", 敬以相贈. 彈素歸卽裝以文綃, 軸以香木. 每歲十一月十三日, 則必潔堂皃羅長筵, 掛圖于座右, 而鱗次問答筆帖及贈遺書硯諸物于案上, 邀諸同志, 相與翫繹, 以爲歡然. 家故貧, 不能庀酒肴, 則好事者往往助之. 於是引滿浮白, 西向瀝一卮而後始飮, 飮罷賦長歌一闋, 爲雨村祝嘏, 是日卽雨村覽揆之辰, 而李德懋懋官, 朴齊家次修, 皆彈素石交也, 至期二人者未嘗不在座焉. 次修有詩曰, '憑君細繹幽燕夢, 爭似香烟冉冉消', 盖紀實也. 終彈素身, 非遠遊及甚病, 則未嘗虛度是日.

嗚呼! 交道之喪久矣. 士大夫平居徵逐, 握手殷勤, 動輒以頭白歲寒自期, 而僅旬月阻隔則忽忽若相忘, 一年二年則其不至如路人者幾希矣. 夫以眇然偏邦之士, 托契於萬里之外, 歷十餘年而寸心相照如一日. 若彈素者, 不厪加於人一等矣. 彈素故余塾師也. 尙記數十年前, 口授余太史公書, 至古烈俠尙氣節重然諾之事, 輒盱衡扼腕, 辭氣鑾涌, 繼之以慷慨悲吒, 涕簌簌下, 余每聳聽. 嗟夫! 彈素身不踰中人, 蕭然如退院寒衲, 而其胷中之磈磊菀勃者乃如是. 踽踽一世, 曾不足當時人之一眄, 而卒之平生知己, 乃在於天涯絶域之中, 如之何勿思, 如之何勿思. 今彈素之歿, 倐已六年矣. 其猶子得恭袖此圖, 謁余爲記. 摩挲塵蹟, 溯念疇昔之遊, 爲之愾然太息, 而牽聯書之如此. 嗚呼! 九原可作, 倘亦莞爾於斯文也否! 雨村博學饒著述, 有詩文集幾卷板行於海內. 余嘗從彈素得閱其唱和詩若干首, 則淸新雋永, 有宋元名家風, 可誦也.

登乾隆某年進士第, 歷官吏部員外郞云.

선기옥형璿璣玉衡에 대한 기문

璿璣玉衡記

하늘을 관측하는 기구는 의(儀)가 있고 상(象)이 있다. 상(象)은 천체(天體)를 본뜬 것이고 의(儀)는 하늘의 운행을 본받은 것이다. 채침의 《서전(書傳)》에 기재된 선기옥형(璿璣玉衡)의 제도[11]는 의(儀)와 상(象)을 겸한 하나의 기구로, 천경(天經)이 지평선을 넘고 천위(天緯)가 천경(天經)을 머금으며 세 고리가 서로 연결되어 겉과 속이 움직이지 않게 하니, 천체(天體)를 본뜨고자 한 것이다. 삼진의(三辰儀)가 황도(黃道)와 적도(赤道)를 모두 끌게 하고, 사유의(四游儀)가 규형(窺衡)을 이끌게 하여 동서로 회전하니, 하늘의 운행을 본받은 것이다. 지금 그림을 살펴 나무를 깎아 기구를 만들어 채침의 서전에 기록된 제도와 비교해보니 조금 간요하고 백색 단환(單環)은 제거하고 설치하지 않았다. 【백환(白環)이 채침의 《서전》에서 '황도와 적도가 교차한 부분을 이어서 기울거나 빠지지 않게 한다.'라고 했는데, 그 실질은 달이 운행하는 백도(白道)이다. 그러나 달이 운행하는 길은 황도를 따라서 조금 남쪽으로 가거나 조금 북쪽으로 가니, 백환(白環)이 없더라도 고험(考驗)할 수 있다. 게다가 고인이 의(儀)는 맑은 것을 귀하게 여긴다 했으니, 지금 없앤다.】 천경환(天經環)은 세밀한 각도를 새기고 시헌법(時憲法)을 사용하여 360도로 나누었고, 천위환(天緯環)은 12시를 나누고 각 시간 처음의 정각 24획을 새겼으며, 또 1시간을 8로 나누어 세밀하게 새겨 96획이 되게

11 선기옥형(璿璣玉衡)의 제도 : 《서경(書經)》 〈순전(舜典)〉의 "선기(璿璣)와 옥형(玉衡)으로 살펴 칠정(七政)을 고르게 하셨다.(在璿璣玉衡, 以齊七政.)"에 대한 채침(蔡沈)의 전이다.

하였다. 황도(黃道)는 24절기를 나누어 24획을 새겼고, 1절기를 다시 셋으로 나누어 새겨 모두 72획이 되게 하였다. 동적도(動赤道)도 360도를 새겼고, 환(環)에는 28수(宿)에 별자리마다 서로 떨어진 거리에 각도를 계산하여 각 별자리 위에 획을 그어, 삼진의(三辰儀)와 사유의(四游儀)는 매 10도마다 1획을 새겨 모두 36획이 되게 하였다. 규형(窺衡)은 주원(周圓)의 모양이 되지 않게 직거(直距) 모양처럼 평평하게 깎아 상하 양쪽 끝이 철(凸) 모양의 한 치쯤 나오게 하고, 철(凸)의 정중앙에 둥그런 구멍을 깎아 일영(日影)을 받게 하였다. 천경(天經)으로 남북의 경계를 나누고 동적도(動赤道)가 동서로 운행하며 별자리의 경위(經緯)를 갖추어 각각 세밀한 각도를 나누었다. 그리고 황도(黃道)로 한 해의 절기를 나누고 정적도(靜赤道)로 하루의 시각을 나누어 96획과 72획으로 경계를 나누면 족하다. 삼진의(三辰儀)와 사유의(四游儀)의 10도는 1획으로 번다함을 생략한 것이다. 이 제도는 비록 하나가 아니지만 옛 채침의 《서전(書傳)》 제도를 준수하되 간소하고 쉽게 알도록 하며 요점만 있고 번거롭지 않게 하여 멀리는 고법(古法)에 어긋나지 않고 가까이는 시용(時用)에 차질이 없게 하였다. 그러나 나무를 깎아 완성하여 그 두 개의 환(環)이 서로 맞물리는 경계에는 자획(字畫)이 은몰(隱沒)되어, 반드시 구리로 주조하여 기구를 만들어야 아름다움을 다할 것이다. 그러나 작업이 거창하여 이럴 겨를이 없는지라 우선 뒷날을 기다려본다.

觀天之器, 有儀有象, 象以肖天體, 儀以則天運也. 蔡傳所載璿璣玉衡之制, 兼儀象而爲一器, 天經跨地平, 天緯銜天經, 三環相結, 表裏不動, 則所以肖天體也. 三辰摠挈黃赤道, 四游導窺衡, 以之東西旋轉, 則所以則天運也. 今按圖刳木爲器, 而比蔡傳之制, 稍從簡要, 去白單環不設.【白環蔡傳雖云使承黃赤二道之交, 使不傾墊, 而其實乃月行之白道也. 然月之行道, 巡黃道少南少北, 則雖無白環, 可以考驗, 且古人云儀貴淸, 今除之.】天經環刻細度而用時憲法, 分三百六十度, 天緯環分十二時, 時分初正刻二十四畫, 而一時又分八刻細畫, 凡九十六畫. 黃道分二十四節氣, 刻二十四畫, 而一氣又分三候細晝, 凡七十二晝. 動赤道亦刻三百六十度, 環以二十八宿, 而每一宿相距之限, 則計度分晝於各宿之上, 三辰四游每十度一晝, 凡三十六晝. 窺衡則不爲周圓之制, 而平削如直距樣, 上下兩頭凸起寸許, 凸處正中, 各穿圓孔, 以受日影, 其天經之南北分界, 動赤道之東西運轉, 俱以星宿之經緯, 各分細度也. 其黃道之以歲分候, 靜赤道之以日分刻, 只以九六七二爲界限而足也. 至於三辰四游之十度, 一晝以省繁也, 此其制雖不一, 遵蔡傳之舊, 而庶乎簡而易知, 要而不煩, 遠不違於古法, 近不差於時用. 然刳木而成, 其兩環相銜之界, 字晝隱沒, 必須鑄銅爲器, 然後可以盡美, 而役鉅未遑, 姑俟他日云.

《기하몽구幾何蒙求》에 쓴 제사

題幾何蒙求

공자(孔子)께서 말씀하시기를, "생각하지 않을지언정 어찌 멂이 있겠는가?"[12]라고 하였고, 관중(管仲)은 "생각하고 또 생각하며 또 거듭 생각해야 한다. 생각해도 통하지 못하면 귀신이 장차 통하게 할 터이니, 이는 귀신의 힘이 아니라 정성이 극에 달해서이다."[13]라고 했다. 내가 처음 《기하원본(幾何原本)》을 읽을 때 마치 철벽을 뚫는 것만 같았고 야생마에 굴레를 씌우려고 하는 것 같아 심지어는 간혹 구두도 뗄 수가 없었다. 무릇 세 번을 읽는 동안 이해할 수 없는 부분을 만나면 심기에 번민이 일어나 바로 책을 덮고 제쳐두었다. 혹 밥을 먹은 후나 혹은 잠자리에서 가만히 깊이 생각하다가 얻지 못하면 또 버려두었고, 아침에 또 생각하다 얻지 못하면 또 버려두었다. 다만 마음속에 품고 다른 생각을 하지 않으며 때때

12 생각하지……있겠는가 : 《논어(論語)》 〈자한(子罕)〉에 나온다.

13 생각하고……달해서이다 : 《관자(管子)》 〈내업(內業)〉에 나온다.

로 꺼내어 생각했으니, 비록 지극히 곤란한 곳에 이르더라도 일찍이 환하게 갑자기 깨닫지 못한 경우는 없었다. 아아, 사람의 근심은 생각하지 않아서일 뿐이다. 진실로 나의 양지(良知)를 극한까지 밀고 나가기를 그만두지 않는다면 천하에 진실로 읽을 수 없는 책이 없고, 진실로 궁구할 수 없는 이치가 없으니, 어찌 다만 기하(幾何)와 같은 일예(一藝)일 뿐이랴! 이에 혹 문답(問答)을 설정하고 혹은 별도로 해론(解論)을 두어 한 편을 완성하고는 '기하몽구(幾何蒙求)'라 이름 지었다. 권수(卷首)에 삼가 《논어(論語)》 한 구절과 《관자(管子)》 한 조목을 적어 자경(自警)으로 삼았다. 무진년(戊辰年, 1808년) 유하(榴夏, 5월) 상순에 파초잎 아래에서 쓰다.

子曰, "未之思也, 夫何遠之有?" 管仲曰, "思之又思, 又重思之. 思而不通, 鬼神將通之, 非鬼神之力也, 精誠之極也." 余始讀幾何原本, 如穿鐵壁, 如絡生馬, 甚或不能以句. 凡三讀, 遇有透不去處, 心氣爲之煩懣, 則輒掩卷捨置. 或於飯後, 或於枕上, 宛轉沈思不得則又捨之, 平朝又思之不得則又捨之, 而但令存心勿他, 時時揭起, 則雖至棼錯處, 未嘗不釋然而頓悟. 嗟夫! 人患不思耳. 苟能推極吾之良知, 不得不措, 則天下誠無不可讀之書矣. 誠無不可窮之理矣, 奚特幾何之一藝而已哉! 於是或設爲問答, 或另爲解論, 彙成一篇, 題曰'幾何蒙求'. 敬書論語一節及管子一條于卷首, 以自警焉. 戊辰榴夏上旬, 書于芭蕉葉下.

집에 소장된 《대학大學》에 쓴 발문

家藏大學跋

소자첨(蘇子瞻, 소식(蘇軾))이 말하길, "써도 해지지 않으며 취하여도 다하지 않아, 현명한 자와 불초한 자의 얻는 바가 각기 그 재능에 따르고 인자(仁者)와 지자(智者)의 소견이 각기 그 분수에 따라서, 재능과 분수가 같지 않더라도 구함에 얻지 못하는 경우가 없는 것은 오직 책일 것이다."[14] 라고 하였으니, 진실되구나, 이 말이여. 신의 집에 소장된 《대학(大學)》 1권은 바로 우리 선조대왕(宣祖大王)께서 표지에 글을 쓰시어 신의 5대조인 찬성공(贊成公)으로 추증된 휘(諱) 정리(貞履)에게 하사하신 것이다. 위대하신 우리 선조대왕(宣祖大王)은 하늘이 내신 성인(聖人)으로 만기(萬機)를 다스리는 여가에 경술(經術)을 숭상하고 한묵(翰墨)을 친근히 하시었다. 이 책의 요지에 대해서는 이미 그 이치를 분석하고 그 근원을 궁구하여 치평(治平)의 융성함을 이루셨다. 또한, 몸소 실천하고 마음 속으로 얻은 바를 미루어 외손을 인도하시고자 친히 편지를 작성하여 이 책을 주시어, 찬성공(贊成公)의 자손으로 하여금 전가(傳家)의 보물로 삼아 가져서 싫증내지 않도록 하시었다. 지금까지 수백년 후에도 어루만지고 공경히 펴보면, 난새가 날고 봉황이 머무르며 은하수가 하늘을 도는 것은 우리 성조(聖祖)께서 사람을 진작시키시는 심화(心畫)이고, 은 갈고리와 옥 동아줄이 휘황찬란하게 빛나는 것은 우리 성조(聖祖)께서 나라를 다스리시는 심화(心畫)이다. 어찌 이것뿐이겠는가? 우리 성조(聖祖)의 일상적인 언행 또한 이 책에서 근본하지 않음이 없으니, 이 두 글자 사이에서 묵묵히 들어맞게 될 것이다. 아아, 아름답도다! 하사받은 날부터 지금까지 여섯 세대가 지나도록 전경(前卿)과 후공(後公)이 나라를 보좌한 것은 모두 이 책을 말미암아 출발한 것이다. 예전의 이른바 '써도 해지지 않으며 취하여도 다하지 않고 각기 그 재능에 따라 구함에 얻지 못하는 경우가 없는 것'이 아닌가? 그렇다면 선조 임금님께서 특별히 이 책을 하사하신 것은 다만 신의 집안 세대를 만들어낸 것만은 아니다. 나라의 다스림에 도움이 되는 것이 또한 얼마만큼인가! 다만 이 종이가 세월이 오래 지나 해져서 장차 오래도록 전할 수가 없어 감히 떨어진 것을 보완하고 그 시종을 이와 같이 갖추어 말한다.

---

14 써도 해지지……책일 것이다 : 소식(蘇軾)의 〈이씨산방장서기(李氏山房藏書記)〉에 나오는 말이다.

찬성공(贊成公)은 도위공(都尉公) 휘(諱) 경주(景霌)의 아드님이고, 도위공(都尉公)은 정신옹주(貞愼翁主)에게 장가갔으니, 옹주(翁主)는 선조대왕(宣祖大王)의 첫번째 따님이다.

蘺子瞻曰, "用之而不弊, 取之而不竭, 賢不肖之所得, 各因其材, 仁智之所見, 各隨其分, 才分不同而求無不獲者, 其惟書乎!" 誠哉言也! 臣家藏大學一本, 卽我宣祖大王御書其面, 以賜臣五代祖贈贊成公諱貞履者也. 洪惟我宣祖大王, 以天縱之聖, 御萬幾之暇, 尊尙經術, 親近翰墨, 其於是書之要, 旣已析其理竊其源, 以致夫治平之盛, 而又推躬行心得之餘, 欲導率於外裔, 親勞宸翰, 擧以授之, 使贊成公之子若孫, 作爲傳家之寶而服之無斁. 至今數百年之後, 摩挲擎翫, 則鸞飄鳳泊, 雲漢昭回者, 我聖祖作人之心畫也. 銀鉤玉索, 焜耀煒煌者, 我聖祖經邦之心畫也. 豈惟如是而已哉? 我聖祖之日用言行, 亦莫非原本於是書者, 可以默契於二字之間矣. 嗚呼休哉! 是以自夫受賜之日, 今已六世, 而前卿後公, 輔佐王國, 皆由是書而發軔焉. 向所謂'用之而不弊, 取之而不竭, 各因其材, 求無不獲者'非耶! 然則宣廟之特賜是書者, 非特陶鑄臣家之世代而已. 其爲裨益國家之治, 亦何如哉! 顧其紙本歲久破弊, 將不堪傳久, 乃敢補綴殘缺, 具道其始終如此. 盖贊成公卽都尉公諱景霌之子, 而都尉公實尙貞愼翁主, 翁主卽宣祖大王之第一女也.

순경荀卿을 논함

荀卿論

순경(荀卿)이 전국시대(戰國時代) 의론이 횡행하는 시대에 살면서 인의(仁義)를 말하고 심성(心性)을 논설하며 왕도(王道)와 패도(霸道)를 변별하고 치란(治亂)의 경우를 밝히며 우뚝하니 유자(儒者)라 스스로 명하였으니, 또한 신불해(申不害)와 한비자(韓非子)의 형명학(刑名學)과는 다르다. 그러나 한 번 전하여 이사(李斯)가 진(秦)나라의 승상이 되어 분서갱유(焚書坑儒)의 화가 홍수나 맹수의 재앙보다 더 매서웠으니, 그 까닭은 무엇인가? 논자(論者)는 다음과 같이 말한다. 순경(荀卿)이 감히 이론(異論)을 제기하여 인성(人性)을 악(惡)하다고 한 것은 소인(小人)들이 거리끼는 마음이 없는 것을 계발시키기 위해서였다. 무릇 성선(性善)의 깊은 뜻은 맹자(孟子)에서 처음 시작되었다. 당시 고자(告子) 같은 무리들은 성(性)은 선(善)할 수도 있고 불선(不善)할 수도 있는 것을 여울물과 버들 비유로 어지러이 주장하며 깨닫지를 못했으니, 순경(荀卿)이 성(性)을 악(惡)하다고 한 것은 그 식견이 미치지 못하는 점이 있을 뿐이다. 그가 책을 저술하여 입언(立言)한 것은 성실하고 꿋꿋하게 예법(禮法)을 으뜸으로 삼고 시서(詩書)를 일컬었으니, 어찌 일찍이 사람들에게 악을 행하게 시킨 적이 있는가? 그렇다면 순경은 과연 죄가 없는가? 무릇 그 흐름을 보고 근원의 청탁을 징험하며, 그 문도들을 보고 그 스승이 현명한지 아닌지를 알 수 있으니, 순경이 어찌 죄가 없겠는가? 순경은 망한 진(秦)나라의 으뜸가는 죄인이다. 순경의 말 중에 "천지(天地)가 처음 시작한 정황은 오늘날과 같고, 옛날 임금들의 통치하는 도는 후대 왕과 같다."[15]라는 것이 있는데, 이것이 그 단안(斷案)이다. 어찌하여 그렇게 말하는가? 천지가 생겨난 지 오래되어 기화(氣化)가 변해가고 질(質)과 문(文)이 서로 갈마들어, 헌원씨(軒轅氏)와 복희씨(伏羲氏)에서 당우(唐虞, 요(堯)임금과 순(舜)임금) 시대가 되었고, 당우 시대에서 하·은·주(夏殷周) 삼대(三代)가 되었다. 지금 시대에서 옛날로 돌아갈 수가 없는 것은 또한 옛날이 지금이 될 수 없는 것과 같다. 예악법도(禮樂法度)가 가까우면 가까울수록 더욱 자세하다. 이것이 순경(荀卿)이 걸핏하면 후왕(後王)을 본받아야 한다고 말하는 이유이다. 그렇지만, 옛날은 지금의 시작이고 지금은 옛날의 변화이다. 옛날이 있은 후에 지금이 있는 것이고 새로 개창한

15 천지(天地)가……왕과 같다 : 《순자(荀子)》 〈불구(不苟)〉 편에 나온다.

것이 있은 후에 이어받아 기술하는 것이 있는 것이다. 지금의 예악법도는 모두 먼 옛날 성인(聖人)들이 만물을 열어 일을 완성하고 백성의 법칙을 세우며 백성이 필요한 것부터 앞세워 만든 여파이다. 공자(孔子)가 삼대(三代)의 예(禮)를 논하며, "주(周)나라는 은(殷)나라의 예를 인습 하였고, 은(殷)나라는 하(夏) 나라의 예를 인습하였다."[16]라고 말했으니, 이것으로 미루어 보면 하(夏) 나라도 당우(唐虞)를 인습하였고 당우(唐虞)는 헌원씨(軒轅氏)와 복희씨(伏羲氏)를 인습하였으며, 헌원씨와 복희씨는 먼 옛날을 인습하였고 먼 옛날은 하늘을 인습한 것이다. 그러므로 "도의 큰 근원은 하늘에서 나온다."[17]라고 하는 것이다. 이 때문에 하늘과 인간의 관계에 밝고 치란(治亂)의 근원을 잘 살피는 자는 말은 반드시 옛날을 법칙으로 삼고 행동은 반드시 옛 가르침을 상고하며 근심스럽게 하나의 일과 하나의 사물이라도 혹 옛날과 어긋나지 않을까 두려워하여, 술맛은 명수(明水, 현주(玄酒))를 숭상하고 소금과 매실 등의 조미는 아무 간을 하지 않는 대갱(大羹)을 귀하게 여기며 화려한 왕골자리와 대자리는 부들자리와 짚자리를 설치한다. 이것이 모두 근본으로 돌아가 하늘에 참여하는 것이다. 지금 순경은 천지가 처음 시작한 정황이 바로 오늘과 같다고 하였으니, 하늘은 그 퇴연(隤然)함을 알 뿐이고 땅은 그 확연(確然)함을 알 뿐이며[18], 하늘은 자회(子會)에서 열리고 땅은 축회(丑會)에서 열리는 이치는 모르는 것이다. 백왕(百王)의 도에 대해 말하면 후왕(後王)이 이것이다. 예(禮)는 내가 그 경(敬)을 알 뿐이요, 악(樂)은 내가 그 화(和)를 알 뿐이며, 정형(政刑)은 내가 그 출치(出治)를 알 뿐이다. 연혁(沿革)과 손익(損益)의 뜻은 나는 알지 못한다. 무릇 천지(天地)의 일과 제왕의 법은 그 찬란한 종적을 구하면서 그것

16 주(周)나라는……인습하였다 : 《논어(論語)》 〈위정(爲政)〉 편에 나온다.

17 도의……나온다 : 《한서(漢書)》 〈동중서전(董仲舒傳)〉에 나온다.

18 하늘은……뿐이며 : 《주역(周易)》 〈계사전하(繫辭傳下)〉에 "천도(天道)인 건(乾)은 확연하여 사람들에게 평이하게 보여 주고, 지도(地道)인 곤(坤)은 퇴연하여 사람들에게 간략하게 보여 준다.(夫乾確然示人易矣, 夫坤隤然示人簡矣.)"라는 말이 있다. 서유본은 하늘을 가리키는 확연과 땅을 가리키는 퇴연을 서로 뒤집어 말하며, 순자의 논리가 잘못되었음을 논한 것이다.

이 그렇게 된 법칙은 다시 구하지 않는 것이다. 아아, 이것으로 도를 말하는 것은 비유하자면 월나라로 가면서 수레는 북으로 향한 것으로 도와는 더욱더 멀어지게 되는 것이다. 무릇 군자의 도는 하늘에 근본하고 백성들에게 징험하여 하늘과 사람을 합하여 하나로 하는 것인데, 순경은 하늘과 사람을 분리하여 둘로 하였다. 하늘을 떠났기 때문에 사람을 따랐고, 사람을 따랐기 때문에 스스로 사사롭게 되었고, 스스로 사사롭게 되었기 때문에 작은 지혜를 썼으며, 작은 지혜를 썼기 때문에 욕심대로 행하였다. 욕심대로 행하면서 조절할 줄을 몰라 천리(天理)가 소멸하였으니, 천리(天理)가 소멸된다면 짐승을 몰아 사람을 먹이고 사람들이 장차 서로 잡아먹게 되니, 이것이 대란(大亂)의 도이다. 저 이사(李斯)란 자는 변변하지 못한 재주를 가지고 순경의 논의를 훔쳐 폭군에게 아첨하여 엄혹하고 가혹한 정치를 멋대로 행하며, 천하가 자신에 대해 논의할까 겁을 집어먹고 도거정확(刀鋸鼎鑊)으로 옛날을 옳게 여기고 지금이 그르게 여기는 선비들을 대하고, 형벌이 부족하다고 하여 땅에 묻고, 땅에 묻는 것이 부족하다고 하여 선왕(先王)의 전적을 모조리 불태워 없애버렸다. 저 진시황이 비록 도가 없지만 이사(李斯)의 보필이 없었다면, 반드시 감히 그 속마음도 내보이지 못했을 것이다. 이사(李斯)는 비록 강한 이리같이 난폭하지만 순경의 도움이 없었다면, 반드시 그 간사한 말을 글로 짓지 못했을 것이다. 그러므로 옛날을 옳게 여기고 지금을 그르게 여기는 법률은 망한 진(秦)나라가 효시(嚆矢)인데 실제로는 순경의 법후왕(法後王) 논의에 기반한 것이다. 나는 그래서 하늘을 배반하고 인욕을 따르는 죄를 특별히 논하며 법후왕(法後王) 석자를 순경의 단안(斷案)으로 삼은 것이다. 비록 순경이 마음대로 입론했지만 인성(人性)이 악(惡)하다고 한 것은 고자(告子)가 감히 말할 수 있는 바가 아니다. 저가 종일토록 예의(禮義)에 대해 담론하고 해가 다하도록 시서(詩書)를 암송해도, 그 마음은 내 고유한 성(性)이 아니고 밖으로부터 나를 녹여 들어온 것으로 이는 성인(聖人)이 잘못을 바로잡아 거짓으로 행하는 것이라 여긴다. 큰 근본이 한 번 어긋나니 어느 곳에 이르지 않겠는가. 하늘과 사람이 하나의 근원이라는 오묘함을 아득히 몰라 마음대로 무턱대고 행하며 터무니없는 말을 지어내 후세에 독을 전파하며 스스로는 알지 못하였다. 또한 성악론(性惡論)도 장애가 되었도다. 아, 안타깝다.

荀卿處戰國橫議之世, 能言仁義說心性辨王覇之道, 而明治亂之數, 傑然以儒者自命, 其亦異乎申韓刑名之學矣. 一傳而李斯相秦, 焚坑之禍, 烈於洪水猛獸, 其故何也? 論者曰, 荀卿敢爲異論, 以人性爲惡, 所以啓小人無忌憚之心也. 夫性善之蘊, 自孟子始發之, 而當時如告子之徒, 猶以爲性可以善, 可以不善, 湍水杞柳之喩, 紛然而不知悟, 則荀卿之以性爲惡, 特其識有不逮爾. 彼其著書立言, 斷斷焉禮法之宗而詩書之稱, 亦何嘗敎人爲惡者哉! 然則卿果無罪乎? 夫觀其流而驗其源之淸濁, 見其徒而知其師之賢否, 卿烏得無罪? 荀卿者其亡秦之罪首也. 卿之言曰, "天地始者, 今日是也, 百王之道, 後王是也." 此其斷案也. 何以言之? 天地之生久矣, 氣化之推敓, 質文之相嬗, 軒羲降而唐虞, 唐虞降而三代. 今之不可以反古, 亦猶古之不可以爲今, 而禮樂法度之粲然者則愈近而愈詳, 此荀卿所以動必稱法後王之說也. 雖然古者今之始也, 今者古之變也. 有古而後有今, 有刱而後有述. 凡今之禮樂法度, 皆邃古聖人開物成務, 立民極前民用之餘波也. 孔子論三代之禮曰, '周因於殷, 殷因於夏.' 由是推之, 則夏又因於唐虞, 唐虞因於軒羲, 軒羲因於邃古, 邃古因於天, 故曰'道之大原出於天.' 是故明天人之際而審治亂之原者, 言必則古昔, 動必稽古訓, 恤恤焉惟恐一事一物之或畔于古. 酒醴之旨而明水之尙, 鹽梅之和而大羹之貴, 莞簟之飭而藁秸之設, 凡此皆所以反本始而參諸天也. 今卿語天地之始, 則曰今日是也, 天吾知其隤然而已矣, 地吾知其確然而已矣. 子開丑闢之理, 吾不得而知之也, 語百王之道則曰後王是也, 禮吾知其敬而已矣, 樂吾知其和而已矣, 政刑吾知其出治而已矣. 沿革損益之義, 吾不得而知之也, 凡天地之故, 帝王之法, 求其粲然之跡而不復求其已然之則. 嗚呼! 以是而語道, 譬猶適越而北其轅也, 其去道也愈遠矣. 夫君子之道本諸天, 徵諸庶民, 合天人而一之, 而卿也離天人而二之, 離天故徇人, 徇人故自私, 自私故用智, 用智故縱欲, 欲縱而不知節, 則天理滅矣. 天理滅則率獸食人, 人將相食, 此大亂之道也. 彼李斯者, 挾斗筲之才, 竊荀卿之緖論, 導諛暴君, 肆行嚴酷苛急之政, 而鰓鰓乎恐天下之議己也. 刀鋸鼎鑊, 以待士之是古非今者, 刑之不足而坑之, 坑之不足, 而擧先王之典籍而燒滅之. 夫始皇雖無道, 非輔之以李斯, 則必不敢逞其胷臆. 李斯雖剛狠, 非資之於荀卿, 則必不能文其姦言. 故是古非今之律, 卽亡秦之嚆矢, 而實基於荀卿法後王之論也. 吾故特論其倍天徇人之罪, 以法後王三字, 爲荀卿之斷案焉. 雖然荀卿肆然立論, 以人性爲惡, 此告子之所不敢道也. 彼雖終日談禮義而窮年誦詩書, 其心以爲是非吾性之固有也. 是由外鑠我也, 是聖人矯咈而僞爲之也. 大本一差, 何所不至, 則其昧然於天人一原之妙, 而恣睢冥行, 刱爲無稽之言, 流毒後世而不自知者, 其亦性惡之論, 爲之障也夫, 噫!

구양수歐陽修의 〈의복왕전례차자議濮王典禮箚子〉 뒤에 쓰다
書歐陽公議濮王典禮箚子後

구양수가 〈상복의(上濮議)〉에서 '다른 사람의 후사가 된 자는 본생의 부모를 위해 상복을 입을 때 강복(降服)할 수 있지만, 부모의 이름은 고칠 수 없다'라고 하여, 당시 사마공(司馬公, 사마광(司馬光))과 범촉공(范蜀公, 범진(范鎭)) 등 여러 현인이 모두 간사한 논의라고 배척했다.[19] 후대에 논의하는 사람들 또한 구양공의 이 논의가 혹 아첨하는 계교에서 나온 것이 아닌가 의심이 없을 수 없었다. 내가 고찰해보건대 그렇지 않은 것 같다. 지금

19 구양수……배척했다 : 송나라 인종(仁宗)이 아들이 없이 죽자, 복안의왕(濮安懿王)의 아들 황위(皇位)를 계승하여 영종(英宗)이 되었다. 영종(英宗)이 생부 복안의왕(濮安懿王)을 추숭(追崇)할 때 사마광과 범진 등은 인종을 '황고(皇考, 아버지)'라 하고 복안의왕(濮安懿王)을 '황백(皇伯, 백부)'으로 칭해야 한다고 주장하였고, 구양수(歐陽修) 등은 '황고(皇考)'로 칭해야 한다고 주장하였다.

구양공의 주소(奏疏) 글들을 읽어보니, 그가 임금 덕의 궐실(闕失)을 지적하고 군자와 진퇴소장(進退消長)의 기미를 변별한 것이 명백하고 절실하며 상세하고 극진함을 반복하였으니, 한 터럭이라도 움츠러들거나 돌아보는 저의(底意)가 있지 않았다. 하물며 복왕전례(濮王典禮)는 나라의 지극한 대사인데, 공의 강개함으로 결단코 기꺼이 곡학아세하지 않았을 것이다. 이는 아마도 구양공이 예서(禮書)를 숙독하지 않고 급하게 입론해서일 것이다. 살펴보건대, 〈의복왕전례차자(議濮王典禮箚子)〉에서 "《의례(儀禮)》 〈상복(喪服)〉에 '다른 사람의 후사가 된 자는 그 부모를 위해 보답한다.'라고 했는데, 이 보답은 자최(齊衰) 기년복으로 강복(降服)하는 것을 이릅니다. 이를 통해 강복은 할 수 있어도 부모의 이름은 고칠 수 없는 것이 명백합니다."라고 했다. 또 "자식이 부모를 위해 복을 입는 것을 정복(正服)이라 하고, 출계하여 다른 사람의 후사가 된 자는 본생의 부모를 위해 자최(齊衰) 기년복을 입는 것을 강복(降服)이라 합니다. 또한 후사가 된 부모를 위해 참최(斬衰) 3년을 입는 것을 의복(義服)이라 합니다. 지금 만약 본생의 부친을 황백(皇伯)이라 한다면, 복안의왕(濮安懿王)은 종조부(從祖父)가 되어 도리어 소공(小功)에 해당하고, 종의(宗懿) 이하 본생의 형제들은 예에서 강복해야 하지만 오히려 대공(大功)에 해당합니다. 위로 복왕(濮王)인 부친에게는 도리어 소공복(小功服)을 입고, 종의(宗懿) 등 형제들에게는 도리어 대공복(大功服)을 입는 것입니다. 이것이 예로부터 생부를 백부나 숙부로 칭하지 않는 까닭이니, 그렇게 칭한다면 예제(禮制)는 어긋나고 인륜이 어지러워짐이 이와 같을 것입니다." 하였다. 가만히 구양공의 뜻을 자세히 살펴보니, 다른 사람의 후사가 된 자가 본생의 부모를 위해 복을 입으면, 참최·자최에서부터 강복하여 지팡이를 짚지 않는 기년이 되어 이는 두 등급을 강복한 것이다. 지금 만약 백부나 숙부로 칭하면, 또 기년복에서 강복하여 소공이 되니, 소공복은 종조숙부(從祖叔父)의 복이 되어 복왕(濮王)이 종조부가 되어 소공복에 해당하여 도리어 종의(宗懿) 등 형제의 대공복보다 가볍게 되는 까닭이 된다. 이른바 '부모의 이름을 고칠 수 없다'라는 것은 그 입론의 종지(宗旨)가 오로지 이 한 단락에 있다. 그러나 《의례(儀禮)》의 자최부장기(齊衰不杖期) 장에서 말한 '다른 사람의 후사가 된 자는 부모를 위해 보답한다.'라고 한 것은, 그 보답이 서로 보답하는 것이다. 백부·숙부가 형제의 아들에게, 형제의 아들이 백부·숙부에게 모두 자최(齊衰) 기년복을 입고, 출계하여 후사가 된 자식은 본생의 부모를 위해 자최(齊衰) 기년복을 입고 후사가 된 부모를 위해 참자(斬齊)를 입는 것이니, 후사가 된 부모를 부모로 삼고 본생의 부모는 백숙(伯叔) 부모로 삼는 것이 바로 바꿀 수 없는 통론인 것이다. 구양공은 고친다고 칭한 것을 잘못 의심하여 상복도 여기에 따라 바꾸어 강복하게 되었다. 지금 만약 본생부를 백숙부라고 한다면, 마땅히 본래의 기년복에서 두 등급 강복하여 소공복이 된다. 참자(斬齊)에서 두 등급을 강복하여 부장기(不杖期)로 되는 것처럼 여겼기 때문에 이러한 설이 나오게 된 것이다. 그러나 예에는 이른바 강복(降服)이 있고 이른바 명복(名服)이 있다. 강복(降服)은 본래의 상복에서 강등하는 것으로, 출계하여 다른 사람의 후사가 된 자가 본생의 부친을 위해 참최(斬衰)에서 강복하여 부장기(不杖期)로 하는 종류가 이것이다. 명복(名服)은 그 명칭으로 복을 입는 것이다. 형제의 자식이 세모(世母, 백모)와 숙모(叔母)를 위해 어머니의 명칭으로 복을 입는 종류가 이것이다. 남자가 후사로 출계하거나 여자가 시집간 경우에는 본종(本宗)에 대하여 모두 본래의 복에서 등급을 감할 뿐이다. 어찌 일찍이 이미 명칭으로 강복을 했는데, 또 그 명복(名服)에서 차례차례 강복하는 예가 있었는가? 이는 예를 아는 자를 기다리지 않아도 변별할 수 있다. 게다가 상복에서 정복(正服)과 의복(義服)을 구분하여 더하거나 강복하는 것은 주석가들에게서 나왔으니, 그 설에서 '자식은 부친을 위해, 아내는 남편을 위해, 첩은 임금을 위한 것 등이 정참(正斬)이고, 신하가 임금을 위해, 제후가 천자를 위한 것 등이 의참(義斬)이다.'[20]라고 했다. 무릇 부부는 의(義)로 맺어졌으나 이미 남편에게 시

20 자식은……의참(義斬)이다 : 《의례(儀禮)》 〈상복(喪服)〉의 가공언(賈公彦) 소(疏)에 나온다.

집을 갔다면 아내는 남편을 위해 참최복을 입어 오히려 정복(正服) 조항에 들어가게 된다. 하물며 다른 사람의 후사가 된 자식이 본생의 부친을 위해 자최(齊衰) 기년복을 입고 후사가 된 부친을 위해 참최복을 입는 것은, 바로 자식의 부친을 위한 정복(正服)이니 어떻게 의(義)로 이름 붙일 수 있겠는가! 자식이 후사가 된 부친을 위해 참최복을 입는 것이 의복(義服) 조항에 들어간 것은 개원례(開元禮)의 잘못인데, 구양공은 이것에 근거하여 주장을 한 것이다. 그러니 다른 사람의 후사가 된 자가 본생의 부친을 위해 부장기(不杖期)의 복을 입더라도 부모의 명칭은 본디 본생에 있고 후사가 된 사람은 줄 수가 없는 것이다. 후사가 된 부친을 위해 참최복을 입더라도 필경 바른 것은 아닌 뜻이 되니, 예(禮)의 이른바 '다른 사람의 후사가 된 자가 아들이 된다'나 '후사가 된 부모의 형제 및 자식을 위해' 등의 글은 모두 허위·가식의 수사이다. 어찌 성인께서 가르침을 세워 후세에 전한 뜻이겠는가? 아아, 예를 논의하는 사람들을 이름하여 취송(聚訟)[21]이라 한 것은 옛날에 누가 그랬는가. 〈상복(喪服)〉의 이 절은 본래 매우 어렵거나 난해한 뜻이 없는데, 구양공의 학식으로 오히려 온전히 살피지 못하고 곡해하여 점점 틀리고 어그러져서 마침내 천하 후세의 기롱을 면할 수 없게 되었다. 독례(讀禮)가 어찌 어렵지 않은가!

歐陽子上濮議, '以爲爲人後者, 爲本生父母服可降, 而父母之名不可改.' 當時如司馬公范蜀公諸賢, 皆斥之爲姦邪之論, 後之尙論者, 亦不能無疑於公之此議, 或出於媚悅之計. 以余考之, 殆不然也. 今讀公奏疏文字, 其指陳君德闕失, 辨別君子小人進退消長之機, 明白剴切. 反復詳盡, 無有一毫退縮顧瞻底意. 况濮王典禮, 卽有國之至大事, 以公之剛介, 决不肯曲學以阿附矣. 此盖公讀禮不熟而率爾立論也. 按議濮王典禮箚子曰, "儀禮喪服記曰, '爲人

---

21 취송(聚訟) : 《후한서(後漢書)》〈조포열전(曹褒列傳)〉의 "예를 논의하는 사람들이 모인 것을 이름하여 취송(聚訟)이라 하니, 서로 이의를 제기하여 끝내 결론을 내지 못한다.(會禮之家, 名爲聚訟. 互生疑異, 筆不得下.)"에서 유래한 말이다.

後者, 爲其父母報.' 報者齊衰期也, 謂之降服, 以明服可降, 父母之名不可改也." 又曰, "子爲父母服, 謂之正服. 出爲人後者, 爲本生父母齊衰期, 謂之降服. 又爲所後父斬衰三年, 謂之義服. 今若以本生父爲皇伯, 則濮安懿王爲從祖父, 反爲小功, 而宗懿以下本生兄弟, 於禮雖降, 猶爲大功. 上於濮王父也, 反服小功, 於宗懿等兄弟也, 反服大功. 此自古所以不稱所生父爲伯父叔父者, 稱之則禮制乖違, 人倫錯亂如此." 竊詳公意, 盖謂爲人後者, 爲本生父母服, 由斬齊而降爲不杖期, 是降二等也. 今若稱爲伯叔父, 則又由期年而降爲小功, 小功之服, 本從祖叔父之服, 所以謂濮王爲從祖父, 當服小功而反輕於宗懿等兄弟大功之服也. 所謂父母之名不可改者, 其立論宗旨, 專在此一段. 然儀禮齊衰不杖期章云爲人後者, 爲其父母報, 報者兩相爲報也. 伯叔父之於兄弟之子, 兄弟之子於伯叔父, 皆服齊衰期, 出後子爲本生父母, 服齊衰期, 爲所後父母斬齊, 則謂所後父母爲父母, 而謂本生父母爲伯叔父母, 卽不易之通義也. 歐公謬疑稱謂一改, 服術亦從而遞降. 今若謂本生父爲伯叔父, 則當從本服期而降二等爲小功, 如從斬齊而降二等, 爲不杖期之比, 故有是說. 然禮有所謂降服, 有所謂名服, 降服者從本服而降也. 如出後子爲本生父, 從斬衰而降爲不杖期之類是也. 名服者以其名服之也. 如兄弟之子爲世母叔母, 以母名服之類是也. 凡男出後, 女適人者, 其於本宗, 皆從本服減等而已. 曷嘗有旣降其名, 又從其名服而節次遞減之例哉? 此不待知禮者而可辨矣. 且夫喪服之分正義加降, 自疏家發之, 而其說云, '子爲父妻爲夫妾爲君等是正斬, 臣爲君諸侯爲天子等是義斬.' 夫夫妻以義牉合, 而旣已移天於夫, 則妻爲夫斬, 尙入正服條. 况爲人後者爲之子, 爲本生父齊衰期, 而爲所後父服斬, 則是乃子爲父之正服, 何名爲義哉! 其以子服所後父斬, 入於義服條, 卽開元禮之陋, 而公乃據以爲說. 然則爲人後者, 爲本生父, 雖服不杖期, 而父母之名稱, 故在於本生, 而所後不得與也. 爲所後父雖服斬衰, 而畢竟非正伊義, 則禮所謂爲人後者爲之子, 爲所後者之父母昆弟若子之文, 皆虛僞假飭之辭也. 是豈聖人設敎立後之意哉? 嗚呼! 議禮之家, 號爲聚訟, 誰昔然矣, 而喪服此節, 本無艱深難解之旨. 以公之學識, 猶不能諦悉, 曲生異解, 轉輾差謬, 卒不免天下後世之譏議. 讀禮豈不難哉!

《고려사高麗史》〈교사지郊祀志〉 뒤에 쓰다

書高麗史郊祀志後

동사(東史)를 살펴보니, 신라(新羅)가 하늘에 제사를 지낸 것이 세상에서는 영일현의 일월지(日月池)에서 했다고 한다. 고구려(高句麗)는 10월에 하늘에 제사를 지냈고, 백제(百濟)는 사중월(四仲月, 2월·5월·8월·11월)에 하늘과 오제(五帝)의 신에게 제사를 지냈다. 부여(夫餘)는 납월제(臘月祭)를 지냈고, 예(濊)는 시월제(十月祭)를 지냈다. 신라 말엽과 고려 초기 사이는 어수선한 난세라 무지몽매하게 무너져가는 풍속이었다. 하늘에 제사 지내는 예는 각각 그 국가의 풍속에 따르고 일정한 제도와 항상 정해진 날이 없었다. 고려에서 비로소 중조(中朝)를 섬기며 제단과 기물, 폐백을 모두 옛 제도를 모방하여 맹춘(孟春) 신일(辛日)에 제사를 지낸 것은 노(魯) 나라 예를 따른 것이다. 동중서(董仲舒)는 "노(魯) 나라가 어떻게 교(郊) 제사를 지낼 수 있었나? 주공(周公) 때문이다. 그러나 동지(冬至)로 날을 잡지 않은 것은 왕실을 피해서이다."라고 했다.[22] 대개 동지에 하늘에 제사 지내는 것은 주(周)의 정례(正禮)라서 바꿀 수가 없는 예이다. 또한 맹춘(孟春)의 기곡제(祈穀祭)도 교(郊) 제사라 이르기 때문에, 노나라는 하늘에 제사 지내지만 천자(天子)의 정례(正禮)를 참용(僭用)할 수 없어, 맹춘(孟春)의 기곡례(祈穀禮)를 사용한 것이다. 지금 고려의 교(郊) 제사가 동지에 하지 않고 반드시 맹춘(孟春)에 행한 것은 또한 천자의 뜻을 피한 것이리라. 그렇지만 교사(郊祀)의 예는

---

22 동중서(董仲舒)는……라고 했다 : 마단림(馬端臨)의 《문헌통고(文獻通考)》와 진혜전(秦蕙田)의 《오례통고(五禮通考)》에서는 모두 당나라 경학가 조광(趙匡, 자(字)는 백순(伯循))의 말로 나온다.

전적에서 이르기를, "단군(檀君)의 옛 풍속을 계승하여 계속 거행하고 그만두지 말아야 한다."라고 했는데, 시조를 배향한 것은 참람된 것이다. 노나라는 주공(周公)으로 교 제사를 지내며 후직(后稷)으로 기(杞) 나라에 배향했고, 송(宋) 나라는 두 왕의 후예로 교 제사를 지내며 기(杞) 나라에 우(禹) 임금을 배향했고, 송(宋) 나라에 설(契)을 배향했다. 지금 조그마한 변방의 나라 임금이 주인이 되어 상제(上帝)를 배향하니, 하늘이 어찌 기꺼이 돌아보며 흠향하겠는가!

按東史, 新羅祭天, 俗傳在迎日縣, 名日月池. 高勾麗以十月祭天, 百濟以四仲月祭天及五帝之神, 夫餘以臘月祭, 濊以十月祭. 羅麗之際, 草昧屯荒, 貿貿乎瓦坏之風矣. 祭天之禮, 各緣其國俗, 無定制無常日. 麗氏始事中朝, 壇壝器幣, 悉倣古制, 而祭用孟春辛日者, 遵魯禮也. 董氏仲舒曰, "魯曷爲郊? 周公故也. 不於日至, 避王室也." 盖冬至祭天, 周之正禮, 不可得而易者也. 又有孟春祈穀之祭, 亦謂之郊, 魯雖祀天, 不敢僭用天子之正禮, 而用孟春祈穀之禮. 今麗氏之郊, 不以日至而必用孟春者, 其亦避天子之意也歟! 雖然郊祀之禮, 籍曰'承檀君之舊俗, 有擧莫廢', 而以祖配食則僭矣. 魯以周公故郊, 而以后稷配杞, 宋以二王後故郊, 而杞以禹配, 宋以契配. 今以蕞爾侯邦之君, 而作主配食於上帝, 天其肯顧歆哉!

기해예론己亥禮論 뒤에 쓰다

書己亥禮論後

기해예송(己亥禮訟)[23]은 나라를 위한 큰 논의이니, 그 설이 누가 맞고 누

23 기해예송(己亥禮訟) : 효종(孝宗) 10년인 기해년(己亥年, 1659)에 효종이 승하하자, 효종의 모후인

가 그른지는 차치하고 올바른 사람들을 미워하는 무리들이 이 틈을 이용하여 모함하는 계제로 삼아 하늘에까지 닿는 사화(士禍)를 일으켰다. 아아, 차마 말할 수 있겠는가! 무릇 예를 논하는 사람들을 취송(聚訟)이라 이름하니 갑가을부(甲可乙否) 하며 또한 각자 자기 의견을 진술할 뿐이다. 지금 한마디 말이 합치하지 않으면 물과 불처럼 나뉘어 창칼을 들고 싸우는 지경에 이르러 나겸길망(羅鉗吉網)으로[24] 좌우를 단련하여 죄를 꾸며내 신하에게 극형을 몰아간 이후에야 그쳤다. 옛날에도 이러한 것이 있었는가? 지금까지 100여 년 동안 예를 논하는 선비들이 말이 예송(禮訟)에 이르면, 오훼(烏喙)와 마간(馬肝)처럼 사람을 죽이는 약같이 보고 손을 내젓고 목을 움츠리며 감히 한마디도 입 밖에 내지 않아, 또한 축적된 위엄과 남은 화염이 오래될수록 더욱 맹렬해짐을 볼 수 있으니, 저 당인들의 죄는 위로 하늘에까지 통하였다. 설사 그 설이 십분 맞다고 하더라도 왕망(王莽)이 《주례(周禮)》를 꾸며 천하에 독을 뿌리는 것과 무엇이 다르겠는가! 그렇지만 내가 일찍이 마음을 차분히 가라앉히고 논한 일이 있다. 주부자(朱夫子)가 영종(寧宗)의 승중복(承重服)을 논한 것을 오히려 자신할 수 없었는데, 후에 정강성(鄭康成)의 예설(禮說)을 얻은 후에 비로소 정했다.[25] 만약 근거할 만한 정현의 설이 없었다면 주부자도 반드시 자기 견해를 고집하지 않았을 것이다. 우리 조선의 퇴도(退陶) 선생은 공의전(恭懿殿)의 복제를 논하면서 형수와 시동생 관계의 복으로 정했는데, 기고봉(奇高峯)이 계

자의대비(慈懿大妃)의 복(服)을 삼년(三年)으로 정하느냐, 기년(朞年)으로 정하느냐에 대한 예설(禮說)의 논쟁이다. 남인(南人)인 허목(許穆)·윤휴(尹鑴) 등은 삼 년설을 주장하였고 서인(西人)인 송시열(宋時烈) 등은 기년설(朞年說)을 주장하였는데, 결국에는 기년설로 정해졌다.

24 나겸길망(羅鉗吉網) : 당나라 천보(天寶) 연간에 이임보(李林甫)가 재상이 되자, 자신과 뜻을 달리하는 사람들을 제거하기 위하여 나희석(羅希奭)과 길온(吉溫)을 어사로 등용하여 무고한 사람들을 무함하고 원옥(冤獄)을 만들어 내었다. 이에 당시 사람들이 '나겸길망(羅鉗吉網)'이라고 칭하였다. 《구당서(舊唐書)》〈혹리열전(酷吏列傳)·나희석(羅希奭)〉에 나온다. 후에 붕당을 지어 간사한 짓을 하며 무고한 사람들을 해치는 것을 뜻하는 말로 쓰인다.

25 주부자(朱夫子)……정했다 : 송나라 영종(寧宗)이 그의 할아버지인 효종(孝宗)이 사망하자 승중복(承重服)을 입었는데, 여기에 관하여 여러 논의가 있었다. 이와 관련된 논의는 이익의 《성호사설(星湖僿說)》〈영종승중(寧宗承重)〉에 정리되어 있어 참고할 수 있다.

체(繼體)의 뜻으로 반박하자 선생이 부끄러워하였다.[26] 예를 의론하는 잘못이 어찌 대현(大賢)에 손상이 있겠는가? 내가 생각하기에 기해예송(己亥禮訟) 또한 현자의 실수이다. 왜 그렇게 말하는가? "적통은 둘이 없고 참최복은 두 번 입지 않는다.(無二統不貳斬.)"[27]라는 것이 예론(禮論)의 종지(宗旨)이다. 적통은 둘이 될 수 없기 때문에 참최복 또한 두 번 입을 수 없다. 그래서 이미 첫째 아들을 위해 참최복을 입었으므로 둘째 아들을 위해 참최복을 다시 입을 수는 없는 것이다. 그러나 이(貳)는 갈린다는 뜻이다. 다른 사람의 후계로 나간 자식이 이미 뒤를 이은 부친을 위해 참최복을 입고 본 생부를 위해 또 참최복을 입었다면 본을 달리하는 것이다. 출가한 여자가 남편을 위해 참최복을 입고 또 부친을 위해 참최복을 입었다면 하늘을 달리하는 것이다. 이와 같은 경우 참최복을 두 번 입고 적통을 둘로 한다는 것이 가능하다. 만약 아버지가 장자를 위해 참최복을 입었다면 바로 전중(傳重)의 정복(正服)이다. 불행히 첫째 아들이 죽고 둘째 아들이 이어받았다면, 이 또한 전중(傳重)의 복(服)이다. 또 불행히 셋째와 넷째가 이어받았다면 역시 이것도 전중(傳重)의 복(服)이 된다. 비록 참최복을 열 번 입는다고 하더라도 전하는 바의 적통은 하나이니, 무슨 갈리는 혐의가 있겠는가! 지금 〈상복(喪服)〉의 가공언(賈公彦) 소(疏)를 검토해보면, "첫째 아들이 죽으면 적처(適妻) 소생의 둘째 아들을 세우는데, 또한 장자(長子)라 이름한다."라고 하였다. 이 글의 뜻을 자세히 살펴보면 다음과

---

26 퇴도(退陶) 선생은……부끄러워하였다 : 공의전(恭懿殿)은 인종(仁宗)의 비인 인성왕후(仁聖王后)이다. 당시 조정에서 공의전이 명종(明宗)에게는 형수가 되니 복을 입지 않는 것이 당연하다고 하였고, 퇴계 이황도 형수와 시동생의 관계로 보아서 무복(無服)으로 결정하였다. 이에 기대승(奇大升)이 "어미가 장자(長子)를 위하여 자최 삼년복(齊衰三年服)을 입는 것이니, 동진 효무제(東晉孝武帝)의 태후(太后) 이씨(李氏)가 효무제를 위하여 삼년복을 입었고, 송 무제(宋武帝)의 태후 소씨(蕭氏)도 무제를 위하여 또한 삼년복을 입었습니다. 형제가 서로 계승함에도 대통(大統)을 계승하는 것이 중대하기 때문에 아들의 복제를 입고, 형후(兄后)도 어미가 아들의 복을 입는 것처럼 중복(重服)을 입는 것이 옳을까 합니다."라고 질문하였다. 그러자 이황은 이중구(李重久)에게 답하는 편지에 "기대승의 글을 받고부터는 부끄러워 등에 땀이 흘러 3일을 그치지 않았다."라고 한 일이 있다. 이익의 《성호사설(星湖僿說)》 〈계체복(繼體服)〉에 자세한 내용이 있어 참고할 수 있다.

27 적통은……입지 않는다 : 기해예송에서 송시열(宋時烈)이 주장하며 한 말이다.

같다. '입(立)'이라는 것은 '또' 세운다는 것으로 일으켜 세우는 것을 이른다. '역(亦)'이라고 말하는 것은 '또'라는 뜻이다. 첫째 아들이 일찍이 장자의 지위에 있다가 수중(受重)하지 못하고 죽었기 때문에 둘째 아들을 다시 세워 또 장자라 이름한 것이다. 만약 첫째 아들이 어린 나이에 죽고 둘째 아들이 성인이 되어 제기를 주관하였다면, 진실로 아버지의 장자를 세우는 것을 왜 기다리며 무엇 때문에 '또 이름한다[亦名]'라고 하겠는가. 무릇 어린 나이에 죽어 성인이 되지 못하였기 때문에 적장자라 하더라도 장자로 대우할 수 없는 것이다. 상복장(殤服章)의 이른바 '적자가 어린 나이에 죽으면 여러 아들들과 같으니, 그가 곡식이 아직 익지 않은 것처럼 성인이 되지 못했기 때문이다. 그러므로 대공(大功)에 동일하게 들어간다.'[28]라고 한 것이 이것이다. 이미 여러 아들과 같아졌으니 어찌 첫째라고 지목할 수 있겠는가? 기년장(期年章)의 '여자가 시집간 경우'에서 전(傳)에서 '부인(婦人)은 참최복을 두 번 입지 않는다.'라고 하였고, 소(疏)에서, '앞 장에서는 다른 사람의 후계가 된 사람이라 했고 장부(丈夫)는 참최복을 두 번 입지 않는다라는 말은 하지 않았는데, 여기 여자 조목에 와서는 부인(婦人)은 참최복을 두 번 입지 않는다고 했으니, 장부에게도 참최복을 두 번 경우가 있는 것이므로 장자를 위해서는 모두 참최복을 입는 것이다.[29] 또한, 임금과 부친이 때를 달리하여 사망하면 부친을 위해 참최복을 늘여서 입으니, 장부에게 참최복을 두 번 입는 경우가 있다고 했다. 주석가는 장부가 참최복을 두 번 입는 뜻을 밝혔는데, 다만 부친을 위해 참최복을 입고 임금을 위해 참최복을 입으면 또한 족하다고 했다. 반드시 장자를 위해 참최복을 입는다는 것으로 먼저 참최복을 두 번 입는 뜻을 밝힌 것은 어째서인가? 무릇 부친을 위해 참최복을 입고 임금을 위해 참최복을 입

28 적자가……들어간다 : 《의례(儀禮)》 〈상복(喪服)〉의 상복(殤服) 부분에 나오는 가공언(賈公彦) 소(疏)이다.

29 부인(婦人)은……입는 것이다 : 《의례(儀禮)》 〈상복(喪服)〉의 기년(期年) 부분이다. 《의례(儀禮)》 문장은 '婦人不貳斬'으로, 원문 '夫人不貳斬'은 필사 과정의 오기로 보인다.

는 것은 참으로 참최복을 두 번 입는다고 말할 수 있다. 그러나 여기에서 저 뜻을 옳게 여겨도 오히려 한계가 없을 수 없다. 만약 아버지가 장자를 위해 참최복을 입는 것은 적통이 있는 곳에 참최복이 따라서 옮겨 가는 것이니, 이미 앞에서 참최복을 입었는데 또 뒤에서 참최복을 입는 것으로 여기에서 참최복을 두 번 입는 뜻이 해치지 않음을 다시 볼 수 있다. 그러므로 먼저 장자를 위해 모두 참최복을 입는 것을 인용했고 뒤이어 임금과 부친을 위해 참최복을 입는 것으로 거듭 증명한 것이니, 이것이 주석가의 정밀한 뜻이다. 그러므로 차적(次嫡) 또한 참최복을 입는 예는 여러 다양한 증거 인용을 기다릴 필요가 없다. 다만 《의례(儀禮)》 〈상복(喪服)〉의 가공언 소(疏)에 근거해 상하로 자세히 풀어보면 확연히 쉽게 보인다. 나머지 여러 조목은 근세의 선유(先儒) 성호(星湖) 이익(李瀷)의 의론[30]이 고거(考據)가 매우 분명하니 여기에서 다시 군말하지 않는다.

己亥禮訟, 爲國大論, 且置其說之孰是孰非, 醜正之徒, 籍此以爲構陷之階, 馴致滔天之士禍. 嗚呼, 尙忍言哉! 夫議禮之家, 號爲聚訟, 甲可乙否, 亦各陳己見已矣. 今也一言不合, 水火斯判, 戈戟相尋, 羅鉗吉網, 左右鍛鍊, 直驅之於人臣之極罪而後已. 於古亦有是否? 于今百餘年來, 議禮之士語到禮訟, 視之若烏喙馬肝殺人之劑, 搖手縮頸, 不敢出一口氣, 亦可見其積威餘焰, 愈久而愈烈也. 彼黨人者之罪, 上通於天矣. 縱使其說十分是當, 與王莽之文周禮以流毒天下, 何以異哉? 雖然愚嘗平心而論之, 朱夫子論寧宗之承重服也, 猶不能自信, 及後得鄭康成禮說而始定, 向使無鄭說之可據, 則夫子亦必不膠守己見矣. 我朝退陶先生論恭懿殿服制, 定爲嫂叔之服, 奇高峯以繼體之義難之, 則先生爲之愧屈. 議禮之失, 何損於大賢? 愚謂己亥禮訟, 亦是賢者之一失也. 何以言之? 無二統不貳斬, 卽禮論之宗旨, 統不可以二, 故斬亦不可以貳. 所以旣爲第一子斬, 不得復爲第二子斬也. 然貳者歧貳之謂也. 出後子旣斬

30 이익(李瀷)의 의론 : 이익의 《성호사설(星湖僿說)》 〈계체복(繼體服)〉 부분을 가리킨다.

於所後父, 而又斬於本生父則貳本矣. 出嫁女旣斬於夫, 而又斬於父則貳天矣. 若是者謂之貳斬而二統可也. 若夫父爲長子斬, 卽傳重之正服, 不幸而第一子死, 第二子承之, 亦此傳重之服, 又不幸而第三第四承之, 亦此傳重之服. 雖十斬, 所傳之統則一也. 夫豈有歧貳之嫌哉? 今以喪服疏考之, 有曰第一子死則取適妻所生第二子立之, 亦名爲長子. 詳此文義, 曰立曰亦立者, 建而樹之之謂也. 亦之爲言又也. 第一子曾居長子之位, 不及受重而死, 故更立第二子而亦名長子. 若第一子殤死, 而第二子成人而主器, 則彼固爲父之長子, 何竢於立, 何以云亦名也? 且夫殤不成人, 故雖嫡長子, 不以長待之, 殤服章所謂嫡子殤死, 與衆子同者, 以其不成人, 如穀物未熟, 故同入於大功者是也. 旣同之於衆子, 則安得以第一子目之邪? 期年章女子子適人者, 傳曰夫人不貳斬也, 疏曰前斬章云爲人後, 不云丈夫不貳斬. 至此女子子云婦人不貳斬者, 丈夫容有二斬, 故有爲長子皆斬, 又君父別時而喪, 仍得爲父伸斬, 則丈夫有二斬云云. 疏家發明丈夫二斬之義, 但曰爲父斬爲君斬亦足矣, 而必以爲長子皆斬, 先釋二斬之義何也? 夫斬於父斬於君, 固可謂二斬, 而此正彼義, 猶不能無界限. 若夫父爲長子斬, 統之所在, 斬隨之而移, 旣斬於前, 亦斬於後, 於此益可見. 不嫌二斬之義, 故先之以爲長子皆斬, 繼又以爲君父斬申證之, 此疏家之精義也. 然則爲次嫡亦斬之禮, 不待旁引博證, 只就喪服本疏而上下細繹, 則皎然易見矣. 自餘諸條, 近世先儒李星湖瀷之所論, 考據頗核, 玆不復贅云.

외삼촌 능주목사綾州牧使 이공李公, 이항한(李恒漢) 유사遺事

內舅綾州牧使李公遺事

공의 타고난 자질은 이미 도에 가까웠고 평소 집안에서의 행실을 엄격하게 단속하였다. 성동(成童) 무렵에 우리 외할아버지 충정공(忠正公)[31] 양자로 출계(出系)하니, 곧 좌우에서 정성껏 모시고 온화하게 깊이 사랑하면서

유순한 태도를 보였다. 충정공은 집안 사람들에게 자주 칭찬하면서, "누가 내가 낳은 자식이 아니라고 하는가?"라고 하였다. 충정공이 질병이 들자 앵두와 잘 익은 배를 드시고 싶어 하셨으나 제철이 아니라서 결국 드리지 못하여, 공 자신도 종신토록 입에 대지 않으셨다. 혹 잔치로 모였을 때 친구들이 괴이하게 묻자, 공은 머뭇거리며 "우연일 뿐이야."라고 하였다. 어머니께서는 매양 이를 거론하시며 우리들을 다음과 같이 가르치셨다. "너희 외삼촌이 앵두와 배를 드시지 않는 것은 효성스럽다 할 만하지만, 이것도 소소한 예절일 뿐이야. 평생토록 입에서 끊고 이 일을 언급하지 않으니, 안으로는 스스로 그 정성을 다하였고, 밖으로는 다른 사람들에게 내보이려 하지 않았지. 이것이 참된 효자의 마음 씀씀이야. 옛사람들의 말에 넓적다리를 베고 묘 옆에 여막을 짓고 살았다는 이야기가 있는데, 자식으로서의 지극한 행동이지만 한 터럭이라도 다른 사람들에게 보이려는 뜻이 있다면 효가 아니지. 이것이 참과 거짓의 분별이야. 너희들은 힘쓰도록 해라."

충정공께서 돌아가신 후, 공의 어머니 최씨 부인께서는 집안일을 공의 아내 심 씨(沈氏)에게 맡겼다. 공은 최씨 부인을 모시며 말씀하시기 전에 미리 그 뜻을 받들어 행하였고, 온 힘을 다하여 봉양하였다. 부인께서 혹 영위하는 바가 있으면 공은 반드시 온 마음을 다하여 경영하여 부인의 마음을 순히 하고 맞추는 것을 주로 하는 것에 힘썼다. 전원(田園)에서 해마다 들어오는 것이나 일용하는 자산 등 모두를 아뢴 후에 행하며, 감히 실오라기 하나도 자신이 사사로이 쓰지 않았다. 일찍이 부인께 진지를 올릴 때 우연히 밥상에 생선 한 마리가 올려졌는데, 최씨 부인께서는 생선을 매우 좋아하시지 않았으므로 드시지 않았다. 공은 밥상 앞에서 무척

---

31 충정공(忠正公) : 이이장(李彜章, 1708~1764). 본관은 한산(韓山), 자는 군칙(君則), 호는 수남(水南). 1724년(경종 4) 사마시에 합격하고, 1735년(영조 11) 증광문과에 병과로 급제하였다. 1739년 전라도 암행어사를 거쳐 그 해에 부교리가 되었다. 1748년 동지 겸 사은사(冬至兼謝恩使)의 서장관으로 청나라에 다녀왔다. 이듬해인 1749년 부승지에 오르고, 그 뒤 외직인 장단부사와 동래부사를 역임한 뒤 1762년 도승지가 되었다. 이조판서에 추증되었고, 시호는 충정(忠正)이다.

마음 아파하며, "비록 작은 음식이라도 나 스스로를 봉양하고 부모님께 드리지 못하는 것은 내가 불효하기 때문이다. 저 아녀자들이 무슨 잘못이 있겠는가?"라고 하며 먹지 않았다. 심씨(沈氏)는 놀랍고 두려워 비녀와 귀고리를 빼고 사죄하니, 최씨 부인께서 힘써 그만두게 한 뒤에야 그쳤다.

공의 친어머니 윤 씨 부인은 향리에서 가난하게 살았는데, 공이 북당(北堂)으로 받들어 맞아들여 물심양면으로 극진히 봉양하였다. 부인이 만년에 등창이 나서 매우 위태로웠는데, 공이 입으로 독피를 빨아내어 마침내 병이 나았으며 84세에 돌아가셨다. 공은 항상 집안사람들과 옛일을 이야기하다 문득 눈물과 콧물을 줄줄 흘리며, "나의 친어머니께서는 천품이 매우 돈후하시고 기체도 강직하셔서 반드시 장수하셨을 텐데, 중년에 물긷고 절구질하느라 과로하셔서 마침내 백 세의 긴 수명을 누리지 못하셨다. 이것이 내 평생의 지극한 한이다."라고 하셨다.

충정공께서는 예전(禮典)으로 가정을 다스렸고, 선조를 받드는 데 있어서는 더욱 삼가고 조심하시어, 그 시기에 맞추어 필요한 물품을 갖추는 것을 반드시 정성과 공경으로 하셨으며 수량을 삼가 잘 헤아려 제사 음식을 장만하고 도식에 따라 제수를 진설하셨다. 형뢰(鉶罍)와 포작(蒲勺)같은 그릇과 술잔 종류들도 모두 비축하고 완비하여, 인정(人情)과 예문(禮文)이 모두 갖추어져 세상에서 집안의 법도를 말하면 먼저 손을 꼽았다. 공이 가업을 이어받아 한결같이 예전 법도를 준수하여 삼가 지키며 추호라도 감히 바꾸지 않았다. 장차 제사를 지내려고 하면 기일 전에 동복들을 데리고 집안 곳곳을 청소하며 해가 저물도록 피곤한 줄을 몰랐다. 엄동의 매서운 추위에도 반드시 목욕재계한 뒤 새 옷으로 갈아입고 제사를 지냈으며, 제사 음식을 만드는 저녁때에도 반드시 몸소 임하였다. 과일의 꼭지와 떡의 고물, 희생과 고깃국의 가죽과 털, 저민 고기 등은 모두 그릇에 담아 보관하여 일이 끝나기를 기다렸으니 더럽혀질까 두려워서였다. 매년 봄과 가을로 시향(時享)을 지낼 때 우리 형제는 제사를 올리는 대열에 가서 섰는데, 제기가 정갈하고 제수가 향기로웠다. 공과 부인께서는 복장을 갖춰 입고 자리에 나아가 학 같은 모습으로 절을 하고 술잔을 주고 받으며 동동히 공경하고 조심하는 모습과 제사 올리는 데 온갖 정성을 보였다. 우리 형제는 물러 나와 서로 말하길, "외삼촌의 제례(祭禮)는 거의 도에 가깝다. 참으로 충정공(忠正公)께서 남기신 법도에 부끄럽지 않구나."라고 하였다. 우리 선비(先妣)께서도 일찍이, "제사 지내며 조상신이 흠향하고 이르는 이치가 없다면 끝이지. 그렇지 않다면 우리 선조의 영령이 반드시 동생의 정성을 흠향할 것이야."라고 하셨다. 만년에 가계(家計)가 영락하여 혹 《예기(禮記)》의 '전지(田地)가 없으면 천신(薦新)만 한다.'[32]는 글귀를 인용하여 "시향(時享)은 임시로 안 해도 됩니다."라고 말씀드리면, 공께서는 "'제사는 집안의 재산이 있고 없음에 맞게 한다.'[33]라고 했다. 진실로 능력이 부족하다면 기제(忌祭)를 차라리 폐할지언정 시향(時享)을 어찌 그만두겠는가?"라 하시고는 마침내 예에 맞게 행하셨다.

충정공(忠正公)에게는 딸이 넷 있는데, 선비(先妣)는 그중 둘째이고 정씨(鄭氏) 집에 시집간 막내는 공과 동갑이다. 매년 기일이나 명절 때 모든 자매가 모여서 장차 돌아가려고 할 때, 공이 간곡히 만류하여 보름 때까지 머문 적도 있었다. 심부인(沈夫人)은 공의 뜻을 받들어 달고 연한 음식을 준비하여 제공했으며, 혹 감히 부족하다는 말하지 않았다. 매번 중당(中堂)에서 잔치 자리를 베풀며 수저가 교차되었는데, 공은 종일토록 곁에 모시고 앉아 있었다. 형제간에 회포를 풀면서 즐겁고 온화하여 화기(和氣)가 성하게 사람들을 감쌌다. 춘진(春津)의 휘장만 친 즐거움[34]은 이보다 더한 것이 없었다. 정씨(鄭氏) 집에 시집간 막내는 일찍 과부가 되고 자식이 없어, 공은 매우 불쌍히 여기고 주휼(賙恤)하는 것을 마치 미치지 못할까 염

---

32 전지(田地)가 없으면 천신(薦新)만 한다 : 《예기(禮記)》 〈왕제(王制)〉에 나오는 말이다.

33 제사는……맞게한다 : 《예기(禮記)》 〈단궁상(檀弓上)〉에 나오는 말이다.

34 춘진(春津)의 휘장만 친 즐거움 : 춘진(春津)은 춘진(椿津)으로도 쓰는데, 북위(北魏)의 형제애가 돈독한 양파(楊播)·양춘(楊椿)·양진(楊津) 형제를 가리킨다. 이 세 형제는 우애가 좋아 대청에 모여 맛있는 음식을 나누어 먹었고, 밤이 되면 대청에서 휘장만 치고 잠을 잤다고 한다. 《소학(小學)》 〈선행(善行)〉에 이 이야기가 나온다.

려하여 곳간을 기울여 이어주고 집을 사서 도와주었으며, 먼 곳에 갈 때 입는 옷이나 각종 도구도 모두 공이 힘써 주었다. 그러나 재산을 관리하는 것은 조심하지 않아 얼마 가지 않아 탕진되었으나, 공은 전혀 근심스러운 빛이 없었다. 곧 가난한 살림을 벗어나 다시 새롭게 시작하고자 하였으나 힘이 미약하여 그럴 겨를이 없었다. 외지로 벼슬 나가는 것이 아니라면 곧 사람들을 불러 한솥밥을 먹은 것이 1년에 혹 반이 넘었고, 벼슬에서 돌아오면 하인들이 분주히 왕래하며 아주 작은 것이라도 반드시 나누었다. 아아, 공과 같은 자는 이른바 인륜에 돈독한 자가 아니겠는가!

공은 재물에 임하여서는 베풀어 주기를 즐겼고 저축하는 것을 좋아하지 않았다. 고을 수령이 되었을 때 향리의 제종(諸宗)이 혼인이나 상사 등 큰일이 있으면 모두 속수무책으로 공이 힘써주기만을 바랐다. 비용이 너무 커서 혹 다스리는 고을이 작아 녹봉이 적어 관포(官逋)로 할 수 없게 되면, 농장을 팔아 변상했다. 이 때문에 7개의 고을을 두루 다스렸으나 만년에는 가산이 매우 궁핍했다. 능주부사를 마친 뒤에는 흉년이 크게 들어 식구들이 죽을 끓여 먹으며 아침저녁을 버티는데도 오히려 넉넉하지 않았다. 예전에 공이 영광(靈光) 수령으로 있을 때 녹봉 4백 민(緡)을 남쪽 지방에서 장사하는 옛 겸인에게 내어주어 운반하게 하였는데, 체직되어 돌아온 지 1년이나 되었으나 그 사람은 끝내 종적을 감추었다. 집안 사람들이 이구동성으로 애써 청하며, "지금 굶주리고 곤궁함이 이와 같은데 반 천금이나 되는 재화를 어찌 훔치고 농간부리는 자에게 일임하고 살펴보지도 않으셨나요?" 하니, 공이 웃으며 말했다. "내 어찌 늙고 혼미하여 처자식이 굶고 추위에 떠는 것을 생각하지 않았겠나? 백금은 작은 재화가 아니나 친겸(親傔)은 객상(客商)이 아니고 여러 해 동안 거래한 사람이니, 소식이 단절된 것은 반드시 재물을 다 써버린 지 오래일 것이야. 지금 징수하기로 마음을 정하면 반드시 관부(官府)에 공문을 보내 잡아 가두고 곤장을 칠 것이나, 필경에는 이미 다 써버린 재화를 다시는 회복하지 못하고 단지 사람의 목숨만 해칠 뿐이니, 어찌 일에 보탬이 되겠는가? 내 자주 고을의 수령을 하며 흉년이 들 때마다 세금 징수를 하면 누더기를 걸치고 고니같이 수척한 몸을 한 백성들이 곤장 아래에서 뒹굴며 소리치는 모습을 보게 되어 불쌍하고 서글퍼서 밥도 제대로 넘기지 못하였네. 지금 어찌 내 배를 채우는 일 때문에 이러한 분란을 일으킬 수 있겠는가? 게다가 굶주림과 추위는 명(命)이다. 이 재물이 없다고 나와 너희들이 어찌 갑자기 굶어 죽겠는가? 다시는 말하지 말거라." 그의 사물을 사랑하는 인자한 마음과 재물을 가벼이 여기는 것이 또한 이와 같았다.

공은 만년에 북악산 아래 계산동(桂山洞)에 살 곳을 정했는데, 고지에 건조하고 시원하게 트인 곳이라 땅이 과일을 심기에 알맞았다. 그래서 정원에 좋은 과일을 많이 심어, 매년 여름에 열매가 익으면 시장의 과일 장사를 불러 과일의 상태를 보고 값의 고하를 정한 뒤 과일값을 미리 받아 일용에 충당했다. 과일이 익은 뒤 수확하기 전에 혹 바람 피해를 입거나 절로 떨어지면 여자와 어린아이들이 다투듯 취하여 먹었고, 간혹 온전하고 신선한 것은 공에게 바쳤는데, 공은 준엄하게 물리치며, "나는 이미 그 값을 다 취했는데 또 그 과일을 먹을 수 있겠나?" 하시며 끝내 한 개도 드시지 않으셨다. 이것은 비록 세절(細節)이지만 또한 공을 살필 수 있다. 이문성공(李文成公, 이이(李珥))의 《석담일기(石潭日記)》에 퇴계 선생의 언행 몇 조목을 기록하였는데, 그 중 "선생이 서울에서 벼슬살이하며 성(城)의 서쪽에서 우거할 때, 담 너머 밤나무가 있었는데 아람이 벌어져 집으로 밤알이 떨어지자 선생이 즉시 사람을 시켜 일일이 줍도록 하였다. 그 청렴결백한 것이 이와같이 더할 것이 없었다."[35]라는 기록이 있다. 무릇 대현(大賢)은 대현(大賢)의 덕으로 찬미하며 세절(細節)은 생략하여 적지 않는데, 공의 이 일이 또한 어찌 세절(細節)이라 하여 적게 여기겠는가! 이로 말미암아 그 절조를 확충하면 홀로 거처하며 옥루(屋漏)를 부끄럽게 여기지 않

35 선생이……없었다 : 《석담일기(石潭日記)》 상권에서 1570년 12월 퇴계 이황이 세상을 떠난 일을 기록하며 이와 같은 일화를 같이 실었다.

을 것이며, 의(義)가 아니면 겨자 하나라도 취하지 않을 것이다. 애석하다! 공의 자태에 학문의 공 및 스승과 벗의 힘으로 인도하였다면 그 성취를 헤아릴 수 있었겠는가!

공의 용모는 범상하여 신장은 보통 사람들에게 미치지 못했으나, 단아하고 정중하며 간결하고 삼가 잘 단속하였으며 행동거지가 차분하여, 한 번 보면 사람들이 절로 무람없이 업신여기지 못 하게 하였다. 평소 거처할 때 나태한 기운이 몸에 드러나지 않았고, 속된 말을 평소에 말하지 않았다. 매일 새벽에 일어나 방을 깨끗이 치운 후 책을 손에 쥐고 꼿꼿하게 앉아 계셨다. 집안은 온통 쓸쓸하여 친척들이 모이는 경우가 아니면 바둑 친구 몇 사람뿐이었다.

공이 자제들을 가르칠 때는 몸소 지도하시고, 일찍이 강경하게 법도로 얽매지는 않으셨다. 그러나 혹 잘못이 있으면 바로 엄하게 임하시고 애정 때문에 조금도 용서하시지 않으셨다. 능주에 계실 때 자제들이 과거 시험 보러 가는데 관련된 비용 외에 다시 개인적으로 공금을 지출하자, 공께서 편지를 보내 준엄하게 꾸짖으며, “너희들이 모두 사용하는 것은 보고가 되는데, 다시 무엇 때문에 돈을 지출하였느냐? 간사한 농간에 빠져 줄줄 새는 것이 아니라면 필시 샛길로 빠진 것이리라. 무릇 과거 시험장에서 사용하는 재화는 말세 부귀한 집안의 누습이니, 우리 집안에서는 선세부터 이러한 일이 없었다. 너희들이 어찌 우리 집안의 가풍을 더럽히느냐?” 하니, 자제들이 두려워하며 이에 그만두었다.

충정공(忠正公)께서는 자주 지방 감영을 맡았는데, 녹봉을 쪼개어 선산 아래에 농장 한 구역을 매입하고는 제종(諸宗)들을 모아 조약을 맺기를, 해마다 그 수입을 거두어 원대(遠代) 조상의 제사를 받들기로 하고 ‘추원전(追遠田)’이라 이름하였다. 공께서 벼슬길에 오르신 뒤 가산은 한 자, 한 치도 증식하지 않았으나, 약간의 토지를 매입하여 증익(增益)하여서는 그 조약을 거듭 밝혀 영구하게 준행(遵行)하는 계책을 삼았다. 공이 선인의 뜻과 아름다운 자취를 이어받아 근심스레 선조의 유업을 계승하는 책임은 모두 이러한 부류였다. 공이 일찍이 선비(先妣)에게 다음과 같이 말했다. "저는 불초하게 선인의 음덕으로 벼슬길에 나가서 부유한 마을을 자주 탐내다가 이렇게 늙어버려서, 사람들이 혹 이 한 몸 제대로 도모하지 못한 것을 비웃죠. 만약 제가 시속을 따라 움직여 재산을 불렸다면, 어찌 일생동안 배부르고 따뜻하게 살 수 있는 계책을 만드는 데 부족하겠어요? 그러나 어진 부형을 더럽히고 욕되게 하는 것을 생각하지 않겠어요? 옛글에, '평범한 사람의 자손이 되기는 쉽고 어진 사람의 자손이 되는 것은 어렵다.'라고 하니, 이것이 제가 감히 이것으로 저것을 바꾸지 못하는 까닭이죠." 선비(先妣)께서는 항상 우리들에게 이 말씀을 하시며, "훌륭하구나, 이 말이. 나는 늙도록 본 것이 많다. 그 독실한 행동과 뛰어난 지조는 너희 외삼촌에 비할 사람이 없다. 내가 내 동생이라 사심으로 하는 얘기가 아니다." 하셨다.

이상은 우리 외삼촌 능주공(綾州公)의 유사 10조목이다. 아아, 우리 외삼촌의 효우(孝友) 행실과 청렴하고 결백한 지조는 종당(宗黨)에 훤히 퍼져 인척·친척들에게 전해지던 것으로 나 소자의 개인적인 말이 아니다. 그러나 공의 관직은 낭관에 오래 머무는 것에 불과하여 명예가 당세에 널리 드러나지 못했다. 후한(後漢) 환담(桓譚)의 이른바 '관작과 지위 용모가 사람을 움직이기에 부족하다.'라 한 것을 불행히도 가까이하지 못했으니, 세상에 공을 알지 못하는 자는 물론이고 스스로 공을 안다고 하는 자들 또한 그저 "근칙(謹飭) 하는 선비일 뿐이다."라고 말한다. 가정 내에서 덕을 숨기고 실행하는 것이 이와 같았으니, 누가 깊이 알 수 있겠는가! 지금 공의 무덤 위의 풀은 이미 해를 거듭했다. 사자(嗣子) 동승(東升)도 연제(練祭)를 지낸 뒤 또 사망했으니, 충정공(忠正公)의 종사(宗祀)는 여기에서 실낱처럼 근근이 끊이지 않을 것인가. 하늘 탓인가, 사람 탓인가? 선한 일에 대한 보답은 과연 어디에 있는가? 공의 후손이 미약하여 보고 듣는 것이 점점 멀어져 마침내 기록할 만한 공의 탁월한 행실 또한 인몰되어 징험하지 못할 것을 나는 거듭 슬퍼하였다. 이에 삼가 그 뛰어난 것을 감히 선별하여 이상과 같이 기록하여, 입언(立言)하는 군자가 헤아려 선택하기를 기다린다.

公天資近道, 內行甚飭, 甫成童, 出後於我外王考忠正公, 輒能左右服勤, 藹然有深愛婉容. 忠正公亟稱於家人曰, "孰謂兒非吾之己出也?" 忠正公疾病, 思食櫻桃爛梨而非時也, 不果進. 公自是終身不近口, 或時節燕集, 親朋恠問之, 則公逡廵曰, "偶然耳." 我先妣每擧似以詔不肖等曰, "汝舅之不食桃梨, 可謂孝矣, 而猶是䟽節耳. 平生絶口不言此事, 內以自盡其情而外不欲表襮於人, 是眞孝子之用心也. 古人有言割股廬墓, 人子之至行, 而或有一毫爲人之志則非孝也. 此誠僞之辨也, 汝曹勉之."

忠正公旣捐館, 妣崔夫人傳家政於公室沈氏, 而公事崔夫人, 先意承志, 竭力致養. 夫人或有所營爲, 公必悉心經紀, 務以順適爲主. 凡田園歲入, 資産日用, 皆禀白而後行, 毋敢以絲髮自私焉. 嘗侍食, 偶有一魚鮮之登盤者, 而崔夫人不甚嗜也, 故不以進. 公臨案大傷曰, "雖一味之微, 吾以自奉而不以供親, 是秖緣吾不孝也. 於婦女乎何責?" 却不食. 沈氏惶恐脫簪珥謝罪, 崔夫人力解乃已.

本生妣尹夫人, 鄕居食貧, 公奉迎北堂, 備極志物之養, 而夫人晩年, 嘗患背癰瀕危, 公口吮毒血, 卒以痊復, 壽八十四乃終. 公每與家人話舊, 輒泫然流涕曰, "我本生先妣, 天禀甚厚, 氣體彊渥, 於法必得上壽, 而只緣中歲過瘁於井臼之勞, 竟不能引翼期頤之遐齡, 是余終身之至恨云."

忠正公以禮典治家庭, 尤兢兢於享先之節, 比時具物, 必誠必敬, 謹槩量以備粢盛, 爲啚式以叙饌品, 以至鉶罍蒲勺之屬, 皆儲峙完具, 情文咸稱. 世之言家範者, 指先屈也. 公旣承家, 一遵前規而謹守之, 秋毫毋敢變易也. 將祭輒先期, 率僮僕汛掃庭宇, 日旰忘疲. 雖嚴冬劇沍, 必沐浴澡潔, 更着新衣以將事, 熟設之夕, 必躬親涖之, 果蓏之環蔕, 餠饘之粉屑, 牲殺羹臛之皮毛臠割, 皆器而藏之, 以待事畢, 懼其褻也. 每春秋時享, 余兄弟往陪于祼將之列, 籩豆靜嘉, 焄蒿肸蠁, 公與夫人盛服就位, 鶴拜交獻, 洞洞乎其敬齊之色也, 勿勿乎其祈饗之誠也. 余兄弟退相謂曰, "舅氏之於祭禮, 其幾矣乎. 是眞不愧於忠正公遺範也." 我先妣嘗曰, "祭而無歆格之理則已, 不然則我祖先之靈, 必居歆吾弟之誠矣." 晩年家計旁落, 或引禮經無田則薦之文, 謂時享可權廢, 公曰, "祭稱家之有亡, 苟力不贍則忌祭寧可廢, 而時享胡可停也?" 卒如禮行之.

忠正公有四女, 先妣序居第二, 季鄭氏婦則公同庚也. 每遇忌辰名節, 諸姊妹會集, 將歸則公委曲挽留, 或至旬望. 沈夫人承公意, 甘毳之需, 庋閣而供之, 無或敢告乏. 每中堂肆筵, 匙箸交錯, 公輒終日侍坐, 道故舊抒情素, 愉愉翼翼, 和氣藹然襲人, 春津隔帷之歡, 無以尙也. 鄭氏婦早孀無子, 公憫念賙恤, 如恐不及, 傾困廩以繼之, 買室廬以授之. 以至遠衣諸具, 皆於公乎辦, 而主藏者不謹, 未幾乾沒, 則公絶無幾微色, 輒欲撥貧更新, 而力綿未遑也. 非宦遊于外, 則輒邀致同鼎, 一歲而或過半, 旣歸則書仵織路, 銖龠必分. 嗚呼! 若公者, 豈非所謂篤於人倫者耶!

公臨財, 喜施予厭畜積, 其居邑也, 鄕里諸宗, 凡有婚喪大事, 皆束手仰辦於公. 費用旣廣, 或邑小俸薄, 不能無官逋, 則賣庄以追償之. 以故歷典七邑, 而晩節家産大絀. 旣解綬符, 歲且大侵, 計口作粥, 以支朝夕, 而猶且不給. 先是公倅靈光, 有俸錢四百緡, 出授於舊傔之興販南土者, 使之轉輸, 而遞歸有年, 其人竟無蹤跡. 至是家人交口力請曰, "今飢困如此, 半千金財貨, 豈可一任其偸弄而不何問乎?" 公笑曰, "吾豈老昏, 不念妻孥之飢寒哉! 夫百金非小貨也, 親傔非客商也, 而授受多年, 聲問斷絶, 是其物必消融已久矣. 今欲決意徵收, 則必須移書官府, 囚繫榜笞, 畢竟旣耗之財, 不可復息, 則適足以殘人之軀命而已. 何補於事? 吾屢莅州郡, 每歉歲徵逋, 見鶉衣鵠形之民, 宛轉呼號於箠楚之下, 爲之惻然疚傷, 食不能下咽. 今安可緣吾口腹之累, 故爲是紛紛哉? 且夫飢寒命也, 籍令無此物, 則吾與若, 寧遽至於餓死乎? 勿復言." 其仁心愛物, 輕財賤貨又如此.

公晩卜居於北岳之下桂山之洞, 高燥爽朗, 地宜種果. 故園多名果, 每夏月結子, 召市果人, 視子踈密, 占價高下, 預收直以充日用之費, 而旣熟未及收, 或風損自落, 則媍孺競取啖之. 間又擇其完鮮者, 擎進於公, 公峻却之曰, "吾業已取其直矣, 又從而啖其果乎?" 終不進一枚. 此雖細節, 亦可以觀公矣. 李文成公石潭日記, 錄退陶言行數條, 而其一則曰, '先生宦遊京師, 僑寓城西第, 隔垣有栗林, 房坼子落於寓舍, 先生卽令侍者一一拾還之, 其介潔不可尙如此.' 夫以大賢而贊大賢之德, 不以細節而忽略不書, 則公之此擧, 又烏可以細節而少之哉! 由是而充其操, 則可以獨處不愧屋漏矣, 可以非義不取一芥矣. 惜乎以公之姿, 而導之以學問之工, 師友之力, 則其所成就, 可量也哉!

公貌寢, 身長不及中人, 而端重簡飭, 擧止安詳, 一見使人自不可狎侮. 平居惰慢之氣, 不形於容體. 鄙俚之談, 不發於燕私. 每日晨起潔堂戺, 手一編兀坐, 門巷蕭然, 非親戚會集, 則基朋數人而已.

公敎子弟, 躬率以導之, 未嘗斷斷然以繩尺拘督之. 然或有過失, 則輒莊以蒞之, 不以愛故少假借焉. 其在綾也, 子弟當赴大比, 應干費用之外, 復私支錢物. 公移書峻責之曰, "汝百用告辦矣, 而復支錢何爲? 如非尾閭於奸竇, 則必是輸委於曲徑也. 夫科場用貨, 卽末世綺紈家陋習, 吾家自先世無此事, 汝安得輒汚家風耶?" 子弟惶恐乃止.

忠正公屢按藩府, 割俸廩買庄一區於邱壠下, 會諸宗立條約, 歲收其入, 以奉遠代香火, 名曰'追遠田.' 公旣有宦業, 家産則不長尺寸, 而買田若干畝, 以增益之, 申明條約, 以爲永久遵行之圖. 公之紹先趾美, 恤恤乎堂構之責者, 皆此類也. 公嘗告先妣曰, "弟以無似承先蔭, 屢叨腴邑, 而到老家獛如此. 人或笑弟之拙於謀身, 苟使弟隨俗俯仰, 稍營資産, 則豈不足爲一生溫飽之計耶? 然而獨不念玷辱於賢父兄乎? 傳云爲'衆人之子孫易, 爲賢人之子孫難.' 此弟之所以終不敢以此而易彼也." 先妣每誦於不肖等曰, "旨哉言乎! 吾老閱人多矣. 其篤行特操, 罕有如汝舅之比者, 吾非私於吾弟而然也."

右我舅氏綾州公遺事凡十則. 嗚呼! 我舅氏孝友之行, 廉潔之操, 昭布於宗黨之耳目, 姻親之傳誦, 非余小子之私言也. 然而公官不過於潛郎, 名未顯於當世, 桓譚所謂爵位容貌不足以動人者, 不幸近之, 則世之不識公者固無論, 其自以爲識公者, 亦惟曰謹飭之士而已. 若其家庭之內潛德實行之如此, 夫孰能究知哉? 今公之墓草已再宿矣. 嗣子東升旣練而又沒, 忠正公之宗祀, 於是乎不絶如綫矣. 天乎人乎? 爲善之報, 果安在也? 余重悲公之後承零替, 聞見浸遠, 卒使公操履之卓然可紀者, 亦將湮沒而無徵, 謹敢撮其尤著者件繫如右, 以俟立言君子之裁擇焉.

장모 정경부인貞敬夫人 유씨柳氏를 위한 제문

祭外姑貞敬夫人柳氏文

아아, 부인은 이 세상에 유감이 없다고 할 만하다. 80이 넘는 긴 수명을 누리셨고, 비녀와 귀고리 등 부귀를 다 누리셨으며, 남편의 벼슬과 녹봉이 높은 품계에 올랐고, 자식도 상경(上卿)의 지위에 올랐다.[36] 화려한 수레에 아로새긴 난간, 큰 고을 이름난 도성에 거듭 다다랐네. 서쪽으로는 패수(浿水)에 이르고 북으로 함산(咸山)까지 갔으며, 남으로는 계림(雞林)에 이르렀고 동으로는 선사(仙槎)까지 미쳐 큰 바닷가에서 일출을 보았지. 이것이 부인이 영화를 마음껏 누리고 하늘의 명을 받은 것이다.[37] 종과 거문고처럼 서로 화합이 되어 부부이면서 지기(知己)의 즐거움을 겸하였고, 내

36 남편의……올랐다 : 남편은 이창수(李昌壽, 1710~1777)로 본관이 전주, 자는 인로(仁老)이다. 이조판서, 홍문관제학 등의 벼슬을 지냈다. 아들은 이병정(李秉鼎, 1742-1804)으로 자는 이중(彝仲), 호는 이암(彝菴)이며, 한성부판윤(漢城府判尹), 홍문관제학(弘文館提學), 이조판서(吏曹判書) 등의 벼슬을 지냈다.

37 화려한……받은 것이다 : 이창수는 외직으로 1744년 평안도의 선천부사(宣川府使), 경상좌수사, 1746년에 황해수사, 1749년 함경도 영흥부사(永興府使), 1756년 전라감사, 1761년 평안감사 등을 지냈다.

외의 집안일을 총괄하여 집안이 조정과 같이 정돈되었으며, 출입의 법도를 신중히 하여 만종(萬鍾)을 손바닥 위에서 움직이는 것처럼 쉽게 했다. 장 담그기, 김치 담그기, 술 빚기, 떡 만들기 등 양을 정하고 조화시키는 절도가 모두 품식이 있어 당대 귀족 공경의 집에서 대부분 와서 법을 알아갔다. 이것이 부인이 집안을 잘 다스리고 수신을 잘 한 것이다. 하늘과 사람이 순하게 협조하여 길상이 모두 몰아와, 무릇 부녀자가 원하는 것과 하고 싶은 것, 송축하면서도 다 할 수 없는 것을 부인은 모두 몸소 다 했으니, 얼마나 성한가! 혹자는, "부인의 아름다운 행실과 큰 복이 나이 80까지 왔지만, 경강(敬姜)이 밤낮으로 곡하는 일을 당하여 곡을 했으니[38] 이는 선한 사람에게 복을 준다는 하늘에 의심이 없을 수 없다."라고 말하는데, 이 또한 그렇지 않다. 무릇 여자가 아이를 낳아 아들을 얻으면 그를 위해, "네가 장수하고 귀하게 되길 바란다."라고 빈다. 부인의 윤자(胤子) 상서공(尙書公)이 어린 나이에 재능을 떨쳐 전대의 아름다움을 잘 이어받았고 나이 60이 넘어 색동옷 입은 노래자(老萊子)처럼 어머니를 기쁘게 해드렸으며, 물심양면으로 지극히 봉양하고 공(功)을 이루어 이름을 날렸으니 부인의 처음 바람이 또한 여기에 무엇을 더하겠는가. 다만 부인이 직접 이러한 지경에 이른 것은 큰 슬픔이 되니, 다시 무슨 근심할 것이 있으리오. 게다가 완성하는 것과 무너지는 것, 간 것과 돌아온 것, 굽힘과 폄, 사라진 것과 자라난 것 등 서로 대대(對待)가 되는 것은 조화(造化)의 대단(大端)이면서 하늘이 만물을 범위 짓는 것이다. 상서공(尙書公)의 상에 부인은 다른 자식이 없어 누대의 종사(宗祀)는 오직 손자 조묵(祖默)에게 맡겼으니, 60년 만에 대대로 현달하고 나라에 공을 세운 업적이 어느새 하사(下士)의 한미한 가문이 되어 영락함이 매우 심하게 되었다. 부인은 어린 자

38 경강(敬姜)이……곡을 했으니 : 경강(敬姜)은 춘추시대 노(魯)나라 목백(穆伯)의 부인이자 문백(文伯)의 어머니이다. 일찍 과부가 되었고 예를 잘 알았는데, 남편인 목백의 상에는 낮에만 곡하고 아들인 문백의 상에는 밤낮으로 곡하니 공자가 예를 안다고 한 일이 《예기(禮記)》 〈단궁하(檀弓下)〉에 나온다. 여기서는 아들을 잃은 것을 뜻하는 말로 쓰였다.

손들에게는 부모로서, 집안 사람들에게는 엄한 군주로 우뚝하니 임하여 온갖 법도가 정연하니 명령하지 않아도 다스려졌다. 지금 조묵(祖默) 나이가 스물을 넘겼고 부인의 가도(家道)가 어느 정도 완성된 것은 모두 부인이 돈후하게 인도하고 보익한 남은 은덕이다. 이것으로 보면 갑자년(甲子年, 1744년)부터 지금까지 60년은 바로 부인이 홀로 자리를 지킨 여분이고 하늘이 부인을 도와 그 후손을 클 수 있도록 하여 기운 것을 바로잡고 언덕을 평탄하게 하여 만물을 정성껏 완성시키고 하나도 빠뜨리지 않았다고 할 수 있다. 지금 갑자년의 슬픔으로 부인의 하늘을 의심하는 것은 통달한 논의가 아니다. 부인이 명달(明達)하고 순리에 맡기며 호연하게 전혀 미련이 없는 정을 없애고 홀로 인척들이 우러를 곳이 없어진 슬픔을 생각하지 않았겠는가! 아아, 부인이 상을 당하여 염부터 빈소를 차리는 것까지 복을 입고 당에 위치한 종당(宗黨) 사람들이 소리치고 울며, "우리 집안을 돌봐주던 병풍과 휘장이 걷혔네. 소자들은 어디에 의지하오?" 하였고, 문(免)을 쓰고 여막에 위치한 친척들은 거듭 한숨을 내쉬고 탄식하며, "대가(大家) 규방의 모범이 없어졌도다. 부녀자들은 어디에서 법도를 볼 것인가?" 하였다. 삼베로 북상투를 하고 계단과 마당에 줄지어 선 여종과 종복들은 마치 자기 가족상을 당한 것처럼 어린아이같이 시끄럽게 울었다. 이것으로 부인의 친족들과의 화목한 덕, 아랫사람을 대하는 인(仁)이 거의 모든 사람이 살아서는 그 삶을 영광으로 여기고 죽어서는 그 죽음을 자기 부모상처럼 슬퍼하는 것이 된 것이리라! 아아, 소자(小子)는 12살에 부인의 집안에 장가들어 지금 37년이 되었다. 한 조각 고기도 부인이 반드시 젓가락으로 집어 먹여주었고, 한 자의 옷감도 부인이 반드시 옷상자를 기울여 입혀주었다. 자주 안부를 물어 발걸음이 서로 이어졌고, 지극한 보살핌은 호흡이 닿을 듯하였다. 불쌍히 여기며 급하게 구휼하고 간절히 기대하는 사람들을 간곡하고 자상하게 대해주는 그 은혜가 외손자들에게도 미쳐 따뜻하게 감싸주고 보살펴 돌보고 또 돌봐주었으니, 혹 친어미도 미치지 못한 바가 있었다. 소자는 정에 따라 의리를 표하여 장녀 심씨(沈氏) 며느리에게 기년복을 더하여 부인의 상을 치르게 하였는데, 이것이 어찌 부인이 길러주신 큰 덕에 조금이라도 보답이 될 만하겠는가! 아아, 부인은 장수와 영화를 누리면서도 평소 마음을 어지럽히거나 뜻을 거스르는 일은 전혀 없었고 여생의 마지막까지 힘들게 일하신 것은 태반이 이 사위의 처자식 때문이었지만 내 아내는 하루도 봉양한 적이 없었다. 아아, 예는 왕래를 숭상하는데, 부인이 소자에게 가는 것만 있었고 부인에게 오는 것이 없었다. 은혜는 베풀고 보답하는 것을 주로 여기는데, 부인이 소자에게 베푸는 것만 있었고 부인에게 보답하는 것은 없었다. 이는 내 아내에게 죽을 때까지의 한일 뿐만이 아니니, 부인이 서운함이 없으면서도 서운함이 있는 것이 여기 있지 않겠는가! 그렇지만 사람이 살면서 빈부귀천(貧富貴賤)이 같지 않은 것은 땅에 먼지가 날리고 곡식이 하늘에서 뿌려지는 것과 같으니, 세상의 기구한 사람이 나만 한 이가 없다고 하는 것이 또한 얼마나 많은가. 이것으로 스스로 비유하니, 부인의 서운함은 또한 풀릴 수 있지 않겠는가! 근래에 소자는 강가에 살면서 성안에는 거의 가지 않아 영외(楹外)에서 찾아가 절하는 것도 1년에 겨우 한두 번이었는데, 부인은 반드시 몸소 검칙(檢飭)하고 음식을 장만하여 대접하고는 자상하게 이런저런 말을 하며 늘 보고 싶어 하였다. 지난달 23일에 부인이 병으로 자리에 누우셨다는 소식을 처음 듣고는 다음 날 새벽 아내에게 우선 빨리 편지를 보내고 날이 밝으면 직접 문안드리려고 했는데, 편지가 답장이 오기도 전에 흉보가 전해졌다. 5월에 인사드린 것이 천고의 큰 고별인 사일 줄 누가 생각했겠는가. 애통하다, 애통하다. 게다가 길이 아득히 멀고 일이 너무 많아 장례에도 빠질 수밖에 없게 되었다. 병들었는데도 위독한 때에 문안드리지 못하고, 봉분을 만들 때도 무덤에 임하여 슬픔을 다하지 못하게 되었네. 예전 가르침 어루만지며 괴로운 마음 더욱 슬퍼지니, 내 발이 묶인 것만 같음을 탄식한다. 보는 곳마다 슬픔을 자아내니, 줄줄 눈물을 턱까지 흘릴 뿐이다. 술 한 잔으로 작별을 고하며, 한 번 호곡하고 한 번 절한다. 제물이 비록 많지 않으나, 나의 아내가 주관했고, 글이 비록 다하지는 못했으나, 내가 완성한 것이다. 어렴풋이 영혼이 매우 가까우니, 이 제사를 돌아보고 흠향하시리라. 아아, 애통하다. 흠향하소서.

嗚呼! 夫人之於斯世, 可謂無憾矣. 享耄期之遐齡, 極簪珥之尊富, 從夫而爵班崇品, 有子而位列上卿, 簞笰雕軒, 荐莅雄藩名都. 西至涓水而北暨咸山, 南抵于雞林而東竆于仙槎, 瞻日出於大海之濱, 此夫人之所以飫榮觀而命乎天者也. 鍾瑟偕叶, 以夫婦而兼知己之樂, 總內外之政, 而閫門整若朝典, 謹出入之度, 而萬鍾運之掌上, 以至合醬沈葅酒酏粉餈齊量調和之節, 俱有品式, 一代貴戚公卿之家, 多來取法焉, 此夫人之所以宜室家而脩諸己者也. 天人協順, 吉祥咸湊, 凡婦女之可願可欲, 頌禱而不能盡者, 夫人皆身致之, 何其盛也! 或曰, "以夫人之懿行純嘏, 乃於八耋之年, 奄哭敬姜之晝夜哭, 惟此不能無疑於福善之天也." 是又不然. 夫婦人之生子擧男, 爲之祝曰, "俾而壽而貴而已." 夫人之胤子尙書公, 早歲蜚英, 克趾先美, 壽踰耆艾, 萊衣娛老, 備極志物之養, 而以功名終. 夫人之始願, 亦何以加於是? 特夫人之躬蹈斯境, 爲大慽耳. 亦復奚憾之有哉? 且夫其成也毁也, 其往也復也, 屈伸消長相爲對待者, 造化之大端, 而天之所以範圍萬物者也. 尙書公之喪, 夫人無他子支, 累代宗祀之托. 惟有藐孤孫祖默, 而六十年赫世鍾鼎之業, 居然爲下士寒門, 零悴甚矣. 夫人巋然以臨之, 父母于稚孫, 嚴君于家衆, 百度井井, 不令而治. 今祖默年旣勝冠, 而夫人之家道稍成者, 皆夫人敦庬引翼之餘庥也. 由是觀之, 甲子至今六稔, 卽夫人之閏位餘分, 而天之所以增畀於夫人, 俾大相厥後人, 以傾其否而反其陂者, 可謂曲成而不遺矣. 今以甲子之慽而疑夫人之天, 則非通方之論也. 以夫人明達委順, 而去其必浩然無顧戀之情, 獨不念姻戚失仰之痛耶! 嗚呼! 夫人之喪也, 自斂而殯, 宗黨之繐功而位于堂者, 號咷以泣曰, "吾門之幈幪輟矣, 小子於何依庇?" 親賓之免而序于廬者, 絫唏以歎曰, "大家之閨範亡矣, 婦女安所觀法?" 婢御臣僕之髽麻而列于階于庭者, 嗷嗷然爲孺子慕, 如哭其私焉. 此可以見夫人睦親之德, 逮下之仁, 而庶幾乎生榮而死哀者歟! 嗚呼! 小子年十有二, 而館甥于夫人之門, 于今三十七年矣. 一臠之旨, 夫人必輟箸而食之, 尺帛之溫, 夫人必傾箱而衣之. 問訊之頻則步武相接也, 眷係之偏則呼吸相關也. 恤恤乎其周繼之急也, 肫肫乎其蘄向之切也. 施及於外甥之子女, 煦嫗濡沫, 顧之復之, 盖或有慈母之所不逮焉. 小子緣情而起義, 使長女沈氏婦加服朞年以喪夫人, 此奚足以少酬夫人鞠育之大德也哉? 嗚呼! 以夫人之壽耈尊榮, 平居絶無攖心咈志之事, 而辛勤勞悴於餘光末照者, 太半爲外甥之妻子故也, 而余妻則未嘗有一日之養焉. 嗚呼! 禮尙往來, 夫人之於小子, 其有往而不來乎! 恩主施報, 夫人之於小子, 其有施而無報乎! 此非獨在余妻, 爲沒身之恨, 而夫人之無憾而有憾, 不其在此耶? 雖然人生貧富貴賤之不齊, 如塵之飛於地而粟之雨於天, 世之奇人不如余者, 亦復何限? 持此以自譬, 則夫人之憾, 亦可以釋然矣否乎? 比年以來, 小子卜居江郊, 跡踈城闉, 楹外之拜, 歲僅一再至焉. 夫人必躬自檢飭治膳以待之, 諄諄然絮語以詔者, 盖欲常常而見之也. 前月二十有三日, 始聞夫人寢疾之報, 翌曉先馳書于余妻, 擬俟日高, 躬造省問, 而書未及回, 凶音至矣. 誰料中夏一拜, 奄成千古之大別也. 痛矣痛矣! 重以道塗遼闊, 人事牽掣, 相紼之禮, 亦未免闕然. 疾病而不果承候於垂革之際, 襄封而不克致哀於臨壙之列, 拊前誨而增疚. 嗟余足之如縻, 循境觸緖, 琅琅乎涕之沾頤而已. 單盃告訣, 一嗥一跪, 物雖不腆, 余妻之所營, 詞雖未罄, 余筆之所成. 僾神理之孔邇, 尙顧歆于豆鉶. 嗚呼痛哉! 尙饗.

재종숙부 부사공府使公【낙수洛修】을 위한 제문

祭再從叔府使公【洛修】文

신사년(辛巳年, 1821년) 11월 초2일 기유(己酉)에 재종질(再從姪) 유본(有本)이 삼가 술과 과일로 종증조숙부(從曾祖叔父) 통훈대부(通訓大夫) 부평 부사(富平府使) 서공(徐公)의 영전에 공경스럽게 제사를 올리며 글을 지어 바칩니다. 공의 의표(儀表)를 뵈니, 난새와 고니가 우뚝 서 있는 듯. 공의 조행(操行)을 살펴보니, 옥처럼 깨끗하고 얼음처럼 맑네. 천예(天倪)를 보존하여, 외물이 끼어들지 못하네. 효성스럽고 우애로운 성품, 가정에서 신망을 얻었네. 학교에 입학하여서는, 이름을 드날렸네. 단술의 진한 향같이, 지초의 향기같이. 이러한 운치를 당기니, 누군들 마음이 쏠리지 않으리오. 백년에 한 번 나올 인품, 지금 그 전형을 보네. 이계(耳溪, 홍양호) 선생의 조정에서의 평가, 다시 논평할 필요가 없네. 청묘(淸廟)의 호련(瑚璉) 같아, 기장 같이 좋은 곡물 바치기에 마땅하네. 어찌 뽑아 올리지 않으리오, 밝은 조정을 보필하네. 저 천리마의 발걸음, 백 리를 한 걸음으로 가네. 청렴으로 자신을 검속하고, 인(仁)으로 백성을 보호했네. 유하면서도 강하고, 절개는 돌처럼 굳건했네. 두루 다스린 여러 이름난 고을들, 염교의 뿌리 뽑듯, 물과 같이 더욱 맑아졌네. 남산(南山)의 무너진 집, 수풀같이 풀이 무성했지. 해진 솜 벽에 걸려있고, 항아리엔 낟알 몇 톨 남았네. 고상하게 누워 시를 읊조리니, 세상의 비린 기운 떨어버리는 것 같네. 마음 편한 가운데 날로 아름다워지니, 충만히 그 모습에 나타나네. 얻기 어려운 것은 때요, 가지런하지 못한 것은 정이라네. 꼬투리 잡는 말 수시로 일어나, 혹 탄핵을 만났지. 공은 그래도 여유롭게, 귀막이 한 듯 듣지 못한 듯했지. 아아, 공의 아량, 그 누가 겨루리오. 어찌 말재주를 써서, 누명을 쓰겠는가. 일계는 부족할지라도, 세계(歲計)는 남음이 있었지. 취사(取舍)의 구분은, 위수(渭水)와 경수(涇水)처럼 명확히 나누었네. 고해(苦海) 같은 인생, 침체함이 많고 형통함은 적었지. 수명 칠순을 바라보는데, 육성(六城) 다스리는 것 맡았네. 뜰의 난초 쌍으로 빼어나, 가지 번창했네. 하늘이 보답하여, 또한 이미 풍성해졌네. 어찌 만년에, 온갖 재앙 두루 겪었나. 죽은 이 보내주고 남은 사람 돌보느라, 피눈물 흘리며 외로이 지냈네. 영위(榮衛) 크게 상해, 마침내 일흔에 막혔네. 어리디 어린 손자, 초상으로 갓끈을 맸네. 백발의 아우는, 외로운 그림자로 홀로 걷네. 집안 쇠하고 박복하여, 가는 길에 눈물 떨구는구나. 옛날 공의 삼가례(三加禮, 관례)에, 나는 문안을 드렸지. 나이는 어깨 나란히 하듯 비슷하지만[39], 아버지 항렬이지. 가까운 친척일 뿐 아니라, 성기(聲氣)가 서로 조화를 이루어, 자석이 철을 이끌 듯, 종이 채에 응하여 울리는 것 같았네. 글 모임으로 종유한지, 올해 몇 해던가. 어느덧 양쪽 귀밑머리, 모두 하얀 가닥이 되었네. 영원히 바라보고 의지하며, 후생들에게 길을 열어주었지. 어찌 한 번 병들어, 갑자기 유명을 달리할 줄 생각했겠나. 공은 무슨 서운함이 있겠나, 살아서는 천리 따르고 죽어서 편안해졌으니. 나만 유독 슬픔 머금어, 막막하게 갈 곳 없네. 중추(仲秋)에 재앙 만나, 꿈속에서도 놀라네. 병 조심 경계하며, 문 닫고 두려워하네. 부고 듣고 달려가 곡하고 상복 받아, 달이 바뀌는 것 기다리네. 문득 들으니 아홉 날 그믐에, 호숫가로 상여가 온다 하네. 삭참(朔參)이 선친 기일이라, 날이 서로 같아, 예에 따라 상엿줄 잡는 것 참여 못 하여, 가지 못하고 멀리서 영혼 맞이하네. 명정(銘旌)과 삽선(翣扇) 나부끼며, 천천히 앞의 벌판 지나가네. 백마 타고 맞아 곡을 하니, 응당 거경(巨卿)을 기다린 것이네. 강마을 새벽 잠자고, 날이 새어 울어대네. 저 새와 짐승들을 보아도, 옛날 살던 곳으로 돌아와 슬피우네. 아, 나는 형편없는 사람으로, 차마 공의 영령 등졌네. 흐르는 세월 멈추지 않아, 죽은 혼백 3개월 지났는데, 어느 날인들 잊으리오, 내 마음은 실이 엉킨 것 같았네. 묽은 탁주에 엉터리 글로, 와서 충심 고하니, 따듯하게 웃으며 말함이, 혹 귓가에 들리는 듯하네. 흘릴 눈물 아직 남아, 장차 새 무덤에 뿌리려네. 영령이 모르지 않는다면, 이 술잔 마시겠지. 아아, 애통하다. 흠향하소서.

維辛巳十一月初二日己酉, 再從姪有本謹以酒果之奠, 敬祭于從曾祖叔父通訓大夫富平府使徐公之靈筵, 而文以侑之曰, 覿公儀表, 鵠峙鸞停. 瞷公操履, 玉潔氷瑩. 葆我天倪, 物莫之攖. 惟孝友于, 行孚家庭. 鼓篋膠庠, 游光揚聲. 如醴之醇, 如芝之馨. 挹此風韻, 疇不心傾. 百年人品, 今覯典刑. 耳丈月

39 나이는……비슷하지만 : 서낙수는 1756년생으로 1762년생인 서유본과 6년 차이이다.

朝, 無容改評. 淸廟瑚璉, 宜薦粢盛. 胡不拔茅, 羽儀明廷. 屈彼驥步, 百里是程. 廉以約己, 仁以煦氓. 柔而能剛, 介石之貞. 屢典名邑, 薤水彌淸. 南山破屋, 翳如林坰. 敗絮掛壁, 殘粟棲甖. 高卧哦詩, 若遺氛腥. 心逸日休, 盎然其形. 難得者時, 不齊者情. 瑕摘隨起, 或遭官抨. 公乃油油, 褎如無聽. 猗公雅量, 夫孰與京. 焉用捷給, 坐作幪㡞. 日計不足, 歲計則贏. 取舍之分, 判若渭涇. 苦海人生, 多蹇少亨. 壽望七旬, 符分六城. 庭蘭雙茁, 孫枝茂榮. 天之報施, 亦旣豊盈. 云胡晩節, 百罹飽經. 送往撫存, 血泣煢煢. 榮消衛鑠, 竟闕稀齡. 藐爾孤孫, 因喪冠纓. 白首賢季, 隻影彳亍. 門衰祚薄, 行路涕零. 昔公三加, 我拜門屛. 齒則肩隨, 屬尊父行. 匪直懿親, 聲氣相成. 若磁引鐵, 如鍾應筳. 文社從遊, 今幾周星. 居然雙鬢, 兩俱雪莖. 永言瞻依, 啓迪後生. 那料一疾, 奄隔幽明. 公則何憾, 存順歿寧. 我獨含哀, 倀倀靡征. 仲秋災沴, 寢夢猶驚. 戒在愼疾, 杜門怔營. 奔哭受衰, 擬俟月更. 旋聞九晦, 導靷湖汀. 朔參先忌, 日辰相幷. 禮闕相紼, 跡阻迎精. 有翩旋翣, 迤過前坪. 白馬迎哭, 應俟巨卿. 江天曉枕, 明發嚶嚶. 相彼鳥獸, 反巡悲鳴. 嗟我匪人, 忍負公靈. 流光不淹, 死魄三熒. 曷云日忘, 我懷如縈. 薄醪菲辭, 來訴衷誠. 溫然笑語, 如或承聆. 不盡餘淚, 將灑新塋. 靈如不昧, 尙歆玆觥. 嗚呼痛哉! 尙饗.

사위 윤원강尹元剛【치대致大】[40]을 위한 제문

祭女壻尹元剛【致大】文

아아, 내 듣건대 태평한 시대에는 형이 아우를 위해 곡하지 않고, 아비가 자식을 위해 곡하지 않는다고 하였다. 그 크고 두터운 기운이 유구

40 윤원강(尹元剛)【치대(致大)】: 윤치대(尹致大, 1793~1815)는 서유본의 둘째 사위이다. 본관은 해평(海平)으로 영의정을 지낸 윤두수(尹斗壽, 1533~1601)의 후손이고, 부친은 군수를 지낸 윤종렬(尹鍾烈), 생부는 현감을 지낸 윤승렬(尹昇烈)이다.

하게 밝게 비추어 천지간에 생명을 가진 것들이 병들어 죽거나 요절하는 근심이 있지 않아서이다. 나는 하늘의 백성 중 궁박한 자로 자식을 위해 곡을 하고 눈물을 흘린 뒤에 또 그대의 상에 곡을 하는구나. 아아, 원통하여라. 어찌 나는 많은 재앙이 이 몸에 몰려들고 온몸에 쌓여 신이 이토록 꾸짖는가! 어찌 굳세고 강한 사람은 꺾이고 용렬한 사람들은 온전하여, 세상에 혹 영특한 재주와 훌륭한 자질로 장차 큰일을 하려는 자에게 신명이 반드시 해치고 손상을 입힌 이후에야 그만두는가! 아아, 중고(中古) 이후로 음양의 두 기운이 날로 더럽혀져, 태(胎)에서 태어나는 것들은 유산하지 않고 알에서 부화하는 것들은 알이 깨지지 않는 풍조를 아득히 다시 접할 수가 없게 되었다. 어린아이는 부모를 잃고 노인은 젊은이를 위해 곡을 하며, 형제가 없고 아들이 없는 자의 비참함과 고아와 과부의 애통함이 대대로 계속 이어지니, 또한 기운이 소멸하고 자라는 운(運)에 얽혀 조물자도 그 사이에서 붙들어주거나 억제하지 못하는가! 그만이구나, 그만이구나. 애통하고 애통하다. 아아, 원강(元剛)이여. 그대는 어디로 가는가? 백발 드리운 존친(尊親)께서 안쓰럽게 참최복 입으시고 규방의 젊은 부인은 혼이 녹을 정도로 낮에 곡을 하고 응애응애 우는 더벅머리 아이는 아직 품에서 벗어나지 못했으니, 이는 인간사의 지극히 참혹한 슬픔이라 말하려면 숨이 찬다. 그대의 효순(孝順)과 자혜(慈惠)로 어찌 차마 하루 아침에 훨훨 버려두고 멀리 갈 수 있는가? 그만이구나, 그만이구나. 애통하고 애통하다. 지난 정묘년(丁卯年, 1807년) 내가 딸의 배우자를 구할 때, 존대인(尊大人) 자리 곁의 그대를 한 번 보았는데, 이마가 넓고 시원하여 복스러운 모습[41]에 풍채에서 빛이 발하여, 비유하자면 청묘(淸廟)의 호련(瑚璉)과 같아 기장과 같은 제물은 담을 수 있어도 평소 먹는 일반적인 음식을 바칠 수는 없었다. 이에 마침내 약조를 맺고 돌아왔다. 그해 11월에 그대

41 이마가……모습 : 서각주정(犀角珠庭)은 일각주정(日角珠庭)으로도 쓰는데 이마가 넓고 풍만한, 비범한 모습을 형상하는 말이다.

를 생관(甥館)에서 맞이하여 찬찬히 그 언행을 살펴보니, 말은 공손하고 행동은 바르며 기는 예리하고 낯빛은 온화하여, 단정하고 선량하며 정결한 길사(吉士)였다. 문조(文藻)를 일찍이 성취하여 재주와 감정이 솟아올라 장편(長篇)과 단율(短律)의 시를 붓을 들면 즉시 완성했는데 갱연(鏗然)히 운이 맞았다. 붓을 휘둘러 먹을 흩날리면 자잘한 해서와 담묵화(淡墨畵)가 정밀하고 교묘하여 전문으로 하는 사람도 스스로 여기에는 미치지 못한다고 여겼다. 내가 강호에 은거하며 사립문을 닫고 마당도 쓸지 않으며 사람도 잘 안 만나며, 아침저녁으로 침잠하며 고개를 숙여서 독서하고 하늘을 우러러 생각한 것은 수리(數理)의 도상(圖象)이고 예악(禮樂)의 의소(義疏)·명물(名物)이었다. 그대는 매번 기쁘게 나를 따라 배워보기를 원했는데, 결국에는 존대인(尊大人)이 조정에서 벼슬을 함에 따라 그대가 집안일을 주관하느라, 우리 집안에 들어온 9년 동안 생관(甥館)에 와서 머문 날은 겨우 손가락으로 꼽을 정도였다. 아아, 사람이 누가 장인과 사위의 친함이 없겠는가마는, 나는 그대에게 별도로 기미(氣味)가 계합(契合)하는 것이 있어, 만나지 못하면 허전하게 생각했고 만나면 손을 잡고 서로 기뻐했다. 일찍이 그대에게 "사람이 사위를 사랑함은 바로 자기 딸에 대한 사랑을 미룬 것인데, 나는 그대를 내 딸보다 더 사랑한다네. 나도 돌이켜 구해보아도 그 이유를 모르겠어."라고 한 적이 있다. 그대도 내가 시운을 만나지 못해 초췌하고 곤궁하게 지내 탄식하고 위로하며 측은히 여겨 슬픔을 자신이 당한 듯이 여겼다. 서로 의존함이 간절하여 거의 천속지친(天屬之親, 친부모와 친자녀의 관계)이나 다름없었는데 지금은 끝이로구나. 내가 그대의 슬픔을 슬퍼할 겨를이 없이, 나 자신이 외로이 의지할 데 없음이 더 슬퍼진다. 아아, 사람이 이 세상을 살아가는데 모두 물결 위의 거품이요 바람 앞의 촛불일 뿐이다. 쏜살같이 시간이 흘러가니 어찌 그 사이에서 수명의 길고 짧음을 비교할 만한가. 오직 곡식이 아직 다 영글지 않았는데 된서리가 기다려주지 않고, 천리마가 달리려 길에 나왔는데 굴대가 먼저 부러지는 것이다. 학문을 이루려는 뜻이 성취되지 못하고 크게 펼쳐질 공업이 좌절되었도다. 흐릿하게 누런 머리와 마른 목으로 죽어가는 초목과 함께 사라져 들리지 않게 되니 어찌 거듭 슬프지 않겠는가! 그대 나이 겨우 약관을 넘기고 아들과 딸을 얻었다. 아들 영선(永善)은 지금 4살이 되었다. 내 아직 머리도 쓰다듬지 못했는데, 전하는 사람들이 모두 골상(骨相)이 빼어나다고 하니, 일찍부터 총명하여 보통의 아이들과 매우 다르다는 것을 알겠다. 덕문(德門)의 일맥이 이어져 양기가 다시 회복되는 기미와 여러 세대 동안 먹히지 않는 보답이 아마도 여기에 있으리라. 옛글에 '자신에게 되지 않으면 자식에게 바란다.'라는 말이 있다. 내가 비록 늙었지만 그래도 좌계(左契)를 잡고 기다릴 수 있으니, 가르치고 성립시키는 책무는 양가의 존대인(尊大人)과 이 늙은이에게 있을 뿐이다. 반드시 멀리 가는 혼이 저승에서 돌아보고 연연해하며 주저하지 않도록 할 것이다. 그대는 평소 산수를 좋아하는 취미가 있어, 존대인(尊大人)이 단양에서 수령을 할 때 그대의 족적이 호좌(湖左, 충청도)의 명승에 두루 펼쳐졌고, 더욱 단양에 정을 붙여 명장가구(名章佳句)가 계속하여 몇 편이고 이어졌는데, 태반이 단양의 천석(泉石)을 주제로 한 작품이었다. 그대가 사망하자 존대인(尊大人)은 선영에 장사지낼 땅이 없자 가만히 고인이 영박(嬴博)에 장사지낸 뜻[42]을 붙여 읍 아래 경내의 모좌(某坐) 언덕에 묫자리를 점쳐 청오(靑烏)[43]가 길하게 여기고 다른 사람들의 의견도 모두 같아, 장차 3월 8일에 유택(幽宅)에 장사 지내려 한다. 아아, 그대는 눈썹과 이마가 청랑(淸朗)하고 흉금이 소탈하고 시원하여, 출중하게 군계 속에 있는 학이 하늘에 오르는 기상을 지녔으며 세속의 용렬하고 좀스러운 태도는 전혀 없었다. 지금 영원히 돌아간 후에, 과연 매미가 혼탁한 허물을 벗고 선관(仙官)·우객(羽客)과 함께 오연하게 휘파람 불며 선암(仙岩)과 순봉(筍峯) 사이에서 자적하며, 하계(下界)의 슬픈 일과 기쁜 일, 좋은 일

42 영박(嬴博)에 장사지낸 뜻 : 영박(嬴博)은 춘추시대 제나라의 지명으로, 오(吳)나라 계찰(季札)이 제나라에 갔다가 돌아오다가 아들이 죽자 영읍(嬴邑)과 박읍(博邑) 사이에 장사를 지냈다는 이야기가 《예기(禮記)》 〈단궁하(檀弓下)〉에 나온다. 영박(嬴博)은 이후 타향에 장사지낸다는 뜻으로 쓰인다.

43 청오(靑烏) : 중국 고대(古代) 풍수지리가인 청오자(靑烏子)로, 지리를 잘 아는 지관(地官)을 뜻한다.

과 궂은일 굽어보기를 모기가 허공 스치듯이 여기어 어느새 손뼉 치고 한 번 웃을 것이리라. 그런가, 그렇지 않은가? 아아, 체백(體魄)은 땅으로 돌아가 땅을 얻는 것이 가장 중요하지만, 혼은 가지 않는 곳이 없으니, 어룡포(魚龍浦, 장단에 있다)와 구담(龜潭)·도담(島潭, 단양에 있다) 등 가까이 기호(畿湖) 지역과 흰 구름 멀리 날아가는 태항산(太行山)과 무덤 위의 송백(松柏)이 서쪽으로 기울어진 무염(無鹽)[44] 등 감통하는 이치가 이곳과 저곳의 경계에 사이가 없을 것이니, 또한 선영과 멀리 떨어져 외로이 있는 무덤에 무슨 서운함이 있겠는가? 아아, 지난 섣달 보름 후에 비로소 그대가 병을 얻어 점차 차도를 보인다는 소식을 들었는데, 22일 새벽에 갑자기 부고가 전해져 술에 취한 듯, 꿈꾸는 듯 당황스럽고 두려웠다. 아직 존대인의 편지를 받기 전이라 혹 전해진 것이 거짓이라 기대했었다. 얼마 있다가 직접 낙동(駱洞)의 그대 본가에 가니, 생부 존대인은 이미 분곡(奔哭)을 위해 길을 떠났고 당에는 허위(虛位)가 설치되었으며 사촌은 복을 받고 곡을 하고 있었다. 아, 우리 원강(元剛)이 정말 사망했구나. 땅바닥에 엎드려 한 번 크게 긴 소리로 통곡하고 돌아왔다. 지금까지 3개월 동안 가는 곳마다 모두 눈물이요, 닿는 곳마다 모두 슬픔이었다. 억누르려 해도 참을 수 없었고, 물리치려 해도 보낼 수 없었다. 누가 날이 멀어질수록 날마다 잊힌다 했는가? 다만 길이 너무 멀고 일이 너무 많아 오히려 시신에 임하여 곡하는 대열에 몸을 두지 못한다. 이달 그믐과 내달 초에 말을 달려 관을 어루만지며 한 번 통곡하려는 뜻을 크게 이루려 했으나, 마침 집안에 또 일이 닥쳐 그 계획이 또 틀어졌구나. 아아, 그대가 병들었으나 나는 의약의 절차를 점검할 수 없었고, 그대가 사망했는데도 나는 빈렴(殯斂)의 예를 볼 수가 없도다. 평소의 일 생각하니 부끄럽고 애통함을 어찌 다함이 있으리오. 제문을 지어 슬픔을 고하니, 눈물을 이루 다 닦아내지 못하는구나. 무궁한 것은 정

44 무덤 위의……무염(無鹽) : 동평사왕(東平思王)의 무덤이 무염(無鹽)에 있는데, 살아있을 때 수도로 돌아갈 것을 생각하여 장사를 지내자 무덤 위 송백이 모두 서쪽으로 기울었다는 이야기가 《한서(漢書)》 〈동평사왕전(東平思王傳)〉의 안사고(顏師古) 주에 나온다.

이요, 한이 되는 것은 글이다. 영령이 지각이 있다면, 나의 진정을 살필 수 있으리라. 아아, 애통하다. 흠향하소서.

嗚呼! 余聞熙古之世, 兄不哭弟, 父不哭子. 盖其鴻庬之氣化, 昭朗悠久, 凡含生於兩間者, 無有札瘥夭閼之患也. 余天民之窮者也, 哭子餘淚, 今又哭君之喪. 噫乎寃矣! 豈以余積殃叢身, 神降之咎讁耶! 豈硜硜者折, 庸庸者全, 世或有英材妙質若將有爲者, 神明必椓喪之而後已耶! 嗚呼! 中古以降, 二氣日漓, 胎不殰而卵不殈之風, 邈不可復接, 而幼失其怙恃, 老哭其少壯, 煢獨之慘, 孤寡之慟, 相望於世, 亦係氣數消長之運, 而造物者亦不容扶抑於其間耶! 已矣已矣! 慟矣慟矣! 嗚呼元剛, 君其安往哉? 垂白尊親, 纍然服衰, 當閨少婦, 魂消晝哭, 呱呱髫髮, 未免于懷. 此人理之至慘怛, 而言之氣短, 以君之孝順慈惠, 其忍一朝翩然委之而長逝乎? 已矣已矣! 痛矣痛矣! 往歲丁卯, 余有女擇配, 一見君於尊大人座側, 犀角珠庭, 符彩映發, 譬如淸廟之瑚璉, 可以盛黍稷而不可以薦褻味也. 遂約親而歸, 是歲十一月, 迎君於甥館, 徐察其操履, 則言遜而行方, 氣銳而色溫, 盖端良修潔之吉士也. 文藻夙就, 才情篷勃, 長篇短律, 援筆立就, 鏗然中韻, 揮毫潑墨, 細楷淡畵, 精工要妙, 專門者或自以爲不及也. 余屛處江湖, 杜門却掃, 罕與人接, 晨夕沈潛, 俯而讀仰而思者, 數理之圖象也, 禮樂之義疏名物也, 君每欣然願從之學, 而竟以尊大人從宦于朝, 君代幹家務, 入吾門九年之間, 來留於甥館之日, 僅屈指數也. 嗚呼! 人孰無舅甥之親, 余之於君, 別有氣味之契合者, 未見則惄焉而思, 旣見則握手相歡. 嘗謂君曰, "人之愛婿, 卽愛吾女之推, 而吾則愛君甚於吾女, 吾亦反求之而不得其故也." 君亦以吾之時命不偶, 枯槁窮約, 嗟勞悱惻, 若恫在己, 相須之殷, 殆無異天屬之親, 而今焉已矣. 吾不暇悲君之悲, 而益自悼余身之孑然靡依也. 嗚呼! 人生斯世, 等是浮漚風燭耳. 隙駟光陰, 何足較淹速於其間, 而惟是嘉穀未遂, 嚴霜不待, 良驥就途, 華輈先摧, 求益之志未就, 可大之業未究, 翳然與黃馘枯項, 草亡木卒者, 同歸於湮滅無聞, 豈不重可哀也哉! 君年甫踰弱冠, 擧子生女, 男兒永善, 今已四歲矣. 余尙未及撫頂, 而傳之者皆以爲骨相秀拔, 知思夙慧, 大異凡兒, 德門一脈陽復之機, 累世不食之報, 其殆在此歟! 傳云不于其身于其子, 余雖老, 尙能執左契而俟之. 若其提誨成立之責, 兩家尊大人與老拙者在耳. 必不令長逝之魂, 顧戀躑躅於冥冥之中也. 君雅好山水之趣, 尊大人作宰于丹, 則君之足跡, 殆遍于湖左之名勝, 而尤寄情於丹, 名章佳句, 聯篇累牘, 太半題品丹山之泉石. 及君之沒, 尊大人以先塋地盡, 竊附古人葬嬴博之義, 卜兆於邑底境內某坐之原, 靑烏叶吉, 詢謀僉同, 將以三月八日, 克襄於幽宅. 嗚呼! 君眉宇淸朗, 襟懷踈爽, 昂然有野寉冲霄之氣, 絶無塵俗樸遬庸瑣之態. 今於大歸之後, 其果蟬蛻氛濁, 與仙官羽客, 嘯傲自適於仙岩筍峯之間, 而俯視下界悲歡得喪, 如蚊雷之過空, 不覺拊掌而一笑也耶! 其然乎其不然乎? 嗚呼! 體魄歸土, 得地爲大, 魂氣無不之也, 則魚龍之浦, 龜島之潭, 近在畿湖之內, 太行之白雲遙飛, 無塩之松柏西靡, 感通之理, 無間於此疆彼界, 則又何憾於先兆之隔遠而斧堂之孤子乎? 嗚呼! 客臘望後, 始聞君得疾向差之報, 念二日曉, 忽以訃傳, 如醉如夢, 惝怳抑塞, 猶以未見尊大人手書, 或冀傳者之非眞也. 旣而躬造于駱洞貴第, 則尊本生大人已發奔哭之行, 而堂設虛位, 賢從氏受服而哭. 噫吾元剛, 其果死矣. 四體投地, 一聲長慟而歸, 于今三閱月之間, 循境皆淚, 觸緖皆悲, 抑之而不可忍, 排之而不可遣. 夫孰云日遠而日忘哉? 只緣道路脩夐, 人事牽掣, 尙不克致身於凴哭之列, 丕擬今晦來初, 一鞭馳出, 撫棺一慟, 而適値門內有事, 此計又左矣. 嗚呼! 君病而吾不能撿醫藥之節, 君沒而吾不能視殯斂之禮. 永念平素, 慚慟曷旣, 緘辭告哀, 涕不勝抆, 無窮者情, 有恨者詞. 靈如有知, 庶鑒我之衷曲矣. 嗚呼痛哉! 尙饗.

윤사응尹士應, 윤종렬을 위한 제문

祭尹士應文

아아, 나이가 70이 되니 많지 않다고는 할 수 없고, 관직이 부목(府牧)에 올랐으니 높지 않다고 할 수 없으며, 손자 손녀가 좌우에서 잡아주고 끌어 자손이 번성하지 않다고 할 수 없다. 무릇 사람이 원하는 것과 하고 싶은 것은 장수, 관직, 자손보다 큰 것이 없는데 형은 모두 가졌으니, 지금 조화를 타고 진택으로 돌아가 태허의 하늘로 떠나가니 또한 다시 무슨 서운함이 있고 무엇에 연연하리오. 그렇지만 형은 근년에 자못 섭생에 뜻을 두어 방실(房室)을 줄이고 기욕(嗜慾)을 절제하여 장차 스러져가는 경치를 되돌리기를 기대했다. 이는 자신의 몸을 아끼는 것뿐 아니라 또한 문호(門戶)를 위한 계책이었으나, 음기가 성하여 재앙이 생겨 귀호(鬼弧)가 펼쳐진 것에 어찌할 수 없어 하루아침에 창황하여 의사도 손 쓰지 못하고 약도 목에 부어줄 겨를 없어, 아무개 돌아오라는 초혼하는 사람이 이미 서쪽 처마로 올라갔다. 비록 수명은 한정이 있다지만 운명이 급박하게 다가오니, 인사를 보전하기 어려운 것이 과연 이렇게 갑자기 일어나는가. 애통하다, 애통하다. 아아, 화락하고 인자한 성품과 겸손하고 공손하며 검약한 행실로 남에게 미움을 받지 않았고 남과 다투는 일이 없어, 이른바 정결함이 처녀와 같아 뒷문으로 소박하게 조용히 물러나듯 하는 것이 거의 그랬다. 그러나 학식으로 말하면 고전을 두루 섭렵하여 줄줄 이어지며 담론을 하여 마치 구슬을 꿰어 유려하게 연결한 것 같았다. 재능으로 말하면 사무에 능숙하여 넉넉하게 칼을 놀려 마치 숫돌에서 꺼내어 해체하는 것과 같았다. 만년에 음사(蔭仕)로 벼슬길에 올라 여러 군읍(郡邑)을 다니며 명성과 공적이 우뚝하니 크게 드러났으나, 문과 급제는 못 하여 그 포부를 크게 펼치지는 못했다. 운명이니, 형은 진정하시게. 나는 형과 인척 관계로 맺어져 지금까지 15년이 되어, 형은 손자를 안고 나는 외손을 쓰다듬으며 맛있는 음식과 부족한 물건을 나누어 쓰고 근심과 즐거움을 함께 했다. 집안 간의 교분이 누가 그렇지 않겠냐마는, 나의 우졸한 성품을 형은 혹 받아들였고, 형의 염아(恬雅)한 지조를 나는 실로 간절히 바랐다. 일이 있으면 반드시 자문하였고 말을 하면 어김없이 뜻이 맞아, 서로 함께 뜻을 이루었으니, 마치 수레의 두 바퀴가 서로 돕고 거허(駏驉)와 공공(蛩蛩)처럼 서로 의지하는 것 같았다. 나는 형을 잃고 나서 막막하게 문을 나서 갈 곳이 없었고 지음 종자기(鍾子期)를 잃은 백아(伯牙)가 거문고 줄을 끊은 것 같은 느낌으로 인척의 정뿐만이 아니었다. 내 어찌 목놓아 크게 통곡하지 않을 수 있겠는가! 지난밤 꿈에 형이 다정하게 나에게 임하여, 내가 집안 사람들에게 음식을 재촉하여 대접하며 평소 즐기는 것과 같이 했는데, 형의 모습을 살짝 엿보니 처량하고 슬퍼, 서성대며 무슨 할 말이 있는 듯하였으나 입으로는 말하지 못하였다. 아아, 귀신과 사람은 하나의 이(理)이니, 유명(幽明)이 서로 감응한다. 형의 마음을 내가 어찌 헤아리지 못하리오. 덕문(德門) 4세대의 종묘를 이을 사람은 오직 어린 손자 영선(永善)일 뿐이다. 형이 일찍이 이마를 어루만지며 나에게 말하길, "나는 궁한 운명에 의지할 곳 없이 외로운데 다행히 만년에 이 손자를 얻었으니, 하늘의 신령함에 힘입어 남은 목숨을 조금 늘여 이 아이가 관례를 하고 장가들어 이름을 이루는 것을 보게 된다면 죽어도 여한이 없을 걸세." 하였다. 그러는 사이에 슬픔과 즐거움이 갈마들어 9살의 아이가 안쓰럽게 상복을 입고 상주를 하는 모습을 차마 보게 되었으니, 형의 영령이 어찌 저승에서 마음 아프지 않겠는가! 이를 보호하고 인도하여 사람 형상이 되게 하는 것은 나와 뒤에 죽는 사람들의 책임일 뿐이다. 형이 말하고자 했던 것은 아마도 여기에 있을 것이니, 또한 형의 부탁을 기다릴 필요가 있겠는가! 슬프다, 슬프다. 해와 달은 얼마나 흘렀는가. 우제(虞祭)와 부제(祔祭) 홀연 지나가 영당(靈堂) 가려지고 의려(倚廬) 처마 들어 올려져 형의 살아서의 일은 모두 끝나고 귀신의 일이 시작되었으니, 묽은 탁주에 나물과 과일로 삼가 제사 지낸다. 오는 자 누구인데 웃으며 맞이하고, 가는 자 누구인데 읍하고 전송하나. 오직 백발의 아우가 손을 잡고 크게 통곡할 뿐이다. 아아, 흠향하소서.

嗚呼! 壽望稀年, 不爲不多矣. 官躋府牧, 不爲不高矣. 孫男孫女, 左提右挈, 子姓不爲不蕃矣. 夫人之可願可欲, 莫大於壽也祿也子孫也, 而兄能兼有之, 今焉乘化歸眞, 還吾太虛之天, 亦復何憾而何戀哉? 雖然兄於近年以來, 頗留意於攝生, 損房室節嗜慾, 冀挽將頹之景, 不惟自愛其身, 盖亦爲門戶計, 而無奈陰沴告災, 鬼弧斯張, 一朝倉皇, 醫不及措手, 藥不暇灌喉, 而皐某之呼, 已升於西榮. 雖云壽限一定, 大命斯迫, 而人事之難保, 果若是其忽耶? 慟矣慟矣! 嗚呼! 豈弟慈諒之性, 謙恭儉約之行, 無惡於人, 無競於物, 所謂修潔如處子, 靜退如後門寒素者庶幾近之, 而以言乎學識, 則博綜古典, 纚纚談論, 若珠貫而繩聯也, 以言乎才猷, 則鍊達事務, 恢恢游刃, 若發硎而解族也. 晩筮蔭仕, 歷試郡邑, 聲績卓然茂著, 而厄於一第, 不克大展抱負則命也, 兄其定矣. 余與兄結爲朱陳之好, 于今十有五秊, 而兄旣抱孫, 余撫外裔, 分甘絶少, 憂樂與共, 通家之誼, 誰則不然, 而顧余迂拙之性, 兄或有取, 惟兄恬雅之操, 余實企仰. 有事必諮, 無言不契, 交須共濟, 若輪翼之相輔而駏蛩之相依也. 余自失兄, 倀倀焉出門而無所適, 絃斷之感, 不獨姻親之情契而已. 余安得不失聲而長慟也哉! 疇昔之夜夢, 兄惠然臨我, 余促家人設饌以待, 若平生歡, 而瞷兄之形神悽黯, 逡巡若有所言, 而口未及宣. 嗚呼! 神人一理也, 幽明相感也. 兄之有心, 余寧不忖. 德門四世, 宗祧之托, 惟有藐孤孫永善耳. 兄嘗撫頂而語余曰, "余窮命煢獨, 幸而晩得此孫, 賴天之靈, 少延殘喘, 及見渠之冠娶成名, 則死且無憾矣." 於焉之間, 哀樂相嬗, 忍見九歲孤童, 纍然服斬而當室, 則兄之靈, 安得不恤焉疚傷於冥冥之中乎? 若其庇覆是提導是, 俾得以做人樣子, 余與士吉兄後死者之責耳. 兄之所欲言者, 殆或在此, 而亦何俟於兄之顧托也耶! 悲夫悲夫! 日月幾何, 虞祔奄過, 靈堂施扂, 倚廬拄楣. 兄之生事畢而鬼事伊始矣. 薄醪菲果, 敬執奠儀, 來誰笑迎, 去誰揖送. 惟有白首賢季, 握手長號而已. 嗚呼尙饗.

은행나무 신에게 드리는 제문

祭杏樹神文

지난 정묘년(丁卯年, 1807년)[45]에 집을 삼호(三湖) 지역에 정했는데, 가지가 무성한 은행나무가 있어 정자를 짓고 은행나무로 이름을 지었다. 비바람이 몰아치는데도 찬란하게 영험함을 발하여, 해를 넘겨도 늙지 않고 천백세를 살았네. 엄청난 기근이 들어 음산한 기운이 파다하여, 온 마을에 스며들어 이 집까지 다가왔으니, 위태롭고 불길함이 둘러쳐져, 나는 더욱더 두려웠네. 아득하게 보이는 거처, 저 물새 노는 강기슭. 여름부터 가을까지 달이 세 번 차고 기울었지. 옛날 내가 나설 때 싹이 트고 꽃을 피웠는데, 지금 내가 돌아오니, 벼가 이삭을 늘어뜨리고 있네. 솨! 시원한 바람 부는 푸른 휘장, 혹 맞이하는 듯하구나. 이에 길일 선택하여, 허리굽혀 정성껏 받드네. 신께서는 보우하사, 묵묵히 도와주소서. 온 누리의 구멍에 바람 불어, 우르릉 쿵쾅쿵쾅. 상서롭지 못한 것 몰아내고 비린 기운 쓸어버리네. 천시가 일변하여 골짜기가 거듭 맑아졌네. 사람은 장수하고, 사물도 번성하고 잘 자라네. 이에 사방 이웃도, 나와 함께 편안해지네. 길이 신의 은혜를 받아들여, 끝내 화평하게 될 것이네. 무엇으로 바칠까, 보뇨(普淖) 향기롭네.

往在彊圉, 卜宅湖坰. 有菀文杏, 亭以樹名. 風披雨淋, 烾烾揚靈. 冥春不老, 千百其齡. 屬歲大侵, 陰沴流行. 浸淫比閭, 奄及門屏. 逼仄危厲, 我懷怔營. 邈焉僑寓, 于彼鷺汀. 自夏徂秋, 缺月三盈. 昔余之出, 卉木敷榮. 今我之來, 禾稼垂莖. 颼飅翠幔, 如或相迎. 載涓吉辰, 傴僂虔誠. 神其保佑, 默斡冥冥. 氣噓衆竅, 殷殷轟轟. 驅除不祥, 蕩掃氛腥. 天時一變, 洞壑重淸. 人躋壽

45 지난 정묘년 : 강어(彊圉)는 고갑자(古甲子)로 십간(十干) 중 정(丁)이다. 서유본은 중부(仲父) 서형수(徐瀅修)가 병인년(丙寅年, 1806년)에 유배된 후, 정묘년(丁卯年, 1807년)에 삼호(三湖)의 행정(杏亭)으로 이사하였다.

域, 物殷嘉生. 亦粤四鄰, 偕我輯寧. 永邀神惠, 終和且平. 何以薦之, 普淖惟馨.

고목古木에 대한 제문

祭古木文

저 울창한 천 그루 재목, 백 묘에 그늘을 드리웠네. 땅속 깊이 서린 뿌리와 규룡(虯龍)같은 줄기, 누가 나이를 헤아리겠는가. 사시마다 향불을 피움은 구부정한 촌 늙은이가 한 것이라네. 나는 이 언덕에 살 곳을 정하고 제사는 중류(中霤) 제사[46]를 참고하였지. 아이들이 떠들어대며 족제비를 몰아간다고 하네. 나무에 불을 붙여 비추다 구멍에 잘못 떨어뜨렸네. 불길이 활활 타올라 거의 구할 수가 없었지. 우물에서 샘에서 물을 길러 두루 뛰어다녔지. 혹은 물이 새는 것을 막고, 혹은 뿌리가 썩지 않도록 헤쳐냈지. 집안 사람들을 모두 동원하여 진시(辰時 : 오전 7시~9시)부터 유시(酉時 : 오후 5시~7시)까지 이어졌네. 물도 이미 다했고, 토공(土功)도 이어서 아뢰네. 삼태기로 퍼붓고 몽둥이로 치며 연기 냄새를 막았지. 줄기를 살피니 피해가 없었고, 풍채는 의구했지. 재앙은 하늘에서 내리는 것이 아니라 사람의 잘못에서 연유하네. 그윽한 곳에서 깜짝 놀라 움직였으니, 어찌 부끄러운 심정을 이기리오. 보름에 정결히 떡과 술을 드리니, 신께서는 오셔서 흠향하시고 집안을 편하게 하는 것을 궁구해주소서. 놀라지 않고 두려워하지 않아 이곳에 모셔서 제사 지냅니다. 절기는 중화(中和)의 시기라 줄기와 잎이 무성하네. 줄기에 이는 바람은 비로소 부채처럼 시원하고

46 중류(中霤) 제사 : 중류제(中霤祭)는 당(堂)이나 실(室)의 거처를 맡은 신에게 여름의 마지막 달 토왕일(土旺日)에 지내던 제사이다.

화기가 가득하네. 사방의 이웃이 사는 곳을 편히 여기니 온갖 곡식이 무럭무럭 자라난다네. 내가 주인으로 길이 신께서 도와주시고, 해마다 술과 밥을 흠향하시며 신께서도 함께하소서.

欝彼千章, 蔭玆百畝. 蟠根虬榦, 誰測年壽. 四時香火, 傴僂村叟. 我卜斯邱, 祀視中霤. 有童羣噪, 鼪鼠是毆. 緣木照火, 誤落嵌竇. 融融錟錟, 幾不可救. 于井于泉, 綆盎遍走. 或防尾洩, 或攘根朽. 家衆竭作, 自辰至酉. 水力旣窮, 土功繼奏. 乃畚乃杵, 屛絶烟臭. 肄枚無損, 風標依舊. 灾非天降, 事由人咎. 驚動幽居, 曷勝悚忸. 以月之望, 潔薦餠酒. 神兮來格, 安宅是究. 不震不竦, 以妥以侑. 節届中和, 柯葉暢茂. 條風始扇, 協氣來湊. 四鄰安堵, 百嘉咸阜. 惟余主人, 永荷神佑. 歲歆醽糦, 神亦與有.

삼유의三游儀에 대한 명銘【서문을 아울러 쓰다】

三游儀銘【幷序】

하경우(河慶禹)는 상수학(象數學)에 정통하고 교묘한 생각이 남보다 월등히 뛰어났다. 일찍이 직접 자명종(自鳴鍾)·자행거(自行車)를 제작했는데 얼마 있다 버리고는 동호(東湖) 가에 은거하며 몸소 백공(百工)의 일을 하며 살아갔다. 그러나 또한 일찍이 남에게 쓰이길 구한 적은 없어, 이 때문에 세상에 그를 아는 자가 드물었다. 오직 나와 함께 노니는 것을 좋아하여, 찾아오면 역상(曆象)·수리(數理)의 심오함을 토론하느라 저녁이 되는 것도 몰랐다. 하루는 한 의기(儀器)를 가지고 나를 찾아와 청하였다. "이것은 저의 독창적인 생각으로 직접 제작한 것입니다. 저는 여기에 정력을 쏟아부었고 완성한 후에 사용하여 측험(測驗) 해보니 자못 고전과 합치하였습니다. 그러나 금세에 그대가 아니면 이것에 대해 말할 수 있는 사람이 없으니 원컨대 명(銘)을 지어주십시오. 그 제도는 하나의 둥근 판축을 평평히 두고 양쪽의 가목(架木)에 꿰뚫게 하여 남북으로 오르내리게 하고 동서로 운전하게 하였으며 아래로는 받침을 꽂아 받치게 하였습니다. 6개의 원을 그려서는, 첫 번째 원은 360도를 나누었고, 두 번째 원은 96각(刻), 세 번째 원은 12시(時), 네 번째 원은 30일까지 있는 큰 달 30일로 나누고 다섯 번째 원은 작은 달 29일로 나누었으며 여섯 번째 원은 24방위로 나누었습니다. 정남쪽에 나경(羅經, 나침반)을 꽂아 자오(子午)를 정하고, 중심축에는 규표(窺標)를 관통하게 하여 때에 따라 돌게 하여 이를 사용하여 측후(測候)할 수 있게 하였습니다. 또 반주원판을 둥근 원판의 등에 비스듬히 세워 남북으로 180도를 새겼고, 가운데는 하나의 상(象)으로 나누고 선을 그어 기록했습니다. 중심에는 권선(權線)을 매달아 아래로 늘어뜨려 각도를 잴 수 있게 하였으니, 이것이 그 대략입니다. 일찍이 시험 삼아 측정을 하니, 위로 천도(天度)를 측후(測候)하는 것부터 아래로 감여가(堪輿家)의 이른바 분금(分金)·수파(水破)의 법까지 모두 이것으로 얻을 수 있었으니, 참으로 세상에 드문 보물입니다." 내가 하경우에게 답하기를, "이 기구는 세 분야로 운용하여, 지평(地平)을 정하고 북극의 고도를 측정할 수 있으며 주야의 시간을 분별할 수 있으니, 삼유의(三游儀)라 이름하는 것이 마땅하겠군요."하고는, 마침내 명(銘)을 지어 붙였다. 명(銘)은 다음과 같다.

가로는 지평(地平)을 삼고, 세로는 적대(赤帶)에 해당하게 하네. 반주원은 서로 맞물려, 이치로는 혼개(渾蓋)를 겸하였구나. 간유(干維)가 안으로 펼쳐져 있고, 규관(窺管)은 밖을 향하네. 자오(子午)가 이미 기준을 잡으니, 지축이 바로 잡혀, 선도(線度)를 헤아릴 수 있고, 북극(極高)을 정할 수 있네. 12진각(辰刻)은 저 해를 재보면 되니, 주야를 참고할 때 터럭만큼도 어그러짐이 없구나. 가로 세로의 양의(兩儀)가 만상(萬象)을 마름질하여 만들어내었네. 아아, 이 기구여, 누가 만들고 누가 창조해내었나. 둘레는 한 아름이요, 길이는 한 자쯤 되네. 너의 제도는 매우 간단하나, 너의 쓰임은 이보다 좋은 것이 없네. 어찌 초야에 두리오, 의당 나라의 성대(星臺) 위에 두어야 하리.

河生慶禹精於象數之學, 巧思絶人, 嘗手製自鳴鍾自行車, 已乃棄去, 隱居東湖之上, 躬執百工之事以資生. 然亦未嘗炫能求售於人也, 以故世罕有知之者. 獨喜從余遊, 來輒討論歷象數理之奧, 不知日之夕也. 一日携一儀器, 謁余而請曰, "此愚之意刱而手造者也. 愚於此煞費精力, 旣成用以測驗, 頗與古典合, 而顧今世, 非子無可與語此者, 願有以銘之. 其制平置一圓板軸, 貫於兩架, 使之南北低仰, 東西運轉, 下植跗坐以承之, 畫爲六圈, 第一圈分三百六十度, 第二圈分九十六刻, 第三圈分十二時, 第四圈分大月三十日, 第五圈分小月二十九日, 第六圈分二十四方位, 正南植羅經, 以定子午, 中心軸貫窺標, 隨意旋轉, 用以測候, 又側立半周圓板於全圓板之背, 南北之中, 刻一百八十度, 中分一象, 限畫線以誌之, 中心繫權線垂下, 以審所値度分, 此其大畧也. 嘗試考驗之, 上自測候天度, 下至於堪輿家所謂分金水破之法, 皆可游表而得之, 誠稀世之寶也." 余復于生曰, "是器也三般運用, 可以定地平, 可以測北極之高度, 可以辨晝夜之時刻, 是宜名三游儀." 遂爲銘以系之. 銘曰,

衡爾爲地平, 抗爾當赤帶. 半周相銜, 理兼渾蓋. 干維內列, 窺管向外. 子午旣準, 坤軸廼正. 線度是審, 極高可定. 十二辰刻, 視彼曜景. 晝參夜考, 毫髮不爽. 經緯兩儀, 裁制萬象. 猗嗟乎器, 誰述誰刱. 拱抱其圍, 尋尺其長. 爾制甚簡, 爾用莫尙. 胡爲虖草澤之中, 宜爾寘之星臺之上.

좌우명
座右銘

아침에는 희양(晞陽) 언덕, 저녁에는 수옥(漱玉) 샘물. 감(坎)과 리(離)를 조화롭게 하여, 충기(冲氣)가 온전해졌네. 그 숨 쉬는 것은 깊고 깊으며, 그 쓰임은 면면히 이어져, 이것으로 본성을 기르고, 이것으로 섭생을 하네. 보냄도 없고 맞이함도 없어, 사물에 걸림이 없네. 담담하게 생각하고, 의젓하게 자세를 잡네. 회광반조(回光反照)하여, 청명(淸明)함이 더욱 빛나고, 진군(眞君)이 집을 지켜, 온갖 법도가 모두 바르게 되었네. 도가(道家)에서는 수식(數息)이라 하고, 선가(禪家)에서는 환성(喚惺)이라 하며, 또한 우리 유가에서는, 훌륭하도다, 경(敬)에 거한다고 하네. 세 가르침이 정미하니, 길은 다르지만 법도는 하나라네. 하물며 이 우매한 사람은, 혹 감히 게을리 실추시킬까, 고치와 옥을 이어받듯이, 쟁반에 담긴 고요한 물 세숫물 받들 듯이. 빈 것이 아니라면 어찌 받겠으며, 하나가 아니라면 어찌 근원이 없으리오. 뿌리를 깊이하고 지극한 본성을 편안히 지켜, 몸을 보존하는 문을 삼네. 새벽부터 밤까지 경각심을 가져, 이 법언(法言)을 보리라.

鼂晞陽阿, 夕漱玉泉. 坎離交濟, 冲氣乃全. 其息深深, 其用綿綿, 而以養性, 而以衛生, 無將無迎, 物莫之攖. 湛爾思慮, 儼爾儀形. 回光反照, 淸明乃景, 眞君守舍, 百度皆正. 道曰數息, 禪曰喚惺, 亦惟吾門, 大哉居敬. 三敎精微, 殊塗壹軌. 矧伊顓蒙, 或敢荒墜, 如承繅璧, 如奉槃水, 匪虛曷受, 匪一曷原. 深根寧極, 存身之門, 夙夜警惕, 視此法言.

죽은 아이 조열祖悅 광지명壙誌銘

亡兒祖悅壙誌銘

이것은 나의 죽은 아이 조열(祖悅)의 무덤이다. 아아, 내 어찌 차마 붓에 먹을 적셔 글을 쓰겠는가! 아아, 내 어찌 차마 붓에 먹을 적셔 글을 쓰겠는가! 그렇지만, 장사를 지내며 묘지(墓誌)가 없다면, 하나의 맑고 투명한 기운이 갑자기 나라를 위해 돌아가신 분이나 정처 없이 떠도는 혼들과 함께 사라져 버릴 것이니, 이는 더욱 내가 참을 수가 없으므로 어찌 글이 없을 수가 있겠는가! 마침내 눈물을 닦고 다음과 같이 적는다. 아이는 무신년(戊申年, 1788년) 12월 25일에 태어나 무오년(戊午年, 1798년) 2월 초 6일에 죽었으니, 겨우 11년 살았다. 조열(祖悅)은 아명(兒名)이다. 아이는 태어나면서 총명하고 지극한 성품을 지녔으며 부모를 매우 사랑하여 반걸음도 곁에서 떨어지지 않았다. 11년 동안 질병이 아니면 잠자는 곳은 항상 부모의 품이었다. 집안 사람들이 혹 이불을 펴주면 눈물을 흘리며 거절하여 모인 사람들이 놀리곤 하였다. 부모가 금하고 경계하는 바가 있으면 부모가 보지 않는 곳에서도 끝내 감히 범하지 않으며, "차마 부모님의 뜻을 거역할 수는 없습니다."라고 했다. 6세에 처음 배우기 시작했는데 전념 하며 매우 좋아하여 번거롭게 바로잡거나 독려할 것이 없었다. 비록 손님들이 와서 시끄럽게 마루 가득 웃고 떠들어도, 반드시 두 손을 단정히 하고 책상에 앉아 눈길을 돌리거나 손가락질을 하지 않았으며, 기가 더욱 예리해질수록 책 읽는 소리는 더욱 맑아졌다. 보는 사람들이 눈길을 주며, "서씨가 자식을 잘 두었네."라고 하였다. 일찍이 예기(禮記)를 읽다가 "주공(周公)은 임금인가, 신하인가?"라고 묻자, 큰아이가 "신하입니다."라고 하였다. 이 아이는, "효경(孝經)에 이르길, '아버지를 존경하여 하늘에 배향하니, 주공(周公)이 그런 사람이다.'[47]라고 했습니다. 그 아버지를 존경하여 상제(上帝)에

---

47 아버지를……그런 사람이다 : 《효경(孝經)》 전(傳) 5장에 나오는 말로 원문은 다음과 같다. "효는

배향하게 하는데, 이것이 과연 신하의 예인지요?"라고 하니, 듣는 사람들이 기특하게 여겼다. 한가할 때는 시(詩)를 지었는데, 시어에 빼어나고 재치 있는 구절들이 많았으니, "흰 구름 비바람 끼고 오니, 대지의 빛깔이 창망해졌구나.(白雲挾風雨, 蒼茫大地色.)"라는 것이 있고, 또 "밤 고요하니 푸른 산 멀어지고, 가을바람에 별빛 흔들리네.(夜靜蒼山遠, 霜風動星芒.)라는 구절이 있었다. 게다가 소해(小楷)를 쓰기 좋아하여 등불 밝히고 부지런히 써서 혹은 한밤중에도 잠들지 않았다. 그 아비가 대문을 닫고 정원도 쓸지 않으며 날마다 제자(諸子)와 역사서를 읽으니, 아이가 때때로 곁에서 묵묵히 들었다. 처음에는 글의 뜻을 잘 알지 못하다가 독서를 마치면 전체의 큰 뜻을 대략 열거했고 왕왕 암송했으니, 그 총명함이 이와 같았다. 아이는 천연두에 걸린 지 10일 만에 요절했는데, 침을 흘리거나 변으로 한 번도 자리를 더럽히지 않았다. 죽을 무렵에도 정신이 흐트러지지 않았고, 이런저런 잠꼬대 같은 말들도 모두 문자어(文字語)였다. 아아, 애석하다. 며칠 후 과천(果川) 우만리(雨晩里)에 장사지냈고, 봄과 가을로 1년에 두 번 제사를 지내는데 부모가 죽으면 끝날 뿐이다.

명(銘)은 다음과 같다. 모든 행실의 근원은 효인가? 온갖 아름다움의 기본은 재(才)인가? 그저 주기만 하고, 어찌 북돋아 주지 않는가? 아아, 사람들이 말하는 재(才)와 현(賢)은 하늘에서 얻을 수 없는 것이 예로부터 그러했으니, 내 하늘을 어찌하랴!

此余亡兒祖悅之藏也. 嗚呼! 余何忍泚筆爲文? 嗚呼! 余何忍泚筆爲文? 雖然葬而無志, 使夫一段淸瑩之氣, 奄然與國殤游魂同澌滅, 則此尤余之所不忍也, 其可以無文乎? 遂抆涕而書曰, 兒生以戊申十二月二十五日, 歿以戊午二月初六日, 得年僅十有一. 祖悅其小名也. 兒生而宿慧有至性, 篤於愛親,

아버지를 존경하는 것보다 큰 것이 없고 아버지를 존경하는 것는 하늘에 배향(配享)하는 것보다 큰 것이 없으니, 주공(周公)이 그런 사람이다.(孝莫大於嚴父, 嚴父莫大於配天, 則周公其人也.)"

跬步不離側, 計十一年之間, 非疾病則寢處必於父母之懷. 家人或爲設衾蓐, 輒涕泣固辭, 羣居嬉戲, 父母偶有所禁戒, 則雖父母不睹聞之地, 終不敢犯, 曰"不忍咈親意也." 六歲始就學, 專精篤嗜, 不煩繩督. 雖人客膠擾, 笑語鬨堂, 必端拱對案, 不回視不旁指, 氣愈銳而響愈亮. 見者目屬之曰, "徐氏有子矣." 嘗讀禮記, 問曰, "周公人君乎人臣乎?" 長者曰, "人臣也." 兒曰, "孝經云'嚴父以配天, 周公其人也夫.' 尊其親以配食於上帝, 此果人臣之禮乎?" 聞者奇之, 暇則草小詩, 語多奇警.【有白雲挾風雨, 蒼茫大地色. 又夜靜蒼山遠, 霜風動星芒之句.】尤喜書小楷, 篝燈疾書. 或夜分不寐, 其父杜門却掃, 日咿唔子史諸書, 兒時從傍嘿識, 初不甚經意, 而讀已輒能畧擧其首尾大意, 往往有成誦者, 其聰隸如此. 兒病痘十日而夭, 涕唾便液, 一不染床褥, 臨死精神不爽, 剌剌然夢囈, 皆文字語也. 嗚呼其可惜也已! 越某日葬于果川雨晩里, 春秋歲二祭, 終父母身而已. 銘曰,

原百行者孝耶, 基衆美者才耶? 維其畀之, 胡不培之? 嗚呼! 人之所謂才且贒, 而不得於天者, 終古而然, 吾於天何哉!

우리나라는 과거를 중히 여겨, 청현요직(淸顯要職)은
과거가 아니면 이 자리에 오르지 못하도록 하지만
산림(山林)의 명망있는 사람들은 이러한 제한을 두지
않는다. 조정에서 인재를 등용하는 것이 이와 같은데,
하물며 관상감에 있어서랴! 지금 이 대례(大禮)가 순조롭게
완성되는 데에 김영(金泳)의 노고와 공이 이미 많은데다가
그의 재능도 쓸만하니 어찌 전례에 구애받겠는가?

좌소산인문집 左蘇山人文集

권 8

達城 徐有本 混原 一文

《명사明史》의 〈교사지郊祀志〉를 읽고

讀明史郊祀志

교례(郊禮)를 강학하지 않은 지 오래되었다. 교구(郊丘)를 둘로 나누고 6천(天)의 설을 새로 주장한 것은 한유(漢儒) 정현(鄭玄)이 경(經)을 어지럽힌 것이다.[1] 천지를 합하여 하나로 하는 것에 대해 외람되게 부부는 동뢰(同牢)하여 먹는다는 예를 가지고 비긴 것은 신(新)을 세운 왕망(王莽)이 고례(古禮)를 개변한 것이다.[2] 옹치(雍畤)에서 교제사를 지낸 것에서 발원하여 방사(方士)가 기양(祈禳) 하는 설에서 성했으며, 태일(泰一)·오치(五畤)·죽궁(竹宮)·자단(紫壇)[3]의 제도는 세월이 흐름에 따라 증가하니 교천(郊天)의 정례(正禮)가 거론되지 않은 것은 서한(西漢) 시대에 전장 제도에서 빠뜨린 것이다. 후한(後漢)의 광무제(光武帝)가 중흥하여, 비로소 성의 남쪽에 교조(郊兆)를 세웠으나, 원구(圓丘)와 방택(方澤)[4]의 예(禮)는 끝내 옛 주(周)나라 제도를 회복하지 못하고 이를 인습하고 잘못 전승하여 당(唐)·송(宋) 천여 년간 천지를 합제(合祭)하는 예를 사용하였다. 간혹 현명한 군주와 어진 신하가 개연히 예를 제정하는 것을 임무로 삼아 경전의 뜻을 토론하여 잘못된 제도를 바로잡았으나, 겨우 한두 번 행하고 다시 옛것을 답습하였으니, 고례(古禮)를 회복하기 어려운 것이 이와 같다. 게다가 공자(孔子)께서는

---

1 교구(郊丘)를……어지럽힌 것이다 : 교구(郊丘)는 원구단(圜丘壇)에서 교제(郊祭)를 지내는 것인데 정현(鄭玄)은 원구단에서 지내는 체(禘) 제사와 교(郊)에 지는 체(禘) 제사를 다른 것으로 보았다. 원구단에서는 상제(上帝)에게 제사 지내는 것이고 교(郊)에서는 오방의 신, 동남중서북(東南中西北)을 관장하는 창제(蒼帝), 적제(赤帝), 황제(黃帝), 백제(白帝), 흑제(黑帝)에게 지낸다고 하는 6천(天)을 주장했다. 《예기(禮記)》〈월령(月令)〉의 정현(鄭玄) 주(註)에 나온다.

2 천지를……개변한 것이다 : 왕망(王莽)은 천지가 합하는 것은 부부가 합하는 것과 같다고 하며, 동지에 남교(南郊)에서 하늘에 제사 지내는 것과 하지에 북교(北郊)에서 땅에 제사 지내는 것을 제외하고 황제가 정월(正月) 남교(南郊)에서 천지에 합제(合祭)를 지냈다. 《한서(漢書)》〈교사지하(郊祀志下)〉에 나온다.

3 태일(泰一), 오치(五畤), 죽궁(竹宮), 자단(紫壇) : 모두 상제(上帝)에게 제사 지내던 곳의 명칭이다.

4 원구(圓丘)와 방택(方澤) : 원구(圓丘)는 하늘에 제사 지내는 곳이고 방택(方澤)은 땅에 제사 지내는 곳이다.

"내가 직접 제사에 참여하지 못하면 제사를 지내지 않은 것 같은 기분이 든다."[5]라고 하셨으니, 정성이 실질이요 예(禮)는 빈 그릇이다. 삼 대(三代) 이래로 천하를 소유한 왕이 몸소 규폐(圭幣)를 잡고 상제(上帝)에게 제사를 지낸 것은 겨우 몇 손가락 꼽을 정도이다. 무릇 예(禮)는 제사보다 중한 것이 없고, 제사는 하늘에 제사 지내는 것보다 큰 것이 없다. 그런데 이와 같이 소홀히 여기고 업신여기니 천하의 왕이 하늘을 아버지처럼 섬기고 땅을 어머니처럼 섬기는 뜻은 과연 어디에 있는가. 위대하신 우리 황조(皇朝)의 태조 고황제(太祖高皇帝)께서 나라를 세우신 초기에 남과 북에 두 개의 교(郊)를 세우고 합제(合祭)를 파하여 나누어 제사를 지냈다. 음양(陰陽)이 제자리를 잡고 사전(祀典)이 비로소 바르게 된 것이다. 천고(千古) 동안 인습되던 잘못된 제도를 혁신하시니, 금과옥조(金科玉條) 같은 제도가 질서 정연하게 찬란히 빛나게 되었다. 음악을 연주하는 것과 폐백을 만드는 것에 담당 관리를 두었고, 재령(齋令)을 엄하게 하며 동인(銅人)을 주조하여 자리 구석에 두어 경계하였으며, 천황(天貺)을 공경스럽게 하며 백성의 수를 파악하여 단 아래에서 하늘에 올렸다. 무릇 이러한 의로써 새로 만든 예 또한 옛 성인들에게 질정하고 백 세를 기다려야 할 것이다. 이미 분제(分祭)를 했어도 또 합사(合祀)하고, 이미 제단에서 제사를 지냈어도 또 집 안에서 제사를 올리니, 주(周)나라의 성대한 전례를 따르는 것이 유종의 미를 거두기가 힘들다. 그러나 그 제사 지내는 것은 공경함과 공손함을 함께 합하고 엄숙하고 경외하여 반드시 몸소 직접 하여, 즉위하신 30여 년 동안 대리로 행하게 하신 적이 없었고 왕의 몸이 편치 않으면 제사 지내는 날을 바꿨다. 이를 조훈(祖訓)[6]에 실어 후손들에게 물려주었으니, 역대 왕들이 대대로 전승하여 상제(上帝)를 공경하는 정성이 감히 조금도 나태해지지 않았다. 비록 가정(嘉靖)·만력(萬曆) 이래로 태조 시대의 과거와는

5 내가……기분이 든다 : 《논어(論語)》 〈팔일(八佾)〉에 나온다.

6 조훈(祖訓) : 《황명조훈(皇明祖訓)》으로 명(明)나라 태조(太祖)의 유훈(遺訓)을 적은 책이다.

시기가 멀었으나, 명나라가 끝나는 시기에도 원구단에서 제사를 지낸 역사기록이 끊이지 않았다. 명나라 3백 여 년동안 임금의 왕통이 길이 이어져 천계(天啓)·숭정(崇禎) 연간에는 왕족의 종파(宗派)와 지파(支派)로 녹을 먹는 자가 몇 만여 명이었으니, 이는 고금에 매우 드문 경우이다. 이것이 어찌 명나라 태조(太祖)가 밝게 하늘을 섬기는 정성으로 천심을 흠향토록 잘하여 백성을 계도하고 성세를 열어 상서로움이 오래 발하도록 한 것이 아니겠는가. 아아, 성대하도다. 임금님께서 쓰신 칙태상문(勅太常文)을 읽어보니 다음과 같은 구절이 있다. "땅을 청소하고 제사하는 것은 그 유래가 매우 오래되었다. 후세에는 고례(古禮)를 고집하고 개변하지 않아 마침내 천지에 제사 지내는 것이 도리어 사람에게 제사드리는 것만 못하게 되었다. 만약 사람에게 제사드리며 또한 고례를 고집하고 개변하지 않는다면 마땅히 웅덩이에서 손으로 움켜 물 마시고 털이 붙은 채로 먹고 피를 마셨을 것이다. 과연 행할 수가 있겠는가?" 삼가 살펴보니, 오원년(吳元年, 1367년)에 처음으로 교단(郊壇)을 세웠고 난간은 모두 유리를 사용하였다. 홍무(洪武) 12년(1379년)에는 대사전(大祀殿)이 완성되었는데, 제도가 또한 극도로 크고 화려하며 신(神)의 자리와 기물이 모두 도기와 박, 짚으로 엮은 것 같은 옛 제도가 아니었다. 예물을 갖추어 제사드리는 것에 대해서는 그 뜻을 칙태상문(勅太常文)에서 이미 다 말했다. 비록 그렇지만, 《예기(禮記)》〈예기(禮器)〉에 다음과 같은 말이 있다. "천지의 덕이 만물을 발생시키는 것이 치밀하고 정미하니, 천하의 모든 사물을 두루 살피더라도 천지의 덕에 걸맞도록 할 수 있는 것은 없으니, 이와 같다면 적은 것을 귀한 것으로 삼지 않을 수 있겠는가?" 이것이 고인(古人)들이 하늘에 제사 지내며 질(質)을 숭상하고 문(文)을 숭상하지 않은 정밀한 뜻이다. 무릇 비와 이슬이 적시고 땅이 기르는 바가 어찌 상천(上天)이 화육(化育)하는 것 아님이 없겠는가. 사해(四海)의 진귀하고 기이한 것과 만고의 좋은 물건들을 다 가져와도 장차 어찌 만물을 덮는 하늘의 대덕(大德)에 걸맞을 수 있겠는가. 이 때문에 옛 선왕(先王)의 교(郊)는 기물은 도기와 박을 사용하였고 자리는 짚을 쓴 것이니, 천지자연의 본성을 따라 감히 더함이 없는 것이 크게 근본에 보답하고 처음을 돌이키는 공경의 지극함이다. 애석하게도 당시 신료들이 이 뜻을 임금님께 알려드리지 못하여 마침내 광고(曠古) 성전(盛典)의 미(美)는 다하였으나 선(善)은 다하지 못하게 되었으니, 예(禮)를 논의하는 신하가 부득불 그 허물을 책임지게 되었다. 임신년(壬申年, 1812년) 제석(除夕)에 삼가 쓰다.

郊禮之不講久矣. 分郊丘爲二而創爲六天之說者, 漢儒之亂經也. 合天地爲一而猥引夫婦同牢之禮以擬之者, 新莽之變古也. 濫觴乎雍畤郊見之儀, 而汩洪乎方士祈禳之說, 泰一·五時·竹宮·紫壇之制, 歲增月加, 而郊天之正禮不擧者, 西京之闕典也. 光武中興, 始營郊兆于城南, 而圜丘方澤之禮, 卒不能復周官之舊. 因陋承訛, 歷唐宋千餘年, 仍用合祭之禮, 間或有明君賢輔慨然以制作爲任, 討論經義, 擧正謬典, 而僅一再行事, 旋復踵舊, 古禮之難復, 有如是夫. 且夫吾不與祭, 如不祭, 誠爲實, 禮爲虛也. 三代以降, 有天下者, 躬執圭幣, 以見上帝, 僅可屈指數也. 夫禮莫重於祭, 祭莫大於祀天, 而簡慢若此, 王者父事天母事地之義, 果安在哉? 洪惟我皇朝太祖高皇帝立國之初, 首建南北二郊, 罷合祭爲分祀, 陰陽定位, 祀典始正, 革千古相沿之陋制, 而金科玉條, 秩然燦然, 演樂有觀, 織幣有局, 以至嚴齋令則鑄銅人以警座隅, 敬天貺則登民數以薦壇下. 凡此義起之禮, 亦可以質前聖而俟百世矣. 雖其旣分祭而又合祀, 旣壇享而又屋祀之, 從周之盛典, 不克有終. 然其享之也, 寅恭嚴畏, 必躬必親, 卽位三十餘年, 未嘗攝事, 不豫則改卜, 載之祖訓, 貽厥孫謨, 列朝相承, 對越之誠, 罔敢少懈. 雖嘉靖萬曆以來, 稍遜往昔, 而終明之世, 有事圜丘, 史不絶書, 有明歷年三百, 天潢綿遠, 啓禎之間, 宗支食祿者幾萬餘, 此古今所罕也. 豈非太祖昭事之誠, 克享天心, 有以啓佑長發而然歟! 嗚呼盛哉! 伏讀御製勅太常文, 曰"掃地而祭, 其來甚遠. 後世執古而不變, 遂使天地之享, 反不如人之享. 若使人之享, 亦執古而不變, 則當汙抔而茹飮也, 果可行乎?" 謹案吳元年, 始建郊壇, 而闌楯皆用琉璃. 及洪武十二年, 大祀殿成, 則制度又極鉅麗, 神坐器用, 俱非陶匏藁秸之舊典. 所以備物致享, 而其義則勑太常文, 已盡之矣. 雖然記曰"德産之致也精微, 觀天下之物, 無可以稱其德者, 如此則得不以少爲貴乎?" 此古人祭天, 尙質不尙文之精義也. 凡雨露之所滋, 土地之所養, 何莫非上天化育中物也? 雖窮四海之珍異, 罄萬古之品物, 將何以稱覆燾之大德乎? 是故昔先王之郊也. 器用陶匏, 籍用藁秸, 因天地自然之性而不敢有加焉者, 所以大報本反始而敬之至也. 惜乎當時臣僚未有以此義導達於聖聰, 遂使曠古之盛典, 盡美矣而未盡善, 議禮之臣, 不得不任其咎也夫. 壬申除夕謹書.

진주晉州에서 국난에 목숨을 바친 여러 신하들의 전傳
晉州殉難諸臣傳

김시민(金時敏)【정득열(鄭得說)】

최경회(崔慶會)【문홍헌(文弘獻)】【첩(妾) 논개(論介)】

김천일(金千鎰)【아들 김상건(金象乾)】【이계년(李桂年)】【양산숙(梁山璹)】【이광주(李光宙)】【유휘진(柳彙進)】【이인민(李仁民)】

황진(黃進)【이종인(李宗仁)】【오영념(吳永念)】【김응건(金應健)】【지득룡(池得龍)】

고종후(高從厚)【오유(吳宥)】【김인혼(金獜渾)】【고경형(高敬兄)】【노(奴) 귀인(貴仁)】【오비(吳玭)】【봉이(鳳伊)】

김준민(金俊民)

고득뢰(高得賚)

정명세(鄭名世)

강희열(姜希悅)

장윤(張潤)

이잠(李潛)

최언량(崔彦亮)

심우신(沈友信) 【민여운(閔汝雲) 등(等)】

호남과 영남의 경계에 진주(晉州)가 중진(重鎭)으로 놓여 있다. 이는 병법에서 말하는 반드시 지켜야 할 곳이다. 기록에 적을 제압하는 방법으로 지키는 것이 먼저이고 싸우는 것은 다음이라고 하였다. 그러나 지킬 수 없음을 걱정하지 말고 지킬 줄 모르는 것을 걱정하라고 하였다. 기척(紀陟)[7]은 다음과 같이 말했다. "천 리 되는 강역, 백 리 되는 봉토에 험한 요충지로 반드시 싸울 곳은 하나의 진과 하나의 보루에 불과하니, 이는 6척 사람의 몸에 해 입을 곳은 몇 안 되는 것과 같다." 그러므로 '바둑에서 한 점을 얻음으로써 전체 승부를 판가름한다.'라고 하는 것과 같이 한 성을 지킴으로써 천하의 안위가 달려 있게 된다. 이것을 아는 자라야 비로소 병법을 더불어 말할 수 있다. 호남은 우리나라의 천부의 땅이고 나라의 근본이다. 임진년(壬辰年, 1592년)에 섬나라 도적들이 쳐들어와 봉홧불이 미치는 곳이 이 나라 수천 리를 돌았는데, 온 나라가 잿더미가 된 속에서도 호남만이 무사했던 것은 진주 사람들이 길을 막았기 때문이다.

김시민(金時敏)은 3천의 약한 군졸을 이끌고 막 세력이 커져 통제되지 않는 왜구에 대항하여 8일 밤낮을 막아내어 결국에 성을 지켜냈다. 이때부터 적들은 감히 발을 왼쪽으로 돌려 호남을 엿보지 못하였다. 또 반년이 흘러 계사년(癸巳年, 1593년)에 다시 포위하여 가등청정(加藤淸正)이 정예 병사를 다 이끌고 와서 반드시 먼저 이들을 멸한 후 아침을 먹겠다는 각오로 힘을 다하여 급히 공격하였는데, 어찌 조그만 이 하나의 진주만 탐했겠는가? 그러나 진주를 격파하지 못하면 호남은 논의할 수 없었다.

이때를 당하여 여러 절도사와 남쪽을 토벌하는 자들은 도원수(都元帥)부터 이하로 등을 돌리고 서로 바라보기만 하였다. 곽재우(郭再祐), 홍계남

---

7 기척(紀陟) : 중국 삼국시대의 오(吳) 나라 사람으로 자(字)는 자상(子上)이다.

(洪季男)같이 백전노장의 영웅들도 모두 군사를 거두어 후퇴하여 화살 하나도 더 낭비하지 않으려 하였다. 그들의 힘이 대적하지 못할 것도 아니었고 용기가 앞으로 나가지 못할 바도 아니었으나, 그들은 내가 조정의 명령을 받들고 있으니 진주(晉州)에서 적을 뒤쫓는 일은 나의 직분이 아니요, 또한 한 성(城)의 존망은 국가의 대계에 관계되는 것도 아니니 내가 반드시 칼끝을 겨누어 사수할 필요는 없다고 여긴 것이다. 아아, 이 또한 생각하지 못한 것일 뿐이다.

무릇 임진년·계사년의 전투에서 우리는 팔짱을 끼고 쪼그리고 앉은 채 명나라만을 바라보고 있었다. 대군(大軍)이 주둔하는 곳은 비용이 몇 만으로 헤아려졌으니, 총병(總兵) 유정(劉珽)이 남쪽을 토벌할 때에 군량이 모자라 군대를 돌릴 것을 급히 논의하였다. 이때 조정에서 나라를 전체적으로 살펴보니 믿을 곳은 오직 호남(湖南)뿐이었다. 이에 호남 전체의 고택(膏澤)을 다 끌어다 동서로 옮긴 것이 7년이었다. 지금 백여 번의 패배 속에서 군량미도 완전히 거덜이 나 크게 지원해도 이어지지를 못하니, 비록 지혜로운 자가 있더라도 계책이 없었다. 이 때문에 호남의 안위는 한 나라의 안위가 되었고, 진주(晉州)는 호남의 울타리가 되었으니, 이것이 어찌 병법에서 이른바 '땅에는 반드시 지켜야 할 곳이 있다'라고 한 것이 아니겠는가! 김천일(金千鎰)이 팔을 걷어붙이고 크게 한번 부르짖자 따르는 자들이 사방에서 응하여, 서로 칼과 화살을 둘러메고 벽혈(碧血)을 장강에 흩뿌리며 후회하지 않았으니, 참으로 국가의 안위는 바로 여기에 있었다. 바둑에 비유하자면, 세력이 중앙에 있으면 중앙을 급히 처리하고 세력이 변에 있으면 변을 급히 처리하니, 임진년·계사년의 전투 형세는 진주에 있었으니 이것이 바로 바둑을 잘 두는 자가 바둑돌을 놓을 때였다. 그러므로 김시민(金時敏)이 앞에서 진주를 보존하였으니 임진년·계사년 중흥의 한 판이 완성된 것이고, 김천일(金千鎰)이 뒤에서 진주를 위해 순국했으니 정유년에 다시 무너지는 한 판이 수습된 것이다. 그렇지만, 김시민(金時敏)이 있는 힘을 다해 방어하고 최경회(崔慶會)가 죽음을 맹세하고 봉쇄한 것은 참으로 그들의 직분일 뿐이었다. 황진(黃進)이나 고종후(高從厚) 등의 사람들 같은 경우에는 진주에 대해서, 나라에서 백성들을 맡기는 직분을 준 것도 아니요, 부절과 격문으로 징발하는 명령을 내린 것도 아니라 단지 의기가 격동하여 앞을 다투어 사지(死地)로 나아간 것이다. 계책을 고려하고 의용을 떨치며 바야흐로 성을 굳게 지키며 결전을 하니 귀신이 뛰고 격분하여 천지가 이 때문에 어두워졌는데, 하란(賀蘭)의 구원이 나오지 않아 수양(睢陽)의 포위가 더욱 급해진 것[8]은 어찌할 수 없었다. 힘과 세력이 다하여 선후로 순국하였으나, 그 쌓여있던 위의는 여전히 불타올라 적의 흉봉(凶鋒)을 꺾고 다시 남쪽 지방을 안정시킬 만 하였다. 아아, 위대하도다. 여러 공이 충효와 큰 절개로 늠연히 맹세하며 나라를 위해 죽고도 이름이 묻히는 것은 참으로 평소 기약한 바일 것이다. 그러나 시기를 살펴 방책을 결정하여 힘써 요충지를 막아 국가의 완급에 맞추고 호걸의 능사를 드러낸 것 같은 경우는 어찌 김천일(金千鎰)이 앞서서 이끈 효과가 아니겠는가! 김천일은 군사를 안다고 할 만하다. 그러므로 나는 일찍이 김시민(金時敏)과 김천일(金千鎰)이 한 성을 막아 나라를 지켜낸 공이 이충무공(李忠武公)보다 아래에 있다고 생각하지 않는다. 정득열(鄭得說)은 김시민을 보좌하여 밖에서 적을 견제하며 힘껏 싸우다 전사했다. 계사년에 성이 함락될 때 군인과 백성들의 사망자가 6만여 명이었는데, 연대가 오래되고 징험할 만한 문헌이 없어, 별장(別將)으로 김준민(金俊民) 등 27인, 막사(幕士)로는 문홍헌(文弘獻) 등 17인으로 진주순난전(晉州殉難傳)을 짓는다.

김시민(金時敏, 1554~1592)은 목천(木川) 사람이다. 기사(騎射)에 능하고 담략(膽略)이 있었으며 병법을 더욱 밝게 익혔다. 무과에 합격하여 소경왕(昭敬王, 선조(宣祖))을 섬겼고, 만력(萬曆) 연간 임진년에 진주판관(晉州判官)으로

---

8 하란(賀蘭)의……급해진 것 : 당(唐)나라 안사(安史)의 난 때 장순(張巡) 등이 수양(睢陽)에서 반란군에 포위되어 남제운(南霽雲)이 포위망을 뚫고 하남절도사(河南節度使)로서 임회(臨淮)에 주둔하고 있던 하란진명(賀蘭進明)에게 가서 구원을 요청하였다. 그러나 하란진명은 적군의 습격을 받게 될까 두려워하고 또 장순의 명성을 시기하여 구원병을 보내지 않았다. 《신당서(新唐書)》 卷192 〈남제운열전(南霽雲列傳)〉 참조.

나갔다. 얼마 지나지 않아 왜 추장 평수길(平秀吉)이 군사를 크게 내어 몸소 군사를 거느리고 일기도(一歧島)에 이르러, 평수가(平秀家) 등 36명의 장수를 보내 바다를 건너 쳐들어왔다. 영남(嶺南)으로 상륙하여 가는 곳마다 불 지르고 약탈하며 엎드려서는 소굴을 만들어, 거의 6~7백 리에 닭 우는 소리나 개 짖는 소리가 들리지 않았다. 당시에 주현(州縣)의 장리(長吏)들은 소문만 듣고 도망가고 숨어서 감히 적을 향해 활 한 번 당기지 않았다. 김시민은 개연히 이 성과 존망을 함께 하리라 맹세하고는 고을 안의 백성들을 모두 모아 성에 들어오도록 하고 명령하기를, "도망가는 자는 목을 베어버리겠다."라고 하였다. 이에 꼴과 곡식을 쌓고 망루를 수리하여 굳게 지킬 계책을 세웠으며, 백성들은 이에 의지해 편안히 있었다. 얼마 후 적들이 사천(泗川)을 공격하여 함락시킨 뒤 진주에 쳐들어 오겠다고 하였다. 김시민은 군리(軍吏)들과 의논하기를, "병법에 먼저 움직이는 자가 남을 제압한다고 하였다. 적은 승리에 도취하여 교만해졌으니, 우리가 빨리 병사를 이끌고 가서 생각지 못한 틈에 공격하면 이길 수 있을 것이다." 하였다. 이에 정예 기병 천여 명을 선발하여 사천(泗川)으로 달려가 주장(主將) 정득열(鄭得說)과 함께 협공하여 패배시켰다. 마침내 군대를 몰래 움직여 고성(固城)의 적을 습격하고 성 아래에서 병기를 빛내며 시위하니, 적들이 두려워하며 진해(鎭海)의 적들과 함께 밤중에 달아났다. 이윽고 또 금산(金山)으로 달려가 거창군수(居昌郡守) 김면(金沔)의 군대를 도와 전력을 더욱 강화하여 적들을 크게 패배시켰다. 몇 개월 동안 네 현을 수복하여 군의 기세를 크게 떨치고, 이 공으로 본주의 목사(牧使)에 제수되었다. 김시민이 즉시 군대를 이끌고 돌아오니, 당시 성안에 보이는 군사는 겨우 수천 명이었고 병장기 또한 매우 소략하였다. 김시민은 이에 조약을 발표하여 인석(藺石)과 쇠뇌를 준비하고 왜의 제도를 모방하여 조총 70정을 주조하고 화약 200근을 만들었다. 용맹한 군인을 선발하여 주야로 연습하며 항상 한마음으로 함께 죽기로 장수와 병사들을 격려하니, 울음소리와 눈물이 함께 나오며 온 군대가 분발하기를 생각하였다. 오래지 않아 적들이 크게 쳐들어와, 선봉이 주의 동쪽 봉우리 위까지 달려왔다. 절도사(節度使) 유숭인(柳崇仁)은 패전하여 돌아와서는 성에 들어와 함께 지키려고 하였다. 김시민은 거절하여 들이지 않으며 말하길, "대규모의 적들이 성에 임했으니 성문은 열 수 없습니다. 주장(主將)은 밖에 있으며 기각(掎角)의 형세를 이루는 것이 좋겠습니다." 하니, 유숭인(柳崇仁)은 부득이하게 돌아갔다. 이에 김시민은 장수와 병사를 배치하여 성가퀴에서 지키도록 하고 깃발을 눕히고 북을 치지 않아 성안이 고요하였다. 얼마 있다가 적들이 군대를 이끌고 성을 포위하였다. 대수(大帥)들은 모두 금장식의 가면을 쓰고 깃발과 일산, 운삽(雲翣)을 화려하게 휘날리며 성을 몇 수십 겹으로 둘러싸니, 햇빛에 빛나고 바람에 펄럭이며 눈부시게 온갖 형상을 나타냈다. 적의 장수 6명이 진을 나누어 전투를 독려하니, 포탄이 비처럼 쏟아져 천지를 뒤흔들었으나 우리 군대는 견고하게 꿈쩍하지 않았다. 이 상황이 오래되어 적들이 조금 해이해지자 김시민은 즉시 총수들을 이끌고 성에 올라가 힘껏 공격하고 성안에서는 북을 울리며 응하니 적들이 죽은 자가 많았다. 적들이 송장(松障)·충제(衝梯)·산대(山臺) 등의 여러 공격 무기들을 많이 만들어 힘을 다하여 급히 공격하니, 김시민은 화약으로 송장(松障)을 불태우고 큰 돌쇠뇌를 발사하여 충제(衝梯)를 부수었으며, 또한 강한 쇠뇌로 산대(山臺) 위의 적들을 쏘아죽였다. 적들은 무척 분해하며 한밤중에 큰 함성을 내며 동문(東門)을 급히 공격했다. 왜구들은 모두 패찰을 끌어안고 두건을 한 채로 개미처럼 다투어 성에 올랐고, 후진(後陣)의 총수 수천 명은 성 위로 총을 쏘아댔다. 김시민은 군사들을 독려하며 죽음을 각오하고 싸우니, 적병들은 오는 대로 다 죽었다. 전투가 한창일 때 적들은 또 병사들을 나누어 급히 북문(北門)을 동문처럼 공격했는데, 만호(萬戶) 최덕량(崔德良)이 힘써 싸우며 막아냈다. 날이 밝자 적들이 조금 물러났는데, 김시민이 갑자기 총알을 맞아 눕게 되었다. 성안의 화살과 돌도 이미 다 소진되었는데, 마침 별장(別將) 이광악(李光岳)이 적장을 쏘아 죽이자 한낮에 적들이 땔감을 쌓아 시신을 불태운 뒤 포위를 풀고 물러났다.

이때가 10월 10일이었다. 성이 포위된 8일 동안 크고 작게 10여 번의 전투가 있었는데, 김시민은 매번 북채를 들고 성을 돌아다니며 화살과 돌을 무릅쓰며 군사들을 격려하였다. 밤이 되면 악공(樂工)으로 하여금 누대 위에서 피리를 불게 하여 그 소리 간드러졌는데, 딱따기와 젓대 소리를 섞게 하니 적들이 끝내 그 허실을 헤아리지 못했다. 김시민은 사졸들을 더욱 잘 위무하였으니, 처첩을 거느리게 하고 새벽과 밤에는 술과 고기를 성가퀴를 지키는 사졸들에게 손수 먹이니 사졸들이 모두 감격하여 그를 위해 죽는 것을 즐겁게 여겼다. 이런 까닭에 외롭게 고립된 성이 강한 왜구들을 상대하여 외부의 지원을 받지 않고 끝내 한 주를 온전히 지켜내고 호남을 막을 수 있었다. 혹자는 이 전투에서 왜병이 3만 명 죽었다고 하였다. 처음에 의병장(義兵將) 곽재우(郭再祐)가 김시민이 유숭인(柳崇仁)을 성에 들이지 않은 것을 듣고는 탄복하며 말했다. "전쟁에 임해 장수를 바꾸는 것은 병가(兵家)에서 크게 꺼리는 바이다. 김 목사의 이 행동이 성을 완전하게 지켜낸 것이니, 진주 사람들의 복이로다." 김시민은 병이 심해지자, 죽어서 나라에 보답할 수 없다고 스스로 말하며 때때로 머리를 들어 북쪽을 바라보며 눈물을 줄줄 흘리니, 보는 사람들이 슬퍼하였다. 전투의 공을 논하여 본도의 우절도사(右節度使)로 제수하였으나, 임금님의 새서(璽書)가 내려오기 전에 김시민은 이미 죽고 말았다. 진중에서는 적이 알까 두려워 비밀에 붙여 발상(發喪)하지 않았으나 군사와 백성들이 거리에서 곡을 하는 소리가 서로 들렸다. 부고가 들리자 임금님께서 애통해하시며 김시민의 공을 기록하고 특별히 대광보국 숭록대부 의정부 영의정(大匡輔國崇祿大夫議政府領議政)으로 추증하고 상락부원군(上洛府院君)으로 봉하였으며, 본주에 사당을 세우라 명하고 충민(忠愍)이라는 사액을 내리고 지키는 신하들에게 봄과 가을로 제사를 지내게 하였다.

정득열(鄭得說, 1565~1592)은 자(字)가 군석(君錫)이고 하동(河東) 사람이며 문성공(文成公) 정인지(鄭麟趾)의 5대손이다. 무과에 급제하여 사천(泗川) 현감으로 나갔다가 임진왜란이 일어나자, 정득열은 분발해서 자신이 한 부대를 담당할 것을 원하여, 죽기를 각오한 병사 300명을 선발하여 절도사의 군영으로 달려갔다. 사천이 왜구의 습격을 받았다는 것을 듣고는 군대를 돌려 김시민과 함께 힘껏 싸워 물리쳤다. 김시민이 해안가로 주둔해 있는 적들을 향해 진격하여 무찔렀는데, 정득열은 항상 선봉에 섰다. 얼마 후 진주가 포위되어 위급해지자, 정득열은 절도사 유숭인을 따라 군대를 합하여 적에게 대항했다. 유숭인의 군대가 궤멸되자 정득열은 말을 치달려 크게 소리치며 흩어진 군사들을 모아 다시 싸웠다. 화살이 다하자 철곤(鐵棍)을 휘두르며 격렬하게 싸우니, 향하는 곳의 적들은 휩쓸리듯 쓰러 졌다. 적들이 무리를 모아 4~5겹으로 포위를 했는데, 정득열은 더욱 기운을 내어 백병전을 무릅쓰고 좌우로 충돌하여 몸소 적 수십 백 명을 죽였다. 난병(亂兵) 가운데서 죽었고, 그 후 4일 만에 포위가 풀렸다. 일이 알려지자 훈련원정(訓鍊院正)으로 추증하였고, 그 마을에 정표하여 '충신지문(忠臣之門)'이라 하였다. 아들 택뢰(澤雷)는 진사시에 합격하였고, 광해군(光海君)이 장차 폐모(廢母) 하려 할 때 많은 선비들을 창도하여 적극 간하다가 남해(南海)로 유배되어 죽었으며, 인조반정(仁祖反正) 후에 사헌부 지평(司憲府持平)에 추증되었다.

최경회(崔慶會, 1532~1593)는 자(字)가 선우(善遇)이고 화순(和順) 사람이다. 젊었을 때 명경(明經) 을과(乙科)에 급제하여 성균관 전적(成均館典籍)을 거쳐, 사헌부감찰(司憲府監察)과 형·호조좌랑(刑戶曹佐郞)을 역임한 뒤 복구(沃溝) 현감으로 나갔다가 영해(寧海) 군수로 옮겼으며 품계가 올라 담양부사(潭陽府使)가 되었다. 가는 곳마다 명성과 치적이 성대하고 백성들을 편안히 하여, 그 지역에서는 최경회의 초상을 그려 제사를 지냈다. 이때 대신(大臣)들이 그의 문무(文武) 재능을 추천하여 소경왕(昭敬王)께서 그를 불러 금원(禁院)에서 활쏘기를 시험해봤는데, 화살을 쏘는대로 과녁에 적중하여 특별히 가자(加資)하고 격려하였다. 얼마 후 모친상을 당하여 관직을 떠났다가, 평수길(平秀吉)의 난이 일어나 전 부사(府使) 고경명(高敬命) 등이 담양부(潭陽府)에서 의병을 일으키자 최경회는 두 형 경운(慶雲)·경장(慶長)과 함께 의병청(義兵廳)을 설치하여 병사와 군량을 모집하여 군대를 도왔다. 얼마있다가 고경명이 금산(錦山)에서 전사하자 종사(從事) 문홍헌(文弘獻) 등이 흩어진 병사 8백 명을 수습하여 와서는 최경회에게 다음과 같이 청하였다. "예(禮)에 삼년상이라고 하지만 금혁(金革)의 일은 피하지 않는다 하였습니다. 그러니 나라를 위해 목숨을 바치는 큰 절개를 격려하여 충효(忠孝)가 하나라는 것을 보여주시기 바랍니다. 지금 8도의 길은 파괴되었고 임금님께서는 파천하여 덤불 속에서 헤매고 계십니다. 공께서는 나라의 은혜를 이어 대부의 지위에 계시니 어찌 상중에 계시며 임금님의 급함을 좌시하십니까? 전에 우리의 주 장군 고공(高公)께서는 만사일생(萬死一生)의 계책을 내어 칼을 짚고 큰 난을 막았으나 불행히 하늘이 순조롭게 도와주지 않아 의로운 깃발이 중간에 꺾였습니다. 오직 두서너 동맹의 선비들이 피눈물을 흘리고 마음을 썩이며 고공(高公)의 뜻이 시작은 있으나 마침이 없도록 되지 않게 다짐하였습니다. 잿더미를 수습하여 재기할 것을 도모하며 우리 무리들을 돌아보니, 오직 명공(明公)의 지혜와 용기가 이 일을 잘 알고 계십니다. 명공(明公)께서 진실로 의(義)로써 정(情)을 억누르고 동지들을 격려하며 이끌어, 이미 기울어진 왕실을 일으켜 세우고 막 넘어지려는 하늘의 운명을 돌이킨다면, 경대부(卿大夫)의 효가 어떤 것이 이보다 크겠습니까? 명공(明公)께서는 도모하시기 바랍니다." 이에 최경회가 울면서 따랐다.

문홍헌(文弘獻, ?~1593)은 자(字)가 여징(汝徵)이고 휴녕(休寧) 사람이며 최경회의 사위이다. 최경회가 이에 여러 장수와 함께 삽혈의 맹세를 한 후 '우의병장(右義兵將)'이라 칭하고 여러 고을에 격문을 돌리니 원근에서 호응하였다. 열흘 사이에 무리가 5천 명이 되고 군량이 7백 석이 되어 군의 형세가 다시 크게 떨쳐졌다. 최경회가 눈물을 흘리며 군대를 돌며 나라를 나라를 위해 목숨을 바치는 의를 말하니 사졸들 모두 감분하지 않는 자가 없었다. 마침내 군대를 정비하고 기보(畿輔)로 향했는데, 마침 금산(錦山)과 무주(茂朱)에 주둔해 있던 적들이 장차 전주(全州)로 쳐들어가려고 하여, 관찰사(觀察使) 권율(權慄)이 최경회에게 격문을 보내 장수(長水)로 진군하여 적의 예봉을 막으라 하였다. 얼마 있다 무주(茂朱)의 적들이 와서 도발하자, 최경회가 5백의 기병으로 물리쳤다. 오래지 않아 금산(錦山)의 적들이 크게 쳐들어오니, 최경회가 숲속에 군대를 매복시켰다가 유기(遊騎)로 요격(邀擊)하자 적들이 동요되고 혼란스러워 대열을 이루지 못했다. 대군(大軍)이 기세를 타고 육박하니 적들이 대패하여 금산으로 돌아갔다. 이에 최경회가 길목을 막고 대항 세력을 제거하니, 적들은 죽어라 소리만 지를 뿐 감히 움직이지 못했다. 하루는 척후병이 적들이 장차 숨으려 한다고 보고하여 최경회가 잘 훈련된 병사들로 그 뒤를 쫓게 하니, 적들이 서로 짓밟아 시체가 삼다발같이 널리게 되었다. 최경회가 곧 군사를 빼서 사잇길로 가서 몰래 정탐하니, 백마(白馬)에 은갑옷, 황금투구를 쓴 장수가 비단 한 축을 등에 지고 손에는 8척의 언월도(偃月刀)를 들고는 수십 기병을 거느리고 빠르게 지나가고 있었다. 최경회가 활시위를 당겨 쏘니 화살을 맞고 거꾸러졌다. 비단 축은 바로 고려(高麗) 공민왕(恭愍王)이 그린 청산백운도(青山白雲圖)였고, 칼은 왜에 있는 자웅신검(雌雄神釰) 바로 그 하나였다. 최경회가 이 칼을 차고 봉우리 서쪽으로 옮겨 다니며 싸워 적의 목을 무척 많이 베었다. 이로부터 왜놈들은 최경회의 위명(威名)을 두려워하여 골자군(鶻字軍)을 감히 침범하지 말자고 서로 경계하였으니, 골자(鶻字)는 최경회 군의 표지였다. 임진년 10월, 진주(晉州)가 포위되어 형세가 급해지자 관찰사(觀察使) 김성일(金誠一)이 사람을 보내 구원을 요청하였다. 최경회는 곧 군사를 이끌고 달려가 선봉으로 진주에 들어가니, 적들은 멀리서 바라만보고 도망갔다. 성을 결국 온전히 지켜내자, 김성일은 그의 포상을 조정에 보고하여, 임금님께서 특별히 본도의 우절도사(右節度使)로 제수하였다. 다음 해 계사년에 적장이 크게 진주를 침략하였는데, 당시 성안의 수비는 약하고 사람들도 겁을 내고 있었다. 어떤 사람은 최경회에게 성을 비우고 피하라고 권하였으나, 최경회는 의연히, "나는 이 나라에 봉해진 신하이니 마땅히 죽음으로 이 나라를 지킬 것이오." 하고는, 창의사(倡義使) 김천일(金千鎰) 등과 함께 죽음으로 지킬 것을 맹세했다.

김천일(金千鎰, 1537~1593)은 자(字)가 사중(士重)이고 광주(光州) 사람이다. 아버지 김언침(金彦琛)이 처음 나주(羅州)로 이사하여 김천일은 젊었을 때 일재(一齋) 이항(李恒, 1499~1576)을 스승으로 섬기며, 뜻을 독실히 하고 힘써 행하며 성현(聖賢)을 법으로 삼았다. 만력연간 계유년(癸酉年, 1573년)에 유일(遺逸)로 천거되어 6품의 벼슬을 받았고, 사헌부지평(司憲府持平)에 발탁 되어 자주 올바르고 준엄한 말로 임금님께 힘쓰도록 간언하였다. 얼마 있다가 병으로 고향에 돌아왔는데, 임실현감(任實縣監)으로 다시 등용되었다가 순창 현감으로 옮겼고 한성서윤(漢城庶尹)을 거쳐 수원 도호부사(水原都護府使)가 되었는데 일에 연루되어 파직되었다. 당시에 왜놈들은 틈을 타서 남쪽 지방에서 소란을 피웠고, 조정의 신하들은 날로 당을 나누어 서로 다투기만 하여, 안으로는 다툼이 있었고 밖으로는 외침이 있어서 나라의 형세가 깃술이 매달려 흔들리는 것처럼 위태로웠다. 김천일이 상소를 올려 장수를 잘 선발하고 상벌을 명확히 하는 몇 가지 일을 진언하고는 인하여 고금 문호(門戶)의 화에 대해 극력으로 논하였는데, 말이 매우 절절하여 가상히 여기고 장려하는 비답이 내려졌다. 김천일의 사람됨은 굳세고 방정하며 큰 절개가 있었으며 의(義)를 행하는 데 용감하여 쉽고 어려운 것을 가리지 않았다. 문성공(文成公) 이이(李珥, 1536~1584)가 장차 벼슬을 그만두고 서울을 떠나려 하자, 김천일은 정색하고 말리며 말하길, "우리 세신(世臣)들은 벼슬하여 조정에 서 있으니, 의로 생사를 같이해야지 공자처럼 제(齊)나라나 위(衛)나라로 갈 때는 아닙니다."라고 하니, 이이(李珥)가 용모를 고치고 사과하고는 다른 사람에게 다음과 같이 말했다. "훗날 나라를 위해 충성을 바치는 신하는 사중(士重, 김천일의 자)일 것이다." 임진왜란이 일어나 임금님께서 계책을 결단하여 서쪽으로 피난을 떠나자 서울은 마침내 적에게 함락되었다. 김천일은 막 벼슬을 그만두고 나주의 시골집에 은거하고 있었는데, 소식을 듣고는 소리치며 통곡하여 거의 기절하다가 이윽고 분연히 말하였다. "우리가 그저 통곡만 하면 무엇하리? 나라에 환란이 있어 임금님께서 도성을 떠나 피난하셨는데, 대부(大夫)인

내가 새처럼 숨어서 목숨을 구할 수는 없다. 내 장차 의병을 일으켜 국가의 난에 임할 것이다. 구제하지 못하면 죽음만이 있을 뿐으로, 죽지 않고 나라에 보답할 수는 없을 것이다." 그리고는 즉시 고경명(高敬命)·최경회(崔慶會) 등에게 편지를 써서 그의 뜻을 알렸다. 이에 부로자제들을 모두 불러서 충의(忠義)로 격려하니 울음소리와 눈물이 모두 나왔고, 무리도 모두 울었다. 마침내 정예 병사 수백 명을 선발하여 기율을 엄히 단속하고 무기를 수선한 뒤 기한을 정해 행군을 하여 양산숙(梁山璹)·산룡(山龍) 등이 일으킨 군대와 만났다.

양산숙(梁山璹, 1561~1593)은 자(字)가 회원(會元)이다. 조부 양팽손(梁彭孫, 1488~1545)은 공희왕(恭僖王, 중종(中宗))을 섬겨 홍문관교리(弘文館校理)에 제수되었고, 기묘제현(己卯諸賢)들과 일을 함께 하여 문정공(文正公) 조광조(趙光祖)의 죽수사(竹樹祠)에 배향되었다. 부친 양응정(梁應鼎, 1519~1581)은 명종(明宗)과 선조(宣祖) 두 조정에서 벼슬살이하며 이조참의(吏曹參議)까지 올랐고, 학자들은 송천선생(松川先生)이라 불렀다. 양산숙은 젊어서 성혼(成渾, 1535~1598) 선생과 이이(李珥) 선생의 문하에서 노닐어, 후에 두 스승이 소인배들에게 모함을 당하는 것을 보고 마침내 과거에 전혀 응하지 않고 나주(羅州)의 삼향리(三鄕里)에 은거하며 직접 농사지으며 어머니를 봉양했다. 형 양산룡(梁山龍)과 함께 의병을 일으켜 왕을 도울 것을 도모하여, 곡을 하며 어머니께 아뢰길, "어머니에게서 물러가고자 합니다."라고 하니, 어머니가 말했다. "집안 대대로 나라의 두터운 은혜를 입었으니, 의리상 구차하게 살 수가 없구나. 힘쓰도록 하거라. 너희 할아버지와 아버지께서 남긴 공렬을 욕되게 하지 않는다면, 나는 편안히 눈을 감을 수 있을 것이다." 양산숙이 물러나 병사들을 수습하니 백여 명이었는데, 김천일이 의병을 일으켰다는 소식을 듣고 마침내 군대를 이끌고 와 소속되었다. 김천일이 이에 여러 장수와 함께 희생을 잡아 삽혈하여 맹세를 한 후 군대를 정비하여 서쪽으로 향하였으니, 이때가 임진년 6월이었다. 이때 삼도(三道)의 근왕병(勤王兵) 군대 10만 명이 용인(龍仁)에서 궤멸하여, 흩어진 병졸들이 흉흉하게 남쪽으로 내려가서 군중에 두려운 기운이 돌았다. 김천일이 고삐를 잡고 병사들을 타이르며 말하길, "우리 군대는 의로써 이름하였으니 전진만 있고 후퇴는 없다. 가고 싶은 자들은 가도록 하라." 하니, 끝내 도망간 사람은 한 명도 없었고, 흩어진 병졸들도 점점 모여들어서 호서(湖西)에 도착했을 때는 무리가 수천 명이었다. 진군하여 수원(水原)에 주둔하고 군대를 4부대로 나누어 왜를 번갈아 공격하여 패배시켰다. 또 금령(金嶺)의 적을 습격하여 격파했다. 군대의 명성이 점차 떨쳐지자 여러 도에 격문을 보내고 양산숙(梁山璹)으로 하여금 표문을 받들어 행재소(行在所)에 이르게 했다. 당시 임금님께서는 의주(義州)에 머무르셨고 세자(世子)는 이천(伊川)에서 군대를 진무하여, 조정의 명령이 미치는 바가 동서의 절반만 되어 기호(畿湖) 지역 주군(州郡)이 곳곳마다 피폐해져 나라의 운명은 실낱처럼 겨우 이어졌다. 김천일이 장수와 막좌(幕佐)를 모아 향할 바를 의논하며 말했다. "병서(兵書)에, '죽음을 각오하면서 용감하지 않고, 오로지 살려고 하면서도 임무에 최선을 다하지 않았다.'[9]라는 말이 있다. 지금 우리들은 대의를 표방하고 나라를 위하여 적을 토벌하고 있으나, 허약한 군졸들을 이끌어다 사방을 둘러보아도 지원이 없는 곳을 전전하며 싸우고 있으니, 이것이 이른바 '굶주린 호랑이에게 고기를 실컷 먹이는 지름길'이다. 어찌 일에 도움이 되겠는가? 강화부(江華府)는 산과 바다의 험함을 끼고 있고 내외의 요충지를 끌어당기고 있어, 진군하여 싸울 수 있고 후퇴하여 지킬 수 있으니 빨리 병사들을 수습하여 들어가 지키는 것만 못하다. 기호와 호남 두 지역을 끌어와 국맥(國脈)을 통하게 하여 양경(兩京)과 연락하여 인심을 수습한 연후에, 관군과 의병이 협력하여 수륙으로 모두 진군한다면 서울은 손바닥 들여다보듯 쉽게 함락시킬 수 있을 것이다." 모인 사람들이 모두 "좋습니다."라고 하였다. 이에 척후병을 멀리까

9 죽음을……않았다 : 《한서(漢書)》 〈한왕신전(韓王信傳)〉에 나오는 문장으로 한고조 유방(劉邦)의 말이다.

지 보내고 부대를 5개 부대로 정비하였다. 인천(仁川) 중림역(重林驛)까지 행군하여 장차 유숙하려고 하였는데, 김천일이 말에서 내리며 한참을 노려보다 갑자기 밥을 지어내오라 하였다. 여러 사람들이 그 뜻을 깨닫지 못했는데, 이날 새벽 적들이 과연 군대를 몰래 움직여 습격하였다. 이에 놀라며, "정말 신묘하시구나." 하였다. 군대가 이르면 도망쳐 숨어있던 관리들이 비로소 차츰차츰 나왔고 여러 부대의 관군들도 많이 와서 모였다. 김천일이 이에 약속을 단단히 하고 강 연안에 목책(木柵)을 세우고 전함을 크게 수리하여 싸워 지킬 계책을 완비하니, 군대의 세력이 다시 크게 떨쳐졌다. 김천일이 강화도로 향했을 때, 왕세자(王世子)께서 다음과 같이 편지를 내리셨다. "세자는 공경스럽게 전 부사(府使) 김천일(金千鎰)이 비바람을 무릅쓰고 다니는 괴로움을 묻는다. 국운(國運)이 중도에 비색 하여 꿈틀거리던 저 남쪽 오랑캐가 감히 방자하게 명나라를 치려는 계획으로 우리가 무방비한 틈을 타서, 큰 돼지 같은 왜적이 우리 국경을 침범하고 짐승같이 우리 백성들을 잡아먹어, 종묘와 사직이 폐허가 되고 임금님께서 초야로 파천하셨다. 이는 바로 충신(忠臣)과 지사(志士)가 목숨을 바쳐 나라를 위해 순국하는 때이다. 나 소자는 임금님의 명을 받아 임금님 대신 국사를 감독하고 군대를 진무하고 있으나, 험한 산골짜기 사이에서 백성들을 편안히 시킬 덕이 부족하고 난을 진압할 재주도 부족하여 밤낮으로 목을 빼서 북쪽을 바라보며 두서너 호걸지사에게 복을 받기를 바라고 있었다. 지금 그대가 의를 제창하여 군대를 일으켜 근기(近畿)까지 왔다는 소식을 들었으니, 이것은 하늘과 선조들께서 묵묵히 우리를 도와서 그런 것이다. 나라의 흥망은 바로 여기에 있으니 제군들은 노력하도록 하라." 김천일이 글을 올려 사례하였다. 사신을 보내어 군중(軍中)에 와서 김천일에게 방어사인(防禦使印)을 전달하고, 또 소를 잡아 술과 함께 군사들을 먹이고 위로하였다. 양산숙 등은 행재소에서 돌아와 김천일을 장례원 판결사(掌隷院判決事)에 임명하는 동시에 창의사(倡義使)라는 칭호를 내린 조정의 뜻을 받아왔다. 처음에 양산숙 등이 바닷길을 통해 행조(行朝)에 도착해서

납환서(蠟丸書)를 올리니, 임금님께서는 매우 기뻐하며 불러서 위로하고 양산숙을 공조좌랑(工曹佐郎)에 특별히 제수하였다. 양산숙이 물러나 봉사(封事)를 올려 중흥책을 아뢰니, 임금님께서 그 재주를 기특하게 여기고 머물러 있게 하려고 하자, 산숙이 사양하며, "신은 장군의 명령을 받들어 왔으니 마땅히 돌아가 보고해야 합니다."라고 하니, 임금님께서 눈물을 흘리며 교시하였다. "너는 돌아가 너희 장수에게 말하라. 있는 힘을 다해 진군하여 빨리 서울의 적을 쓸어버려서 나로 하여금 종남산(終南山)과 위수(渭水)를 다시 볼 수 있게 하라." 산숙이 울면서 대답했다. "신들은 임금님의 영험함에 힘입어 종사하니, 의지하는 것은 충의(忠義)요 믿는 것은 천도(天道)입니다. 성패와 이둔(利鈍)은 미리 헤아릴 수 있는 바가 아닙니다." 임금님께서 이에 교서(敎書) 2통을 내려 양산숙에게 가지고 가게 하여 영호남의 군민들에게 선포하니, 이때부터 삼남(三南)의 의병들이 벌떼처럼 일어나 국가를 중흥하는 공렬을 함께 도왔다. 본래 김천일은 강화도를 지키며 조정의 명령을 전달하였는데, 창의(倡義)라는 호칭을 받은 이후로는 더욱 분려(奮勵)하여 나라에 보답할 것을 생각했다. 날마다 출병하여 강 연안에 주둔해있는 적들을 습격하니 적들이 서로 잇따라 달아났다. 이에 갑곶진(甲串津)·승천포(昇天浦)에 배를 매어 난민들을 구제하라 명령하니, 적이 점거하고 있는 양도에서 스스로 몸을 빼서 오는 백성들이 날로 백으로 헤아려, 군대 막사가 사방으로 온통 들어찼다. 이때 적들은 서울을 점거한 지 오래되어, 도성 백성들이 많이들 서울로 돌아와 왜적들과 섞여 살았다. 김천일이 몰래 사람을 들여보내 역순(逆順)과 이해(利害)로 백성들을 깨우치니, 백성들이 모두 감격하고 기뻐하면서, 다투어 성의를 표하고 내응하기로 약속한 자가 수만 명이었다. 혹은 왜적을 몰래 죽여 군문(軍門)에 죽인 적의 왼쪽 귀를 잘라 바치기도 하였다. 김천일은 몽충함(蒙衝艦) 4백 척을 거느리고 강을 거슬러 올라가 곧바로 진군하여, 양화도(楊花渡)에서 북치고 함성을 지르며 군세를 과시한 뒤 수길(秀吉)의 죄를 내걸어 꾸짖으며 도성 안의 적들을 도발하였으나, 적들은 끝내 감히 움직이려고 하지 않았다. 이에 죽기를 각오한 병사를 선발하여 도성 안으로 잠입시켜 내응하는 자들과 함께 적들을 유인하여 매우 많이 쏘아 죽였다. 계사년 정월에 천자(天子)께서 속국이 잔파(殘破) 되는 것을 근심하시어 4만 명의 대군을 출병시키고, 독신(督臣) 이여송(李如松, 1549~1598)을 보내 우리나라를 지원하게 하셨다. 이여송이 평양을 수복한 뒤 개성부(開城府)에 진군하여 주둔하면서 장차 서울의 적을 토벌하려고 하였다. 김천일이 거리와 지세(地勢) 및 적의 정황을 상세히 갖추어 보고하니, 제독이 마침내 경기 병마절도사(京畿兵馬節度使) 이빈(李蘋)·충청수군절도사(忠淸水軍節度使) 정걸(丁傑) 등과 합세하여 수륙으로 진군하였다. 수군은 노량진을 막았고 보병은 사현(沙峴)에서 충돌하니, 북소리가 십 리에 끊이지 않았다. 적들이 날이 갈수록 궁지에 몰렸을 때 화의(和議)가 막 일어나, 명(明)나라 유격(游擊) 심유경(沈惟敬, 1537~1599)이 적을 토벌하지 말라는 명령을 내렸다. 김천일이 매우 분개하며 홀로 부대를 이끌고 힘써 싸우자, 심유경이 화를 내며 김천일을 불러 들여서는 명령을 어긴 것을 꾸짖으니, 김천일이 말했다. "왜놈들은 저희 나라 신민 만세의 원수입니다. 저는 장군의 직함을 받았으니, 이 적들을 멸종 시키지 못한 것이 한이옵니다. 지금 아버지와 형의 상을 당한 자제들이 스스로 전투에 나서고 있으니, 제가 무슨 말로 그만두게 하겠습니까?" 그 사기(詞氣)가 강개하고 전혀 굽힘이 없으니, 유격(游擊) 심유경이 온화한 말로 위로하고 보냈다. 적들이 분해하며 도성의 백성들 중 의병 진영에 속한 이들을 모두 찾아내어 무자비하게 도륙하고 삼강(三江)의 군영을 모두 불태운 뒤 성을 버리고 남쪽으로 달아났다. 김천일이 장좌(將佐)를 거느리고 도성에 들어가 종묘(宗廟) 옛터에 임하였다. 얼마 있다가 왜적을 추격하라는 명이 내려왔는데, 김천일은 바야흐로 병이 들어 누워있다가 벌떡 일어나 말하길, "내가 죽을 곳을 얻었구나." 하였다. 당시 적은 산과 바다에 근거지를 마련하고 장차 크게 일으켜 진주(晉州)를 공격하려 하였는데, 관찰사와 병마절도사 등 변방을 지키는 모든 장수들은 적의 예봉(銳鋒)을 피하여 대부분 다른 곳에 주둔하고 있었다. 김천일이 분연히 말하길, "호남(湖南)은 나라의 근본이고 진주(晉州)는 호남의 울타리이니, 진주가 없어진다면 호남이 없어지는 것이다." 하고는 즉시 조정에 장계를 올려 죽음으로 진주를 지키기를 청한 뒤 답변을 기다리지 않고 진주로 달려갔다. 절도사(節度使) 황진(黃進) 등도 와서 모여서는 김천일에게 나아가 말했다. "지금 여러 군대가 모두 합쳐져 한 성으로 들어갔다가 외부의 응원군이 없게 되면 그 세력은 반드시 깨질 것입니다. 우리가 밖에서 머무르며 적의 예봉을 막는 것만 못 할 것입니다." 그러나 김천일은 완고하게 함께 들어가고자 하여, 황진(黃進)은 어쩔 수 없이 따라 들어갔다.

황진(黃進, 1550~1593)은 자(字)가 명보(明甫)이고 장수(長水) 사람이다. 5세조(五世祖) 익성공(翼成公) 황희(黃喜, 1363~1452)는 장헌왕(莊憲王, 세종(世宗))을 보좌하여 태평성대를 이루어 어진 재상으로 불렸다. 황희는 호안공(胡安公) 황치신(黃致身, 1397~1484)을 낳았다. 황치신이 충청절도사(忠淸節度使)가 되어, 사졸을 훈련시키고 봉수(烽燧)를 단속하여 해상 방어를 매우 엄히 하였다. 하루는 장좌(將佐)들과 함께 교외에서 활쏘기를 하였는데, 나무에 활을 쏘자 화살이 나무를 관통하여 뺄 수가 없었으므로 이사(吏士)가 모두 탄복하며 바위에 화살이 박혔던 한(漢)나라 이광(李廣)의 고사에 비유하였다고 한다. 황진에게는 조부의 유풍이 있어 젊어서부터 활쏘기와 말타기를 익혀 활을 잘 쏘는 것으로 이름났고 용력(勇力)이 남들보다 뛰어났으며, 도랑과 참호를 넘을 때는 나는 듯이 매우 빨랐다. 무사(武士) 이종인(李宗仁, 1556~1593)은 완력을 자부하였는데, 황진의 명성을 듣고는 그의 문에 와서 사귐을 청하고, 술잔을 들어 서로 계속 권하며 생사를 함께 할 것을 약속하니 황진이 웃으며 고개를 끄덕였다. 만력연간 병자년(丙子年, 1576년)에 무과에 합격하여 훈련원봉사(訓鍊院奉事)를 거쳐 선전관(宣傳官)이 되었고, 외직으로 거산찰방(居山察訪)에 보임되었는데 시전(時錢)[10] 부락(部落)을 정벌할 때 종군하여 공이 있었다. 경인년(庚寅年, 1590년)에 통신정사(通信正

10 시전(時錢) : 경흥 무이보(撫夷堡) 쪽의 두만강 건너에 있는 여진 부락이다.

使) 막부(幕府)에 들어가 일본(日本)에 보빙(報聘)하였다. 일본은 옛 왜노국(倭奴國)으로 그 우두머리를 천황(天皇)이라 하고 참람되게 연호를 정하여 원년을 기록하였으며, 그 아래 관백(關白)이라 칭하는 자가 가장 존귀하여 국사(國事)를 모두 결정하였다. 평수길(平秀吉)은 본래 살마주(薩摩洲)의 노비였는데 용맹하고 건강하며 구변이 좋아, 관백(關白) 직전신장(織田信長)이 그를 선발하여 휘하에 두어, 공을 쌓아 대장까지 되었다. 신장(信長)이 그의 부하에게 살해당하자 수길(秀吉)은 마침내 스스로 서서 관백(關白)이 되어 군대를 일으켜 사방을 정벌하고 66주(州)를 영토로 정했다. 갑옷을 입은 군사가 백만이나 되어 이 군대의 위세로 여송(呂宋, 필리핀 군도의 루손도)과 불랑기(佛郎機, 유럽) 여러 나라를 차츰 역속(役屬)시키고 모두 공물을 바치라 명하였다. 이에 수길(秀吉)이 스스로 하늘과 사람의 도움을 크게 얻었다고 생각하여 연호를 대록(大祿)으로 개원(改元)하고 더욱 병사들을 훈련시키고 전함을 수선하여 장차 명(明)나라를 침범하려 하였다. 이전에는 대대로 강소(江蘇) 절강(浙江) 지역에서 수전(水戰)하다가 끝내는 불리했기 때문에, 조선(朝鮮)을 정복하여 근거지로 삼고 요동(遼東)을 거쳐 바로 황도(皇都)로 달려가면 천하를 얻을 수 있을 것이라 음모(陰謀)를 하고, 자주 사신을 보내 수호를 맺으며 우리나라의 허실을 살폈으나 조정에서는 알지 못했다. 앞서 수길(秀吉)은 평의지(平義智) 등으로 우리나라에 내빙(來聘)시켰는데, 객관에 이르러 다음과 같이 발표하였다. "일본(日本)의 사신은 자주 조선에 왔는데 조선의 사신은 일본에 오지 않으니, 이는 우리 일본을 비하하는 것입니다. 나는 양국의 군신이 옥백(玉帛)을 들고 서로 만나지 못할까 두려우니, 귀국(貴國)에서는 대계(大計)를 깊이 생각하시고 소홀히 하지 마십시오." 그러나 조정에서는 적의 뜻을 헤아리지 못하고 망설이며 결정을 오래도록 못 내리다가, 결국 황윤길(黃允吉)을 정사(正使), 김성일(金誠一)을 부사로 명하여 국서(國書)와 폐백을 가지고 사행을 가게 했다. 이 행차에서 수길(秀吉)은 반드시 빈틈을 타서 우리에게 잘못을 따져 전쟁의 단서를 만들려 하였기 때문에, 도착하는 곳에 온갖 변사(變詐)가 나타나 정사와 부사 이하 모두 겁이 나 법도를 잃었으나, 황진은 좌우로 버텨내며 기가 더욱 늠름해지고 적혀 꺾이지 않아 일행이 두텁게 믿어 의지하였다. 배가 해구(海口)에 도착했을 때 큰 새 두 마리가 날개를 나란히 하여 파도를 타고 있었는데, 황진이 활을 쏘아 한 마리를 명중시키고 미처 날지 못한 다른 한 마리도 다시 활을 당겨 명중시키니 보는 사람들이 기이하다고 입이 마르도록 칭찬하였다. 왜인들이 그 기예를 과시하고 활을 잘 쏘는 사람으로 하여금 활을 쏘도록 하고 우리 사신 온 사람들을 오게 하여 보도록 했는데, 황진 또한 그 과녁 옆에 작은 과녁을 설치하여 활을 쏘는 대로 모두 적중시켰다. 어떤 왜인이 황진의 활을 청하여 시험삼아 당겨보았는데 무거워 당기지를 못하였고, 그 활을 돌려보며 아연실색하지 않은 이가 없었다. 장차 돌아올 때 주머니를 털어 보검(寶劍) 두 자루를 사며 말하길, "이 왜놈들은 머지않아 반드시 움직일 것이니, 나는 장차 이를 갈아서 기다릴 것이다." 하였다. 돌아와 복명을 하며 일행 상하 모두 왜적들이 반드시 대거 군대를 동원하여 침입할 것이라고 했는데도 유독 김성일만이 그럴 이치가 없다고 호언장담하자, 재상이 거기에 미혹되어 전쟁 준비를 하지 않았다. 황진이 분개하며, "우리 무인들은 입이 있어도 쇠꼬리나 다름없는 신세이다."라 하고는, 김성일의 목을 베라고 청하는 상소를 올리려 하였으나 종친들이 극력 만류하였다. 얼마 뒤에 동복현감(同福縣監)으로 나갔는데, 매번 관아의 일이 파하고 나면 바로 갑옷을 입고 몇십 리 말을 치달려 나가기도 하고 혹은 앞으로 뛰쳐나가거나 뒤로 몸을 돌려 솟구치는 등 용맹을 떨치며 말했다. "큰 난리가 장차 일어날 것이다. 대장부가 나라에 몸을 바치기로 했으니 헛되이 죽을 수는 없다." 임진년 4월에 왜적이 과연 온 나라를 기울여 쳐들어오자, 관찰사(觀察使) 이광(李洸, 1541~1607)이 근왕병을 이끌고 북으로 갔다. 황진은 현의 병사를 이끌고 따라가서 수원(水原) 사교(沙橋)에서 매복하여 성원(聲援)하려고 하였는데, 이때 대군이 용인(龍仁)에서 궤멸되었으므로 황진만 군사들을 거두어 후군을 맡아 후퇴하였는데 화살촉 하나 잃어버리지 않았다. 어떤 편장(偏將)이 그 군대를 모두 잃고 몸을 빼 달려왔는데, 황진이 친교(親校)를 나누어 보내 풀숲으로 도망간 군사들을 부르며 유시하였다. “주장(主將)이 건재하니 너희들 중 뒤늦게 오는 자들은 목을 벨 것이다.” 이에 황진이 깃발을 들고 높은 곳에 올라 군중에 나발을 불게 하니 얼마 지나지 않아 도망간 군사들이 사방에서 응하며 집결하였다. 편장(偏將)이 손을 잡고 탄복하며, “공은 참다운 장군입니다.”라고 하였다. 황진이 장군이 되어 사졸들을 잘 위무하였고, 성품은 엄중하고 기절(氣節)을 숭상하였으며 다른 사람의 급한 일을 구휼하는 것을 오직 미치지 못할까 두려워했다. 시전(時錢)의 전투에서는 어떤 친구가 죄로 군대에 편성되어 반드시 공을 세워야 면해질 수 있어서, 황진이 참획한 수급(首級)을 모두 그에게 준 일이 있다. 군대를 관장하는 몇 년 동안 병졸들에게 채찍질 한번 하지 않았고, 빈객과 아전들과 이야기할 때 온화하고 겸손했으며 감히 재주와 힘을 남에게 과시하지 않았다. 요직에 있는 귀인들에 대해서는 엄정하여 아부하는 모습을 달가워하지 않았다. 이 때문에 큰 어려움을 헤쳐내 훌륭한 공훈을 세웠고 위엄을 적국에 떨쳤으나 조정에서 공을 기록하여 서훈할 때 겨우 공로에 따라 승진만 시켜, 관직은 절진(節鎭)에 불과했고 이름은 맹부(盟府, 충훈부(忠勳府))에 등재되지 못했다. 이것이 지사(志士)와 충신(忠臣)들이 주먹을 불끈 쥐고 강개하며 크게 탄식하는 까닭이다. 아아, 누가 나라의 정사를 책임졌는가? 왜놈들이 처음 난을 일으켜 부산(釜山)을 나와 새재를 넘어 몇 십일 지나지 않아 서울을 바로 함락시켰으나 용맹한 장수와 정예 병사는 진에 머물며 뒤로 물러나, 벽루(壁壘)가 이어진 것이 북으로 열수(洌水, 한강)에 이르렀고 남으로 대마도(對馬島)까지 이어졌다. 이 당시에 대령(大嶺, 새재) 이남은 모두 적의 소굴이 되었고, 호남(湖南)은 큰 지역이 아니었기 때문에 적들이 급하게 여기지 않았다. 김시민(金時敏)은 진주를 굳게 지켜 요충지를 막아, 적들도 감히 진주를 버리고 서쪽으로 갈 수 없었다. 이에 영남 연해에 주둔해 있던 적들이 점차 방향을 틀어 호남으로 들어와 서늘하게 강물이 터져 물고기가 썩어가는 형세가 되어, 백성들은 모두 짐을 짊어지고 서 있었다. 황진은 신장이 8척여이고 수염이 아름다웠으며 손은 무릎 아래까지 내려왔고 그 모습이 매우 위엄있어 보였다. 전투에 임하여서는 근엄하기가 마치 신인(神人) 같아 적이 바라만 봐도 기가 질렸다. 군대를 이끌고 진(鎭)에 돌아온 후, 웅치(熊峙)에서 적을 막았고 안진원(安鎭院)에서 적을 기다렸다가 공격하였으며 이치(梨峙)에서 적을 크게 섬멸하였다. 마침내 저 돌적인 적의 예봉이 감히 호남 한 읍도 해치지 못한 것은 황진의 힘이었다. 처음에 관찰사(觀察使)가 황진을 불러 웅치(熊峙)를 방어하게 하여 진안(鎭安)의 적을 막았는데, 금산(錦山)의 적이 장차 전주(全州)를 침범하려 한다는 소식을 듣고 황진과 여러 장수가 지원하려 달려가다가 안진원(安鎭院)에서 적을 만났다. 여러 장수가 멀리서 바라보고 후퇴하며 피했는데, 황진이 말을 달려 적장 한 명을 쏘아 죽이고 이로 인해 분격(奮擊)하여 크게 격파했다. 훈련판관(訓鍊判官)이 되어서는 이치(梨峙)로 옮겨가 방어했다. 이때 관찰사가 황진을 불러 일을 계획한 후 황진이 장차 떠나려 하였는데, 한밤중에 망을 보던 관리가 말과 병사의 소리가 있다고 보고하였다. 황진이 막 머리를 빗고 있었는데, 얼마 후 경보가 더욱 급해져 관리와 병사들이 겁에 질려 산 사람의 기색이 없었으나 황진만은 태연자약하게 빗질을 마치고 밥을 먹었으며, 밥을 다 먹고 천천히 사람을 시켜 활을 가져오도록 하였다. 아직 장비를 갖추기 전에 적들이 크게 쳐들어오니, 황진은 큰 나무에 기대어 탄환을 막고 재빨리 활을 당겨 적을 쏘니, 화살이 서로 앞뒤로 잇닿아 화살을 전해주는 자가 줄 겨를이 없을 정도였다. 화살 하나가 적 여러 명을 꿰뚫어 맞은 자는 서서 죽었고, 엎어진 시체에서 흐른 피로 풀과 나무에서 피비린내가 났다. 전투가 한창일 때 황진이 왼쪽 다리에 탄환을 맞아, 피가 철철 흘러 신발에 가득 낭자했으나 더욱더 힘을 내어 더 빠르게 분격(奮擊)하였다. 마침 절제사(節制使) 권율(權慄)이 군대를 이끌고 와 지원하여 결국 전승을 거두었다. 왜에서 칭하는 조선의 삼대첩(三大捷)이 있는데, 권율(權慄)의 행주대첩, 이순신(李舜臣)의 한산도대첩, 황진(黃進)의 이치(梨峙) 대첩으로 이치(梨峙)가 그중 최고라고 한다. 황진이 군사를 거두어 동복(同福)으로 돌아가니, 전주(全州)의 사민(士民)들이 향을 사르고 큰절을 하며 말하길, "공이 없었다면 우리들은 가루가 되었을 것입니다."라고 하였다. 공을 논하여 훈련원부정(訓鍊院副正)이 되었는데 관찰사가 억누른 것이다. 체찰사 정철(鄭澈)이 편의로 익산 가수 겸 조방장(益山假守兼助防將)을 제수하였는데, 일이 알려진 뒤 곧 진짜로 되었다. 얼마 후 절도사(節度使) 선거이(宣居怡)를 따라 군대를 이끌고 북쪽으로 가서 수원(水原)에 주둔하였다. 황진은 수십 명의 기병들을 데리고 서울의 적을 염탐하러 가다가 사평(沙坪)에 이르러 갑자기 적의 대부대를 만나 몇 겹으로 포위되었다. 적장이 장교와 병사들에게 경계하며 말했다. "이 사람이 조선의 명장 황모이다. 사로잡아 바치면 후한 상을 내리겠다." 이에 적들이 탄환이나 화살을 쏘지 않고 더욱 군사들을 더하여 포위하여 오래 지키며 곤경에 빠뜨리려고 하였다. 며칠이 지나 황진이 홀연 말에서 내리니, 장교와 병사들이 그 뜻을 헤아리지 못하다가 모두 황급하게 죽을 곳을 살피지 않고 포위로 돌진하고자 하였다. 또한 말도 한참을 쉬어서 말에 뛰어올라 채찍을 휘두르며 날듯이 나가 크게 소리치며 질타하니, 병사들 모두 응하며 뛰쳐나갔다. 황진이 큰 칼을 춤추듯이 휘두르니 좌우에서 베어져 죽어나가 피가 수염을 고드름같이 주렁주렁 물들여, 보는 사람들이 모두 두려워 벌벌 떨었다. 여러 장수가 모두 황진이 이미 죽었다고 했으나, 군대를 온전히 하여 돌아오니 크게 놀랐다. 절충장군 충청도 조방장(折衝將軍忠淸道助防將)으로 탁배(擢拜)되었고 곧 충청병마절도사(忠淸兵馬節度使)에 제수되었다. 적들이 서울을 버리고 달아나자, 황진은 추격하여 상주적암(尙州赤巖)에 이르러 연속하여 싸워 대첩을 거두었다. 창의사(倡義使) 김천일(金千鎰)이 진주를 지키기로 결정을 내리고 황진에게 일을 함께할 것을 요청하니, 황진이 개연히 허락하였다. 황진이 장차 떠나려 할 때 곽재우(郭再祐)가 막으며 말했다. "진주성은 배산임수(背山臨水)로 적들이 산을 둘러 보루를 쌓아 성안으로 임해 있어, 외부의 지원이 없으면 성은 반드시 함락될 것이다. 게다가 공은 충청도절도사이니 진주를 수비하다 죽는 것은 직분이 아니다.” 황진이 수염을 치켜 흔들거리며 웃으면서 말했다. “저는 이미 창의사와 이야기를 했습니다. 장부는 죽을 뿐 식언할 수는 없습니다.” 곽재우가 이에 술을 따라주고 눈물을 흘리며 떠나도록 했다. 황진이 진주성에 들어가자, 이종인(李宗仁, 1556~1593)은 무과에 합격하여 김해부사(金海府使)로 있었는데 부대를 거느리고 먼저 도착하였고, 의병장(義兵將) 고종후(高從厚)와 부사(府使) 김준민(金俊民) 등이 모두 소식을 듣고 와서 합류하였다.

고종후(高從厚, 1554~1593)는 자(字)가 도충(道冲)이고 초토사(招討使) 고경명(高敬命, 1533~1592)의 장자이다. 고종후는 젊어서 문사(文辭)를 익혀 17세에 진사시에 1등으로 합격하였고, 24세에 문과에 합격하였다. 사헌부감찰(司憲府監察)과 제조(諸曹)의 낭(郎) 등 여러 관직을 거쳐 임피현령(臨陂縣令)으로 나갔는데 일에 연루되어 파직되어 아버지 집에서 지냈다. 왜구가 쳐들어 오자, 임금님께서 하교하여 여러 도에서 징병하였는데, 전라도관찰사(全羅道巡察使) 이광(李洸), 충청도관찰사(忠淸道巡察使) 윤국형(尹國馨), 경상도관찰사(慶尙道巡察使) 김수(金睟) 등이 군대를 거느리고 지원을 온 것이 10만이었다. 용인(龍仁)에 주둔했는데 군대가 크게 궤멸하여, 이광 등은 머리를 싸매고 쥐처럼 도망갔다. 패배 소식이 알려져 인심이 매우 놀라니, 고경명이 땅에 엎드려 곡을 하며 말했다. “여러 진의 장수들은 완급을 믿을 수 없으니, 큰 일이 틀어졌도다. 나는 나라의 은혜를 입은 대부로서 어찌 감히 관직이 없다고 해서 나라가 망하는 것을 좌시하겠는가?” 이에 고종후와 함께 의논하여 먼저 담양부(潭陽府)에 의병의 깃발을 세우고 격문을 돌려 병사를 모집하였다. 또, 종후(從厚)와 차자(次子) 고인후(高因厚, 1561~1592)로 하여금 병사들을 거두게 하여 7천 명을 모집하였다. 이들을 단속한 후 북상하여 여산(礪山)에 이르렀는데, 적들이 호남에 들어왔다는 소식이 들리자 휘하의 병사들이 다투어 전라도를 돌아보았다. 마침내 군대를 이동하여 금산(錦山)의 적들을 공격하여, 방어사(防禦使) 곽영(郭嶸)과 좌우익으로 진을 나누어 외성(外城)에서 무찔러 죽인 왜적이 아주 많았다. 다음 날 아침에 다시 싸웠는데, 적들이 관군(官軍)을 상대하기 쉽다는 것을 알고 무리를 모아 먼저 곽영(郭嶸)의 진영에 쳐들어가니, 별장(別將) 김성헌(金聲憲)이 말을 채찍질하며 먼저 달아났다. 의병들이 외치길, "방어군이 패하였다."라 하고는 곧 궤멸하여, 양군이 크게 혼란스러워져 장교와 병사들이 대면하고도 서로를 알지 못했다. 고종후의 말이 넘어져 고삐를 당겨 막 일으켰는데, 노비 봉이(鳳伊)와 귀인(貴仁)이 뒤따라와서 급하게 고하길, "주인님께서는 이미 멀리 나가셨습니다." 하였다. 고종후가 급히 채찍질하고 치달려 거의 30리를 간 후에야 비로소 아버지와 동생 모두 전쟁터에서 사망했음을 알고는 말에서 굴러떨어져 울부짖다 거의 기절하였다. 한참 후 깨어나서는 맨손으로 적에게 달려가 죽으려 하였으나, 좌우에서 끌어안고 말리며, "일이 이미 여기에 이르렀는데 헛되이 죽어서 무엇하겠습니까? 게다가 공께서 돌아가시면 누가 선공의 시신을 거둡니까?"라 하니, 고종후가 이에 그만두었다. 적이 물러나 아버지의 시신을 수습하여 장례를 치른 후 의병을 하려고 하니, 어머니가 죽음으로 만류하였다. 고종후가 밤낮으로 소리치고 울면서, "부자형제가 위난을 맞아 서로 잃어버려, 저는 천지간의 한 죄인으로 살아서 무엇하겠습니까?"라고 하니, 그의 어머니도 그의 뜻을 빼앗을 수 없어 울면서 말했다. "네가 지금 가면 전쟁 속에서 죽고, 물러나면 슬픔 속에서 죽을 것이다. 죽는 것은 한 가지이니 너의 뜻을 따르도록 하라." 고종후가 소복을 입고 재개한 후 여러 고을에 격문을 돌려 병사와 군량을 모집하였다. 정자(正字) 오비(吳玭)를 종사관(從事官), 부장(部將) 오유(吳宥)를 부장(副將), 김인혼(金獜渾)과 고경형(高敬兄)을 비장(裨將)으로 삼았는데, 고경형은 고경명의 서제(庶弟)이다. 복수의병장(復讎義兵將)이라 명칭을 내걸고 이곳저곳에서 전투를 하며 영남에 이르렀는데 참획한 공이 자못 많았다. 이미 진주의 형세가 급한 것을 보고는 마침내 군대를 이끌고 진주로 들어갔는데, 군중에게서 떠나고자 하는 자들은 보내고 남아있는 군사가 4백여 명이었다.

김준민(金俊民, ?~1593)은 어디 출신인지를 모르겠다. 처음에 거제 부사(巨濟府使)로 있으면서 거느리던 부대를 이끌고 진주로 갔다.

고득뢰(高得賚, 1544~1593)는 남원(南原) 사람이다. 무과(武科)에 합격하여 방답진첨절제사(防踏鎭僉節制使)가 되었다. 진(鎭)에서는 관례로 절도영(節度營)에 사슴 가죽을 바쳤는데, 고득뢰가 세 번 바쳤으나 세 번 모두 거절당했다. 어느 늙은 아전이 말하길, "다만 뇌물을 많이 써서 소가죽으로 대신 한다면 받지 않을 수 없을 것입니다. 이것이 여기 진의 오랜 관례입니다."라 하여, 이와같이 하니 과연 받았다. 고득뢰가 즉시 거절당한 사슴 가죽을 가지고 절도사(節度使)에게 달려가 아뢰길, "소를 가리켜 사슴이라 하는 것은 상관을 속이는 것입니다. 감히 죄를 청합니다."라 하니, 절도사가 매우 부끄러워하면서도 속으로 중상하고자 하였다. 마침 고득뢰가 상을 당해 관직을 떠나게 되자, 절도사가 사람을 시켜 그의 행장을 수색하게 하였는데 동전 한 닢조차 없어 절도사가 그의 청렴함에 탄복하였다. 계사년에 최경회(崔慶會)를 따라 진주를 지키러 가려 하였는데 출발 전에 평창군수(平昌郡守)로 제수되었다. 평창군의 아전들이 와서 맞이하였으나, 고득뢰는 사양하며 부임하지 않고, "지금이 어느 때인데 내가 무인으로 어찌 궁벽한 고을에 몸을 숨길 수 있겠는가?"하고는 마침내 진주로 갔다.

정명세(鄭名世)는 자(字)가 백시(伯時)이다. 젊어서 진사(進士) 시험에 합격하여 오로지 학문을 연구하고 처자(妻子)를 멀리하며 독곡리(獨谷里)에 초가를 짓고 살아, 사람들이 독곡선생(獨谷先生)이라 불렀다. 오래지 않아 명경과(明經科)에 을과(乙科)로 합격하여 해미현감(海美縣監)으로 나가 혜정(惠政)을 베풀어 아전과 백성들이 1년 더 머물 것을 청원하였다. 임진왜란 초기에 의병장으로 충청도 지방에서 전투하였는데, 동생 명원(名遠)이 청안현감(淸安縣監)으로 괴산(槐山)에서 전사하자 정명세는 달려가 곡을 하고 장례를 치른 뒤 표지를 세워 다음과 같이 적었다. "너의 유골은 내가 수습하였는데, 나의 유골은 누가 수습할까?" 체찰사가 조정에 아뢰어 조방장(助防將)으로 제수되었고, 얼마 있다 김천일(金千鎰) 등과 함께 진주로 갔다.

강희열(姜希悅)은 순천(順天)의 무사이다. 처음에 고경명(高敬命)의 의병을 따랐으나 금산(錦山) 전투에서 패하여 강희열은 고향으로 돌아온 후 병사들을 수백 명 모집하여 분의병장(奮義兵將)으로 이름을 내걸었다. 이곳저곳에서 전투하며 영남에 이르렀는데, 선거이(宣居怡) 등이 진주의 난리에 가지 않는다는 소식을 듣고 분개하여 말하길, "어찌 창의사(倡義使) 홀로 죽게 할 수 있겠는가?"하고는 즉시 달려가 진주로 들어갔다.

장윤(張潤)은 자(字)가 명박(明溥)이고 목천(木川) 사람이다. 신장이 8척이고 재주와 용맹이 다른 사람들보다 뛰어났다. 무과(武科)에 합격하여 사천현감(泗川縣監)으로 나갔고, 임진왜란이 일어나자 좌의병장(左義兵將)으로 장수(長水)로 진군하여 주둔하였다. 매번 전투할 때마다 먼저 적진에 올라가 굳센 진을 함락시켜 자주 강한 적을 꺾었다. 진주의 형세가 위급하지만 여러 장수들이 모두 후퇴하고 피했다는 소식을 듣고 비분강개하여 눈물을 흘리고는 마침내 김천일(金千鎰) 등과 함께 진주로 들어갔다.

이잠(李潛)은 그의 본관(本貫)이 자세하지 않다. 남원(南原) 전 참봉(參奉) 변사정(邊士貞)이 의를 제창하고 왕실을 호위한다고 하니 열흘간 수천 명이 모여들어, 적개의병장(敵愾義兵將)이라 명칭을 내걸고 이잠을 부장으로 삼았다. 진주가 어렵다는 소식을 듣고 이잠을 보내 달려가 지원하도록 하였다.

최언량(崔彦亮)은 진주(晉州) 사람이다. 증조부 최복린(崔卜獜)은 사간원(司諫院) 대사간(大司諫) 벼슬을 지냈다. 계사년의 전쟁에서 최언량이 장차 병사를 모집하여 난에 임하려 하자, 그 첩이 만류하며 말하길, "첩이 듣기에 남의 음식을 얻어먹은 자는 그 사람의 일에 목숨을 바친다고 하였습니다. 지금 그대는 서생일 뿐이니 헛되이 죽지 마십시오." 하니, 최언량이 시를 지어 다음과 같이 뜻을 보였다. "수양성(睢陽城) 안의 많은 남자들, 당대 녹을 먹던 사람만이 아니었네." 소매를 떨치고 진주성에 들어가니, 이때 절도사(節度使) 최경회(崔慶會), 창의사(倡義使) 김천일(金千鎰) 이하 관군과 의병의 여러 장수가 크게 모여 협력하며 굳게 지킬 계획을 세우고 있었다.

앞서 적들이 서울을 버리고 남쪽으로 달아나자, 수길(秀吉)의 분노가 심하여 사신을 보내 여러 장수들을 꾸짖으며, 빨리 이름난 도시 하나를 도륙 내 그에 대해 보상을 하라고 명령하였다. 대추(大酋) 청정(淸正)이 여러 왜장과 회의하며, "진주는 작은 고을이다. 임진년의 전투에서 우리가 10만 명의 병사들로 8일 밤낮으로 포위하여 공격했으나 끝내 함락시키지 못하여 치욕이 막심하다. 바라건대 그대들과 힘을 합하여 진주를 공격하여 성을 함락시켜 도륙 낸 뒤, 춤추고 노래하며 호남으로 향하고 부녀자와 비단, 구슬 등은 너희들 마음대로 취하도록 하라." 하니, 여러 왜장들이 모두 분연히 말하길, "바라건대 힘을 다하겠습니다." 하였다. 이에 청정(淸正)이 병사 30만을 훈련시키고 소리쳐 기한을 정하여 진주를 공격한다고 하여 남쪽이 크게 지진이 난 듯 울리니, 순변사(巡邊使) 이하 모두 멀리서 바라보고 후퇴하여 움츠렸다.

당시 진주는 새로 왜구의 침략을 받아 피폐해졌는데, 목사(牧使) 서예원(徐禮元)은 겁쟁이여서 성을 비우고 피하자는 의논을 내어 인심이 흉흉하였다. 이종인(李宗仁)이 패도(佩刀)를 뽑아 서예원을 겨누며 말하길, "그대는 이 지역을 지키는 신하로 의리상 떠나서는 안 된다. 게다가 지금 관군과 의병 여러 장수가 대군을 이끌고 와서 지원하는데 어떤 적인들 꺾지 못하겠는가? 가고자 한다면 내 칼을 입에 물어라." 하니, 서예원이 감히 가지 못하였다.

김천일(金千鎰) 등이 성에 들어오자, 전라절도사(全羅節度使) 선거이(宣居怡), 의병장(義兵將) 홍계남(洪季男) 등이 군대를 거느리고 찾아왔다. 김천일이 함께 지킬 것을 요청하자 선거이 등이 사양하며, "공께서는 한 삼태기로 강이 터지는 것을 막으려 하시는데, 제가 알 수 있는 바가 아닙니다." 하고는 모두 떠나갔다. 이에 여러 사람이 황진을 대장(大將)으로 추대하였고 장윤(張潤)이 부장(副將)이 되었다. 황진이 이에 여러 장수와 단을 쌓아 동맹을 맺고, 참호를 깊게 파고 기계를 선별하였으며 수비 장구들을 크게 수선하니 진주 사람들이 비로소 굳은 의지가 생겼다. 진주성은 촉석(矗石) 한 면이 강에 임한 절벽으로 천험(天險)이라 불렸고 동서북 3면은 모두 적의 침입을 받는 지형이었다. 황진이 여러 장수들을 촉석(矗石)에 주둔하여 지키게 하고, 최경회(崔慶會), 장윤(張潤), 고종후(高從厚)에게 3면을 나누어 지키게 하였으며, 황진은 김천일과 함께 4개의 문을 순시하였다. 담당 업무가 막 정해지자 밖이 완전 포위되었으니, 이때가 계사년 6월 21일이었다.

적들이 병사들을 모두 이끌고 와서 성의 북쪽 산을 감돌아 북을 치며 시끄럽게 군사의 위력을 보였으나, 김천일과 여러 장수는 병사들을 안정시키며 동요하지 않았다. 잠시 후 기병과 보병이 길을 나누어 갑자기 나와 힘을 합쳐 동문(東門)을 공격하였는데, 중군(中軍) 오영념(吳永念)이 적들을 많이 쏘아 죽여 적들이 병사들을 거두어 물러났고, 마침 날이 저물었다. 처음에 김천일이 성 밖의 여사(廬舍)들을 모두 철거하고 횃불 수천 개를 묶게 하여, 한 성가퀴마다 두 개의 횃불을 두어 그 빛이 수백 보 밖까지 보였고, 병사들이 모두 활을 당겨 밖을 향하니 적들이 끝내 감히 침범하지 못했다. 다음날 날이 밝자 적들이 대나무를 엮어 큰 방패를 만든 뒤 그 가운데에 포혈(砲穴)을 끼워 넣고 성 위로 올려다보며 공격하였는데, 성 위에서는 바윗돌과 끓는 물을 위에서 부어 적들이 많이 죽었다. 한밤중이 되자 적들이 해자를 트고 참호를 메운 뒤 크게 함성을 지르며 서북쪽 모퉁이를 급히 공격하니, 성가퀴를 지키던 사졸들이 모두 나아가지 못하자 최경회가 분연히 칼을 뽑아 들고 크게 소리치며, "내가 죽을 곳을 얻었구나." 하니, 장교와 사졸들이 있는 힘껏 싸웠다. 이날 밤 7번 싸워 7번 격퇴시켜 살상자가 상당히 많았다. 새벽이 되어 적장 몇 명이 성의 동쪽 산에 올라 일을 계획하자, 김천일이 몰래 총수(銃手)로 하여금 총을 쏘게 하여 두 번째 앉은 자를 맞추니, 적들이 작은 가마에 메고 갔다. 정오가 되자 대거 성으로 육박했는데, 성안에서 힘껏 싸워 물리쳤다. 적들이 이에 여러 공격 도구들을 수선하고 흙을 쌓아 산을 만들고 산 위에 망루를 세워 성안을 내려다보았다. 성안에서도 마주 보며 토산(土山)을 쌓았는데, 황진이 직접 흙과 돌을 져서 나르니 장좌(將佐)들이 다투듯이 도와 얼마 지나지 않아 높이가 적의 산과 같아졌다. 이에 큰 돌쇠뇌를 설치하여 산 위의 망루를 쏘아서 파괴했다. 적들이 생가죽으로 나무 상자를 감싸 머리에 이고 등에 진 상태로 성에 육박하니 화살이나 탄환이 들어가지 못하여 큰 바위를 굴려 막았다. 또 나무 기둥 2개를 동문 밖에 세워 그 위에 망루를 짓고 그 안에서 성안으로 불을 붙여 던지자 대포를 쏘아 부숴 버렸다. 또, 흙을 쌓아 5개의 언덕을 만들고 대를 엮어 울타리를 만드니, 성 안에서 불화살을 날려 울타리를 태웠다. 또, 사륜(四輪) 수레 안에 병사들을 숨기고, 갑옷 입은 병사 수십 명이 좌우에서 끌고 나아가 철추(鐵錐)로 성을 뚫었는데, 이종인(李宗仁)이 갑옷 입은 병사 여러 명을 쏘아 죽이니 나머지는 모두 도망갔다. 이에 짚단을 묶어 불을 붙여 던져 수레 안의 병사들을 많이 태워 죽이니 적들이 끝내 마음대로 하지 못했다. 이때 성안의 장관(將官)으로 모인 자가 수십 명이었고, 군민(軍民)은 6, 7만이었다. 황진과 최경회는 위명(威名)을 떨치는 숙장(宿將)으로 과감히 힘써 싸웠고, 김천일은 임기응변을 잘했으며, 고종후는 격문을 썼는데 그 글의 뜻이 매서워 원근에서 귀 기울여 들었다. 4명은 서로 한 마음으로 성에서 죽기로 약속하여, 성 안에서는 모두 그들에게 많이 의지하였다.

성이 포위된 지 9일 동안 하루에 수십번 전투를 하여 적의 사망자는 천으로 헤아려, 적들이 더욱 병사를 늘려 급히 공격하며 임진년의 전투를 보복하려 하였다. 이때 오랫동안 비가 내려 활의 아교가 느슨해져 사졸들이 활을 당길 수 없었다. 적들이 산을 둘러 누대를 쌓고 당번을 나누어 쉬며 교대로 진격하니, 낮에 싸우면 반드시 별을 보고 밤에 공격하면 곧바로 해 뜰 때까지 갔다. 성가퀴를 지키는 병사들은 밥을 전해 받으며 상처를 동여매고 싸웠으나 외부의 지원은 이어지지 않았다. 26일에는 7번 싸워 7번 격퇴했는데, 평창군수(平昌郡守) 고득뢰(高得賚)가 전사했다. 27일에는 3번 싸워 3번 격퇴했는데, 의병장 강희열(姜希悅)이 전사했다. 적들이 성 안의 힘이 꺾인 것을 알고 글을 던져 항복할 것을 촉구하자, 성안에서 답하기를, "대명(大明)의 병사 백만명이 장차 와서 안팎에서 공격할 것이니, 너희들은 척륜(隻輪)조차 돌아가지 못할 것이다." 하니, 적이 옷을 벗어 볼기를 두드리며 말했다. "명나라 제독이 이미 화친을 청했는데, 어떻게 명나라 병사가 오는가?" 당시 이여송(李如松)은 왜에게 제후로 봉하고 조공을 바치는 것을 허락하여, 병사들을 주둔시키고 진군하지 않아 위망(威望)이 자못 손상되었다. 명나라 신종황제(神宗皇帝)는 총병관(總兵官) 유정(劉珽) 등을 보내 군대를 이끌고 계속 지원하게 하여 성주(星州)와 경주(慶州) 등 여러 고을에 나누어 주둔하여 적의 예봉을 막고 있었다. 김천일이 이에 고종후에게 글을 써서 총병에게 구원을 청하게 하고, 양산숙이 밤에 성 사이에 줄을 매달고 내려가 울면서 성 안의 위급한 상황을 진술하였으나, 유정은 전혀 군대를 낼 뜻이 없었다. 양산숙이 돌아와 보고하자, 김천일은 일이 어찌해 볼 수 없게 되었다는 것을 알고 촉석루(矗石樓)에 올라 동쪽으로 큰 바다를 바라보며 비분강개하여 눈물을 줄줄 흘리며, "여기는 등주(登州)와 내주(萊州)로 가는 길이다.[11] 만약 하늘이 우리에게 복을 내려주시어 일이 성공하여 아침이 밝는다면 하란(賀蘭)[12]의 고기를 먹을만하지 않겠는가?" 하니, 좌우에서 모두 눈물을 흘렸다. 또 격서(檄書)를 날려 관군과 의병 여러 진에 지원을 요청하였으나, 끝내 한 사람도 오지 않았다. 비가 오랫동안 내려 성이 자주 무너져 황진은 친히 나무와 돌을 져서 날라 무너지는대로 다시 쌓았다. 김천일은 밤과 새벽 동안 성을 순시하며 손수 죽을 쑤어 사졸들을 먹이니 사졸들이 모두 감격하여 더욱 목숨을 바치기로 하였다.

28일, 서북면의 순성장(巡城將) 서예원(徐禮元)이 야간 경계를 소홀히 하여 적들이 몰래 와서 성을 뚫었다. 황진이 병사들을 독려하며 죽을 힘을 다해 싸우다, 적장이 탄환에 맞아 죽으니 적들이 물러났다. 황진이 북채

---

11 여기는……길이다 : 왜가 조선을 침범할 때 진주를 통해 호남 지역을 거쳐 중국의 산동지방인 등주와 내주로 쳐들어갈 계획을 가지고 있던 것을 말한다.

12 하란(賀蘭) : 당(唐)나라 하란진명(賀蘭進明)을 가리킨다. 안사(安史)의 난 때 장순(張巡) 등이 수양(睢陽)에서 반란군에게 포위되자, 남제운(南霽雲)이 포위망을 뚫고 가서 하남절도사(河南節度使)로 임회(臨淮)에 주둔하고 있던 하란진명에게 구원을 요청하였다. 그러나 하란진명은 적군의 습격을 받게 될까 두려워하고 또 장순의 명성을 시기하여 구원병을 보내 주려 하지 않고 도리어 잔치를 베풀어 남제운을 대접하면서 자기편에 머물게 하려 하였다. 이에 남제운이 돌아가면서 화살로 절의 탑을 쏘아 맞히고 말하기를 "내가 적을 무찌르고 돌아오면 반드시 하란을 죽이리라. 이 화살이 그 증거이다." 하였다. 결국 수양은 함락되고 장순과 남제운은 적의 손에 죽었다. 《新唐書(신당서)》 卷192 〈장순전(張巡傳〉 참조.

를 들고 성을 순시하며 흔연히 아래를 내려다보며 말하길, "오늘의 전투는 적의 시체가 참호에 가득 쌓였으니 대첩이라 할 만하다."라 하였다. 이때 어떤 왜적이 잠복해있다가 위를 올려다보고 총을 쏘았는데, 황진이 왼쪽 이마에 맞고 결국 사망하였다. 성안이 온통 눈물을 흘리며 불안해하고 두려워하니, 적들이 다시 기세를 타고 돌격하여 장윤(張潤)도 탄환을 맞고 사망했다. 성안에 초상이 잇달아 생겨 적들이 성안의 대장수들이 연속으로 상을 당했다는 것을 염탐하여 알고는, 모두 기뻐하여 뛰며 서로 축하하였다.

아침이 되자 대군들이 사면으로 성을 둘러싸고 공격을 하였다. 적장은 금색의 둥근 부채를 꽂고 높은 곳에 올라 지휘하였고, 장교와 사졸은 모두 널판을 쓰고 대나무 방패를 안은 채 앞에서 넘어지면 뒤에서 이어와 개미처럼 다투듯이 성으로 육박했다. 성안의 화살과 돌이 이미 다 떨어져, 성가퀴를 지키는 병사들은 맨주먹을 휘두르며 대나무와 나무를 들고 적을 방어했고, 서예원(徐禮元)은 갑옷을 벗고 먼저 달아났다. 적들이 마침내 승세를 타고 성을 허물고 들어와 모든 군사들이 크게 혼란스러워지며 붕괴하였다. 이종인(李宗仁)을 칼을 휘두르며 어지러이 베면서 남강(南江)까지 옮겨가 싸우다가, 좌우 양옆으로 적 한 명씩 끼고는 강물에 투신하며 크게 외치기를, "김해부사(金海府使) 이종인(李宗仁)이 여기에서 죽는다."라고 하였다. 김준민(金俊民)은 말에 뛰어올라 거리에서 싸워 향하는 곳의 적들은 모두 쓰러졌는데, 난병(亂兵) 속에서 전사했다. 오영념(吳永念)과 별장(別將) 지득룡(池得龍)은 모두 봉화대를 지키다 전사했다. 당시 김천일은 객관에 있었는데, 어떤 적이 담을 넘어 쳐들어오니 군관(軍官) 장천강(張天綱)이 몽둥이로 치자 그의 뇌가 손을 따라 부서졌다. 김천일은 최경회와 고종후 및 그의 아들 김상건(金象乾)과 함께 촉석루(矗石樓)에 올라 스스로 활을 당겨 적을 쏘았는데, 좌우에 있던 사람들 모두 창황히 달아났다. 오직 양산숙 등만이 곁에서 눈물을 흘리며 묻기를, "장군께서는 어떻게 대처하시겠습니까?" 하니, 김천일이 말했다. "의병을 일으키던 날 나는 이미 죽기로 결심했다." 어떤 사람이 최경회에게 말하길, "어찌 날랜 정예병을 거느리고 포위를 돌파하여 후일을 도모하지 않으십니까?"라고 하니, 최경회가 큰소리로 꾸짖어 말하길, "나는 나라의 은혜를 받은 몸으로 한 방면을 담당하는 절도사이니, 성이 함락되면 죽어야 하는 직분일 뿐이다. 더 말을 하지 말거라."하고는 마침내 시 한 수를 다음과 같이 읊었다.

촉석루 안의 세 장사여!	矗石樓中三壯士,
한 잔 술로 웃으며 장강(長江)을 가리키네.	一盃笑指長江水.
장강의 물 도도히 흘러가니,	長江之水流滔滔,
물결 다하지 않는 한 혼도 죽지 않으리.[13]	波不竭兮魂不死.

어떤 무사가 평소 고종후와 친했는데 울면서 고종후게 말하길, "공에게는 노모가 계시니, 청컨대 저와 헤엄쳐서 빠져나가시지요."라고 하니, 고종후가 울면서 말했다. "내가 금산에서 죽지 못하고 진주에서 죽으니, 이 죽음도 늦었다. 또 어떻게 구차하게 살겠는가?" 이에 여러 사람들이 모두 북쪽을 향하여 재배(再拜)하며, "신들은 힘이 다하여 삼가 죽음으로 나라에 보답하고자 합니다."라고 말하고 마침내 서로 강물로 투신하여 죽었다. 정명세(鄭名世), 이잠(李潛), 최언량(崔彦亮) 등도 모두 함께 죽었다. 적들이 마침내 성곽을 깎아 평지로 만들고 군민(軍民)들을 대거 살육하여 시체를 강물로 던져버리니 강물이 시체 때문에 흐르지 못했다. 왜변이 일어난 이후 재앙과 패배의 참혹함과 절의(節義)의 융성함이 진주만한 것이 없었다. 이 전투로 성은 이미 함락되었으나 적의 정예병도 태반이 꺾여 군대를 옮겨 호남으로 향했다가 석주(石柱, 전라도 구례지역)에 이르러 철군하였으니, 남쪽 지방을 막아 국가 중흥의 근본이 되게 한 것은 모두 여러 장군

13 촉석루……죽지 않으리 : 이 시는 본래 학봉(鶴峯) 김성일(金誠一)의 〈촉석루일절(矗石樓一絕)〉(《학봉선생문집(鶴峯先生文集)》 권2)이다. 서유본의 기록에 착오가 있었던 듯 하다.

의 힘이다.

일이 보고되자 임금님께서 무척 슬퍼하시며 황진과 김천일을 숭정대부 의정부 좌찬성(崇政大夫議政府左贊成), 최경회를 자헌대부 이조판서(資憲大夫吏曹判書), 이종인을 병조판서(兵曹判書), 김준민을 형조판서(刑曹判書), 고종후를 가선대부 이조참판(嘉善大夫吏曹參判), 장윤을 병조참판(兵曹參判), 고득뢰를 자헌대부 한성부판윤(資憲大夫漢城府判尹), 정명세를 통정대부 승정원좌승지(通政大夫承政院左承旨)로 추증하였고 강희열, 이잠, 최언량에게도 모두 어느 관직을 추증하였다. 모두 사제(賜祭)하고 후손을 녹용(錄用)하였으며 그 마을에 정려하기를, 충신지문(忠臣之門)이라 하였다. 그리고 고향에 사당을 세워 창열(彰烈)이라 사액(賜額)하고 고을 수령으로 하여금 봄과 가을로 제사를 지내게 하여 충민사(忠愍祠)와 같게 하였다. 명나라의 지휘(指揮) 오종도(吳宗道) 등은 모두 제문(祭文)을 들고 김천일과 최경회의 영전에서 곡을 하였다. 나주 사람들은 김천일의 사당을 지었고, 남원 사람들은 황진의 사당을 지어, 모두 정충(旌忠)이라 사액(賜額)하였고, 이들을 따라 죽은 장교와 사졸들도 각각 차등 있게 관직을 추증하고 창열사(彰烈祠)에 배식(配食)하였다.

김천일의 아들 김상건(金象乾) 및 막하(幕下) 양산숙(梁山璹)·유휘진(柳彙進)·이계년(李桂年)·이광주(李光宙)·이인민(李仁民), 최경회 막하(幕下) 문홍헌(文弘獻), 황진 휘하의 장수 김응건(金應健), 고종후의 부장(副將) 오유(吳宥), 종사(從事) 오비(吳玭), 막하의 김인혼(金獜渾), 고경형(高敬兄)의 노비 귀인(貴仁)·봉이(鳳伊) 등도 모두 따라 죽었다. 김상건과 양산숙은 승정원 좌승지(承政院左承旨)에 추증되었다. 양산숙의 처 이봉(李奉)과 고모 및 두 숙부인 양산룡(梁山龍)과 양산축(梁山軸)은 섬으로 피했으나, 적이 갑자기 이르자 고모는 몸을 솟구쳐 바다에 투신했고 두 숙부는 부여잡고 통곡하다 따라갔다. 양산룡의 처 유씨(柳氏) 및 여동생과 족녀(族女) 두 김 씨 집의 며느리도 모두 투신하여 사망했다. 적들이 크게 놀라 흩어지자, 양산숙의 처 이씨는 암담하게 우두커니 서있다가 조수가 밀려나기를 기다려 시체들을 수습하고 죽으려고 하였다. 미리 옷 속에 은장도를 숨겨서 예기치 못한 일에 대비하다가 어떤 왜적이 달려드니 즉시 칼을 뽑아 목을 찔러 죽었다. 관리가 이 일을 보고하니, 임금님께서 정려(旌閭)하라 명하셨다. 이에 양산숙은 충(忠), 어머니 및 처와 형수는 열(烈), 형과 동생은 효(孝)로 오두쌍궐(烏頭雙闕)을 세워 마을에서 빛나게 하였다. 지나가는 사람들은 이를 가리키고 탄식하며, "이것이 양 씨 삼절(三節)의 문이다."라고 하였다.

유휘진(柳彙進)은 자(字)가 언우(彦遇)이다. 사람됨이 뜻이 커 기절(奇節)이 있었고, 백의(白衣)로 김천일을 보좌한 공으로 군기주부(軍器主簿)를 제수받았고 호조참판(戶曹參判)에 추증되었다.

이계년(李桂年)은 보은(保恩) 사람으로, 훈련첨정(訓鍊僉正)으로 있다가 종군하여 병조참의(兵曹參議)에 추증되었다.

이광주(李光宙)는 자(字)가 천중(天中)이고 양성(陽城) 사람이다. 젊어서 하서(河西) 김인후(金麟厚) 선생을 모셔 행의(行誼)로 알려졌다. 임진왜란 초기에 강화도에서 김천일을 따랐다. 이인민(李仁民)은 자(字)가 자원(子元)이고 전의(全義) 사람으로, 계사년에 진주에서 의병을 일으켰다. 이광주와 이인민 모두 어떤 관직에 추증되었다. 문홍헌(文弘獻)은 사헌부지평(司憲府持平)에 추증되었다.

김응건(金應健)은 자(字)가 경이(景以)이고 선산(善山) 사람이다. 무과에 합격하여 결성현감(結城縣監)이 되었고 황진을 따라 진주성에 들어갔으며 병조참의(兵曹參議)에 추증되었다. 오유(吳宥)·오비(吳玭)·김인혼(金麟渾)·고경형(高敬兄) 모두 어떤 관직에 추증되었다.

장수(長水)의 기생 논개(論介)는 최경회(崔慶會)의 첩이다. 성이 함락되던 날, 성복(盛服)을 하고 촉석루(矗石樓) 아래에서 너울너울 춤을 추자, 어떤 한 왜장이 그 미색을 예뻐하여 가까이 다가가니 거짓으로 그의 허리를 잡고 함께 춤을 추다 이내 끌어안고 강으로 투신하였다. 후세 사람들이 그 바위를 의암(義巖)이라고 불렀다.

영광(靈光) 의병장(義兵將) 심우신(沈友信), 태인(泰仁) 의병장(義兵將) 민여운(閔汝雲), 남해(南海) 의병장(義兵將) 임희진(任希進), 도탄(陶灘) 복병장(伏兵將)

강희복(姜希復), 의병장(義兵將) 이계련(李繼璉)·손승선(孫承善)·유함(兪晗), 진해현감(鎭海縣監) 조경형(曺慶亨), 우병우후(右兵虞候) 성영달(成穎達), 첨정(僉正) 윤사복(尹思復), 판관(判官) 최기필(崔琦弼), 박승남(朴承男), 주부(主簿) 정유경(鄭惟敬), 수문장(守門將) 장윤현(張胤賢), 김태백(金太白), 선무랑(宣務郞) 양제(梁蹐), 상생(庠生) 이도(李都), 제생(諸生) 하계선(河繼先), 안도(安道) 등이 모두 동시에 순난(殉難)하여 선왕(先王, 영조) 계해년(癸亥年, 1743년)에 각각 차등있게 관직을 추증하였다.

부록 〈진주순난제신전晉州殉難諸臣傳〉에 쓴 제사

내가 일찍이 창하(蒼霞) 섭공(葉公)이 지은 〈도어사 왕공 묘지(都御史王公墓誌)〉[14]를 읽으니 다음과 같은 글이 있었다. "임진왜란 전쟁에서 조선의 배신(陪臣) 정육동(鄭六同)이 적에게 잡혔는데, 평의지(平義智)가 가까이 여기고 신임하였다. 정육동이 우리나라를 위해 내응(內應)하여 노량(露梁) 전투가 벌어질 때 급히 화약에 불을 질러 우리 군에 호응하니 적이 이 때문에 대패하였다." 내가 여기에서 책을 덮고 크게 탄식하며 슬퍼하였다. 아아, 콩잎을 먹는 신분이 낮은 선비가 어찌 일찍이 임금님의 사적인 관심을 받은 적이 있었겠는가? 그러나 국가의 위급한 때를 만나 목숨을 바치는 것을 아까워하지 않고 어려움을 풀었으니, 어찌 단지 충의(忠義)가 마음에 뿌리 내려서만 그런 것이겠는가? 또한, 뛰어난 재주를 품고 울울하게 뜻을 얻지 못하다가, 그 성패에 대한 온전한 계책이 살아서는 당세에 공훈을 새길 수 있고 죽어서는 후세의 모범이 되는 역사에 이름을 전하기에 충분해서이다. 임진왜란에서 순국한 여러 신하들 같은 경우는 또한 어찌 그리 불우(不遇)가 심한가. 혹은 백전(百戰)을 무릅쓰고 적의 예봉을 방어냈고 혹은 외로운 성을 지키면서 적의 공격을 막아냈으며 혹은 기이한 계책을

14 창하(蒼霞)……왕공 묘지 : 창하(蒼霞) 섭공(葉公)은 명(明)나라 섭향고(葉向高, 1559~1627)이고 〈도어사 왕공 묘지(都御史王公墓誌)〉는 《창하여초(蒼霞餘草)》 권9에 실린 〈명 순무 대동 도찰원 우첨도어사 풍여 왕공 묘지명(明巡撫大同都察院右僉都御史豊輿王公墓誌銘)〉이다.

내어 적의 기세를 꺾었다. 아주 작은 공이라도 누가 본조가 중흥하는 기업을 도와 완성하지 않았는가? 왕왕 초야에 피를 뿌리고 죽어 전쟁에서 이긴 아침의 청명함을 미처 보지 못하였고, 또한 호사가들이 붓을 들어 그 공적을 전한 것도 없어서 백 세에 전해질 이름도 홀연히 묻혀버렸다. 하물며 저 정육동(鄭六同) 같은 자는 섭공(葉公)이 표창해준 힘이 없었다면 지금 오히려 그 사람을 아는 자가 있겠는가? 조카인 유본(有本)은 옛글을 배워 글을 지었는데, 더욱 잃어버린 사건과 이문(異聞)에 대해 글을 짓기를 좋아하였다. 진주에서 순국한 여러 신하 및 별장(別將)·막사(幕士)·노예(奴隸)·비첩(婢妾) 등까지 모두 40여 명의 자료를 수집하여 구슬을 꿰듯이 글을 잘 지어, 부기하기도 하고 합쳐서 서술하기도 하여 13편의 전(傳)을 짓고는 손수 써서 나에게 보여주었다. 우리나라 풍속이 명예와 절개를 숭상하지 않은 지 오래되었다. 우리나라 안에서 벌어진 일은 대부분 중원의 학사 대부의 입을 빌리고, 스스로 자랑하는 신서(新書) 몇 종은 모두 익숙하게 들었던 진부한 말이거나 장사치들이 하는 잠꼬대 같은 것이다. 지금 유본(有本)이 명예와 절개로 글을 지을 줄 알아, 서사하는 데에 경위를 짜임새있게 배치하고 기이함과 바름을 잘 운용하였으니, 또한 글을 전문으로 짓는 사법(師法)을 저버리지 않았다. 이것은 전할 만하고 또한 후세의 모범이 되는 역사로 신뢰를 보일만 하다. 아아, 인간 세상의 부귀영화는 눈 한 번 깜빡하는 사이에 잃어버려 마치 뜬구름이 변하고 없어지는 것과 같으니, 산천과 함께 오래가는 것은 명예와 절개일 뿐이다. 어찌 전(傳)에서 그치겠는가. 내가 이 때문에 세상의 풍속을 개탄하고 유본(有本)이 전할 바를 아는 것을 가상히 여겨, 정육동의 일을 취해다가 이어서 써서 속전(續傳)의 다른 자료로 삼게 한다.

갑인년(甲寅年, 1794년) 중하(仲夏), 중부(仲父) 명고산인(明皐山人) 쓰다.

金時敏【鄭得說】

崔慶會【文弘獻】【妾 論介】

金千鎰【子 象乾】【李桂年】【梁山璹】【李光宙】【柳彙進】【李仁民】

黃　進【李宗仁】【吳永念】【金應健】【池得龍】

高從厚【吳宥】【金潾渾】【高敬兄】【奴 貴仁】【吳玭】【鳳伊】

金俊民

高得賚

鄭名世

姜希悅

張潤

李潛

崔彦亮

沈友信【閔汝雲等】

湖嶺界分而晉州以重鎭介焉, 此兵法所謂地有所必守者也, 志有之. 制敵之術, 守爲本戰次之. 然不患不能守而患不知守. 紀陟有言曰, “千里之疆, 百里之封, 其險要必爭之地, 不過一鎭一堡, 猶人六尺之軀, 要害亦數處耳.” 故曰‘一着得而全局之輸嬴判焉.’ 一城守而天下之安危係焉. 知此說者, 始可與言兵矣. 湖南卽我東方天府之地, 而國家之根本也. 壬辰島夷之稻烈矣, 鋒焰所及, 環東土數千里, 蕩爲灰燼, 而湖南獨全者, 以晉人之扼其衝也.

金時敏提三千弱卒, 抗方張不制之寇, 捍禦八晝夜, 卒以城完. 自是賊不敢左足窺湖南者, 且半歲, 及夫癸巳之再圍也, 淸正悉引精兵, 盡銳急攻, 必滅此而朝食者, 奚貪夫蕞爾之一晉哉? 秪以晉不破則湖南不可得而議也. 當是時, 諸節鎭南討者, 都元帥以下項背相望, 如郭再祐·洪季男以百戰驍雄之姿, 皆斂兵左次, 莫肯以一矢加遺. 非其力有所不敵, 而勇有所不前也. 其意以爲吾奉朝令, 躡賊晉州之事非吾職, 且一城之存亡, 非有關於國家之大計, 吾不必嬰其鋒而死守也. 嗚呼! 其亦不思也已. 夫壬癸之役, 我東手跼足, 秪仰皇朝, 而大軍所駐, 費以巨萬計, 總兵劉珽之南討也, 以糧絀遽議旋師. 當此之時, 朝廷環顧方內, 所恃者惟湖南耳. 於是竭一道之膏澤, 而轉輸東西者凡七歲. 今夫百敗之餘, 加之以根撥餉匱, 大援不繼, 雖有智者, 亦不知爲計矣. 是以湖南之安危, 卽一國之安危, 而晉州爲湖南蔽, 豈非所謂地有所必守者歟! 金千鎰偏袒一呼, 從者四應, 相率嬰刃貫鏃, 漉碧血於長江而不悔者, 誠以國家安危在此一擧也. 譬之奕焉, 勢在腹則急腹, 勢在邊則急邊, 壬癸之局勢在于晉, 此正善奕者下子之時也. 故金時敏存晉於前, 則癸巳重興之局成矣. 金千鎰殉晉於後, 則丁酉再潰之局收矣. 雖然金時敏之竭力保障, 崔慶會之誓死封壃, 固其職耳. 若黃進·高從厚諸人之於晉也, 非有城社民人之寄, 符檄徵調之令, 而徒以氣意相激, 爭先就死地. 策慮愊億, 義勇奮發, 方其嬰城決戰, 神跳鬼憤, 天地爲之晦暝, 而無奈賀蘭之救不出, 睢陽之圍益急. 力屈勢窮, 相先後以身殉之, 而其積威餘焰, 猶足以逆折凶鋒, 再奠南服. 嗚呼偉哉! 惟諸公忠孝大節, 矢吻凜然, 死國埋名, 固其平昔所自期, 而若夫審機決策, 力捍要衝, 以中國家之緩急而顯豪傑之能事, 則豈非金千鎰倡率之效哉! 千鎰可謂知兵矣. 故吾嘗以爲金時敏·金千鎰守一城捍一國之功, 不在李忠武下也. 鄭得說佐時敏, 掎賊於外, 力戰死之. 癸巳城陷, 軍民死者六萬餘人, 而年代久遠, 載籍無徵, 別將得金俊民等二十七人, 幕士得文弘獻等十七人, 作晉州殉難傳,

金時敏者, 木川人也. 便騎射負膽畧, 尤明習兵法. 中武擧事昭敬王, 萬曆壬辰, 出爲晉州判官. 亡何倭酋平秀吉大發兵, 親領至一歧島, 遣平秀家等三十六將, 渡海入寇. 嶺南爲下陸首路, 縱之爲焚掠, 伏之爲巢穴, 直六七百里, 雞犬無聲. 當是時, 州縣長吏, 望風奔竄, 無敢彀一矢向賊者. 時敏慨然誓與城俱存亡, 乃悉收境內士民, 入城令曰, "敢言去者斬." 於是庀芻粟飭樓櫓, 爲固守計, 衆倚以安. 頃之賊攻破泗川, 聲言犯晉. 時敏與軍吏議曰, "兵法先發者制人. 賊狃勝而驕, 我疾引兵, 出其不意則可破也." 乃選精騎千餘, 馳赴泗川, 與主將鄭得說夾擊敗之. 遂潛師襲固城賊, 耀兵城下, 賊氣懾, 與鎭海賊合兵宵遁. 已又馳援居昌郡守金沔軍于金山, 釰中足戰益力, 大破走之. 旬月間, 收復四縣, 軍聲大振, 以功擢授本州牧使. 時敏卽引兵還鎭, 時城中見卒纔數千, 器械又甚踈. 時敏乃申條約, 戒蘭石弩矢, 倣倭制鑄鳥銃

七十杆, 煮火藥二百斤. 選部下壯勇, 晝夜練習, 每以一心同死, 激勵將士, 聲淚俱下, 一軍思奮. 未幾賊大擧入寇, 先鋒馳到州東峯上, 節度使柳崇仁戰敗跳歸, 要以入城同守. 時敏拒不納曰, "大敵臨城, 門不可啓, 主將在外掎角可也." 崇仁不得已還去. 於是時敏部署將士, 晝陣守, 偃旗息鼓, 城中寂然. 已而賊悉衆圍城, 大帥皆冒金餙假像, 麾葢旋翣, 環城而周者數十重, 日耀風飜, 眩暈萬狀. 賊酋六人, 分陣督戰, 砲丸雨下, 聲震天地, 我師堅不動. 良久賊少懈, 時敏卽率銃手, 乘城奮擊, 城中鼓譟以應之, 賊多死者. 賊乃多作松障·衝梯·山臺諸攻具, 盡銳急攻, 時敏以火藥草焚松障, 爇巨礮擊碎衝梯, 又以強弩射殪臺上賊. 賊憤甚, 直夜半大喊急擊東門. 諸倭皆擁牌褁頭, 蟻附爭薄城, 後陣銃手數千仰放丸. 時敏督衆殊死戰, 賊兵隨至隨殪. 戰方酣, 賊又分兵急攻北門如東門狀, 萬戶崔德良力戰拒之. 遅明賊少却, 而時敏遽中丸卧城中. 矢石已竭, 會別將李光岳射殺賊將, 日中賊積薪焚尸, 撤圍而遁, 是歲十月十日也. 城受圍八日, 大小十餘戰, 時敏每援枹巡城, 冒立矢石, 衝意氣彌勵. 夜則令樂工吹笛譙樓上, 聲裊裊, 雜刁斗笳吹聲, 敵終莫能測其虛實. 尤善撫士卒, 身攣妻妾, 晨夜手酒肉以饋守堞士, 士皆感激, 樂爲之死. 以故嬰孤墉抗勁冦, 不藉外援之力, 而卒能全一州, 捍蔽湖南. 或云是役也, 倭兵死者三萬. 初義兵將郭再祐聞時敏不納柳崇仁, 歎曰"臨陣易將, 兵家大忌. 金牧使此擧, 足以完城, 晉人之福也." 時敏病創劇, 自言死無以報國, 時擧頭北向, 涕滂滂下, 見者哀之. 論功進擢本道右節度使, 璽書未及下, 而時敏已死矣. 鎭中恐賊知之, 秘不發喪, 軍民巷哭聲相聞. 訃聞, 王痛悼, 錄時敏前後功, 特贈大匡輔國崇祿大夫議政府領議政, 封上洛府院君, 命有司建祠于本州, 賜額曰忠愍, 守臣春秋致祭.

鄭得說, 字君錫, 河東人. 文成公麟趾五代孫也. 用武擧出監泗川, 亂作, 得說奮願自得當一隊, 乃選敢死士三百, 馳赴節度營. 已聞泗川被冦, 引兵還, 與金時敏力戰却之. 時敏進勦沿邊諸屯賊, 得說常爲軍鋒冠. 已而晉州被圍急, 得說從節度使柳崇仁, 合兵掎賊. 崇仁軍潰, 得說躍馬大呼, 收散卒復戰. 矢盡乎一鐵棍, 掊而麾之, 所向皆披靡, 敵悉衆圍四五匝, 得說氣益勵, 冒白刃左右衝突, 身擊殺數十百人. 死亂兵中, 後四日而圍解. 事聞贈訓鍊院正, 旌其閭曰'忠臣之門.' 一子澤雷中進士試, 光海將廢母后, 澤雷倡多士抗章極諫, 坐竄死南海, 仁廟反正, 贈司憲府持平.

崔慶會字善遇, 和順人也. 少擧明經乙科, 由成均館典籍, 累遷司憲府監察·刑戶曹佐郎, 出監沃溝縣, 移守寧海, 陞潭陽府使. 所至著聲蹟, 寧民肖像祀之. 會大臣薦其有文武才, 昭敬王召試射於禁院, 矢發輒中的, 特加一資以奬之. 尋以母喪去官, 及平秀吉亂, 前府使高敬命等擧義於潭陽府, 慶會乃與二兄慶雲·慶長, 爲設義兵廳, 募集兵糧, 以濟其師. 亡何敬命敗死錦山, 從事文弘獻等收散卒八百來, 請于慶會曰, "禮三年喪, 不避金革之事. 所以勵授命之大節, 而示忠孝之一致也. 今八路殘破, 主上越在草莽, 公受國恩位大夫, 豈可以身在苫塊而坐視君父之急乎? 日者我主帥高公出萬死一生之計, 仗尺劒捍大難, 而不幸天不助順, 義旗中摧. 惟是二三同盟之士, 抆血腐心, 誓不令高公之志事有始無卒. 收拾灰燼, 以圖再擧, 而環顧吾黨, 惟明公智勇足以了此事. 明公誠能以義抑情, 奬率同志, 扶王室於旣傾, 返天步於方蹶, 則卿大夫之孝, 孰大於是? 唯明公圖之." 慶會泣而從之.

弘獻, 字汝徵, 休寧人, 慶會女壻也. 慶會乃與諸將挿血盟, 號曰'右義兵將'. 傳檄列邑, 遠近響應, 旬日間, 有衆五千餘, 糧七百石, 軍勢復大振. 慶會抆涕徇師, 喩以死綏之義, 士卒莫不感憤. 遂整旅直向畿輔, 會錦山茂朱諸屯賊, 將犯全州, 觀察使權慄移檄慶會, 使進兵長水, 以遏其鋒. 已而茂朱賊來挑戰, 慶會以五百騎擊却之. 未幾錦山賊大至, 慶會匿師林藪, 出遊騎邀擊, 賊撓亂不成列. 大軍乘銳蹙之, 賊大敗還投錦山. 慶會乃扼其咽喉, 落其距角, 賊死咋不敢動. 一日斥兵報賊將遁, 慶會盛兵躡其後, 賊相踐藉, 僵尸如麻. 慶會卽抽兵從間道潛伺, 有白馬將披銀甲戴金盔, 背束一錦軸, 手把尺八偃月刀, 從數十騎疾馳過, 慶會彎弓射之, 應弦而倒. 錦軸乃高麗恭愍王御畫靑山白雲圖, 刀則倭有雌雄神釰, 卽其一也. 慶會仗此釰, 轉鬪嶺右, 斬馘甚衆. 自是倭奴慴慶會威名, 相戒毋敢犯鶻字軍, 鶻字者慶會軍標也. 壬辰十月, 晉州被圍勢急, 觀察使金誠一使使請援. 慶會卽帥師馳赴, 先鋒入州境, 賊望風而遁. 城卒完, 誠一褒聞于朝, 王特授本道右節度使. 明年癸巳, 賊將大擧犯晉, 時城中守備單弱, 人心恇擾. 或勸慶會空城以避之, 慶會毅然曰, "吾封疆臣, 當死封疆." 乃與倡義使金千鎰等誓以死守.

金千鎰字士重, 光州人也. 父彦琛始徙羅州, 千鎰少師事一齋李恒, 篤志力行, 動以聖賢爲法. 萬曆癸酉, 擧遺逸調六品職, 擢拜司憲府持平, 數以危言劘切人主. 亡何引疾歸, 起授任實縣監, 移守淳昌, 由漢城庶尹, 出爲水原都護府使, 坐事罷. 當是時, 倭奴挑釁, 南服騷然, 而廷臣日分黨相軋, 內訌外侮, 國勢綴旒. 千鎰疏陳選將帥明賞罰數事, 仍極論古今門戶之禍, 言甚剴切, 賜批嘉奬. 千鎰爲人剛方有大節, 勇於爲義, 夷險無所擇. 文成公李珥將去國, 千鎰正色規之曰, "吾儕世臣, 策名立朝, 義當生死以之, 今日非適齊適衛之時也." 珥改容謝之, 語人曰, "他日爲國家藎臣者, 其士重乎!" 壬辰亂作, 王定計西幸, 京城遂陷賊. 千鎰方罷官, 屛居于羅之田舍, 聞報號慟幾絶, 旣而奮曰, "吾徒哭何爲? 國有難君父播越, 吾從大夫後, 不可鳥竄求活, 吾將擧義旅以赴國家之難, 卽不濟有死而已, 不死無以報國." 卽以書馳告于高敬命·崔慶會等, 於是悉召父老子弟, 激以忠義, 聲淚俱下, 衆皆泣. 乃選精銳數百, 嚴紀律繕器械, 刻期前進, 會梁山璹·山龍等起兵.

山璹字會元, 祖彭孫事恭僖王, 拜弘文館校理, 與己卯諸賢同事, 配食于趙文正公光祖竹樹祠. 父應鼎仕明宣兩朝, 累官至吏曹參議, 學者稱爲松川先生. 山璹少遊成先生渾·李先生珥之門, 後見二師爲羣宵所誣, 遂不應有司擧, 屛居羅州之三鄕里, 躬耕養母. 至是與兄山龍謀倡義勤王, 哭告母曰, "從母乞此身." 母曰, "家世受國厚恩, 義不可苟活, 勖哉! 無忝爾父祖餘烈, 則吾目以瞑矣." 山璹退收兵得百餘, 已聞千鎰擧義, 遂以兵來屬. 千鎰乃與諸將刑牲歃血, 整旅西向, 時則壬辰六月也. 會三道勤王師十萬潰于龍仁, 散卒洶洶南下, 軍中氣懾. 千鎰按轡諭衆曰, "兵以義爲名, 有進無退, 欲去者任其去." 竟無一人逃者, 潰卒亦稍稍集, 比至湖西, 衆可數千. 進壁于水原, 分軍爲四隊, 迭擊倭敗之, 又襲破金嶺賊. 軍聲稍振, 乃移檄諸道, 遣梁山璹奉表詣行在. 時王駐蹕義州, 世子撫軍伊川, 朝令所及, 止於東西半壁,而畿湖州郡, 在在糜爛, 國命不絶如綫. 千鎰集將佐議所向曰, "軍志曰'專死不勇, 專生不任.' 今吾屬倡大義, 爲國討賊, 而提羸卒轉鬪於四顧無援之地, 此所謂'餧肉當餓虎之蹊也.' 何補於事? 江華府扼山海之險, 控內外之衝, 進可以戰, 退可以守, 不如亟收兵入保, 控引二湖, 以通國脉, 聯絡兩京, 以收人心然後, 官義協力, 水陸俱進, 則京城可指掌拔也." 衆皆曰, "善." 於是遠斥候整部伍, 行至仁川重林驛將止宿, 千鎰下馬睥睨良久, 忽下令促食而前. 衆莫曉其意, 是曉賊果潛師來襲. 驚曰, "是何神也!" 至則官吏之竄匿者, 始稍稍出, 諸官軍亦多來會. 千鎰乃申約束, 沿江樹柵, 大修戰艦, 爲戰守計, 軍勢復大振. 千鎰之向江華也, 王世子賜札曰, "世子敬問前府使金千鎰甚苦暴露, 頃緣國運中否, 蠢彼南蠻, 敢逞射天之計, 乘我無備, 封豕我土疆, 猰貐我民人, 廟社爲墟, 至尊野次. 此正忠臣志士捐身殉國之秋也. 余小子承命監撫, 崎嶇山峽間, 德不足以綏衆, 才不足以撥亂, 日夜引領北望, 惠邀福於二三豪傑之士. 今聞子大夫倡義興兵, 已迫近畿, 此惟天惟祖宗默佑我邦家而然也. 興亡之機, 在此一擧, 惟諸君努力." 千鎰上書稱謝. 至是遣使卽軍中, 授千鎰防禦使印, 且以牛酒犒軍. 梁山璹等回自行在, 得旨拜千鎰掌隷院判決事, 賜號倡義使. 初山璹等浮海達于行朝, 進蠟丸書, 王喜甚召見慰喩, 特除工曹佐郎. 山璹退上封事陳中興之策, 王奇其才欲留之. 山璹謝曰, "臣奉將令而來, 當歸報." 王流涕敎曰, "而歸語而帥, 勠力進取, 迅掃京師, 俾予一人復覩終南渭水." 山璹泣而對曰, "臣等藉君靈以從事, 所仗者忠義, 所恃者天道. 成敗利鈍, 非能逆覩也." 王乃下敎書二通, 付山璹還, 宣布於嶺湖軍民, 自是三南義旅所在蜂起, 夾贊匡復之烈. 本千鎰扼江都以通朝令之力也, 千鎰自啣倡義號, 益奮勵思効. 日出兵抄擊沿江諸屯賊. 賊相繼遁, 乃下令繫舟於甲串津·昇天浦, 以濟難民, 兩都人自拔來者, 日以百數, 庵廬遍四境. 時賊據京城久, 都民多還入城, 與賊雜處. 千鎰密遣人曉以逆順利害, 民皆感悅, 爭送欵約爲內應者數萬. 或潛殺賊獻馘於軍門, 千鎰帥蒙衝四百艘, 泝江直進, 鼓噪耀兵於楊花渡, 揭榜數秀吉罪以挑城中賊, 賊終不敢動. 乃選敢死士, 潛入城中, 與內應軍較射誘殺賊甚衆. 癸巳正月, 天子憫屬國殘破, 大發兵四萬, 遣督臣李如松, 將而東援. 既復平壤, 進次開城府, 將討京城賊. 千鎰悉具道里險夷賊情形以報, 提督遂與京畿兵馬節度使李蘋·忠清水軍節度使丁傑等合勢, 水陸俱進. 舟師截露梁, 步兵衝沙峴, 桴鼓聲十里不絶. 賊日以窮蹙, 會和事起, 游擊沈惟敬下令勿勦賊. 千鎰憤甚, 獨率所部力戰, 惟敬恚拿致千鎰, 數以違令. 千鎰曰, "倭奴乃小邦臣民萬世之讐. 千鎰忝將官, 恨不能種滅此賊. 今子弟之喪父兄者人自爲戰, 千鎰何辭禁止之耶?" 詞氣忼慨不少屈, 游擊緩辭慰遣之. 賊憤都民盡屬義陣, 乃大肆屠戮, 焚三江廬舍, 棄城南走. 千鎰帥將佐入, 臨于宗廟舊墟. 俄有旨追擊, 千鎰方病, 蹶然起曰, "吾得死所矣." 時賊盤居嶺海, 將大擧以攻晉州, 藩閫諸帥多左次以避其鋒. 千鎰奮曰, "湖南爲國家根本, 而晉州爲湖南蔽, 亡晉是亡湖南也." 卽啓于朝, 請以死守晉, 不待報馳入. 節度使黃進等亦來會, 進謂千鎰曰, "今諸軍俱蹙, 入一城而外無應援, 則其勢必破. 曷若留我於外以掣賊鋒乎!" 千鎰固要同入, 進不得已從之.

黃進, 字明甫, 長水人也, 五世祖翼成公喜, 佐莊憲王致太平, 號爲賢相. 喜生胡安公致身, 其爲忠淸節度使也, 練士卒謹烽燧, 海防甚飭. 一日與將佐講射于郊, 射中樹, 矢洞貫堅不可拔, 吏士驚伏, 以比李廣之石沒羽云. 進有乃祖風, 自少業弓馬, 以善射名, 勇力絶人, 超越溝塹, 蹻捷如飛. 武士李宗仁以膂力自雄, 聞進名造門請交, 引巵酒相屬, 約以同死生, 進笑而頷之. 萬曆丙子中武擧, 由訓鍊院奉事, 遷宣傳官, 出補居山察訪, 從擊時錢部落有功. 庚寅入通信正使幕府, 報聘于日本. 日本古倭奴國也. 其君長曰天皇, 僭號紀元, 其下稱關白者最尊, 國事皆決焉. 平秀吉者, 本薩摩洲人奴, 勇健有辯口, 關白信長拔置麾下, 積功至大將. 會信長爲其下所殺, 秀吉遂自立爲關白, 用兵四克, 提封六十六州. 帶甲百萬, 因以兵威稍役屬呂宋, 佛郎機諸國, 皆令奉貢. 於是秀吉自以爲大獲天人之助, 乃改元大祿, 益治兵繕舟艦, 將犯大明. 以前世水戰江浙, 終不利, 陰謀夷朝鮮而據之, 下甲遼東, 直趨皇都, 則天下可得, 數使使修好, 以窺我虛實, 而朝廷不知也. 先時秀吉遣平義智等來聘, 至舘揚言曰, "日本使數至朝鮮, 而朝鮮使不來, 是卑我也. 吾恐兩國君臣將不得以玉帛相見矣. 惟貴國深惟大計毋忽.” 廷議以敵情叵測, 持疑不决者久之. 至是始命黃允吉爲正使, 金誠一副之, 賫書幣以行. 是行也, 秀吉必欲乘瑕釁, 歸曲於我, 以爲兵端, 故所到變詐百出, 使副以下, 皆恇㥘失度, 而進左右支吾, 氣彌壯不少挫, 一行倚重焉. 舟次海口, 有二大鳥比翼乘波, 進援弓射其一中之, 其一未及飛, 再引滿卽中之, 觀者嘖嘖稱奇. 倭人欲誇示其藝, 能令善射者射帿, 而邀我使觀之, 進亦設小的於帿傍, 矢發輒中. 有一倭請進弓試挽之, 重不可開, 傳相顧莫不失色. 將還傾橐買寶劒二口, 曰“此虜不久必動, 吾將磨厲以須矣.” 旣反命, 一行上下, 皆以爲倭必大擧而來, 獨金誠一大言無是理, 宰相惑之, 不修戰守備. 進憤曰, “吾屬武人, 有口無異牛後.” 欲上䟽請斬誠一頭, 宗族力挽止之. 亡何出監同福縣, 每衙罷, 輒環甲出, 馳騁數十里, 或距躍曲踊以賈勇, 曰“大亂將作, 丈夫許國, 不可徒死.” 壬辰四月, 倭果傾國入寇, 觀察使李洸勤王北上. 進提縣兵從之, 設伏于水原沙橋, 以爲聲援, 會大軍潰于龍仁, 進獨斂兵爲殿, 不遺一鏃. 有偏將盡失其軍, 脫身跳詣, 進分遣親校, 號召亡卒於草莽中, 諭以“主將固在, 若曹後至者斬.” 於是進抗旌登高, 令軍中吹角, 俄而亡卒應聲四集. 偏將握手歎曰, “公眞將軍也.” 進爲將, 善拊循士卒, 性嚴重尙氣節, 振人之急, 惟恐不及. 時錢之役, 有友人以罪編伍, 須立功乃免, 進悉以其所獲首級與之. 掌軍旅數歲, 不鞭一卒, 與賓吏言, 嘔响謙謹, 不敢以材力驕人, 而於當路貴人則岸然, 不屑爲媚竈態. 以故所至, 批大難建殊勳, 威稜儰於敵國, 而朝家錄功之典, 厪止於循格叙遷, 官不過於節鎭, 名未登於盟府. 此志士忠臣所以扼腕而太息者也. 嗚呼! 誰秉國成? 倭奴之初發難也, 出釜山踰鳥嶺關, 不數旬, 直陷王京, 而其猛將精兵, 留屯爲後距, 壁壘相屬, 北抵洌水, 南亘對馬. 當是時, 大嶺以南, 盡爲賊巢, 而湖南以非孔道, 賊所不急. 金時敏固守晉州, 以扼其衝, 賊亦不敢舍晉而西. 至是嶺沿諸屯賊, 稍折而入湖界, 凜然有河決魚爛之勢, 百姓皆荷擔而立. 進身長八尺餘, 美鬚髯, 垂手過膝, 狀貌甚偉. 臨陣儼若神人, 敵望之氣懾. 旣引兵還鎭, 扼賊於熊峙, 邀擊賊於安鎭院, 大殲賊於梨峙. 卒使豕突之鋒, 不敢殘湖南一邑者, 進之力也. 初觀察使檄進防守熊峙, 以遏鎭安賊, 已聞錦山賊將犯全州, 進與諸將馳援, 遇賊於安鎭院. 諸將望風退避, 進馳射殪一賊酋, 因奮擊大破之. 遷訓鍊判官, 移守梨峙, 會觀察使召進計事, 進將行, 夜半候吏報有兵馬聲. 進方櫛髮, 已而警報益急, 吏士無人色, 進意氣自若, 梳畢噉飯, 飯已徐令人張弓. 未及設備, 賊大至, 進依大樹禦丸, 疾引弓射賊, 矢首尾相銜, 捧矢者不暇給. 一矢輒貫數賊, 中者立死, 伏尸流血, 草木爲之腥臭. 戰方酣, 進左脚中丸, 血淋漉滿靴, 氣益勵, 奮擊愈急. 會節制使權慄濟師來援, 卒獲全勝. 倭中稱朝鮮三大捷, 權慄之幸州也, 李舜臣之閑山島也, 黃進之梨峙也, 而梨峙爲最云. 進振旅還同福, 全州士民焚香頂禮曰, "微我公, 吾屬其爲虀粉矣." 論功乃遷訓鍊院副正, 觀察使抑之也. 軆察使鄭澈以便宜授益山假守, 兼助防將, 事聞卽爲眞. 頃之從節度使宣居怡, 引兵北屯水原, 進從數十騎, 往詗京城賊, 至沙坪, 猝遇敵大隊, 被圍數重. 賊酋戒將士曰, "是朝鮮名將黃某也. 生致之則厚賞." 於是敵人不放丸矢, 益添兵圍守, 欲持久以困之. 居數日, 進忽下馬, 將士莫測其意, 皆惶急不省死所, 盖欲突圍. 且休馬也良久, 躍上馬, 揮鞭飛出, 大呼叱咤, 士皆應聲騰赴. 進舞長刀, 左右斫殺, 血染鬚纍纍如懸冰, 觀者股弁, 諸將皆謂進已死, 及全師而還, 乃大驚. 擢拜折衝將軍忠淸道助防將, 尋授忠淸兵馬節度使. 賊棄京城走, 進追躡至尙州赤巖, 連戰大捷. 倡義使金千鎰決計守晉, 要進同事, 進慨然許諾. 將行, 郭再祐尼之曰, "晉城背山臨水, 賊環山築壘以臨城中, 而外援不至, 則城必陷矣. 且公建忠淸節, 守晉而死非職也." 進掀髯笑曰, "吾旣與倡義成說矣. 丈夫死耳, 言不可食也." 再祐乃酌酒流涕而決去. 進旣入城, 李宗仁用武擧出守金海府, 帥所部先至, 義兵將高從厚, 府使金俊民等, 皆聞風來會.

高從厚, 字道冲, 招討使敬命之長子也. 從厚少治文辭, 年十七擧進士第一, 二十四擢文科. 累官司憲府監察·諸曹郞, 出爲臨陂縣令, 坐事罷, 隨父家食. 倭寇棘, 王下敎徵兵諸道, 全羅巡察使李洸, 忠淸巡察使尹國馨, 慶尙巡察使金睟等, 領兵入援, 號十萬. 進次龍仁, 師大潰, 洸等奉頭鼠竄. 敗報至, 人心震駴, 敬命投地哭曰, "方鎭諸帥, 緩急無可恃者, 大事去矣. 敬命蒙恩位大夫, 豈敢以亡官守而坐視國家之淪亡乎?" 乃與從厚議, 首建義旗於潭陽府, 傳檄募兵. 又使從厚及次子因厚行收兵, 得勝兵七千. 團束北上至礪山, 聞賊入湖界, 麾下士爭顧本道. 遂移兵攻錦山賊, 與防禦使郭嶸分左右翼, 鏖賊于外城, 殺傷過當. 詰朝復戰, 賊知官軍易與, 悉衆先犯嶸陣, 別將金聲憲策馬先遁. 義兵呼曰, "防禦軍敗矣." 從而潰, 兩軍大亂, 將士對面不相識. 從厚馬蹶, 方勒轡撥起, 從奴鳳伊, 貴仁躡後疾告曰, "主公出已遠矣." 從厚遽策馬疾馳出幾三十里, 始知父與弟俱殉陣上, 墜馬號隕幾絶. 良久乃甦, 欲徒手赴賊死, 左右更抱持曰, "事已至此, 徒死何爲? 且公死, 誰收先公體魄者?" 從厚乃止, 賊退潛收父尸, 旣返葬, 欲從事義兵, 其母以死挽之. 從厚日夜號哭曰, "父子兄弟臨危相失, 吾天地間一罪人, 何以生爲?" 其母知其不可奪, 泣謂曰, "女今進則死於兵, 退則死於哀, 等死, 從女志也." 從厚乃縞素卽戒, 傳檄列邑, 募兵聚糧, 以正字吳玭爲從事官, 部將吳宥爲副將, 金獜渾·高敬兄爲裨將, 敬兄者敬命之庶弟也. 建號曰復讎義兵將, 轉鬪至嶺南, 頗有斬獲功. 已見晉州勢急, 遂提兵入城, 謝遣軍中願去者, 留者猶四百餘人.

金俊民, 不知其所自. 始以巨濟府使, 帥所部赴晉州.

高得賚, 南原人. 用武擧爲防踏鎭僉節制使, 鎭例供鹿皮於節度營, 得賚三獻三却, 有老吏曰, "第多用賄, 而以牛皮代, 則毋不受. 此本鎭舊例也." 如之果受, 得賚卽齎其所却鹿皮, 馳謁節度使曰, "指牛爲鹿, 是誣上官也, 敢請罪." 節度使大慙, 思有以中之. 會得賚以憂去官, 節度使使人搜其行篋中, 不名一錢, 節度使乃服其淸. 癸巳從崔慶會將守晉, 行未發, 除平昌郡守. 郡吏來迎, 得賚辭不赴曰, "此何等時, 吾儕武人, 豈可竄身於僻邑邪?" 卒如晉.

鄭名世, 字伯時, 少中進士試, 專精學問, 屛妻子, 結茅于獨谷里, 人稱獨谷先生. 未幾擧明經乙科, 出爲海美縣監, 有惠政, 吏民借留一年. 亂初以義兵將, 轉鬪湖中, 弟名遠以淸安縣監, 戰歿于槐山, 名世馳哭之, 旣葬立標以識曰, "汝骨我收, 我骨誰收?" 軆察使啓于朝, 授助防將, 已與金千鎰等同赴晉州.

姜希悅者, 順天武士也. 初從高敬命起兵, 錦山之敗, 希悅走還鄕, 募兵得數百, 號曰奮義兵將. 轉戰至嶺南, 聞宣居怡等不赴晉難, 奮曰"豈可使倡義使獨死乎?" 卽馳入城.

張潤, 字明溥, 木川人也. 身長八尺, 才勇絶人, 用武擧出監泗川縣, 亂作, 以左義兵將, 進屯長水. 每戰輒先登陷堅, 屢摧勁敵. 至是聞晉州勢急, 而諸將皆退避, 忼慨泣數行下, 遂與金千鎰等入城.

李潛不詳其籍里. 南原前參奉邊士貞倡義勤王, 旬日間, 有衆數千, 建號曰敵愾義兵將, 以潛爲副. 已聞晉難, 遣潛馳援.

崔彦亮者, 晉州人也. 曾祖卜獜官司諫院大司諫, 癸巳之役, 彦亮將募兵赴難, 其妾止之曰, "妾聞食人之食者死其事, 今君一書生耳, 毋徒死爲也." 彦亮作詩示志曰, "睢陽城裏多男子, 不獨當年食祿人." 投袂入城, 時節度使崔慶會, 倡義使金千鎰以下官義諸將, 大會協力, 爲固守計. 先是賊棄京城南走, 秀吉憤甚, 使使責讓諸將, 令亟屠一名都以取當. 大酋清正會諸倭議曰, "晉小邑也. 壬辰之役, 我連十萬之衆, 攻圍八晝夜, 卒不能擧, 耻莫甚焉. 願與諸君幷力攻晉, 夷其城而屠之, 歌舞向湖南, 婦女玉帛, 恣女俘取." 諸倭皆奮曰, "願盡力." 於是清正大練兵三十萬, 聲言刻期攻晉, 南中大震, 巡邊使以下, 皆望風退縮. 時晉新中寇創殘, 牧使徐禮元者恇愑人也, 倡議空城以避之, 人心洶洶. 李宗仁拔佩刀以擬禮元曰, "君爲守土臣, 義不可去, 且今官義諸將, 提大兵來援, 何敵不摧? 欲去者齒吾釰." 禮元乃不敢去. 千鎰等既入城, 全羅節度使宣居怡, 義兵將洪季男等, 領兵來過. 千鎰要與同守, 居怡等謝曰, "公等欲以一簣障河决, 非某所知也." 皆辭去. 於是衆推黃進爲大將, 張潤爲副. 進乃與諸將築壇同盟, 浚濠塹簡器械, 大繕守備具, 晉人始有固志. 晉城惟矗石一面, 臨江陡絶, 號爲天險, 而東西北三面, 皆受敵之地. 進令諸將屯守矗石, 慶會·潤·從厚分守三面, 進與千鎰自徼巡四門. 部署甫定而外圍合, 時則癸巳六月二十一日也. 敵悉引兵, 繞出城北山, 鼓噪耀兵, 千鎰與諸將按兵不動. 俄而騎步兵分道驟進, 幷力攻東門, 中軍吳永念頗射殺賊, 賊歛兵而退, 會日暮. 初金千鎰令盡撤城外廬舍, 縛炬數千, 至是一堞二炬, 光徹數百步外, 士皆引滿外向, 賊終不敢犯. 翌日昧爽, 賊編竹木爲櫓盾, 中列砲穴, 昂擊城上, 而城上礧礮湯火乘高下, 賊多死者. 直夜半, 賊決濠塡塹, 大喊急攻西北隅, 守陴卒皆靡進. 慶會奮劍大呼曰, “吾得死所矣.” 將士戰疾力. 是日夜, 凡七戰七退, 殺傷大當. 比曉賊酋數人, 會城東山計事, 千鎰密令銃手放丸中第二座者, 賊以小輿擔去. 日卓午, 大擧薄城, 城中力戰却之. 賊乃大治諸攻具, 築土爲山, 山上起屋, 俯瞰城中. 城中亦對築土山, 黃進親負土石, 將佐爭助之, 須臾高與敵山齊, 乃架大礮中破山上屋. 賊以生皮褁木櫃, 負戴爭薄城, 矢丸不能入, 以巨石滾下拒之. 又植二木柱於東門外, 縛屋其上, 從中擲火城中, 用大砲擊碎之. 又築土爲五堆, 結竹爲柵, 城中飛火箭焚其柵. 又伏兵四輪車中, 甲士數十左右翼而進, 以鐵椎鑿城, 李宗仁射殪其甲士數輩, 餘皆反走. 乃束藁傅引火物擲之, 大燒殺車中兵, 賊終不得逞. 當是時, 城中將官會者數十餘人, 軍民可六七萬人, 進·慶會宿將有威名, 果敢力戰, 千鎰沈機善應變, 從厚治書檄, 詞旨澍烈, 遠近聳聽. 四人者相與一心殉城, 城中皆倚以爲重. 城被圍九日, 一日數十戰, 賊死者以千數, 而賊益添兵急擊, 以報壬辰之役也. 會天久雨, 膠筋解, 士卒不能彀. 賊環山築壘, 番休更進, 晝戰必見星, 夜攻直跨日. 守陴士傳餐食褁瘡鬪, 而外援不繼. 二十六日七戰七退, 平昌郡守高得賚死之. 二十七日三戰三退, 義兵將姜希悅死之. 賊知城中力屈, 投書促降, 城中答曰, “大明兵百萬將至, 表裏夾擊, 使汝隻輪不返.” 賊褰臂叩之曰, “提督已乞和矣, 那得明兵來?” 時李如松許倭封貢, 頓兵不進, 威望頗損. 神宗皇帝詔遣總兵官劉綎等, 帥師繼援, 分屯星慶諸州, 以遏賊鋒. 千鎰乃使從厚爲書, 乞靈於總兵, 遣梁山璹夜縋城間行走, 涕泣陳城中危急狀, 綎殊無意出師. 山璹歸報, 千鎰知事不濟, 登矗石樓東望大海, 忼慨泣數行下, 曰“此走登萊道也. 如天之福吾等, 濟事朝明, 則賀蘭之肉, 其足食乎?” 左右皆泣. 又飛書請援於官義諸鎭, 竟無一人至者, 而久雨城數崩, 進親負木石, 隨圮隨築. 千鎰晨夜巡城, 手粥糜以哺士卒, 士皆感勵, 益致死. 二十八日, 西北面巡城將徐禮元掫夜不謹, 賊潛來鑿城. 進督衆殊死戰, 會賊酋中丸死, 賊乃却. 進援枹巡城, 忻然俯視曰, “今日之戰, 積尸盈塹, 可謂大捷.” 有一賊潛伏仰放, 丸中左額,進遂死. 城中涕泣洶懼, 賊復乘勢突至, 張潤又中丸沒. 城中益喪氣, 賊詗知城中連喪大帥, 皆踊躍相賀. 詰朝大軍四面環攻, 賊酋植金色團扇, 乘高指麾, 將士皆冒棺板擁竹楯, 前仆後繼, 蟻附爭薄城. 城中矢石已竭, 守陴士奮空拳持竹木以捍禦, 徐禮元解甲先遁. 賊遂乘勝毁城而入, 諸軍大亂崩潰. 李宗仁奮劒亂斫, 轉鬪至南江, 左右腋各挾一賊, 大呼投水曰, "金海府使李宗仁死於此." 金俊民躍馬巷戰, 所向皆披靡, 死亂兵中. 吳永念及別將池得龍俱守汎地死. 時千鎰方在客館, 有一賊踰墻突入, 軍官張天綱以杖擊其腦, 應手而碎. 千鎰與慶會·從厚及子象乾, 俱登矗石樓, 自挽弓射賊, 左右皆倉皇走. 唯梁山璹等在傍涕泣問曰, "將軍何以處此?" 千鎰曰, "擧義之日, 吾已拚吾死矣." 或謂慶會曰, "盍携輕銳突圍, 以圖後擧?" 慶會厲聲曰, "吾受國恩, 任方面寄, 城陷而死職耳. 毋多言." 遂口占一絶, 曰"矗石樓中三壯士, 一盃笑指長江水. 長江之水流滔滔, 波不竭兮魂不死." 有一武士素善從厚, 泣謂曰, "公有老母, 請與我泅而免." 從厚泣曰, "吾不死錦山而死于晉, 死亦晩矣. 又可偸生邪?" 於是諸人相率北向再拜曰, "臣等力竭, 謹以一死報國." 遂相與投江而死. 鄭名世·李潛·崔彦亮等皆同死. 賊乃剗城郭而夷之, 大殺軍民, 投尸江中, 水爲不流. 自有倭變以來, 䘏敗之慘, 節義之盛, 未有如晉州者. 是役也城旣陷, 而賊精銳亦太半摧折, 移師向湖南, 至石柱而撤還, 其蔽遮南服, 爲國家中興根本, 皆諸將力也. 事聞, 王震悼, 贈進·千鎰崇政大夫議政府左贊成, 慶會資憲大夫吏曹判書, 宗仁兵曹判書, 俊民刑曹判書, 從厚嘉善大夫吏曹參判, 潤兵曹參判, 得賚資憲大夫漢城府判尹, 名世通政大夫承政院左承旨, 希悅·潛·彦亮俱贈某官, 皆賜祭錄後, 旌其閭曰忠臣之門, 立祠于本州, 賜額曰彰烈, 守臣春秋致祭, 視忠愍祠. 皇朝指揮吳宗道等, 皆操文哭奠于千鎰·慶會之靈, 羅州人祠千鎰, 南原人祠黃進, 皆賜額曰旌忠, 將士從死者贈官有差, 配食于彰烈祠.

金千鎰子象乾及幕下梁山璹·柳彙進·李桂年·李光宙·李仁民, 崔慶會幕下文弘獻, 黃進管下將金應健, 高從厚副將吳宥, 從事吳玭, 幕下金獜渾, 高敬兄奴貴仁·鳳伊等皆從死. 象乾·山璹贈承政院左承旨, 山璹妻李奉其姑及兩叔山龍·山軸, 避兵于海島, 賊猝至, 姑聳身投海, 兩叔攀號從之. 山龍妻柳及女弟族女兩金婦皆溺焉. 賊大驚散去, 李乃黯然凝立, 候潮落拯尸而死, 預藏刀衣裾間, 以備不虞, 有一賊來逼, 卽抽刃斷吭死. 有司以聞, 王命旌閭, 於是山璹以忠, 母及妻嫂以烈, 兄與弟以孝, 烏頭雙闕, 照耀閭里. 過者爲之指点咨嗟曰, "此梁氏三節之門也."

彙進, 字彦遇, 爲人倜儻有奇節, 以白衣佐千鎰軍有功, 授軍器主簿, 贈戶曹參判.

李桂年, 保恩人, 以訓鍊僉正, 募兵從軍, 贈兵曹參議.

李光宙, 字天中, 陽城人. 少事河西金先生獜厚, 以行誼聞. 亂初從千鎰於江都.

李仁民, 字子元, 全義人. 癸巳倡義晉州, 俱贈某官, 文弘獻贈司憲府持平.

金應健, 字景以, 善山人, 登武擧爲結城縣監, 從黃進入城, 贈兵曹參議.

吳宥·吳玭·金獜渾·高敬兄俱贈某官

長水妓論介, 崔慶會妾也. 城陷日, 盛服婆娑於矗石樓下, 有一倭將艶其色而逼之, 乃佯與東要幷舞, 因抱而投江, 後人稱其巖爲義巖云.

靈光義兵將沈友信, 泰仁義兵將閔汝雲, 南海義兵將任希進, 陶灘伏兵將姜希復, 義兵將李繼璉·孫承善·兪晗, 鎭海縣監曺慶亨, 右兵虞候成穎達, 僉正尹思復, 判官崔琦弼, 朴承男, 主簿鄭惟敬, 守門將張胤賢, 金太白, 宣務郞梁躋, 庠生李都, 諸生河繼先, 安道等, 並同時殉難, 先王癸亥, 各贈官有差.

附 題晉州殉難諸臣傳

余嘗讀蒼霞葉公所撰都御史王公墓誌, 曰'壬辰之役, 朝鮮陪臣鄭六同陷于賊, 平義智親信之. 六同爲我內應, 當露梁戰時, 急焚火藥應我軍, 賊是以大敗.' 余於此盖掩卷太息而有餘唏焉. 嗟乎! 藿食之士, 何曾沾人主一顧之私而値國家危急之秋, 不惜捐身命, 以紓難者, 豈但爲忠義之根於心而已哉! 亦其懷抱利器, 欝欝不得志, 其成敗全籌, 生可以勒勳當世, 死足以傳其名於惇史爾. 若壬辰殉難諸臣, 則又何其不遇之甚也. 或冒百戰以禦賊鋒, 或守孤城以遏賊衝, 或設奇計以挫賊勢. 寸功尺伐, 夫孰非裨成本朝重恢之基業,而往往血膏艸茂, 不及見會朝之淸明, 又無好事者載筆以傳其蹟, 並與百世之名而忽焉湮沒. 況如鄭六同者, 微葉公表章之力, 今尙有知其人者乎? 從子有本學古爲文, 尤喜著軼事異聞, 蒐訪晉州殉難諸臣, 以及別將幕士奴隷婢妾之屬, 凡得四十餘人, 珠聯繩貫, 以附以合, 作傳十三篇, 手而示余. 東俗之不尙名節也久矣. 疆內之事, 率多借口於中原之學士大夫, 而所自詑以新書幾種, 則類皆熟爛之陳言, 裨販之夢囈也. 今有本能知以名節, 爲文而其敍事也, 經緯布置, 奇正轉摺, 亦不負專門師法, 斯可以傳矣, 斯可以見信於惇史矣. 嗟乎, 人世之富貴榮祿, 一瞚而失之, 如浮雲之變滅, 而其與山川相倚薄者, 名節是已, 庸可已於傳乎! 余故有慨於俗而嘉有本之知所傳也, 取鄭六同事, 牽連書之, 俾資續傳之異料云. 甲寅仲夏, 仲父明皐山人書.

인의引儀 김영金泳 가전家傳

金引儀泳家傳

군의 이름은 영(泳)이고 자(字)는 계함(季涵)이며 김해(金海) 사람이다. 아버지는 아무개이고 할아버지는 아무개이며 대대로 농사를 지었다. 군은 어려서 고아가 되고 가난하여 의지할 곳이 없게 되자, 이리저리 떠돌다 서울로 왔다. 사람됨은 성글고 외고집인데다 성질이 있었다. 키는 크고 얼굴은 야위었으나 두 눈동자는 반짝반짝 빛났다. 세속의 모든 약아빠지고 남을 따라 하는 일체의 세태에 대해서는 귀먹은 것처럼 신경 쓰지 않았다. 독서하고 깊이 생각하기를 좋아했으며 문구에 이끌리지 않고 능히 스스로 스승을 얻었다. 우연히 태서(泰西)의 《기하원본(幾何原本)》을 열람하고는 마음속으로 매우 기뻐하여 몇 개월 동안 엎드려 읽은 끝에 그 뜻을 모두 통달했다. 마침내 역상학(曆象學)을 오로지 공부하여 힘써 탐색하고 각고의 노력으로 단단히 참으며 겨울에 화롯불도 피우지 않고 여름에 부채질도 하지 않은지 거의 15~16년 만에 그 학문이 크게 진보하였다. 그러나 사람들은 알아주지 않았고, 군 또한 다른 사람들에게 알려지기를 구하지 않았다. 하루는 그 업으로 삼은 공부를 가지고 선친 문민공(文敏公, 서호수)을 찾아뵈었는데, 문민공이 군과 이야기를 나누고는 크게 기이하게 여기며 자주 다른 사람들에게 칭찬하였다. 이때부터 군은 점점 두각을 드러내었다. 정조(正祖) 기유년(己酉年, 1789년), 나라에 천원(遷園)[15] 하는 사업이 있었는데, 관상감(觀象監) 일을 주관하던 김익(金熤)이 임금님께 다음과 같이 아뢰었다. "재실(梓室)에 시신을 안치하는 시간이 이미 한밤중으로 정해졌는데, 신이 직분을 맡아보니 마땅히 경루(更漏)를 교정해야 하고, 경루(更漏)를 바로잡기 위해서는 먼저 중성(中星)을 살펴야 합니다. 항성(恒星)의 세차(歲差)가 이미 많이 나서 지금 측정한 후에야 길한 시기를 살펴서 알 수 있습니다. 도하(都下)의 김영(金泳)이란 자는 역상(曆象)을 훤히 이해하고 있으니, 청컨대 그로 하여금 의기(儀器)를 만들어 그것으로 측정하여 추산하도록 하여주십시오." 임금님께서 허락하시니, 이에 군은 명을 받을어 적도경위의(赤道經緯儀)와 지평일구(地平日晷) 각 2좌(坐)를 새롭게 만들었다. 또한 《신법중성기(新法中星紀)》와 《누주통의(漏籌通義)》 각 1권을 편찬하여 바쳤다. 그 적도의(赤道儀)와 일구(日晷) 1좌(坐)는 대내(大內)에 두었는데, 계찬(啓欑, 발인하기 위하여 빈전을 여는 것)하는 날에 임금님과 감관들이 원소(園所)로 나아가니, 새로 만든 의기로 중성(中星)을 측정하여 예가 이루어지는 시각을 아뢰었다. 임금님께서 일을 맡은 모든 신하들의 관작을 높여 주시고, 군을 특별히 관상감의 삼역관(三曆官)으로 임명하셨다. 과거를 거치지 않고 이 직위에 임명된 예는 없었기 때문에 관상감의 신하들은 전례를 들어 복난(覆難)하였다. 임금님께서 결정하여 말씀하시길, "우리나라는 과거를 중히 여겨, 청현요직(淸顯要職)은 과거가 아니면 이 자리에 오르

---

15 천원(遷園) : 당시 사도세자(思悼世子)의 묘를 수원 화산의 현륭원(顯隆園)으로 이장하는 사업이 있었다.

지 못하도록 하지만 산림(山林)의 명망 있는 사람들은 이러한 제한을 두지 않는다. 조정에서 인재를 등용하는 것이 이와 같은데, 하물며 관상감에 있어서랴! 지금 이 대례(大禮)가 순조롭게 완성되는 데에 김영(金泳)의 노고와 공이 이미 많은데다가 그의 재능도 쓸만하니 어찌 전례에 구애받겠는가?"하고는 관직을 내릴 것을 재촉하였다. 군이 마침내 포의(布衣)에서 벼슬길에 나아갔고, 사재감 직장(司宰監直長), 통례원 인의(通禮院引儀) 등으로 품계가 올랐고 역관(曆官)은 항상 겸직하였으며, 관상감에서 매양 천문역법에 대한 큰 논의가 있으면 한결같이 군에게 맡겼다. 예전 무신년(戊申年, 1788년) 5월 삭일에 일식이 있었는데, 관상감 관리들이 《역상고성후편(曆象考成後編)》의 대진현법(戴進賢法)[16]에 의거하여, 휴복(虧復, 일식에서 이지러지고 회복되는 것) 시각을 계산했는데, 처음 이지러지기 시작하는 초휴(初虧)부터 식심(食甚)까지 13분(分)이었고 식심(食甚)에서 다시 둥그렇게 회복되는 복원(復圓)까지 3각(刻) 14분(分)이었으니 두 시각이 차이가 크게 나서 서로 맞지 않았다. 당시 군은 아직 관상감에 들어가기 전이었는데, 관상감 관리들이 군에게 와서 질정을 하자 군이 오랫동안 깊이 생각하다가 계산법을 바꾸니 휴복(虧復)과 식심(食甚)까지가 모두 2각(刻) 6분(分)이었으니, 책에 실린 글에 오류가 있었던 것이다. 관상감에서 2개의 문서를 갖추어 보고하였는데, 연경(燕京) 예부(禮部)의 자문이 와서 보니 군이 계산한 것과 꼭 맞았다. 지금 임금님 신미년(辛未年, 1811년)에 조정에서 역법(曆法)에 중기(中氣, 24절기 중 그 달의 중순이후에 있는 절기)를 전 달에 넣어 계산하는 법이 없어 다음 계유년(癸酉年, 1813년) 동지가 10월 그믐이 되는 것에 대해 논의를 하다가, 역관(曆官)을 특별히 선발하여 사신을 따라 중국에 가 질정하기로 했다. 관상감에서 모두 군을 추천하여 군이 연경에 가니, 흠천감(欽天監)에서는 이미 계유년 8월에 있을 윤달 계획을 갑술년(甲戌年, 1814년) 중춘으로

16 대진현법(戴進賢法) : 대진현(戴進賢, Ignatius Köler : 1680~1746)은 독일인 신부로 중국에 선교사로 들어가 《역상고성표(曆象考成表)》와 《역상고성후편(曆象考成後編)》의 편찬을 주도하였다.

옮겨 윤달 2월로 하기로 하여 계유년의 동지는 11월 그믐이 되도록 하였다. 군이 이에 만년력(萬年曆) 몇 권을 사서 귀국하고, 복명(復命)한 후에 관상감에 그것을 소장하였다. 군이 관상감에 있으며 편찬한 책들이 매우 많았는데, 선친께서 관상감의 제거(提擧)로 계실 때 편찬한 《국조역상고(國朝曆象考)》, 《칠정보법(七政步法)》 등은 군이 모두 함께 범례(凡例)를 만든 것이다. 또, 단원자(丹元子)의 《보천가(步天歌)》에 그림을 그려 그 내용을 밝혔으니, 각각 그 거리와 각도 및 별자리의 고금 유무에 관해 설명하여 천상을 관찰하는 데 편리하게 하였는데, 이것은 이미 간행되어 세상에 통용되고 있다. 혹 햇무리나 혜성 등 천문 현상이 나타나 경계를 보이게 되면, 군은 반드시 관상감에서 숙직하며 그것을 관측하는 일을 전담하였다. 우리나라는 신라·고려 시대부터 중국에서 반포한 책력을 사용하였는데, 국조(國朝) 중엽(中葉) 이후에 여항의 선비가 역법으로 소문이 나게 되자, 이에 관상감에서 비로소 교식(交食) 계산법을 전하였다. 근래에 인재들의 수준은 점점 낮아져 관상감의 관리들은 모두 용렬하고 자질구레한 무리들이라 서로 연줄을 대고 청탁하며 자리를 차지하여 녹봉만 훔칠 뿐, 천문역법에 대해서는 무지했다. 군이 관상감에 들어간 뒤에는 일이 있을 때는 추천을 받고 중시되었으나, 일이 끝나면 그 능력을 질투하여 왁자하게 무리를 지어 일어나 군을 괴롭혔다. 혹은 여러 사람들이 있는 자리에서 면전에다 욕을 하고 주먹으로 때리기까지 하였다. 제거(提擧)인 선친께서는 이를 듣고 관원들을 뜰에 불러 준엄하게 꾸짖었다. 그러나 군의 평소 뜻은 관상감에 오래 얽매이고 싶지 않았고, 또한 이러한 무리와 경쟁하고 싶지 않아서 마침내 힘써 벼슬 그만두기를 청하였다. 도상(都相)은 그가 떠나는 것이 안타까웠으나 어찌할 수 없었다. 처자식들은 조금의 녹(祿)을 받아 살기를 바랐으나 군은 전혀 돌아보지 않았다. 군은 젊어서부터 사색하는 데 힘을 쏟았는데 이것이 기질(氣疾)이 되었고 늙어서는 더욱 극심해졌다. 이에 이전의 업을 버리고는 오로지 역상학(易象學)을 연구하며 다음과 같이 말했다. "내 듣기에 마음을 다스리고 본성을 기르는 데에는 역(易)보다 좋은 것이 없다고 하였다. 나는 이 대역(大易)으로 노년의 가계(家計)로 삼고자 한다." 또 말하길, "율(律)은 수(數)를 근본으로 하는데, 진한(秦漢) 이후로 도수(度數)가 명확하지 않았기 때문에 악율(樂律)은 끝내 바로잡을 수가 없다."라 하고는 차분하게 사색하니, 이기법상(理氣法象)의 심오함과 율려배반(律呂倍半)의 방법은 모두 매우 정묘하고 심오하여 탁연히 볼만하였다. 이윽고 탄식하며 말하길, "인생에서 가장 장수하는 것은 100세인데, 지금부터 나에게 30년의 세월을 준다면 현미(玄微)한 이치를 종횡으로 탐구하여 물리(物理)의 학문을 크게 천명하는 것이 이 세상을 위해 힘쓸 하나의 사업이다."라고 하였으니, 군이 스스로 자임한 것이 중하기가 이와 같았다. 군은 평소 몸이 약해 병을 잘 앓았는데, 조금 있었던 녹(祿)마저 끊기자 굶주림과 곤궁함이 다시 닥쳐왔다. 때때로 삼호(三湖)에 있는 나를 찾아오면 머리를 푹 숙이고 기운마저 없어 시름시름 조는 사람 같았다. 내가 시험 삼아 상수(象數)의 요결(要訣)로 슬쩍 그를 돋구면, 문득 눈을 부릅뜨고 손바닥을 치며 정채(精采)를 빛내 사람을 격동시켰다. 나의 시자(侍者)는 가만히 말했다. "김공(金公)의 수학(數學)은 거의 신의 도움이 있는 듯합니다." 군은 일찍이 내게 《기하원본(幾何原本)》 읽기를 권하며, "이것은 그대의 가학(家學)이 아니오? 이 책은 구수(九數)의 연해(淵海)이며 만상(萬象)의 범위(範圍)라오. 말은 요약되지만 이치는 모두 담겨있어 아마도 삼대(三代)의 잃어버린 경전일 것이니, 그대는 어찌 힘쓰지 않소?" 내가 학업을 마친 후에는, 군이 때때로 찾아와 질문하고는 탄식하며 말했다. "내가 본 것이 많은데, 그대처럼 이 책을 정밀하게 읽은 사람은 드물 것이오." 매번 나를 방문하면 며칠씩 묵으며 경전(經典)과 수법(數法)에서 혹 훈고(訓詁)가 잘못된 곳에 대해 반드시 나와 토론하고 바로잡았다. 지금까지 10여 년간 막역한 사귐을 서로 허락하였다. 나는 군을 잃고난 후 나를 계발시킬 친구가 없어 갈팡질팡하고 있다. 매번 수리(數理)에 대한 글을 읽을 때는 사람과 거문고를 모두 잃은 감정을 이기지 못했다.

군은 기사년(己巳年, 1749년) 모월 모일에 태어나 정축년(丁丑年, 1817년) 모월 모일에 사망하여 69년을 살았다. 1남 2녀를 두었는데 모두 어리다. 내가 일찍이 군에게 다음과 같이 말한 적이 있다. "그대는 지금 늙었는데, 40년 동안 고생한 업에 대해 어찌 입언(立言)하여 자신을 드러내지 않으시오?" 그러자 군은 다음과 같이 말했다. "고인의 저서는 위로는 세교(世教)를 세울 수 있다면 저술하는 것이고, 아래로 백성을 도울 수 있다면 저술하는 것이오. 그렇지 않다면 구차할 뿐이오. 수학(數學)은 서양 사람들에 이르러 크게 갖추어져 한 터럭이라도 아쉬울 것이 없으니, 어찌 군말을 덧붙이겠소? 다만, 구구하게 끝맺지 못한 뜻이 있으니, 점(點)·선(線)·면(面)·체(體) 네 가지는 바로 기하(幾何)의 연기(緣起)이지만 수법(數法)은 끝내 양법(量法)만 못하오. 지금 《수리정온(數理精蘊)》의 선부(線部)를 면부(面部)로 바꾸어 한결같이 양법(量法)으로 따르면 간단하고 명료하여, 영육(盈朒)과 쇠분(衰分)[17]을 계산할 때 산가지를 늘어놓지 않고도 손바닥 들여다보듯 명료하게 알 수 있을 것이오. 서양인들의 시학(視學) 방법이 중국에 전해지지 않았기 때문에 사물을 보고 형세를 관찰하는 데 왕왕 참된 것을 놓치고 있소. 지금 시학(視學)을 미루어 밝혀 천문(天文)과 지세(地勢)를 관찰하게 한다면, 입원(立圓)·입방(立方)의 체(體)를 살피고 평면과 움푹 패거나 튀어나온 형체를 그릴 때 모두 참된 형상을 얻고 사물에 숨기는 정이 없어, 백공(百工)의 기예(技藝)가 각각 그 정밀함을 다하여 실용(實用)에 도움을 줄 수 있을 것이오. 지금 사람들은 수차(水車)를 말할 때 오로지 용미차(龍尾車)의 제도를 숭상하지만, 실제로 용미차(龍尾車)는 용골차(龍骨車)의 편리함에 한참 못 미친다오. 지금 그림을 그리고 설명을 붙여서 기아(機牙)와 바큇살·바퀴통의 제도를 모두 척촌(尺寸)을 밝혀 법대로 수차(水車)를 만들면, 수리(水利)를 흥기 시켜 농사에 도움이 될 수 있을 것이오. 시간을 알리는 기기는 자명종 같은 경우 시계의 부속과 톱니바퀴는 쉽게 마모되어

---

17 영육(盈朒)과 쇠분(衰分) : 구장산법(九章算法)의 종류로, 구장산법은 방전(方田), 속포(粟布), 쇠분(衰分), 소광(少廣), 상공(商功), 균수(均輸), 영뉵(盈朒), 방정(方程), 구고(句股)의 아홉 가지이다.

조금 오래되면 반드시 고쳐야 하니, 결국엔 시계추가 자연히 왕래하며 시각이 어그러지지 않는 험시의(驗時儀)만 못할 것이오. 이 또한 도설(圖說)을 갖추어 그 제도를 상세히 적어 간단하면서 완전히 오래가도록 하면, 시간을 알리는 여러 기기 중 가장 빼어나 길흉대례(吉凶大禮)에 그 시각을 알리는 데에 도움이 될 것이오. 무릇 이 네 가지는 일찍부터 마음속에 담아두고 있는 것으로, 지금 편집하는 것을 멈추지 않아 하늘의 신령스러움에 힘입어 다행히 업을 마칠 수 있다면 민생의 일용에 조금 도움을 줄 수 있을 것이나, 사업은 크고 힘은 적어서 세월이 나를 기다려주지 않을까 두렵소." 과연 탈고를 하기 전에 군의 병이 위독해졌다. 임종하기 전에 그 아들을 돌아보고 다음과 같이 말했다. "내가 쓴 어지러운 원고가 상자에 넘쳐나는데, 내 반드시 책이 완성되기를 기다리고 싶지만, 이제 끝이로구나. 내가 죽은 뒤에 절대 다른 사람들에게 주지 말고 삼호(三湖)의 서 선생에게 가서 전해주는 것이 옳겠다." 군이 사망한 뒤 그 아들이 와서 부고를 전하며 군이 남긴 뜻을 전달했다. 내가 실성을 하고 한참 통곡을 하다가 급히 사람을 시켜 책상자를 가져오게 했으나, 이미 관상감 관리 모 씨가 훔쳐 가서 찾으려 해도 구할 수 없었다. 아아, 애석하다.

찬(贊)은 다음과 같다. 주(周)나라 말기의 주인(疇人) 자제들이 흩어져 해외로 가서, 상수학(象數學)이 전해지지 못한 지 오래되었다. 명(明)나라 말기에 서양의 선비들이 역법으로 천하에 알려지게 되었다. 해설하는 사람이 말하길, "사해(四海)의 지역, 해 지는 서쪽인 매곡(昧谷)과 중국은 길이 통하기 때문에 도술(道術)이 흩어져 서방으로 왕왕 알려졌다."라 한다. 그러나 서양의 학문이 중국에 들어왔는데, 중국의 학사 대부들은 그 기술에 방통한 자가 드물었다. 이에 군이 멀리 떨어진 궁벽한 지역에서 분기하고는 옛 문서를 연찬하여 떨어진 단서를 찾아 이어서 기술하였다. 온 나라의 사람들이 모두 그를 역학(曆學)의 종장(宗匠)으로 추대하니 이미 매우 기특한 일이다. 게다가 우리 정조(正祖) 임금님의 융성한 때를 만나 포의로 조정에 등용되어서는 의상(儀象)을 새로 만들고 도전(圖典)을 닦아 밝혀서 하늘을 공경하고 때를 알려주는 다스림을 도왔으니, 또한 배운 바를 저버리지 않았다고 할 만하다. 이것은 모두 전할 만하니, 내가 차례로 엮어 글을 지어서는 태사씨(太史氏)가 채록하기를 기다린다.

君名泳字季涵, 金海人也. 父某, 大父某, 世業農. 君少孤貧無依, 轉徙京師. 爲人踈the有性氣, 長身癯容, 雙眸炯然. 於一切世俗便儇俯仰之態, 褎如也. 讀書好沈湛之思, 不牽文句而能自得師. 偶閱泰西幾何原本而心悅之, 伏讀數月, 盡通其義, 遂專治曆象之學, 強探力索, 刻厲自持, 冬不鑪夏不扇者, 殆十五六年, 其學大進. 然人未有知之者, 君亦不求知於人也. 一日以所業謁先大夫文敏公, 文敏公與語大奇之, 亟稱於人, 自是君稍稍露頭角矣. 正宗己酉, 國家有遷園之役, 領觀象監事金公熤白上言, "下梓室時刻, 旣卜夜中, 臣監職, 宜校正更漏, 正更漏, 宜先考中星, 而恒星歲差已多. 及今測正然後, 可以審知吉辰之所値. 都下有金泳者曉解曆象, 請令造儀器, 以之測驗推步." 上可之, 於是君承命刱鑄赤道經緯儀·地平日晷各二坐, 又編新法中星紀·漏籌通義各一卷以進. 其赤道儀日晷一坐, 留之大內, 及夫啓欑之日, 君與監官等進詣園所, 以新造儀器如法測候中星, 報奏時刻禮成. 上推恩董事諸臣, 特差君本監三曆官, 舊例未有不由監科而超授是任者. 監臣據例覆難, 上判曰, "我國重科第, 淸顯要職, 非科目則不許踐歷, 而唯山林宿望, 不在此限. 朝廷用人尙如此, 況本監乎! 今玆大禮順成, 金泳之勞勩旣多, 且其才可用, 何拘於常例?" 仍促令供職. 君遂以白衣入仕, 轉陞至司宰監直長·通禮院引儀, 而曆官則常兼綰焉. 本監每有星曆大議, 一埤於君. 先是戊申五月朔, 日有食之. 監官等依曆象後, 編戴進賢法, 推步虧復時刻, 初虧至食甚爲十三分, 食甚至復圓爲三刻十四分, 兩距等而時刻太不相當. 時君未入監, 監官等來質於君, 君沈思良久, 乃通變推步, 虧復距食甚, 俱爲二刻六分, 盖戴書立文有誤也. 本監具二單以呈, 及燕京禮部咨來, 與君所籌合. 當宁辛未, 廷議以曆法無中氣入前月法, 而來癸酉冬至在十月晦日, 特選曆官, 隨聘使往質於中國, 而本監僉擧君, 君旣赴燕. 欽天監已以癸酉八月閏策, 移置於甲戌春仲, 爲閏二月, 癸酉冬至在十一月晦日. 君乃購得萬年曆幾卷以歸, 旣復命, 藏于本監. 君在本監, 所纂輯甚多, 先大夫提擧本監, 編次國朝曆象考·七政步法, 君皆與聞凡例. 又就丹元子步天歌繪啚以明之, 各疏其距度及星位之古有今無, 以便觀象, 旣成印行于世. 或値天象示警, 日有煇祲, 星現彗孛, 則君必直宿本監, 專任測候之役焉. 我東自羅麗承用中朝頒曆, 而國朝中葉以後, 閭巷之士, 或以治曆聞. 於是本監始傳交食推步法, 而挽近人才每下, 監官輩皆闒茸猥瑣之流, 夤緣干囑, 冒占竊祿而已. 其於天度曆法, 蓋懵如也. 君旣入監, 有事則推重, 事已則嫉其能, 嚚然羣起而撓之, 或面詬手毆於稠坐, 提擧聞之, 招致庭下而峻責之. 然君之雅意, 不願久縻於本監, 又不欲與此曹相較, 遂丐免甚力, 都相惜其去而無如之何. 妻孥仰斗祿以爲命, 而君亦不顧也. 君少用力於思索之工, 轉成氣疾, 到老彌劇, 乃謝棄舊業, 專治易象之學, 曰"吾聞治心養性, 莫善於易. 吾其以一部大易, 爲桑揄之家計矣." 又曰"律以數爲本, 秦漢以降, 度數不明, 故樂律終不可得以正也." 於是潛心玩索, 推論理氣法象之奧, 律呂倍半之術, 皆精深要眇, 卓然可觀. 旣而歎曰, "人生上壽百歲, 從今以往, 假我三十年光陰, 則尙可以縱探玄微, 大闡物理之學, 爲斯世辦此一事業也." 其自任之重如此. 君素淸羸善病, 斗祿旣絶, 飢困又乘之. 時過余湖上, 垂首喪氣, 涔涔如倦睡人. 余試以象數要訣, 微挑之則輒張目抵掌, 精采煒然動人. 余侍者竊言曰, "金公之於數學, 殆若有神助然." 君嘗勸余讀幾何原本, 曰"此非子之家學耶? 之書也九數之淵海, 萬象之範圍, 辭約而理該, 其殆三代之逸典乎! 子盍勉旃?" 余旣卒業, 君又時來叩問, 歎曰"吾見多矣, 讀是書精深, 罕有如子者." 每訪余輒信宿留連, 經典數法, 或有訓詁失實處, 必從余討論而是正之. 于今十餘年來, 相許爲莫逆交. 余自失君, 倀倀焉無用友啓發之益, 每讀數理文字, 竊不勝人琴之感也. 君生以己巳某月某日, 歾以丁丑某月某日, 得年六十有九. 有一子二女幷幼. 余嘗謂君曰, "君今老矣, 四十年辛苦之業, 何不立一言自表見?" 君曰, "古人著書, 上可以立世敎則筆之, 下可以裨民用則筆之. 不爾則皆苟也. 數學至西人而大備, 無毫髮憾, 又安用贅說爲哉? 但區區未卒之志則有之, 點·

線·面·體四者, 卽幾何之緣起, 而數法終不如量法. 今以數理精蘊, 線部變作面部, 一以量法從事則簡而易明, 計盈朒商衰分, 可以不布籌而瞭如指掌也. 西人視學之術, 不傳於中國, 故觀物度勢, 往往失眞. 今推明視學, 使觀天文察地勢, 與夫審立圓立方之體, 繪平面坳突之形, 皆得其眞象而物無遁情, 百工技藝, 各極其精, 可裨於實用也. 今人言水車專尙龍尾車制, 其實龍尾遠不及龍骨車之便利. 今爲圖爲說, 機牙輻轂之制, 皆著尺寸, 按法成車, 可以興水利益農工也. 奏時之器, 如自鳴鍾, 時械之屬, 牙輪易澁, 稍久則必須更改, 終不如驗時儀墜子之往來自然, 而時刻不爽也. 亦具圖說, 詳著其制, 簡捷完久, 絶勝於鍾械諸儀, 而吉凶大禮, 可資以考時也. 凡此四條, 愚之夙所耿耿者, 今方不住編摩, 賴天之靈, 幸而卒業, 則可以少裨於民生日用之需, 而事鉅力綿, 但恐歲月不我饒也." 果未及脫藁而君病劇, 臨歿顧謂其子曰, "我之所艸亂稿, 溢於箱簏, 我必欲俟成書而出, 今焉已矣. 吾死之後, 愼勿他與, 往傳于三湖徐子可也." 君旣沒, 其子來告赴泣, 道其遺意, 余爲之失聲長慟, 亟令人取來書簏, 而已爲監生某所竊去, 尋求不得. 嗚呼其可惜也已.

贊曰, 周末疇人子弟, 散而之海外, 象數之學不傳久矣. 有明之季, 西國之士, 特以治曆聞於天下. 說者曰四海之域, 惟昧谷與中國通道, 故道術分散, 而西方往往有聞. 然自西法之入中國, 中國之學士大夫, 罕有能旁通其術者. 乃君奮起乎遐僻之鄕, 鑽研故紙, 尋墜緖而紹述之, 通國之人, 皆推爲曆學之宗匠, 斯已奇矣, 而况遭逢我正廟盛際, 白衣登朝, 刱制儀象, 修明圖典, 以贊欽昊授時之治, 亦可謂不負所學矣. 是皆可傳也, 余故撰次爲文, 以俟太史氏采焉.

참고문헌 서목

김장생(金長生), 《사계선생전서(沙溪先生全書)》 51卷 24冊, 고려대학교 도서관 소장.

서명응(徐命膺), 《보만재집(保晩齋集)》, 한국문집총간 233.

서명응(徐命膺), 《보만재사집(保晩齋四集)》 零本 15卷 7冊, 고려대학교 도서관 소장.

서명응(徐命膺), 《보만재총서(保晩齋叢書)》 60卷 31冊, 고려대학교 도서관 소장.

서유구(徐有榘), 《임원경제지(林園經濟志)》 零本 49冊, 고려대학교 도서관 소장.

서유구(徐有榘), 《풍석전집(楓石全集)》, 한국문집총간 288.

서형수(徐瀅修), 《명고전집(明皐全集)》, 한국문집총간 261.

이익(李瀷), 《성호사설(星湖僿說)》 5冊, 고려대학교 도서관 소장.

이익(李瀷), 《성호전집(星湖全集)》, 한국문집총간 198-200.

정조(正祖), 《홍재전서(弘齋全書)》, 한국문집총간 262-267.

(唐) 두우(杜佑), 《통전(通典)》

(宋) 사마광(司馬光), 《서의(書儀)》

(宋) 주희(朱熹), 《주자전서(朱子全書)》

(宋) 황간(黃榦), 《의례경전통해속(儀禮經傳通解續)》

(元) 오계공(敖繼公), 《의례집설(儀禮集說)》

(明) 구준(丘濬), 《가례의절(家禮儀節)》

(淸) 고염무(顧炎武), 《일지록(日知錄)》

(淸) 대진(戴震), 《대진전서(戴震全書)》

(淸) 서건학(徐乾學), 《독례통고(讀禮通考)》

《상서주소(尙書注疏)》

《서경집전(書經集傳)》

《모시주소(毛詩注疏)》

《시경집전(詩經集傳)》

《주례주소(周禮注疏)》

《의례주소(儀禮注疏)》

《예기주소(禮記注疏)》

《예기집설대전(禮記集說大全)》

강명관, 《조선시대 책과 지식의 역사》, 천년의상상, 2014.

구만옥, 〈서유본의 학문관과 자연학(自然學) 담론〉, 《한국사연구》 166, 2014.

구만옥, 〈유희(柳僖)의 '도수지학(度數之學)'에 대한 인식과 《고공기도보주보설(考工記圖補註補說)》〉, 《한국실학연구》 32, 2016.

심경호, 《한문산문미학》, 고려대학교출판부, 2013.

심경호 외, 《조선후기 유서(類書)와 지식의 계보학》, 경기문화재단, 2019.

안대회, 《조선후기 소품문(小品文)의 실체》, 태학사, 2003.

임유경, 〈서유본의 진주순난제신전(晉州殉難諸臣傳) 연구〉, 《한국한문학 연구의 새 지평》, 소명출판, 2005.

정민, 《18세기 조선 지식인의 발견》, 휴머니스트, 2007.

조창록, 〈조선조 개성(開城)의 학풍과 서명응(徐命膺) 가(家)의 학문〉, 《대동문화연구》 47, 2004.

한민섭, 〈서명응 일가의 박학(博學)과 총서(叢書)·유서(類書) 편찬에 관한 연구〉, 고려대 박사논문, 2010.

색인

인명

지명

고유명사

ㅇ

ㅈ

ㅊ

ㅌ

ㅎ

역자소개

한민섭韓珉燮

고려대학교 한문학과를 졸업하고 같은 대학원 국어국문학과에서 《서명응(徐命膺) 일가의 박학(博學)과 총서(叢書)·유서(類書) 편찬에 관한 연구》로 박사학위를 받았다. 현재 고려대학교 도서관 한적실(漢籍室) 고서(古書) 전문사서로 재직 중이다. 옮긴 책으로 《온계선생 북행록(溫溪先生 北行錄)》(탈초·국역, 2019), 《기백재일기(己百齋日記)》(탈초·국역, 2019), 《식물본초 식치편(食物本草 食治篇)》(공역, 2018), 《식료본초 식치편(食療本草 食治篇)》(공역, 2018) 등이 있다.

박정진朴貞珍

서울대학교 중어중문학과에서 《강영과(江盈科)의 설도소설(雪濤小說) 연구》로 문학석사 학위를 받았다. 서울대학교 규장각 한국학연구원의 《소현동궁일기(昭顯東宮日記)》 번역에 참여하였고, 《임원경제지(林園經濟志)》 〈상택지(相宅志)〉·〈예규지(倪圭志)〉·〈이운지(怡雲志)〉·〈정조지(鼎俎志)〉·〈보양지(保養志)〉의 교정과 《완영일록(完營日錄)》, 《번계시고(樊溪詩稿)》, 《금화경독기(金華耕讀記)》의 교정교열을 맡았으며, 《풍석 서유구, 조선의 브리태니커를 펴내다》, 《허공에 기대선 여자 빙허각》, 《조선셰프 서유구》 시리즈를 편집했다. 현재 풍석문화재단에 재직 중이다.

풍석문화재단은

풍석 서유구 선생의 뜻을 기리기 위해 설립된 공익재단이다.
현재 문화체육관광부의 "풍석학술진흥연구사업"을 통해
《임원경제지》 및 기타 풍석저술과 《임원경제지》 전통음식복원 및
현대화사업의 결과물들을 출판하고 있다.